D1656636

Walter L. Bühl

Verantwortung für Soziale Systeme

Grundzüge einer globalen Gesellschaftsethik

Klett-Cotta

Klett-Cotta
© J. G. Cotta'sche Buchhandlung Nachfolger GmbH, gegr. 1659,
Stuttgart 1998
Alle Rechte vorbehalten
Fotomechanische Wiedergabe nur mit Genehmigung des Verlags
Printed in Germany
Schutzumschlag: heffedesign, Rodgau
Gesetzt aus der 10/12 Punkt Janson,
auf holz- und säurefreiem Werkdruckpapier gedruckt
und in Fadenheftung gebunden
von Freiburger Graphische Betriebe, Freiburg i. Br.
Einbandstoff: Garantleinen

Die Deutsche Bibliothek – CIP-Einheitsaufnahme

Bühl, Walter L.:
Verantwortung für Soziale Systeme : Grundzüge einer globalen
Gesellschaftsethik / Walter L. Bühl. – Stuttgart : Klett-Cotta, 1998
ISBN 3-608-91949-X

Inhaltsverzeichnis

Vorwort 7

I. Soziales System und Verantwortung
1. Handlungs- und Designverantwortung 11
2. Grenzen der Individualethik 34
3. Korporative Ethik und Verantwortung 61
4. Zum Problem der kollektiven Verantwortung 76
5. Unausweichliche Systemverantwortung 92
6. Verantwortung in der Weltgemeinschaft 109
7. Historische Verantwortung und universeller Diskurs 126

II. Prinzipien einer Sozialen System-Ethik
1. Das Prinzip des „Weiterlebens" 149
2. Die Notwendigkeit einer Systemethik 162
3. „Gleichgewichtsethik" und „dynamische Systemethik" . . . 175
4. Das Prinzip des „moralischen Relationismus" 186
5. Prinzipien der „moralischen Gemeinschaft" 196
6. Prinzipien des „ethischen Pragmatismus" 206
7. Fairneß, Gerechtigkeit, Solidarität 215

III. Systemethik und institutioneller Wandel
1. Drei Formen der Systemethik 239
2. Weltordnung und institutioneller Wandel 256
3. Für eine deontische Staatsethik 270
4. Der moralische Kern des Marktes 287
5. Kommunitarische Revisionen 304

IV. Weltordnung und Weltethik
1. Die Moral der UNO und die Menschenrechte 319
2. Die Moral des demokratischen Internationalismus 337
3. Eine neue geopolitische Ordnung ohne Moral? 354
4. Der internationale Konsequentialismus 381
5. Eine Minimalethik funktionaler Regime 399
6. Eine mehrstufige Weltethik 414

Anhang
Anmerkungen 437
Literatur 470
Sachregister 517

Vorwort

Eine neue Weltordnung ist im Entstehen und damit eine neue Weltethik – nur nicht dort, wo wir sie suchen: auf den Plätzen, wo feierliche Weltdeklarationen der UNO-Präsidien und der Weltkirchenkongresse abgegeben werden, sondern auf der Seite der transnationalen Netzwerke und globalen funktionalen Regime, der internationalen Nicht-Regierungsinstitutionen, der supra- wie subnationalen Regionen- wie Metropolenbildung. Diese Weltordnung ist das eigentliche Aufgabengebiet der verantwortlichen Führer und Manager. Und sie sind weniger für Tagesentscheidungen und Verwaltungsangelegenheiten zuständig, sondern vor allem für den Design, den Personalaufbau, für die Lern- und Entwicklungsfähigkeit all dieser technischen und sozialen Organisationen. Daneben bleiben noch so große „Deklarationen zum Frieden" auf der Basis der Individualrechte und -werte einerseits und im Rahmen der UNO-Nationalstaatsordnung andererseits wirkungslos, insofern sie (in dieser alt-juridischen Kombination) organisatorisch leer oder sogar kontraproduktiv bleiben.

So ist es realistischer, sich dem Weltordnungsgedanken und dem Weltethos von der sozialorganisatorischen Seite her zu nähern. Und hier zeigt sich auch, daß in den letzten Jahrzehnten fast unbemerkt schon ganz Wesentliches aufgebaut wurde, was durchaus entwicklungsfähig ist. Der entscheidende Punkt ist: Diese Weltordnungsarchitektur muß und wird plurifunktional und mehrschichtig sein. Und sie wird – entgegen Orwell oder Jonas, Fukuyama, Falk oder Küng – auch nicht in 1000 Jahren in einer geschlossenen Monokratie enden.

Soziologie, Politik und Geschichtswissenschaft tragen von jeher große ethische Verantwortung (und so nannten sie sich auch einst „Moralwissenschaften"). Die Aneignung der Ethik fast nur noch durch die Theologie und die Philosophie führt zu einer Anhäufung von wohlabgestimmten Appellen, von mehr oder weniger geistreichen Spielmodellen und gesellschaftlich inexplikablen Paradoxien. Außerdem ist es heute wichtiger denn je, eine nicht nur formale „Systemethik" zu schreiben. In einer jahrzehntelangen Diskussion hat man besonders in Deutschland „Subjekt" gegen „System", „Individuum" gegen „Gesellschaft" gesetzt, und man brachte es tatsächlich fertig zu behaupten, die Individuen seien nur für sich (und irgendwie „allgemeinmenschlich") verantwortlich, während sich soziale

Systeme „marktmäßig" oder „autopoietisch", „evolutionär" oder auch „katastrophisch" verhielten, weshalb systemtheoretisch inzwischen nichts anderes als moralischer Zynismus (N. Luhmann) zu rechtfertigen sei. Das war aber keineswegs die Auffassung der Gründer der Systemtheorie wie Ludwig von Bertalanffy, Norbert Wiener, Herbert A. Simon, C. West Churchman, Fred Emery, Kenneth E. Boulding, Ervin Laszlo, Mario Bunge und Herbert Stachowiak, die vielmehr erkannten, daß die Gefahren der militärischen und technologischen Entwicklung, der globalen Wirtschafts- und Organisationsentwicklung, der Bevölkerungsentwicklung und biogenetischen Diffusion nur noch mit systemtheoretischen Mitteln zu erfassen sind.

Ich danke dem Verlag Klett-Cotta, insbesondere dem Lektorat, für das Verständnis dieser, wie ich meine, grundlegenden Problematik und Renate Warttmann und Thomas Holz für ihre Lektoratsarbeiten, die sie mit so viel Konsequenz und Geschmack ausgeführt haben.

München, im September 1998 *Walter L. Bühl*

I. Soziales System und Verantwortung

1. Handlungs- und Designverantwortung

Um nicht in einen ethischen Essentialismus einerseits oder einen ethischen Naturalismus andererseits zu verfallen, der moralische Verpflichtungen unmittelbar aus wertgeladenen und emotionsbesetzten Begriffen oder aus „Naturtatsachen" ableitet, sind METAETHISCHE Überlegungen erforderlich: Welche „Theorie der Verantwortung" ist in der gegebenen gesellschaftlichen Situation verantwortbar bzw. wünschbar? Welche Rolle kann der Begriff der Verantwortung demgemäß im „Sprachspiel der moralischen Verantwortung" (Birnbacher 1995: 167f.) spielen? Daß es sich um ein Sprachspiel handelt, ist schon angesichts der historischen Entwicklung des Verantwortungsbegriffs nicht zu übersehen. Dieser Begriff ist erst seit etwa 60 Jahren zu einem zentralen ethischen Begriff neben „Pflicht", „Schuld" und „Sittlichkeit" aufgerückt (Kaufmann 1995: 85). Seine Hochkonjunktur in Philosophie und Theologie, in Kulturkritik und Feuilleton setzt mit Hans Jonas' Veröffentlichung *Das Prinzip Verantwortung* 1979 ein (Krawietz 1995: 189 ff.). Offenbar geht es hier nicht nur darum, einer neuen gesellschaftlichen Entwicklung Rechnung zu tragen, sondern vor allem darum, anzuklagen. Eine Alternative wäre ja, den Begriff der „gesellschaftlichen Kontrolle" oder der „Systemsteuerung" zu gebrauchen und mehr über die Institutionalisierung von Kontroll- und Steuerungsinstrumenten, -verfahren und -strategien nachzudenken. Statt dessen wird einem in seiner Abstraktion unfaßbaren Handlungssubjekt – dem Menschen, der Menschheit – eine kollektive und pauschale Verantwortung angelastet, die paradoxerweise jedoch auf einen angeblichen Determinismus – nämlich die wachsende Kluft zwischen der „Macht des Tuns" und der mangelnden „Kraft des Vorherwissens" – zurückzuführen ist (Tönnies 1991: 379; Gray 1988: 424f.). Die Beschwörung eines universellen „Prinzips" der Verantwortung droht so in ein tatsächliches Verantwortungsalibi abzugleiten. Aber auch da, wo der pragmatische Handlungs- und Organisationsbezug nicht verfehlt wird, bleibt der Sprachspielcharakter vor allem darin deutlich, daß das Verantwortungsproblem immer auch ein Problem der „Verantwortungszuschreibung" ist. Diese erfüllt ihren Zweck aber erst, wenn die angesonnene Verantwortung in der Selbstverpflichtung und Selbstbindung des Angesprochenen – also des Angeklagten oder des Beauftragten – akzeptiert wird. Die Tatsache, daß immer eine Verantwortungszuschreibung im Spiel ist, die ja ihrerseits auf einem Irrtum oder dem Versuch der Abwälzung einer eigenen Verantwortung beruhen kann, vermindert keineswegs den Ernst oder Verpflichtungscharakter einer übernommenen Verantwortung. Sie macht im Gegenteil erst die Mehrdimensionalität eines wahrhaft verantwortlichen Handelns deutlich.

ETHIK soll im folgenden als „Reflexionstheorie der Moral" definiert werden (so Luhmann 1991: 14; so ähnlich aber auch Tugendhat 1994: 39; Keuth 1994: 288). Diese Definition folgt dem neueren Sprachgebrauch und steht im Gegensatz zur Etymologie, wonach „ethos" und „mores" weitgehend als synonym zu betrachten sind. Die MORAL stellt den normativen Bezugsrahmen für das Verhalten vor allem zu den Mitmenschen, aber auch zur Natur und zu sich selbst dar (Höffe 1986: 170). Der Begriff der Moral soll hier nicht im Sinne Luhmanns mikrosoziologisch und funktionalistisch verengt werden, der „Moral" ganz auf das Ego-Alter-Verhältnis und dort wiederum nur auf die wechselseitige Achtung bezieht (Luhmann 1978: 51). Vielmehr sollen auch und gerade MAKROSOZIOLOGISCHE, also interorganisatorische und internationale Beziehungen miteingeschlossen werden, die sich nicht auf Respekt, sondern einerseits auf die Gleichgewichtsbedingungen von Fairneß, Gerechtigkeit und Solidarität, andererseits aber auch auf die Ungleichgewichtsbedingungen von Macht, Selbstbehauptung, Ausbeutung und Mißtrauen beziehen. Ebenso kann sich eine SOZIALETHIK nicht auf die interpersonellen und intrainstitutionellen Beziehungen beschränken: Sie muß eher eine „gesellschaftsstrukturelle Ethik" (Rich 1989: 65) oder GESELLSCHAFTS-ETHIK sein, und zwar letztlich im Sinne einer „Weltgesellschaft oder -gemeinschaft". Zur Aufgabe der Ethik gehört es, philosophisch auf die Moral zu reflektieren und die jeweils herrschende kritisch zu prüfen (Höffe 1986: 54). Ethik hat die Prinzipien der Moral zu analysieren, ihre Normen, Werte wie auch ihre gesellschaftlichen Bedingungen, die wirtschaftlichen, politischen und psychohistorischen. Am schwierigsten ist es, eine systematisch kohärente Theorie zu entwickeln, in der eine Klärung von Axiomatik und Axiologie, von Verfahren der Begründung und der Anwendung erreicht wird. Eine solche Theorie führt zu einer utilitaristischen oder deontologischen Ethik, einer Tugend- oder Systemethik und erlaubt angesichts bestimmter Zentralfragen generalisierbare oder möglicherweise universalisierbare Urteile. In diesem Sinn aber ist jede entfaltete Ethik notwendigerweise „Systemethik".

Ethik wie Moral beruhen letztlich auf einem gemeinsamen Ethos, dessen reflexiver bzw. irreflexibler Ausdruck sie sind (Beiner 1989: 234). Die Ethik begründet keine neue Moral, kann aber viel zur Klärung und Kritik der herrschenden Moral, ihrer Entwicklungsbedingungen und zu erwartenden Folgen beitragen. Die Moral entsteht weithin unbewußt aus dem gelebten Ethos, aus den Ängsten und Hoffnungen der Menschen. Die Normierungsversuche und Wertbeschwörungen der Moralisten schaffen keine neue Moral: Sie haben eher schon „etwas leicht Pathologisches an sich" (Luhmann 1991: 18) und zeigen nur an, daß etwas in Unordnung geraten ist. Die Metaethik beschäftigt sich mit dem Verhältnis von Ethik, Moral und Ethos in philosophischer wie auch in wissenssoziologischer und historischer Hinsicht. Die vorliegende Ethik ist eine Systemethik aus makrosoziologischer Perspektive. Die Gültigkeit anderer makroperspektivischer – z. B. weltwirtschaftlicher und weltpolitischer – oder mikroperspektivischer Erklärungsansätze – z. B. individualistischer oder mikrobiologisch-epidemiologischer – wird damit keineswegs ausgeschlossen, sondern vielmehr impliziert.

Um zunächst einmal von einer Minimaldefinition eines verantwortlichen sozialen Handelns auszugehen, so ist erstens zu berücksichtigen, daß ich meiner Verantwortung nicht entfliehen kann, daß sie nicht eine Entscheidung aus meiner Subjektivität – meinem freien Willen oder meiner Selbstherrlichkeit – ist, sondern daß sie sich aus der zeitlichen und ontologischen Vorgegebenheit des Anderen vor meinem Ich ergibt. In diesem Sinn kann Emmanuel Lévinas (1983: 283 f., 226) von der „Besessenheit" vom Anderen sprechen, dessen „Geisel" ich bin. Die Verantwortung ist im Prinzip unbegrenzt: „Je mehr ich mich meiner Verantwortung stelle, um so mehr bin ich verantwortlich." Dabei ist die Verantwortung für den Anderen kein privates Verhältnis: Meine Verantwortung ist eine Verantwortung vor dem Dritten; denn woher weiß ich, wer der Nächste ist? Was für den Anderen als Du gilt, muß aus Gründen der Gerechtigkeit auch für jeden Anderen gelten, und muß gerade für den gelten, dessen Verantwortungsfähigkeit am geringsten ist, der also am meisten meiner Hilfe bedarf. Insofern bin ich auch noch „für seine Verantwortung selbst verantwortlich" (Lévinas 1992: 73). Mit anderen Worten: Verantwortung ist primär ein Sozialverhältnis; ob sie darüber hinaus noch zu einem Rechtsverhältnis oder einer persönlichen Gewissensfrage oder einem „Verantwortungsgefühl" (Jonas 1979: 235; Kettner 1990: 425) wird, ist sekundär – und ob sie philosophisch oder theologisch reflektiert wird, tertiär.

Verantwortungsübernahme schließt zweitens eine INTRINSISCHE und eine EXTRINSISCHE Komponente ein: Obwohl wir letztlich nur Handlungen verantworten und Zwecke verfolgen können, die wir intrinsisch – also „an und für sich" – für wertvoll halten, so ist doch nicht zu leugnen, daß wir alle Handlungen und auch Unterlassungen zugleich und vor allem aus extrinsischen Gründen – um anderer Menschen und anderer als der von uns angestrebten Ziele willen – zu verantworten haben. Die Verantwortungszuschreibung, z. B. einer Aufsichtspflicht, Fürsorgeverantwortung, Herstellungs- und Präventionsverantwortung, beruht in der Regel gerade auf externen Gründen und ist nur als solche genauer definiert. Die verschiedenen Axiologien können sich offenbar in bezug auf die intrinsische Seite der Verantwortung lediglich darauf einigen, daß sich diese eben gerade auf das Wohl und Wehe bewußtseinsfähiger Wesen beziehen kann. Doch genügen extrinsische Verantwortungszuschreibungen vollauf, und es ist nicht notwendig, für jede Verantwortung eine intrinsische Begründung zu finden; im Gegenteil ist es höchst problematisch, wie bei Hans Jonas, die Aufnahme von Biotopen und Landschaften oder sogar Unbelebtem in den unmittelbaren Gegenstandsbereich moralischer Regeln zu fordern. Das schließt nicht aus, daß jemand für sich persönlich diese Anforderungen internalisiert; doch würde ihre Generalisierung zur Pflicht für alle anderen Menschen deren Lebensrechte unter Umständen empfindlich beschneiden.

Ebenso sind drittens die scheinbar äußeren oder QUANTITATIVEN Kriterien durchaus kritische moralische Gradmesser einer ernsthaften Verantwortungsübernahme. Mögliche Maßstäbe könnten sein, daß nur solch ein Handeln und Verhalten verantwortlich zu nennen ist, das in bezug auf die Erreichung der intendierten Ziele tatsächlich zweckdienlich ist, oder daß die Kostenbelastung und psychische Belastung der einzelnen in einem rechtfertigbaren Verhältnis zu einem zu erwartenden Gesamtnutzen stehen muß. Wenn Verantwortung praktisch werden soll, dann gewinnen eben auch quantitative und energetisch-ökonomische Aspekte an Bedeutung (Hardin 1976). Dabei ist das Zweck-Mittel-Verhältnis in der Regel multidimensional zu sehen, d.h., es stehen nur Mittel zur Verfügung, die nicht bereits durch bestehende Verantwortlichkeiten in Anspruch genommen werden; im Konfliktfall entscheidet der normative Rang der einzelnen Verantwortlichkeiten. Dieser letztere ist allerdings nur qualitativ zu definieren. Einerseits kann die Mittelknappheit nicht die Priorität der Zwecke bestimmen, andererseits kann nicht jedes beliebige Mittel für moralisch hochrangige Zwecke eingesetzt werden – der Zweck „heiligt" nicht die Mittel. Insgesamt können Verantwortungszuschreibungen *de facto* so weit übernommen werden, wie das soziale System effizient bleibt, d. h., wenn die Akteure nicht überfordert werden und wenn die Zahl und Intensität der nicht frei wählbaren Verantwortlichkeiten möglichst gering bleibt. Vor allem kommt es darauf an, die Prioritäten so zu setzen, daß die entscheidenden Systemvariablen tatsächlich beeinflußt und in ihrem Zusammenhang kontrolliert werden können. Es ist gerade die rekursive Überprüfung dieser Zweck-Mittel-Verhältnisse, die Max Webers „Verantwortungsethik" von einer bloßen „Gesinnungsethik" unterscheidet (1956: 175 f.).

Schon vom Handelnden aus gesehen, ist damit viertens der Verantwortungsbegriff nur als ein MEHRSTELLIGER RELATIONSBEGRIFF darstellbar, der mindestens die folgenden Komponenten enthält: Ein Verantwortungssubjekt ist für seine Handlungen und Unterlassungen verantwortlich gegenüber einem Adressaten, einem „Anderen", vor einer bestimmten Instanz, dem „Dritten", in bezug auf ein normatives Kriterium bzw. ein Gefüge von Normen und Prioritäten, im Rahmen gegebener oder neu zu schaffender Mittel (Lenk/Maring 1990: 97). Wenn man berücksichtigt, daß soziales Handeln in der Regel im Rahmen von Institutionen stattfindet, d. h., daß Adressaten und Normen, Aufgabenbereiche – die Rollen – und Kontrollinstanzen im wesentlichen vorgegeben sind, dann ist allerdings eine INSTITUTIONEN- bzw. SYSTEMTHEORETISCHE Beschreibung vorzuziehen (Krawietz 1995: 206 ff.). Diese benennt die Randbedingungen, unter denen überhaupt erst Handlungsverantwortung übernommen und zugeschrieben werden kann. In diesem Sinne erweist sich der „Handelnde" eher als selektiv wirksam werdende Schaltstelle der Verhaltenssteuerung denn als autonom schaltendes und waltendes Subjekt. In dieser Perspektive läßt sich verantwortliches Handeln als ein Handeln beschreiben, das einerseits an gewohnheitsmäßigen oder formalisierten Regeln, andererseits aber an den individuell-konkreten Situationsbedingungen – soweit diese gewußt oder in Analogie zu früheren Situationen rekonstruiert werden können – orientiert ist. Der Handelnde fühlt sich vor einer inneren und äußeren Instanz verantwortlich, wobei Verantwortung *de facto* dann erst möglich ist, wenn den an das Individuum herangetragenen Regeln und Prinzipien eine freiwillige oder auch mehr oder weniger durch die Umstände erzwungene langfristige Selbstbindung entspricht.

Umgekehrt wird deutlich, daß Zurechnung und Verursachung oft nicht allzuviel miteinander zu tun haben. Abgesehen davon, daß schon die Verursachung in sozialen Systemen nur als multikausal oder kybernetisch rückgekoppelt – also auf keinen Fall punktuell und deterministisch – gedacht werden kann und daß demgemäß multiplikative Wahrscheinlichkeiten anzugeben wären (Ropohl 1990: 90), ist es gerade die Funktion einiger Subsysteme der Gesellschaft, wie z. B. des Rechts, der Politik, der Medien, aber auch der Religion, institutionell geprägte und normativ – notfalls auch mythisch-rituell – gesicherte Wahrnehmungsmuster und Zurechnungskonstrukte zur Verfügung zu stellen. Sie ermöglichen es – geschehe, was auch immer –, eine verantwortliche Person oder ein zuständiges Kollektivum ausfindig zu machen. Man mag es als eine besondere Infamie der Individualisierung betrachten, daß im Strafrecht und im bürgerlichen Recht Verantwortung bevorzugt individuell zugeschrieben wird. Gleichzeitig muß man aber sehen, daß dieser Zuschreibungsmodus gelegentlich nicht nur unzumutbare Belastungen mit sich bringt, sondern auch eine Entlastung darstellt, insofern er den Individuen eine Rolle und einen Kompetenzbereich vorgibt, sie aber auch von weitergehenden Reflexionen über den Sinn ihrer Tätigkeit und über Folgen und Nebenfolgen entbindet. Es ist nicht zu bestreiten, daß die genannten Subsysteme bis zu einem gewissen Grad selbstreferentiell und selbstläufig werden, so daß sich deren Verantwortungszuschreibungen oft erheblich von der von den Akteuren erlebten „Handlungswirklichkeit" unterscheiden. Gerade in der Hinnahme dieser Differenz wird die eigentliche moralische Qualität einer systemtheoretischen und die Mangelhaftigkeit einer nur handlungstheoretischen, individualethischen Beschreibung deutlich: Obwohl nämlich die Verantwortungszuschreibungen unzutreffend, grob schematisch und ungerecht sein können, werden sie in der Regel stillschweigend hingenommen, da dieses Zuschreibungssystem andererseits ja die Integration einer moralischen Gemeinschaft sichert und zumindest den Willen zu Rechtssicherheit und Gesetzestreue zum Ausdruck bringt.

Wenn man von dieser Verantwortungsdefinition ausgeht, stellt sich als nächstes die Frage, wie das soziale System beschaffen ist oder sein wird, in dem Verantwortung zugeschrieben und übernommen werden soll und dem die Prinzipien einer zukunftsfähigen Ethik entsprechen sollen. Diese Frage ist apodiktisch nicht zu entscheiden. Wenn man jedoch nach einer Ethik für die jetzt lebenden Menschen und ihre von ihnen selbst definierten Lebensprobleme sucht und wenn man die über ihre Gesellschaft reflektierenden Ethiker gewissermaßen als Sprecher ihrer „moralischen Gemeinschaft", die sich auch im Zustand einer teilweisen oder tendenziellen Anomie befinden könnte, betrachten darf, dann lassen sich aus den gegenwärtigen Wandlungstendenzen in der Konzeption einer Sozial- oder GESELLSCHAFTSETHIK[1] doch einige Aufschlüsse gewinnen.

Erstens scheint die Suche nach KAUSALER Verantwortung nicht mehr sehr interessant bzw. schon eher ausgesprochen unergiebig zu sein; wenn aber dennoch sinnvoll von kausaler Verantwortung zu sprechen ist, dann wird sie „Ereignissen", einschließlich „Handlungen" und „Zuständen", nämlich Systemzuständen oder -phasen, zugeschrieben. Denn einerseits ist offensichtlich, daß Handlungen immer „Verbundhandlungen" – joint acts – oder Konfigurationen von Verbundhandlungen sind, andererseits geschehen viele Dinge ohne herausgehobene „heroische" und damit zurechenbare Handlungen. Selbst wenn, wie im Strafrecht, eine *Ex-post*-Verantwortung postuliert wird, geht es weniger darum, daß individuellen oder kollektiven Akteuren eine Handlung oder Unterlassung samt ihren möglichen oder tatsächlichen Folgen moralisch oder rechtlich zugerechnet wird, sondern um die Vermeidung einer Rechtsverletzung bzw. einer Schuld *ex ante*. Die retrospektive Betrachtung der Rechtsanwendung ist also einer prospektiven Sicht vor allem im Hinblick auf die Sicherung der Rechtsgemeinschaft und die Rechtsetzung gewichen (Ropohl 1987: 157 f.). Verantwortung wird zunehmend zukunftsorientiert – funktional – und nicht mehr vergangenheitsorientiert – pseudo-kausal – interpretiert.

Dabei geht die Ethik kaum noch von utopischen Zuständen und idealtypischen Konstrukten aus; vielmehr steht immer der stets wenig ideale Ausgangszustand ohnehin „schlecht definierter" Systeme im Vordergrund (Moray 1984). Systementwicklung schließt Systemerhaltung mit ein. „Der Sprung über die Realität hinweg in den Idealzustand" ist nach allen bisherigen Erfahrungen eher kriminell zu nennen; moralische Pflicht ist hingegen das Bemühen um langfristige Veränderung der Verhältnisse in Richtung einer regulativen Idee (Apel 1988: 266).

Niemand wird mehr an einen linearen und globalen „Fortschritt" glauben; eher sind die Folgen und Nebenfolgen zu bedenken, die jedoch in der Regel bloß über wenige Schritte verfolgbar und im Prinzip unabsehbar sind. Sicher ist, daß die Veränderungen durch Hochs und Tiefs hindurchgehen und daß die Gewinne der einen mit den Verlusten oder dem Zurückbleiben der anderen verbunden sein werden. Trotz der Unabsehbarkeit der zukünftigen Entwicklungslinien wechselt die Ethik ihren Standpunkt von einer Verursachungs- und Schuld-Ethik zu einer FOLGENVERANTWORTUNGS-ETHIK oder einer Ethik der kontinuierlichen Systemsteuerung. Insofern die Folgen unabsehbar sind, geht eine solche Ethik über einen bloßen Konsequentialismus oder Handlungs-Utilitarismus (im Gegensatz zu dem eher diskutablen Regel-Utilitarismus) notwendigerweise weit hinaus. Es muß in dieser Ethik durchaus unabweisbare deontische Prinzipien, wie z. B. das Prinzip der Gerechtigkeit und der solidarischen Mitverantwortung, geben. Ebenso kann und muß die Folgenabschätzung heute mit wissenschaftlichen Mitteln und Methoden betrieben werden – wobei es immer noch die vornehmste Aufgabe des Staates ist, die notwendige Organisationsstruktur und Mittelausstattung für eine kontinuierliche und die Einzelinteressen übergreifende Zukunftsforschung und -planung zur Verfügung zu stellen. Insoweit aber die Entwicklung von niemandem – auch nicht von Experten – mit hinreichender Sicherheit vorhergesagt oder gesteuert werden kann, jedoch alle die Folgen tragen müssen, kann man nur versuchen, Organisationsformen für eine möglichst breite Beteiligung von Experten, Politikern und Bürgern zu entwickeln (Apel 1988: 288; 37).

Eine solche Ethik ist zweitens notwendigerweise eine „planetarisch bezogene Makroethik solidarischer Verantwortung der Menschheit" (Apel 1988: 18). In einer MAKROETHIK interessieren weniger die Mikromotive der Individuen, auch nicht ihre angeblichen Nutzen-Kosten-Erwägungen, noch ihre Emotionen oder Wertsetzungen, sondern vor allem die Funktion und Struktur der gesellschaftlichen Subsysteme und internationalen Regime mit ihren typischen Konfliktpotentialen und Konfliktlösungsstrategien. Mit Recht ist eine universalistische Ethik mit GLOBALEM Ausgriff gefordert, da nicht nur die nukleare Bedrohung, sondern auch die wirtschaftlichen Beziehungen zwischen Industrie- und Entwicklungsländern, die wissenschaftlich-technologische Entwicklung, die massenmediale Indoktrination ebenso wie das Bevölkerungswachstum, die Migration und die Flüchtlingsströme, die Ausbreitung von Seuchen und Drogen, und nicht zuletzt die Bedrohung oder gar Zerstörung der ökologischen Tragfähigkeit Probleme globaler Tragweite sind. Sie müssen von allen politischen Systemen und Kulturen in gleicher Weise bewältigt werden – oder können eben überhaupt nicht gelöst werden. Von einer solidarischen Verantwortung der Menschheit sind wir allerdings noch weit entfernt. Statt dessen dominieren noch die „Selbstbehauptungssysteme" der Nationalstaaten und Ethnien, der multinationalen Unternehmen und Generalstäbe, die unter dem strategischen Vorbehalt miteinander kooperieren, daß auch der Gegner oder Konkurrent für jede Leistung eine Gegenleistung erbringt. Wo die Koordination oder Kooperation funktioniert, dort ist sie – wie in den funktionalen Regimen der Seefahrt und des Luftverkehrs, des internationalen Währungssystems und Zahlungsverkehrs – weitgehend entpolitisiert und ethisch neutralisiert. Statt der Solidarität herrscht das Bestreben der Konkurrenten vor, sich wechselseitig in Schach zu halten, um sich vor einem Überraschungsangriff, vor Defektion und Trittbrettfahrertum zu schützen. Trotzdem ist auch dieses auf Selbstschutz und Selbstbehauptung ausgerichtete Verhalten nur durchzuhalten, wenn über die technisch-strategische Stabilisierung der Austausch- und Machtverhältnisse hinaus von allen Beteiligten eine positive Gesamtentwicklung angestrebt wird. Eine dauerhafte Kooperation gibt es dort, wo Fairneß herrscht. Fairneß als ethisches Prinzip hat aber nur Bestand, wo eine ausgleichende Gerechtigkeit in Aussicht steht, um die in der Praxis unvermeidlichen Asymmetrien erträglich oder sogar fruchtbar zu machen; Gerechtigkeit jedoch setzt Großzügigkeit und Solidarität in einer sich selbst bewußt werdenden moralischen Gemeinschaft voraus.[2]

Drittens muß eine zeitgemäße und zukunftsfähige Ethik UNIVERSALISTISCH sein. Wie sollte ein friedliches Zusammenleben der Völker und Kulturen, aber auch der so sehr auf ihre Selbstverwirklichung bedachten Individuen möglich sein, wenn nicht auf der Grundlage einer universalistischen, für alle gültigen Ethik mit gemeinsamen moralischen Grundsätzen? Allerdings kann dieser Universalismus nicht mehr – wie bei Kant – auf die Denknotwendigkeiten einer allgemeinen „Menschenvernunft" und auch nicht – wie bei Hegel oder Marx – auf die substantielle Sittlichkeit des „Volksgeistes" der Nation oder der Arbeiterklasse gegründet werden; zu groß sind die Niederlagen der „Menschenvernunft" und die von den „Volksgeistern" im Namen des „Weltgeistes" heraufbeschworenen Katastrophen. So ist die Wende gegen einen Universalismus, der mit Totalitarismus verwechselt wird und der angeblich die individuellen Glücksmöglichkeiten mißachtet, allzu verständlich. Trotzdem sind die Versuche, das „gute Leben" oder „die Lebenswelt" in privativistischer Weise zu retten, zum Scheitern verurteilt[3]: Die Lösung liegt nicht in der ethischen Abdankung, sondern im Universalismus und in der Neubegründung der „praktischen Vernunft", wie sie bei Kant im Begriff der „Publizität" bzw. der „räsonierenden Öffentlichkeit" angelegt, wenn auch nicht ausgeführt ist.[4] Dazu zählen nicht allein die Massenmedien und die Stammtische, die schon eher eine Karikatur des Begriffes darstellen, auch nicht nur die Parteien und Parlamente oder die Vorstände und Aufsichtsräte der großen Unternehmen und Banken, sondern eben auch reflexive Meta-Institutionen wie Recht, Wissenschaft, Philosophie, Zukunfts- und Risikoforschung. Schließlich ist der „theoretische Diskurs" der Philosophen und Kritiker – bei aller Eigenständigkeit und gelegentlichen Bizarrerie – rückgekoppelt mit dem ganz „praktischen" Diskurs der Konkurrenz der Unternehmen, der Verteilung des Sozialprodukts, der militärischen Allianzenbildung und des Kampfes um hegemoniale Vorherrschaft. Gerade ethische Abhandlungen lesen sich oft wie ein unbewußter Reflex (seltener als Reflexion) auf Veränderungen in der geopolitischen Lage.

Nach all den theoretischen Spielen, paradigmatisch gerade mit der „Spieltheorie", die alle zu so wunderbar klaren Begriffen kommen, weil sie stets von ausgedachten Beispielen und Grenzsituationen ausgehen – deshalb aber auch weithin weltlos sind –, ist viertens der Primat der PRAXIS in der Ethik kaum noch zu bestreiten (Krawietz 1995: 185). Wenn aber eine Ethik praktisch werden soll, dann muß man auch der Anwendungsproblematik – unabhängig von der Begründungsproblematik – größere Aufmerksamkeit schenken. Deontologisch kann nur der Begründungsteil einer Ethik sein, während in einer genuinen Verantwortungsethik die Anwendung lediglich konsequentialistisch gerechtfertigt werden kann; d. h., es ist stets von den gegenwärtigen Konstitutionsbedingungen eines moralischen Problems auszugehen, und es sind immer zugleich die Folgen der vorgeschlagenen Lösung zu bedenken. So wäre es z. B. in einem drohenden atomaren Konflikt unsinnig, dem Imperativ der idealen Grundnorm – keine Gewalt bei der Konfliktregelung anzuwenden – unter allen Umständen zu folgen, wenn damit der praktische Imperativ der Selbstbewahrung verletzt würde: Indem dem Gegner Tür und Tor geöffnet würde – und er sich z. B. nicht auf Abrüstungsverhandlungen und auf gegenseitige Kontrollmaßnahmen einlassen müßte –, wäre dies geradezu amoralisch und ethisch durch noch so schöne Ideale nicht zu begründen (Henrich 1990: 84ff.). Oder wenn der Gesetzgeber keine Anstrengungen unternimmt, die Umweltverschmutzung zu kontrollieren und das Lohndumping zu unterbinden, kann man nicht erwarten, daß sich Unternehmen – im heroischen Alleingang und unter Hinnahme von möglicherweise ruinösen Wettbewerbsnachteilen – die inzwischen gesellschaftlich weithin akzeptierten Normen zu eigen machen. Auch das Diskursprinzip, das zunächst einmal in den Begründungsbereich einer Sozialethik gehört, läßt sich nicht unmittelbar in eine „dialogische Unternehmensführung" umsetzen, wenn es nicht auch zur Leitidee anderer Unternehmen wird – und auch dann nur, insofern funktionsnotwendige Reservate der Expertise und der Managemententscheidung erhalten bleiben.[5]

Die Ethik wird damit fünftens zu einer ZWEI-STUFEN-ETHIK (Hare 1992: 70 ff.; Apel 1988: 285). Ohne ihre deontologische Begründung aufzugeben, muß sie sich auch auf utilitaristische Erwägungen bzw. auf die in der Regel wenig idealen Verhältnisse der gesellschaftlichen, politischen oder wirtschaftlichen Praxis kontrafaktisch einlassen. Zum einen braucht damit Kants große Leistung – eine dank seines „kategorischen Imperativs" zum erstenmal eine für alle Menschen, auch für die unterschiedlichsten soziokulturellen Lebensformen, unbedingt verbindliche Ethik geschaffen zu haben – nicht aufgegeben zu werden. Wenn auch die bloße Berufung auf die Vernunft inzwischen als Leerformel erscheint, so läßt sich doch die transzendentale Begründung durch einen zusätzlichen Reflexionsschritt erhalten. Es muß lediglich einsichtig gemacht werden, daß jeder, der eine ernsthafte Frage stellt und eine Antwort erwartet, dies nur tun kann, insoweit er den Anderen als gleichberechtigtes Mitglied einer immer schon bestehenden Kommunikations-, Interpretations-, aber auch Interaktionsgemeinschaft anerkennt. Hiermit übernimmt er aber auch solidarische Verantwortung für die anstehende Problemlösung (Apel 1986: 28). Diese Interpretationsgemeinschaft ist im Prinzip natürlich unbegrenzt, insofern wir einerseits alle vom gleichen Ethogramm ausgehen und trotz unterschiedlicher Sprachen doch einer gemeinsamen globalen Kulturgemeinschaft angehören und wir andererseits immer wieder neue Argumente und lebenspraktische Innovationen erwarten dürfen. Dies ist in gewisser Weise auch eine „transzendentale" Letztbegründung der Ethik – allerdings eine durchaus mundane Begründung, die weder einer essentialistischen Annahme – sei es Gott, die Vernunft oder die Natur – bedarf, noch sich allein in einem einzigen (für ALLE Menschen denkenden) Denkerhirn abspielt.

Zum andern wird die Ethik geöffnet für Fragen der SOZIALEN ORGANISATION in Politik, Wirtschaft und Wissenschaft. Es ist ja keineswegs gleichgültig, in welchem gesellschaftlichen Umfeld eine Ethik konzipiert und gelebt wird. Eine Ethik der Kommunikation, die die Betroffenen selbst oder ihre Treuhänder und Advokaten am Entscheidungsprozeß beteiligen will, ist notwendigerweise eine Ethik der pluralistischen und multistabilen, der selbstorganisierenden und vielfach vernetzten Systeme mit einem großen dynamischen Potential, das allerdings auch ins Unheil führen kann. Insofern in dieser zweistufigen Ethik von keiner feststehenden Wahrheit und von keinem schlechthin Guten – außer allein Kants „gutem Willen" – mehr ausgegangen werden kann, so wird die Berücksichtigung der Fehlbarkeit genauso wie der Entwicklungsfähigkeit der menschlichen Vernunft durch die planmäßige Organisation theoretischer und praktischer Problemlösungsdiskurse zur ersten ethischen Pflicht (Apel 1988: 274). Die Suche nach der Wahrheit oder nach der Definition moralischer Werte oder Prinzipien wird damit einerseits zu einem unabschließbaren Prozeß, andererseits aber auch zu einem Prozeß, der an der historischen Situation anknüpfen MUSS, ob diese nun als „vernünftig" und „gut" oder als „chaotisch" und „moralisch unhaltbar" erscheint. Die Ethik wird so zu einer prozeduralen oder besser – weil auch Prozeduren dem historischen Prozeß unterworfen sind – zu einer PROZESSUALEN UND HISTORISCHEN Ethik.

Die Konzeption einer Zwei-Stufen-Ethik hat nun auch ihre Auswirkungen auf die Konzeption der VERANTWORTUNGSÜBERNAHME bzw. -ZUSCHREIBUNG. Wenn Begründungs- und Anwendungsprobleme nicht klar unterschieden oder wenn sie miteinander verwechselt werden, glaubt man, das Prinzip der Universalität zwinge dazu, nur einen abstrakt-allgemeinen Verantwortungsträger annehmen zu können. Das ist entweder „der Mensch" schlechthin, der dann jedoch fälschlicherweise wieder mit einem konkreten Individuum vertauscht wird, oder es ist „die Menschheit". Dies läßt dann auf eine kollektive Verantwortung schließen, obwohl damit kein einziges Kollektivum in seiner spezifischen Organisationsstruktur erfaßt werden kann. Dieses Verwechslungsspiel ist bestens geeignet, mit globalen Schuldzuweisungen zu operieren; es erlaubt jedoch keine stichhaltige Analyse einer realistischen Verantwortungsverteilung.

In einer Zwei-Stufen-Ethik hingegen bleibt die Verantwortungszuschreibung vom Universalisierungsproblem unbelastet; individuelle und kollektive Verantwortung stellen keinen antagonistischen Gegensatz dar; das Problem der Verantwortungszuschreibung und -übernahme ist kein metaphysisches, sondern ein gesellschaftliches bzw. politologisches und soziologisches Problem. Es wird dann sehr schnell einsichtig, daß stets ein

MEHRSCHICHTIGES Verantwortungssystem zu beschreiben ist, in das die verschiedenen Verantwortungsbereiche und Funktionsebenen eingebettet sind – von der individuellen Handlungs- oder Ergebnisverantwortung über die Aufgaben- und Rollenverantwortung bis zur korporativen und kollektiven Verantwortung (Lenk 1994: 194). Die Suche nach jeweils EINEM Prinzip der Verantwortungszuschreibung für verschiedene Systemebenen und Handlungsformen, das sogenannte „moralische Fraktal-Prinzip" von Goodpaster 1985, erweist sich als unrealistisch oder kontraproduktiv; vielmehr liegt der eigentlich ethische Sinn einer Verantwortungszuschreibung darin, daß je nach Situation und Problemstellung eine plausible Selektion von Ursachen und Wirkungen bzw. von Verantwortungsträgern vorgenommen und deren BEZIEHUNG zueinander dargestellt werden kann.

Naiverweise sähe man es am liebsten, wenn man jeweils für eine bestimmte Handlung – in Wirklichkeit: für ein auffälliges Handlungsergebnis in seiner jeweiligen Erscheinungsform – auch ein bestimmtes und immer nur ein Individuum verantwortlich machen könnte. Und manche neoliberalen oder auch neokonservativen Vordenker werden nicht müde zu betonen, daß schließlich jede Gemeinschaft aus Individuen besteht und deshalb immer Individuen zur Verantwortung gezogen werden können. Über das Problem der „Aggregation" (oder besser: der Sozialisation und Integration dieser Individuen in eine bestimmte Form der Gemeinschaft) brauchen sie sich auf diese Weise keine Gedanken zu machen. Wenn man gezwungen ist, sich mit dem Problem „kollektiver Güter" oder „Übel" oder auch nur mit dem Problem der nicht-intendierten sozialen Nebenfolgen individuellen Handelns auseinanderzusetzen, kehrt sich die Sichtweise allerdings um, und man stellt fest, daß es zu einer individuellen Verantwortungszuschreibung in der Regel nur aus negativen Gründen kommt: dann nämlich, wenn sich Individuen von dem quasi natürlichen Kooperationsverband lossagen, d.h., wenn sie defektieren oder sich als „Trittbrettfahrer" partout auch noch moralisch behaupten wollen. Den Juristen ist ohnehin klar, daß das individuelle Subjekt lediglich als bequemer Zurechnungspunkt für Rechte und Pflichten dienen kann: Mit wem sollte man sonst ein Rechtsproblem diskutieren können, wenn nicht mit den unmittelbar oder mittelbar Beteiligten bzw. ihren Rechtsvertretern? Damit ist aber das Verantwortungsproblem noch keineswegs gelöst. Trotzdem soll das moralische Problem der individuellen Verantwortung über alle Aufgaben- und Rollenverantwortung bzw. über eine korporative oder kollektive

Mitverantwortung hinaus nicht geleugnet werden: Individuen, besser: Personen tragen eine Verantwortung für das Ergehen anderer, die nicht abweisbar oder delegierbar ist und die für jedermann in vergleichbarer Situation in gleicher Weise gilt (Lenk 1989: 488). Man kann sogar behaupten, daß mit der Zunahme der Handlungs- und Wirkungsmöglichkeiten im Zuge der technologischen und organisatorischen Entwicklung der Informationsgesellschaft das Gewicht der persönlichen Verantwortung noch zugenommen hat. Es ist daher gar keine Frage, daß die individuelle moralische Verantwortung „weiterhin eine Zukunft" hat; zu bestreiten ist jedoch, daß die moralische persönliche Verantwortung „das prototypische Beispiel und Vorbild der Verantwortung generell" ist und bleibt bzw. daß Korporationen nur eine „sekundäre moralische oder moralanaloge Verantwortung" hätten (so jedoch: Lenk/Maring 1995: 282).

Setzt das Verständnis der persönlichen moralischen Verantwortung eine gewisse moralische Sensibilität voraus, so erweist sich die Zuschreibung einer AUFGABEN- UND ROLLENVERANTWORTUNG, insbesondere im Berufsleben wie im politischen Alltag, scheinbar als noch einfacher und robuster. Diese Verantwortung, die eine ganz „spezifische" und genau abgegrenzte Verantwortung zu sein scheint, läßt sich pseudo-juristisch noch am leichtesten rekonstruieren: Jemand, der durch Ausbildung und Berufserfahrung die nötige Kompetenz erworben hat, hat sich – informell durch die Zustimmung zu sozialen Erwartungen, formell durch Vertrag oder Eid – verpflichtet, eine Aufgabe „nach bestem Wissen und Gewissen" zu erfüllen bzw. eine Rolle oder vielmehr ein Rollen- oder Funktionenbündel in einer arbeitsteiligen Organisation zu übernehmen. Arnold Gehlen (1969: 151) behauptet bekanntlich: „Das Wort Verantwortung hat nur da einen deutlichen Sinn, wo jemand die Folgen seines Handelns öffentlich abgerechnet bekommt, und das weiß". Karl-Otto Apel (1988: 170) stellt dem mit Recht entgegen, daß damit, nach Lawrence Kohlberg 1986, gerade die „Stufe 4" in der entwicklungspsychologisch gesehenen Moralentwicklung erreicht sei, nämlich die der konventionellen Moral von „Law and Order". Nun ist aber nicht zu bestreiten, daß der organisatorischen, *quasi* nur „technischen" Arbeitsteilung auch eine „moralische Arbeitsteilung" in dem Sinn entspricht, daß einerseits etwa die Familie bzw. die Eltern durch Kindergarten, Schule, Sozialfürsorge, Kirche usw. moralisch „entlastet" oder auch „bevormundet" werden (Krawietz 1995: 186). Dadurch werden ihnen bestimmte Wertvorstellungen, Verhaltensnormen und Kulturgüter vorgegeben, auf deren Vermittlung oder Modifikation sie nur wenig Einfluß haben.

Andererseits aber erhebt sich damit das Problem der „Mitverantwortung", ja das Problem der „Gesamtverantwortung" (Hager 1990: 61): Jeder wird in einem funktional interdependenten Arbeits- und Verantwortungszusammenhang nur Erfolg haben können, wenn er das Vertrauen und die Kooperationsbereitschaft seiner Kollegen gewinnen kann und insgesamt der gesamte Aufgabenzusammenhang effizient organisiert ist – und wenn darüber hinaus auch diese Aufgabenerfüllung in der Gesellschaft als notwendig und legitim angesehen wird. Umgekehrt wird man keinen einzelnen Akteur dafür verantwortlich machen können, daß er ein genuin kollektives oder systemisches Problem nicht gelöst hat (Homann 1990: 69). So wird deutlich, daß gerade dort, wo das Problem der Verantwortungszuschreibung und -übernahme am einfachsten strukturiert zu sein scheint, die ganze Komplexität der unauflöslichen Verbindung von individueller und kollektiver, von korporativer und systemischer Verantwortung über die Verantwortlichen hereinbricht So leidet jeder Verantwortliche unter der „Last der Verantwortung", nur manche Virtuosen der Begriffszergliederung und -rekombination wissen es nicht.

Ähnliches gilt auch für die Gruppenverantwortung oder speziell die korporative Verantwortung, die eine breite, aber von Analogien überschwemmte Diskussion gefunden hat. In der GRUPPE sind die sozialen Beziehungen in der Regel informell und nicht-hierarchisch; und sogar die Führung ist in ein „Führungsdual" von funktionalem und emotionalem Führer gespalten bzw. einem mehrfachen Wechsel unterworfen. Dagegen scheint in der meist sehr hierarchisch geordneten, durch eine klare Aufgaben- und Kompetenzverteilung charakterisierten KORPORATION, z. B. bei Großunternehmen und Behörden, bei Berufsverbänden oder auch dem Staat, die Verantwortungsverteilung ziemlich klar zu sein: „Jeder hat Mitverantwortung entsprechend der strategischen Zentralposition im Wirkungs- und Handlungsmuster, im Macht- und Wissenszusammenhang des Großprojekts oder Systems, soweit er aktiv – und sei es auch negativ – den Gesamtzusammenhang beeinflussen kann." (Lenk 1989: 489) Die Korporation hat dabei eine interne Verantwortung gegenüber den Mitgliedern der Korporation und eine externe Verantwortung der führenden Korporationsmitglieder und der Korporation als Ganzer gegenüber anderen Korporationen und dem gesellschaftlichen Umfeld. Daß die Verantwortungsverteilung dennoch nicht so einfach ist, zeigt sich schon an der Literatur, die sich vorwiegend nur mit INTRAkorporativen, bestenfalls mit INTERkorporativen Problemen beschäftigt, von einer genuin GESELLSCHAFTLICHEN Verantwortung jedoch nichts wissen will. Aber selbst in diesem eingeschränkten Bereich erweist sich sehr schnell, daß Korporationen nicht einfach handlungstheoretisch und idealtypisch zu rekonstruieren sind.

Eine Korporation ist eben doch nicht nur eine Aggregation von Individuen – nach welchem Muster oder Mechanismus sollten sie denn aggregiert sein? –, umgekehrt aber auch nicht einfach eine Makro-Person. Obwohl Korporationen formell weitgehend hierarchisch und aufgabenspezifisch geordnet sein mögen, tritt in ihnen doch auch informell ein kollektives Moment hervor – was schon in Begriffen wie „Betriebsklima", „Unternehmenskultur", „Unternehmensimage" usw. zum Ausdruck kommt. Darüber hinaus aber – vor allem in Krisenfällen – kann sich dieses Moment auch in Erscheinungen der Panik oder des Protests, des Gerüchts oder etwa in einem charismatischen oder auch diktatorischen Führungsstil äußern. Die angebotenen Modelle können das alles nicht darstellen: Die Korporation als voll determinierten Mechanismus oder als einen harmonisch geordneten, konflikt- und reibungslosen Organismus anzusehen, scheidet aus einer ethisch relevanten Betrachtung völlig aus. Wenn man die Korporation als „juristische Person" definiert, so kann diese Konzeptualisierung gerade nicht dazu dienen, in Frage zu stellen, daß sie auch und zugleich eine „moralische Person" ist. Wenngleich selbstredend eine „Kollektivperson" nicht einfach in Analogie zur Individualperson zu denken ist, so hat sie doch trotz des fast ständigen Wechsels ihrer Komponenten – wie Personen, Betriebseinheiten, Funktionen – Bestand. Korporationen handeln zwar in der Regel DURCH Repräsentanten, Manager, Agenten oder Rechtsvertreter, und dies schließt die ganz persönliche Verantwortung dieser Beauftragten mit ein. Entscheidend ist jedoch, daß sie aufgrund der internen Entscheidungsstruktur und der externen Abhängigkeit von Ressourcen und Märkten, die stets in größeren – z. T. globalen – wirtschaftlichen, technologischen, ökologischen und politischen Systemzusammenhängen stehen, den individuellen Entscheidungshorizont grundsätzlich überschreiten. Richtig ist allerdings, daß sich in der Korporation individuelle und kollektive Aufgaben- und System-Verantwortung überschneiden.

Schwieriger zu definieren ist das genuin KOLLEKTIVE Handeln, das durch das Handeln vieler Individuen wie Korporationen zustande kommt, die alle unter strategischen Bedingungen nur für sich zu entscheiden glauben. *De facto* aber bringen sie kumulative oder synergetische Effekte zustande, die keiner intendiert hatte, die sie aber alle zusammen in eine Zwangssituation oder in eine Situation der wechselseitigen Verpflichtung versetzen (Lenk/ Maring 1990: 53). Eine Verantwortungszuschreibung auf individuelle und korporative Akteure ist hier nicht mehr ohne weiteres möglich.[6] So ist das „Waldsterben" letztlich ein synergetischer Effekt, bei dem sich technologischer Stand, soziale Konsummuster, Siedlungs- und Verkehrsdichte, Klima, Bodenbeschaffenheit, forstwirtschaftliche und bioökologische Faktoren unheilvoll miteinander verbinden. Kein einzelner Akteur kann dafür alleine verantwortlich gemacht werden, denn verantwortlich sind sie alle zusammen. Das gilt natürlich nicht nur für das „Waldsterben", sondern ebenso für das „Ozonloch", den „Klimaeffekt", für die Überbürdung der Krankenkassen und der Sozialversicherung. In allen diesen Fällen ist festzustellen, daß beim kollektiven Handeln erstens die verschiedenen Handlungs- und Strukturebenen auf eine wirklich komplexe und nicht-dekomponierbare Weise ineinandergreifen; daß sich zweitens ein kollektives Verhalten schließlich nur auf der Basis von Systemstrukturen entfalten kann, die (wie Autobahnen, Pflichtversicherungen, Werbung, Märkte, Börsen, Informationsnetzwerke) synergetische Effekte zulassen oder geradezu herausfordern. Für ein kollektives Handeln gibt es hier keine sinnvolle Verantwortungszurechnung mehr. Auch wenn der „Nationalstaat" als letztzuständiges Kollektivum benannt wird, ist das nur ein juristischer Notbehelf, der insofern praktikabel ist, als alle diese kollektiven Effekte „Kulturerscheinungen" sind bzw. dem Staat die letzte Zwangsgewalt zur Verfügung steht. In Wirklichkeit aber handelt es sich nach seinen Ausmaßen um ein transnationales Problem, das nicht von einer Nation allein gelöst werden kann.[7]

Selbstverständlich gibt es eine echte SYSTEMVERANTWORTUNG: Das Zuschreibungsproblem kann hier prinzipiell auch nicht größer sein als bei der überaus selektiven Benennung von Individuen oder Korporationen als Verantwortungsträger. Auf jeden Fall ist es besser, von „Systemverantwortung" als von „universalmoralischer Verantwortung" (so aber: Lenk 1989: 490) zu sprechen; letztere ist so breit und strukturlos definiert, daß sie in Wirklichkeit zu gar nichts verpflichtet, während erstere doch unausweichlich dazu zwingt, die Architektonik des Systems, seine Programmierung und seine Entwicklungstendenzen zu ermitteln und jedem moralischen Urteil zugrunde zu legen.

Verantwortung kann ehrlicherweise immer nur von Fall zu Fall und nur unter Bezugnahme auf das aktuell geltende Wirtschaftssystem, Rechtssystem, Wissenschaftssystem usw. zugeschrieben und übernommen werden. Insofern ist jede Verantwortung, gleichgültig wo sie im akuten Problemfall lokalisiert wird, „Systemverantwortung", und zwar direkt wie indirekt: indirekt über die Stufenordnung der Verantwortungszuschreibungen von der Individualverantwortung über die Rollenverantwortung bis zur korporativen und kollektiven Verantwortung; direkt dadurch, daß gesellschaftliche Systemstruktur und Persönlichkeitsstruktur auf eine nicht zufällige Art und Weise miteinander korrespondieren; d. h., daß die Verhaltensdispositionen und Eigenschaften der Person, ihre Präferenzen und Interessen schließlich immer nur IM System Ausdruck finden und nur DURCH das System präformiert, bestätigt, gefordert oder unterdrückt werden können (Krawietz 1995: 205). Zwischen Systemethik und Individualethik einen antagonistischen Gegensatz konstruieren zu wollen ist demgemäß ein müßiges Spiel in der kulturkritisch pauschalisierenden Rhetorik: Individuum und Gesellschaftssystem sind negativ und positiv auf vielfache Weise rückgekoppelt, die Person selbst ist als ein System zu begreifen.[8]

Schlüssige Aussagen über das Moralsystem sind daher erst von einer MEHREBENENANALYSE zu erwarten, wobei abhängige individuelle Variablen nicht bloß auf unabhängige individuelle, sondern auch auf kollektive Invariablen zurückzuführen sind (Meran 1979: 51). Methodologischer Individualismus und methodologischer Kollektivismus stehen gleichberechtigt nebeneinander, solange sie nicht ontologisiert werden. Eine Ontologisierung findet dann statt, wenn man das Problem einer Kollektiv- bzw. System-Verantwortung durch eine bloße Erweiterung der Individualethik lösen will. Dann schreibt man demgemäß dem Individuum „primäre" Verantwortung zu, der Korporation aber eine „sekundäre" und dem Kollektivum wohl nur eine „tertiäre"?

Nach den in der heutigen Ethik diskutierten Problemen wäre eher eine Umkehr der Erklärungsrichtung angebracht. Statt einer „Fernethik", die alle sozialen, wirtschaftlichen und kulturellen Strukturen ignoriert, um Verantwortung gegenüber ALLEN Menschen – d. h.: als abstrakten, gleichartigen und beliebig austauschbaren Individuen – einzufordern (Becker 1989:7), geht es heute vielmehr darum, das „Gesamtsystem der Verantwortungen" (Birnbacher 1995: 165) daraufhin zu beobachten, ob die Belastbarkeit der Verantwortungssubjekte nicht überschritten wird. Das aber kann gerade mit Hilfe einer Systemtheorie geschehen, die hinreichend durchstrukturiert ist, um die Strukturvielfalt und Komplexität aktueller Aufgaben- und Verantwortungszusammenhänge erfassen zu können. Keinesfalls darf die Systemtheorie – etwa mit den Begriffen „Selbstreferenz", „Selbstorganisation", „Autopoiesis" – dazu mißbraucht werden, ein universelles Alibi für die Verantwortungslosigkeit des Individuums zu konstruieren: Im Gegenteil nimmt die Verantwortung der Person zu, je besser sie ihren Platz und ihre Funktion im System kennt und je weiter ihr Wissenshorizont im System reicht.

Im Rahmen einer notwendigerweise systemtheoretisch angelegten Mehrebenen-Analyse und mit Bezug auf eine Zwei-Stufen-Ethik ist klar, daß sich das Verantwortungsproblem zunehmend von der unmittelbaren Handlungsverantwortung zur vorgelagerten DESIGNVERANTWORTUNG verschiebt. Die Handlungsverantwortung soll nicht unterschätzt werden, da sie an kritischen Punkten der Systemstruktur oder des Phasenablaufs immer wieder akut werden wird. In hochdifferenzierten und komplexen Gesellschaften ist es jedoch von ausschlaggebender Bedeutung, wie die Handlungssituation aussieht, in die man sich hineinbegibt oder die man unter Umständen auch umgehen kann. Welche sind die wesentlichen Institutionen und wie sind sie geschnitten? Welche Funktionsordnungen in Verkehr und Transport, Energieversorgung, Technologietransfer, Kapitalverkehr, Dienstleistungen und Information dominieren, und wie sind sie miteinander verbunden? Wie sieht schließlich die Architektur des gesamtgesellschaftlichen Systems aus, und welche Dynamik ist unter welchen Randbedingungen zu erwarten?

Man mag die Wissenschaft – nicht nur die Naturwissenschaften und Technik, wie bisher immer, sondern inzwischen auch die Wirtschafts- und Sozialwissenschaften – als unsere einzige Rettung oder selbst als die größte Gefahr ansehen: Unser Wissen oder unser wissenschaftliches Problembewußtsein hat einen Stand erreicht, daß wir die Institutionen, das Regierungssystem oder die Gesellschaftsordnung insgesamt nicht mehr als gottgewollt oder naturgegeben ansehen können und uns somit der menschlichen Einwirkungsmöglichkeiten sehr wohl bewußt sind. Auch wenn viele dieser Einwirkungen bis in die Gegenwart hinein unglücklich verlaufen sind und sich politische Reformpläne eher selten im intendierten Sinn erfüllt haben, so geht es eben gerade darum, Systemdesigns zu finden, die größere Katastrophen verhindern können bzw. die unserer derzeitigen, noch nicht zu hoch einzuschätzenden Steuerungskapazität entsprechen. Dies ist zweifellos ein ethisches Problem erster Ordnung, das bereits in der Gegenwart das Leben von Milliarden Menschen betrifft und das in Zukunft selbst die Form des menschlichen Lebens von seinen genetischen Grundlagen bis zu seinen Kulturformen betreffen wird.

Der DESIGN ist der Zuschnitt, die Konstruktionsart einer sozialen Organisation oder Institution, der DESIGNPROZESS ist ein Prozeß des Lernens und Verstehens durch Konstruieren, Ausprobieren und Verbessern. Wir gewinnen im Designprozeß Gestaltungsentwürfe für die Zukunft und erfahren dabei etwas über die Problematik und die Konstruktionsprinzipien der gegenwärtigen Situation – ohne letzteres wäre ersteres geradezu unverantwortlich (Rowland 1995: 281 f.). Der Designprozeß kann z. T. bewußt ablaufen; was seine grundlegenden Konstruktionsprinzipien betrifft, wird er jedoch weithin intuitiv und unbewußt sein.

Es ist gar nicht das Schlechteste, wenn sich der Designer selbst als eine „Black Box"[9] versteht, in die erst dadurch allmählich Licht kommt, daß er die vorgegebenen Inputs aufnimmt und tastend zu verarbeiten sucht (Nadler 1985: 688). Sozialwissenschaftler haben es ohnehin mit „selbstorganisierenden" Systemen zu tun, bei denen zum einen viel Geduld dazu gehört, die Eigengesetzlichkeiten des Systems zu erfassen. Zum andern kann es nicht um eine breite Skala von statuarischen Alternativen gehen, sondern nur um die Wahl zwischen ganz wenigen gangbaren langfristigen Entwicklungspfaden.

Im übrigen kann der Designprozeß nicht als das autokratische Unternehmen eines versponnenen Planers verstanden werden: Ein realistischer Design kann nur entstehen im Dialog auf der einen Seite mit der vorliegenden „Planungsmaterie" – z. B. des Wohnungsbaus, der Raumordnungspolitik, einer Unternehmensstruktur, eines Schulorganisationsplans – und auf der anderen Seite mit den beteiligten Menschen, die die Schwachstellen und Nachteile dieser Pläne kennen. Designs können von positiven oder negativen Werten ausgehen: Vielleicht wissen wir nicht und brauchen auch nicht zu wissen, von welcher schönen Zukunftsutopie wir ausgehen sollen; aber wir wissen in der Regel recht gut, was uns unerträglich erscheint, was wir auf keinen Fall wollen (Hu 1988: 499). Dann ist der Designprozeß darauf auszurichten, Grenzen zu setzen, Schwellenwerte zu korrigieren, Kontrollen und negative Rückkopplungen einzurichten.[10] Wenn man von einer rein formalen und daher sehr abstrakten Typologie möglicher Designs von Sozialorganisationen ausgeht, dann lassen sich etwa fünf verschiedene Typen herausarbeiten, die ganz unterschiedliche Kontroll- und Designmethoden (Banathy 1988: 28 ff.), aber auch verschiedene ethische Prinzipien und moralische Ansprüche voraussetzen:

1. Das RIGIDE oder mechanisch kontrollierte SYSTEM, wie es sich bei der Fließbandarbeit, in anderer Form auch an der Börse oder allgemein bei allen Marktorganisationen findet. Hier sind die Verhaltensregeln genau bekannt, das System funktioniert mehr oder weniger automatisch, oder es gibt eine Unterbrechung; zur Kontrolle genügen quantitative Indizes und eine lineare Programmierung. In moralischer Hinsicht reicht hier ein bloßes NUTZEN-KOSTEN-KALKÜL, von „Verantwortung" kann hier kaum die Rede sein. Die Ethik kann sich hier tatsächlich auf jenen extremen Utilitarismus beschränken, der vielen Rational-Choice-Theoretikern als die einzig denkbare Form gilt.

2. Das DETERMINISTISCHE SYSTEM, das hierarchisch von oben kontrolliert wird und in dem die Regeln klar definiert und die operativen Zwecke vorgegeben sind. Die Aufgabenstruktur wie auch die Sozialstruktur können einen hohen Grad an Komplexität erreichen. Der Zweck dieses Designs, der idealtypisch ist für Bürokratien und Administrationen bzw. Vollzugsorgane, ist eine zuverlässige und fachkompetente Aufgabenerfüllung unter Aufrechterhaltung der generellen Systemstabilität. Hier ist echte Aufgabenverantwortung gefordert, das Ideal ist eine PFLICHTETHIK, die allerdings im Formalismus und Ritualismus ersticken kann.

3. ZWECKVERFOLGENDE SYSTEME haben vorgegebene Zwecke, sind jedoch in der operativen Verfolgung dieser Zwecke flexibel. Dies setzt eine flexible Sozialorganisation voraus, die sich Umweltveränderungen anpassen kann. Die relative Freiheit in der Wahl der Mittel bedingt eine moralische Verantwortung, die über eine bloße Rollenverantwortung hinausgeht und die nur in der konsensualen Abstimmung getragen werden kann. Hier muß zumindest eine ETHIK DER REZIPROZITÄT UND DER FAIRNESS herrschen, so daß hinter dem „Schleier des Unwissens" im Binnenverhältnis ein Rollentausch möglich ist und im Außenverhältnis Ausbeutung und Defektion unterbunden werden können.

4. Zwecksuchende Organisationen sind ihrem Design nach pluralistisch und relativ offen in ihrem Regelsystem, so daß sie sich eigene Ziele und Mittel je nach den sich verändernden Umweltgegebenheiten suchen können. Die Organisation ist aber zugleich komplex und systemisch, womit bloße *Ad-hoc*-Maßnahmen ausscheiden und stets auf die Stimmigkeit des Gesamtsystems zu reflektieren ist. Dieser Design findet sich typischerweise in Forschungs- und Planungsorganisationen. Er sollte aber auch für viele der höheren Dienstleistungsunternehmen verbindlich sein. Er setzt bereits einen hohen Grad der Selbstkontrolle und zumindest der korporativen, besser noch: der kollektiven, Verantwortung voraus; wegen der gesamtgesellschaftlichen Belange ist hier dem Prinzip nach bereits eine Ethik der Gerechtigkeit gefordert.

5. Idealverwirklichende Systeme werden von einem Zukunftsbild geleitet, das sie selbst schaffen und für das sie selbst verantwortlich sind. Sie sind offen und adaptiv gegenüber der Umwelt, gestalten diese aber auch um. Ihr Organisationsdesign mag komplex oder gelegentlich auch einfach sein, auf jeden Fall ist er auf Kooperation und Integration angelegt. Dieser Design muß jeder selbstorganisierten Gemeinschaft – jeder Glaubensgemeinschaft, jeder moralisch integren Schule, mit Abstrichen auch jeder entwicklungsfähigen Gesamtgesellschaft – zugrunde gelegt werden. Die moralische Verantwortung des Einzelnen ist hier umfassend, sie geht über die korporative Verantwortung weit hinaus und schließt kollektive und System-Verantwortung mit ein. Diesem Design ist nur noch eine Ethik der Solidarität angemessen.

In der Praxis ist die Designproblematik natürlich etwas komplizierter oder verworrener, da es durchwegs um selbstorganisierende Systeme geht, bei denen die Wertorientierung oder die Zwecksetzung mehr oder weniger vorgegeben ist und nicht im Belieben des Designers steht. Dennoch ist vor allem der Bezug von Wertorientierung und Design (Ulrich et al. 1989: 152) unverkennbar: Industriebetriebe, die vor allem an der Maximierung des Outputs orientiert sind, folgen in ihrer Organisationsstruktur und Ethik dem Design 1; Administrationen, die auf Stabilität und Kontrolle ausgerichtet sind, dem Design 2; geht es um Umweltanpassung und Erschließung zusätzlicher Ressourcen, bietet sich der Design 3 an; die Erschließung und die Pflege menschlicher Ressourcen erfordert mindestens den Design 4; die Förderung des moralischen Zusammenhalts, der Verantwortungsbereitschaft und Kreativität der Mitglieder einer Organisation ist nur durch Prinzipien zu erreichen, die dem Design 5 entsprechen. Schwieriger ist es mit der Zuordnung der vorgegebenen ZWECKE (Sabatier/ Pelkey 1987: 238 ff.), da diese meist mehrschichtig und heteronom bleiben. Immerhin werden die kritischen Punkte deutlich: Organisationen, die der Beaufsichtigung oder Kontrolle durch einen legislativen, exekutiven oder judikativen Souverän dienen, folgen weitgehend dem Design 2; Interessenvertretungen, wie Berufsverbände, Parteien, Korporationen, folgen dem Design 3; Organisationen, bei denen Information und Kommunikation eine große Rolle spielen, dem Design 5. Dagegen sind die herkömmlich zur Verfügung stehenden KONTROLLMITTEL nicht so klar zuzuordnen: Mittel der autoritativen Anweisung gehören typischerweise zur Bürokratie (2), während Korporationen vor allem durch Personalbesetzung oder Vorstandswahlen und Budgetvorgaben kontrolliert werden (3); eine Partizipation durch Außenstehende wird nur zwecksuchenden Organisationen (4) willkommen sein; Gerichtsentscheidungen erweisen sich dagegen im ganzen Mittelbereich (2–4) als durchschlagende Kontrollmittel.

Ein gewisses DESIGN-PARADOX ist dabei nicht zu übersehen: Eine explizite Designethik erweist sich am dringendsten auf den Stufen 4 und 5 der Organisationsskala, ist dort aber am schwierigsten durchzusetzen und schon gar nicht von einem außenstehenden Planer vorzugeben. Die Stufen 1 und 2 sind fast mechanisch-deterministisch geordnet und meist gut eingespielt, während Organisationen der Stufe 3 oft unentschieden hin- und herschwanken.

Trotzdem ist die Systemintegration in der Weise hierarchisch geordnet, daß mechanische Systeme in der Regel in organische oder offene Systeme eingebettet sind – und nicht umgekehrt. Wer etwas ändern möchte, müßte also bei Stufe 4 und 5 ansetzen; wenn er Erfolg hat, dann ist seine Verantwortung gewissermaßen unermeßlich, jedenfalls nicht mehr klar spezifizierbar und zuschreibbar. Das ist der Ort, wo die grundsätzlichen Entscheidungen fallen, wo allein realistische Alternativen entwickelt werden können. So gibt es auch keine Rechtfertigung für einen generellen ethischen Reduktionismus in Richtung von Stufe 1.

2. Grenzen der Individualethik

Eine universalistische, transzendental begründete und dennoch praxisnahe Makroethik zu bieten, das kann eine Verschärfung und Formalisierung des Utilitarismus in der Form einer „Rationalen Wahl-Ethik" nicht leisten, noch eine Rückkehr zur „Tugendethik" aristotelischer, stoischer oder christlicher Provenienz. Das Hauptmanko dieser beiden so unterschiedlichen Rekursversuche ist, daß sie nur eine einzige Argumentationsebene haben, so daß sie zirkelhaft Begründungs- und Anwendungsproblem miteinander vertauschen bzw. zu einer metaethischen Reflexion gar nicht fähig sind.

Die TUGENDETHIK wird zu Recht als Komplement zu den gegenwärtig dominierenden individuell-rationalistischen Theorien verstanden (Frankena 1970; Meilaender 1984; Becker 1986; Kuperman 1988), die sich mit scheinbar völlig objektiven Methoden in doch sehr spitzfindigen und ausschließlich mikroethischen Argumenten mit punktuellen Entscheidungsproblemen und angeblichen Dilemmasituationen verlieren. Diese sind nicht gerade aus dem Leben gegriffen, sondern ergeben sich eher aus einer unreflektierten Axiomatik. Dem möchte die Tugend- oder Charakter-Ethik eine gewissermaßen lebensweltliche Ethik entgegensetzen, die sich mit den Kontinuitäten des normalen Lebens, mit der konstitutiven Wert- und Gemeinschaftsbezogenheit des moralischen Handelns und vor allem des moralischen Seins befaßt. „TUGENDEN" und „LASTER" sind in diesem Verständnis tiefverwurzelte Dispositionen, Gewohnheiten, Fähigkeiten oder Charakterzüge, die uns dazu führen, in einer ethisch zu rechtfertigenden und sensitiven Weise zu sehen, zu fühlen und zu handeln (Johannesen 1991: 70). Ein „moralischer CHARAKTER" ist die „Arena der Tugenden und Laster" bzw. ein „organisierter Satz von Handlungstendenzen" (McIntyre 1984: 168; Fisher 1987: 47). Wenn diese Tendenzen einander widersprechen oder sich allzu rasch oder unerwartet ändern, wird man den vermuteten „Charakter" in Frage stellen; denn ohne Voraussehbarkeit gibt es kein Vertrauen, keine Gemeinschaft, keine verläßliche Ordnung des menschlichen Lebens. Tugenden sind nicht nur Gewohnheiten im Sinne einer bloßen Wiederholung identischer Akte, sondern sie sind interne Konstanten oder Konstituenten, die es erlauben, sich auf veränderte – oder sich überraschend verändernde – externe Akte und Umweltbedingungen ohne langes Nachdenken und großen Konflikt einzustellen (Pinckaers 1962: 65; 81). Zur Tugendethik gehören nicht alleine diese pragmatischen Züge, sondern auch eine „MORALISCHE VISION" (Hauerwas 1981: 59; Sichel 1988: 256 ff.), d. h., eine moralische Interpretation des gesamten Weltgeschehens und des menschlichen Lebenssinns. Die Quintessenz der Tugendethik läßt sich vielleicht in der These zusammenfassen, daß es mehr um das Sein des Menschen geht als um sein Tun: Welche Pflichten kann jemand wahrnehmen, welche Rollen spielt er, welche Nutzen und Risiken unterstellt er, welches Regelverständnis entwickelt er? Das hängt davon ab, welche Tugenden die Vision der Welt und unseres Selbst enthält. Die Tugendethik wendet sich damit vor allem gegen die reichlich intellektualistische Auffassung, daß die Handelnden nur „Agenten" ihrer Institutionen (ihrer Ämter, ihrer Verbände oder Clans) seien (A. Rorty/ Wrong 1990: 20).

Es ist demnach der MORALISCHE CHARAKTER, der die wesentliche Leitfunktion in unserem Leben und im Leben der Gemeinschaft innehat. Er bestimmt erstens unsere Entscheidungen, Wahlen, Prioritäten und Handlungen; er erlegt uns Grenzen und Hemmungen auf, und er gibt unseren Handlungen eine bestimmte Form, denn wir sind nicht umgekehrt nur ein Produkt unserer Umstände oder der Handlungen der anderen (Adler 1988: 253 ff.; 266).

Zweitens bestimmt der moralische Charakter unsere Langzeitinteressen und unsere langfristigen sozialen Bindungen, unsere Wertorientierung und unsere Loyalitäten. Nur mit einem ausgeprägten Charakter sind wir überhaupt erst in der Lage, uns ernsthaften moralischen Problemen und Dilemmas zu stellen – anstatt ihnen aus dem Weg zu gehen.

Drittens bestimmt unser moralischer Charakter unser Rollen- und Regelverständnis: Rollen können uns angesonnen werden, doch welche Rolle wir übernehmen und wie wir sie spielen, das hängt von unserer Werthaltung ab (Cochran 1982: 17 ff.). Sicherlich ist unser Verhalten regelgeleitet; doch die Regeln und Prinzipien, die in verschiedenen ethischen Theorien aufgestellt werden, bleiben abstrakt und unverbindlich, wenn sie nicht durch einen moralischen Charakter übernommen und mit einer gewissen Freiheit und Großzügigkeit angewandt werden. Dies gilt besonders in Krisenzeiten und in Situationen der Unsicherheit, in denen gar keine Zeit zu Überlegungen bleibt und für die es keine klaren Regeln gibt oder in denen wir einfach auf den Charakter des Anderen vertrauen müssen, weil wir sein zukünftiges Handeln nicht vorhersehen können (Cochran 1982: 32 f.; Hauerwas 1977: 20, 29; Sichel 1988: 26, 33 ff.).

Viertens geht es der Tugendethik nicht nur um das Handeln des Menschen, seine Rollenübernahme und seine sozialen Bindungen, sondern immer zugleich um seine Selbstwerdung. Menschen „spielen" nicht Rollen, sie „verkörpern" sie. Hinter der handlungsorientierten Sprache unserer moralischen Regeln und ethischen Konzeptionen, selbst noch hinter den spieltheoretischen und juristischen Kodifikationen, verbirgt sich ein bestimmtes Selbstbildnis des Menschen, einer Profession, eines Unternehmens, usw. (Lebacqz 1985: 63–91). Die Reflexion auf das eigene Selbst bleibt unverzichtbar, auch wenn der Andere und die Gemeinschaft der Dritten im Mittelpunkt der Sozialethik stehen muß.

Trotz dieser unbezweifelten Verdienste (Terzis 1994: 338 ff.) einer neu erweckten und entsprechend den gegenwärtigen Verhältnissen modifizierten Tugendethik gibt es erhebliche Bedenken, die zumindest ihren Anwendungsbereich einschränken – wenn nicht die Tugendethik überhaupt die Reflexionen über die zeitgemäße Ethik in eine falsche Richtung lenkt. Vor allem besteht die Gefahr, daß mit aristotelischen, christlichen oder konfuzianischen TUGENDKATALOGEN eine Konkretisierung von Eigenschaften stattfindet, die tatsächlich nur Relationsattribute sein können, die aber dann zu beständigen normativen Idealtypen komprimiert werden, denen eine prinzipielle Gültigkeit für alle Zeiten und Kulturen unterstellt wird. Wir wissen jedoch, daß Tugenden einem kollektivpsychologischen Wandel unterworfen sind bzw. daß die Tugendkataloge der verschiedenen Kulturen doch recht unterschiedliche Akzente setzen und kaum ineinander übersetzbar sind – eher schon liegt ihr Sinn im Kontrast und im Aufweis moralischer Alternativen. Tugenden sind „relative Tugenden" in dem Sinn, daß sie nur in Relation zu einer bestimmten Lebenssituation oder einem bestimmten Lebensabschnitt als Tugend gelten können und daß sie nicht auf Biegen oder Brechen praktiziert oder anderen aufgezwungen werden dürfen (Brower 1988: 675). Dieser Relationscharakter relativiert nicht ihren Wert, sondern ist ihre erste Konstitutionsbedingung. Bloße Tugendkataloge – auch im Sinne einer authentischen Tugendethik – sagen dagegen wenig aus, da doch die aktualen motivationalen Kräfte der Person eine wichtige Rolle spielen. Diese sind jedoch durch Vererbung und Erziehung sehr unterschiedlich, so daß jede Person durch eine Reihe von Grundzügen bestimmt wird, die – obwohl sie durchaus widersprüchlich oder unterentwickelt sein können – tatsächlich nur eine teilweise, vielleicht auch völlig verquere Erfüllung der idealtypisch postulierten Tugenden bedingen.[11]

Das größte Hemmnis der Tugendethik jedoch ist ihre NICHT-UNIVERSALISIERBARKEIT und NICHT-BEGRÜNDBARKEIT; beides hängt zusammen. Die verschiedenen Tugendethiken sind in verschiedenen Kulturkreisen historisch entstanden; ihre einzige Begründung ist oft nur, daß sie sich im Selbstverständnis ihrer Anhänger bewährt haben bzw. daß sie über lange Zeit das Leben vieler Menschen grundlegend beeinflußt haben. Damit hat diese Ethik im Grunde nur deskriptiven Charakter, sie ist nicht normativ generalisierbar, und sie ist schon gar nicht deontologisch begründbar (Bunge 1992: 19, 28). Damit ist sie aber auch nicht transformierbar von einer „Welt 1" in eine „Welt 2", usw. Es ist unbestreitbar, daß das, was in einer „Welt 1" eine Tugend ist, z. B. Tapferkeit, Stolz, Beherrschung oder Bescheidenheit, in einer „Welt 2" eine Dummheit, wenn nicht ein Laster sein kann. Außerdem gibt es in jeder Gesellschaft oder Kultur Situationen, in denen Gesetzen und Pflichten gehorcht werden muß, unabhängig von den Motivationen oder Tugenden der angesprochenen Individuen. Deshalb sollte man die Tugendethik dennoch nicht *ad acta* legen, sondern vielmehr versuchen, ihre Generalisierbarkeit durch einen höheren theoretischen Status zu sichern. Dies ist bis zu einem gewissen Grad schon dadurch möglich, daß man die wesentlichen Komponenten eines Tugendkonzepts durch eine Gesetzeshypothese miteinander verbindet. Dies ist bei einigen „klassischen" Tugendethiken wenigstens im Ansatz bereits geschehen.[12] Man könnte von einer Art „Balance-" oder „Einheitstheorem" sprechen, dessen metaethischer Sinn darin liegt, wenigstens willkürliche Setzungen auszuschließen. Ein weiterer Schritt zur Verbesserung des Theoriestatus der Tugendethik liegt darin, daß man sie mit einer generalisierbaren Werttheorie verbindet.

Die „THEORIE DER RATIONALEN WAHL" – „RATIONAL-CHOICE THEORY" – ist zur Tugendethik völlig gegensätzlich konstruiert: Kann man dieser vorwerfen, daß sie von einer Art „Individual-Holismus" ausgeht, so vertritt die rationalistische Entscheidungstheorie einen radikalen bis gemäßigten „Individual-Atomismus", der ebenso strukturlos bleibt. Obwohl im Sinne des Neoliberalismus und eines missionarischen Kapitalismus bedenkenlos moralisiert wird, ist ein begründbares moralisches Urteil auf dieser Grundlage nicht zu erlangen. Diese „Theorie der rationalen Wahl", wie sie sich euphemistisch selbst nennt und von der es viele Versionen gibt – z. B.: die

Grenznutzentheorie, die Entscheidungstheorie mit Mancur Olsons „Logik des kollektiven Handelns", die Spieltheorie, das „lineare Aktionssystem" von James S. Coleman usw. –, beruht durchwegs auf drei Annahmen: a) daß rationale Wahl und Äquivalententausch das Zentrum des sozialen Lebens bilden; b) daß alle Auswahl durch pures Selbstinteresse motiviert ist und durch das Prinzip der wirtschaftlichen „Rationalität", genauer: der Nutzenmaximierung, geleitet wird; c) daß alle Wahlentscheidungen und Nutzenerwägungen voll durch einen ontologischen – oder zumindest methodologischen – Individualismus gedeckt sind (Bunge 1992: 19, 28). Methodologisch gesehen hat die „Theorie der rationalen Wahl" vor allem zwei Quellen der Inspiration: Die vom „Gesetz des fallenden Grenznutzens" bestimmte Mikroökonomik, und die vor allem vom „Gefangenendilemma" oder „Versicherungsdilemma" bzw. dem Rätsel der „Kooperation in der Anarchie" beherrschte Spieltheorie. Beide sollen hier nur in bezug auf ihren moralischen Aussagewert bzw. ihre ethische Begründbarkeit qualifiziert werden.

Von der MIKROÖKONOMIK, die theoretisch selbst auf schwachen Beinen steht, ist zu behaupten, daß sie von der rationalistischen Wahltheorie nur imitiert wird; denn das Kerntheorem dieser Theorie – die Nutzenfunktion – bleibt hier undefiniert und leer. Im intellektuell bescheidensten Fall wird von einer subjektiven Nutzenfunktion ausgegangen – „jeder wird selbst am besten wissen, was ihm nützt" –, die dann jedoch vom Theoretiker beliebig zu füllen ist. In der anspruchsvolleren, aber nicht weniger fraglichen Version wird angenommen, daß alle Individuen homogen und gleich sind, so daß man auch hier auf die wirklichen Motive nicht einzugehen braucht und sich mit *Ad-hoc*-Unterstellungen begnügen kann (Harsanyi: 1969: 519). In keinem Fall erfüllt diese Imitation die extensionale wissenschaftliche Voraussetzung der Meßbarkeit, von allen intensionalen Erfordernissen einmal abgesehen, z. B. der Definition dessen, WAS als Nutzen oder Kosten anzusehen ist, WAS denn optimiert werden soll. Rein extensional ist auch die Frage, ob der Nutzen kurzfristig – für den gegenwärtigen und vielleicht noch für den nächsten Austausch – oder langfristig – für den übernächsten Austausch oder für die Lebenszeit oder einen völlig unbestimmten Zeithorizont – optimiert werden soll. Beide können leicht in Widerspruch zueinander geraten (Turner 1991: 98; Elster 1993: 185).

Ein grundlegendes, schon formal zu kritisierendes Manko ist ferner, daß Struktureffekte ausgeklammert bleiben, so daß nicht zu bestimmen ist, unter welchen Strukturbedingungen es zu Wahlhandlungen der angenommenen Art kommen kann, oder unter welchen nicht. Damit werden die externen und internen Zwänge und Beschränkungen ignoriert: die institutionellen Regeln und Regelungen, denen alle Handlungen unterliegen, aber auch die Ressourcen und Spielräume, die sich erschließen. Das aber kann sich keine Theorie, die Anspruch auf empirische Brauchbarkeit erhebt, leisten; denn damit ist noch nicht annähernd erklärt, welches Individuum oder welche Gruppe besser abschneidet als die andere, welche Unternehmung nach einem objektiven Nutzenkalkül einer anderen vorzuziehen ist. Schlimmer wird es noch, wenn man sich mit den intensionalen Annahmen beschäftigt, z. B. dem Postulat, daß sich Individuen von Natur aus „egoistisch" verhalten, wie immer dies im Gegensatz offenbar zu „altruistisch" definiert sein mag; dieses Postulat der Lehnstuhl-Psychologie des vorigen Jahrhunderts ist theoretisch völlig unbegründet und widerspricht jeder psychologischen Erfahrung. Damit fehlen alle Voraussetzungen, um zu theoretisch begründbaren und empirisch falsifizierbaren Aussagen zu kommen.

Um nichts besser steht der SPIELTHEORETISCHE Ansatz da, obwohl hier – in vielleicht tausend, allerdings auch meist spekulativen, Modellüberlegungen mit fingierten Daten – ein großer mathematischer Apparat bewegt worden ist. Aller Formalismus kann nicht über die Armut und Unbegründetheit der Annahmen hinwegtäuschen; er bringt sie erst so richtig ans Tageslicht. Die Annahmen sind, historisch wie logisch, vor allem aus dem „Gefangenendilemma" – „Prisoner's Dilemma", PD – abgeleitet, und sie besagen, a) daß „individuelle" und „kollektive" Rationalität sich stets widersprechen; b) daß alle Akteure gezwungen sind, für sich und allein zu entscheiden, da es keine Kommunikation gibt oder alle Kommunikation strategisch „vergiftet" ist; c) daß alle Wahlentscheidungen auf konstanten, für alle gleichen Motiven beruhen (Bunge 1989: 200). Diese Annahmen sind sämtlich unbegründet oder – wie sich schon im Laufe der modelltheoretischen Spielereien selbst herausgestellt hat – schlicht falsch bzw. nur unter äußerst eingeschränkten Strukturvoraussetzungen akzeptabel. Die Berufung auf die Spieltheorie scheitert aus den gleichen Gründen wie die Berufung auf die Mikroökonomik: Die Bestimmung der Nutzen und Kosten sowie der Wahrscheinlichkeiten und Risiken ihrer Realisierung erfolgt nur *ad hoc*, und diese können weder theoretisch deduziert noch empirisch gemessen werden. Die Moral von der aus dem „Gefangenendilemma" konstruierten Geschichte ist trivial: Vermeide es, in die soziale Falle des Gefangenendilemmas zu gehen! (Bunge 1989: 205) Wenn man sich aber der Künstlichkeit oder Surrealität dieser Konstruktion bewußt bleibt, dann liegt der moralische Gehalt dieser Maxime bei null. Nur gelegentlich werden größere Anstrengungen zur Formulierung spieltheoretisch begründeter moralischer Maximen unternommen. Die gehaltvollste Aussage bleibt die, daß die beste moralische Ordnung diejenige sei, in der nicht nur das „Koordinationsproblem", für dessen Lösung egoistische, aber strategisch kluge Nutzenerwägungen genügen, sondern auch das „Versicherungsproblem", das Vertrauen und konditionale Vorleistungen voraussetzt, gelöst ist (Baier 1977: 215). Da es um scheinbar „rationale" Nutzenerwägungen geht, kann unter einer „moralischen Ordnung" nur ein rein intellektuelles Unternehmen verstanden werden: ein „institutionalisiertes System der rationalen Selbstkritik". Da die Rationalität inhaltlich nicht definiert werden kann, endet das gesamte Unternehmen in der Kapitulationsformel, daß wohl jede soziale Ordnung ihre eigene Moral habe.[13]

Beide Ansätze, der mikroökonomische wie der spieltheoretische, bemühen als Zentralbegriff die „RATIONALITÄT", sind jedoch nicht in der Lage, diese extensional oder formal, geschweige denn intensional zu definieren oder theoretisch in irgendeiner Weise zu begründen. Der propagierte Rationalismus ist oberflächlich und hat wenig mit der etwa von Max Weber oder Vilfredo Pareto aufgeworfenen Rationalitätsproblematik zu tun. Hier soll zunächst lediglich von den extensionalen und formalen Minimalvoraussetzungen ausgegangen werden: Sind diese nicht erfüllt, dann können auch keine begründeten moralischen Ableitungen erwartet werden. Ein erster Punkt der Kritik ist die unheimliche Vieldeutigkeit des Rationalitätsbegriffes, wobei die verschiedenen Autoren – auch beim gleichen Autor im Laufe ein und derselben Abhandlung – die unterschiedlichsten Begriffsdimensionen zugrunde legen und wechselweise vertauschen (Bunge 1992: 26 ff.).

Es könnte ja noch als ein Zeichen der Bescheidenheit gelten, wenn die „Theorie der rationalen Wahl" auf die intensionale Definition einer „substantiellen Rationalität" verzichtet und sich auf die extensionale Definition einer bloß „formalen" oder „instrumentellen Rationalität" beschränkt. Doch da letzteres nicht geleistet wird, ist dieser Verzicht kein Zeichen von Bescheidenheit, sondern eher von Unfähigkeit oder prinzipieller Unmöglichkeit. Wenn man „Rationalität" rein formal oder „technisch" definiert, dann könnte man etwa davon ausgehen, daß die Akteure eine vorgegebene Reihe von Zielen haben, aus denen sie in einer konsistenten Weise auswählen, um dann jeweils aus den verfügbaren Mitteln die für ihre Zwecke am besten geeigneten zu verwenden. Gegen solch eine reine Zweck-Mittel-Definition, bei der die Zwecke undiskutiert bleiben, wäre nichts einzuwenden, wenn die zugrundeliegenden, z. T. stillschweigenden Annahmen und Kriterien der Konsistenz, der vollständigen Information, der Zweck-Mittel-Adäquanz, der Autonomie der Entscheidung, usw., begründet und operationalisiert werden könnten (Miller 1994: 6f.). Das ist jedoch nicht der Fall. Selbst wenn man eine rein „instrumentelle" Definition vorschlagen will, braucht man offenbar Theoreme oder Maßstäbe, die einem sagen, ob das Prinzip der „kleinstmöglichen Anstrengung", der „Gewinnmaximierung", der „Optimierung des Gesamtnutzens", der „sozialen Akzeptanz", der „Risikovermeidung", der „Ressourcenschonung" usw. oder welche Mischung von allem gelten soll. Der Rückzug auf eine formale oder instrumentelle Definition kann die Diskussion intensional definierter Probleme also nicht ersparen. Diese Probleme aber sind in moralischer und ethischer Hinsicht entscheidend.

Erstens gibt es durchaus unterschiedliche „Rationalitäten", nach Max Weber: „Wertrationalitäten", oder Weltanschauungen, geistige Landkarten oder Modellvorstellungen, je nachdem, in welcher Kultur man aufgewachsen ist und welchen Lernprozeß man durchlaufen hat (Turner 1991: 98; Denzau/ North 1994: 4). Die Beschränkung auf eine praktisch in beiden Komponenten undefinierte ZWECK-MITTEL-RATIONALITÄT ist jedenfalls sehr willkürlich und durch nichts, auch nicht durch größere Praktikabilität, zu begründen.

Zweitens handeln wirkliche Menschen ihrem subjektiven Selbstverständnis nach NICHT immer rational: Sie werden getrieben von Zwang, Gewohnheit, Verpflichtung, Leidenschaft oder Mitleid; und sie geben sich gerne symbolischen Akten und Ritualen hin, wo dies befriedigender erscheint. Betrachtet man die intrinsische Seite, dann gelangt man zu einer Theorie der Emotionen; diese läßt sich allerdings in bezug auf den Einsatz „emotionaler Energie" auch wieder nutzentheoretisch begründen (Collins 1993: 214ff.). Beschränkt man sich auf die extrinsische Seite, dann ist nicht zu bestreiten, daß Institutionen den Rahmen für die grundlegenden Wahlentscheidungen bestimmen – und zwar vor allem in Situationen der Unsicherheit, der Überraschung und der mangelnden Information.

Dies führt drittens zu der Einsicht, daß es im höchsten Maße irrational ist, eine „Theorie der rationalen Wahl" auf die ILLUSION einer unbeschränkten und punktuellen Wahlfreiheit zu begründen. Kein Mensch wird leugnen können, daß die wichtigsten Wendepunkte in unserem persönlichen Leben – z. B. genetische Rekombination und Geburt, soziale Herkunft, Staatszugehörigkeit, Schulbildung und Schulerfolg, Berufswahl und -karriere, Partnerwahl, usw. – nicht oder lediglich zu einem geringen Anteil in unserer Disposition lagen. Auch eine retrospektive Begradigung oder Rationalisierung unseres Lebensweges wird dies nicht verleugnen können. Außerdem wird mit dieser Illusion dem Leben jede ethische Qualität genommen: Verantwortung besteht gerade darin, daß wir uns auf der Grundlage eines nicht verfügbaren Ausgangsbestandes und im Rahmen nicht vorherzusehender Ereignisse als moralische Subjekte bewähren. Insgesamt heißt das, daß es der „Theorie der rationalen Wahl" nicht gelingt, der herkömmlichen „moralischen Konstruktion" der Gesellschaft, die durch das Vertrauen auf die Einhaltung von sozialen Normen und durch die Verteilung von Rechten und Pflichten gekennzeichnet ist, eine alternative „moralische Ordnung" gegenüberzustellen: eine Ordnung, die ein friedliches und kooperatives Neben- und Miteinander auf der Grundlage von nutzenmaximierenden Handlungen egoistischer Akteure theoretisch erklären und moralisch rechtfertigen könnte.[14]

Das gleiche Problem einer reduktionistischen Erklärung, das sich beim Begriff „Rationalität" stellt, ergibt sich im Falle eines postulierten „INDIVIDUALISMUS", der sich nur schlecht von einem „ontologischen" auf einen „methodologischen Individualismus" reduzieren läßt bzw. der dabei jede Erklärungskraft und jeden moralischen Anspruch einbüßt. Vertritt man die ontologische Version des Individualismus, die positiv besagt, daß soziale Gruppen nichts weiter als Aggregate von Individuen sind, und negativ, daß soziale Gruppen keine emergenten oder systemischen Eigenschaften haben und daß daher Kollektivkonzepte, wie z. B. das der sozialen Struktur oder der Arbeitsteilung, in den Sozialwissenschaften überflüssig sind, so geht man von einer unhaltbaren Analogie mit Molekülen bei einem Gas niedriger Dichte aus. Erklärt man des weiteren mit einem einzigen strukturlosen Konzept alles – also das Verhalten von Familien wie von Unternehmen, von Staaten wie von Heiratswilligen –, dann verschwinden alle Strukturunterschiede; *dictum de omni, dictum de nullo*. Beginnt man mit einer stärkeren Form des methodologischen Individualismus und mit der

Annahme, daß die Sozialwissenschaften auf das Studium des nutzenmaximierenden Verhaltens von Individuen reduzierbar seien, dann endet man in einem flachen Rationalismus; geht man von einer schwachen Form des methodologischen Individualismus und von der Annahme aus, daß Eigenschaften und Veränderungen jeglicher sozialen Gruppe am besten durch das Studium des Handelns der Gruppenmitglieder verständlich werden, dann wird man bald darauf stoßen, daß scheinbar ein und dieselbe Handlung unter verschiedenen Strukturbedingungen ganz unterschiedliche Konsequenzen haben und unterschiedliche Motivationen evozieren wird. Tatsächlich ist ja kaum eine empirisch indizierbare Handlungserklärung zu finden, die nicht auf Handlungsbeschränkungen oder Strukturbestimmungen wie „Institution", „Situation" oder „funktionierender Markt" eingeht. Damit aber nähert sich die Handlungserklärung einer strukturellen oder systemischen Erklärung – wenngleich diese Strukturkonzepte hier meist unentwickelt bleiben und durch holistische Konzepte und unbegründete Homogenitätsannahmen ersetzt werden. Die schwache Form des methodologischen Individualismus endet so in einem Pseudo-Individualismus, der in Wirklichkeit alle psychologischen Unterschiede in Motivation, Funktionsweise und Charakteraufbau vernachlässigt. Damit aber fällt der methodologische Individualismus in explanatorischer wie in moralischer Hinsicht noch hinter die Tugendethik zurück.

Es soll nun nicht gesagt sein, daß der methodologische Individualismus in wissenschaftlicher Hinsicht völlig unbrauchbar und in moralischer Hinsicht verderblich sei; erforderlich ist allerdings, daß dessen Verfechter seine selbstgesetzten Grenzen reflektieren (Harsanyi 1969: 521 ff.): Erstens kann man – ganz nach der Logik der „Theorie der rationalen Wahl" – ein „EGOISTISCHES", überwiegend selbstinteressiertes Handeln nur dann erwarten, wenn die ihm zugrundeliegenden Interessen sehr stark emotional wie kognitiv ausgeprägt und wenn sie exklusiv sind; dagegen sind die Akteure „gemeinschaftsbewußt" oder auch bloß apathisch, wenn diese Interessen nicht-exklusiv sind oder wenn die Beteiligung an einem gemeinschaftlichen Unternehmen, das wenigstens indirekt die eigenen Interessen fördert, gering ist.

Zweitens kann eine Interessenaggregation durch unparteiische DRITTE vorteilhafter sein als eine eigenständige Interessenvertretung. So wird eine nicht unmittelbar selbstinteressierte Partei die Situation objektiver einschätzen und versuchen, die „soziale Wohlfahrtsfunktion" zu berücksichtigen; auch die selbstsüchtige Partei fährt besser, wenn sie gewissermaßen unter der Decke Vorteile zugeschoben bekommt, die als öffentlich akzeptiert gelten können und die nicht sofort einen möglichen Kontrahenten oder eine Gegenkoalition auf den Plan rufen.

Drittens können sehr wohl persönliche BINDUNGEN durch rationale Wahl erworben und gepflegt werden: Die Bindungen beispielsweise an die eigene Familie, an Freunde, an bestimmte Organisationen und informelle Gruppen können sich auf längere Sicht durchaus „auszahlen", bringen sie doch ein Netzwerk von nutzbaren sozialen Beziehungen oder auch psychische Stabilität und soziale Sicherheit mit sich; vor allem aber stellen sie die Kalkulationen eines Individuums auf einen Langzeithorizont ein, so daß übereilte und riskante Entschlüsse und kurzsichtige Defektionen oder Gewinnmitnahmen zurückgedrängt werden.

Viertens geht es auch den egoistischsten Individualisten nicht nur um wirtschaftliche Gewinne, sondern auch oder sogar mehr noch um SOZIALE Anerkennung und sozialen Status. „Egoistisch" in wirtschaftlicher Hinsicht kann sich ein Individuum mit Aussicht auf Erfolg dann verhalten, wenn es um teilbare Güter geht und wenn es dafür einen funktionsfähigen Markt gibt – also eine „soziale Einrichtung" mit weitgehenden infrastrukturellen und rechtlichen Voraussetzungen. Wenn jedoch eigeninteressierte Individualisten für sich und die Ihrigen Statusgewinne suchen, Geschäftsfreunde, Heiratspartien, Ehrentitel und die Aufnahme in prestigeträchtige Clubs, oder wenn sie nach politischem Einfluß streben, um ihre ökonomischen Gewinne wie ihren sozialen Status zu erhöhen, werden nicht selten aus „Egoisten" Opportunisten – was nach außen hin auch noch als „Altruismus" maskiert werden kann.

Wenn diese Einschränkungen eines individualistischen Rationalismus oder rationalistischen Individualismus berücksichtigt werden, ist dieser Ansatz bis zu einem gewissen Grad generalisierbar; freilich bleiben die daraus abzuleitenden ethischen Grundsätze eindimensional und relativ trivial. Vor allem werden damit die entscheidenden Probleme, mit denen sich eine Soziale Systemethik zu befassen hat, ebensowenig benannt wie in der Tugendethik: etwa die Probleme der Hervorbringung und Verteilung von kollektiven Gütern und kollektiven Gefahren bzw. Risiken, der Kontrolle und Steuerung oder auch der Selbstorganisation von komplexen Makrosystemen mit transnationaler Durchschlagskraft und globaler Reichweite, der Folgenabschätzung und -verantwortung bei nicht-linearen Langzeitentwicklungen von sozialen Systemen und funktionalen Regimen.

Auf der anderen Seite kann das „Individuum" nicht mehr als Kategorie eines längst obsolet gewordenen, holistischen, noch völlig strukturlosen Atomismus verstanden werden. Strenggenommen lassen sich einem bloßen „INDIVIDUUM" weder Wahlfreiheit noch Eigeninteresse – was Selbstbestimmung voraussetzt –, weder Rationalität noch Handlungskapazität oder -verantwortung zuschreiben. Ebenso umgekehrt: Der angeblich individuelle Wahlakt ist immer zugleich ein sozialer Wahlakt, die rationale Wahl beruht auf jeden Fall auf einer Wertpräferenz, und die scheinbar punktuelle oder beliebig iterierbare Wahl ist in Wirklichkeit unwiederholbarer Teil eines historischen Prozesses oder einer kontingenten Entwicklungsfolge; Handlungen lassen sich nur einer „PERSON" zuschreiben und von einer „Person" verantworten. Ironischerweise gewinnt die „Theorie der rationalen Wahl" ihre Plausibilität gerade aus der stillschweigenden Gleichsetzung oder ständigen Verwechslung von „Individuum" und „Person" – obwohl diese Theorie doch schon axiomatisch auf die Depersonalisation des Akteurs ausgerichtet ist. Wenn man die „Theorie der rationalen Wahl" dennoch ernst nimmt, dann ist – auch wenn man rein utilitaristisch und konsequentialistisch argumentieren will – die Einführung eines minimalen und ethisch vorgängigen Personbegriffs unumgänglich; eines Begriffs, der VOR allem positiven Recht oder jedem Effizienzkalkül gilt.

Es ist seit Immanuel Kant klar, daß dieser PERSONBEGRIFF nicht mehr als religiöser oder metaphysischer Substanzbegriff eingeführt werden kann, womit der Person ewiggültige Konstanz zugeschrieben würde, unabhängig von ihrer soziopsychischen und historischen Aktualisierung. Ebensowenig läßt sich die Person in ethischer Hinsicht als reines Vernunftwesen rekonstruieren, weil damit jede Verpflichtung zu Autonomie und Selbstwerdung, aber auch zur Verantwortungsübernahme für die unbewußten Grundlagen des Bewußtseins in psychosomatischer, genetischer und in sozial-relationaler Hinsicht verneint würde.

Umgekehrt ist jeder „Speziesismus", wissenschaftlich wie ethisch, unbegründet oder widersinnig, der die „Würde" des Menschen allein auf seine Zugehörigkeit zur biologischen Gattung *homo sapiens* zurückführen will (Honnefelder 1993: 248 ff.). Eine ethisch tragfähige Begründung der „Menschenwürde" – d.h. hier, der Wahlfreiheit, der individuellen Entscheidungsbefugnis und Verantwortungszuschreibung, der Gleichheit der Individuen und der Fairneß ihrer Austauschbeziehungen – ist nur in einem

Personbegriff möglich, der vom praktischen Handeln und von der „praktischen Vernunft" des Menschen ausgeht. Person muß definiert sein als „dasjenige Subjekt, dessen Handlungen einer Zurechnung fähig sind".[15] Die „Würde" des Menschen als eines sittlichen Subjekts, aber auch seine „Handlungsfähigkeit" und „Verantwortlichkeit" liegt in seinem Status, Subjekt der von ihm selbst verantworteten Zwecke zu sein bzw. in der Unantastbarkeit seiner Freiheit als Bedingung der Möglichkeit einer Selbstbindung an das Gute.

An diesem Personbegriff konnten auch utilitaristische wie anti-utilitaristische Revisionsversuche bemerkenswert wenig ändern oder verbessern.[16] Eine minimale Definition der Person muß zumindest drei Komponenten enthalten: a) den praktischen Subjektcharakter der Person, b) den subsistenten, also psychohistorischen wie sozialen Relationscharakter der Person, c) die Fähigkeit der Person, ein „Selbst" zu sein bzw. auszubilden. Für die Konzeption des Subjektcharakters der Person macht es einen Unterschied, ob die Person als ein bloßes Wahrnehmungssubjekt, an dem gewissermaßen die Ereignisketten vorbeiziehen, oder als ein Handlungssubjekt, dem Handlungen zugeschrieben werden, die es verantworten muß, angesehen wird. Im ersten Fall kann man die Person als ein mehr oder weniger loses Bündel von Empfindungen und Wahrnehmungen betrachten; im zweiten Fall kommt man um die Annahmen einer praktischen Einheit der Person bzw. der Vereinbarkeit und Stimmigkeit ihrer Motivationen sowie der Langfristigkeit ihres Lebensplans und ihrer sozialen Beziehungen nicht herum. Im ersten Fall kann man die Subjekte als relativ unverbundene, wenn nicht isolierte Individualeinheiten – die Monaden – ansehen; im zweiten Fall ist man gezwungen, die Subjekte als Personen – als „subsistente Relationen" – anzusehen. Dies gilt in sozialer wie in psychischer Hinsicht. In sozialer Hinsicht hat dies zur Folge, daß die Freiheit des Subjekts als „relationale Freiheit" zu definieren ist; d.h., als die Fähigkeit, an einer Vielfalt unterschiedlicher sozialer Beziehungen partizipieren und sich gleichzeitig als ein Pol in diesen Polaritäten behaupten zu können (Dauenhauer 1988: 81f.). Diese Freiheit ist nicht ohne weiteres mit dem alten vorsoziologischen Begriff „Autonomie" zu bezeichnen; sie ist komplex und offen, d.h., sie wird gerade durch die Vielfalt der Handelnden und durch die Offenheit oder Konditionalität ihrer Handlungsentwürfe bedingt. In psychischer und motivationaler Hinsicht hat dies zur Folge, daß die Person – um den unterschiedlichen Rollen zu genügen – gezwungen ist, ein „multiples" Selbst zu entwickeln, gleichzeitig jedoch diese Multiplizität in der horizontalen Dimension durch eine um so höhere Integration in der vertikalen Dimension, wie etwa im Persönlichkeitsaufbau, in der Lebensgeschichte oder im Niveau der moralischen Ansprüche wieder aufzufangen (Balog 1990: 77).

Die entscheidende Kritik am Präferenz-Utilitarismus und am individuell-rationalistischen Handlungsansatz ist, daß er keinen Personbegriff anbieten kann, in dem es gelänge, diese drei Komponenten im Namen der „Menschenwürde" und „Menschenrechte", der „Selbstbestimmung" und der „distributiven Gerechtigkeit" miteinander zu verbinden. Dies in einer Zeit, da diese Forderungen von rein ethischen Postulaten über alle Grenzen von Religionen, Kulturen und sozialstrukturellen Ethosformen hinweg zu politischen Forderungen auf globaler Ebene erhoben worden sind. Diese Verbindung ist in einer strikt utilitaristischen Ethik nicht zu leisten, während sie sich in einer deontologischen Ethik von selbst anbietet, aber auch in einer konsequentialistischen Rekonstruktion sehr wohl zu begründen ist – insofern sie alle Menschen mit den gleichen Rechten ausstattet. Letztlich ist die Wahl des Personbegriffes und damit einer bestimmten Ethik selbst eine ethische Frage: Begnügt man sich mit einem Personbegriff (Fetz 1988: 96 ff.), der von der „numerischen" oder „natürlichen" Identität ausgeht, d. h. der Behauptung eines Körper-Ich, kommt man lediglich zu einer UTILITÄTS- und EFFIZIENZ-ETHIK, in der der „Gesamtnutzen" bestenfalls nationalökonomisch definiert ist.

Geht man von einer „konventionellen" oder „Rollen-Identität", also der Befähigung zu einem gelungenen Rollenverhalten im Rahmen der Konventionen einer bestimmten Gesellschaft, aus, gelangt man auf die Ebene einer FAIRNESS-ETHIK, die einen höheren Grad der Verallgemeinerungsfähigkeit erreicht, aber dennoch – wie in John Rawls „Gerechtigkeitsethik" – die Grenzen des Nationalstaats nicht überschreitet (Pogge 1991: 37). Erst mit dem Begriff der kantischen „autonomen Ich-Identität" erreicht man die Stufe einer SOLIDARITÄTS-ETHIK (Patzig 1993: 182), in der selbstverantwortliche Personen sich in einer „universellen Kommunikationsgemeinschaft" (G.H. Mead 1934: 269) über alle ethnischen, religiösen und politischen Grenzen hinweg miteinander verbinden.

Wenn nun der *homo oeconomicus*, das Modell der individuell-rationalen Wahlhandlung, umgesetzt wird, dann entsteht das Problem einer metaphysischen Antinomie von „EGOISMUS" und „ALTRUISMUS" – und damit auch ein ethisches Dilemma. Die Philosophen halten in der Regel die Forderung nach einem uneingeschränkten „Eigeninteresse" für unmoralisch, während viele Sozial- und insbesondere Wirtschaftswissenschaftler darin den Stein der Weisen gefunden zu haben glauben. Schon eine skizzenhafte Begriffsanalyse kann zeigen, daß es sich dabei um ein typisches Pseudoproblem handelt (Shibles 1992). Erstens sind beide Begriffe nahezu leer bzw. beliebig füllbar und nur in Relation zueinander definierbar. Die Behauptung, daß wir immer für uns selbst handeln, ist zirkulär und in einer rein trivialen Weise richtig. Daß mein Selbst mit einbezogen ist, heißt nicht schon, daß ich selbstsüchtig handle. Eine Handlung ist ebensowenig moralisch schlecht, wenn sie mein Wohlergehen fördert; verwerflich ist sie dann, wenn sie unfair, betrügerisch, gewissenlos in bezug auf die Konsequenzen oder ungerecht ist; umgekehrt ist eine Handlung nicht schon gut, wenn sie altruistisch ist: Sie kann dann z.B. sentimental, bevormundend, beschämend, destruktiv für Dritte oder schlicht nutzlos sein. Zweitens sind Altruismus wie Egoismus auf Wertzuschreibungen begründet; ohne diesen Wertbezug bleiben sie leere Begriffe, die keinen Sinn in sich tragen, auch wenn durch zirkuläre Begriffe wie „das intrinsisch Gute", „das Gute an und für sich", „die Pflicht an sich" ein solcher Sinn vorgetäuscht wird. Der Egoismus wie der Altruismus an sich ist weder gut noch schlecht; wir möchten aber sicher in einer Welt leben, in der weder die negativen Erscheinungsformen des Egoismus noch die des Altruismus herrschen. Das Problem einer Antinomie zwischen Egoismus und Altruismus ist drittens rein fiktiv und läßt sich nicht wissenschaftlich, z.B. biogenetisch oder soziologisch oder philosophisch, z.B. spieltheoretisch, begründen.[17] So kann viertens die Aufgabe nur darin bestehen, egoistische Gründe für den Altruismus und altruistische Gründe für den Egoismus zu finden. Ein unbegrenztes und inflexibles Selbstinteresse wäre ebenso destruktiv wie ein bedingungsloser Altruismus. So gibt es auch für einen gnadenlosen Egoisten zumindest Gründe der „strategischen Klugheit" (Schmidz 1993: 56ff.): Er wird in Rechnung stellen, daß er seine Ziele nur erreichen kann, wenn die anderen seine Zielerreichung nicht torpedieren.[18] Für jeden Handelnden – gleichgültig, ob er sich für einen Egoisten oder einen Altruisten hält oder von den Anderen dafür angesehen wird, gilt es, beides zu verbinden: mein „Selbstinteresse" mit der „Sorge um Andere", meinen Anspruch auf „Respekt" mit dem Anspruch aller auf „Gerechtigkeit".[19] Dieses Spannungsverhältnis zwischen „Egoismus" und „Altruismus" wird sich auch nicht vermindern, wenn die Erweiterung eines „personalen" über einen „kommunalen" zu einem „kosmopolitischen" Altruismus (Galston 1993: 123 f.) fortschreiten wird. Im Gegenteil, es wird damit auch schwieriger, einen Ankerpunkt für die Individualität oder das Selbst zu finden, ohne in der Entwurzelung, Entleerung oder Abstraktion, wenn nicht Virtualisierung des Selbst zu enden oder in einer irreversibel fortschreitenden Verrechtlichung der gesellschaftlichen Beziehungen – im Konformismus und Konventialismus – steckenzubleiben.

Wenn die „Theorie der rationalen Wahl" und mit ihr die neueste Form einer Individualethik auf einem toten Geleise endet, so vor allem deshalb, weil sie sich dem ethischen W<small>ERTPROBLEM</small> nicht stellt. In einer Sozialethik sind Werte nicht „an und für sich", sondern eben nur in einem sozialen Bezugsrahmen zu definieren. Das mindert keineswegs ihr moralisches Gewicht. W<small>ERTE</small> sind, so verstanden, „erwünschte transsituationale Ziele, die mit unterschiedlichem Gewicht als Leitlinien im Leben einer Person oder einer größeren Sozialeinheit dienen" (Schwartz 1994: 21).

Zu den konstitutiven Definitionsmerkmalen gehört also erstens, daß Werte den Interessen irgendwelcher sozialer Gruppen oder Gemeinschaften dienen bzw. daß sie ebenso Ausdruck dieser Gemeinschaften wie der Personen sind oder daß sie das gemeinsame Band zwischen beiden bilden. Zweitens kann man empirisch dann von Werten sprechen, wenn sie ein Handeln motivieren und wenn sie diesem eine Richtung geben und emotionale Intensität verleihen. Drittens – und das ist die Kehrseite der Motivation – fungieren Werte als Richtschnur und Maßstab für die Beurteilung und Rechtfertigung von Handlungen. Viertens werden Werte sowohl in einem Prozeß der primären und sekundären Sozialisation als auch durch eigene und unverwechselbare Lernerfahrungen der Individuen erworben. Fünftens sind Werte lediglich in bezug auf andere kontrastierende oder benachbarte Werte zu definieren und nach einem System von Prioritäten oder Vorzugsregeln zu ordnen. Sechstens sind Werte „wertbeständig", d. h., sie reichen über die jeweilige Handlungssituation hinaus und sind von großer Konstanz; sie sind nicht isoliert oder unmittelbar durch Willensbeschluß zu ändern, sondern kontextuell und indirekt, eher durch eine Verschiebung in der gesamten Wertskala als durch Substitution. Siebtens haben Werte ebenso eine Vergangenheits- wie eine Zukunftsdimension, d. h., Werte haben einerseits etwas mit der biosozialen Evolution des Menschen und seinem bisherigen Überleben zu tun, wie sie andererseits aber auch bestimmte Zukunftsorientierungen enthalten und andere ausschließen oder unwahrscheinlich machen.

Über diese Motivationen, Ziele oder Prioritäten aber läßt sich reden, und es ist nicht einzusehen, daß Werte gerade das sein sollen, was man mit rationalen Mitteln nicht rechtfertigen kann. Wissenschaftliche Aussagen und Wahrheitsansprüche unterscheiden sich darin nicht grundlegend von ethischen Aussagen und ihren Rechtfertigungen: Beide sind einerseits fehl- und korrigierbar, tentativ und konditional; andererseits streben beide nach der gleichen Objektivität, wie sie nur vor einem unabhängigen Beobachter und in einem unabschließbaren Prozeß des methodisch kontrollierten Diskurses einer historisch kontingenten Kommunikationsgemeinschaft zu gewinnen ist (Bell 1993: 344). Ein wesentlicher Unterschied besteht allerdings darin, daß normative Aussagen haltbare deskriptive, prädiktive und explanative Aussagen voraussetzen. Wenn keine zureichende Deskription des Tatbestandes vorliegt, wenn die Problemlage nicht auf ihre Struktur und ihre Entstehung hin analysiert werden konnte, wenn keinerlei Vorhersagen und Zukunftsentwürfe möglich sind, ist auch keine normative Aussage oder Bewertung möglich; dann hat sie eben keinerlei Gewicht und sollte lieber unterbleiben (Lee 1985: 115). In diesem Sinn kann man auch sagen, daß ein „Soll" ein „Kann" zur Bedingung hat, und umgekehrt: daß niemand über sein faktisches Können hinaus verpflichtet werden kann: *ultra posse nemo obligatur*. Umgekehrt ist jeder, der ein moralisches Urteil wagt, verpflichtet, sich das bestmögliche Wissen über das vorliegende Problem zu verschaffen und begründete Vermutungen über die Konsequenzen dieses Urteils – wenn es befolgt würde – anzustellen. In einer nicht-naiven Werttheorie wird man auch nicht übersehen können, daß „Werte" als Argumentationsfiguren sowohl in einem strategischen als auch in einem kommunikativen Handeln eingesetzt werden – ohne daß dadurch die Ernsthaftigkeit der Wertorientierung und die Akzeptanz der Werte in Frage gestellt werden müßte.[20] Universalismus und Individualismus stehen dabei in einem unauflöslichen Spannungsverhältnis: Um allgemeingültig und für jeden verpflichtend sein zu können, müssen sie universell sein; um individuell anwendbar zu sein oder vielmehr in Autonomie und Selbstverpflichtung entdeckt und übernommen werden zu können, müssen sie variabel sein und sich von Person zu Person unterscheiden können, und die Personen müssen in der Lage sein, ihre Wertrangordnung zu ändern (Diamond 1982: 56). Zumindest können nicht alle Werte universell und stabil sein; doch einige müssen es sein, wenn überhaupt Vergleichbarkeit und Gleichheit möglich sein und wenn ethische Überlegungen einen Sinn haben sollen.[21]

So bestreitet auch praktisch niemand, auch nicht die Handlungstheoretiker oder Akt-Utilitaristen, daß man sich dem Problem der Wertsetzung oder Wertwahl nur systematisch nähern kann, d. h., es geht immer um WERTSYSTEME und systemübergreifende Vorzugsregeln; Werte sind nicht einzeln für sich zu definieren, sondern sie haben immer einen bestimmten Stellenwert in einem größeren Funktionsgefüge; und sie sind vermutlich nicht zufällig entstanden – und daher auch nicht beliebig wählbar. Es ist seit Schelers Versuch einer „materialen Wertethik" (1954: 125–130) auch keine Frage mehr, daß eine ernstzunehmende Ethik auf den naturalen Gegebenheiten des Menschen aufzubauen hat bzw. daß die Ethik keinen Unterschied zwischen Natur- und Geisteswissenschaften macht. Wenn eine Wert- und Verantwortungsethik die Natur IM und DES Menschen nicht sieht und den Menschen als reines Geist- oder Bewußtseinswesen betrachtet, wenn z. B. nur bewußte, intentionale Akte als ethisch relevant gelten, ihm aber die Verantwortung für die Erhaltung von Biotopen, der Artenvielfalt, einer artgerechten Tierhaltung, überhaupt für die gesamte „äußere" Natur, die natürlich auch in unserem „Inneren" haust, zuschreibt, dann kann dies gerade noch als ein philosophisches Kuriosum betrachtet werden.

SYSTEMTHEORETISCH gesehen sind Menschen kybernetisch ultrastabile dynamische und offene Systeme, die für ihre Erhaltung und Entwicklung davon abhängig sind, mit einer extrem breiten Skala von Umweltzuständen zurechtzukommen – am besten natürlich durch bewußt gesteuerte flexible und adaptive Aktivitäten (Laszlo 1973: 253). Werte haben daher erstens etwas mit der Beziehung von ORGANISMUS UND UMWELT zu tun: Werte sind Korrelate und auch Erfolgskriterien eines im ADAPTATIONSPROZESS erreichten oder verfehlten ultrastabilen Zustandes. Da der Mensch ein bio-soziokulturelles Wesen ist, können sich diese Zustandswerte nicht nur auf den Organismus und die organische und anorganische Umwelt beziehen, sondern sie müssen auch auf die Stimmigkeit von sozialer Rolle und sozialer Umwelt, von geistiger Haltung und kulturellem Umfeld ausgerichtet sein. Aber auch hier geht es um einen langfristigen Adaptationsprozeß, um eine von Kindheit an angelegte Persönlichkeitsstruktur und Lebenskarriere – und nicht um punktuelle Zustandsbewertungen und Wertsetzungen. Die

Erfüllung dieser Zustandswerte ist normiert: Akte und Objekte werden als korrekt oder inkorrekt, als zuträglich oder unzuträglich, als gut oder schlecht beurteilt, je nachdem, ob und inwieweit sie dieser Lebenskarriere entsprechen. Normen vermitteln zwischen Tatsachenwissen und Werten. Der Prozeß der normativen Bewertung verläuft weitgehend im Unbewußten und findet seinen Ausdruck in Empfindungen oder Stimmungen und Gefühlen, obwohl er – bei hinreichendem Studium – auch kognitiv beurteilt werden kann.

Damit sind zweitens Werte keinesfalls eine Sache der bloß subjektiven Beurteilung. Zwar sind Werte immer „relativ" in bezug auf den Kontext der System-Umwelt-Interaktion zu sehen; aber diese Interaktion läßt sich OBJEKTIV durch voneinander unabhängige Beobachter beurteilen. So gibt es „falsche" und „pathologische" Werte, wie es „richtige" lebensfördernde und entwicklungsgemäße Werte gibt. Das Risiko von Fehleinschätzungen und von „Wertfehlern" ist um so größer, je weniger Rückkopplungen zwischen den Subsystemen vorhanden sind und je weniger die Bewertung oder Wertsetzung nach dem Langzeithorizont einer adaptiven Entwicklung vorgenommen wird.[22] In einer demoralisierten Gesellschaft und bei psychosomatischen Störungen und Pathologien gibt es auch ruinöse Wertsetzungen und abweichende bzw. irreführende Normwerte (Shrader 1984; Halman 1995). Wenn hingegen zureichende Rückkopplungen gegeben sind und den Kräften der Selbstorganisation eines Organismus, einer Person oder Gesellschaft noch genügend Spielraum bleibt, wird ein Prozeß der Selbstkorrektur und Reorganisation auf der Basis der verbleibenden Systemkomponenten einsetzen (Maslow 1963). Die Moral ist somit eine durchaus objektive Angelegenheit, und unser Bestreben müßte es sein, moralische Bewertungen zu objektivieren.

Drittens gibt es auch einen Prozeß der FEHLERKORREKTUR sowie der WERTTRANSFORMATION. Ein Wertwandel ist jedoch nicht durch den subjektiven Willen, nicht direkt und nicht kurzfristig zu erzielen, da es sich um einen langfristigen Systemwandel bzw. Adaptationsprozeß handelt. Ein Systemwandel setzt voraus, daß sich auch die Umwelt – in bestimmten Bereichen oder in einigen funktionalen Grundzügen – verwandelt bzw. daß durch den Menschen ein Wandel herbeigeführt werden kann. Dieser Wandel kann zwar nur ein Stück weit oder infolge des Fehlens eines entsprechenden wissenschaftlichen Instrumentariums oder institutioneller Mittel der Zukunftsforschung und -planung überhaupt nicht geplant werden.

Vieles vollzieht sich über Versuch und Irrtum, über historische Bahnungen oder über Ansätze der Selbstorganisation, die in der Regel zunächst einmal mit Systemzusammenbruch, Fluktuation und Chaos verbunden sind. Umgekehrt gibt es eine gewisse Fehlertoleranz: In komplexen Systemen sind viele Signale so miteinander verkoppelt, daß sie das Kontrollsystem über sich ändernde Umweltzustände sowie über endogene Systemzustände laufend informieren. Diese Signale werden erst ernst genommen, wenn sie nicht sporadisch auftreten, sondern sich wiederholen und sich möglicherweise aufschaukeln; sie können dann nur im Sinne des nun einmal eingeschlagenen Adaptationsprozesses dekodiert werden, so daß eine ständige Fehlerkorrektur möglich ist. Außerdem gibt es gewisse Lernkapazitäten durch Konditionierung und Rekonditionierung bzw. die Möglichkeit der bewußten Wahl zwischen alternativen Pfaden der Entwicklung. Die Fehlertoleranz nimmt allerdings unter Bedingungen der systeminternen Überkomplexität sowie der zunehmenden Ressourcen- und Umweltbegrenzungen ab. Selbstverständlich wäre es vorteilhaft, wenn die Fehlerkorrektur und die Werttransformation nicht auf dem harten Weg der Selektion, d. h. der Zerstörung von privaten und öffentlichen Gütern, schließlich dem Untergang von ganzen Populationen, sondern durch Wissen und Planung wenigstens in groben Zügen kontrolliert und gelenkt werden könnte. Das dafür notwendige Wissen zu erwerben und auch politisch und organisatorisch umzusetzen ist schon nach unserem heutigen Wissensstand eine objektive und universelle moralische Pflicht.

Viertens sind die wissenschaftlichen Disziplinen der Humanethologie, der Biosoziologie, der Evolutionsbiologie oder Gehirnforschung weit genug fortgeschritten, um mit Sicherheit behaupten zu können, daß es „KULTURELLE UNIVERSALIEN" gibt bzw. geben muß. Zunächst einmal sind dies offenbar ganz WENIGE (8–12) „GRUNDWERTE", die zudem polar anzuordnen sind. Nach einer spieltheoretisch inspirierten Vektorenanalyse geht es um die Werte von „Altruismus" vs. „Aggression", „Kooperation" vs. „Sado-Masochismus", „Individualismus" vs. „Altruismus", „Wettbewerb" vs. „Märtyrertum" (McClintock 1988: 64). Wenn man die nicht sehr häufig vorkommenden „perversen" Werte außer acht läßt, bleiben nur vier Alternativen: Die Werte „Wohlwollen" und „Universalismus" stehen dann den Werten „Macht", „Leistung" oder auch „Hedonismus" gegenüber, die Werte der „Selbstverwirklichung" oder der „Erlebnisfülle" den Werten der „Konformität" bzw. „Tradition" oder der „Sicherheit". Zwar zeigen hier schon die Benennungen, daß es sich vor allem um Werte der westlichen Welt handelt; dennoch gelten diese Werte – in einer entsprechenden Modifikation – mehr oder weniger für alle Kulturen. Worin sich die verschiedenen Kulturen unterscheiden, ist die Gewichtung dieser Polaritäten oder Pole, ferner der Hof von Assoziationen, der sich mit diesen Grundwerten verbindet.[23]

Jede Kultur gewinnt ihr PROFIL schon dadurch, daß sie die verschiedenen Wertregionen unterschiedlich ausdifferenziert oder fusioniert und daß sie die Gewichte unterschiedlich verteilt. Noch deutlicher werden die Unterschiede, wenn die Grundwerte selbst wieder bewertet werden, so daß den einen „Selbstverwirklichung" oder „Leistung" als überaus erstrebenswert gelten, den anderen hingegen als töricht.[24] Alle Werte zusammen bilden ein KONTINUUM aufeinander bezogener Motivationen. Dieses Kontinuum kommt dadurch zustande, daß zwischen den einzelnen Grundwerten nicht nur Polaritäten, sondern auch feste Nachbarschaftsverhältnisse bestehen.[25]

Sowohl aus der Evolution des menschlichen Sozialverhaltens wie aus der eigenen Lebensgeschichte ist zu erwarten, daß sich die Wertsetzungen einer Person in der Regel in einem Zustand der Harmonie oder jedenfalls der Kompatibilität befinden (Christensen/ Norgard 1976: 418). Wenn KONFLIKTE auftreten, dann sind sie eher an den Handlungskonsequenzen festzumachen und auf Ungleichgewichte in den sozialen Beziehungen oder in der Gesellschaft zurückzuführen. Normalerweise aber werden kollektiv wie individuell Kompromisse geschlossen, so daß z. B. die Werte der „Freiheit" – ein Wert der „Selbstverwirklichung" – und der „Gleichheit" oder „sozialen Gerechtigkeit" – Werte des „Universalismus" – dadurch erträglich werden, daß die Gleichheit sich auf die Rechtsgleichheit beschränkt, sich jedoch nicht auf Eigentumsrechte erstreckt; die „Freiheit" ist begrenzt durch Gesetz und Regeln, die genauso die Freiheit des Anderen schützen. Konflikte lassen sich demnach weniger durch Nachdenken und individuelle Entscheidung als vielmehr durch eine Veränderung der Rückkopplungen zwischen physischer Umwelt, Sozialstruktur, institutioneller Einbettung und Lebensstil lösen. Kulturelle Universalien sind nicht unvereinbar mit kulturellen Eigentümlichkeiten oder Sonderentwicklungen, im Gegenteil: Nur auf dem Raster kultureller Universalien sind spezifische Anpassungsmuster unterscheidbar und bewertbar bzw. aktualisierbar. Mit einer wachsenden globalen Kultur – so oberflächlich sie sein mag –, mit der trotz unterschiedlicher „Fundamentalismen" zunehmenden Verständigung zwischen den großen Weltreligionen, mit einer unvermeidlichen internationalen Rechtsangleichung, mit einem intensivierten Wissenschaftsaustausch usw. wird es auch immer schwieriger, die Existenz und die Bedeutung solcher Universalien zu leugnen. Dann aber ist es auch moralisch geboten, einem vielfach unerträglichen Ist-Zustand einen zunehmend realisierbaren Soll-Zustand entgegenzusetzen.

Nun unterscheiden sich Sozialsysteme allerdings dadurch, daß verschiedene soziale Werte oder Kombinationen von Werten dominieren, andere verdrängt werden. Idealtypisch sind vor allem drei „Spielsituationen" oder soziale Problematiken zu unterscheiden: DROHUNG, SOZIALER AUSTAUSCH und INTEGRATION (Boulding 1978: 141–162, 163–188, 189–210). Drohsituationen sind dadurch gekennzeichnet, daß die Zwecksetzungen der Akteure negativ korrelieren, so daß der eine nur auf Kosten des anderen etwas erreichen kann. Die Akteure versuchen, durch Drohungen und Gegendrohungen den anderen zum Nachgeben zu bewegen; dabei geraten sie jedoch in das Dilemma, daß die Summe der gemeinsamen Kosten größer ist als die Summe der zur Verfügung stehenden oder erschließbaren Ressourcen. Man kann hier kontingente und nicht-kontingente Konflikte unterscheiden. Bei nicht-kontingenten Konflikten – bei „Kämpfen", „fights" – geht es darum, dem Gegner Schaden zuzufügen oder seine Gewinne zu minimieren, auch dann, wenn man selbst nichts davon hat oder sogar selbst zu Schaden kommt; dagegen werden kontingente Konflikte vom Selbstinteresse oder dem Wettbewerbsvorteil geleitet. Es ist klar, daß in Drohsituationen „Aggression" und „Wettbewerb" im Vordergrund stehen; allerdings werden sie durch das eigene Streben nach „Sicherheit" und durch die „Macht" des Anderen begrenzt. Die kontingenten Drohbeziehungen nähern sich den normalen Austauschbeziehungen, die von „gemischten Motiven" bestimmt werden; d. h. einerseits von dem Bestreben, einen möglichst großen und überproportionalen Anteil am erzielbaren Gesamtergebnis zu erhalten; andererseits werden sie bestimmt von dem Wunsch, dies – bis zu einem bestimmten Punkt – durch Kooperation zu erreichen. In diesem Fall, in dem das „wohlverstandene Eigeninteresse" regiert, stehen die Werte des „Individualismus" bzw. der „Selbstverwirklichung" im Vordergrund, flankiert in gleicher Weise von „Kooperation" und „Wettbewerb" bzw. von „Leistung" und „Universalismus" im Sinne von „Gleichheit", gepaart vielleicht mit einer gewissen „Großzügigkeit".

Wenn es vor allem um die soziale Integration geht – z. B. in Familie und Schulklasse, in Gemeinde und Pfarrei, in Wohlfahrtsverbänden und im Wohlfahrtsstaat insgesamt –, stehen „Altruismus" und „Kooperation", „Wohlwollen" und „Konformität" im Vordergrund. Natürlich sind in ein und derselben Gesellschaft alle drei Systemstrukturen zu beobachten, selbst wenn sich verschiedene Gesellschaften nach der Dominanz des einen oder anderen Systems unterscheiden. Dies ist dann allerdings nicht allein zurückzuführen auf endogene Faktoren, wie den „Nationalcharakter" oder vielmehr die „Kultur", „Sozialstruktur" und die „Sozialisation", sondern auch auf exogene Faktoren wie natürliche Umwelt, ökologische Knappheitsbedingungen, geopolitische Lage und Allianzenbildung oder die wirtschaftliche internationale Konkurrenzsituation.

In den unterschiedlichen Wertsystemen gelten auch unterschiedliche NORMEN des sozialen Verhaltens. Normen sind durch die Paradoxie bestimmt, daß sie einerseits bloß als „individuelle" Normen wirksam werden können, daß ihnen jedoch andererseits von allen Individuen „generelle" Gültigkeit zugeschrieben werden muß; d. h., bestimmte Normen haben ein unterschiedliches Gewicht und auch einen unterschiedlichen Wertakzent für jedes Individuum. Wenn eine Norm von einer Person wirklich akzeptiert und gegebenenfalls auch tatsächlich erfüllt werden soll, dann kann dies nur in ethischer Autonomie geschehen. Der Normgeber kann nach Hans Kelsen (1979: 35) das Verhalten des Normadressaten nicht selbst wollen, nur letzterer kann „sein EIGENES Tun wollen". „Generelle Normen" können daher nicht einfach „verkündet" werden; sie müssen im Grunde selbst „gefunden" werden; sie bedürfen zumindest der „Übersetzung" und „Vermittlung". Einerseits sind Normen in der „Massivität der Fakta" (Mannheim 1925: 359) begründet; andererseits sind Normen soziale Regeln, die durch Individuen internalisiert worden sind und die dadurch soziales Gewicht bekommen haben. Normen erlangen den gleichen Status von Objektivität wie das Tatsachenwissen, das wir durch Erfahrung gewinnen oder aus den Lehrbüchern lernen. Zum Teil ist dieses Wissen einem „kollektiven Wissensbestand" einverleibt, der nicht mehr individuell verfügbar und zurechenbar ist, sondern z. B. in Raum- und Zeitordnungen, in Speiseplänen und Wohnungseinrichtungen, in Gesten und Riten verankert ist. Jedenfalls sind Normen nicht schon deshalb gültig, weil sich eine Reihe von Individuen demonstrativ zu ihnen bekennt und vielleicht sogar einen Vertrag oder eine Rechtssatzung proklamiert hat.

Was in einer Sozialethik zählt, das sind die „subsistenten Normen" und nicht die „Verbalnormen", das ist die „habituelle" und nicht die „statuierte Ordnung" (Geiger 1964: 58 ff.). Diese aber ist als solche nicht ohne weiteres beobachtbar, sondern lediglich aus dem Verhalten erschließbar. Mittelwerte und Häufigkeitsverteilungen können zwar als Hinweise auf die Gültigkeit subsistenter Normen gelten (W. Lübbe 1990: 585), müssen es aber nicht; Normen werden auch als gültig anerkannt, wenn sie nicht erfüllt werden oder wenn sie geradezu als „kontrafaktisch stabilisierte Verhaltenserwartungen" (Luhmann 1972: 40 ff.) definiert werden können: Man braucht dann eben gewisse „Entschuldigungen", oder man projiziert die Normerfüllung in die Vergangenheit oder Zukunft – aber dies geschieht ja unter ausdrücklicher Anerkennung der Norm. Normen dienen nicht der Beschreibung des Verhaltens und Handelns, auch nicht seiner Erklärung, denn diese könnte nur zirkulär sein, vielmehr dienen sie seiner aktuellen, retrospektiven oder antizipatorischen Rechtfertigung – und eine Rechtfertigung ist gewöhnlich nur im Falle des Versagens erforderlich. Normen, die so formuliert sind, daß sie IMMER befolgbar sind, sind geradezu sinn- und funktionslos. Normen sind auf diese Weise immer „heteronom": Die Funktion der Norm besteht gerade darin, auf eine gewollte Wirkung oder einen Wert oder Wertakzent hinzuweisen; „denn nur der Mensch kann etwas wollen; die Norm ‚will' nichts" (Kelsen 1979: 10). Der „Grundwert" aller Normen aber ist die Integration der „moralischen Gemeinschaft", und die „Grundnorm" aller Normen ist, diese moralische Gemeinschaft nicht zu verlieren.

System- und spieltheoretischen Überlegungen zufolge sind vor allem DREI NORMENKOMPLEXE zu unterscheiden, je nachdem, ob die Probleme der Kooperation, der Koordination oder Kompensation im Vordergrund stehen (Ullmann-Margalit 1977: 135 ff.; Schmid 1995: 42 ff.). Nicht jedem Wert entspricht eine Norm: Die Werte von „Selbstverwirklichung", „Erlebniswert", „Hedonismus", „Tradition" oder „Wohlwollen" etwa sind nur schwer normierbar: Ihr Wert liegt gerade darin, daß sie aus freien Stücken gewählt werden können, daß niemand ihre Einhaltung fordern und messen kann. Normen gibt es nur im sozialen Austausch, da also, wo es um die „Reziprozität" oder „Gerechtigkeit" des sozialen Austausches geht, um „Leistung", „Macht" und „Sicherheit". Beim GLEICHGEWICHTIGEN SOZIALEN AUSTAUSCH, in dem das „wohlverstandene Eigeninteresse" aller gilt, stehen Koordinationsnormen im Vordergrund – Normen, die keine großen Wertungsprobleme aufwerfen, sondern die Effizienz des Zusammenhandelns sichern sollen. Diese Normen entstehen in der Regel als Funktion der Institutionalisierung vorangegangener erfolgreicher Problemlösungen; sie können informell und als bloße Konventionen gelten, sie können aber ebenso formalisiert und durch eine Autorität als Dekrete verkündet werden. In DROHSITUATIONEN gelten die Normen des „Gefangenendilemmas", die eine Kooperation unter den unstabilen Bedingungen der stets möglichen Defektion der gegnerischen Partei sichern sollen: erstens die Norm der Disziplin – wer das kollektive Gut sabotiert, bekommt zusätzliche Kosten aufgebürdet –, zweitens die Norm des wechselseitigen Vertrauens – ich kooperiere im Vertrauen darauf, daß alle anderen auch kooperieren –, drittens die Norm des Kollusionsverbots – es ist verboten, daß sich zwei „Gefangene" auf Kosten Dritter davonmachen. Bei UNGLEICHEN AUSTAUSCHVERHÄLTNISSEN, in denen es also Domination und Unterwerfung, Parasitismus und Ausbeutung gibt, werden diejenigen, die im Vorteil sind, möglichst allgemein anerkannte Normen und nicht zuletzt auch Pseudo-Normen aus den nicht-normierbaren Wertbereichen zu ihrer Rechtfertigung vorschützen. Wenn sie zu Gewalt oder Betrug greifen, bringt das den Nachteil mit sich, daß Gewalt kostspielig und unstabil ist, der Betrug jedoch zu einem Abbruch der Beziehungen führt. So ist es besser, Normen für die Milderung, den Ausgleich oder schon für die Verhinderung von Externalitäten zu finden. Sie sollen helfen, das Ausmaß der negativen Externalitäten überhaupt erst einmal zu erkennen, zum andern aber auch eine Reihe von Kontrollmaßnahmen nahelegen, die eine Störung der Gesamtordnung wieder ausregulieren können.

Normen sind external wie internal SANKTIONIERBAR – doch hängt ihre Gültigkeit nicht von der Sanktionierbarkeit ab; im Gegenteil: Wo Sanktionen erforderlich sind, um ein bestimmtes Verhalten zu erzwingen, dort steht die Legitimität der Normforderung oder des ganzen Normensystems in Frage. Die Theoretiker des „rationalen Wahlhandelns" scheinen nur den externalen Sanktionen und nicht den inneren Sanktionen beispielsweise eines schlechten Gewissens zu vertrauen[26]; so kommen sie zu der seltsamen Definition, eine Norm sei eine Verhaltensvorschrift, die den „eigenen Interessen des Akteurs entgegensteht, entweder indem sie ihn dazu bringt, etwas zu tun, was er andernfalls nicht tun würde, oder die ihn von etwas abhält, was er gerne tun würde" (Coleman 1990: 250). Dementsprechend eingeschränkt ist ihr Normenverständnis: Normen haben negativ nur der „sozialen Kontrolle" und positiv der Sicherung der Kooperation und der Kosteneffizienz zu dienen, insofern alle „nicht-moralischen Mittel" versagen (Oberschall 1994: 143). Dieses Normenverständis greift aber entschieden zu kurz; denn äußere Sanktionen haben nur einen Zweck, wenn sie verinnerlicht werden. Wer nur von äußeren Sanktionen ausgeht, der kann auch nicht sinnvoll von „Wert" reden. Doch selbst dann muß er noch davon ausgehen, daß es sozialen Wesen nicht allein um eine individuelle Nutzen-Kosten-Maximierung, auch nicht um eine kollektive „Wohlfahrtsmaximierung", sondern zunächst einmal um „Teilhabe" an einer sozialen Gemeinschaft geht (Lindenberg 1994: 105 ff.). Unter diesen Umständen wiederum ist es unsinnig, den Sanktionsbegriff in den Mittelpunkt einer Normerklärung zu stellen; vielmehr muß es den Mitgliedern einer Gemeinschaft darum gehen, den Stand ihrer Beziehungen – Gleichgewicht oder Einseitigkeit, Über- und Unterordnung, Verlust oder Gewinn – einander deutlich und rechtzeitig zu signalisieren, so daß die Prinzipien von Gleichheit und Reziprozität gewahrt bleiben und es erst gar nicht zu Sanktionen kommt.

Das tiefere Problem dieser Normendiskussion im Rahmen einer „Theorie der rationalen Wahl" ist, daß es ohne die Begriffe des „SOZIALEN SYSTEMS" bzw. einer evolutiven „SYSTEM-UMWELT-ADAPTATION" nicht gelingen kann, Werte als NICHT-willkürliche Setzungen, d. h. als Zustands- oder Zielwerte eines umfassenderen bio-sozio-kulturellen Systemzusammenhangs, zu erfassen. Dies gilt in anderer Weise auch für die „Tugendethik", die das Wertproblem zu einem Problem der Integrität oder Charakterstärke einzelner Individuen macht. Der Versuch, eine Sozialethik sozusagen als erweiterte Individualethik aufzubauen, ist in beiden Fällen als gescheitert zu betrachten: im ersten Fall, weil „moralische Gemeinschaften" nicht einfach als äußerlich durch Sanktionen oder „soziale Fallen" zusammengezwungene Individualaggregate verstanden werden können – wenn noch ein Rest von Gewissen, ethischer Autonomie und Menschenwürde, aber auch sozialer Bindung und sozialer Verantwortung übrig bleiben soll; im zweiten Fall, weil das Individuum, gerade als voll individuierte Person, nicht einfach ein Refraktor der Werte einer moralischen Gemeinschaft sein kann und sein darf – was alle Tugend wertlos machen und jede Moral zum Opportunismus oder Moralismus degradieren würde. Eine Sozialethik, die sich nicht in der Idyllik des Verhältnisses von Ich und Du oder in der Identifikation von Ich und Wir erschöpfen soll – die also auch den

„Dritten" kennt und das möglicherweise feindliche „Ihr" und „Sie" mit einbezieht –, eine Sozialethik auch, die nicht allein vom sozialen Mitgefühl oder von reinen Bewußtseinsakten andererseits ausgeht, sondern auch die Aggression und den globalen Verdrängungswettbewerb einschließlich seiner bioökologischen und geopolitischen Wurzeln kennt, ist notwendigerweise eine Ethik des sozialen Systems: Eine „Soziale System-Ethik". Die „Tugendethik" wie die „Theorie der rationalen Wahl" können in diesem Bezugsrahmen möglicherweise ihre Rolle spielen: die eine als „Tugendlehre", indem sie die Verbindung von Individuum und moralischer Gemeinschaft wieder verstärkt; die andere, indem sie umgekehrt dem Individuum hilft, nicht rational begründbare moralische Ansprüche und Normen der aktuellen moralischen Gemeinschaft in Frage zu stellen und durchzudiskutieren.

3. Korporative Ethik und Verantwortung

So sehr die „Tugendethiker" von der grundlegenden Bedeutung des „moralischen Charakters" beim Individuum überzeugt sind, so selbstverständlich gehen die „Ethiker der rationalen Wahl" von der universellen Handlungsfreiheit und damit wohl auch von der universellen Handlungsverantwortung des Individuums aus. So sehr sie also beide die gewissermaßen „vertikale" Dimension der Verantwortung in der axiologischen Tiefendimension innerhalb der eigenen Lebensgeschichte betonen, so können sie doch keinen realistischen Bezug zur „moralischen Gemeinschaft" und zur „horizontalen Dimension" der Interaktionsverbundenheit mit Anderen und der gesellschaftlichen Interdependenz insgesamt herstellen. Dieser können und wollen sie sich jedoch nicht entziehen. Der Grund liegt darin, daß sie das Individuum insgeheim immer noch atomistisch und nicht als „Person" auffassen, die biologisch-neurologisch und axiologisch, psychologisch wie soziologisch nur als systemisch organisiert zu begreifen ist.

Wenn aber ein Subjekt einem System von Werten und sozialen Ansprüchen gegenübersteht, dann ist es wegen dieses Systemcharakters, wie immer er beschaffen sein mag, gezwungen, moralische Ansprüche zu akzeptieren, die NICHT oder nicht unmittelbar in seinem Eigeninteresse liegen. Nur in diesem natürlich weithin unbewußten Systemcharakter der Interaktionen, Wertorientierungen und psychischen Antriebe kann sich so etwas wie eine „moralische Gemeinschaft" herausbilden Es ist diese Verantwortung für etwas, was ich selbst nicht „intendiert" oder „verursacht" habe, was ich in seinen Implikationen auch gar nicht übersehen kann, die die eigentlich SOZIALE Qualität einer Verantwortungsübernahme und -zuschreibung ausmacht.

Diese soziale Qualität der Verantwortung wird von der Individualethik gewöhnlich völlig ignoriert oder nur negativ als Behinderung der individuellen Handlungsmöglichkeiten gesehen. Die „moralische Gemeinschaft" wird damit nur negativ definiert, und diese Definition ist bis heute auch die übliche.[27] Erst die im Laufe der Sozialgeschichte oder der Geschichte der gesellschaftlichen Organisationen – von einer Armee bis zum Industriebetrieb, von der Staatsbürokratie bis zum Börsenhandel – sich verschärfenden Führungs- und Organisationsprobleme haben die Manager oder die Lastenträger dieser Organisationen gezwungen, sich Gedanken über ihre eigene Verantwortung oder die der Anderen zu machen. Da jedoch alle diese Organisatoren keine Philosophen waren – oder sich nur ein abgesprengtes Häuflein von Philosophen mit Organisationsproblemen herumschlagen wollte –, mußte die Geschichte der Ethik in diesem Bereich wohl oder übel nochmals von vorne beginnen bzw. vom Stand des in Jahrhunderten sedimentierten Alltagsdenkens ausgehen.

Am vordringlichsten – und auch am leichtesten zugänglich – schien eine Ethik der KORPORATIONEN, d. h. der Unternehmen, bei denen die Unternehmerfunktion nicht mehr von einem Besitzer oder Einzelunternehmer, sondern von einem Management wahrgenommen wird (Wilbur 1982: 147). Hier glaubte man, wenigstens auf der Ebene der Leitenden weiterhin von einer allgemeinen individuellen Handlungsverantwortung und bei den Ausführenden allein von einer speziellen Aufgaben- und Rollenverantwortung ausgehen zu können.

Doch auf Dauer ließ sich nicht verdrängen, daß auch Betriebe oder Unternehmen darüber hinaus „MORALISCHE GEMEINSCHAFTEN" sind: Kollektivitäten mit einem eigenen „moralischen Charakter" – mit spezifischen und unüberwindbaren „Handlungsbeschränkungen" für die einen, und mit einem unverwechselbaren „kollektiven Unbewußten" oder „Image" für die anderen. Diese Kollektivitäten aber sind Komplemente von Funktionssystemen, wie z. B. der Produktion und des Vertriebs, der technologischen Produktinnovation und der finanziellen Verflechtung, die inzwischen in ein globales System eingebunden sind. Insofern das technologisch-ökonomisch-ökologische System global geworden ist, ist auch die Verantwortung der Unternehmensmitglieder global selbst dann, wenn sie sich dieser Globalität zu entziehen suchen. In Wirklichkeit ist also auf der korporativen Ebene die Verantwortung bereits vielschichtig. Diese Vielschichtigkeit kann aber nur erkannt werden, wenn entsprechende Konzepte entwickelt worden sind.

Wenn das Thema der KORPORATIVEN VERANTWORTUNG immer wieder neue Aktualität gewinnt, so deshalb, weil Unternehmen wie die Gesellschaft gravierenden Strukturveränderungen unterworfen sind und weil vor allem die Großunternehmen eine immer wichtigere – nicht selten sogar den Nationalstaat in Frage stellende – Rolle nicht nur in der Wirtschafts- und Technologieentwicklung, sondern eben auch in der Politik spielen. Die Problematik hat sich dabei phasenweise vertieft von einer Frage der persönlichen Integrität der Unternehmer oder der Manager zu einer Frage der internen und externen Verantwortung der Unternehmen als Organisationen oder Institutionen, bis hin zu der nur noch systemtheoretisch zu begreifenden Problematik der kollektiv-korporativen Verantwortung für die in der Gesamtgesellschaft auftretenden Technikfolgen und negativen ökologischen Externalitäten. Sogar für den gesellschaftlichen Wandel, für Beruf und Freizeit, für das Arbeitsplatzangebot und die Eigentumsverteilung, für die Aufrechterhaltung und Weiterentwicklung des Sozialstaats und für die soziale Gerechtigkeit schlechthin ist dieses Thema aktuell.

Was die Problematik dieser letzten Phase verschärft, ist das offensichtliche Scheitern des Staates in der Kontrolle einer komplex und transnational bzw. global gewordenen wirtschaftlichen und gesellschaftlichen Entwicklung. Nach der in den siebziger Jahren geführten Diskussion über das aktuelle REGIERUNGSVERSAGEN oder die prinzipielle Steuerungsfähigkeit des Staates steht nun die Frage der SELBSTORGANISATION und Selbststeuerung nicht nur der Unternehmen selbst, sondern durch sie auch der Produkt- und Kapital-Märkte, der Energieversorgung und Technologieentwicklung, der Informationssysteme und Massenmedien usw. im Vordergrund (Tippelt/ Zimmermann 1991: 338 ff.).[28]

Diese Verantwortung ist nicht mehr mit dem rein binnenorganisatorischen Sinnspruch zurückzuweisen, die „soziale Verantwortung der Geschäftsunternehmen" sei es, „die Gewinne zu erhöhen" (M. Friedman 1962: 133). Dieser Zynismus wird tatsächlich weder von der Öffentlichkeit noch den Betriebsangehörigen oder den Managern selbst goutiert.[29] Und das „Paradox der sozialen Kosten" – d. h. der Beobachtung, daß Unternehmen, die soziale Kosten für ihre Arbeitnehmer wie für ihre soziale Umwelt übernehmen, bessere Bilanzen aufweisen als Unternehmen, die das nicht tun – ist gar kein Paradox, da ein sozialverantwortliches Management eben auch in finanzieller, wirtschaftlicher, technischer, informationeller und ausbildungsbezogener Hinsicht ein besseres Management ist (Pava/ Krausz 1996: 329 ff.).

Das größte Hindernis einer genuin KORPORATIVEN ETHIK ist eine begriffliche Reduktion, die die Korporation auf ein bloßes Binnenverhältnis oder Individualaggregat oder auch nur auf eine juristische Person verkürzt. Im ersten Fall geht es dann um Gewinn und Effizienz; im zweiten Fall gibt es lediglich eine individuelle Verantwortung eines jeden in seiner Rolle: der Kapitaleigner und Aktionäre, der Manager und Aufsichtsräte, der Angestellten und Beauftragten. Im dritten Fall erscheint die Korporation als bloße Rechtsfiktion, die erst vor Gericht Geltung erlangt und im übrigen die sozialen Beziehungen, die Bedürfnisse und Pflichten der Mitglieder außer acht läßt.

Eine Korporation aber hat – was seit langem auch juristisch anerkannt ist – eine ganz eigene sozialorganisatorische Charakteristik, die darin besteht, daß auf der Grundlage gemeinsamen Eigentums und eigenständiger Rechte, die sich nur aus dem Verbund ergeben, ein GEMEINSAMES HANDELN erfolgt, das einverständnismäßig einem übergeordneten KOLLEKTIVSUBJEKT zugeschrieben wird (Arthur 1987: 60). Die Korporation befähigt ihre Mitglieder zu einem Handeln, das keinem einzelnen Mitglied so möglich wäre; sie erfordert aber auch eine Einschränkung der individuellen Rechte und Freiheiten z. B. der Eigentums- und Nutzungsrechte, erlegt jedoch allen eine gemeinsame Risikohaftung auf. Die Korporation ist so zweifellos eine „moralische Gemeinschaft" unter und neben anderen moralischen Gemeinschaften. Ihre Mitglieder und Organe haben nicht nur Verpflichtungen im Binnenverhältnis, sondern auch im Außenverhältnis – etwa gegenüber Konsumenten und Zulieferern, der Sitzgemeinde und der größeren politischen Gemeinschaft. Strittig ist nicht die prinzipielle moralische Verantwortung der Korporationen, sondern höchstens der Umfang dieses Außenverhältnisses, das z. B. lokal, national oder global definiert sein kann. Von Interesse ist dabei auch die Organisationsweise des Binnenverhältnisses z. B. von Management und Aufsichtsrat, von internen und externen Aufsichtsräten, von Management und Betriebsrat, von Aufsichtsrat und Aktionären, von Aktionären und Buchprüfern oder Betriebsberatern usw. Daß aber das Binnenverhältnis (Boyd 1996: 169) weit über ein Individualaggregat hinausgeht, das zeigen schon die alltäglichen Probleme des Betriebsklimas, des Firmenimages oder der Organisationskultur; daß das Außenverhältnis nicht bloß ein Rechtsverhältnis oder ein Produkt der Verantwortungszuschreibung und der kollektiven Haftung ist, das zeigen spätestens die enttäuschten Erwartungen und die entsprechenden Verhaltensänderungen der Betriebsmitglieder und Konsumenten, denen das Management durch zusätzliche Führungs- und Organisationsanstrengungen ja auch gerecht werden muß (Gottlieb/Sanzgiri 1996: 1279).

Die GESCHICHTE DER KORPORATIVEN ETHIK der „Business Ethics" oder auch der „Organisationsethik" zeigt (Dierkes/Zimmermann 1994: 534; Lozano 1996: 228 ff.) deutlich genug, daß der Umfang und das Vektorenfeld des Außenverhältnisses immer weiter gefaßt und das Binnenverhältnis immer mehr differenziert werden mußte.

Am Anfang war die korporative Ethik ein weiterer Anwendungsbereich einer allgemeinmenschlichen INDIVIDUALETHIK: Zunächst wurde nur der Modellfall des Einzelunternehmers zugrunde gelegt und dann unbewußt – trotz der zunehmenden Trennung von Eigentum und Management – auf die Manager übertragen. Der Vorstandsvorsitzende konnte zur Not als Unternehmer gelten, in ihm schienen natürliche und juristische Person sich wieder zu vereinen. So ließ sich das Pathos der Individualethik leicht auf das Unternehmen als ganzes übertragen, und eine eigene Institutionenethik schien überflüssig zu sein. Diese erschlichene Unternehmer- und Manager-Ethik war am Anfang eine Tugendethik – und sie ist es heute immer noch oder schon wieder, nachdem die angeblich völlig rational kalkulierenden und entscheidenden Manager doch sehr an Ansehen und Glaubwürdigkeit eingebüßt haben (Flam 1990). Erst in einem zweiten Anlauf entwickelt sich die Unternehmensethik zu einer INSTITUTIONENETHIK, in der nun ernsthaft von „korporativer Verantwortung" zunächst gegenüber anderen Korporationen, dann aber auch gegenüber der Gesellschaft insgesamt die Rede sein kann (French 1979; Goodpaster 1983). Die Haftungsverpflichtungen, die mit der Zeit die Gerichte den Unternehmen aufbürdeten, ließen es geboten erscheinen, die heroische Rolle des Managers herunterzuspielen und ihn lediglich als „Agenten" seiner Organisation zu behandeln. Immerhin wurde dadurch die Einsicht gefördert, daß erstens bei einer kollegialen Entscheidungsfindung Ergebnisse zustande kommen, die von keinem der Beteiligten intendiert worden sind, zweitens daß bei der Umsetzung von Entscheidungen in Handlungen Wirkungen erzielt werden, die von keinem vorherzusehen waren und durch die Entscheidung kaum zu rechtfertigen sind (Trevino 1986; Epstein 1987). An die Stelle der Tugendethik oder allgemeiner moralischer Maximen und genereller Zielvorgaben mußte nun die Beschäftigung mit spezifischen Problemen der Betriebsführung, des Personalwesens, der Konsumenten, der Werbung, schließlich der Umweltbelastung durch Produktion, Konsum und der Organisationskultur treten.

Heute erst dämmert das Bewußtsein, daß Organisationen in Netzwerke von Organisationen eingebettet sind, die über eine normativ als vorgegeben zu betrachtende Nationalkultur weit hinausgehen (Vogel 1991). Dazu muß eine korporative Ethik eine SYSTEMETHIK sein, insofern Unternehmen nicht nur bestimmte Konsumenten mit Waren und Dienstleistungen versorgen, sondern die Verhaltensmuster aller Menschen irreversibel verändern, indem sie das technische Umfeld umformen, alte Gefahren abbauen und neue Risiken heraufbeschwören oder höhere Konsum- und Sicherheitsstandards setzen. Andererseits sind sie aber auch auf einen kontinuierlichen Fluß von Informationen und wissenschaftlichem Wissen, von Patenten und Humankapitalinvestitionen angewiesen, den sie selbst nicht hervorbringen können. Dabei gibt es verschiedene Systemkonzeptionen oder -philosophien bzw. -ideologien: Mit der Ausbreitung der Idee der Selbstorganisation wird das strategische Systemdenken zurückgedrängt, das eine hierarchische Kommandostruktur voraussetzt und auf Marktexpansion, Hochtechnologie und globale Konkurrenz ausgerichtet ist, um einer größeren sozialen wie ökologischen Sensibilität Platz zu machen, wie sie eher durch ein dezentralisiertes und flexibles System mit wechselnden Arbeitsgruppen zu erreichen ist.[30]

Geologische Analogien, die eine Korporation einmal als „Aggregat", ein andermal als „Konglomerat" zu erfassen suchen (French 1984: 5, 13), tragen wenig zur Erhellung ihrer sozialstrukturellen Charakteristik und der damit verbundenen Verantwortungsverteilung bei: Der Wert dieser Analogien liegt in ihrem Scheitern. Im AGGREGATIONS-Modell ist schon unklar, was hier aggregiert werden soll und wie das geschieht. Eigentlich können nur die Kapitalanteile der Anteilsinhaber „angehäuft" werden, nicht aber sie selbst als Individualpersonen mit ganz unterschiedlichen Interessen und Motivationen bzw. sozialen Rollen und Verpflichtungen. Nicht einmal die Eigentumsrechte sind einfach aggregierbar, da ihr Gewicht nur proportional zueinander – oder vielmehr noch: nach der Koalitionsbereitschaft und -fähigkeit ihrer Inhaber – zu beurteilen ist.

Eine Übertragung der Analogie der Aggregatbildung auf die Manager und Angestellten, auf die Konsumenten und Zulieferer, die meistenteils gar keine Anteilsrechte haben, ist völlig ausgeschlossen. Und von den Interessen der Aktienbesitzer auszugehen, wie es das American Law Institute noch 1981 getan hat, ist auch zum Nachteil der Eigentümer und ihrer Langzeitinteressen völlig unrealistisch. Ebenso wirklichkeitsfern ist aber auch die Schlußfolgerung, die – was die „Verantwortungsverteilung" betrifft – korporative Handlungen als „SEKUNDÄRE Handlungen" einstuft, die „von einer Anzahl von individuellen Handlungen bewirkt" werden (Werhane 1985: 53). Selbst die umgekehrte Lösung ist unrealistisch, wonach die Individuen nur Agenten, z. B. Funktionäre, Ausführende, Beauftragte oder Treuhänder der Korporation sind und sich ihre Verantwortung allein aus ihrer Stellung in der Blaupause der Entscheidungsstruktur und den damit unterstellbaren Intentionen ergibt (French 1984: 39, 50). Dieser Vorschlag ist schon offen amoralisch und eine Perversion einer neuen „Finanztheorie". Hier ist die Firma nur eine Fiktion, und Geschäfte – rechtlich wie auch sozial gesehen – kommen nur durch punktuelle private Kontrakte zwischen Individuen zustande, die alle ihr Risiko selbst tragen (Horrigan 1987: 105). Angesichts von Zahlungsunfähigkeit und Konkursen, von Unternehmensfusionen, Rationalisierung und Arbeitsplatzverlust, von Umweltkatastrophen und Risikohaftungen hat sich in der Öffentlichkeit und vor den Gerichten die Beweislast völlig umgekehrt: Die Korporation haftet, OBWOHL es den individuellen Eigentümern oder Funktionsträgern fast immer gelingt, sich aus der Verantwortung zu ziehen.

Dies weist darauf hin, daß auch nach pedantischer Aufgliederung der Entscheidungsstruktur dennoch ein gewaltiger „Rest" bleibt, für den niemand individuell verantwortlich ist. Aber gerade dieser „Rest" macht den entscheidenden Rechtsvorbehalt oder Vertrauensvorschuß aller Einzelentscheidungen und all der unterschiedlichen Kompetenzen aus, die immer nur von Instanz zu Instanz, von Entscheidung zu Entscheidung reichen.

Die Aggregattheorie der Korporation kann diesen „Rest" nicht verbergen, der ja die KONTINUITÄT und die INTEGRATION einer Institution garantiert und der den Individuen – neben aller oder besser: VOR aller individuellen Verantwortung – eine kollektive und systemische Verantwortung für die gesamte Organisation und ihre Einbettung in die Organisationsumwelt auferlegt. Es ist aber genau diese Verantwortung, die im Katastrophenfall von der politischen Öffentlichkeit oder im Falle von Verlusten von den Eigentümern selbst eingefordert wird (Larmer 1996). Gilt diese Verantwortung im Negativen, dann auch im Positiven, d. h. in der Gewinnzone bzw. in der Verhinderung von Katastrophen durch eine umsichtige Planung und Kontrolle oder einen krisenresistenten Organisationsdesign.

Im übrigen müssen sich individuelle und kollektive Verantwortungen im Rahmen der Gesetze bewegen; sie können allein auf der Ausgangsbasis der teilweise planbaren korporativen Geschichte wirklich zum Tragen kommen. Diese Geschichte umfaßt oft Generationen und reicht jedenfalls weit über die Amtsperiode und die individuellen Interessen des Rollenspielers hinaus. So kann es auch dem Aufsichtsrat nicht alleine um die Gewinne der Aktienbesitzer gehen – dem Management geht es ohnehin nicht darum, sondern um das Überleben des Unternehmens auf lange Frist: also um Produktqualität und Produktentwicklung, um Organisationsaufbau und Personalpflege, um Professionalität und Wissenserwerb. Allen zusammen aber muß an der gesellschaftlichen Legitimität des Unternehmens liegen. Die Fragen der Legitimität aber reichen weit über das hinaus, was legal und illegal ist: Sie beziehen sich auf die Normen und Erwartungen innerhalb und außerhalb der Unternehmen, die der Gesetzgebung und Rechtsprechung vorausgehen – wenn sie überhaupt je kodifiziert werden. Aber sie reichen auch noch über das einzelne Unternehmen hinaus und beziehen sich auf das ganze Netzwerk von privaten und öffentlichen Eigentums- und Rechtsverhältnissen in lokaler, nationaler oder multinationaler Reichweite, ebenso auf den Markt und das ganze Wirtschaftssystem.

Diesen Fragen steht die Assoziationstheorie der Korporation viel näher, wenngleich diese leicht in den Fehler verfällt, die Korporation als ein geschlossenes System zu betrachten, d.h. trivialerweise als „juristische Person" zu definieren oder lediglich das betriebliche Binnenverhältnis einer näheren Analyse zu unterziehen. Immerhin erfaßt schon der Begriff der juristischen Person den Tatbestand, daß es eigene Rechte und Pflichten jenseits der individuellen Rechte und Beziehungen gibt. In diesem Sinn ist die Korporation tatsächlich ein Akteur eigener Art, der zur Kundgabe eines Willens und zu einem planmäßigen Handeln fähig ist. Die Planmäßigkeit kann weitaus größer sein als bei natürlichen Personen. Dies ist möglich dank besonderer Organisationsmaßnahmen, die im Prinzip selbst nicht vorhersehbare Synergieeffekte bei kollektiven Entscheidungen und Handlungen einschließen müssen. Das fehlende Zentralnervensystem ist kein Grund, diesem korporativen Akteur Bewußtsein und Gedächtnis abzusprechen; hat ein Unternehmen doch reichlich Gelegenheit, seine vertikale (historische) wie seine horizontale (relationale) Identität materiell und symbolisch nach außen und innen abzusichern durch Industrieanlagen und Repräsentationsbauten, durch Symbole und Rituale einer eigenen Unternehmenskultur.[31] Die Korporation ist nicht eine leere juristische Fiktion, die sich vor allem in der öffentlichen Verantwortungszuschreibung als überaus nützlich erweist, sondern ein reales Sozialgebilde, in dem Leben gelebt und vertan wird, in dem Macht und Status erworben, Unterordnung und Disziplin erzwungen werden und in dem schließlich auch die pauschal zugeschriebene Verantwortung in einem oft schmerzlichen wenn auch selten expliziten Aushandlungsprozeß tatsächlich verteilt und getragen werden muß. Das mag nun den Betroffenen gerecht erscheinen oder nicht.

Die Korporation ist insofern keine Quasi-Person, sondern eine MORALISCHE GEMEINSCHAFT. Ihr Handeln ist „moralisch" gerade in dem Sinn zu nennen, daß es nicht technisch-automatisch oder gewohnheitsmäßig vorprogrammiert ist, sondern daß Entscheidungen in ambivalenten Situationen getroffen werden müssen. Problemlösungen werden hier eben nicht bloß zweck-mittel-rational gerechtfertigt, sondern die Zwecke selbst werden als höherwertig und vorrangig oder als minderwertig und nachrangig bewertet.

Eine moralische Gemeinschaft unterscheidet sich von einer juristischen Person gerade darin, daß sie juristische Fiktionen nicht schon als soziale Tatsachen anerkennt. So ist es z. B. sehr fraglich, ob Aktionäre zur moralischen Gemeinschaft der Korporation zu zählen sind, wenn sie sich nur spekulativ an den zu erwartenden Gewinnen orientieren und ihren Aktienbesitz häufig umsortieren. Wohl aber gehören sie zur größeren moralischen Gemeinschaft der Gesellschaft und brauchen sich über Spekulationsverluste aufgrund einer allgemeinen spekulativen Überhitzung nicht zu beklagen. So kann es eben nicht Aufgabe der Aufsichtsräte sein, allein die Interessen der Aktionäre zu vertreten. In diesem Punkt hat sich das Muster der moralischen Rechtfertigung geradezu umgekehrt. Genauso ist es verfehlt, den Generaldirektor oder Vorstandsvorsitzenden, der wohl ein Unternehmen repräsentiert, aber doch weitgehend nur die Beschlüsse des Managements sanktioniert, automatisch für alle Entscheidungen persönlich verantwortlich zu machen. Obwohl – oder gerade weil – er gegebenenfalls einem Konkurrenten oder Nachfolger Platz machen muß, ist sein Kompetenzbereich und seine Macht auf Zeit delegiert wie die eines jeden anderen Mitglieds der Korporation auch. Ob er seine Pflichten gegenüber der moralischen Gemeinschaft erfüllt und inwieweit er seiner Rolle in der moralischen Gemeinschaft gerecht wird, hängt davon ab, was er zur Erhaltung und Weiterentwicklung der Korporation beiträgt und ob er es versteht, die von ihm vertretene Korporation in größere moralische Gemeinschaften einzubinden.

Dies ist eine schwierige Aufgabe in einer Zeit des schnellen technologischen Wandels und des schwindenden kulturellen Selbstverständnisses – wenn also die Unternehmen ihre Wertsetzungen und Rechtfertigungen nicht mehr aus einer Nation, einer Weltanschauungsgemeinschaft oder einem Kulturkreis beziehen können, sondern sie zu eigenständigen Wertsetzungen, Prioritäten und Prinzipien kommen müssen. Dies ist jedoch notwendig, wenn sie nicht in einen anomischen Zustand absinken oder von einem anomischen Zustand der Gesellschaft profitieren wollen.

Können die Korporationen ihre Legitimitäts- und Effektivitätskriterien nicht mehr einfach der Gesellschaft entlehnen, in der sie operieren und die sie selbst verändern, sind sie auf einen eigenständigen Prozeß der SELBSTORGANISATION angewiesen. Der kann einerseits ihre externale Adaptation, andererseits auch ihre internale Integration sichern. Ersteres muß von der Organisationsführung geleistet werden, letzteres bleibt der Organisationskultur überlassen. Die ORGANISATIONSKULTUR wird stets das Ergebnis eines kollektiven Lernprozesses sein, in dem die zunehmende Arbeitsteilung und soziale Differenzierung durch Mittel der sozialen Integration aufgefangen wird. Letztere reichen von Artefakten wie Gebäuden, Anlagen oder Erscheinungsformen von Produkten und Dienstleistungen über Verhaltensregeln wie sie sich in Ethikkodizes, Ritualen und Umgangsformen manifestieren bis hin zu Werten, Überzeugungen, Sinndeutungen und Idealen (Schein 1990).

Eine im Unbewußten wurzelnde kollektive Mentalität und der Glaube an eine bestimmte Mission kann den Zusammenhalt und die Adaptationsfähigkeit der Korporation in einer turbulenten oder rasch sich wandelnden Umwelt besser gewährleisten. Zu dieser Organisationskultur gehört sicher die Fähigkeit der kognitiven Problemlösung und der Korrektur von Fehlern. Diese muß möglich sein, ohne daß die grundlegenden Ziele und Motivationen der Mitglieder zerstört werden. Von einer „ethischen Kultur" ist dann erst zu sprechen, wenn die Organisationsführung Abstand nimmt von manipulativen Strategien der Personalführung und Imagepflege und wenn sich statt dessen einigermaßen konsistente Werte und Vorzugsregeln herausgebildet haben, die eben gerade nicht mehr instrumentell verfügbar sind, dennoch aber die Entscheidungsfindung auf indirekte und weitgehend unbewußte Weise lenken (Pfeffer 1981).

Mehr als über die Organisationskultur ist bisher über die ORGANISATIONSFÜHRUNG nachgedacht worden. Auch hier verbleiben die Überlegungen weitgehend im operativen und strategischen Bereich, während man sich nur schwer zu Revisionen im Führungs- und Kontrolldesign entscheiden kann. Selbst diese dienen dann häufig dazu, das Verantwortungsproblem als ein ethisches dadurch einzuklammern, daß man ein eigenes

Kontrollorgan schafft, das diese Aufgabe publikumswirksam übernimmt. Das kann sein: ein Auditor oder eine öffentliche Anhörung, eine betriebsinterne Ethikkommission oder die Zuwahl praxisfremder Vorstandsmitglieder, usw. Doch eine konstruktive Verbindung zwischen Führung und Organisationskultur entsteht dann, wenn Aufsichtsrat und Management den gleichen Werten und Normen folgen, die die Organisationskultur prägen, und wenn Führung und Mitgliedschaft durch die Verpflichtung auf eine GEMEINSAME MISSION miteinander verbunden sind. Daß diese Mission eingehalten und notfalls revidiert wird, ist die wesentliche Aufgabe des Aufsichtsrates, der dazu bestimmt ist, die Verbindung mit dem gesellschaftlichen Umfeld der Korporation herzustellen. Das Management wiederum ist ausgerichtet vor allem auf Probleme der operationalen Effizienz und gerät leicht in Gefahr, Legitimitäts- und Zukunftsfragen ihren Effizienzkriterien unterzuordnen.

So liegt die eigentliche ethische Schwierigkeit der Korporation als moralischer Gemeinschaft in der Wahl und der Realisierung einer gesellschaftsfreundlichen, entwicklungsfördernden, nicht destruktiven oder parasitären Mission, überhaupt einmal in der Langzeit- und Zukunftsorientierung einer Korporation. Hier sind betriebsinterne Ethikkodizes und menschenfreundliche Gesten nur von nachgeordneter Bedeutung. Selbst echte ethische Selbstverpflichtungen haben wenig Wert, wenn nicht ein Organisationsdesign und Prozeßabläufe gefunden werden können, die eine realistische Verantwortungsübernahme und ein moralisches Grundverhältnis zu den Mitmenschen ermöglichen. Das gilt vor allem für das korporative Binnenverhältnis, für das es einen weitaus größeren Verhaltensspielraum gibt als für das Außenverhältnis.

Das vom Vorstand schwierigste zu bewältigende Problem ist die Aus- oder Zuwahl des FÜHRUNGSPERSONALS, d. h. der Spitzenmanager und der neuen Vorstandsmitglieder. Die Nabe eines verantwortungs- und lernfähigen Organisationssystems bilden moralisch denkende und fühlende Führer, die sich durch persönliche Integrität und ein soziales Bewußtsein auszeichnen (Blank 1986). Bereits im Alltagsgeschäft, aber stärker noch in Krisensituationen gibt es kaum klare Leitlinien und Vorschriften, wie Entscheidungen zu treffen, wie Prioritäten zu setzen sind. Es wäre auch unsinnig, diese vorweg zu definieren, da die entscheidende Fähigkeit des Führungspersonals gerade die sein muß, auf die sich verändernde Umweltsituation und auf neue gesellschaftliche Anforderungen angemessen zu reagieren bzw. diese proaktiv zu integrieren (Santili 1984). Zudem werden die schönsten Vorschriften und Pläne nichts daran ändern, daß sie nur insoweit realisierbar sind, als sie von der Führung perzipiert und in der Zusammenarbeit mit kompetenten Mitarbeitern praktisch umgesetzt werden können.

Integer ist eine Führungspersönlichkeit, insoweit sie ihr Selbstbild und die Umweltanforderungen in einer konsistenten Weise miteinander verbinden kann, ohne sich selbst verbiegen oder wesentliche Umweltanforderungen ignorieren zu müssen. Vertrauen bei den Untergebenen und moralische Kompetenz bei den Führenden kann dann entstehen, wenn sich die Führungspersonen selbst um moralische Nöte, die Entwicklung moralischer Standards und ethischer Überzeugungen innerhalb der Organisation kümmern. Es ist wohl kein Zufall, daß trotz Hunderter von Managementlehren und eines hohen Verschulungsgrads der Managementausbildung die Unternehmensethik neuerdings immer mehr die Gestalt einer „Tugendlehre" annimmt und daß Begriffe wie „ethisches Klima", „korporatives Credo", „Gewissen" und „moralische Sensibilität" immer mehr in den Vordergrund rücken. Die Pareto-optimalen Gleichgewichtsmodelle der klassischen Nationalökonomie wie auch die mikroökonomischen Theorieansätze der Betriebswirtschaftslehre haben hier ein Vakuum hinterlassen, das eher durch Rückgriffe auf eine platonische oder aristotelische, thomistische oder kantianische Tugendethik gefüllt wird, als daß es unausgefüllt bleiben könnte. Ein Problem dieser Rückgriffe bleibt, daß sie zwar allgemeinmenschlich ehrenwert und vielleicht sogar lebensklug sein mögen, daß sie aber zu wenig rollenspezifisch sind und daher unverbindlich bleiben oder allzu leicht zu Zwecken der moralischen Rhetorik mißbraucht werden können (Sims 1992: 51 ff.; Lozano 1996: 230 ff.; Deshpande 1996).

Das Entscheidende für das Binnenverhältnis ist, daß es DIALOGE ermöglicht und zum WIDERSPRUCH ermutigt. Erst durch Dialog und Widerspruch, durch Kommunikation und Diskurs können die moralischen Normen und ethischen Voraussetzungen einer Organisationskultur formuliert, überprüft und revidiert werden. Der Dialog setzt die Bereitschaft und die Fähigkeit auch und gerade der führenden Mitglieder voraus, ihre eigenen Annahmen und Überzeugungen in Frage stellen zu lassen. Der Widerspruch ist dabei besonders förderlich; allerdings muß er öffentlich gemacht und so weit wie möglich objektiviert werden (Howard 1990). Für die Korporation und für die Entwicklung der moralischen Standards bzw. der moralischen Integrität ist es von ausschlaggebender Bedeutung, daß der Widerspruch konstruktiv genutzt werden kann und zu wohlüberlegten Verbesserungen und Veränderungen führt im operativen Vorgehen, in Strategie und Organisationsdesign. Auf der Seite der Mitarbeiter setzt dies die Überzeugung voraus, daß die Verhältnisse verbessert oder revidiert werden können, wenn die maßgeblichen Führungspersönlichkeiten richtig informiert sind. Ein Widerspruch, der nicht mehr von dieser Überzeugung getragen ist, führt letztlich in den Abgang von möglicherweise besonders kreativen Mitgliedern, die, wenn sie kein Gehör und keine Unterstützung bei den zuständigen Organen der Korporation finden, zunächst die Öffentlichkeit suchen. Weitere Folgen können Streiks und passiver Widerstand, oder schlimmer noch: Blaumachen und Resignation sein. Nicht weniger destruktiv in moralischer Hinsicht sind die passiven Dulder und Mitläufer, die auf Tagträume ausweichen und ihre Arbeit vernachlässigen, die den Betrieb dann als soziale Veranstaltung zu privaten Zwecken verstehen und es nicht mehr für nötig finden, ihre Kritik und Resignation den anderen Mitgliedern mitzuteilen (Keeley/Graham 1991: 351). Widerspruch und Abgang sind keine sich ausschließenden Alternativen: Besteht keine ausreichende Gelegenheit zum Widerspruch oder hat der Widerspruch offensichtlich keinen Erfolg, ist ein Abgang für das Mitglied einer moralischen Gemeinschaft zu rechtfertigen. Wird der Widerspruch gehört, kann das Unternehmen allzu große Fluktuationen und einen Verlust an moralischem Zusammenhalt verhindern (Hirschman 1974; Graham 1986).

Entscheidend für den Bestand und die Weiterentwicklung eines Unternehmens ist die Ingangsetzung eines ORGANISATORISCHEN LERNENS. Zwischen Führung und Unternehmenskultur muß dafür eine ADAPTIVE RÜCKKOPPLUNG hergestellt werden. „Negativ" ist diese Rückkopplung, insofern kleinere Störungen und vorübergehende Ungleichgewichte ausreguliert und gedämpft werden; „positiv" ist sie, insofern Abweichungen vom Organisationsplan, die sich praktisch bewährt haben, auch „theoretisch" akzeptiert und weiter ausgebaut oder systematisch miteinander verbunden werden, so daß mit der Zeit eine neue Organisationsstruktur entsteht. Entscheidend ist in beiden Fällen, daß überhaupt ein Lernprozeß einsetzt, der darin besteht, daß alle Organisationsmitglieder auf die Wirkungen der Handlungen reflektieren, wodurch die eingeschlagenen Handlungsstrategien und Organisationsänderungen vom Erfolg und Mißerfolg der bisherigen Maßnahmen abhängig gemacht werden (Senge 1990). Ein Mißerfolg ist nicht unbedingt ein Unglück, sondern eine Chance zur Neuorganisation, wenn er richtig diagnostiziert wird. Ein „einfach rückgekoppeltes Lernen" liegt vor, wenn sich der Lernerfolg auf die Fehlerentdeckung und Fehlerkorrektur beschränkt. Dies ist jedoch nur unter konstanten Umweltbedingungen und einer problemlosen sozialen Integration der Korporation ausreichend. Wenn Normen- und Zielkonflikte auftauchen und die Umwelt sich in wesentlichen Dimensionen ändert oder eine unerwartete Dynamik aufweist, ist ein „doppelt rückgekoppeltes Lernen" erforderlich: ein Lernprozeß, der die Normabweichungen und normativen Konflikte einerseits auf die Veränderungen der Umwelt zurückführt, andererseits aber auf Veränderungen im internen Organisationsdesign bzw. im System-Umwelt-Verhältnis hinweist (Argyris/Schön 1978: 21 f.). Bloße Effizienzsteigerungen führen möglicherweise in die Irre: Sie blockieren den Adaptationsprozeß und verbauen die Zukunftsentwicklung um so mehr, je erfolgreicher sie sind. Hier spielen – in einer dritten Rückkopplung – auch ETHISCHE Überlegungen eine Rolle, die entweder unmittelbar auf eine Revision der Wertsetzungen und Prinzipien ausgerichtet sind oder, wenn sich dies als zu schwierig oder unmöglich erweist, wenigstens zur Verstärkung von Dialog und Diskussion führen müssen – zum Dialog innerhalb der Korporation wie auch mit Akteuren im sozialen Umfeld.

Paradox formuliert könnte man sagen, daß die korporative Verantwortung eine kollektive Verantwortung ist, die kollektiv zugeschrieben und individuell übernommen wird. Die Korporation ist eine KOLLEKTIVPERSON (Scheler 1954: 573), der rechtlich Verantwortung zugeschrieben werden kann, da sie in der Tat Träger sittlicher Werte ist. Die Korporation ist gewiß keine Individualperson, aber auch kein bloßes Individualaggregat. Das ist schon deshalb unsinnig, weil es keine „natürlichen" und ganz für sich bestehenden Individuen gibt. Jede Individualperson ist zugleich „Intimperson" UND „Sozialperson": Als Sozialperson ist sie immer Glied einer bzw. mehrerer Kollektiv- oder Gesamtpersonen, als Intimperson definiert sie ihre Stellung gegenüber ihren angemuteten Rollen als Sozialperson bzw. über ihre Stellung innerhalb einer Kollektivperson. Dies gilt im Prinzip auch für die Korporation als Kollektivperson unter anderen Kollektivpersonen wie z. B. anderen Korporationen, Verbänden, Anstalten, Gebietskörperschaften und Gesamtpersonen (wie etwa der Nation, Gesamtgesellschaft oder Weltgesellschaft). Einen Rekurs auf die Autonomie oder Freiheit einer Intimperson gibt es hier nicht, der innerste Kern der Korporation bleibt ÖFFENTLICH – und die Individuen müssen sich davor hüten, von einer Korporation instrumentalisiert zu werden. Andererseits besteht kein Grund, Korporationen nicht als Sozial- und Kollektivpersonen zu verstehen und zu behandeln: Nichts würde unsere Gesellschaft mehr entmenschlichen als eine Auffassung, wonach die Korporationen Moloche sind, menschenfressende Maschinen oder alles integrierende Organismen. Die Auffassung der Korporation als Individualaggregat hingegen entwürdigt die Individuen, die scheinbar beliebig zusammengewürfelt werden können, ohne daß der Andere oder die soziale Rolle internalisiert und aus freien Stücken übernommen werden müßte.

Tatsächlich wird heute von Korporationen und ihren Mitgliedern mehr erwartet als eine VORKONVENTIONELLE Moral (McKenna 1996: 687), in der die Manager die Mitglieder als Werkzeuge benutzen und nur auf die Effizienz des Unternehmens zu achten hätten. Es wird auch mehr verlangt als nach dem KONVENTIONELLEN Stadium, wonach die korporative Führung nach dem Gesetz entscheiden und im übrigen lediglich den Konsens der Mitglieder suchen müßte: Die Gesetze hinken bekanntlich den in der Gesellschaft geltenden Normen hinterher, und sie werden immer lückenhaft bleiben und auf den Grundsatz von „Treu und Glauben" angewiesen sein. Gerade von den großen und mächtigen Korporationen, die über die nationalstaatliche Gesetzgebung hinausgreifen oder sie umgehen könnten, ist heute eine POSTKONVENTIONELLE MORAL gefordert, die zum Teil durch Verträge untermauert wird, aber auch dann nur universellen ethischen Prinzipien folgen kann. Es ist nicht so verwunderlich, daß Korporationen und andere Kollektivpersonen der gleichen Moralentwicklung unterworfen sind wie Individuen, agieren doch alle unter den gleichen gesellschaftlichen Verhältnissen – wobei die größeren Handlungspotentiale bei den Korporationen liegen. Mit der Ableitung der korporativen von der individuellen Verantwortung ist jedenfalls nichts gewonnen. Es ist gerade umgekehrt: Die normalerweise anzunehmende Enge des individualistischen Moralbegriffs ist diesen korporativen Handlungspotentialen in keiner Weise gewachsen – weder ihrer technisch-ökologischen Eingriffstiefe, ihrer Bedeutung für die Pflege des Humankapitals noch ihrem Einfluß auf das menschliche Verhalten (Ropohl 1996: 310). Solche Handlungspotentiale sind nicht allein auf das Konsumverhalten ausgerichtet.

4. Zum Problem der kollektiven Verantwortung

Das KOLLEKTIVE VERHALTEN stellt eine neue Qualität dar, die vom utilitaristischen Ansatz weder in seiner individualistisch-rationalistischen Form noch in seiner korporatistischen Form zu erfassen ist. Entweder wird schon der Term „KollektivHANDLUNG" für unsinnig erklärt, obwohl es unmöglich ist, die Begriffe „kollektives VERHALTEN" oder „MASSENphänomene" einfach zu eliminieren. Oder die praktisch in jedem Sozialverhalten auch und gerade in den intimsten sozialen Beziehungen enthaltene unbewußt-kollektive Komponente wird als bloße Hintergrundsbedingung oder allenfalls als Zusatzverantwortung definiert, die zur korporativen Repräsentationsverantwortung noch hinzukommt. Es besteht aber nicht einmal aus spieltheoretischer Sicht ein Grund, ein Entweder-Oder zwischen individuellem oder quasi-individuellem, korporativem und kollektivem Handeln anzunehmen – sobald man vom „Gefangenendilemma" über das „Versicherungsdilemma" zur Problematik der „kollektiven Güter" übergeht. Es ist vielmehr unrealistisch, NICHT von „gemischten Motivationen" auszugehen – wie Eigeninteresse, Altruismus, allgemeiner moralischer Konformität oder kollektiver Verdrängung bzw. speziellen sozialen Normen und auch entsprechend changierenden oder vieldeutigen „Spielen" und Strategien, Dilemma- und Konfliktsituationen (Elster 1985: 145 ff.). Doch selbst mit diesem Zugeständnis kann man noch keine „Kollektivhandlung" erfassen, bestenfalls eine „Verbundhandlung" – joint act – mit mehreren Individualakteuren und unterschiedlichen Rollenerwartungen und Motivationen.

Wenn es zu keiner Klärung des Begriffs „kollektives Handeln" und „kollektives Verhalten" kommt, dann sollte man sich nicht wundern, wenn die Argumentation umkippt und pauschal von „KOLLEKTIVSCHULD" gesprochen wird. Der Hypermoralismus, wonach alle für alles schuldig gesprochen werden oder wonach von allen verlangt wird, sich wie Heilige oder Helden, wie Märtyrer oder Samariter zu verhalten, ist aber ebenso verwerflich wie die soziale Verantwortungslosigkeit des zynischen „amoralischen" Egoisten bzw. wie die Entschuldigungen, die er vorbringt: „Ich stand nur dabei", „Ich wollte es nicht", „Ich wußte es nicht", „Es war nicht meine Aufgabe", „Es wird sich schon wer anderer darum gekümmert haben" (Wolf 1993: 342 ff.).

Das Problem des Kollektivhandelns läßt sich nicht dadurch aus der Welt schaffen, daß man utilitaristisch-methodologischen Individualismus und kantianisch-methodologischen Kollektivismus einfach zusammenspannt. Ein Utilitarist müßte sich wünschen, daß sich in einer Population ein guter Teil Kantianer findet, die durch ihr Pflichtbewußtsein und ihre bedingungslose Kooperationsbereitschaft das kollektive Handeln erleichtern oder ermöglichen (Elster 1985: 150). Auf diese Weise würde einerseits der Utilitarismus für parasitär erklärt, während andererseits die Kollektivproblematik in einem deontischen und „allgemeinmenschlichen" Universalismus verschwindet. Der Weg zur Lösung der Kollektivproblematik liegt vielmehr darin, den pauschalen Kollektivbegriff aufzugeben, der alle Struktur- und Verantwortungsunterschiede zudeckt, und verschiedene Arten von Kollektivitäten – nämlich INDIVIDUALAGGREGAT, ORGANISATION, ASSOZIATION, MASSE – mass, mob – und GEDRÄNGE – crowd, crowding – zu unterscheiden. Das permanente Scheitern der Spieltheorie und ihrer angehängten Argumentationen in der Kollektivproblematik seit mehr als zwanzig Jahren liegt darin begründet, daß der Begriff „Kollektivum" als Residualbegriff aufgefaßt wird. Dieser Begriff taucht bezeichnenderweise immer nur in grundsätzlich unlösbaren „Dilemmasituationen" und in fast schon kriminellen „sozialen Fallen" auf, nicht aber im „normalen" Leben, das viel stärker durch Altruismus, Kooperation, Koordination und Identifikation bestimmt wird, als der zweckrationale Individualismus jemals zugeben kann.

Der plausibelste und nicht nur im Alltagsverständnis beliebteste Weg wäre, Kollektive als AGGREGATE VON INDIVIDUEN darzustellen. In diesem Fall wäre jeder Akteur – in welchem Handlungszusammenhang er sich auch befindet – nur für sein eigenes Handeln verantwortlich, für dieses aber voll und ganz. Individuelle Verantwortung in diesem Sinn setzt als Minimalbedingung erstens eine „persönliche Kausalität" voraus, was in komplexen Handlungszusammenhängen schon schwierig genug nachzuweisen sein wird. Zweitens wird auch die eigene psychische oder rechtliche Verantwortungsfähigkeit eingefordert, drittens die Möglichkeit, zwischen Handlungsalternativen zu wählen, und viertens eine hinreichende objektive Voraussehbarkeit der Folgen (Neumaier 1994: 62 f.). Unter diesen Bedingungen gäbe es dann keine Differenz zwischen Verantwortungszuschreibung und Verantwortungsübernahme, zwischen moralischer Schuld und Haftungsverpflichtung. Die kollektive Verantwortung wäre auf individuelle Verantwortlichkeiten zurückzuführen, oder den Mitgliedern eines Kollektivums wäre „eine gewisse Mitverantwortung ihrer aktiven, potentiellen oder formellen Mitwirkung" zuzuschreiben (Lenk/Maring 1990: 54).

Wem eine „potentielle Mitwirkung" zum Problem wird und wem eine „Aufspaltung der Einzelverantwortlichkeiten" undurchführbar erscheint, dem wird vorgeschlagen, wenigstens „die moralische persönliche Verantwortung" als „das prototypische Beispiel und Vorbild der Verantwortung generell" zu akzeptieren (Lenk/Maring 1995: 282). Wenn aber die individuelle Verantwortung zum Modell der kollektiven Verantwortung gemacht werden sollte, würde auch das Kollektivum als eine Monade, als eine Art Gesamt- oder Pseudo-Individuum verstanden. Die Definition des Kollektivums bleibt auf diese Weise völlig strukturlos. Läßt man sich jedoch tatsächlich auf die Definition eines Aggregats ein – also einer Anhäufung von völlig gleichartigen, austauschbaren und in sich homogenen Individualmonaden –, so stellt sich die Frage, wie und nach welchen Mechanismen oder Gesetzen Aggregate zusammengesetzt sind: ob durch Zufall oder völlig freie individuelle Wahlakte, durch Imitation oder durch die Nah-Wechselwirkung von Attraktion und Repulsion von Teilchen, durch eine gleichmäßige Verdichtung oder durch Kernbildung, durch Kumulation oder durch Synergie, durch eine Art sozialer Schwerkraft oder irgendwelche Feldkräfte. Ist das auf rätselhafte Weise zustandegekommene Aggregat selbst eine Summe, ein Produkt, eine Zufallsverteilung oder eine irgendwie von innen integrierte oder durch äußeren Zwang zusammengehaltene Struktur?

Die Lösung des Problems der kollektiven Verantwortung durch die Aufspaltung und Distribution von Verantwortungen verbietet sich schon im Falle der VERBUNDHANDLUNG, selbst wenn diese völlig unrealistischerweise nur zwei Akteure umfassen sollte, die z. B. einen schweren Gegenstand zusammen tragen wollen. Schon bei der rein kognitiven Definition von Handlungsintentionen kommt man nicht ohne die Definition von Intentionen aus, die sich an Andere bzw. Dritte richten. Das führt schließlich zur Annahme einer „Wir-Intention" (Tuomela 1991; Tuomela/Miller 1988). Die begriffliche Aufgliederung der individuellen Handlungsergebnisverantwortung selbst erweist schnell ihre Grenzen, wo individuelles Handeln unter institutionellen Rahmenbedingungen erfolgt. Dann zeigt sich nämlich, daß individuelles Handeln zum einen eine „positive Kausalhandlungsverantwortung für bestimmte Handlungen" und eine „negative

Kausalhandlungsverantwortung z. B. für Unterlassungen" umfaßt, zum andern aber gleichzeitig stets eine „Mitverantwortung bei kollektivem, kooperativem und korporativem Handeln" einschließt (Lenk 1989: 488).

Gegen die Konstruktion eines deterministischen KAUSALNEXUS zwischen Handlung und Handlungsfolge ist einzuwenden, daß in nicht-trivialen Entscheidungssituationen Handlungsfolgen eben bloß mit einer gewissen Wahrscheinlichkeit eintreten (Ropohl 1990: 90). Die Wahrscheinlichkeitswerte werden aber völlig unberechenbar, sobald mehrere Akteure zusammenwirken und es keine einfachen Problemlösungen mehr gibt bzw. wenn ein Verhältnis MULTIPLER KAUSATION angenommen werden muß oder wo schließlich jeder Kausaldeterminismus durch SYSTEMISCHE Rückkopplungsschleifen aufgehoben wird (Aulin 1986). In Wirklichkeit geht es natürlich gar nicht um die Feststellung von Kausalverhältnissen, sondern um die ZUSCHREIBUNG von Verantwortung auf Individuen im Rahmen eines engen Mittel-Zweck-Korridors, bei dem die Zwecke prinzipiell undefiniert bleiben (Halfar 1990: 62). „Kausalität" wird mit „Zweckrationalität" verwechselt, „Verursachung" mit „individuellem Handeln" oder genauer: mit einer individuellen Handlungsintention. Zudem beziehen sich die Verantwortungszurechnungen auf die Vergangenheit, wo doch die funktionale Bedeutung der Verantwortungszuschreibung in ihrer Steuerungswirkung für zukünftiges Handeln viel wichtiger ist (Vanberg 1990: 94). Auf der anderen Seite bleibt der Begriff „MITVERANTWORTUNG" undefinierbar und bloß appellativ.[32]

Unter ORGANISATION ist eine hierarchische Organisation mit eindeutigen Autoritätslinien, mit einer spezifischen Aufgaben- und Rollenverteilung und formell wie informell wohldefinierten Repräsentations- und Delegationsverhältnissen zu verstehen. Der Hauptzweck einer solchen Organisation ist es, miteinander Ressourcen zu schaffen, die für die Erreichung und Weiterentwicklung der Handlungsziele der Organisation erforderlich sind, z. B. in Produktion, Distribution, Dienstleistungen, Information und Wissenserwerb. Der *modus operandi* dieser arbeitsteiligen Organisation ist die KOOPERATION oder der AUSTAUSCH innerhalb sowie nach außen mit anderen Organisationen (Hardin 1991: 366). Von „Kooperation" ist zu sprechen, wenn durch das kollektive Handeln Ressourcen geschaffen werden, die durch die bloße Addition von Einzelhandlungen nicht geschaffen werden könnten. Kooperation setzt eine gewisse ARBEITSTEILUNG voraus, d. h., daß die verschiedenen Akteure verschiedene Funktionen ausüben, die nur im Zusammenhang bewertet und die nicht Punkt für Punkt miteinander verglichen werden können. Anders gesagt: Kooperation setzt „sich überschneidende Aktivitäten" voraus (Hardin 1982: 174), d.h. Aktivitäten, die einen entscheidenden Nutzenvorteil oder eine spürbare Kostenersparnis erst erbringen, wenn sie gleichzeitig oder im Zusammenhang ausgeführt werden. Deshalb müssen auch Sanktionen für Verweigerung oder auch Handlungsunfähigkeit und mangelhafte Ausführung hingenommen werden. Die Kooperation ist auf praktisch unbegrenzte Wiederholung angelegt; ihr wahrer Vorteil wird erst auf Dauer sichtbar. Arbeitsteilung bedeutet ebenso, daß Asymmetrien entstehen, wie z.B. die Unvergleichbarkeit oder Ungleichgewichte zwischen Nutzen und Kosten, die Ungleichheit in den Nutzenvorteilen selbst, auch verschiedene Wertschätzungen bei verschiedenen Bevölkerungsgruppen. Eine Kooperationsordnung kann diese Asymmetrien auch dadurch verdauen, daß sie die unüberschaubare Fülle der Asymmetrien wechselseitig ausgleicht und die Kooperation auf Dauer angelegt hat. Kooperation setzt eine Gemeinschaftsideologie voraus, die die Mitglieder glauben läßt, daß es insgesamt wichtiger ist, der Gemeinschaft anzugehören und überhaupt beteiligt zu werden, auch wenn man mit den unmittelbaren Auszahlungen und Nutzenvorteilen nicht immer zufrieden ist.

Kooperation setzt KOMMUNIKATION voraus, so daß der eine über die Absichten des anderen stets informiert ist, aber auch in der Lage bleibt, seine eigenen Absichten zu modifizieren. Die Konformität bietet auch einen egoistischen Handlungsvorteil, denn sie vermindert Reibungsverluste. Es kann effektiver sein, Abstriche an seinem Ziel zu machen, dieses Ziel aber mit Leichtigkeit zu erreichen, als ein unmodifiziertes Ziel mit riesigen Anstrengungen und doch ohne Aussicht auf Erfolg zu verfolgen.

Kooperation schafft RESSOURCEN, Kooperation setzt aber auch Ressourcen voraus. Das daraus resultierende kollektive Handlungsproblem läßt sich spieltheoretisch nur sehr bedingt mit einem endlos iterierten „Gefangenendilemma" darstellen. Zum einen wird zwar eine große Homogenität der Akteure vorausgesetzt oder angestrebt, zum andern muß aber die Defektion unter allen Umständen verhindert werden. Dies geschieht notfalls durch Sanktionen; dennoch wird von allen ein hoher Grad der Normeninternalisierung erwartet (M. Taylor 1990: 238f.). Damit wird akzeptiert, daß die Motivationen der Organisationsmitglieder gemischt und ihre Interessen heterogen sind – dies ergibt sich schon aus der Arbeitsteilung genauso wie aus der Etablierung unterschiedlicher Kompetenzen und Ressourcen. Diesem Dilemma kann man sich entziehen, wenn man erklärt, der eigentliche „Zement" der hierarchischen und funktional komplexen Organisation sei die PFLICHT (Elster 1985: 142). Gemeint ist hiermit keine blinde Pflichterfüllung, vielmehr eine selbstverantwortliche Übernahme von Pflichten, insofern sie moralisch durch das Tun und Lassen der Organisation sowohl extern gerechtfertigt sind in bezug auf die Gesellschaft als auch intern in bezug auf die Effizienz der Organisation.

Die VERANTWORTUNGSVERTEILUNG in einer in einem hohen Grad formal organisierten Organisation – ob Unternehmen, Behörde, Verwaltung – scheint relativ unproblematisch zu sein. Der individuelle Beitrag jedes einzelnen ist durch die Rollenverteilung bzw. einen bestimmten Funktionskern definiert. Jedes Mitglied hat aber auch durch seine Zugehörigkeit, seine Rollenübernahme und Aufgabenerfüllung ganz zweifellos teil an der Gesamtverantwortung für die Organisation. Dies ermöglicht umgekehrt der Gesellschaft sehr wohl, eine Organisation z. B. eine Korporation als Ganze haftbar zu machen. Die Organisationsleitung hat dennoch die Möglichkeit – je nach Klarheit und Eindeutigkeit der internen Beauftragungs- und Ermächtigungsverhältnisse –, auf einzelne Individuen oder Unterabteilungen der Organisation, aber auch auf externe Experten und Agenten, Rekurs zu nehmen (May 1987: 84 ff.). Jedenfalls ist die rechtliche Haftung eine Sache der Organisation, die Entlastungen mögen eine Sache der Mitglieder sein. Die Kollektivverantwortung ist hier geteilt, bleibt aber unvermindert bestehen, die Verantwortungszuschreibung deckt sich nicht notwendigerweise mit der Verantwortungsübernahme, und diese ist nicht identisch mit der kausalen Verursachung oder funktionalen Ermöglichung eines schuldhaften Handelns, Verhaltens oder Unterlassens.

Nicht-hierarchische und weniger komplexe Organisationen, wie auch informelle Gruppen größeren oder kleineren Umfangs werden abkürzend unter dem Term ASSOZIATION zusammengefaßt. Assoziationen sind nicht einfach unterentwickelte Organisationen, sondern sie sind in ihrer Verantwortungsverteilung grundlegend anders strukturiert, weshalb sie auch einer anderen Moral folgen. Der Hauptunterschied ist zunächst einmal, daß Assoziationen über keine erkennbare und vorweg definierte bzw. gleichbleibende Entscheidungsstruktur verfügen (May 1987: 107). Der Entscheidungsprozeß verläuft aber deshalb gewiß nicht „zufällig". Richtig ist vielmehr, daß in Ermangelung einer erkennbaren Verantwortungsverteilung die externe Verantwortung auf alle mehr oder weniger gleichmäßig verteilt ist, während die interne Verantwortungsverteilung labil und fluktuierend bleibt. Dies würde jedoch juristisch implizieren, daß alle Mitglieder einer Assoziation als „gleichberechtigt" – „gleich schuldig" – anzusehen sind und daß die Verantwortung „nicht-distribuierbar" ist (Neumaier 1994: 80, 113). Eine praktische Folge der lockeren Koppelung in einer informalen Organisation ist, daß jeder einen relativ engen Nahbereich übersieht, der größere Überblick jedoch fehlt. Die Entscheidungsfindung geht daher SEQUENTIELL vor sich, d. h., die handlungsbereiten Akteure – seien es kantianische Pflichtmenschen oder weiterdenkende Utilitaristen – verbinden sich mit denjenigen Individuen, denen sie einen wesentlichen Beitrag zum Gesamtunternehmen der Assoziation zutrauen (Marwell/Oliver 1988: 527).

Die Entscheidungsfindung durchläuft demgemäß mehrere Stadien, die zunächst vom Eigeninteresse der Kernkoalition bestimmt werden, zunehmend aber auf eine Vermehrung des Gesamtnutzens der Assoziation ausgerichtet sind. Das zugrundeliegende strukturelle Hauptcharakteristikum ist die Heterogenität der Ressourcen und der Interessen der wichtigsten Akteure (Udéhn 1993: 244). Diese Heterogenität kann eine Quelle der Handlungsvielfalt der Flexibilität und Entwicklungsfähigkeit der Assoziation sein. Geht es jedoch um eine bestimmte Zielerreichung und um die Konzentration der Ressourcen, wird die KOORDINATION der Anstrengungen bzw. der Ausschluß von „Trittbrettfahrern" und parasitären Mitgliedern zum Problem. Die Koordination ist eine Form des kollektiven Verhaltens, das zwar am Verhalten der anderen orientiert ist, aber nicht, um zusammenzuarbeiten, um gemeinsam etwas zu schaffen, sondern vielmehr um sein eigenes Interesse durchzusetzen, vielleicht, um sich wechselseitig aus dem Weg zu gehen, um selbst nicht Schaden zu nehmen oder um eine Behinderung zu umgehen. Vielfach führen schon Konventionen oder Gewohnheiten zu einer stabilen Lösung, wie z. B. bei einer Verkehrsregelung (M. Taylor 1987: 157).

SPIELTHEORETISCH gesehen wandelt sich das „Gefangenendilemma" zum „Versicherungsdilemma", das die Mitglieder weniger aneinander bindet, sie aber auch weniger zur Defektion verführt. Es kann keinen wirklich ins Gewicht fallenden Gewinn auf Kosten eines anderen Akteurs geben, und jeder weiß, daß er nur mit dem anderen zusammen gewinnen kann. Eine mögliche Entgleisung ist die Strategie der Erpressung, etwa das „Chicken"-

Spiel: Einige der handlungsfähigsten Akteure stellen sich bei der Durchsetzung ihrer Interessen so stur und blind, daß die anderen sich zum Nachgeben gezwungen sehen. Doch hier ist sehr schwer zwischen einer positiven Koalitionsbildung im Sinne der Assoziation oder einer gegen die Allgemeinheit gerichteten Erpressung zu unterscheiden (Taylor/Ward 1982).

Im Falle der Koordination liegt das Hauptproblem bei der Kommunikation oder Information zwischen den Akteuren: Diese ersparten sich eine Menge Kosten oder Fehlschläge, wenn sie aufgrund der Kenntnis ihrer unterschiedlichen Intentionen und ihrer dennoch gemeinsamen Interessen das Verhalten der anderen vorhersagen könnten. Ein Problem der Heterogenität der Ressourcen ist deren Ungesichertheit, die nur zum Teil durch allgemein anerkannte Eigentums- und Zugangsrechte aufgefangen werden kann. Was die Interessenkoordination betrifft, so sind Assoziationen auf starke „politische Unternehmer" angewiesen, die entweder ausreichende Ressourcen von sich aus einbringen und der Assoziation sozusagen „vorschießen" können oder auch ohne Eigenmittel mit ihren Ideen einen so großen Anhang rekrutieren können, daß eine kritische Masse zustande kommt.

Die Verantwortungsverteilung in der Assoziation ist demgemäß nicht diffus, sondern eben nicht vorhersehbar. Im Falle eines Verschuldens wird man sehr wohl die „Rädelsführer" zur Verantwortung ziehen, während die anderen durch den Verlust ihres Energie- oder Vermögenseinsatzes bestraft werden und nicht unmittelbar haftbar gemacht werden können. Die übrigen Mitglieder machen sich mehr durch ihre Unterlassung als durch ihr Tun verantwortlich: Sie haben es nämlich versäumt, rechtzeitig Einspruch zu erheben oder eine Opposition gegen diejenige Kerngruppe zu bilden, die die Assoziation voraussichtlich ins Verderben führen würde. Der moralische Zusammenhang einer Assoziation ist so eher negativ bestimmt nach dem Motto: „Mitgefangen, mitgehangen", während die positive wechselseitige Verpflichtung und Bindung unterentwickelt bleibt im Gegensatz zur Organisation. Eine kollektive Verantwortung gibt es gleichwohl, wenn auch Verantwortungszuschreibung und Verantwortungsübernahme weit auseinanderklaffen mögen.

Eine akute MASSE, etwa eine „Massenversammlung", ein „Mob" oder eine „soziale Bewegung", ist definitionsgemäß relativ „unorganisiert" und „spontan". Zu übersehen ist dabei nicht, daß es immer auch erstaunlich gut gestaltete Organisationskerne gibt und daß die notwendigen Ressourcen und Infrastrukturbedingungen gegeben sein müssen, wenn sich eine akute Masse herausbilden können soll. Obwohl mit der Ausdehnung einer Massenbewegung zunehmend Koordinationsprobleme auftreten, ist der Hauptzweck zunächst ein bloßes, scheinbar ungezieltes ZUSAMMENHANDELN: Wer über keine eigenen Ressourcen verfügen kann, die er in eine kollektive Handlung einbringen könnte, der kann sich nur mit anderen zusammentun, um Druck auf die Inhaber oder Verwalter bzw. Treuhänder von Ressourcen auszuüben. Das ist meist der Staat oder seine Untereinheiten. Die Demokratie eröffnet dafür legale Wege. Allerdings gibt es auch „unkonventionelle" bis kriminelle Methoden des Protestes, der Blockade, der Usurpation von öffentlichen und privaten Mitteln (Kaase/ Marsh 1979). Diese gewähren eher einen Einblick in die Struktur und die Randbedingungen eines Massenhandelns als etwa ein Wahlverhalten wie die Wahlenthaltung oder die massenhafte Steuerhinterziehung, die ja ihrer Intention nach solitäre Akte sind.

Das Massenhandeln hat keine feststehende oder prioritäre Intention (intention), es hat aber sehr wohl einen Inhalt (intent). Der Inhalt des massenhaften kollektiven Handelns ist für alle der gleiche – er ist homogen –: eine „Demonstration der Stärke", gleichgültig, ob nun Ablehnung oder Zustimmung ausgedrückt werden soll, aus welchem Anlaß und für welche Ziele auch immer. Dem einzelnen Akteur mag dieser Inhalt unbewußt bleiben, und er mag sich auf ein spezifisches Ziel fixieren. Solche Ziele werden von Führungsgruppen auch durchaus strategisch und instrumentell eingesetzt. Der Inhalt eines Massenhandelns braucht nicht einmal bewußt zu werden: Es genügt die rekursive Bestätigung über rückgekoppelte Aktionen: „Dort, wo sich viele versammeln, muß auch etwas Wichtiges los sein" – das ist der primitive Handlungsrückschluß oder -kurzschluß, der allem Massenhandeln zugrunde liegt.

Da der eigentliche Inhalt des Massenhandelns vage und undefiniert bleibt und aus moralischen Gründen auch bleiben soll, muß es tiefere Gründe des Zusammenhalts des Kollektivums geben. Diese sind tatsächlich im UNBEWUSSTEN zu suchen – wenn auch nicht unbedingt im archetypischen „kollektiven Unbewußten" von Carl Gustav Jung[33]; Es genügt schon, daß sich scheinbar kompatible Projektionen und Motivationen in einem Brennpunkt treffen, sich an einem Ereignis entzünden (Schelling 1960: 111 ff.). Nach Durkheim kann man diesen gemeinsamen Inhalt die

„Solidarität" einer sich herausbildenden „moralischen Gemeinschaft" nennen. Da diese Solidarität gewissermaßen noch erfahrungslos und blind ist, muß sie auf einer vorweg erfolgten IDENTIFIKATION beruhen mit einer Führerfigur, mit bestimmten Symbolkomplexen, mit einer Nation oder mit der Menschheit schlechthin. Eine Masse – als ein typisches soziales Gebilde oder eine soziale Struktur – ist nicht bloß eine Menge von Leuten, sondern sie setzt Individuen voraus, die zu einer gleichförmigen Stimmung neigen und die vor allem ein Bedürfnis nach einer engen Identifikation mit einer Art kollektivem Größen-Selbst haben. Generell kann man davon ausgehen, daß sich jedes Ich allein fühlt, „vereinsamt, abgesplittert, unvollendet, wenn es sich nicht VON OBEN, VON FRÜHER UND VON MEHR herleiten und einem ‚Wir' zugehörig empfinden kann" (Hacker 1973: 167). Das Ich sucht also eine Vergrößerung oder eine Hintergrunderfüllung im Wir. Ob es nun zu einer Massenbildung kommt oder nicht, hängt ab von der Art dieses Wir und der Identifikation mit ihm.

Zur MASSENBILDUNG kommt es erstens, wenn dieses Wir UNDIFFERENZIERT und monistisch ist; zweitens, wenn die Identifikation mit diesem Wir stark LIBIDINÖS besetzt und affektuell bzw. inflexibel und nicht entwicklungsfähig ist. Das Gegenteil wäre ein pluralistisches Wir, das aus mehreren sich ausbalancierenden Ich-Du-Beziehungen bzw. Ich-Wir-Beziehungen aufgebaut ist. Dann ist die Identifikation flexibel und relativ, d.h: je nach den Umweltbedingungen und den wechselnden inneren Bedürfnissen des Individuums kann variiert werden. Unter dieser Voraussetzung kommt es nicht zur Massenbildung, sondern zur Ausbildung differenzierter persönlicher Beziehungen bzw. differenzierter Organisationen und sekundärer oder tertiärer Beziehungen.

Die Vermassung ist ein Zustand, in dem primäre Bindungen in sekundäre Beziehungen hineingetragen werden, so daß sie nur wie QUASI-PRIMÄRE Beziehungen fungieren können. Dieser Kurzschluß tritt vor allem dann auf, wenn eine Einübung in INTERMEDIÄRE Beziehungen nicht stattgefunden hat oder nicht gelungen ist, wenn es also keine Brücke oder Transformation gibt zwischen der Mutter-Kind-Beziehung bzw. der Führer-Gefolge-Beziehung, die wohl in diese Mutterstelle nach der Ausstoßung aus der Familie eintritt und den leistungsspezifischen und insgesamt doch sehr wandelbaren sekundären Beziehungen im Zusammenhang von Beruf, Ausbildung, Unterhaltung, Politik und wirtschaftlicher Tätigkeit besser entspricht.

Der Kurzschluß ist also vor allem auf ein IDENTITÄTSDEFIZIT zurückzuführen. Daß dieses IDENTITÄTSDEFIZIT ausgeglichen werden muß, ist selbstverständlich. Wenn das Defizit sehr groß ist, dann bleibt kaum Zeit und Energie zur Entwicklung eines differenzierten Identitätsgefüges, dann dominieren eben primitive Identitätsmechanismen. Oft ist die Identität auf diese Weise positiv, sozusagen innerlich, überhaupt nicht definiert, sondern negativ, äußerlich in der Absetzung gegen andere Gruppen. Die Identität mit einem Kollektivum wird so verstanden als eine Bevollmächtigung zu ihrer aggressiven Erkämpfung, Verteidigung oder Bewahrung. Der Gegenpol zur Aggression ist der EROS, d. h. die positive soziale Bindung. In dieser positiven sozialen Bindung kann auch die Identität einen eigenen inneren Gehalt und eine komplexere Struktur bekommen, in der individuelle Unterschiede herauskristallisiert werden können. Aber auch diese positive Identität bleibt in der Massenbildung undifferenziert; oft entsteht eine Führer-Gefolge-Beziehung bzw. Mythologisierung des Helden.

Obwohl dem Massenhandeln also eine ganze Reihe von Kurzschlüssen zugrunde liegt, kann weder von „KOLLEKTIVSCHULD" noch von „kollektiver Unschuld" gesprochen werden. Rechtlich gesehen könnte von „kollektiver Verantwortung" dann die Rede sein, wenn das Kollektiv wirklich fähig ist, zu handeln und nicht bloß zu reagieren, wenn Handlungsalternativen verfügbar sind und wenn es fähig ist, für die Folgen seines Handelns einzustehen (Neumaier 1994: 98). Doch die moralische Verantwortungszuweisung geht über diese restriktive rechtliche Definition offenbar weit hinaus. Denn obwohl alle hoffen, sich in der Anonymität der Masse verstecken zu können, halten dennoch alle die Staatsorgane für berechtigt, besonders auffällige oder leicht sichtbare Täter herauszugreifen und sie einem Richter vorzuführen, der die Verantwortungs- oder Mitverantwortungsfrage im einzelnen zu klären hat. Dies ist besonders bei kriminellen Handlungen bzw. allgemeinen Gefährdungen der Fall. Diesen im Prinzip beliebig herausgegriffenen Tätern wird Verantwortung zugeschrieben, obwohl sie vielleicht gar nicht unmittelbar an schädigenden oder gefahrbringenden Handlungen beteiligt waren. Moralisch sind sie dennoch schuldbar; ihre Schuld liegt allerdings bereits im Vorfeld der Handlungen, und nicht ausschließlich bei ihnen selbst. Der Vorwurf lautet, daß sie sich in diese Massensituation hineinbegeben oder sie nicht rechtzeitig verlassen haben; daß sie nichts getan haben, um die tatsächlichen Täter von ihrem Tun abzuhalten; daß sie narzißtischen Identifikationen aufgesessen sind, die sie jeden Gedanken an Widerstand oder Zurückhaltung vergessen ließen, usw.

Von einer akuten Masse, die zu einer gezielten Aktion fähig ist, ist ein GEDRÄNGE – crowd, crowding, overcrowding – zu unterscheiden. Auch wenn hier ebenfalls Vermassungserscheinungen zu beobachten sind, so ist doch die Masse passiv, zerstreut, unfähig zu einer übergreifenden Koordination und Kooperation; sind z. B. Handlungen, Aggressionen, aber auch freundliche Körperkontakte zu beobachten, so bleiben sie jeweils auf den Nahbereich beschränkt. In diesem Gedränge mag es, wenn es gesucht wird wie in einem Rockfestival oder einem Fußballspiel, gewisse symbolische Identifikationen geben, aber vielleicht auch Angst und Schrecken, wenn es überraschend auftritt, wie in einer Panik. Jedenfalls wird diese Masse mehr durch UMWELTZWÄNGE zusammengehalten wie räumliche Enge, Überfüllung, Unübersichtlichkeit als durch Führung, strukturierte Interaktionen oder Handlungsziele: Es ist gerade der Mangel an räumlicher, zeitlicher, an kognitiver, psychischer und sozialer Strukturierung, es ist gewissermaßen das „Chaos" oder die „Turbulenz", die das Gedränge zusammenhält. „Überfüllung" ist nicht nur die numerische Größe etwa für eine Versammlungsmenge oder Wohndichte, sondern eine psychologische Kategorie: Überfüllung tritt dann ein, wenn meine „persönliche Distanz" (Hall 1966: 13) von anderen überschritten wird, obwohl sie in keine persönliche Beziehung mit mir eintreten. Die „persönliche Distanz" hat etwas zu tun mit der „Fluchtdistanz" oder meinem Körperraum, auf dessen Wahrung ich erst bei Intimbeziehungen oder zumindest persönlicher Bekanntschaft verzichten kann. Der Verlust der persönlichen Distanz ist räumlich bedingt, hat aber auch mit der Ausschließung oder Einengung von Verhaltensalternativen zu tun (Proshansky et al. 1970). Soziologisch gesehen hat das Gedränge immer mit der Unfähigkeit zu tun, die Interaktionen mit anderen zu strukturieren und unter Kontrolle zu halten. Es ist vor allem der Zusammenbruch der Kontrolle, der uns eine Situation der „Überfüllung" und „Überbeanspruchung", der „Reizüberflutung" erleben läßt. Umgekehrt kann der Zusammenbruch der Kontrolle auch erwünscht sein und – durch schnelle Schall- und Lichtimpulse oder durch Rauschmittel unterstützt – auch als großes „Erlebnis" gelten. Ein Gedränge, das sich aus der Verletzung räumlicher Barrieren wie sozialer Erwartungen ergibt, wird mit größerer Intensität und Nachhaltigkeit erlebt werden als ein Gedränge, das sich aus räumlichen Umständen ergibt und vorübergehender Natur ist (Stokols 1978: 233 ff.).

Wenn man die MORALISCHE SITUATION des Gedränges betrachtet, so fällt auf, daß man hier noch am ehesten von einem Individualaggregat sprechen kann: von einem Individual-Aggregat OHNE individuelle Verantwortung. Besonders im Falle einer PANIK, in der jeder für sich schnellstens den Ausgang sucht und wehrlose Beteiligte niedergetrampelt werden, zerfällt die Masse in sozialer Hinsicht völlig. Übergreifende Interaktionsstrukturen lösen sich auf, einfachste Anstandsnormen werden mißachtet, es gibt keine Identifikation mit einem Anführer oder Idol mehr, eine notdürftige, räumliche und zeitlich-sequentielle Koordination der Bewegungen wird höchstens durch die Anlage von übersichtlichen Fluchtwegen erreicht. So ist keinem einzelnen der am Gedränge Beteiligten eine Handlungsverantwortung zuzuschreiben, wohl aber Designverantwortung oder Unterlassungs- bzw. Haftungsverantwortung dem Veranstalter oder dem Architekten – bzw. dem Gesetzgeber, der nicht für die notwendigen Bau- und Sicherheitsvorschriften gesorgt hat. Rückblickend zeigt sich damit, daß erstens Individual-Aggregate keineswegs eine individuelle Verantwortungszuschreibung ermöglichen und daß es damit auch keinen praktischen oder rechtlichen Grund gibt, Kollektive als Individual-Aggregate zu beschreiben. Zweitens haftet beim Ausfall der individuellen Verantwortung ein um so größeres Kollektivum, das weit über den Bereich der Beteiligten oder Betroffenen hinausgeht. Allerdings wäre es witzlos, jede „soziale Verantwortung" eine „kollektive Verantwortung" zu nennen. Keine der charakteristischen sozialen Organisationsformen könnte so noch voneinander unterschieden werden. Letztlich würden aber auch keinerlei Formen der individuellen Verantwortung mehr benannt werden können, da doch jedes Individuum gleichzeitig verschiedenen Kollektiven angehört.

Von „kollektiver" wie von „individueller" Verantwortung ist erst da zu sprechen, wo eine „MORALISCHE GEMEINSCHAFT" zu konstatieren ist, und nicht bloß eine heterogene und ephemere *De-facto-* oder Zwangs-Gemeinschaft, d.h. eine Gruppe von Menschen, die durch gemeinsame Werte, Ziele und Normen miteinander verbunden sind und im Bewußtsein der Gemeinsamkeit zusammenhandeln (Neumaier 1994: 72 ff.; Winfield 1996: 319). „Moralische Gemeinschaften" in diesem Sinn umfassen aber Organisationen, Assoziationen und auch Massenbildungen: Selbst wenn hier die Werte, Ziele und Normen in der Latenz bleiben mögen, so ist doch das Erlebnis oder das Bewußtsein der Gemeinsamkeit ganz akut. Alle drei tragen unmittelbare „kollektive" Verantwortung, während man bei „Aggregaten" wie beim „Gedränge" schon vielmehr von „sozialer" Verantwortung sprechen kann.

Allerdings sind die Grenzen einer „moralischen Gemeinschaft" schwer und nicht ein für allemal zu ziehen: Sie ändern sich praktisch mit der Problemlage und den moralischen Ansprüchen, die jeder an sich selbst stellt, bei extremen Notsituationen, z. B. in unverschuldeten Naturkatastrophen, aber auch im Falle von bevölkerungs-, agrar- oder militärpolitisch selbstverschuldeten Hungersnöten und Flüchtlingselend. Hier umfaßt die moralische Gemeinschaft mehr oder weniger die ganze „Weltgemeinschaft". Im Falle einer positiven Gestaltung der Weltordnung, die damit ja unmittelbar zusammenhängt, fühlt sich hingegen beinahe niemand zuständig. Das zeigt, daß die Schuldzuweisung oder Verantwortungsverteilung praktisch nichts mit Kausalzurechnung zu tun hat; vielmehr ist die Kausalzurechnung nahezu beliebig manipulierbar durch die Wahl anderer Gemeinschaftsgrenzen oder anderer Wertbezüge (Smiley 1992: 206 ff.). Damit wird die „persönliche Kausalität" leicht mit einer „kollektiven Kausalität" vertauschbar, bzw. die „persönliche Kausalität" bleibt moralisch höchst ambivalent: So soll diese Minimalbedingung sichern, daß jeder einzelne verantwortlich bleibt, der in einen größeren Handlungszusammenhang verwickelt ist, daß keiner seine Verantwortung auf ein Kollektivum abschieben kann. Verschiedene Personengruppen, etwa Täter und Zuschauer, Inländer und Ausländer, beziehen sich wiederum auf unterschiedliche Wertsetzungen und Gemeinschaftsgrenzen – und nicht selten wechselt sogar ein und dieselbe Person ihren Bezugsrahmen, wenn im Laufe der Zeit unerwartete und unerwünschte Konsequenzen sichtbar werden. Die Ambivalenz liegt darin begründet, daß man auch die „persönliche Kausalität" frei verschieben kann, wenn sie nicht an bestimmten Systembezügen festgemacht wird. Die „kollektive Kausalität" läßt sich noch viel leichter umlenken, da wir immer mehreren Kollektiven gleichzeitig angehören.

Nach dieser Unterscheidung verschiedener Arten von Kollektivverhalten und der Darstellung eines Mehrebenenmodells kollektiver Verantwortung ist klar geworden, daß nicht schlechthin von „KOLLEKTIVER VERANTWORTUNG" gesprochen werden kann, sondern daß von Fall zu Fall zu bestimmen ist, WIE Verantwortung zugeschrieben wird und wie sie versuchsweise zu verteilen ist.

In einer vereinfachten, anscheinend linearen Anordnung kann man davon ausgehen, daß eine individuelle Täterschaft bzw. Aufgaben- und Handlungsverantwortung nur bei Individual-Aggregaten angenommen werden kann. Es bleibt fraglich, inwieweit diese überhaupt als solche glaubhaft rekonstruierbar oder legitimierbar sind. Von einer Rollen-, Repräsentations- oder Treuhänder-Verantwortung ist erst bei ausdifferenzierten formalen Organisationen sinnvoll zu sprechen; von einer Führungs- und Unternehmerverantwortung hingegen spricht man bei Assoziationen; Masse und Gedränge werden vorwiegend bestimmt von sozialen wie auch räumlich-zeitlichen Umweltgegebenheiten. Im letzteren Fall kann fast nicht mehr von Handlungsverantwortung, sondern nur noch von Design-Verantwortung die Rede sein. DESIGN-VERANTWORTUNG aber ist keine verminderte Handlungs-Verantwortung, sondern gewissermaßen eine erhöhte und erweiterte Verantwortung, die allerdings ins Vorfeld der Entscheidungen und auf die Wissens- und Planungsebene gehoben ist. Diese Design-Verantwortung ist natürlich in jedem individuellen Handeln oder auch Rollenhandeln wahrzunehmen – selbst wenn eine entsprechende Verantwortungszuschreibung in der Regel mit Empörung zurückgewiesen werden wird.

Nun ist das entscheidende Problem, daß die Form der jeweiligen Kollektivität nicht von vornherein festliegt. Es hängt also von der Umweltsituation wie vom Verhalten der Beteiligten – ihrer sozialen Zusammensetzung, ihren Motivationen, Zielen und Handlungsstrategien – ab, ob z.B. eine Assoziation sich zur Organisation entwickelt oder ob ein Individualaggregat zum bloßen Gedränge zerfällt. Nachdem in jedem Kollektivverhalten grundsätzlich alle fünf Kollektivformen impliziert sind, wenn auch in der Regel jeweils nur EINE Form als die gültige deklariert wird, so kann das tatsächliche Verhalten leicht von der einen Form in eine andere mutieren. Selbst in einer scheinbar bis ins einzelne formal geordneten Organisation sind gerade in der parallelen oder komplementären informellen Struktur typische Verhaltensprobleme der Assoziation, ja sogar der Vermassung zu beobachten, z.B. bei Gerüchten, bei Identitäts- und Imageproblemen. Auch wenn der Organisationsrahmen klar definiert ist, spielt die „DEFINITION DER SITUATION" durch die Beteiligten eine große Rolle, – dies um so mehr, wenn der formale Rahmen nur schwach ausgeprägt ist, wie im Falle der Individualaggregate oder der Masse und des Gedränges. Wie wichtig die Definition der Situation ist, zeigt sich vor allem in den Alibis, die sogar im Mob-Verhalten gebraucht werden, um Verantwortung abschieben zu können: Da werden ehemalige Befehlshaber nachträglich zu „Mitläufern", und umstehende Gaffer haben „nichts gesehen".

Wenn das kollektive Verhalten changiert und wenn die Verantwortungsfrage stets auf dem Hintergrund der sozialorganisatorischen Konstellation zu entscheiden ist, dann müssen sowohl diese Kollektiv-Alibis – „die anonyme Masse ist schuld"; „die Organisation als Ganzes hat nicht funktioniert"; „das Management hat versagt" – zurückgewiesen werden als auch die universal-individualistische Schutzklausel: „Die Verantwortung handelnder Subjekte, von Personen also und auch von Institutionen, kann nie weiter als ihre Handlungsmacht reichen." (H. Lübbe 1985: 59)

5. Unausweichliche Systemverantwortung

Obwohl es vielen noch schwerfällt, das Prinzip der kollektiven Verantwortung oder der Kollektivhaftung anzuerkennen und zwischen verschiedenen Arten von Kollektiven zu unterscheiden, ist die politische, rechtliche, wirtschaftliche und wissenschaftlich-technologische Entwicklung schon weiter fortgeschritten: von der „individuellen Handlungsverantwortung" und der „persönlichen Kausalität" über die „kollektive Verantwortung" bis zur Konzeption von „Handlungs-" oder vielmehr „Risikosystemen". In diesen geht es unausweichlich um die Probleme von „Systemdesign" und „Systemverantwortung", so sehr dies auch hinter der begrifflichen Fassade der Kausalitätsargumentation verborgen werden mag. Wenn Juristen und Rechtstheoretiker im allgemeinen nicht besonders bereit sind, vom Alltagsverständnis einer „Akkusationskausalität" Abstand zu nehmen (Hart/Honoré 1959: 1), die weder wissenschaftlich noch philosophisch zu verteidigen ist, so hat in der praktischen Rechtsprechung von Richtern und Advokaten doch längst eine radikale Umorientierung des Haftungsrechts stattgefunden, und damit auch der Organisationsstrategien der möglicherweise Betroffenen. Diese neue Sicht läßt nicht nur die „Individualverantwortung" implausibel erscheinen, sondern geht weit über die „korporative Verantwortung" hinaus.

Handelt es sich nicht gerade um die exemplarische Bestrafung eines vermeintlich oder tatsächlich mitverantwortlichen Täters, sondern um Haftung für Schadensfälle oder künftige Schadensabwendung bzw. um eine effektive Lastenverteilung, so ist es heute vielmehr das Bestreben der Gerichte, neuartige Risikogarantien bzw. Versicherungs- und Rückversicherungsmöglichkeiten ausfindig zu machen. Hierbei werden jedoch die Fragen der Risikoverteilung und des Haftungsaufkommens weitgehend den Selbstschutzmaßnahmen der Betroffenen überlassen. So werden notwendigerweise auch neue formale Organisationen und – mehr noch – informelle Strategien des Risikomanagements sowie der Systemsteuerung und -kontrolle geschaffen, die mit dem Begriff „Handlungsverantwortung" nicht mehr zu verbinden sind oder ihn zumindest an die zweite Stelle rücken (Teubner 1994: 127).

In erster Linie geht es darum, einen Pool an Kapital und Ressourcen, an Rechten, professionellem Personal, Verbindlichkeiten und Verpflichtungen zu schaffen, der zu Haftungszwecken herangezogen werden kann.

Die Richter zeigen sich dabei nicht kleinlich, was die Inanspruchnahme bereits vorhandener Korporationen, wie Industrieverbände, Handwerkskammern, Kommunen, Versicherungen betrifft oder auch was die Erfindung neuer Risikogemeinschaften, wie z.B. ganzer Branchen oder Regionen, notfalls sogar eines „gemeinsamen Marktes" angeht, bzw. was die Kausalzurechnung betrifft (Priest 1990). Es bedarf hier nämlich keiner Handlungsintention der Schädigung und keiner kausalen Verursachung, nicht einmal der Kooperation oder Kollusion von möglichen Verursachern; vielmehr genügt das Bewußtsein einer gemeinsamen Lage, gegebenenfalls sogar die Vermutung, daß die zur Verantwortung Gezogenen zu einem effektiven Risikomanagement noch am ehesten fähig sein könnten.

In Wirklichkeit geht es hier nicht um Verursachung und Verantwortung, sondern zunächst einmal um Schadensabwicklung, vor allem aber um die kollektive Steuerung künftigen Verhaltens und um Präventionsregelungen (Baruch 1986: 1553 f.). Erst in einem zweiten und tatsächlich sekundären – den Gesetzgeber weniger interessierenden – Schritt geht es dann um die Re-Individualisierung der Verantwortung bzw. um die interne Kostenverteilung. Aber beide Schritte sind im Grunde erst gangbar, wenn bestimmte SYSTEMERFORDERNISSE erfüllt werden; wenn beispielsweise in einer systematischen Risikoforschung Funktionszusammenhänge und Wahrscheinlichkeitsverteilungen von Schadensfällen untersucht werden; wenn in gemeinsamen Anstrengungen technologische Innovationen zustande kommen, die nicht nur eine nachträgliche Behebung oder Milderung des Schadens ermöglichen, sondern schon seine Entstehung verhindern; wenn ein effektives Kooperationsmanagement innerhalb der Betriebe und zwischen den Betrieben stattfindet; wenn eigenständige und gemeinsame Kontrollorganisationen aufgebaut werden; wenn der Mitteleinsatz und die Distribution der Gewinne entsprechend den Einsätzen erfolgen.

Diese Art der VERANTWORTUNGSZUSCHREIBUNG gelingt dann, wenn sich bereits effektive korporative Akteure eventuell auch zu anderen Zwecken organisiert haben, wenn es nur wenige sind und wenn sie sich alle zusammen in einem abgrenzbaren Funktionszusammenhang oder Risikofeld bewegen. Die Verantwortungszuschreibung funktioniert nicht, wenn eine große Zahl von Akteuren mit kleinen Anteilen über lange Zeiträume synergetische Effekte hervorbringt (Teubner 1994: 138 f.). In diesem Fall steht der Staat bereit, um durch Zwangsorganisationen mit kollektiver Handlungsfähigkeit, wie Kranken- und Sozialversicherungen, Bundesanstalten,

Bundes- und Länderministerien, Umweltämter, eine wenigstens negative Solidarhaftung zu erreichen. Eine weitere staatliche Überwachungsmöglichkeit liegt in der Besteuerung und dem Finanzausgleich zwischen den gesetzlich beauftragten Verantwortungsträgern. In jeder der beiden Strategien von Verantwortungszuschreibung geht es mehr um Fragen der FUNKTIONALITÄT als um Fragen der Kausalität: Die Verantwortungsträger werden sozusagen erst im Prozeß der Verantwortungszuschreibung geschaffen oder auch fingiert.

Dabei ist ein schon zynischer Gebrauch der Verantwortungszuschreibung zum Zwecke der VERANTWORTUNGSABSCHIEBUNG und -VERSCHIEBUNG nicht auszuschließen. Vor allem ist die moralisierende und „gesinnungsethische" Politik in den Verdacht geraten, zum Verschiebebahnhof für Verantwortung verkommen zu sein: Verantwortungsprobleme, für die es keine funktionale oder institutionelle Lösung gibt, werden gerne der Politik zugeschoben. Es leben jedoch nicht wenige Politiker von der Verantwortungsübernahme für Probleme, für die sie keinerlei Steuerungskompetenz beanspruchen können.[34] Gerade diese Verantwortungsverschiebung wird durch den Ruf nach „individueller Verantwortung" verdeckt. Wenn wir aber tatsächlich in einem komplexen System leben, dann ist die „individuelle Handlungsverantwortung" nicht weniger SYSTEMISCH als die „Designverantwortung" von Organisatoren oder die „Systemverantwortung" von Funktionsträgern. Und mithin ist der Appell an die „persönliche Verantwortung" kein Gegenargument gegen die Übernahme von „Systemverantwortung", im Gegenteil: Nur das Bewußtsein dieser Systemverantwortung schützt das Individuum davor, als Alibi für eine systematische Verantwortungsverschiebung dienen zu müssen.

SYSTEMTHEORETISCH definiert ist „ein System ... ein Satz von miteinander verbundenen funktionalen Beziehungen zwischen verschiedenen Komponenten, der eine Reihe von Inputs in eine Reihe von Outputs transformiert" (C.A. Laszlo 1974: 79). Es ist genau dieser TRANSFORMATIONSPROZESS, für den Verantwortung zu übernehmen ist. Das ist deshalb so schwierig, weil erstens die Inputfaktoren nur zum Teil kontrollierbar sind – zum Teil entziehen sie sich unserer Kontrolle, sind aber dennoch organisatorisch wie strategisch zu berücksichtigen. Zweitens bleibt der Transformationsprozeß weitgehend im dunkeln, oder er kann nur aus der Systemstruktur erschlossen werden, vor allem den negativen und positiven Rückkopplungen, soweit sie vorweg bekannt sind.

Die Rückkopplungsstruktur ist bei sozialen Systemen in der Regel sehr komplex und durch multiple Kopplungen, durch serielle Netzwerke und ganze Ketten von dynamischen Prozeßabläufen bestimmt. Daher fehlt zu planmäßigen und umfassenden institutionellen Reformen gewöhnlich der Mut. Man hält sich lieber an die Inputs, die leichter beobachtbar und wenigstens zum Teil – z. B. durch politische Führung, durch ein globales Finanzmanagement oder durch Mittel der Massenkommunikation – kontrollierbar oder beeinflußbar sind. Nicht kontrollierbar sind allerdings die sogenannten Zufälle oder stochastisch schwer zu erfassenden Ereignisfolgen, Naturkatastrophen und Einwirkungen höherer Gewalt, aber auch Mikroprozesse, die sich sozusagen unter dem Deckmantel einer gleichbleibenden Makrostruktur wandeln (Stickland/ Reavill 1995: 152). Das Kontroll- und Steuerungsproblem liegt in der Verbindung von Inputs und Rückkopplungsstruktur: Ab gewissen Schwellenwerten und bis zu gewissen Schwellenwerten – zwischen beiden liegt ein oft eng begrenzter Kontrollkorridor – können Inputs nicht mehr in voraussehbarer Weise verarbeitet werden. Folglich kommt es dann zumindest zu Zeitverzögerungen und Leistungsschwankungen, möglicherweise zu Strukturverwerfungen und Fluktuationen im System, oder auch zum katastrophischen Zusammenbruch des Systems (Aulin 1986: 115). So wäre es eine große Vereinfachung des Kontrollproblems, wenn es gelänge, einen oder mehrere Gleichgewichtszustände im System aufzufinden und diese durch negative Rückkopplungen abzusichern. In diesem Fall beschränkte sich das Kontrollproblem darauf, Zeitverzögerungen einzukalkulieren, Oszillationen zu registrieren und möglicherweise zu dämpfen, einen Gleichgewichtspfad in einem möglichst stabilen Wachstums- oder Schrumpfungsprozeß zu finden oder allenfalls einen kürzer- oder längerfristigen Zyklus zwischen den Maxima und Minima des Kontrollkorridors zu halten. Solche Kontrollmaßnahmen oder Interventionen sind ganz undramatisch und kaum als „Handlungen" zu bezeichnen. Dennoch bezeichnen sie den „normalen" Handlungsbereich einer SYSTEMVERANTWORTUNG.

Faßt man das Verantwortungsproblem HANDLUNGSTHEORETISCH, so wird man dazu verführt, nur von den relativ gut beobachtbaren Wirkungen, den Systemoutputs, auszugehen und diese den beobachteten oder fingierten Handlungen eines meist funktionsbestimmten Handlungssubjekts zuzuschreiben. Diese zweifellos arg verkürzte Darstellung kann die tatsächliche

Komplexität des Systemzusammenhangs nicht ganz verbergen. Eine 1:1-Zurechnung von Handlung und Wirkung wäre lediglich bei einem mechanischen und voll determinierten System anzunehmen, da schon bei organischen und zweckverwirklichenden Systemen verschiedene Handlungen die gleiche Wirkung haben können. Bei idealbildenden Systemen wiederum kann die gleiche Handlung unterschiedliche Wirkungen hervorbringen und unterschiedliche Interpretationen und Wertungen erfahren (Britton/McCallion 1994: 509 ff.).

Wäre ein System voll determiniert, gäbe es keinen Handlungsspielraum und keine Handlung, damit aber auch keine Handlungsverantwortung. So kann man von HANDLUNGSVERANTWORTUNG eigentlich nur bei homöostatischen Systemen sprechen, die zwar nicht determiniert sind, jedoch einen hohen Grad an Regularität aufweisen. Auch handlungstheoretisch gesehen kann man also von einer kausalen Handlungs-Wirkungs-Beziehung nur in dem negativen Sinn ausgehen, daß es Abweichungen von einer zu erwartenden Regularität gibt. Es muß beachtet werden, daß ein gewissermaßen anonymer „Geschehensablauf", der von vielen unterschiedlichen Akteuren unter wechselnden Umständen bewirkt ist, an einen Verzweigungspunkt gekommen ist, an dem eine Einzelentscheidung bzw. -handlung gefordert ist (Krüger 1994: 149). Und auch dies ist nur bei Systemen mit einer relativ einfachen Dynamik – mit linearen Vektoren und gleichbleibenden Attraktoren – anzunehmen, nicht jedoch bei einer komplexen Dynamik mit alinearen Vektoren bzw. mit periodisch oszillierenden oder zyklisch wiederkehrenden oder irregulär fluktuierenden und chaotischen Attraktoren. Solch eine Dynamik ist in aller Regel sozialen Systemen zugrunde zu legen (Abraham 1991: 222).

Die Handlungstheorie dramatisiert die Handlungsentscheidung zu einer „heroischen" Entscheidung, indem sie sich auf diesen einen Bifurkationspunkt bezieht. Von diesem Punkt aus beginnt eine neue Handlungssequenz, ohne die u. U. langwierigen und verwickelten Prozesse zu berücksichtigen, die zu dieser Bifurkation geführt haben, also die gesamte „Attratrix" oder „Trajektorie". Die Handlungstheorie postuliert trotz dieser Heroisierung oder gerade durch sie eine recht „einfache" Verantwortung, während die SYSTEMVERANTWORTUNG gewissermaßen eine „doppelte" Verantwortung umfaßt: Die Verantwortung AM Bifurkationspunkt, und die Verantwortung FÜR das Entstehen dieser Bifurkation, d. h. für die Struktur- und Entstehungsbedingungen, für die Vorentscheidungen und den Handlungsvorlauf, die Umweltzwänge und Schwellenüberschreitungen, die zu einer bestimmten Bifurkation geführt haben.

Systemverantwortung ist relativ unproblematisch zuzuschreiben und zu übernehmen bei LINEAREN Systemen, jedoch äußerst schwierig bei NICHT-LINEAREN oder komplexen Systemen, also bei allen Systemen, in denen einem bestimmten Input kein bestimmter Output entspricht, in denen deterministische und stochastische Prozesse ineinandergehen, bzw. in denen die wesentlichen Systemakteure vor Problemen der unvollständigen Information und wechselnder Schwellen- oder Grenzwerte stehen (Prigogine 1986: 503). Diese Systeme sind nicht mehr mit dem Newtonschen Paradigma zu erfassen, sondern verlangen ein neues Paradigma: Man könnte es negativ das der „Nicht-Gleichgewichtssysteme" oder positiv das der „komplexen" oder „selbstorganisierenden Systeme" nennen (DeGreene 1993: 8). Die „Handlungskausalität" ist eine Idee des Newtonschen Paradigmas, und im Bereich der einfachen Systeme mit proportionalen und infinit differenzierbaren Input-Output-Beziehungen mag die Handlungsbeschreibung der Systembeschreibung auch durchaus äquivalent sein. Die entscheidenden Erkenntnis- und Verantwortungsprobleme der sozialen Systeme liegen aber darin, daß eine gewissermaßen „Newtonsche Verantwortungszuschreibung" – eine entsprechende „Verantwortungsübernahme" müßte man entweder „blind" oder „heroisch" nennen – die fatale Konsequenz hat, daß damit die kritisch gewordenen Kontrollpunkte und Steuerungsdefizite gerade ausgeblendet werden. Dadurch, daß Verantwortung zugeschrieben wird, wird eher der Untergang oder zumindest die Stagnation des Systems als seine Weiterentwicklung befördert *(fiat iustitia, pereat mundus)*. Nichtlineare Systeme aus dem Bereich der Naturwissenschaften können – je nach Molekularstruktur – von zweierlei Art sein: kristallin und symmetrisch oder schneckenförmig und asymmetrisch „amorph" (Stickland/Reavill 1995: 151). Soziale Systeme sind eher als „amorphe Systeme" zu begreifen. Diese Systeme mit einer unklaren formalen Struktur und nicht vorgegebenen Bruchstellen und Trajektorien haben den unschätzbaren Vorteil, daß sie in vielen Richtungen wandlungs- und adaptationsfähig sind; ihr Nachteil ist, daß Richtung und Reichweite der Wandlungsprozesse weitgehend unvorhersehbar sind. Als „komplex" werden diese Systeme angesehen vor allem wegen dieser Unvorhersehbarkeit der Wirkungen von exogenen Inputs und endogenen Steuerungsimpulsen. Das schließt nicht aus, daß es auch stark formalisierte und hierarchisch geordnete soziale Systeme geben kann, die man jedoch lieber „kompliziert" als „komplex" nennen sollte.³⁵

Bei komplexen und dynamischen Systemen verschiebt sich das Kontrollproblem vom Handeln zum WISSEN. Der Begriff Handeln erhält in diesem Kontext leicht einen dezisionistischen Klang, einen Hauch von Heroismus oder auch Verzweiflungstat. Ein „objektiver HANDLUNGSBEDARF" besteht in der Regel in komplexen Systemen dann, wenn sie außer Kontrolle geraten sind, d. h., das Ausmaß der negativen externen Effekte eines Systems überschreitet die Absorptions- oder Assimilationsfähigkeit der Umwelt, oder das interne Gleichgewicht droht in der Ausbalancierung der verschiedenen Funktionen oder Subsysteme verlorenzugehen (Bühl 1989: 97–110). Nicht immer identisch mit dem objektiven Handlungsbedarf ist der „subjektive Handlungsbedarf", der wahrnehmungs- und wertungsabhängig ist: So können negative Externalitäten als unvermeidlich oder als „gerechter Preis" für ein anderes zu erwerbendes Gut oder einen anzustrebenden Systemzustand hingenommen werden; oder aber es können bloß vermutete oder vielleicht in Zukunft zu erwartende Externalitäten als so schwerwiegend gewertet werden, daß ein subjektiver Handlungsbedarf entsteht, wo noch gar keine Handlungs- oder Kontrollmöglichkeit gegeben ist. In diesem Fall bleibt dann noch die Kommunikation von Problemen und die „Rhetorik der Angst" (Luhmann 1986: 237 ff.).

Handeln wird zum ETHISCHEN Problem, wenn objektiver und subjektiver Handlungsbedarf differieren, wenn z. B. ein objektiver Handlungsbedarf jenseits der individuellen Handlungsmöglichkeiten durch staatliche Normsetzung nicht hinreichend abgedeckt ist oder wenn der subjektive Handlungsbedarf durch Überregulierung und staatliche Bevormundung für überflüssig oder unzutreffend erklärt wird.

Bewegen sich diese Handlungsprobleme noch ganz im Rahmen des Konsequentialismus und Utilitarismus, so ist nicht mehr ohne einen deontologischen Rahmen auszukommen, wenn es es um die Frage des Kontroll- und Steuerungswissens oder um die Bewertung des Verhältnisses von subjektivem und objektivem Handlungsbedarf geht. Eine solche Bewertung ist nur möglich auf der Grundlage eines als allgemeingültig angesehenen, historisch akkumulierten und legal institutionalisierten Netzwerks von WISSEN. Eigentums- und Verfügungsrechte wie Kontrollkompetenzen und Handlungsverpflichtungen gibt es überhaupt erst auf der Grundlage dieses Wissens. Mit anderen Worten: Wissen ist ein kollektives Gut, das nicht aus der Aggregation von privaten Gütern entstanden ist, sondern diese vielmehr als solche erst ermöglicht. Dies gilt vor allem für jenen Teil des Wissens, den man „Systemwissen" nennen kann. Man kann zwar den Wissenserwerb als ein Marktgeschehen darstellen, aber man erfaßt dabei lediglich die informationelle Oberfläche, nicht die semantische Ordnung des Wissens, nicht den generativen Kern des wissenschaftlichen und technologischen Wissens. Das sozusagen tiefste Wissen ist das „Design-Wissen", das die Rahmenbedingungen für das „operative Wissen" bestimmt. Aber schon das operative Wissen kann bloß zum Teil durch Information weitergegeben werden: Wesentliche Teile davon sind implizites Wissen, das nur in der Kooperation und in der institutionellen Bindung erworben werden kann. Insofern ist das operative Wissen wie das Designwissen „System-Wissen", nicht teilbar oder ohne weiteres veräußerbar. Ebensowenig ist die Verantwortung für dieses Systemwissen teilbar oder popularisierbar.

Mit dieser Vertiefung des Wissens ist – viele werden es bedauern – auch die „Systemverantwortung" ungleich umfassender geworden und schwerer zu tragen. Das eigentlich kritische Verantwortungsproblem hat sich verlagert von der gewissermaßen homöostatischen „Kontroll-Verantwortung" zur „Design-Verantwortung" für Systeme, deren wesentliche Inputs und Trajektorien nur zum Teil kontrollierbar sind – und die neben der homöostatischen Dynamik noch zu ganz anderen Dynamiken fähig sind, wie z. B. dem Katastrophensprung, der mikroprozessualen Reaktivität und dem Schmetterlingseffekt, der Dissipation und Fluktuation oder dem deterministischen und indeterministischen Chaos. „Design-Verantwortung" ist selbstverständlich auch „Kontroll-Verantwortung", jedoch eine Kontroll- oder Steuerungs-Verantwortung auf lange Frist: Verantwortung für einen Adaptations- oder Entwicklungsprozeß oder, insofern dieser Entwicklungsprozeß nicht näher zu bestimmen ist, wenigstens für die Aufrechterhaltung und Verbesserung der bisherigen Adaptivität. „Design-Verantwortung" schließt immer „ökologische Verantwortung" mit ein, da Systeme ja stets in Bezug zu ihrer Umwelt zu definieren sind bzw. die Umwelt durch die Struktur und Dynamik der Systeme auch die Umwelt umgestaltet wird. So schwierig diese Systeme auf der Grundlage unserer alten Newtonschen Denkgewohnheiten darzustellen sind, so wenig läßt sich das ETHISCHE Problem einer grundsätzlichen Systemverantwortung verleugnen. Wir haben durchaus die Wahl: a) Bei völlig unzureichendem Kontrollwissen können wir nichtlineare und komplexe Systeme einer regelrechten Katastrophe –

einem sprungweisen Systemzusammenbruch – oder einem chaotischen Prozeß „überantworten". Ersteres geschieht in der Erwartung eines Spannungsausgleichs auf niedrigerem Niveau, letzteres in der Hoffnung auf einen Neuaufbau durch Selbstorganisation; b) wir können bei minimalem „linearem Kontrollwissen" versuchen, alle dafür geeigneten Systeme in homöostatische Systeme zu transformieren oder sie auf einfachere, weniger leistungsfähige, aber auch krisenresistentere Systeme zu reduzieren, z.B. durch Zerlegung oder durch den Verzicht auf bisherige Kontrolldimensionen; c) wir können mit der Zeit lernen, nicht-lineare Dynamiken zu verstehen und mit komplexen Systemen besser umzugehen bzw. eine entsprechende Kontrollkapazität aufzubauen. Letzteres ist schon keine erkenntnistheoretische, sondern vor allem eine ethische und damit auch eine politische Frage. Was diese epistemologische Seite betrifft, so befinden wir uns mit dem Theorem der „SELBSTORGANISATION" auf dem besten Weg zu einem vertieften theoretischen Verständnis. Heutzutage sind wir von seiner praktischen Umsetzung noch weit entfernt, etwa auf der Ebene der Unternehmen, was man „Selbst-Management" nennen kann, oder gar auf der gesellschaftlichen Ebene, wo dann viel über „Autopoiesis" spekuliert wird.

Auf der ORGANISATIONSEBENE ist am ersten deutlich geworden, daß Organisationen nicht unbedingt ein Ergebnis intentionaler Akte, wohl aber ein Ergebnis menschlichen Zusammenhandelns sind (Hayek 1981, Bd. 2: 24f.). Dies gilt vor allem für das UNTERNEHMENSMANAGEMENT, weil die in den sechziger Jahren in einer scheinbar endlosen Wachstumsperiode entstandene Managementtheorie zusammengebrochen ist, in der alles auf Optimierung und Rationalisierung, auf funktionale Differenzierung und autoritäre Hierarchie ausgerichtet war. Der Umbruch geschah angesichts einer zunehmenden Komplexität der Aufgabenstruktur – jedoch auch schneller, z.T. selbst erzeugter Umweltveränderungen. Das Konzept des „SELBSTMANAGEMENTS", das nicht mit korporativer „Mitbestimmung" oder einer besseren „Mitarbeitermotivation" zu verwechseln ist, wurde zunächst als Gegenmodell zum Kommando- und Maschinenmodell der Betriebsführung und des „strategischen Managements" verstanden (Uphoff 1994: 171). Zum andern aber sah man es als Gegenmodell zu einer Entscheidungs- und Handlungsideologie eines sich rationalistisch gebärdenden Managements, das versäumt, sich den Entwicklungsaufgaben über einem längeren Zeithorizont zu stellen und sich dadurch stets von „Verschwörern" umstellt sieht (Malik 1984: 114f.).

Der Sinn dieses Gegenmodells wäre verfehlt, wenn es lediglich der Konfrontation eines „Entweder-Oder" diente und wenn einfach an die Stelle eines alten Konzeptes ein neues gesetzt werden sollte. Vielmehr geht es darum, vom derzeitigen Entwicklungsstand der Organisation auszugehen und Entwicklungen einzuleiten, die eine größere Autonomie der Betriebseinheiten, eine bessere Umweltorientierung und eine höhere Adaptabilität ermöglichen, ohne jedoch die spezifischen Grundlagen der Organisation zu zerstören. Wenn der Vorteil des Selbstmanagements gerade in der größeren Autonomie, Variabilität und Flexibilität der Betriebseinheiten auf der unteren Organisationsebene liegt, so ist auch eine stärkere Integration und Transparenz der Führungsaufgaben auf der obersten Ebene erforderlich (Ishida 1994: 193). Erst wenn sich „konservative" und „dissipative" Selbstorganisation miteinander verbinden lassen, d. h. Strukturbewahrung und Kontrolle einerseits und Anpassungsfähigkeit und Innovation andererseits, ist von einer wirklich „eigenständigen autonomen Selbstorganisation" zu reden (Olffen/Romme 1995: 200).

Man kann nicht schlicht „selbstorganisierende" von „fremdorganisierten" Unternehmen unterscheiden, ebensowenig müssen „spontane Ordnung" und „Management", „Planung" und „Design" einen Gegensatz darstellen. Vielmehr bezeichnen diese Unterscheidungen nur Akzentsetzungen, die sich aus einem Wechsel der Beobachterperspektive ergeben: Wenn es die Metafunktion des Managements ist, den Strom der Systemaktivitäten so zu ermöglichen, zu koordinieren, zu integrieren und zu lenken, daß seine potentielle Varietät erhalten bleibt, so kann umgekehrt diese Organisationsleistung nicht der Intention und dem Willensentschluß eines einzigen Gehirns entspringen. Sie ist das Ergebnis einer Vielfalt von Handlungen und Visionen, von Aspirationen und Plänen, die alle sehr durchdacht sein können, sich aber vielfach widersprechen. Sie alle lassen sich nur in der Kooperation verwirklichen. Ebenso verhält es sich in der Beziehung von Planung und Design, wo sich die ehrgeizigsten und akkuratesten Planungen auch nur im Rahmen eines vorgegebenen und oft unbekannten Organisationsdesigns bewegen können. Mit der Realisation dieser Planungen, ihrem teilweisen Scheitern oder ihrem nicht voraussehbaren Erfolg entsteht wiederum ein neuer Organisationsdesign.

Der Akzent der Selbstorganisation liegt auf der „spontanen Ordnung" oder negativ gesehen aus der herkömmlichen Handlungsperspektive – nicht auf der Intentionalität der Handlungen, sondern auf der Integration der zentralen Funktionskomplexe. Diese Integration besteht meist darin, daß das individuelle und gerade das unternehmerische Handeln tiefer begründet ist als ein strategisches Kalkül: erstens im Unbewußten des Selbst, zweitens in der moralischen Unauflöslichkeit der sozialen Beziehungen, drittens in der unmittelbaren und mittelbaren Umweltbezogenheit oder Umweltbedingtheit allen Tuns.

Um mit letzterem zu beginnen, so ist eines der wichtigsten Kriterien der Selbstorganisation die UMWELTWIRKSAMKEIT und UMWELTKOMPETENZ des Handelns. Es darf nicht allein an angeblich vorgegebenen eigenen Zielen orientiert sein, sondern es muß fähig sein, die spezifischen Umstände, ihre Risiken und Chancen zu erfassen und sich phasengerecht umzuorientieren. Selbstorganisation ist im übrigen erst dann möglich und erforderlich, wenn gemeinsame Ressourcen genutzt oder entwickelt werden sollen, die aber auch einer gemeinsamen Wertschätzung unterliegen. In einer verkürzten Redeweise kann man auch der Umwelt selbst einen Wert zuschreiben, nämlich den der Aufrechterhaltung ihrer Funktionsfähigkeit und Regenerierbarkeit (sustainability). Was die sozialen Beziehungen betrifft, so organisiert sich ein Unternehmen natürlich nicht von selbst; wohl aber gibt es indirekte und informelle Formen der Führung und des Managements, in denen sich an der Spitze die Manager mehr als Katalysatoren und Kultivatoren denn als Macher und Befehlshaber ansehen und die Mitglieder sich auch „an der Basis" respektiert und zu Initiativen im Sinne des Ganzen aufgerufen fühlen. Strukturell äußert sich dies im Gegenspiel von DEZENTRALISATION UND INTEGRATION: Jede Betriebseinheit soll möglichst eigenständig ihren Weg in jeweils spezifischen Umwelt- und Marktbedingungen finden, aber auch ihre Konflikte selbständig lösen, indem jedoch alle von den gleichen Werten ausgehen und den gleichen operationellen und finanziellen Kontrollen unterworfen sind. Während herkömmlich geführte Unternehmen durch Abgrenzung und Hierarchiebildung gekennzeichnet sind, tendieren selbstorganisierende Unternehmen zur Öffnung der Grenzen und zur Allianzbildung. Dies wird durch die elektronische Vernetzung über den Computer erleichtert, ist aber auch bedingt durch die gestiegenen Kosten für die Neuentwicklung hochwertiger Produkte (Richter 1994). Bei der Vernetzung geht es in der Selbstorganisation auch um das SELBST jedes Individuums und jeder Organisation. So wie jede Person das Bedürfnis hat, sich selbst unter Kontrolle zu haben, so muß jede Betriebseinheit darauf bedacht sein, ihre relative Autonomie zu erhalten.

Dann erst kann es zu einer breit basierten Eigeninitiative und zu einem positiven Gruppen- und Firmenimage kommen. Die Selbstachtung ist die Grundlage der Selbstentwicklung auf individueller wie auch auf organisatorischer Ebene. Aus dieser Sicht ist es das oberste Ziel eines Managements, zu einer eigenen Definition des Organisationszwecks zu kommen. Selbstorganisation bedeutet dann, daß es eine moralische Differenz zwischen den Binnen- und den Außenbeziehungen gibt: Erstere folgen dem sehr anspruchsvollen Prinzip der Selbstentwicklung, letztere gehorchen dem bescheideneren Prinzip der Fairneß.

Auf der GESELLSCHAFTLICHEN Ebene geht es um mehr als um „Selbstorganisation" oder eine „spontane" gesellschaftliche Ordnung. Hier handelt es sich um die „AUTOPOIESIS", die fortlaufende „Selbsterzeugung" oder „Selbstreproduktion" der Gesellschaft, die sich des „Materials" der darunterliegenden Organisationsebenen bedient, wie z. B. der physikochemischen und energetischen, der biologischen und ethologischen Basis, der wirtschaftlichen und wissenschaftlichen Produktion. Dieses Material jedoch reorganisiert sich „selbstreferentiell" ganz nach eigenen Organisationsprinzipien und -kriterien (Luhmann 1984: 388 ff.; 1986: 177 ff.). Im Gegensatz dazu stünde eine „allopoietische" Organisation der Gesellschaft, die nicht rekursiv, sondern linear-kausal oder reaktiv strukturiert und auf die Ausregelung aller Fluktuationen ausgerichtet wäre (Jantsch 1981: 66 f.).

Wenn man einmal von der polemischen Überzeichnung des Modells der Autopoiesis absieht, das in Wirklichkeit nicht ohne allopoietische Grenzsetzungen und Kontrollmaßnahmen auskommen kann, und wenn man zudem von der unzulässigen Übertragung des Begriffs der Autopoiesis von einer mechanistischen Zellbiologie auf die Ebene einer hochkomplexen Gesellschaft bzw. einer gerade nicht-linear sein wollenden Gesellschaftstheorie Abstand nimmt, so ist das Hauptproblem dieser postdarwinistischen Evolutionstheorie: Sie kann die Autopoiesis nicht auf der gesellschaftlichen Ebene lokalisieren, sondern eigentlich nur eine Ebene darüber und eine Ebene darunter. Das Autopoiesis-Konzept beruht auf der Existenz relativ autonomer Mikroeinheiten – ursprünglich eines Einzellers, in der Analogie dann schließlich des menschlichen Individuums. Allerdings läßt sich ein rekursiv geschlossenes System offenbar nur auf der Ebene der Reflexion über soziale Systeme herstellen, wie z. B. des Redens über soziale Systeme oder der Beobachtung von sozialen Systemen (Fleishaker 1992: 135 ff.). Die Ebene der eigentlichen Sozialorganisation, wie der Koordination von individuellen Anstrengungen, der Integration von Gruppen, der Kontrolle des gesellschaftlichen Wandels, bleibt ausgespart.

Dies bringt erhebliche ETHISCHE UND POLITISCHE PROBLEME mit sich. Erstens wird mit der metaphorischen Gleichsetzung von Individuum und Zelle das Individuum irrelevant. Es ist ja nur materieller Träger der autopoietischen Organisation und als solcher jedoch jederzeit auswechselbar (Kenny 1992: 191). Ganz im Unterschied zur Selbstorganisation von Unternehmen wird damit ein parasoziologisches oder ein totalitäres Bild der Gesellschaft gezeichnet, welches das Individuum seiner Selbstverwirklichung und die Gesellschaft ihres Innovationspotentials beraubt. Zweitens impliziert die Theorie der Autopoiesis in ihrer überaus abstrakten und passiven Form der „Beobachtung von Beobachtungen" oder der „Kommunikation von Kommunikationen" einen Verzicht auf die Entwicklung auch nur eines ersten Ansatzes einer sozialkybernetischen Kontroll- und Steuerungstheorie (Bühl 1987: 245 ff.). Dies scheint dem ersten Punkt zu widersprechen, ist aber lediglich eine Folge des Rückzugs auf die dritte Ebene der Reflexion, die die Sozialorganisation auf der ersten und zweiten Ebene scheinbar völlig selbstläufigen Mechanismen der Kommunikation und Evolution überläßt. Der programmierte Solipsismus des Systems macht sich besonders negativ dort bemerkbar, wo es um die System-Umwelt-Beziehungen geht, die als ein rein logisches oder ontologisches Korrelat begriffen werden (Swenson 1992: 209). Drittens ist die Theorie der Autopoiesis – so wie sie bisher dargestellt wurde – ungeeignet, sozialen Wandel zu erklären, geschweige denn ihn anzuleiten; insofern wird „Autopoiesis" gleichgesetzt mit „Fluktuation" oder mit dem Dauerstrom von mikroskopisch kleinen stochastischen Bewegungen oder Ereignissen. Wo aber nicht verschiedene Dynamiken mit unterschiedlichen Strukturen und Prozessualismen korreliert werden können, wo also alles in der gleichen strukturlosen oder kurzgeschlossenen Dynamik aufgeht, gibt es auch keine begriffliche Strukturierung und Operationalisierung des Aufgabenfeldes einer sozialen Kybernetik. Diese Theorie der gesellschaftlichen Autopoiesis ist auch ethisch blind: Sie kennt nur eines: die Fortsetzung der Autopoiesis, wozu und mit welchen Mitteln auch immer. Aber die ethische Erblindung scheint gerade der weltanschauliche und politische Zweck dieses erklärtermaßen post-strukturalistischen oder post-modernistischen Theorieansatzes zu sein. Allerdings könnte dieses Konzept einer Autopoiesis der dritten Stufe sich als geeignet erweisen, „supragesellschaftliche" autopoietische

Systeme zu erfassen, wie sie sich mit dem Internet und einem internationalen Finanzmarkt, mit dem wissenschaftlich-technologischen System und einer globalen Massenkommunikation herauszubilden beginnen (Robb 1989: 60 ff.). Das Problem bleibt jedoch, sich nicht mit der Ausrede zufrieden zu geben, daß man in diese Systeme nicht intervenieren könne und daß jede Kontrollbemühung zwecklos sei, da es sich ja um autopoietische Systeme handle. Vielmehr sind praktische Ansatzpunkte für wünschenswerte „Bifurkationen" zu finden und entsprechende „Katalysen" in Gang zu setzen.

Unter den Bedingungen der Selbstorganisation ist Systemverantwortung zugleich „Umweltverantwortung" und „Selbstverantwortung". Beide sind komplementär, wenngleich die Umwelt meist als „Grenze" oder „Beschränkung" gilt, während das Selbst als „autonom" oder auch „selbstherrlich" verstanden wird. Die „ökologische Wende" in der Systemtheorie ist schon vor einiger Zeit vollzogen worden (Emery/Trist 1976; Shortell 1977; Boulding 1978), und so ist es auch in ethischer Hinsicht nicht mehr zu rechtfertigen, daß nur Individuen, allenfalls noch Kollektive als „Handlungsträger" oder Subjekte gelten, die Umwelt aber als Objekt sozusagen „draußen vor der Türe" liegt. Sie wird genutzt als Ressource, z. B. als Mineralvorkommen oder Wasserreservoir, als Mülldeponie oder als „Erholungsraum", oder als feindliche Macht dämonisiert. Dabei wird übersehen, daß System und Umwelt logisch und prozessual miteinander verbunden sind: Das grundlegende Prozeßsystem jeder „Entwicklung", „Evolution" oder auch „Handlung" ist das Ökosystem, das seinerseits aus einem Biosystem, einer physikalischen Umwelt sowie einer biosozialen oder biokulturellen Umwelt besteht (Guntern 1982: 331 f.). So empfiehlt es sich, hypothetisch wenigstens, vom Anthropozentrismus Abstand zu nehmen und gegenüber Umweltproblemen eine „unparteiische" Haltung einzunehmen. Dann wird man feststellen müssen, daß auch die Umwelt – wie das Handlungssystem selbst, das in diese Umwelt eingebettet ist – ein System mit hoher Eigenkomplexität und einer spezifischen Eigendynamik darstellt.

Was analytisch als „System" bezeichnet wird, identifizieren wir gerne mit unserem Handlungssystem; wir vergessen dabei, daß dieses Handlungssystem durch die Umwelt, die ein ebenso aktives und autopoietisches Reaktionssystem ist, ermöglicht und kanalisiert, selektiert oder blockiert wird. Gerade wenn wir unsere Aktivitäten in einer linearen Zweck-Mittel-Programmierung überziehen, schlägt die Umwelt zurück, und wir erfahren etwas über ihre bisher verborgene Systemqualität. Allerdings ist das Biosystem und die ganze biologische Evolution nicht nur in einer äußeren „Umwelt" zu lokalisieren, sondern auch IM Menschen: in der Architektonik seines Gehirns, im Hormonsystem, in der Darmflora usw. Das genetische Programm ist mit einem syngenetischen Programm oder einer kulturellen Matrix verkoppelt. So ist die „Auto-poiesis", wenn man die Umwelt miteinbezieht, selbstverständlich ein „hetero-poietischer" Prozeß. Sinnvoll „handeln" – und die Verantwortung dafür übernehmen – kann der Mensch nur in diesem mehrdimensionalen Transaktionsraum. Von den Individuen und Kollektiven ist dann mehr verlangt, als daß sie „aktive Systeme" (Etzioni 1968) sind: „Sensibilität", „Vielfalt" und „Ausgewogenheit" könnten wichtiger sein als „Zielorientierung", „Effektivität" und „Surplus". Überhaupt sind „interne" und „externe" Relationen nur methodologisch, nicht ontologisch zu unterscheiden: Die Systemhaftigkeit besteht darin, daß externe Relationen ihre interne Korrespondenz haben, und umgekehrt.[36]

Wenn man den Perspektivenwechsel vollzogen hat, kann man die SOZIALORGANISATION nicht mehr als Selbstzweck betrachten: Sie ist vielmehr ein Mittel der Umweltanpassung wie auch der Selbstwerdung; das heißt, sie ist nicht nur Mittel der arbeitsteiligen Produktion von Energie und Gütern oder des Überlebens auf längere Sicht, sondern eben auch der Weiterentwicklung des Genpools und der Pflege ausreichender Begabungen für die Erfüllung von wichtigen Funktions- und Führungsaufgaben. Ressourcen sind nicht einfach vorgegeben; zu kritischen Ressourcen werden sie erst, wenn sie technologisch erschließbar oder wenn sie schwer zugänglich oder ungleich verteilt sind. Neue Technologien aber sind nicht nach Belieben zu entwickeln und anzuwenden, sondern sie müssen sich in die Teleonomie der biokulturellen Entwicklung des Menschen und in die aktuellen, durchaus kontingenten ökologischen Lebensgemeinschaften, in denen der Mensch eine Spezies unter anderen ist, einfügen können. Dabei wird jede neue und weiter- oder tieferreichende Technologie das Problem der Folgelasten und der ökologischen Tragfähigkeit eher verschärfen als mildern. Die gesamte menschliche Kultur und die höchsten Kulturleistungen sind im Zusammenhang mit diesem sozialorganisatorisch-technologischen und schließlich auch demographischen und genetischen Anpassungsprozeß zu sehen. Die darwinistische Annahme, es gehe um das Überleben der Lebensfähigsten – als Individuen oder als Populationen –, ist allerdings zu kurz gegriffen. Schließlich geht es in der Evolution nicht allein um das Überleben der Primitivsten und Lebensfähigsten, sondern um das Überleben von ganzen Ökosystemen und Biozönosen. Beim Menschen geht es ohnehin um mehr als um das bloße Überleben (Corning 1976).

Die andere Seite des Konzeptes der „Selbstorganisation" ist ganz wörtlich zu nehmen als ORGANISATION EINES SELBST in Relation zu den Mitmenschen sowie zur „natürlichen" wie „künstlichen", d. h. vom Menschen mitbestimmten oder geschaffenen Umwelt. Die Selbst- oder Personwerdung ist ein im Grunde niemals abzuschließender Prozeß. Vor allem ist sie ein Systemproblem und eine Gemeinschaftsleistung, die in der „Kooperation aller Völker und Zeiten" (Scheler 1960: 154) und in „Sympathie" gegenüber allem Lebendigen zu erbringen ist. Eine reale „ökologische Gemeinschaft" des Menschen mit den anderen Lebewesen aber gibt es erst, wenn wir unsere Evolutionsgeschichte in uns selber erkennen und wenn wir sie in all ihrer Fraglichkeit und Riskiertheit auch akzeptieren. Zu einem Selbst sind wir dann gekommen, wenn unsere Lebenserwartungen im Einklang sind mit unserem Selbst-Image und dieses wiederum mit unserem Selbst-Ideal (Epstein 1980; Norem-Hebeisen 1981). Das Selbst entwickelt sich in mehreren Zyklen, in denen es darauf ankommt, das persönliche Selbstbild angesichts der Umweltanforderungen immer wieder zu überprüfen und durch Korrekturmaßnahmen im eigenen Verhalten und in der Umweltkonstellation zu revidieren (Rothbaum 1982; Sirgy 1990). Wenn dieser Prozeß auch zu Großteilen in den Bahnen einer homöostatischen Adaptation verlaufen kann, so sind doch grundlegende Brüche und Ungleichgewichtsprozesse nicht auszuschließen, wie im Falle des Systemzusammenbruchs, der Fluktuation und eines chaotischen Übergangs. Vielleicht sind sie gerade das Entscheidende, um zu einem eigenen und unverwechselbaren Selbst zu kommen, das mehr von seiner Umwelt integriert hat und das tiefer in seine Entwicklungsgeschichte eingedrungen ist, als ihm ursprünglich lieb war. Jedenfalls dürfte ein derart gereiftes Selbst imstande sein, Systemverantwortung zu spüren und – in der Reichweite und den Dimensionen seines Erkenntnis- und Handlungsraumes – zu übernehmen. „Systemverantwortung" schließt „Handlungsverantwortung" mit ein, geht jedoch über das „intentionale Handeln" hinaus und bezieht sich auf ein systemgerechtes „Verhalten", ob dieses nun in einer Handlung oder Reaktion oder einem Unterlassen besteht, ob es nun um einen Wissenserwerb oder theoretische Reflexionen oder um ein praktisches Tun geht, ob es als Ausdruck der persönlichen Autonomie oder der kollektiven Bindung gilt. Es ist keine Frage, daß Deskriptionen von Ereigniskonfigurationen sowohl handlungstheoretisch als auch systemtheoretisch interpretierbar sind bzw. daß keiner dieser Erklärungsweisen ein ontologischer oder moralischer Vorzug vor der anderen einzuräumen ist.[37] Das wird gerade im innersten Bezugspunkt des Selbst – dem des eigenen Todes – deutlich, wo A und O in eins zusammenfallen, wo der Körper in seine kosmischen Atome zerfällt und die Person sich gleichwohl als aktuelles geistiges Zentrum eines fragilen Universums erlebt.

6. Verantwortung in der Weltgemeinschaft

Es ist ein logischer Trugschluß, daß eine universalistische Ethik kulturspezifische Elemente ausschließen müßte. Das Gegenteil ist der Fall: Erst auf der Grundlage gemeinsamer Moral- und Rechtsprinzipien können sich eigenständige und dauerhafte Staatsgemeinschaften herausbilden. Nur im Rahmen einer globalen Einheitszivilisation und gemeinsamer Informations- und Transportnetzwerke bzw. funktionaler Regime gibt es die Möglichkeit zu einem mehr oder weniger gleichgewichtigen Austausch und zur Erkennung und Anerkennung spezifischer Kulturwerte. Im Verhältnis zu ihren Vorfahren wie zu den Nachgeborenen konstituiert sich die Gesamtheit der derzeit lebenden Menschen als eine politisch-rechtliche VERANTWORTUNGSGEMEINSCHAFT, gegenüber der belebten und unbelebten Natur stellt die Gesamtheit aller Kulturen notwendigerweise eine WELTKULTURGEMEINSCHAFT dar (Höffe 1996: 107). Trotz aller Unterschiede und Konflikte in den kulturellen und individuellen Wertsetzungen und durch alle philosophischen Epochen hindurch gibt es ein „FAKTUM DER VERNUNFT", d. h., es existiert der unermüdliche Versuch, VOR aller weltanschaulichen Differenz eine gemeinsame Argumentationsbasis zu finden.[38] Andererseits gewinnt alle Autonomie und Eigenständigkeit, jedes Selbstbewußtsein und Selbstwertgefühl erst Inhalt und Gestalt auf der Basis des „FAKTUMS DER GLOBALEN INTERDEPENDENZ" in wirtschaftlicher und politischer, in technologischer und in biologisch-ökologischer Hinsicht (Horn 1996: 236).

Dabei wird das Recht auf Wahrung der traditionellen Identität vor allem ein Individualrecht sein, wenn nicht jedes beliebige Kollektivum ein Kollektivprivileg auf seine Tradition, seine Kultur und Organisationsform beanspruchen können soll. Globale Interdependenz und individuelle Freiheit sind – indem alle intermediären Gewalten übersprungen werden – unmittelbar miteinander verbunden; die eine ist die Bedingung der Möglichkeit der anderen. Ja, die üblicherweise nationale Staatsbürgerschaft kann im Grunde nur eine WELTSTAATSBÜRGERSCHAFT sein, da sie die individuellen Bürgerrechte gegen die politischen Gruppeninteressen schützt. Das kann verhindern, daß kollektive Identitäten ihrem Wert nach gegeneinander ausgespielt werden, daß indirekt Kolonialismus, Hegemonialismus und Kulturchauvinismus gerechtfertigt werden. Das heißt nicht, daß ein Weltstaat oder eine mit Zwangsgewalt ausgestattete internationale Rechtsgemeinschaft an die Stelle einer Vielheit von Einzelstaaten treten müßte: Selbst wenn es einen Weltstaat geben sollte, blieben die Einzelstaaten nach den Prinzipien von Subsidiarität und Föderalismus als Primärstaaten erhalten. Eine Weltrepublik wäre demgegenüber als ein Sekundärstaat zu betrachten, der die Koexistenz, die Kooperation und Konkurrenz der Primärstaaten regelt (Höffe 1996: 106–136).

Daß dies so ist, ist allgemein anerkannt in der Postulation der MENSCHENRECHTE, die ihrerseits einen gewissen Grad an GLOBALER SOZIALER GERECHTIGKEIT implizieren. Die aktuelle Menschenrechtsdiskussion klammert jedoch die Gerechtigkeitsproblematik weitgehend aus, indem sie auf seiten des „weichen" nicht erzwingbaren Rechts steht und indem sie alleine nur das Individuum als moralisches Subjekt anerkennt (Beetham 1995: 3 ff.). Im Gegensatz zum Völkerbund bekennt sich die Menschenrechtsdeklaration der UN ausdrücklich zum Individuum als dem Träger von universellen Menschenrechten. Selbst wenn später (1992) eine Unterkommission der Menschenrechtskommission den Schutz von Minderheiten aufnimmt, bleibt dies ein Recht, das nur Personen in Anspruch nehmen können: Individualismus und Universalismus sind sozusagen kurzgeschlossen, um die manipulative Deklaration von Kollektivrechten bzw. jeden Kulturrelativismus auszuschließen (Thornberry 1991:III). Es ist der Menschenrechtskommission aber klar, daß Kollektivrechte nicht auf Individualrechte reduzierbar sind. In bezug auf die Nation scheint umgekehrt gerade das Kollektivrecht primär und das Individualrecht derivativ zu sein. Dennoch besteht inzwischen wenigstens völkerrechtlich und formal Einigkeit, daß Menschenrechtsverletzungen nicht mehr als „innere Angelegenheiten" souveräner Staaten betrachtet werden können, sondern daß hier eine internationale Intervention erlaubt und geboten ist. Tatsächlich gibt es aber bis heute kaum wirksame Instrumente der Intervention, dafür aber eine zunehmende Einigkeit in den Deklarationen, angefangen von der Menschenrechtskonvention und der Menschenrechtskommission der Vereinten Nationen, des Europarates oder der Interamerikanischen Menschenrechtskommission bis hin zu den KSZE-Vereinbarungen in Kopenhagen und Paris 1990 oder zur Weltkonferenz über Menschenrechte in Wien 1993, an der auch 800 Nicht-Regierungs-Organisationen (NGOs) beteiligt waren (Boyle 1995). Die Rechtswirklichkeit hinkt hier dem Rechts- oder Unrechtsbewußtsein hinterher; doch das Rechtsbewußtsein reicht bereits weit über die Menschenrechte hinaus, die einer mittleren Stufe der Gerechtigkeit zuzurechnen sind.

Eine ERSTE Stufe der Gerechtigkeit (Höffe 1996: 93 f.; Horn 1996: 231 ff.) ist erreicht, wenn das menschliche Zusammenleben zwangsbewehrten Regeln unterworfen wird. Inbegriff der REGELHAFTIGKEIT ist heute das positiv gesatzte Recht, aber die Regelhaftigkeit setzt schon auf der Stufe von Sitte und Gewohnheit, Gleichheit und Unparteilichkeit, die Zuziehung eines Dritten bzw. Tauschgerechtigkeit voraus. Letztere ist schwer zu messen, doch gibt es ein feines ursprüngliches Empfinden für die Verletzung des Austauschgleichgewichts oder der Fairneß. Ist diese erste Stufe der Gerechtigkeit in den engen Sozialbeziehungen von Familie und Sippe, von Nachbarschaft und Freundeskreis gültig, so wird eine ZWEITE Stufe der Gerechtigkeit durch die Universalisierung der Rechte auf prinzipiell alle Menschen erreicht. Dies ist die Stufe der MENSCHENRECHTE, die einerseits weitgehend Freiheitsrechte sind und dem Schutz der Person dienen, dem Schutz z. B. von Leib und Leben, von Eigentum und „Ehre", von Religionsfreiheit und Meinungsfreiheit. Sie dienen aber auch der Sicherung von kollektiven Gütern und Pflichten gegenüber den Mitbürgern wie gegenüber Fremden, gegenüber der näheren oder weiteren politischen Gemeinschaft wie auch gegenüber der Umwelt. Auf diese Stufe der „rechtsnormierenden Gerechtigkeit" folgt als DRITTE die Stufe der POLITISCHEN GERECHTIGKEIT, sobald unter den allgegenwärtigen Koexistenz- und Knappheitsbedingungen die Entscheidung über Streitfälle durch öffentliche Gewalten übernommen wird. Ihre Legitimation beziehen diese letztlich aus der Zustimmung der Betroffenen, aber nicht bloß der unmittelbar Betroffenen, sondern aller Betroffenen, die noch hinter dem „Schleier des Unwissens" und deshalb der „Unparteilichkeit" verborgen sind.[39] Eine VIERTE Stufe der „sozialen" oder besser GESELLSCHAFTLICHEN GERECHTIGKEIT ist erreicht, wenn die öffentlichen Gewalten horizontal durch die Gewaltenteilung – in Legislative, Exekutive und Judikative – und vertikal durch Dezentralisierung bzw. Föderalismus und Subsidiarität beschränkt werden. Durch eine „distributive Gerechtigkeit" soll ein kritisches kollektiv-herkunftsfreies und individuell-leistungsbezogenes Maß an Chancengleichheit in den Ausgangsbedingungen hergestellt werden. Dies ist die Stufe der „liberalen Demokratie", die bisher weitgehend auf den Nationalstaat beschränkt geblieben ist. Eine FÜNFTE Stufe wäre mit der GLOBALEN POLITISCHEN GERECHTIGKEIT erreicht, die als internationale Rechtsgemeinschaft die rechtsförmige Koexistenz verschiedener Rechts- und Staatswesen garantiert und auch als „korrektive Gerechtigkeit" zwischen und innerhalb der Staaten in Erscheinung tritt, z. B. in Form von gelegentlicher karitativer Hilfe oder von systematischer Entwicklungshilfe. Erst mit der vollen Positivierung des Gesellschaftsvertrages – d. h. in letzter Konsequenz: mit der Errichtung eines Sozial- und Wohlfahrtsstaates – auf globaler Basis wäre die friedliche Koexistenz bzw. die Kooperationsfähigkeit der Staaten gesichert. Damit erst ist das ursprüngliche individuelle Menschenrecht auf Freiheit garantiert.

Diese Definitionselemente und Stufen der Gerechtigkeit werden im Grunde von allen Kulturen geteilt. Sie werden jedoch unter unterschiedlichen Knappheitsbedingungen und kulturellen Traditionen unterschiedlich realisiert und partikularistisch erlernt. Dennoch ist allen bewußt, daß die Konventionen – „die Üblichkeiten" – der eigenen Gemeinschaft Konventionen sind und daß unter globalen Bedingungen mehr gefordert ist als eine konventionelle Moral: die über jeden Kulturrelativismus hinausgehende deontische Verpflichtung. Dies gilt schon auf der Stufe der Menschenrechte: Obwohl die Vereinten Nationen von einer minimalistischen Menschenrechtsdefinition ausgehen, wird selbst diese nicht überall erfüllt (Shue 1980; Alston 1992). Vielleicht ist es gerade der grundlegende Fehler, von einer minimalistischen Definition auszugehen, weil damit im Prinzip die globale Entwicklungsaufgabe ausgeklammert wird und weil sowohl die Fundamentalität als auch die Spezifität des Sozialcharakters der Menschenrechte hinter ihrer *de facto* unverbindlichen Universalität verschwindet (Beetham 1995: 40ff.). Eine maximalistische und konditionale Definition der Menschenrechte, die einen supranationalen und demokratischen Wohlfahrtsstaat anstrebt, wird bisher lediglich in der Europäischen Union angewandt, wo sie jedoch unter den gewaltigen Spannungen eines Nord-Süd-Gefälles und in Zukunft eines Ost-West-Gefälles steht (Europäisches Parlament 1993: 284; Duparc 1993). Dennoch ist kaum zu bestreiten, daß Europa historisch und kulturell wie nach seinen rechtlichen Grundlagen eine „moralische Gemeinschaft" bildet, die weit über Theorie und Praxis der Menschenrechtsdefinition der UNO hinausreicht.

Es ist wohl ein „Faktum der Vernunft" und bleibt letztlich eine moralische Aufgabe, daß individuelle Freiheit und globale Gerechtigkeit einander bedingen. Die Erfüllung dieser Aufgabe ist aber auch eine *conditio sine qua non* des „Faktums" der globalen funktionalen und ökologischen Interdependenz, das für sich genommen offenbar nicht hinreicht, um die Stufe einer „rechtsnormierenden Gerechtigkeit" zu überschreiten. Ohne zunächst im einzelnen die funktionalen Interdependenzen in ökonomischer, politischer, informationeller oder ökologischer Hinsicht näher untersuchen zu wollen, ist schwer einsichtig zu machen, warum die „Grenzen der Gerechtigkeit" oder der „moralischen Gemeinschaft" bei der „in sich geschlossenen und demokratischen Gesellschaft" oder beim „Nationalstaat" zu ziehen sind und sonst nirgends.[40] Dies läßt sich weder mit der Autorität von Kant und seiner „Friedensschrift"[41] begründen noch mit der politischen Praxis, die beispielsweise mit der Gründung der Europäischen Gemeinschaft, der Nordamerikanischen Freihandelszone (NAFTA), der NATO oder der „Pazifischen Union" ganz andere Grenzen zieht (Doyle 1983; Dijk/Hoof 1992; Drzwicki 1992; Waldron 1993). Tatsächlich ist eher von einer „Globalisierung" als von einer „Dezentrierung" („dehegemonization") oder „Individualisierung" der moralischen Gemeinschaft auszugehen. GLOBALISIERUNG meint dabei eine enge Verbindung zwischen den individuellen Rechtssubjekten und den alles durchdringenden Makroprozessen der Weltordnung in einer Weise, daß Turbulenzen auf der Makroebene unmittelbar auf die Mikroebene durchschlagen (Friedman 1993: 209).

Dies gilt für alle funktionalen Beziehungen, insbesondere aber für den universal gewordenen Markt und für die Kapitalflüsse, denen der universelle Menschenrechtsanspruch entsprechen sollte, jedoch nicht entspricht, z. B. in bezug auf Asyl- und Migrationsrechte, Arbeitsentlohnung und Bildungschancen (Narr/Schubert 1994: 212 f.). Die Menschenrechte haben erst eine Chance auf Verwirklichung, wenn der juridischen Universalisierung eine institutionelle Universalisierung entspricht. Bleibt eigentlich nur noch die Frage, ob diese Korrespondenz mit Hilfe der Staaten oder ohne sie, ob mit der UNO oder gegen die UNO, mit Hilfe der IGOs oder der INGOs hergestellt wird; des weiteren, ob sie im Rahmen der funktionalen Regime wie dem Internationalen Flugverkehrsabkommen IATA, der UN-Konvention zum Seerecht UNCLOS oder der Konvention zur Regelung der Ausbeutung der antarktischen Mineralvorkommen CRAMRA verbleibt oder ob sie völkerrechtliches Gewicht erhält, ob es eine „Weltordnung ohne Weltregierung" – „governance without government" – oder einen „Weltstaat" geben wird.

Sind die funktionalen Beziehungen noch auf der zweiten Stufe der funktionalen Regime oder der „Fairneß" bzw. der „rechtsnormierenden Gerechtigkeit" zu regeln, so erfordern die Probleme des globalen ökologischen Überlebens, der wissenschaftlich-technologischen Entwicklung oder der biotechnischen Veränderung der Natur und des Menschen selbst ein höheres – nämlich menschheitliches – Lösungsniveau. Was die Ökologie betrifft, so ist relativ leicht einzusehen, daß an die Stelle einer linearen Steuerung, die von praktisch unerschöpflichen RESSOURCEN ausgeht, den Durchsatz maximiert und die ökologische Tragfähigkeit ignoriert, ein integriertes und rezykliertes soziotechnisches System mit geringem Durchsatz und einem hohen ökologischen Regenerationspotential treten muß (Purser 1996: 215f.; McGinnis 1996). Das politisch-moralische Problem liegt darin, daß die Entwicklungsländer von einer „anhaltenden Entwicklung" – „sustainable development" – wenig halten, die ihre Entwicklung behindert und die bestehenden Strukturen haltbarer macht (Shue 1995: 460). Sie fordern daher eine „differenzierte Verantwortung", d.h. eine weitgehende Freistellung von der ökologischen Verantwortung bzw. eine Harmonisierung der funktionsspezifischen internationalen Regime, wie sie wiederum nur durch eine internationale Rechtsprechung und Sanktionsgewalt zu erreichen wäre.

Umgekehrt scheint die Interessenlage bei der WISSENSCHAFTLICH-TECHNOLOGISCHEN Entwicklung, wo die Länder der Triade USA, Japan und Westeuropa durch eine Politik der Internationalisierung eine Globalisierung nach dem klassischen Modell einer „Welt-Wissenschaft" (Schott 1993; Petrella 1989: 403) derzeit jedenfalls zu unterlaufen suchen.

Diese Internationalisierung wird nicht von den Staaten allein vorangetrieben, sondern schon eher von den multinationalen Unternehmen. Sie besteht nicht in internationalen Abkommen, sondern im faktischen Fluß von Innovationen und technisch-wissenschaftlichem Personal, von Forschungsmitteln und Firmenallianzen, im Technologietransfer und im Informationsaustausch (Niosi/Bellon 1994: 193). Diese technologische Internationalisierung beruht wohl auf einer Globalisierung des wissenschaftlichen Wissens, aber die Führung liegt bei der Technikentwicklung und nicht bei der Wissenschaft – was sich z.B. bemerkbar macht im „brain drain" von Süd nach Nord und von Ost nach West, in der Konzentration der Forschungsmittel bei den technischen Unternehmen, in der Unterordnung der Grundlagenforschung unter die Anwendung, in der Abwertung der Universitäten usw.

Sicher ist ein „Marktmodell" der technisch-wissenschaftlichen Entwicklung einem „Zentralplanungsmodell" vorzuziehen, da es in einer dezentralen Entwicklung „Versuch und Irrtum" ermöglicht und ein größeres Innovationspotential erschließt, Monopole untergräbt und den Grad der Irreversibilität vermindert (Nordin 1991: 472). Gleichwohl gewinnt die technisch-wissenschaftliche Entwicklung eine gewisse Autonomie, die sich darin ausdrückt, daß die sozialorganisatorische der technischen Entwicklung hinterherhinkt, daß eine Technikfolgenabschätzung folgenlos bleibt und daß die Irreversibilität der Entwicklung zuzunehmen scheint.[42] Ob nun „international" oder „global", auch hier entgleitet die Entwicklung auf der Makroebene der Kontrolle auf der Meso- und Mikroebene.

Die Problematik vertieft sich, wo Wissenschaft und Technik auf die BIOLOGIE UND ÖKOLOGIE des Menschen treffen. Das Problem beginnt nicht erst mit der Gentechnologie, sondern es stellt sich schon vorher bei durchaus „natürlichen", d.h. kulturkonformen Maßnahmen der Geburtenkontrolle bzw. Bevölkerungs- und Gesundheitspolitik. Nach der Charta der Vereinten Nationen von 1945 beinhalten die allgemeinen Menschenrechte vor allem das Prinzip der Unantastbarkeit der Menschenwürde, von dem sich dann die Freiheitsrechte ableiten, die durch das Prinzip der Gleichheit beschränkt sind (Lenoir 1995: 22 f.). Von einer globalen ökologischen Begrenzung oder von der Selbstregulationsfähigkeit der bestehenden bio-sozialen Systeme (David 1996: 50) ist erst in jüngster Zeit die Rede. Nach dem Weltbevölkerungsplan der Vereinten Nationen von 1974, der 1984 wiederbestätigt wurde, hat einerseits jede Person das Recht, eine Familie zu begründen und die Zahl ihrer Kinder selbst zu bestimmen. Verletzungen der körperlichen Integrität der Person sind hier auch zum Zwecke der Geburtenkontrolle untersagt. Andererseits ist den Staaten nicht das Recht zu bestreiten, eine Bevölkerungszunahme zu begrenzen, die nicht mehr zum Wohle aller ist. Es bleibt unklar, ob die „Deklaration zum Schutz des menschlichen Genoms" des internationalen bioethischen Komitees die Vielfalt und Diversität des menschlichen Genmaterials befördern will, was eine Erhaltung der bislang sich unterscheidenden Rassen bedingen würde; oder ist das Ziel seine größtmögliche Vermischung, was die Auflösung des „Mythos der reinen Rasse" zum Ziel hätte. Unklar bleibt, ob die Gentechnik zur Heilung von Krankheiten oder auch zur Verbesserung der Erbeigenschaften, was immer man darunter verstehen mag, eingesetzt werden darf. Was dies in demographischer und in genetischer Hinsicht bedeutet, ist nur schwer auszumachen. In jedem Fall bleibt die Frage offen, wie die nationalen Staaten und Kulturen es mit ihrer Bevölkerung bzw. ihrem

Genpool halten wollen: ob sie sie aktiv oder passiv als Mittel des politischen Drucks einsetzen wollen und können oder ob sie sich als selbstregulatives biosoziales System verstehen. Offensichtlich ist aber, daß einige Nationalstaaten mit dem *status quo* zufrieden sind und andere nicht bzw. daß nur eine globale Kontroll- und Schiedsstelle einen offenen oder verdeckten „Bevölkerungskrieg" verhindern könnte.

Das eigentlich ETHISCHE PROBLEM liegt in der Verkopplung dieser drei Funktionssysteme, die darin besteht (North 1990: 238; Glasser 1996: 167 ff.), daß ein gegebener Stock von Ressourcen über den Einsatz von wissenschaftlichen und technischen Mitteln erschlossen und über den Einsatz von politischen Mitteln, einschließlich von Krieg oder Freihandelszonen, verteilt wird. Das ermöglicht wirtschaftliches Wachstum und soziale Entwicklung; dieses Potential aber wird wiederum durch Bevölkerungswachstum oder durch Lebensverlängerung ausgeschöpft, was nicht ohne Rückwirkungen auf die ökologische Tragfähigkeit bleibt. Moralisch brisant wird diese Rückkopplung, wenn die Bevölkerungszunahme über transnationale Migrationsbewegungen oder die ökologischen Schädigungen – über die Biosphäre – ein globales Ausmaß erreicht. Noch explosiver wird die Lage, wenn durch biogenetische Eingriffe das Erbgut des Menschen wie das seiner Umwelt in unvorhersehbarer Weise verändert wird. Die ethische Problematik liegt hier weniger darin, daß überhaupt Erbgut verändert wird – das ist auch bisher schon mit „natürlicheren" Methoden der Zuchtwahl und der kollektiven Ausrottung reichlich geschehen –, sondern darin, daß mit einer globalen Vereinheitlichung des Erbguts, der keine universale Gesetzgebung und Kontrolle gegenübersteht, ein irreversibler Entwicklungsprozeß eingeleitet wird, der von niemandem mehr verantwortet wird (Lucassen 1996: 61). Um diese Problematik in den Griff zu bekommen, ist mehr erforderlich als die Menschenrechtskonzeption der Vereinten Nationen. Hier bedarf es mindestens einer dritten Stufe der politischen Gerechtigkeit, wie sie vom Völkerbund angestrebt wurde und von den Vereinten Nationen unter liberalistischem Vorzeichen wieder angepeilt wird. Besser noch wäre eine vierte Stufe eines Staatenbundes der liberalen Demokratien im Weltmaßstab, oder schließlich eine fünfte Stufe eines sozialen Welt-Bundesstaates. Grundsätzlich ist die fünfte Stufe nicht schwerer zu erreichen als die dritte oder vierte Stufe; vielmehr scheinen diese – wenigstens in moralischer Hinsicht – einen *De-facto*-Weltstaat vorauszusetzen, der nur noch keine entsprechende Legitimation und Rechtsform gefunden hat.

Der Errichtung eines Welt-Bundesstaates steht weder in konsequentialistischer noch in deontologischer Hinsicht etwas entgegen, und es ist ein LIBERALISTISCH-GLOBALISTISCHER als auch ein KOMMUNITARISTISCH-TRANSNATIONALER Weg zu seiner Verwirklichung denkbar. Oder umgekehrt: Wenn man von den Prinzipien des Gewaltverzichts und der Bestandswahrung einerseits und einem Mehrebenensystem der Weltgemeinschaft andererseits ausgeht, d. h., wenn man sich auf eine Politik der praktischen Vernunft besinnt, dann entschwindet auch der scheinbar unüberwindliche Widerspruch zwischen beiden Wegen (Höffe 1995: 261–266).[43]

Der LIBERALISTISCH-GLOBALISTISCHE Weg geht von der Überzeugung aus, daß sich nach der Epoche der Nationalstaaten und der bipolaren Hegemonie eine Weltgesellschaft über den Prozeß einer fortschreitenden Individualisierung entwickeln wird. Sie löst die alte nationalstaatliche und auch supranationale Bindungen auf, um – vermittelt durch Massenmedien, Informationsnetzwerke und einen globalen Finanzmarkt, durch Massentourismus, multinationale Unternehmen und multikulturelle Großstädte – einer transnationalen Weltgesellschaft – „world civil society" – und einer allgemeinen Weltbürgerschaft – „world citizenship" – Platz zu machen (Robertson 1990: 26 f.; Featherstone 1990: 6 f.).

Die Weltgesellschaft wird gewissermaßen als privates Unternehmen von individuellen Interessen gedacht, die nicht mehr hierarchisch durch Kommunen, Regionen, Nationen und Staatenbündnisse gebunden sind. Wenn dessenungeachtet heute Prozesse der Regionalisierung und Reethnisierung oder des religiösen Fundamentalismus zu beobachten sind, so künden sie angeblich doch von der Auflösung alter Ordnungen, während alle Versuche der Neugruppierung heterogen und ephemer bleiben. Dies ist die POSTMODERNISTISCHE Version der Weltgesellschaft. Nach MODERNISTISCHER Auffassung verschwindet jede segmentäre Differenzierung unter einer durchgehenden funktionalen Differenzierung, der keine integrativen Werte und Normen mehr gegenüberstehen. Was bleibt, ist eine „universelle Interaktionsverflechtung", die kognitiv durch fortlaufende funktionsspezifische Lernprozesse zusammenzuhalten ist (Luhmann 1975: 59–65; Eräsaari 1990; Lippschutz 1992).

Beide Versionen einer totalen Vergesellschaftung oder auch Individualisierung und Entstaatlichung, in denen die moralische Gemeinschaft lediglich als Mythos und jede Gemeinschaftsbindung als traditionalistische Sentimentalität anzusehen ist, sind dennoch anthropologisch oder humanethologisch gleich unwahrscheinlich. Wahrscheinlicher, aber auch bedrohlicher ist hier noch die Herausbildung eines neuen „Weltreiches" durch die Monopolisierung aller Sanktionsgewalt eines Superstaates, wie sie noch in den achtziger Jahren prognostiziert worden ist (Galtung et al. 1978; Taagepera 1979; Lewis 1982; Ekholm 1985), oder ein „Zusammenstoß der Zivilisationen" („clash of civilizations") oder ein allumfassender „Zivilisationsbruch", wie er in den neunziger Jahren debattiert wird (Huntington 1993: 22–49, 186–194; Kothari 1993; Paesch 1994). Ein Übergangskonzept, das ohne einen neuen Weltkrieg oder einen globalen Zusammenbruch auskommt, bietet hier eigentlich nur der Kommunitarismus, insoweit er überhaupt sozial- und politikwissenschaftlich interessiert ist.

Der KOMMUNITARISMUS läßt die Frage offen, ob das politische Ideal der Weltgemeinschaft die Demokratie oder eine korporative Ordnung sein wird, ob am Ende der Nationalstaat oder ein transnationaler, regionalisierter Staatenbund stehen wird. Vielleicht muß nicht in allen Weltregionen das gleiche politische Ideal gelten – in der Realität wird es ohnehin genug Vermischungen und Übergänge geben. Wichtig ist erstens der Wille aller, den gleichen moralischen Prinzipien zu folgen, zweitens das Bewußtsein, daß wir *nolens volens* bereits heute in einer Art „Weltgemeinschaft" leben. Schon rein negativ gesehen leben wir alle unter der gleichen nuklearen Bedrohung, nutzen wir alle die gleichen, möglicherweise bald knappen Rohstoffe der Erde, sind wir alle den gleichen ökologischen Gefährdungen und einem möglichen Klimawechsel ausgesetzt. Positiv gesehen ist von niemandem zu bestreiten, daß die wirtschaftlichen und wissenschaftlich-technologischen, d.h. auch die politischen Interdependenzen so groß geworden sind, daß selbst die scheinbar lokalen Entscheidungen von Stadt- und Landgemeinden global mitbedingt sind. Man mag dies begrüßen oder bedauern, keiner kommt um diese Erkenntnis herum: Wir haben GEMEINSAME PROBLEME, und wir alle wissen, daß wir sie nicht jeweils auf Kosten des anderen, sondern daß wir sie nur in der Kooperation lösen können. Schon das muß uns zu einer „moralischen Gemeinschaft" verbinden – wenn auch mit einer vorerst sehr defizitären Moral. Darin aber besteht kein grundsätzlicher Unterschied zum Prozeß der Nationwerdung, der für einige Nationen ungeheuer schwierig gewesen ist und eine Reihe von Kriegen bedeutete oder sogar die planmäßige Vernichtung ganzer Regionen und Völkerschaften, Kultur- und Religionsgemeinschaften einschloß. Im Gegenteil, es ist zu erwarten, daß die Bildung einer Weltgemeinschaft weniger Opfer verlangen und schneller vor sich gehen wird als die Nationwerdung einiger Entwicklungsländer, da sie großenteils von Nationen und Staatenbündnissen vorangetrieben werden wird, die diesen schmerzvollen Prozeß bereits durchlaufen haben.

Jedenfalls gibt es keine moralische Rechtfertigung, mit diesem Prozeß der Herausbildung einer Weltgemeinschaft nicht bereits heute zu beginnen. Praktisch jedes Verhalten muß sich an diesem Maßstab messen lassen: die Erziehung der Kinder in Familie und Schule, eine Urlaubsreise in ferne Länder, die Geschäftspolitik von Großfirmen und Banken, die Zulassung von Ausländern zum Studium an heimischen Universitäten, die Aufnahme oder Duldung oder Ausweisung von Flüchtlingen, die Anwerbung von Gastarbeitern, die Definition der Staatszugehörigkeit, die Festsetzung technischer Standards usw. Daß es vorerst noch keinen wirklich sanktionsfähigen internationalen Gerichtshof für Verbrechen gegen die Menschlichkeit gibt, daß das internationale Recht noch zu sehr in Analogie zum nationalstaatlichen Recht gedacht wird, daß sich die Atommächte noch nicht zur völligen Abschaffung ihres Potentials entschließen konnten, daß die Vereinten Nationen weder ihre Sicherheitsfunktion noch ihre Entwicklungsaufgabe erfüllen können, ist nach Meinung des Kommunitarismus kein Grund zur Verzweiflung, da es weniger auf das gesatzte als auf das habituelle Recht ankommt, weniger auf die Gesetze als auf die „Gewohnheiten des Herzens". Die rechtliche Kodifikation erfolgt in der Regel im nachhinein und ist dann oft schon wieder veraltet, bevor sie mit Sanktionen durchzusetzen ist.

Dagegen gibt es einige gute Gründe, von einer GLOBALEN MORALITÄT auszugehen (Stegenga 1993: 2 ff.). Ein erster Grund ist, daß eine andere als eine universalistische und deontische Moralauffassung gar nicht möglich ist, wenn man den globalen Horizont und wenn man das Gemeinschaftsziel wirklich ernst nimmt. Es liegt schon in der Natur moralischer Prinzipien, daß sie universalistisch sind: Neben den unterschiedlichsten Sitten und Gebräuchen der Stämme und Kulturen muß es einen Kern von für alle verbindlichen Moralprinzipien geben, wenn diesen Sitten und Gebräuchen mehr als eine folkloristische Bedeutung zukommen soll. Wenn es überhaupt gültige Moralprinzipien gibt, dann müssen sie für alle unter vergleichbaren Umständen gelten. Tatsächlich ist es nicht so schwer, solche allgemeinen Prinzipien zu benennen: alle haben ein Recht, daß ihre Interessen berücksichtigt werden, unabhängig von Rasse, Nationalität, religiösem Bekenntnis und kultureller Eigenheit; alle haben ein Recht darauf, daß diese Eigenheiten respektiert werden; niemand hat das Recht, dem anderen seine Lebensweise und seine Weltanschauung aufzuzwingen (Rescher 1989: 12 ff.); alle haben die Pflicht, eingegangene Versprechen zu halten und die schwer abzuwägenden, aber grundlegenden Gebote von Treu und Glauben, von Fairneß und Gleichbehandlung einzuhalten; alle sind verpflichtet, unverschuldet in Not Gekommenen nach Kräften zu helfen. Neben und über diesen Grundwerten mag es noch typische Verhaltensregeln, operative Direktiven und spezielle Regelinterpretationen geben, die durchaus unterschiedlich sein können. Doch gerade ohne die Universalität der Grundprinzipien sind sie nichts wert. Wenn es eine Weltgemeinschaft geben soll, dann ist es ein Gebot der Vernunft, den Mehrebenencharakter der Moral zu beachten und die gemeinsamen Grundprinzipien ungleich höher einzuschätzen als die sekundären Variationen.

Dies dürfte nicht so schwer sein, da es zweifellos eine gemeinsame BIOLOGISCHE BASIS für eine kosmopolitische Moral schon im Ethogramm des Menschen gibt (Pugh 1977; Naroll 1983; Wuketits 1993). Zu diesem Ethogramm gehören zweifellos Gruppenmoral und Ethnozentrismus, Aggression und Betrug; doch hat auch die evolutionäre Selektion die Menschen dazu gezwungen, den Weg der Kooperation zu beschreiten (Axelrod 1984), den Betrug auszumerzen und ein feines Gespür für Unfairneß und Ungerechtigkeit zu entwickeln bzw. Gefühle der Schuld, der Indignation und Empörung, aber auch der Dankbarkeit und Sympathie zu erwecken, und damit die Gruppengrenzen zu öffnen. So waren die Menschen, als vor 60 000 Jahren die kontinentalen Migrationsbewegungen einsetzten, bereits genetisch „umprogrammiert" auf einen über die unmittelbare Verwandtschaft hinausgehenden Altruismus, auf Reziprozität, Unparteilichkeit und moralische Urteilsfähigkeit, auf abstraktes Denken und Logik, auf ein waches Regelbewußtsein und Gewissenhaftigkeit. Im europäischen oder arabischen, chinesischen und japanischen Mittelalter wurde dieses erweiterte und vertiefte moralische Bewußtsein geradezu auf die Spitze getrieben. Die nachfolgende Aufklärung und Individualisierung bzw. Nationwerdung bestärkte dann wieder ein Gruppendenken, nunmehr allerdings in Form des Patriotismus und Chauvinismus. Doch mit der weitgehenden Entmachtung des Nationalstaats heute und der Herausbildung großer transnationaler bis politisch-globaler Einheiten und Netzwerke steht der Entwicklung einer kosmopolitischen Moralität theoretisch nichts mehr im Wege.

Gebietet die Vernunft und die Biologie des Menschen, den Weg zu einer einheitlichen und regulär geordneten Weltgemeinschaft zu gehen, so ist die tatsächliche POLITISCHE ORDNUNG zwischen diesen beiden Polen – Wirtschaft, Politik, Recht, Kultur, Religion – zum Teil von Konvergenzen, zum Teil aber auch von erheblichen Divergenzen bestimmt. Wie Max Weber (1920: Bd. 1, 237–275) schon feststellte, hängen Wirtschaftsethik und Weltreligion eng zusammen. Beide sind ambivalent in bezug auf die Integrationsfähigkeit oder Exklusivität der durch sie ermöglichten Weltgemeinschaft. Wir sind noch von den Prinzipien der Fairneß oder gar der sozialen Gerechtigkeit – damit aber auch von der Gemeinschaftsbildung – weit entfernt (Felix 1994). Und dies, obwohl die WIRTSCHAFT heute kaum mehr in nationalökonomischen Kategorien zu erfassen ist (Cooper 1986; Frieden 1991; Siebert 1991), obwohl sie global geworden ist in bezug auf Rohstofferschließung, Agrar- und Industrieproduktion, Dienstleistungen niederer, aber auch höchster Qualifikation, in bezug auf den Kapitalverkehr wie auch den wissenschaftlich-technologischen Austausch (Cerny 1994; Freeman 1993), und obwohl in der Wirtschaft zumindest das Gebot der Reziprozität gilt – *do ut des*. Selbst die „Europäische Gemeinschaft" ist vorerst nur ein Euphemismus. Sie stellt doch *de facto* und *de jure* nur eine immer noch unvollständige Zollunion dar, verbunden mit einem Sammelsurium von „Europäischen Gemeinschaften".[44] Sie ist also gerade KEINE „Gemeinschaft", sondern eine Verknüpfung von Funktionsverbänden, die nur einen Teil Europas erfassen, dafür aber fast alle über Europa hinausgreifen – nach USA und Japan und insgesamt in den Raum der OECD. Die Entwicklungsländer bleiben aus diesem Wirtschaftsverbund weitgehend ausgeschlossen, bzw. sie sind zu Bedingungen an den Weltmarkt angeschlossen, die – selbst und gerade wenn ihnen sporadisch Hilfe zuteil wird – zu ihrer Entwicklung wenig beitragen. Die Übertragung von Rawls' „Differenzprinzip" bleibt unter der derzeitigen Nationalstaatsideologie der Vereinten Nationen eine Utopie. Das „Differenzprinzip" verlangt, daß eine radikale Umverteilung stattfindet, d.h., von den Industrieländern werden „Reparationen" an die Entwicklungsländer bezahlt. Es bedeutet aber auch, daß die Rohstoffe in einen gemeinsamen Pool eingebracht werden und daß eine Kontrolle des Bevölkerungswachstums stattfindet (Beitz 1985: 292 ff.; Pogge 1995: 192 ff.). Die Intensivierung des Wirtschaftsaustausches führt also nicht notwendigerweise zur Gemeinschaftsbildung. Selbst im Verhältnis zwischen den großen Wirtschaftsmächten wird von „Wirtschaftskrieg" gesprochen und über die Möglichkeit einer regionalen Blockbildung diskutiert, etwa der NAFTA gegen die EG oder eine japanische Wirtschaftszone (Lloyd 1992; IFO-Institut 1992).

Fast umgekehrt ist das Verhältnis der großen WELTRELIGIONEN zueinander, die – trotz aller ökumenischen Kongresse und Deklarationen – nur wenig Austausch pflegen. Sie könnten von einem Fundus an Gemeinsamkeiten ausgehen, der gerade unter einer kommunitaristischen Schirmherrschaft sehr wohl eine kosmopolitische Gemeinschaftsbildung ermöglichen würde. Jede der großen Weltreligionen legt Wert auf die Einmaligkeit des menschlichen Lebens, über das der Mensch nicht selbstherrlich verfügen darf und das bei einer ethisch korrekten, den Geboten folgenden Lebensführung zum „Heil" führen kann, in welcher Form auch immer (Bahm 1982: 470 ff.; 1994). Bei den Religionen herrscht große Einigkeit in der Einstellung gegenüber den Mitmenschen, denen *a priori* mit Wohlwollen zu begegnen ist, denn ob sie es „verdienen" oder nicht: wer kann das beurteilen? Das Wohlwollen kann sich einmal mehr in Richtung von Liebe und Mitleid neigen, einmal mehr nach den Prinzipien von Unparteilichkeit und Gerechtigkeit. Auch die Sünden- und Tugendkataloge weisen eine erstaunliche Ähnlichkeit auf (Wickler 1971). Im Hinblick auf eine religiös zu begründende Weltgemeinschaft ist entscheidend: Alle diese Religionen – ob Christen- oder Judentum, ob der Islam, der Buddhismus, Hinduismus oder Konfuzianismus – erheben Anspruch auf kosmopolitische Geltung. Und sie sind Weltreligionen, weil sie diesen Anspruch tatsächlich zur Geltung bringen können und überall auf der Welt vertreten sind. Jede dieser Religionen ist seit Jahrtausenden einem kontinuierlichen Interpretationsprozeß unterworfen, der selbstverständlich die gesellschaftliche Entwicklung vom Nomadentum und der Viehzüchterkultur oder Gartenbaukultur, über die mittelalterlichen Feudalstrukturen und Stadtkulturen, bis hin zur Industriegesellschaft und zur postindustriellen Gesellschaft widerspiegelt. Dieser kontinuierliche Wandlungsprozeß läßt auch in Zukunft auf seine Fortsetzung hoffen, wenn keine Kirche mehr – die Religion *per se* kann es sowieso nicht – den Anspruch erhebt, die „alleinseligmachende" zu sein.

Die RECHTSENTWICKLUNG kann nicht weiter fortschreiten als die weltwirtschaftliche, international-politische und kulturelle Integration. Hier werden bemerkenswerte Ansätze einer kosmopolitischen Moral sichtbar, auch wenn die moralischen Grundsätze selten explizit angesprochen werden und eher in die Präambeln verbannt worden sind oder nur indirekt aus der Logik der Gesetzgebung zu erschließen sind (Stegenga 1993: 6f.). Erstaunlich ist z. B. die Entwicklung des Kriegsrechts, das den Eintritt in den Krieg sowie die Durchführung des Krieges regeln soll. Auch wenn dieses Recht immer wieder gröblich und massenhaft verletzt wird, so sind sich doch alle bewußt, wenn sie Unrecht tun, z. B. wenn sie den Krieg nicht plausibel erklären können und keine Notwendigkeit zum Krieg vorlag, wenn die eingesetzten Mittel nicht dem Anlaß oder dem Kriegszweck angemessen sind, wenn nicht zwischen Kampftruppen und Zivilbevölkerung unterschieden wird, wenn Kriegsgefangene nicht menschlich behandelt werden usw. Die Kombattanten müssen dann andere, „höhere" Rechtfertigungen finden. Doch die internationale Öffentlichkeit nimmt ihnen eine Rechtfertigung nicht ab, die auf eine offensichtliche Verletzung schlichter, dem praktischen Menschenverstand naheliegender Prinzipien hinausläuft. Weniger erstaunlich ist die Entwicklung des Handelsrechts, des Seerechts, des Flugverkehrsrechts usw., die Transaktionen rund um den Erdball ermöglichen und notwendigerweise auf so universellen Prinzipien wie der Achtung des Eigentums, der Einhaltung von Versprechen und Absprachen, der Ehrlichkeit und Fairneß beruhen.

Das zentrale Dokument des internationalen Rechts ist die „Charta der Vereinten Nationen" in Verbindung mit der „internationalen Menschenrechtserklärung". Trotz der politischen Schwäche der Vereinten Nationen werden die moralischen Anforderungen, die sie an alle Mitgliedstaaten und darüber hinaus auch an die übrigen Staaten stellen, im Prinzip von keiner Regierung in Frage gestellt: Alle sind verpflichtet, von einer Ausübung oder Androhung von Gewalt gegenüber anderen Staaten Abstand zu nehmen; die Staatsgrenzen können nur durch freiwillige Übereinkommen geändert werden; alle Völker haben ein Recht auf Unabhängigkeit und Selbstbestimmung; Streitigkeiten sind nach Möglichkeit kooperativ oder durch Anrufung eines Schlichters zu lösen; von allen sind im Katastrophenfall Hilfeleistungen je nach technischem und finanziellem Vermögen zu erwarten, usw. Strittig bleibt freilich die faktische Anwendung der Prinzipien.

Wendet sich die 1970 von der Generalversammlung erneuerte Charta an die Staaten, so schützen verschiedene Deklarationen, die sich unter dem Begriff „Menschenrechtserklärung" zusammenfassen lassen, die Grundrechte der einzelnen Individuen, so die „Allgemeine Erklärung der Menschenrechte" oder das „Internationale Übereinkommen über wirtschaftliche, soziale und kulturelle Rechte". Gewiß ist die internationale Rechtsordnung infolge des Fehlens einer effektiven Organisationsstruktur nur fragmentarisch entwickelt und nicht systematisch ausgearbeitet, und Verletzungen sind an der Tagesordnung. Aber letzteres gilt schließlich auch für die entwickelten Rechtsstaaten, die trotz der Rechtsverstöße nicht einfach ihre Rechtsordnung und die ihr zugrundeliegenden Rechtsideale aufgeben.

Unabhängig davon, ob man von einem kommunitaristischen oder liberalistischen Verständnis ausgeht, sollten die Schwierigkeiten einer gerechteren Weltordnung nicht überschätzt werden; wir leben trotz aller herrschenden Ungleichheit und Ungerechtigkeit bereits in einem – wenn auch nur schlecht funktionierenden und rechtlich unzureichend geregelten – FUNKTIONAL-PROZEDURALEN WELTSTAAT. Es geht also nicht um den Beginn einer völlig neuen Entwicklung, sondern nur darum, eine schon eingeschlagene Entwicklung konsequent weiterzuführen und die globale Regelungskapazität so weit zu erhöhen, daß die als moralisch unerträglich empfundenen Zustände abgebaut werden und sich die Ordnungsform eines demokratischen und sozialen Rechtsstaates weiter ausbreiten kann. Vielleicht ist der Weltstaat nicht mehr als eine „republikanische Ordnung zwischen republikanisch verfaßten Staaten" im Sinne von Kant (Höffe 1995: 271). Die Verantwortung der einzelnen Staatsführungen wie des multinationalen Managements und der internationalen Wissenschaftsgemeinschaft wird sich damit nicht vermindern. Völlig verfehlt wäre es, sich einen starken Welt-Präsidenten mit einer militärisch unschlagbaren Supermacht vorzustellen: Da auf die Dauer kein Staat, kein multinationales Unternehmen oder wissenschaftliches Forschungsinstitut leben kann außerhalb der sich angleichenden Rechtsordnung, außerhalb des Weltwirtschaftssystems oder außerhalb eines freien wissenschaftlich-technologischen Austausches, müßte und dürfte eine Weltmilitärmacht nichts anderes sein als eine Art Polizeitruppe. Deren Eingreifen kann nur durch einen Weltgerichtshof legitimiert werden oder würde sich bei einer glaubhaften Rechtsprechung im Vorfeld von starken multinationalen Koalitionen von selbst erledigen. Die Gefahr, daß ein Weltstaat in eine Diktatur umschlägt, ist geringer als die Gefahr, daß eine hegemoniale Weltmacht – ohne Recht und Gesetz zu achten – zum „letzten Gefecht" antritt. Die Weltordnung war bisher schon –

weniger durch die UNO als durch die atomaren Großmächte selbst – darauf ausgerichtet, potentielle „konventionelle" und atomare Erpresser in Schach zu halten (Chase-Dunn 1990: 121 f.). Das müßten sie auch weiterhin tun; darüber hinaus könnte die Weltordnung in Zukunft aber vor allem darauf ausgerichtet sein, wirtschaftliche Entwicklung und soziale Gerechtigkeit zu fördern.

7. Historische Verantwortung und universeller Diskurs

Die Verantwortung ist „historisch" geworden, weil erstens die Einsicht in die Kontingenz der Geschichte unabweisbar geworden ist, zweitens weil heute die belebte wie die unbelebte Natur selbst geschichtlich begriffen werden muß. Die Geschichte ist KONTINGENT, insofern sie nicht so verlaufen mußte, wie sie verlaufen ist. Ja, sie ist uns oft nur als mehr oder weniger geradlinige Rekonstruktion und Retrodiktion zugänglich, gewöhnlich in Form einer „Erfolgsgeschichte". Wir vergessen und verdrängen die vergeblichen Anläufe, die nicht realisierten Alternativen, die unendliche Geschichte des Scheiterns. Selbst als „Erfolgsgeschichte" jedoch ist die Geschichte nicht mehr „TELEOLOGISCH" zu interpretieren, weil der „Erfolg" Folgen hat, die zu viele Kosten oder unheilbare Schäden nach sich ziehen. Aus heutiger Sicht ist kein vordefinierter Zielzustand mehr anzunehmen, kein deterministisches System und kein linearer Entwicklungspfad, kein Fortschritt ohne Tücken. Das heißt nicht, daß schlicht der „Zufall" regiert. Wie wäre sonst ein „Zufall" ohne „Gesetzmäßigkeiten" erkennbar? Die Definition des „Zufalls" ist historisch denn auch wesentlich jünger als die des „Gesetzes". Vielmehr ist die Geschichte „TELEONOMISCH" zu interpretieren, d.h. als dynamischer Prozeß, dem ein bestimmter Systemdesign – „hardware" – und ein bestimmtes Programm – „software" – zugrunde liegt (Mayr 1974: 99). Die Geschichte ist „OFFEN", insofern der Endpunkt verborgen oder virtuell und auch modifizierbar bleibt, durch Umwelteinwirkungen, durch Adaptation und Lernen. Ist die Zukunft offen, dann ist es ebenfalls die Vergangenheit, die immer nur als „Abschattung" von „Zukunftsprojekten" erfaßbar ist (Husserl 1966: 27 ff., 399). Die Geschichte ist schon deshalb „offen" zu nennen, weil wir, wenn wir nicht den „Endpunkt" kennen, auch nicht die relevanten „Ausgangs- und Randbedingungen" beurteilen, geschweige denn die an den „kritischen" Punkten eingreifenden Akteure oder Akteurskoalitionen vorhersagen können.

Selbst wenn wir nur eine SYSTEMGESCHICHTE oder „Strukturgeschichte" schreiben wollten, müßten wir die Akteure kennen und ihre Entscheidungen und Handlungen bewerten können. Wir mußten aufgrund der Tiefe unserer technischen und ökologischen Eingriffe, aber auch aufgrund unserer mangelnden Kontrollkapazität entdecken, daß soziale, technische, biologische oder ökologische Systeme nur zum Teil als lineare Gleichgewichtssysteme erfaßbar sind. Sie müssen jedoch ebenso als nicht-linear und irreversibel, als weit entfernt von einem Gleichgewicht, ja als überempfindlich, fluktuierend und chaotisch beschrieben werden (Bühl 1989: 8).

Jedenfalls ist es völlig illusionär zu erwarten, daß ein historischer Ablauf allein aus der „inneren Entwicklungslogik" eines Systems wie einer Person oder eines Kollektivums abzuleiten wäre. Daß überhaupt verschiedenen historischen Abläufen ein gemeinsamer „SINN" unterlegt werden kann, daß sie zu „einer" Geschichte oder gar „der" Geschichte zusammengefaßt werden dürfen, ist allein ethisch zu begründen: Wir vermuten hinter den beobachtbaren „Ereignissen" oder „Handlungen", „Institutionen" und „Strukturen" eine „MORALISCHE GEMEINSCHAFT", der wir Verantwortung zuschreiben, insofern sie „ihre Geschichte gewählt" hat (Ricœur 1974: 44).

Zweitens aber ist uns die GESCHICHTE DER NATUR deutlicher zum Bewußtsein gekommen: die Geschichte des Kosmos und seiner Materie-Energie-Systeme, die Geschichte der Organismen, der Artenbildung und der Biozönosen auf dieser Erde sowie die Geschichte des menschlichen Ethogramms und Gehirns, der menschlichen Populationen und Sozietäten – ob wir sie uns nun als „Evolution" oder als „Katastrophe", als mäandernde „Adaptation" oder als irreversible „Entwicklung", als „Schöpfungs-" oder „Verfallsgeschichte" vorstellen. Dieses Bewußtsein wurde klarer, je mehr wir versucht haben, unser Geschick in die eigene Hand zu nehmen, also aus unserem „Schicksal" „Geschichte" zu machen, und je mehr wir damit die Abhängigkeit und Verwundbarkeit unserer technologisch-ökologischen und soziokulturellen Systeme oder inzwischen des gesamten globalen Systems erkannt haben (Laszlo 1987: 104 ff., 123 ff.). Die Geschichte der Natur ist also ebenfalls ein ethisches Problem: Es hängt ab von unserer Verantwortungsbereitschaft und unserer Steuerfähigkeit oder -unfähigkeit. Ein Ansatz zu diesem Zugeständnis ist eine „HERMENEUTIK DER NATURWISSENSCHAFTEN", die nicht nur wissenschaftliche Darstellungen intensional als „Text" sieht. Sie liest aus der Metaphorik und Analogik, aus der Paradigmatik und Rhetorik, der Kategorienbildung und Logikform die normativen Vorgaben heraus, die in der Produktion, Präsentation und Rezeption von wissenschaftlichen Ergebnissen zum Vorschein kommen (Markus 1987). Diese Hermeneutik erkennt extensional schon in den Versuchsanordnungen und Meßinstrumenten, in der Operationalisierung wie in der Mathematisierung, das Körperschema des Menschen – sein historisches Raumverhältnis und seine Zeitauffassung, sein Gleichgewichts- und Symmmetriestreben oder seine Kontinuitätserwartung und seine Kontrollängste – in einer gewissermaßen „zweiten Sichtbarkeit" (Merleau-Ponty 1986: 195).

Schließlich ist es der Mensch, der – in Versuch und Irrtum, in Experiment und Simulation – Fragen an die Natur stellt und ihre Reaktionen als Antwort ansieht – als Bestätigung oder Widerlegung, als Anomalie oder Rätsel (Heelan 1972: 259 f.; Kisiel 1974: 129 ff.). Der hermeneutische Zirkel schließt sich, seitdem in der „GENEALOGIE DER MORAL" aufgezeigt wurde, wie dieser Körper funktioniert in seiner Intentionalität oder Austauschbarkeit, seiner damit verbundenen Ichstärke und Selbstzentriertheit oder seiner Ichlosigkeit und Selbstvergessenheit, seiner Mechanik oder Dynamik, seiner Leiblichkeit oder Vernünftigkeit. Bis in die innersten Antriebe – seine „libido" und „mortitudo" – hinein wurde der Mensch gedeutet als Wesen, das durch ausgefeilte Praktiken und Techniken des Anreizes und der Fetischisierung organisiert und von Buße und Strafe diszipliniert oder entfesselt ist (Dreyfus/ Rabinow 1987: 295–307).

Mit der Schließung dieses hermeneutischen Zirkels beginnt die STUNDE DER ETHIK – die Verantwortung unseres Lebens als Geschichte. Der Ankerpunkt in der Geschichte ist der *Kairos* des Hier und Jetzt, in dem „geschichtlich verpflichtende Forderungen" an uns gestellt werden, „die sich niemals wiederholen", die nur wir erfüllen können, und niemand an unserer Stelle (Max Müller 1971: 259). Verantwortungszuschreibung und Verantwortungsübernahme müssen sich darin treffen, daß eine unabweisbare Verpflichtung benannt wird und daß diese in Freiheit und nach eigenem Willensentschluß und bestem Wissen und Können übernommen wird. Welche weitreichenden Konsequenzen eine solche Orientierung der Ethik hat, zeigt sich vor allem darin, was nun AUSGESCHLOSSEN ist – nämlich die gesamte eschatologische Geschichtsphilosophie und der Ausstieg aus der Geschichte. „Eschatologisch" sind nicht nur jene Geschichtskonzeptionen, die von einer religiösen Heilsgeschichte, sondern auch solche, die von einer säkularen Verfallsgeschichte, etwa nach dem Modell vom „Untergang des Abendlands" oder der „Kolonialisierung der Lebenswelt" ausgehen.

Eine säkularisierte oder kaschierte Heilsgeschichte findet sich jedoch auch in Konzeptionen, die von einer linearen Teleologie oder „Evolution" ausgehen, die als endogen notwendige Bewußtseinsentwicklung gedacht wird – als eine Abfolge von „Rationalmodellen" (Habermas 1976: 323). Einen gegenläufigen Entwurf stellt „modernistisch" zunächst die zunehmende „Systemkomplexität" – als unvermeidliche Bewußtlosigkeit und Selbstläufigkeit – und schließlich „postmodernistisch" die „Autopoiesis" dar (Luhmann 1976; 1986). Andererseits kann aber auch nicht nur das Individuum als historisches Subjekt ausgezeichnet werden, während alle Kollektivitäten einer „aggregativen Determinationslogik" überlassen bleiben (Tenbruck 1972: 45; Simmel 1907). Es ist weder ohne die Wahrnehmung des *Kairos* möglich, von einer realistischen „Zukunftsethik" auszugehen[45], noch kann eine nur auf die Vergangenheit gerichtete „historische Verantwortungsethik" (Wingert 1991) dem aktuellen geschichtlichen Anspruch gerecht werden.

Der grundlegende Fehler dieser Ethikkonzepte ist, daß sie von einem Geschichtsbegriff ausgehen, der nur in einer LINEAREN Systemtheorie zu rechtfertigen ist. In einem Gleichgewichtssystem mit einer homogenen Struktur und parallelen oder konvergierenden Prozessen, in dem jeder Wirkung scheinbar eine Ursache entspricht, gibt es keinen Unterschied zwischen lokaler und globaler Dynamik. Mit anderen Worten: Jede lokale Dynamik ist eine Widerspiegelung der globalen Dynamik, jedes Subjekt ist gleichzeitig freies „Handlungssubjekt" und selbsternannter „Agent" des Systems. Es kann auch das System selbst, z. B. als Nation oder gar als „Weltgeschichte", entweder als eine Art „Makro-Akteur" oder auch ganz im Gegenteil als „Individual-Aggregat" dargestellt werden. Auf solchem Hintergrund kann die „Systemtheorie als technische Neutralisierung von Geschichte" (Luhmann 1975: 122 f.) begriffen werden; bei einer lediglich linearen Geschichtsauffassung kann leichtfertig von einer „Umprogrammierung" der Geschichte von der Vergangenheit auf die Zukunft gesprochen werden. Beide Programmierungen wären aber gleich sinnlos. Wenn man von einem NICHT-LINEAREN System mit irreversiblen Prozessen der Fluktuationen und Bifurkationen ausgeht, fallen alle diese Gleichsetzungen dahin; die individuelle Verantwortung kann nicht in der kollektiven Verantwortung aufgehen. Vergangenheit und Zukunft sind nur von der Gegenwart her erschließbar, ohne jedoch darin aufzugehen.

Wenn man von diesen beiden Modellvorstellungen ausgeht, die sich in den Naturwissenschaften der letzten zwei Jahrzehnte herausgebildet haben, dann wird man die Natur- wie die Human-Geschichte zumindest als von beiden Dynamiken bestimmt ansehen müssen: zum einen durch die

Gleichgewichtsdynamik oder die „STRUKTURGESCHICHTE", die über lange Zeiträume hinweg mehr oder weniger konstant bleibt und durch statistische Massenströme beschrieben wird; zum andern durch die Dynamik der Systemtransformationen, der Gabelungen und Übergänge. Dies ist sozusagen die „EREIGNISGESCHICHTE", in der den individuellen Wahlakten, Koalitionswechseln und lokalen Systemzusammenbrüchen, aber auch dem zufälligen Zusammentreffen von individuell zuschreibbaren Verbundhandlungen und der Synergie von diversen Prozeßabläufen eine entscheidende Bedeutung zukommt. Erst beide sehr schematischen Modellvorstellungen zusammen können helfen, die HISTORISCHE VERANTWORTUNG zu definieren, die wohl an den Wendepunkten dramatisch hervortritt, die aber genauso für die glatten Verläufe und massenhaften Bewegungen besteht. Ein dynamisches Durchschnittsgesetz, eine historische Universalformel für alle diese unterschiedlichen Dynamiken und ihre jeweiligen Strukturvoraussetzungen, d. h. für den „geschichtlichen Gesamtprozeß", kann es dann gerade nicht geben (H. Lübbe 1977: 131 ff.). Historische Universalformeln können nichts erklären; sie sind nur ein probates Mittel der Verantwortungsverschiebung und der Selbstinstrumentalisierung. Eine Ethik, die dem *Kairos* gerecht werden soll, muß sich andere Ziele setzen.

1. Wir können nicht Verantwortung FÜR DEN Menschen VOR DER Geschichte übernehmen, es ist genug, VERANTWORTUNG FÜR UNS SELBST zu übernehmen. Wir können – weder kollektiv noch individuell – nicht Verantwortung für die Vergangenheit übernehmen, bei der wir kein Wort mitzureden hatten; aber wir müssen Verantwortung für unser Wort übernehmen. Wir können nicht Verantwortung für eine Zukunft übernehmen, die wir nicht kennen können; aber wir müssen unser Tun und Denken verantworten, das möglicherweise schon ein Beitrag zu dieser Zukunft ist. Es geht nicht darum, sich dem „zeitlosen Gesetz" zu unterwerfen und allein die vorgegebenen Werte zu verwirklichen, gewissermaßen das Überzeitliche in der Begrenztheit unserer Zeit zu verwirklichen. Es geht darum, daß wir uns selbst aus dem historischen Augenblick begreifen, ja: daß wir uns selbst als Geschichte erfahren (M. Müller 1971: 252). Die Geschichte muß als fortlaufender Prozeß begriffen werden, in den wir einbezogen sind und an dem wir selbst mitwirken; sie ist nicht der Ablauf einer uns fremden Zeit. Dies heißt, daß wir die Gegenwart als Vergegenwärtigung erfahren müssen, daß die Zukunft als Ankunft oder als heute zu verantwortende

Verzukünftigung erfahrbar ist, die Vergangenheit als hier und jetzt stattfindende Vergänglichung, bei der wir gewollt oder ungewollt entscheiden, was dem Orkus überlassen werden soll oder was wir uns bewahren wollen und können (Lévinas 1995: 277).

Geschichte in diesem Sinn ist das Ereignis der Menschwerdung, das wir an uns selbst erfahren, und zwar als geistige Selbstbefreiung und gleichzeitig als Ungenügen, als Scheitern und Schuld, weil wir diesem geistigen Anspruch und der damit verbundenen gesteigerten Verantwortung ja doch nicht gerecht werden können. Eine realistische Ethik ist eine Ethik der Selbstverantwortung; als eine Ethik der „stellvertretenden Verantwortung", als „advokatorische Ethik" anstelle des Anderen ist sie in der Regel doch nur Anmaßung und Vormundschaft über die Anderen.

2. Eine „Ethik der Selbst-Verantwortung" ist wohl eine Ethik der VERANTWORTUNG FÜR DEN ANDEREN, d. h. genauer: der Sorge UM das Selbstsein des Anderen wie auch als Sorge um das eigene Selbst, da ja das eigene Selbst nur über den Anderen erfahrbar und entwickelbar ist (Lévinas 1995: 269). Als solche aber verlangt sie mehr als die „Anerkennung" des Anderen oder meiner selbst durch den Anderen, mehr als „Reziprozität" und „Fairneß", auch mehr und etwas anderes als „Gerechtigkeit", nämlich „WOHLWOLLEN" und „SOLIDARITÄT". Gewiß ist die Forderung nach Gerechtigkeit unabweisbar in der Sphäre der Institutionen und der Öffentlichkeit, von Recht und Politik. Gerechtigkeit wird erst möglich durch die Gleichheit der Bürger vor dem universellen Gesetz; sie besteht also auch im Urteilen, Vergleichen, Berechnen und Richten. Doch die Gerechtigkeit „SIEHT den Einzelnen NICHT AN" (Lévinas 1995: 274).

Eine „Ethik der Begegnung, Gemeinschaft (Sozialität)" aber ist nur möglich ANGESICHTS des Anderen, also in der Vorgabe eines unbedingten und interessefreien „Wohlwollens" (Spaemann 1989: 123 ff.), in der primordialen „Güte", die von Gerechtigkeitserwägungen noch völlig frei ist – oder wieder frei wird, nachdem Gerechtigkeit geübt worden ist. Verantwortung ist in diesem Sinn gerade nicht „Rechenschaftsverantwortung", sondern „FÜRSORGEVERANTWORTUNG": eine „Fürsorge", die nicht als Flucht vor sich selbst oder als Aufhebung der Selbst-Verantwortung des Anderen durch die Vormundschaft über den Anderen endet.[46] Die Gerechtigkeit wird damit nicht entwertet – im Gegenteil: sie ist konstitutiv für die Öffentlichkeit; sie wird aber in Beziehung gesetzt zu einem Bereich des Persönlichen, der eben gerade nicht aufgeht in der Privation, sondern als Be-

reich der Selbstfindung und Selbsterneuerung Voraussetzung ist für den Wunsch nach Begegnung und die Möglichkeit von Gemeinschaft.
3. Eine Ethik, die nicht teleologisch sein kann, muß gleichwohl TELEO-NOMISCH und systemisch sein. Wenn von keinem vorgegebenen Ziel- oder Endpunkt auszugehen ist, so sind gerade die Konsequenzen unserer Entscheidungen und unseres Handelns um so wichtiger, und es gibt keine Rechtfertigung für einen rücksichtslosen Dezisionismus. Eher schon ist eine Prozeduralisierung des Entscheidungsvorgangs geboten, durch die wenigstens die Entscheidungen offengehalten und den jeweils aktionsfähigen Betroffenen überlassen werden. Dennoch kann dadurch nur der unmittelbare Entscheidungsdruck vermindert werden; denn daran, daß Entscheidungen fundiert sein müssen, daß sie von Prinzipien geleitet sein sollen und daß sie von grundlegender Bedeutung für nachfolgende Entscheidungen sind, ändert sich nichts. Diese Fundierung erfordert keine heroischen Anstrengungen, vielmehr zunächst die Akzeptierung der Tatsache, daß wir von Natur aus wie durch unsere Geschichte immer schon in eine moralische Gemeinschaft eingebunden sind. Die neuen naturwissenschaftlichen Disziplinen der Evolutionsbiologie, der Genforschung, der Gehirnforschung, der Soziobiologie oder der Humanethologie können uns dabei ebenso helfen wie die strukturalistische Wendung der Geschichtswissenschaften. In dieser treten anstelle „großer Männer" Strukturverschiebungen: die Bevölkerungsbewegungen und Blutmischungen sowie der Austausch von Wirtschaftsgütern, der Fluß von Ressourcen und Geldströmen, die Diffusion von sozialen Praktiken und technischen Innovationen, die statistische Verteilung von Krankheiten oder die Ausbreitung von Seuchen, die Ökologie und Geopolitik von Dynastien und Nationen, von Regionen und Städten, der Wandel von Mentalitäten und Semantiken, in den Vordergrund (Le Goff 1990; Assmann 1991; Dinzelbacher 1993).

Damit wird unser Verantwortungsbereich erweitert und unsere persönliche Verantwortung gewiß nicht verkleinert; vor allem wird die Reflexion vertieft, nämlich von einem bloßen Gedankenspiel und einem horizontalen Diskurs zu einer vertikalen Rückbesinnung und Berücksichtigung der eigenen Verhaltensgrundlagen. Viele der reichlich konstruktivistischen Begründungs- und Rechtfertigungsversuche erledigen sich von selbst, wenn wir eingesehen haben, daß wir selbst schon von unserer Natur und Kultur aus „konstruiert", oder besser „konstituiert", sind.

4. Eine „MORALISCHE GEMEINSCHAFT" muß notwendigerweise Lebende, Ungeborene und Verstorbene umfassen. Verantwortung für die Gegenwart gibt es nur unter dem Anspruch der Vergangenen und der Zukünftigen. Es gibt so etwas wie eine „soziale Transzendenz"[47]: Meine Identität als Individualperson ist dann gewahrt, wenn sie über die allzu zerbrechlichen, oft als entfremdend empfundenen aktuellen Sozialbeziehungen hinausreicht; Zweierbeziehungen werden eben durch den Dritten für die größere Gemeinschaft geöffnet; jede Mitgliedsgruppe erhält erst durch Bezugsgruppen ihren historischen Horizont von Vergangenheit und Zukunft; die Völker und Nationen bekommen Gestalt in der „Kooperation aller Zeiten und Völker" (Scheler 1960: 154); ja: die Geschichte der Menschheit muß aus moralischen Gründen als Einheit begriffen werden. Die moralische Gemeinschaft ist nicht eine schöne rein regulative Idee, sondern sie ist bereits verkörpert in den Stadtanlagen und Landschaftsveränderungen, in den institutionellen Repräsentationsbauten und funktionalen Netzwerken, in den öffentlich zugänglichen Kunstsammlungen und Bibliotheken, wie in der Leiblichkeit jedes Individuums, da ich selbst nur „Leib-durch-den-Anderen-für-mich" bin (Sartre 1962: 398–463). Eine moralische Gemeinschaft ist nach dem Individualisierungsgrad des modernen oder postmodernen Menschen nur noch als „Personenverband" aufzufassen – als „solidarische Persongruppierung unersetzlicher Personindividuen" (Scheler 1960: 122).

Was für „Individualpersonen" gilt, muß auch für „Kollektivpersonen" gelten, die einen Personenverband höherer Ordnung bilden, ohne den jede Individualperson ohne Garantie ihrer Autonomie bliebe und ganz der Kontingenz der aktuellen Vergemeinschaftung oder Herrschaftsvereinnahmung ausgeliefert wäre. Die moralische Gemeinschaft spiegelt sich im „ordo amoris" wider, d.h. in der meist verborgenen Vorzugsordnung der Person, die mehr im Gemüt und in der Emotionalität als im Erkennen und Wollen des Menschen verankert ist. Diese Gemeinschaft bestimmt auch den Raum des Möglichen, „das ihm passieren und NUR IHM passieren kann" (Scheler 1957: 348). „Moralische Gemeinschaft" und „Selbst" sind dasselbe, „Anomie" und „Selbstverlust" auch.

5. Eine Ethik, die die verschiedenen Dimensionen von „Natur" und „Geist" und ihre Emergenz berücksichtigt, ist nicht nur systematisch, sondern SYSTEMISCH: Sie beschreibt das beobachtbare wie das gesollte Verhalten als System. Ob dies auch „systemtheoretisch" geschieht, ist eine se-

kundäre Frage; vor allem gibt es sehr unterschiedliche Systembegriffe, alle sind metaphysisch vorbelastet, und die Auswahl der richtigen Systemkonzeption ist selbst ein ethisches Problem. Die Historizität oder „Geschichtsfähigkeit" von sozialen Systemen beruht gerade auf einer paradox erscheinenden Verbindung von durchgehaltener Kontinuität und maximaler Geöffnetheit. Diese Interaktions- und Geschichtsfähigkeit wird erst auf der Grundlage einer Systemtheorie konzipierbar. Sie schließt Kommunikation und Lernen ebenso wie die strategische Konkurrenz und den fortlaufenden, nicht kommunizierbaren Aushandlungs- und Koalitionsbildungsprozeß zwischen den verschiedenen Akteuren ein.

In diesem Sinn ist von einer „DIALOGISCHEN SYSTEMTHEORIE" auszugehen, wie sie im Grunde allen realistischen Planungsprozessen und Steuerungsversuchen zugrunde liegen muß (Braten 1986: 195 ff.).[48] Obwohl die Systemtheorie auf den Prinzipien der Ganzheit, der Emergenz, der funktionalen Interdependenz und der Vorrangigkeit der Makroanalyse vor der „Mikrogeschichte" (Kracauer 1971: 133 ff.) beruht, gibt sie keine Hinweise auf den Umfang und die Art der REFERENZEINHEIT, die der Historiker wählt. Diese Wahl bleibt weiterhin politisch-pragmatischen und geschichtsphilosophischen Erwägungen überlassen; letztlich ist sie eine ETHISCHE FRAGE – die Frage nach der Art und dem Umfang der Gemeinschaft, mit der ein kontinuierlicher Interaktionszusammenhang hergestellt oder aufrechterhalten werden soll, eine Frage auch nach der Art der Ratio oder dem Sinn, der in den Interaktionen einer moralischen Gemeinschaft realisiert werden soll.

Die Systemtheorie ist kein Königsweg der Geschichtsforschung; vielmehr bergen die immer wieder deterministisch oder organizistisch mißverstandenen Modellvorstellungen einer verkürzten Systemtheorie die größte Gefahr eines geschichtsphilosophischen Dogmatismus. Vor allem kann eine reifizierte Systemethik großes Unheil anrichten, wenn sie die Rückbindung an das personale Selbst ignoriert.

Eine „ETHIK DER HISTORISCHEN VERANTWORTUNG", die einzig von einer lebendigen, sich weiterentwickelnden „moralischen Gemeinschaft" übernommen werden kann, darf sich natürlich nicht selbst absolut setzen. Sie ist selbst historisch, indem sie sich einem „universellen Diskurs" überantwortet im Sinne von George Herbert Mead und Charles S. Peirce, Josuah Royce oder John Dewey. Was wäre sonst „Wahrheit", „Güte", „Wohlwollen", „Solidarität", wenn nicht Wahrheit und Solidarität FÜR eine Gemeinschaft und IN einer Gemeinschaft von Personen unter wechselnden und im wesentlichen unvorhersehbaren Bedingungen? Gerade in der – nicht vorwegnehmbaren und keinem abzunehmenden – Verantwortung für das zunächst Unvorhersehbare und Unverfügbare liegt der Kern einer Verantwortungsethik. Es ist nun die Frage, ob die sogenannte DISKURSETHIK, die – ausgehend von Karl-Otto Apel (1971) – in den letzten 25 Jahren eine breite Diskussion vor allem im deutschen Sprachraum gefunden hat, den Anforderungen eines wahrhaft „universellen" Diskurses gerecht werden kann. Wenn nicht, so ist aus den Unzulänglichkeiten oder den eklatanten Irrtümern zu lernen. Die „Diskursethik" ist inzwischen systematisch so gut ausgearbeitet, daß auch ihre Mankos systematisch sind, so daß es im Grunde gleichgültig ist, wo man beginnt.

Das größte theoretische oder metaethische Manko scheint zu sein, daß NORMBEGRÜNDUNG und NORMFINDUNG, NORMGELTUNG und NORMBEFOLGUNG miteinander verwechselt bzw. fast beliebig vertauscht werden. Wird die NORMGELTUNG – wie bei Apel und nach einer Revision auch bei Habermas – nämlich transzendentalphilosophisch begründet – als Bedingung der Möglichkeit und Gültigkeit von Kommunikation (Apel 1973: 413) oder von Diskursen überhaupt –, dann setzt dies nicht notwendigerweise einen KONSENS der am Diskurs Beteiligten voraus. Und der Konsens im Diskurs impliziert nicht notwendigerweise die NORMBEFOLGUNG oder „-ANWENDUNG" im praktischen Leben eines jeden einzelnen oder jeder Kollektivität, die ja Entschuldigungen für sich geltend machen kann, ohne die Norm in Frage zu stellen. Umgekehrt besagt der tatsächliche Konsens der Beteiligten nichts über die Normgeltung, die doch auch die Nichtbeteiligten oder die Beteiligten in ihrer möglicherweise verdrängten Vergangenheit oder ihrer noch unbekannten Zukunft verpflichten können müßte. Nicht einmal von der tatsächlich beobachteten und intendierten Normbefolgung die ja irrtümlich, opportunistisch oder ritualistisch, instrumentell, strategisch oder taktisch sein kann, ist auf die Geltung einer Norm zu schließen, die nur freiwillig und um ihrer selbst willen übernommen werden könnte (Tugendhat 1993: 171 ff.).[49]

Auch die Diskursethik kommt nicht umhin, Normen als etwas dem Diskurs Vorgegebenes zu betrachten. Soll die Begründung nicht auf religiösem Glauben, Weltanschauung, politischer Ideologie oder einer willkürlichen kollektiven Dezision beruhen, dann bleibt nur die Verschiebung auf die „Lebenswelt" (Döbert 1992: 296 f.; Fischer 1992: 86). Diese Begründung bleibt äußerst schwach, da die „Lebenswelt" doch vom System „kolonisiert" ist (Wellmer 1986: 163 ff.). Man kann dann zurückgehen auf die kollektiv zu sichernden „individuellen Menschenrechte", auf die „Autonomie der Bürger" oder auf ihre „Selbstverwirklichung" einerseits (J. Cohen 1988: 320 ff.) oder auf ihre „Fähigkeiten zur rationalen Wahl" oder irgendeine Leerformel der „Selbstorganisation" andererseits.[50] Man kann auch auf eine ohnehin illusorische „Letztbegründung" verzichten und beruft sich auf eine „verhaltenstheoretische" Begründung, die dann offenbleiben muß für zukünftige Forschungsergebnisse wie für den Wandel der Gesellschaft und des Menschen selbst.

Dieses Dilemma kann auch die Verbindung zwischen einem deklarierten Kognitivismus oder Rationalismus einerseits und einem unvermittelten Materialismus oder Naturalismus andererseits nicht überbrücken. Der Kognitivismus besteht darin, daß normative Geltungsansprüche WIE Wahrheitsansprüche behandelt werden; der Rationalismus darin, daß die Wahrheit UND Richtigkeit durch einen „idealen" oder „herrschaftsfreien" Diskurs gefunden werden soll.[51] Solch ein Diskurs ist natürlich nur „kontrafaktisch" anzunehmen. Der Rationalismus mündet in eine vollkommene PROZEDURALISIERUNG, so daß es praktisch keine inhaltlichen Wahrheits- und Richtigkeitskriterien mehr gibt, ja gelegentlich sogar der Konsens überflüssig erscheint, wenn nur die Prozedur gemäß den Diskursregeln verläuft.[52] Auf der anderen Seite aber scheint es vorgegebene oder NATÜRLICHE INTERESSEN zu geben, die unbefragt bleiben und selbst schon als moralische Rechtfertigung gelten (J. Heath 1995: 91 ff.); offenbar sind sie auch nicht verhandlungsfähig und nicht modifizierbar, obgleich generalisierbare Interessen Vorrang vor nicht-generalisierbaren und moralische Gründe Vorrang vor anderen Gründen haben sollen. Habermas verbindet hier einen naturalistischen Fehlschluß mit einem intellektualistischen Fehlschluß.[53]

Die Verbindung von einem völlig offenen rationalem Diskurs und naturgegebenen Interessen = Rechten führt zu dem seltsamen Schluß, daß es keinen Kompromiß geben könne, in dem jeder Abstriche von seinen ursprünglichen Interessen machen müßte. Jeder Diskurs soll so lange und so eingehend geführt werden, bis ein Konsens aller einsichtigen und aufrichtigen Teilnehmer erreicht ist – die anderen sind eben nicht diskursfähig (Tugendhat 1993: 171). Ob nun Interessen naturalistisch als Bedürfniserfüllungen oder materialistisch als Klasseninteressen verstanden werden, diese Verbindung führt von einem superrealistischen Interessenbegriff mit einem ethischen Kognitivismus zu einem Dilemma, das beide Seiten unglaubhaft macht: Denn erstens entsteht der Verdacht, daß es nicht um Rationalität, sondern um „Rationalisierungen" im Sinne von Freud oder Pareto geht; zweitens hat die Durchsetzung eigener Interessen – selbst im gelehrten Diskurs – nichts mit ethischem Verhalten zu tun. Das spezifisch Ethische besteht vielmehr darin, daß die individuelle Zwecksetzung und Interessenverfolgung der Anerkennung des Anderen bzw. der Regeln, die diese Anerkennung wechselseitig sichern, untergeordnet wird. Am Schluß ist der Verdacht nicht mehr von der Hand zu weisen, daß auch die Berufung auf den „idealen Diskurs" oder eine „Diskursethik" bloß ein strategisches Manöver ist im „Kampf um Anerkennung": ein Kampf um Anerkennung einer auf „Emanzipation" und „Basisdemokratie" gerichteten Politik oder gar nur um eine angemaßte Vormundschaft des Ethikers über seine politischen Zeitgenossen (Keuth 1993: 345 f.).

Die strategische Absicht wird auch in der Enge und im arroganten Akademismus der normsetzenden „DISKURSGEMEINSCHAFT" deutlich. Es ist ethisch nur schwer zu begründen, daß nämlich der Diskurs eingeschränkt wird auf die „Betroffenen" – d. h. auf diejenigen, die sich betroffen fühlen und die bereit und fähig sind und die Gelegenheit erhalten, an einem Diskurs teilzunehmen. Zwar basiert jeder „ideale" Diskurs auf der „Mündigkeit" und der wechselseitigen Anerkennung der Mitglieder; doch wenn diese Voraussetzung erfüllt ist, dann ist ein Diskurs weitgehend überflüssig, oder der Diskurs kann nach dem Modell einer Seminardiskussion auf der Universität gedacht werden. Politisch und moralisch bedeutend ist ein Diskurs erst, wenn es gerade um diese Anerkennung, wenn es um Fragen der Machtverteilung, wenn es um Zugangs-, Verfügungs- und Repräsentationsrechte geht. Dann aber handelt es sich in der Regel viel mehr um diejenigen, die am Diskurs nicht beteiligt und auch nicht zu beteiligen sind: Arbeitslose, Kranke, psychisch Gestörte, Behinderte, Alte, Sterbende, Kinder und Ungeborene, um das Erbe von zukünftigen und vergangenen Generationen. Die Hilfskonstruktion einer „advokatorischen Ethik", in der „gesellschaftliche Materien im gemeinsamen Interesse der möglicherweise Betroffenen" geregelt werden (Habermas 1983: 103), ist wenig glaubhaft. MÖGLICHERWEISE ist jeder betroffen; der Advokat kann und muß also sein Mandat nicht konkretisieren. Auch die Normen und Kriterien für moralisch relevante Entscheidungen sind erst im Konsens der Diskursgemeinschaft zu finden. Sie sind also nicht schon vor dem Diskurs gegeben und reichen damit vermutlich auch nicht über ihn hinaus. Die „Mündigkeit" scheint doch für Mitglieder da zu sein, für Nicht-Mitglieder hingegen gilt die „Vormundschaft der Mündigen über die Unmündigen".

Gemeinsame Normen und Wertungen aber lassen sich nicht im Diskurs erzeugen: Sie sind schon vorausgesetzt, wenn eine Verständigung über das moralisch Gute überhaupt möglich sein soll. Wenn mit „Interessen" operiert wird, dann möchte man meinen, daß es in der Diskursethik vor allem um INTERESSENKONFLIKTE geht, nämlich um Verteilungskonflikte auf der Grundlage gemeinsamer Werte und Prioritäten. Die moralisch bedeutsamere Form von Konflikten sind jedoch WERTKONFLIKTE, demnach Konflikte um im Grunde unvergleichbare Werte, günstigstenfalls Konflikte um Wertprioritäten und Vorzugsregeln bei einer angenommenen, nicht weiter überprüfbaren gemeinsamen Wertgrundlage (Aubert 1972: 180 ff.). Solche Konflikte sind nicht in „idealen", sondern in „realen" Diskursen auszutragen, denn hier setzen wir uns dem realen Anderen aus – seinen Widersprüchen, seinen unbewußten Zwängen, seinen geheimen Ängsten und Wünschen. In realen Diskursen erfahren wir – über den Einsatz seiner Machtmittel –, ob er aufrichtig oder korrupt, ob er selbstsüchtig oder gemeinschaftsverpflichtet ist. In realen Diskursen können wir auch den gemeinsamen Fundus an Geschichte und Natur entdecken, der uns dennoch bindet und verbindet (Spaemann 1989: 178). Geht man jedoch von einem unvermeidlichen Konflikt und Widerstreit aus (Lyotard 1983; Watson 1984), dann sind die Konfliktparteien selbst am wenigsten geeignet, einen Konsens, einen Kompromiß oder gar ein gerechtes Urteil zu finden. Dies wird nicht ohne einen unabhängigen „Dritten" möglich sein – einen leibhaftigen Vermittler oder Richter, oder durch die Berufung auf eine unabhängige Instanz; dies kann die politische Öffentlichkeit oder das Recht, die Nation oder die internationale Staatengemeinschaft, oder auch „Gott" und „die Geschichte" sein (Aubert 1972: 192 ff.).[54] Umgekehrt ist der Versuch, das „dialogische" Verständnis der Diskursethik[55] gegen das rein monologische Verständnis des kategorischen Imperativs auszuspielen, schon im Ansatz verfehlt, da jeder Dialog oder Diskurs schließlich die Aufrichtigkeit der Diskurspartner voraussetzt: Das „Mit-sich-zu-Rate-Gehen" aber kommt vor dem „Mit-dem-Anderen-vor-Gericht-Gehen" (Spaemann 1989: 176).[56]

Die sogenannte Diskursethik ist also nicht in der Lage, den von George Herbert Mead aus ethischen Gründen geforderten „UNIVERSELLEN DISKURS" theoretisch zu begründen oder praktisch zu unterstützen: Sie untergräbt ihn vielmehr, indem sie ihn verengt und verkürzt. Dies zeigt sich bei näherem Hinsehen schon darin, daß sie logisch wie moralisch in sich zusammenbricht. Die Diskursethik verrät sogar ihr theoretisches oder vielleicht doch nur „appellatives" Kernstück: den „Diskurs". Wenn dieser nur ein „idealtypisches" – oder, um Max Weber nicht Unrecht zu tun: ein „kontrafaktisches" – Konstrukt der Normenbegründung ist, jedoch nichts über die Probleme der Anwendung sagen kann und wenn statt dessen nach Habermas „die Anwendung von Regeln ... eine PRAKTISCHE KLUGHEIT [verlangt], die der diskursethisch ausgelegten praktischen Vernunft VORGEORDNET ist, jedenfalls nicht ihrerseits Diskursregeln untersteht" (1983: 114), dann kann man es bei der nicht-diskursiven, in die Lebenswelt eingebundenen praktischen Klugheit belassen.[57] Die Stabilisierung und die Generalisierung der Klugheitsregeln in einer Tugendethik wäre dann schon ein gewaltiger Fortschritt gegenüber einer bloßen Diskursethik.[58]

Am Ende steht dann hinter der von den humanistischen Prinzipien der Aufklärung geleiteten Diskursethik vielleicht doch das gleiche „Marktmodell" wie hinter der ethisch anspruchslosen Rational-Choice Theory, nur daß die Abstimmung und Entscheidungsfindung hier im Medium von Sprache und Kommunikation und nicht wie dort im Medium des wirtschaftlichen Austausches und des Geldes stattfindet (Willms 1973: 179). Das Medium aber heiligt nicht die Zwecke und sanktioniert nicht die Begründungen. Der praktische Rekurs auf die lebensweltliche Klugheit einerseits und die theoretische Überhöhung durch eine sprachphilosophische Meta-Ethik andererseits kann die Diskursethik im Reich der politischen Zwänge und Verpflichtungen, der ökonomischen und ökologischen Knappheit, der funktionalen Interdependenzen und Regime, der Medizinalisierung und Biopolitik auch nicht retten (Döbert 1992: 294f.).

Um zu einem wahrhaft universellen und dennoch offenen Diskurs zu kommen, ist die sogenannte Diskursethik ein schlechter Ratgeber. Aus der Perspektive eines Michel Foucault, Jacques Derrida oder Jean-François Lyotard scheint die Diskursethik vielmehr Teil jenes STRATEGISCHEN Diskurses oder jener „totalisierenden Herrschaftsstrategie" zu sein, in der die Unterwerfung und Disziplinierung des Individuums einschließlich ihrer – gleichviel ob theologischen oder auch transzendentalphilosophischen – Begründung dem Individuum, wörtlich: als „Selbst-Subjektivierung", selbst aufgetragen ist (Scott 1991: 38). Der größte ethische Fehler ist es demnach gerade, sich eine Verantwortung aufbürden zu lassen, die kein Individuum wirklich tragen kann oder muß. Dieses Selbst ist im Schnittpunkt zwischen den „Spielen der Wahrheit" mit ihren Regeln, Prinzipien und Methoden oder ihren Definitionen von „Natur" oder „Vernunft" und den „Spielen der Macht" mit ihren Praktiken und Institutionen der politischen Kategorisierung, der Kontrolle und Disziplinierung, der Allokation von Wohlfahrtszahlungen und Steuerlasten, der Bildung von internationalen funktionalen Regimen entstanden. Das Selbst ist weitestgehend eben ein Produkt der Gesellschaft oder der Herrschaftsordnung, während die Regierenden, etwa die Wirtschaftskapitäne, die Militärstrategen und die in den Zentralen sitzenden Organisatoren und Verwalter damit ihre Verantwortung abwälzen können, je weiter oben in der Hierarchie, um so besser. Dieser Fehler ist geradezu konstitutiv für die INDIVIDUALETHIK wie für die POLITISCHE ETHIK bzw. für die infame Verbindung von beiden (Keeley 1990; Brenner 1994; Bernauer 1994: 595 ff.). Wenn aus dieser Anklage auch keine Ableitungen für eine Politische Ethik oder Gesellschaftsethik zu machen sind, so ist von Foucault doch zu lernen, daß erstens die Moral ein MEHREBENENproblem ist, z.B. der individuellen, der institutionellen, der nationalen und der internationalen Ebene, der mentalen wie der biologischen Ebene, und daß die eigentliche ethische Problematik gerade in der Verknüpfung bzw. Substitution der Ebenen liegt. Zweitens ist nach Foucault ethisch alles verloren, wenn der historische Prozeß nicht OFFENgehalten werden kann und wir uns – individuell wie kollektiv – Denkzwängen und voreiligen Konsensforderungen unterwerfen, die völlig kontingent entstanden sind und besser auch kontingent bleiben sollten (Veyne 1993: 4f.).

Den HISTORISCHEN PROZESS in seiner Irreversibilität und Nichtlinearität, in seiner Einmaligkeit und Nichtvorhersehbarkeit zu begreifen oder individuell wie kollektiv zu akzeptieren ist zunächst ein theoretisches, dann aber auch ein sozialorganisatorisches Problem. Vielleicht wird die THEORETISCHE Problematik dadurch erleichtert, daß man sich als allererstes klarmacht, daß es im gesellschaftlichen und politischen Leben nur historische Prozesse gibt, nichts anderes als immer NUR historische Prozesse. Auch dort, wo die Prozesse vielfach als deterministisch oder zyklisch oder im Enttäuschungsfall als „konjunkturell" oder „rein zufällig" erscheinen – wie im wirtschaftlichen oder technologischen Bereich –, sind sie historisch einmalig; sie sind zumindest Moment einer ökologischen Sukzession oder einer längeren Sequenz, die irgendwann an einen Bifurkationspunkt kommt.

Letztlich ist alles, was – nach unseren traditionellen Begriffen – als STATISCH, vorgegeben oder unveränderlich erscheint – etwa das Individuum, ein Institutionengefüge, die Gesellschaft, die Sprache, die Kultur, oder auch die menschliche Natur oder Vernunft –, Moment eines fortlaufenden Entwicklungs- oder Adaptationsprozesses. So ist die Statik eine perspektivische Täuschung, die sich aus der großen Differenz zwischen unserem zeitlich-räumlich wie positional ziemlich eng begrenzten Bewußtseinsraum und der Ausdehnung unseres Beobachtungsfeldes der Gesellschaft, der Kultur- und Moralentwicklung ergibt, welches doch inzwischen über Jahrhunderte reicht und mehr oder weniger die ganze Welt umspannt (Lemke 1993: 244).

Es ist nicht trivial zu sagen, daß gerade die GESCHICHTE „historisch" zu begreifen ist und es keinen definitiven Anfang oder „reinen Ursprung" und kein definitives Ziel oder „Ende" gibt, mit dem wir vernünftig rechnen könnten. Es gibt IN der Geschichte auch keine einfachen „Tatsachen", keine isolierbaren „Akteure", keine feststehenden „Dinge", sondern eben historische Prozesse – wie Entstehung, Reife oder Verfall – und allenfalls „Genealogien", sinnerfüllte Praktiken einer sozialen Gemeinschaft, vorübergehende Materialisationen einer Sinndeutung – oder umgekehrt: vorübergehende Sinnerfüllungen von Materialisationen oder biogenetischen Strukturen.

Gerade wenn man vielleicht mehr aus moralischen denn aus kausalen oder funktionalen Gründen den Sinndeutungen und semiotischen Formationen – d. h. den sozialen Praktiken und praktischen Diskursen, den sinnerfüllten sozialen Beziehungen und ineinandergreifenden Verbundhandlungen – einen großen Stellenwert in der menschlichen Geschichte zuerkennt, wird man nicht von homogenen sozialen und kulturellen Systemen ausgehen können, sondern nur von einer „ORGANISIERTEN HETEROGENITÄT". Den Ausgangspunkt bilden dann die sehr unterschiedlichen und oft konfligierenden Gemeinschaften und Gruppen, die sich nach Geschlecht und Alter, Klassenzugehörigkeit und Lebensstil, Weltanschauung und politischer Loyalität ganz wesentlich unterscheiden, in dieser Unterscheidung aber dennoch stets unmittelbar und mittelbar aufeinander bezogen sind.

Die soziale Einheit oder soziale Integration ist also weder eine „substantielle" noch eine „struktural-funktionale" Einheit, sondern immer nur eine partikulare und relationale, eine kontextuelle und ökologische Einheit, „ökologisch" im Sinn von umweltbedingten Nachbarschafts- und Abfolgeverhältnissen. Die Gesellschaft ist ein MULTIPLES REFERENZSYSTEM, gekennzeichnet durch Heterogenität und Heteropraxie, durch Appräsentation und die „Gleichzeitigkeit des Ungleichzeitigen"; die idealistischen oder materialistischen Einheitsunterstellungen sind in aller Regel gedankenlose Abstraktionen oder aber Konkretisierungen, Postulationen eines naiven Idealismus oder naiven Materialismus, Idolatrie oder Fetischismus. Wenn aber Heterogenität und Heteropraxie herrschen, dann sind alle „reinen" Geschichtsauffassungen illusionär: der „strukturalistische Traum" ebenso wie der „serialistische" oder schließlich auch der „archäologische Traum".[59]

Die Geschichte ist nur noch „GENEALOGISCH" zu schreiben; die „Genealogie" aber beruht auf dem Zugeständnis der unauflösbaren Heterogenität und Kontingenz der diskursiven Praktiken, so daß es nur noch das Ziel sein kann, „die Einmaligkeit der Ereignisse unter Verzicht auf eine monotone Finalität ausfindig zu machen" (Foucault 1974: 83). Wenn nun aber die Geschichte mit ihren für den naiven Verstand unglaublichen Kontingenzen nur noch „genealogisch" aufzufassen ist, dann droht auf der anderen Seite die Gefahr, daß eine Genealogie lediglich nach den Bedürfnissen des Tages und den Kategorien der eigenen moralischen Gemeinschaft geschrieben wird. Um dieser Gefahr zu begegnen, braucht man eine WAHRE NARRATION, d.h. eine „große", längere Zeiträume überspannende Narration. „WAHR" ist eine „Erzählung" in historischer Hinsicht, wenn sie die Ereignisse, die Handlungen der Individuen, die seriellen Transformationen von statistischen Zeitreihen usw. in ihrem SOZIETÄREN Charakter sieht und wenn sie dabei Kausalität und Teleologie, Handlungen und anonyme Strukturen oder Kräfte miteinander verbinden kann (Ricœur 1988: 291, 345 f.).

Letztlich beruht auch die wissenschaftliche Geschichtsschreibung auf einer MORALISCHEN VISION eines guten und sinnvollen Lebens – im Gegensatz zu einem frustrierten und vertanen Leben (Kemp 1988: 189). „GUT" kann ein Leben nur genannt werden, wo ein gutes Leben MIT ANDEREN möglich ist, wo weder die Freiheit und Autonomie des Individuums, seine Gesundheit und Sicherheit bedroht ist noch die Wechselseitigkeit der sozialen Beziehungen und der Zusammenhalt der Gemeinschaft geschwächt oder gefährdet wird. „Güte" in diesem Sinn erfordert mehr als „Fairneß" oder auch „Gerechtigkeit", nämlich „Großzügigkeit" und „Großmut" bzw.

wenigstens so viel „Kredit" für den Anderen, daß man ihm vertraut, daß er guten Glaubens handelt, daß er nicht betrügen und nichts Unbilliges von uns verlangen wird. Eine „wahre" Erzählung kann jedoch keine abstrakte und monotone „Meta-Narration" sein. Sie wird nicht eine ganze Geschichtsepoche, oder darin vielleicht impliziert: die ganze Geschichte auf eine einzige Formel oder Fabel bringen. Sie muß der Offenheit der Geschichte Raum geben, aber sie darf aus moralischen Gründen auch nicht zu kurzatmig und nicht zu eigenbrötlerisch sein – sie kann z. B. so wenig multikulturalistisch sein wie sie chauvinistisch sein kann –, da sie doch immer Teil der gemeinsamen Geschichte des Menschen sein muß.

Es gibt viele Möglichkeiten, Geschichte zu schreiben, aber man kann vielleicht die GRENZEN des historisch wie moralisch Sinnvollen bestimmen. Diese liegen zum einen dort, wo der Erzählung, die nun einmal nicht mehr sein kann als eine Quasi-Fabel, GESETZEScharakter zugeschrieben wird und wo sie dann zum totalitären Herrschaftsinstrument pervertieren kann. Auf der anderen Seite liegt die Grenze aber dort, wo unmittelbar aus der Erzählung KONKRETE Handlungsanweisungen abgeleitet werden.[60] „Erzählungen" sind nur als „Maximen" oder „Vorschriften ZWEITER Ordnung", nicht als direkte Handlungsanleitungen zu verstehen. Zur Historizität der Verantwortung gehört gerade ihre unauflösliche Situationsspezifität oder die ethische Forderung nach „Situationsgerechtigkeit" einerseits und ihre unvollständige Ableitbarkeit aus universalistischen Imperativen oder Menschenrechten andererseits.[61]

Der Sinn ETHISCHER REFLEXIONEN – nicht der moralischen Forderungen, die sich als „unbedingt" darstellen – liegt gerade darin, eingefahrene Moralvorstellungen und Prinzipien, aber auch „Tugenden" und „Gewohnheiten" in Frage zu stellen und so erst ein ethisches Verhalten auch in Zukunft zu ermöglichen, das auf Autonomie und Verantwortung, auf Wohlwollen und Vernunft gegründet ist. Eine endgültige inhaltliche Fixierung moralischer Forderungen ist nicht oder nur unzureichend möglich und gar nicht erwünscht, weil damit der Anschein der Statik und Vorgegebenheit der Moral verstärkt würde. Vielmehr muß die Formulierung und Reflexion sowie die Kontrolle der Anwendung ethischer Prinzipien und moralischer Maximen dem Diskurs der moralischen Gemeinschaft – möglichst aller Menschen – überlassen bleiben. Dabei steht jedoch nicht der sprachliche Diskurs inklusive seiner transzendentalphilosophischen Vorbedingungen, auch nicht der theoretische philosophische und wissenschaftliche Diskurs im Mittelpunkt der moralischen Gemeinschaft, sondern der PRAKTISCHE DISKURS. Dieser schlägt sich im Gestus und Habitus, in der Stilisierung des Körpers, in Essen und Kleidung, in der Zeiteinteilung und im Zeitdruck, in den Institutionen von Kaserne, Gefängnis, Schule und Krankenhaus, in der Gesundheitspflege und im Totenkult, im Heiratsverhalten und in der genetischen Vermischung oder Separierung usw. nieder. Solch ein Diskurs ist aber weder von den Individuen her, ob sie sich nun „betroffen" fühlen oder nicht, noch von den Abstraktionen oder ewiggültigen Ideen, sondern nur von den sozialen Praktiken her zu rekonstruieren; und der Zweck des Diskurses ist nicht der „Konsens", sondern die VERBESSERUNG DER GESELLSCHAFT, d.h. die Ausdehnung der moralischen Gemeinschaft und die Vertiefung des Selbst bzw. seiner Verantwortungsbereitschaft und -fähigkeit.

Der praktische Diskurs geht über mehrere Ebenen hinweg von der MIKRO- zur MAKROEBENE. Die sozialen Praktiken und Beziehungsmuster sind auf der MESOEBENE zu verorten zwischen den mit ihnen verbundenen sprachlichen und nichtsprachlichen Äußerungen, den Gesten, Handlungen und Texten bzw. den übergeordneten Institutionen, Ideologien oder Architekturen mit ihrer Eigendynamik. Diese drei Ebenen sind lediglich analytisch zu unterscheiden; sie werden gleichzeitig aktualisiert und bilden kein hierarchisches System in dem Sinn, daß aus Ideologien Handlungen abzuleiten oder gar vorherzusagen oder daß schon aus sprachlichen Äußerungen in sich konsistente Ideologien oder andere semiotische Systeme zu abstrahieren wären. Eine irreduzible HETERARCHIE der Diskurse ergibt sich trotzdem dadurch, daß alle sozialen Systeme ÖKOLOGISCH in andere soziale und natürliche Systeme, in Biozönosen und chemisch-physikalische Umwelten eingebettet sind. Die Interaktionen mit der Umwelt, mit anderen Arten und Mikroorganismen, mit materiellen Ressourcen und Energieströmen, mit den Lebenselementen Wasser, Luft und Licht usw. werden wohl oder übel in Übereinstimmung mit unseren sozialen semiotischen Systemem wahrgenommen oder vernachlässigt, kontrolliert, organisiert oder auch zerstört.

Dieser praktische Diskurs besteht nur teilweise im Austausch von Meinungen oder Ideen: Ohne materielle bzw. biogenetische Fundierung bedeutet er nicht viel, mit dieser Fundierung oder Rückkopplung allerdings ist der Diskurs auf der semiotischen Ebene tatsächlich von ausschlaggebender Bedeutung. Im Gegensatz zum akademischen oder rein theoretischen Diskurs ist der praktische Diskurs schwer zu beobachten und zu bewerten, da er im wesentlichen aus mehr oder weniger fluktuierenden oder wandelbaren PROZESSEN (Edwards/ Jaros 1994: 342) besteht und nicht so sehr aus Begriffen, Argumenten, Texten, Ideen, Handlungen oder Akteuren. Prozesse sind zwar durch eine bestimmte Prozeßform oder einen bestimmten „normalen" Prozeßablauf charakterisiert, das Ergebnis dieser Prozesse aber hängt doch stets von den Ausgangsbedingungen bzw. den im Prozeßablauf wechselnden Randbedingungen ab, und diese wiederum können sehr stark von unvorhersehbaren Ereignissen bestimmt sein. Wenn sich solche Ereignisse häufen oder wenn sie auf einen kritischen oder sensiblen Punkt im Prozeßablauf treffen, können sie z. B. zu einem Gleichgewichtsverlust, zum Verlust von Redundanzen, zur Interferenz von Strömungen, zum Symmetriebruch oder vorübergehend zu einem chaotischen Zustand führen. Dadurch kann dann eine neue Prozeßstruktur, ein neuer Strukturtyp, ein neuer Handlungstypus entstehen. Im SOZIOHISTORISCHEN WANDEL ist dabei die Beziehung zwischen semiotischer und materieller oder biotischer Ebene besonders kritisch, da hier Typen nicht naturgegeben, sondern ganz wesentlich semiotisch definiert sind bzw. durch unsere Handlungen und Kontrollmaßnahmen erst aktualisiert werden.

Was von uns im Sinne einer wahrhaft HISTORISCHEN VERANTWORTUNG kontrolliert werden müßte, sind diese Prozesse, und zwar nicht allein im Rahmen unserer sozialen Systeme und Kulturen an sich, sondern vor allem in ihrer Umweltbeziehung. Das Problem ist, daß wir zu Langzeitkontrollen kaum fähig sind, damit aber im Grunde auch keine adäquate Verantwortung für die Kurzzeitkontrolle und für kleinere Kontrollbereiche übernehmen können, die ja immer in größere Systemzusammenhänge eingebettet bleiben, ob wir das wahrnehmen oder nicht. Langzeitkontrollen können nur durch generationenübergreifende Institutionen, Bewirtschaftungsmethoden, Raumordnungsverfahren, Landesentwicklungspläne, Beobachtungs-, Dokumentations- und Forschungszentren übernommen werden; der eigentlich entscheidende „Diskurs" ist notwendigerweise ein stummer – nichtsdestoweniger ein weltumspannender und weltbewegender – Diskurs, der in der Konkurrenz und Selektion von ganzen Völkerschaften und Gesellschaften endet. Daß „Dis-kurse" definitionsgemäß nicht zu steuern und schwer auf einen Nenner zu bringen sind, heißt nicht, daß wir im Diskurs und für den Diskurs ohne Verantwortung wären; wir können zumindest Einfluß auf den DESIGN DER DISKURSE nehmen (Dryzek 1987).[62] Gerade weil keine zuverlässige Kontrolle des gesellschaftlichen und kulturellen Wandels möglich ist, ist es moralisch geboten, in einen öffentlichen und möglichst universellen Diskurs einzutreten. Entscheidend ist dann die Form des Diskurses, der sicher nicht den privatistischen Diskurs der „Lebenswelt" zum Vorbild nehmen oder sich allein auf soziale Protestbewegungen stützen kann. Er muß konsequenterweise schon einen PRAKTISCHEN „universellen Diskurs" anstreben. Wirklich „praktisch" aber wird der Diskurs erst dann, wenn die tatsächlichen Führungskräfte, d.h. die international wirksamen ELITEN in den nationalen Regierungen wie in den multi-, supra- und internationalen Organisationen (Dror 1995: 169 ff.) – beraten von der besten verfügbaren oder erst noch aufzubauenden wissenschaftlichen Kompetenz – sich zu verantworten beginnen vor einer Weltöffentlichkeit. Diese Form der Öffentlichkeit, die sich durch die modernen Informationsmittel konstituiert, ist nicht zu verwechseln mit der schon weithin partikularisierten Medienöffentlichkeit.

II. Prinzipien einer Sozialen Systemethik

1. Das Prinzip des „Weiterlebens"

Eine REALISTISCHE SYSTEMETHIK sollte vom gegebenen Systemzustand ausgehen und mit minimalen Prinzipien auskommen. Eine solche „Minimalethik" braucht vor hochgestellten Zielen oder Idealen nicht zurückzuschrecken. Doch sie muß sich bewußt sein, daß sie aus der gegebenen Architektonik nicht herausspringen kann und daß es in erster Linie um die ERHALTUNG DES SYSTEMS geht, nämlich die Erhaltung der strukturellen Stabilität im Rahmen seiner konstitutiven Umweltbedingungen. Bei lebenden Systemen aber heißt das mindestens die Erhaltung seiner Autopoiesis und Reproduktionsfähigkeit, mehr noch: seiner langfristigen Anpassungs- oder Evolutionsfähigkeit, ja letztlich seiner Entwicklungsfähigkeit, insofern es um menschliche Zielsetzungen und genuin ethische Belange geht.

Die „Erhaltung des Systems" meint also nicht unbedingt die Erhaltung des bestehenden „politischen Systems" oder die bedingungslose Bestätigung der derzeit führenden Positionsinhaber in ihren Ämtern und Funktionen. Der Ausgangspunkt einer Systemethik in diesem Sinn ist zunächst einmal das „WEITERLEBEN" oder generell die „Verbesserung des menschlichen Lebens, die MELIORATION. Das bloße „Weiterleben" ist die Trivialversion des „*Kairos*"; doch schon dieses Weiterleben ist in systemischer Hinsicht nicht voraussetzungs- oder folgenlos. Der Begriff „Melioration" meint nicht unbedingt „moralischen Fortschritt", schon gar nicht impliziert er die moralische Perfektibilität des Menschen. Er meint nicht ein definitives Ziel, das in der Zukunft erreicht werden könnte oder müßte; aber er meint doch ein Fortschreiten von einer Ausgangslage, die von einer zunehmenden Anzahl von Menschen in mehreren moralischen Qualifikationen für nicht mehr befriedigend gehalten wird.[1]

Eine nicht zu vernachlässigende Dimension dieser Melioration ist die VERBESSERUNG UNSERES WISSENS in wissenschaftlicher, technischer und sozialorganisatorischer, d.h. in wirtschaftlicher, politischer usw. Hinsicht. Wenngleich die aus dem Wissen entstehenden Mittel auch mißbraucht und zu verbrecherischen Zwecken eingesetzt werden können, so werfen sie doch moralische Fragen von einer Reichweite und Tiefe auf, die in primitiven Gesellschaften gar nicht zu stellen gewesen wären. Ein problematisches moralisches Bewußtsein aber ist ein Vorzug vor einem unentwickelten und moralisch ignoranten, das die Verantwortung für die eigene moralische Gemeinschaft und für das eigene persönliche Leben in der Regel abschiebt auf Götter und Dämonen, auf Naturgewalten, auf Heldengestalten und Sündenböcke, auf „große Führerpersönlichkeiten" und den „Mantel der Geschichte".

Das Prinzip „Weiterleben" läßt die Sinnfrage des menschlichen Daseins – als unentscheidbar für das Individuum, das in dieses Dasein „geworfen" ist – dahingestellt; es setzt auch kein letztes Ziel und keine ethische Letztbegründung voraus; noch kann es auf den Konsens zählen, da die Abhängigkeit der propagierten Überzeugungen von den unterschiedlichen gesellschaftlichen Lebensverhältnissen – aber auch ihre Manipulierbarkeit und Korrumpierbarkeit durch Macht – nur zu offensichtlich ist und der Konsens weder Kontinuität noch gar wechselseitige Verpflichtung und Allgemeingültigkeit gewährleisten kann. Dem Prinzip „Weiterleben" genügt die Anerkennung des existentiellen „Zugzwang-Dilemmas" (Fritze 1991: 354), demzufolge wir im Leben stehen und alle unterschiedliche Vorstellungen von der Zukunft haben mögen, wir jedoch alle diese Zukunftsentwürfe nur anstreben und Entscheidungen nur treffen können, wenn wir von einem „Besser" oder „Schlechter" ausgehen, dem alle Zukunftsentwürfe in gleicher oder ähnlicher Weise unterworfen sind (Boulding 1985: 10 f.). Zweitens geben wir uns gemeinsam der Hoffnung auf die Verbesserbarkeit der Lage hin. Drittens wissen wir um die Unumgänglichkeit einer kooperativen Lösung; vielleicht setzen wir sogar auf eine erweiterte und vertiefte Gemeinschaft. Die Entscheidung für das „bloße Weiterleben" hat also keineswegs die Beliebigkeit des Verhaltens oder einen ethischen Relativismus zur Folge. Vielmehr sind wir, wenn wir denn schon weiterleben und vielleicht sogar besser oder gut weiterleben wollen, darauf verwiesen, alle denkbaren Organisationsanstrengungen unter Einsatz des besten verfügbaren Wissens zu unternehmen. So können wir die Qualität des gemeinsamen Lebens heben und das kooperative Potential zu einer solchen Qualitätsverbesserung erhalten und möglicherweise erhöhen. Für die Qualität des Weiterlebens wird sich schwer ein einfaches und allgemeines Maß finden lassen: Obwohl die durchschnittliche Lebenserwartung der Bevölkerung durchaus ein Maß ist, das in UNESCO- und OECD-Statistiken als erster Qualitätsindex gilt, so geht es sozialwissenschaftlich gesehen doch mehr um die Organisationsstruktur und das dynamische Potential einer Gesellschaft, in der Entwicklungsgrad etwa des „Humankapitals" mehr zählt als materieller Reichtum und Lebenserwartung,

Adaptabilität mehr als Stabilität usw. (Boulding 1985: 26 f.) Es geht um mehr als kleine Verbesserungen in der Lebenserwartung: um die Verhinderung von wirtschaftlicher Stagnation und politischer Unterdrückung bzw. um die Ermöglichung einer Entwicklungsdynamik, die großräumige Katastrophen und epochale Rückschläge vermeidet.

Wenn wir auch kein Recht haben, einen Menschen zu verurteilen, der sich individuell diesem Weiterleben entzieht, ohne der Gesellschaft zur Last zu fallen, so besteht doch für diejenigen, die sich *de facto*, ohne eine dezidierte Willenserklärung abgeben zu müssen, für das Weiterleben „entschieden" haben, die Pflicht zur effektiven Kooperation. Die Motivation zur Teilnahme an dieser Kooperation ist sekundär – ob sie dem wohlverstandenen Eigeninteresse entspricht: einem Utilitarismus, oder unmittelbar dem Gemeinschaftsinteresse: einem Kommunitarismus, ob sie schon die Menschengattung als Wert an und für sich ansieht: als Essentialismus oder als Speziezismus, oder die voll entwickelte Person: als Personalismus. Immer hat diese Motivation wenigstens zwei sozialorganisatorisch konstitutive Prinzipien zur Voraussetzung: erstens das Prinzip der gleichen Anerkennung – minimal der Gleichberechtigung, maximal der Gemeinschaftsbildung – aller Kooperationsbereiten; und zweitens das Prinzip der Allgemeingültigkeit der kooperationsfördernden, gemeinschaftsbildenden Grundentscheidungen, die alle in gleicher Weise – oder mehr noch: jeden einzelnen nach dem Maß seiner Fähigkeiten – binden.

Damit sind schon die beiden Dimensionen der Moral oder des moralischen Handlungsraumes definiert – insoweit es überhaupt erlaubt ist, ein komplexes Netzwerk von Beziehungen und Verpflichtungen für einen groben Überblick in ein zweidimensionales Schema zu pressen (Gross 1993: 47):

Die horizontale Dimension der Gemeinschaftsbildung kann zunächst als Umfang der Gemeinschaft skaliert werden: Sie dehnt sich aus etwa von einer familialen über eine kommunale bis zu einer staatlichen nationalen und internationalen bzw. sogar universalen Reichweite. Am Anfang steht die Einheit des Selbst, das nicht einfach als sozialer Nullpunkt, sondern als kleinste moralische Zurechnungseinheit zu verstehen ist, die natürlich geprägt ist von der Form der moralischen Gemeinschaft, der es zugehört. Es besteht weithin Übereinstimmung von Kant bis zu Durkheim oder G. H. Mead, daß es ein wahres, voll entwickeltes Selbst nur geben kann in der Generalisierung oder Universalisierung der Moral bis zum Punkt einer universalen, die ganze Menschheit umfassenden Moral. Tatsächlich wird sich das moralische Geschehen jedoch zum Großteil zwischen den Endpunkten bewegen, wobei das Selbst gewissermaßen durch seine engere oder weitere Gruppenidentifikation mit der Familie oder Sippe, mit der Gemeinde oder heimatlichen Region, mit dem Staat – als Land, als Bundesstaat oder auch als übernationale politische Einheit – absorbiert wird; es kommt als individuelles Selbst kaum zum Bewußtsein. Dennoch wird ein KONTINUIERLICHER Zusammenhang zwischen dem individuellen Selbst und der universellen Gemeinschaft aller Menschen vorausgesetzt; denn ohne diese virtuellen Anfangs- und Endpunkte verlöre sich jeder moralische Anspruch in der Beliebigkeit oder Situationsbedingtheit von Gruppeninteressen.

Die vertikale Dimension der Allgemeingültigkeit bzw. GELTUNG EINER MORAL reicht von der individuellen SELBSTERHALTUNG – wie sie im „Rational Choice Approach" oder im Problem von „Egoismus" und „Altruismus" vorausgesetzt wird – über eine minimale Verbindlichkeit der opportunistischen Wechselseitigkeit mit dem Prinzip der „FAIRNESS" bis zu einer wahrhaft gemeinschaftsbildenden VERPFLICHTUNG, wie sie nur im „Vertrauen" zum Vorschein kommen kann (King 1989: 46 ff.). Erst jenseits der „vertrauensbildenden Maßnahmen" kann die Geltung der moralischen Gebote und Verbote, der Beziehungen und Verantwortungen als „Verpflichtung" oder „Pflicht" formuliert werden, können „allgemeine Menschenrechte" beansprucht und schließlich durchgesetzt werden.

Die Form oder Qualität der moralischen Gemeinschaft resultiert aus beiden Dimensionen und ist auf der Diagonale zu notieren von links unten nach rechts oben. Von „GERECHTIGKEIT" (Rawls 1975: 572 ff.) ist erst dann und insoweit zu sprechen, als einerseits eine universale moralische Gemeinschaft wenigstens angestrebt und möglicherweise auch durch Verfassung und Verfassungsgerichte abgesichert wird. Andererseits sollten zumindest die Prinzipien der Fairneß und des konditionalen Vertrauens allgemeine Geltung erlangt haben (IIA). Eine „Pflichtethik" (IIB) wäre schon die Krönung einer solchen Gerechtigkeits-Moral; doch sind die Prinzipien der Gerechtigkeit wohl nur in einem staatlichen Rahmen und nur für fundamentale Rechte durchzusetzen. Jenseits der „moralischen Pflicht" liegt, was Kant (VII: 43) einen „heiligen Willen" nennt oder was man mit Scheler (1957: 345 ff.) „SYMPATHIE" oder „SOLIDARITÄT" (III) nennen könnte. Eine wahrhaft universale Gemeinschaft – und damit ein vollentwickeltes „Selbst" – ist wohl nur auf dieses Prinzip zu begründen, jedoch durch keine Macht und durch kein Gesetz abzusichern. Am Ursprung dieser Diagonalen herrscht lediglich ein „minimaler Objektivismus" (Fishkin 1984: 32 ff.), der aber bereits die grundsätzliche „ANERKENNUNG" des Anderen einschließt, sowohl in der Kooperation und im Konflikt als auch in der „UNIVERSALISIERBARKEIT" der moralischen Urteile (I). Aber wiederum ist zu erwarten, daß die tatsächlich sich gebunden fühlende und aktive moralische Gemeinschaft weitgehend nur im Mittelbereich der Diagonale zu finden ist, der hauptsächlich von einer kommunalen oder genossenschaftlichen Fairneß-Ethik bis zu einer staatlichen Pflichtethik reicht. Während Anfangs- und Endpunkt der Diagonale mehr ein Problem der philosophischen und rechtstheoretischen Spekulation sind, repräsentiert diese Schnittfläche – die sich je nach Konfliktlage und Kooperationsbereich verschieben oder vergrößern mag – sozusagen das „SOZIOLOGISCHE REALITÄTSPRINZIP" der moralischen Gemeinschaft: Die faktische Geltung setzt eine gelebte Gemeinschaft voraus.

Bevor diese Konstitutionsbedingungen der Gemeinschaft weiter spezifiziert werden können, ist zunächst kurz zu klären, wie die MORALISCHEN GRUNDPRINZIPIEN der „Fairneß", des „Vertrauens" und der „Pflicht" aufeinander aufbauen. Für eine realistische Sozialethik entscheidend ist wiederum, daß diese Prinzipien nicht sophistisch gegeneinander ausgespielt, sondern daß sie als Stufen ein und derselben Moral erkannt werden. Sie gehen allesamt von einer stillschweigenden Annahme, einem SOZIALEN APRIORI aus: Daß nämlich die in der einen oder anderen Weise miteinander interagierenden Mitglieder *in nuce* bereits eine „moralische Gemeinschaft" bilden, ob sozusagen schicksals- oder willensbestimmt, ob nur dem Eigeninteresse folgend oder der Sympathie. Wenn die Diskussion vor allem um die drei Begriffe der „FAIRNESS", des „VERTRAUENS" und der „PFLICHT" kreist – die man zwar alle drei, aber nicht jeden für sich zum alleinigen und alles bestimmenden Grundprinzip einer Ethik erheben könnte –, so ist klar, daß diese Unterscheidung nur schematisch ist und vielfach rechts- oder politikdogmatischen Unterscheidungen folgt. In Wirklichkeit lassen sich noch einige Stufen mehr (Moravcsik 1989: 10 ff.) in diese Stufenfolge einbauen:

Am fiktiven Anfang steht jedenfalls die Notwendigkeit zur KOOPERATION. Die Kooperation alleine ist noch kein moralisches Verhältnis, insofern sie nicht von der gegenseitigen ACHTUNG getragen ist und z. B. nur einer Überlebensnotwendigkeit oder einem Nutzenkalkül folgt. Wechselseitige Achtung aber impliziert schon eine gewisse AUTONOMIE der Person, die als ihr eigener Zweck zu achten ist und von anderen nicht mehr nur als Mittel zum Zweck eingesetzt werden kann. Wechselseitige Achtung kann das INTERESSE am Wohlergehen des Anderen fördern, muß es aber nicht. Umgekehrt kann das Interesse am Anderen als unerlaubte Einmischung, als Bevormundung und Paternalismus verstanden werden, insofern es nicht von wechselseitiger Achtung getragen ist und die Autonomie des Anderen verletzt. Erst auf der Grundlage wechselseitiger Achtung kann sich VERTRAUEN herausbilden, d.h. eine Zurechnung der Anderen zur moralischen Gemeinschaft, ohne daß diese stets in ihren äußeren Handlungen oder gar inneren Motivationen kontrollierbar wären. In einer auf Vertrauen gegründeten moralischen Gemeinschaft ist auch FÜRSORGE oder HILFE möglich, ohne daß der „Hilfsbedürftige" oder „Fürsorgeempfänger" zum Objekt der Manipulation und Bevormundung wird. Auf der Grundlage einer auf Achtung und Vertrauen gegründeten moralischen Gemeinschaft gibt es reale PFLICHTEN. Die Berufung auf Pflichten setzt eine Gemeinschaft voraus, aber sie begründet keine Gemeinschaft. Wenn Pflicht und Recht zur Grundlage der Gemeinschaft erklärt werden, ist dies im Grunde eine moralische Perversion: Ein nachträglicher Legalisierungsvorgang wird zum Gründungsereignis umgedeutet. In ihrer höchsten Entfaltung wäre die moralische Gemeinschaft eine „Liebesgemeinschaft". LIEBE ist moralisch als ein Verhältnis der gegenseitigen Achtung, des unbedingten Vertrauens und der unbegrenzten Verpflichtung zu definieren, ohne Rücksicht darauf, welche Kooperationsleistung der Andere erbringt, welche Eigenschaften er zeigt. Liebe bedarf keiner moralischen Rechtfertigung, aber sie verlangt Treue.

Das Verhältnis dieser verschiedenen moralischen Prinzipien zueinander bildet eine emergente Ordnung oder ein GESTAFFELTES KONTINUUM, d.h., daß im „Höheren" stets auch das „Tiefere" mitenthalten ist. Allerdings ist dieses Verhältnis weniger „schematisch" als vielmehr „dialektisch" zu sehen; denn niemand würde unfreiwillig und letztlich ungezwungenermaßen in ein Kooperationsverhältnis eintreten, wenn er nicht begabt wäre mit der Fähigkeit zum „Mitfühlen und Mitleiden" mit den Menschen und mit allem Lebendigen (Scheler 1973: 105 ff.). Die Notwendigkeit eines gestaffelten Kontinuums wird negativ schon durch das offensichtliche Scheitern aller Versuche erwiesen, eine Sozialethik auf der Basis nur EINES Prinzips zu begründen, sei es auf der „Fairneß", dem „Vertrauen" oder der „Pflicht". Wohl die größte Hoffnung, auf ein unbezweifelbar rationales und zudem politisch liberales Minimalprinzip zu stoßen, setzte man auf den Begriff des „fair play" oder der „Fairness". Doch gerade im Minimalismus dieser Begriffsbildung wird die unbewältigte Komplexität tatsächlicher Sozialverhältnisse sichtbar. Dies beginnt schon bei der Definition der Fairneß, für die kaum ein deskriptiver Begriff zu finden ist und die völlig von normativen Begründungen überwuchert ist. Als „fair" soll im folgenden ein Kooperationsverhältnis zwischen zwei und mehr Personen definiert werden, bei dem die durch die Koordination des Handelns ermöglichten Vorteile gemäß den übernommenen Lasten oder Restriktionen verteilt sind, während nichtkooperative Nutznießer ausgeschlossen werden sollen, wenn möglich (Klosko 1992: 34). Es genügt, daß ein solches Kooperationsverhältnis *de facto* besteht, es muß nicht vereinbart worden sein, es muß nicht einmal bewußt sein (Simmons 1978: 318). Die „rationalen" Voraussetzungen eines „fair play" sind erstens, daß der Nutzen für mich, der durch die Handlungen anderer Personen entsteht, die Kosten meines Handlungsanteils aufwiegt (Nozick 1974: 94). Zweitens muß ich den mir entstehenden Nutzen wirklich akzeptieren: Sofern ich Nutznießer bin, ohne es sein zu wollen, oder sofern ich die anderen gar nicht brauche, um diesen Nutzen zu erzielen, bin ich nicht Teilnehmer; andernfalls bin ich „Außenseiter" und nicht an die Regeln des „fair play" gebunden. Drittens muß die Verteilung der Nutzen und Kosten „gerecht" sein, d. h., zum einen darf das Kooperationsunternehmen nicht unmoralische Zwecke verfolgen, zum andern muß die Verteilung der Kosten proportional der Verteilung der Nutzen sein: Wenn jemand keinen fairen Anteil an den Vorteilen bekommt, ist von ihm auch keine volle Kooperation zu erwarten.

Es ist nicht zu übersehen, daß diese „rationalen" Bedingungen, soweit sie überhaupt rational operationalisierbar sind, auf „irrationalen" oder jedenfalls „verschwiegenen" Annahmen beruhen. Erstens sind Nutzen und Kosten nur gegeneinander aufzurechnen, wenn sie teilbar sind; und vor allem: Im Augenblick der Kooperation sind sie nur präsumtiv, behaftet mit allen Unsicherheiten der Chancen wie Risiken der Zukunft (Klosko 1992: 55). Eine Nutzen-Kosten-Rechnung setzt also schon die Zustimmung – consent – der Beteiligten voraus, sich auf diese Unsicherheiten einzulassen. Jeder Beteiligte setzt sein Vertrauen auf die zukünftige Kooperationsbereitschaft und -fähigkeit der anderen Mitglieder. Zweitens ist in einigermaßen komplexen gesellschaftlichen Verhältnissen mit gemeinsamen Infrastrukturvoraussetzungen und fast nur noch ausschließlich arbeitsteilig erzeugten Gütern und Dienstleistungen nicht so leicht zwischen Insidern und Outsidern, zwischen unfreiwilligen Nutznießern und ausbeuterischen Schwarzfahrern zu unterscheiden. Drittens kann „Proportionalität" nicht bedeuten, daß jeder die gleiche Last trägt und jeder den gleichen Profit hat; denn die Ausgangsbedingungen ebenso wie vermutlich auch die Fähigkeiten, abgesehen von den Interessen und Neigungen, sind ungleich. Also muß zur Lösung der Verteilungsprobleme eine „Theorie der Gerechtigkeit" oder ein als legitim anerkanntes Verteilungsmuster vorausgesetzt werden. Dieses setzt wiederum – wie bei den anderen zwei Bedingungen – die Existenz einer „moralischen Gemeinschaft" voraus. Das Prinzip der „Fairneß" kann also diese moralische Gemeinschaft nicht begründen, sondern es setzt sie voraus. Dies gilt selbst schon für den vermutlich kleinen Bereich, für den das Prinzip der Fairneß eventuell geltend gemacht werden kann. Ohnehin ist selbst den hartnäckigsten Verfechtern dieses Prinzips klar, daß es nicht anzuwenden ist im Falle „öffentlicher Güter", wie z. B. öffentlicher oder militärischer Sicherheit, Recht und Ordnung, Umwelt- und Gesundheitsschutz, Infrastruktur, ebenso wie im Falle des „Gefangenendilemmas". Dennoch bestimmen diese beiden Fälle weitestgehend das natürliche, politische, wirtschaftliche und gesellschaftliche Leben (Laden 1991: 205). Eine „Fairneß-Ethik" ist also eine ziemlich realitätsferne Fiktion – und dem Gehalt und Stil der Literatur nach zu urteilen, tatsächlich eben oft Begriffsakrobatik.

Ebenso undurchführbar scheint auch eine reine „Pflicht-Ethik" zu sein: Wenn sie auf individualistisch-utilitaristischer Basis durchgeführt wird, was heute – gegen Kant – die Regel ist, dann endet man bei „Verpflichtungen" – obligations – , die sich allein aus der freiwilligen Zustimmung des einzelnen ergeben. Damit können sie sich aber nicht auf größere moralische Gemeinschaften wie den Staat erstrecken (Simmons 1979: 196 ff.); rekurriert man auf einen anti-utilitaristischen Heroismus oder wenigstens auf eine Anti-Schwarzfahrer-Klausel, dann berücksichtigt man zwar die Existenzvoraussetzungen einer moralischen Gemeinschaft, führt aber entweder zum Ruin des Pflichtbewußtseins oder spricht das Individuum generell von allen moralischen „Pflichten" frei (so aber: Fishkin 1982: 168 f.). Rein utilitaristisch kann eben nur von „Verpflichtungen" die Rede sein. Verpflichtungen aber sind moralische Erfordernisse, die sich auf eine oder mehrere bestimmte Personen in einer bestimmten Sache beziehen und in der Regel auf Rechten des Anderen beruhen.

Zusätzlich kann man noch zwischen „speziellen" und „generellen" Verpflichtungen unterscheiden, wobei spezielle Verpflichtungen durch ein spezielles Versprechen wie ein Eheversprechen begründet werden, während generelle Verpflichtungen gegen jedermann in gleicher Weise gelten, z. B. aufgrund der allgemeinen Menschenrechte (Fishkin 1982: 157). „PFLICHTEN" – duties – hingegen bestehen ohne Rücksicht auf freiwillige Akte der Zustimmung und sie gelten für alle Personen in gleicher Weise. Nach Kant (VII:26/ BA14) ist „Pflicht" die „Notwendigkeit einer Handlung aus Achtung fürs Gesetz". Im Englischen und Amerikanischen hat sich dieser allgemeine Pflichtbegriff jedoch kaum eingebürgert; hier unterscheidet man bestenfalls zwischen „natürlichen Pflichten" – natural duties – und „Amtspflichten" – positional duties. Zu den „natürlichen Pflichten" gehören nach Rawls (1979: 136) die „Pflicht der gegenseitigen Hilfe", die „Pflicht, andere nicht zu verletzen" und die „Pflicht, kein unnötiges Leiden hervorzurufen". Die „natürlichen Pflichten" gelten immer und überall, sie begründen deshalb keine SPEZIELLE „moralische Gemeinschaft"; die „positionalen Pflichten" aber sind dem Positionsinhaber, insoweit er sie erfüllt, nicht moralisch anzurechnen, sondern nur der Institution.

Aus beiden läßt sich also keine PFLICHTETHIK als Sozialethik ableiten; vielmehr sind die „natürlichen Pflichten" durch die „Menschenrechte" begründet, und die „positionalen Pflichten" gelten eben jewels im Bereich einer bestimmten Institution, ganz gleich, ob und wie diese legitimiert ist. Geradezu selbstzerstörerisch wird es, wenn man allein mit dem scheinbar schwächeren Prinzip der „Verpflichtungen" operiert. Sollten diese zur Grundlage einer Sozialethik gemacht werden, so könnte das nur aufgrund von Prinzipien wie der „Goldenen Regel" oder bestenfalls der „Verbesserung der schlechtesten Position" erfolgen. Die „Goldene Regel" verlangt, daß ich den Anderen so behandle, wie ich an seiner Stelle von ihm behandelt werden möchte. Im Falle der Entwicklungsländer und der Entwicklungshilfe würde das bedeuten, daß wir in solch einem Maß Entwicklungshilfe leisten müßten, bis wir selbst hilfsbedürftig werden (Singer 1979: 33). Wenn man mit Rawls aus der Position des Schlechtestgestellten argumentiert, auf den die Gewinne der Bessergestellten umverteilt werden müßten, so führte das auf jeden Fall zur Überlastung gerade der wohlmeinenden Wohltäter. Es gibt ja ungleich mehr Bedürftige als Wohlhabende, und so würden sich auch die Ansprüche der Armen dynamisch erhöhen (Fishkin 1982: 160). Auf keines der beiden Prinzipien ist also eine realistische Pflichtethik zu begründen.

Der Fehler aller dieser ethischen Begründungsversuche liegt erstens darin, daß sie jeweils versuchen, auf einem EINZIGEN Prinzip eine ganze Ethik aufzubauen – sei es allein das „egoistische Nutzenkalkül" oder seien es „natürliche Pflichten", sei es die „erklärte Zustimmung" oder die „Amtspflicht". Diese Versuche können aber nicht eine Verkopplung von Gesetz und Pflicht auf der einen und von Zustimmung und Eigeninteresse auf der anderen Seite leisten. Zweitens muß der Versuch der Begründung einer Ethik OHNE BEZUG auf eine benennbare moralische Gemeinschaft scheitern. Was versucht wird, ist eine PARADOXE SOZIALETHIK auf der Basis des Individualismus, wobei „Individuum" und „global village" dann abstrakt und kurzschlüssig miteinander verbunden werden (so: Fishkin 1982: 170). Tatsache ist, daß sich weithin noch die Nationalstaaten als moralische Gemeinschaften verstehen, oder – wenn nicht – daß es gerade darum ginge, eine ethische Begründung für die neu entstehenden großorganisatorischen Zusammenhänge zu finden. Hier geschieht aber das Gegenteil: eine gezielte Delegitimation des Staates. Berechtigt ist die Kritik an der Idealisierung des Staates, der vielfach zur moralischen Gemeinschaft *par excellence* erhoben wurde, der man kritiklos Gehorsam schulde. Berechtigt ist auch die Kritik am traditionellen Legitimitätsbegriff, der dem Staat schon Legitimität wegen seiner Ordnungsfunktion zuschreibt, ohne zu sehen, daß viele Bürger den Staat – gleichgültig, wie die Regierenden an die Macht gekommen sind, ob die Gewaltenteilung funktioniert und wie die Gesetze aussehen – nur insoweit für „legitim" halten, als er ihnen persönlich nützt. Wenn das aber dazu führt, daß wir Regierungen nicht mehr als „gut" oder „schlecht", als „gerecht" oder „korrupt" bewerten dürfen bzw. daß eine solche Bewertung keinerlei moralische Relevanz für sich in Anspruch nehmen kann, dann ist ein derartiger Ansatz als Ethik selbstdestruktiv.

Die offensichtlichen Fehler dieser defizitären „Pflichtethik" wie einer bloßen „Fairneß-Ethik" lassen sich scheinbar vermeiden, wenn man sozusagen von der Mitte der Gemeinschaft ausgeht: von der „SOLIDARITÄT" oder vom „VERTRAUEN" der Mitglieder zueinander. Das „weltliche Gegenstück" zum Glauben an Gott, an die Vernunft oder an den Mythos des festgefügten, kalt kalkulierenden Ichs ist nach Annette Baier (1985: 293) „der Glaube an die menschliche Gemeinschaft und deren in Entwicklung begriffene Verfahrensweisen, an die Aussichten der vielgliedrigen Erkenntnisbestrebungen und moralischen Hoffnungen". Dieser Glaube wurzelt im Vertrauen, wie es anfangs in der Familie oder in engeren Gemeinschaften erfahren wird. Nicht weniger als die Feministinnen setzen neuerdings auch die Unternehmer und Wirtschaftstheoretiker auf dieses Vertrauen. Der Grund für die Wirtschaftler, eine neue „Vertrauensethik" zu fordern, ist gewiß nicht die Befreiung der Frau oder des Menschen allgemein aus der „Folter des kategorischen Imperativs" (A. Baier 1993: 277), sondern es ist die pure Organisationsnotwendigkeit: In einer Zeit der rapide zunehmenden funktionalen Interdependenz genauso wie des schnellen technologischen Wandels, in der nur flexible Produktions- und Marktsysteme überleben können, läßt sich das Verhältnis Produzent und Zulieferer, Unternehmer und Subunternehmer, Großhändler und Zwischenhändler usw. nicht mehr allein nach den Prinzipien von Reziprozität und Fairneß regeln; die Ursache liegt am Zeithorizont, für den geplant werden soll, aber nicht geplant werden kann, und der so groß ist, weil die Abhängigkeiten zu vielseitig und die Risiken des Ausfalls zu kostspielig geworden sind. Das Problem ist eigentlich, daß in der Familie dieses Vertrauen kaum noch aufgebaut werden kann und daß in einer pluralistischen und dynamischen Gesellschaft die Versuchungen zu Vertragsbruch und Desertion zu groß geworden sind, gleichzeitig aber auch die daraus entstehenden Verluste für die Betroffenen. Mehr noch: Die Fahnenflucht des einen zieht einen Rattenschwanz von Desertionen und Verdächtigungen bei den anderen nach sich (Lorenz 1993: 307). Praktisch alle gesellschaftlichen Beziehungen finden sich in ein „Gefangenendilemma" verstrickt. In dieser Situation ist „Vertrauen" gefragt, also, meine Zuversicht, daß der andere Partner in einer Situation des unübersichtlichen Wandels prinzipiell in einer Weise entscheiden und handeln wird, die meine ursprüngliche Position nicht verschlechtert, sondern eher verbessert. Das Problem liegt darin, daß derjenige, der Vertrauen schenkt, die neuen Möglichkeiten dessen, dem er vertraut, gar nicht abschätzen kann und daß er die Entscheidung des Anderen erst im nachhinein kennenlernt und dann bewerten kann (Gambetta 1988: 217). Vertrauen in diesem Sinn wird selten „persönliches Vertrauen" sein, sondern es ist ein Vertrauen zweiter Ordnung: „Vertrauen in Vertrauen" oder „SYSTEMVERTRAUEN" (Luhmann 1968: 48 ff., 63 ff.).

Vertrauen aber wird sich nur in einer bereits bestehenden „moralischen Gemeinschaft" von Mitgliedern herausbilden, die mehrere Normen miteinander teilen und darüber hinaus ihr Kooperationsverhältnis auf lange oder unbegrenzte Frist angelegt haben (Elster 1989: III). Vertrauen zwischen Organisationen kann nur entstehen, wenn diese eingebettet sind in eine größere moralische Gemeinschaft, wie z. B. eine Nation, eine Kulturgemeinschaft, ein umfassendes und tragfähiges politisches Bündnis oder internationales Wirtschaftssystem. In einer solchen Gemeinschaft lohnt es sich einfach nicht, wegen eines kurzfristigen Vorteils langgepflegte Beziehungen aufs Spiel zu setzen – jede Normverletzung beispielsweise im wirtschaftlichen Bereich zöge Sanktionen auch in den anderen Funktionsbereichen nach sich. Für dieses Vertrauen gibt es auch im Wirtschaftsleben keinen Ersatz: weder eine rechtliche Absicherung durch genau spezifizierte Detailverträge noch durch die Pflege der Reputation und die peinliche Wahrung des „Gesichts" (Aoki 1988: 216), weder durch die Einschaltung von „harten" oder „formalen" Organisationen wie Gewerkschaften oder Regierungen noch durch die Zuziehung Dritter als Vermittler, ob nun privater Vermittler mit Provision oder der öffentlichen Gerichte. Vertrauen kann also nicht aus dem Boden gestampft werden, sondern es läßt sich nur durch AUSDEHNUNG und GENERALISIERUNG einer bestehenden Vertrauensbasis auf größer organisierte Sozialzusammenhänge und auf neue Belange gewinnen. Diese Ausdehnung erfordert die Reinterpretation der Vergangenheit der Beteiligten, in der vor allem Konflikte umgedeutet oder dem Vergessen anheimgegeben werden, um den Blick für eine gemeinsame Zukunft zu öffnen. In diesem Prozeß der Extension bleibt das Vertrauen weiterhin eingerahmt in die Bedingungen von Gesetz und Pflicht einerseits und von Reziprozität und Fairneß andererseits.

Solidarität und Vertrauen sind nicht allein durch Kontrakte festzulegen: Sie beruhen ganz wesentlich auf NICHT-KONTRAKTUELLEN Elementen, wie z. B. „Ehrlichkeit" und „gutem Glauben" sowie dem Verzicht auf Betrug und Gewalt. Diese nicht-kontraktuellen Elemente bleiben dann lebendig, wenn andererseits die kontraktuellen Momente durch Recht und Gesetz sowie durch Schiedsgerichte und Strafverfolgung abgesichert sind. Recht und Gesetz sind sozusagen die Absicherung „von oben". Daneben muß es nach Durkheim noch eine Absicherung „von unten" geben, vom Individuum her, seinem Gewissen oder seinem Selbstimage. Dort, wo die Absicherung von oben versagt oder sich als unzureichend erweist, wo es also nicht zu einer allumfassenden „organischen Solidarität" auf der Basis des Vertrauens kommt, dort gibt es nur den Rückfall in die „mechanische Solidarität", den Rekurs auf die kleineren sozialen Einheiten, notfalls auf das

Individuum selbst (Marske 1987: 13). Diese Einheiten sind gewissermaßen Erbe der alten Clan- oder Stammesgesellschaft, und sie beruhen heute immer noch auf der Verwandtschaft, der Clique und der Klientel, auf ethnischer Identität oder Geschlechtszugehörigkeit (Tiryakian 1994: 12). Notfalls veranstaltet die Gesellschaft einen „Kult des Individuums" – durch Mode und Konsumfetischismus, durch Star- und Prominentenkult, durch die Ideologie der Selbstverwirklichung und die Therapierung des Individuums mit öffentlichen Mitteln, durch die Publikation des scheinbar Intimsten –, um das Individuum als letzte moralische Instanz haftbar machen zu können.

Diese „Individualisierung" wird weithin moralisch nicht verkraftet – so daß die negativen Erscheinungen der Sinnlosigkeit und des Relativismus, der Isolation und des Autismus überwiegen. Erst wenn der Prozeß der Individualisierung oder vielmehr der Individuation tatsächlich vollzogen wäre, ließe sich auf eine „Brüderlichkeitsethik" hoffen (Schmid 1989: 638). Vorerst zeigen beide Rahmenbedingungen von Vertrauen und Solidarität – nämlich Recht und Gesetz auf der einen und Segmentierung und Individualisierung auf der anderen Seite – nur die Brüchigkeit oder Riskiertheit einer „reinen VERTRAUENSETHIK", die für sich allein in großorganisatorischen Beziehungen offenbar auch keinen Bestand haben kann. Wohl aber können hier ethische Überlegungen ihren Ausgangs- und Zielpunkt finden.

2. Die Notwendigkeit einer Systemethik

Wenn man sich nicht explizit GEGEN, sondern FÜR das „Weiterleben" entschieden hat, dann muß man letztlich doch von einer Achtung und Fairneß, Vertrauen und Pflicht fördernden DEONTOLOGISCHEN ETHIK ausgehen: einer Ethik jedoch, die vereinbar ist mit einer deskriptiven Ethik, die mit den heutigen wissenschaftlichen Mitteln und Erkenntnissen das Verhalten empirischer moralischer Gemeinschaften und Akteure beschreibt. Entscheidend für den wissenschaftlichen Stand dieser Beschreibung ist, daß sie weit jenseits des mechanischen Weltbildes Newtons ansetzen muß und kann, daß „der bestirnte Himmel über mir, und das moralische Gesetz in mir" (Kant VII: 300) nicht mehr unverbunden als die äußersten Fixpunkte einander gegenüberstehen, sondern vielmehr durch die Gesetze der Evolution und durch Hunderte von Prozessualismen von der Mikro- bis zur Makroebene aufs innigste miteinander verbunden sind (Laszlo 1972: 289).

Hat man sich für das „Weiterleben" entschieden, dann wird man selbstverständlich auch auf den naturalen Vorgegebenheiten des menschlichen Lebens aufbauen müssen, soweit sie bisher durch Genetik, Evolutionsbiologie, Gehirnforschung, Humanethologie und Biosoziologie erhellt worden sind. Diese materiellen Gegebenheiten stehen normalerweise nicht im Gegensatz zu den kognitiven und kulturellen Errungenschaften des Menschen; der Wert des Weiterlebens ist ja schon im genetischen Code programmiert; denn Träger lebensverneinender genetischer Anlagen werden laufend ausselektiert. Dieser Wert wird noch um einiges über seine biologische Zweckmäßigkeit hinaus verstärkt durch soziale Universalien wie Gruppenbindung, Reziprozität, Rangstreben, Identifikation mit der Führungsfigur, Selbstkontrolle, Ich-Wir-Balance, dem Wechselspiel von Konkurrenz und Kooperation. Selbst die möglicherweise sehr unterschiedlichen kognitiven Systeme der verschiedenen Kulturen und Individuen stehen mit diesen beiden Ebenen in der Regel im Einklang – wenn nicht, so sind psychische Pathologien und psychosomatische Krankheiten, soziale Spannungen und soziale Isolation oder auch totale soziale Abhängigkeit und Stigmatisierung die Folge (Lumsden/Wilson 1981: 343–362).

Wird dieser nach oben offene und von Ebene zu Ebene – negativ wie positiv rückgekoppelte – MEHREBENENAUFBAU als normal akzeptiert, dann können ethische Normen, moralische Werte, kollektive Güter, aber auch

Personen oder die Menschheit an und für sich, nicht mehr zum Selbstzweck erhoben, nicht als Einzelattribute hypostasiert und auch nicht mehr direkt angestrebt werden. Entscheidend ist dann hier der SYSTEMZUSAMMENHANG oder der SYSTEMZUSTAND, in dem sie auftreten oder den sie anzeigen und für den sie funktional unverzichtbar sind, den sie bedrohen oder für den sie nur von untergeordneter Bedeutung sind. Auch „Werte" in diesem Sinn sind „Systemzustandswerte". Eine solche Ethik orientiert sich wohl an den Konsequenzen – sie ist in diesem Sinn auch „konsequentialistisch", doch ist sie nicht opportunistisch. Vielmehr sucht sie nach den ordnenden und allgemeingültigen Prinzipien, die mit dem Fortschritt der Wissenschaft ebenso wie mit der Ausdehnung der moralischen Gemeinschaft immer tiefer zu begründen sind (Churchman 1979: 125). Sie meidet einerseits den „objektiven Idealismus" und den „ethischen Absolutismus", in denen einzelnen Attributen ein Wert an und für sich zugeschrieben wird, in denen Normen sozusagen für „heilig" gehalten und einzelne Güter fetischisiert werden; hier wird pauschal „das Gute" zu einer feststehenden Einheit hypostasiert; andererseits ist eine deontologische Ethik aber ebensoweit entfernt von einem Subjektivismus und Relativismus, in dem jede Moral für ausschließlich kulturrelativ erklärt wird und moralische Grundsätze nur noch als Willenskundgaben und mehr oder minder poetische oder polemische sprachliche Äußerungen zu analysieren sind.[2]

NORMEN sind systemtheoretisch gesehen Regulationsstandards oder -mechanismen, die für den oberflächlichen Betrachter auf „Konformität" und „Gleichgewicht" ausgerichtet sind, in Wirklichkeit jedoch eine fortwährende „Adaptation" zum Zweck haben. Diese Normen werden um so stärker aktiviert, je größer die Abweichung vom Gleichgewichtspfad ist (Rakic 1990: 171). Wenn sinnvoll von Normen die Rede ist, dann geht es doch um ein relationales GEFÜGE von Normen wie von Normadressaten. Für die Normgeltung sind nicht einzelne Handlungen oder Verfehlungen entscheidend, sondern das Muster der Verhaltensweisen der Akteure in verschiedenen Rollen und in unterschiedlichen Funktionsbereichen. Einerseits sind Aussagen über die Geltung einer Norm immer Aussagen über ein SOZIALES SYSTEM und nicht bloß über einzelne Akteure und ihr Verhalten; andererseits indizieren selbst scheinbar einzelne Normen immer ein ganzes WERTSYSTEM. Es ist gerade die Kombination von universellen Grundwerten und variablen Normen, die es einer normativen Regulierung der gesellschaftlichen Konflikte ermöglicht, sowohl die Unsicherheit zurückzudrängen, die hinter allen Transaktionen lauert, als auch laufend Veränderungen in das Normsystem einzuarbeiten (Gäfgen 1988: 103 ff.). Veränderungen können etwa im Auftauchen neuer externer Effekte, überraschender strategischer Interdependenzen, prohibitiver Informations- und Kontrollkosten, sozialstruktureller und regionaler Lastenverschiebungen liegen.

Ein weiteres Erfordernis ist auch eine FLEXIBLE SYSTEMMETHODOLOGIE, die „HARTE" und „WEICHE" Methoden miteinander verbindet. Erstere beschäftigen sich mit wohlstrukturierten Problemen, die in einer quantitativen Optimierung gipfeln. Letztere sind Methoden, die schlechtstrukturierte Probleme in Angriff nehmen, die nicht diesen Grad an quantitativer Präzision erreichen können und statt dessen auf Erkundung, Dialog und Lernen ausgerichtet sind (Khas 1994: 639 ff.). Meist wird man mit einer Verbindung beider Methoden weiterkommen: „Weich" führt zu „hart"; „hart" wird ergänzt durch „weich"; je nach Problemlage wird ein anderer Ansatz gewählt; oder beide Methoden werden miteinander verschmolzen. Als dritte Methode, die den Übergang von einer Methode zur anderen regelt oder deren Amalgamation begründet, bietet sich die „KRITISCHE Methode" an, die nicht nur die Anwendung einer Methode von ihrer Leistung in einem bestimmten Untersuchungsfeld, von ihren Bedingungen und Begrenzungen abhängig macht, sondern ebenso den Beobachterstandpunkt, die Interessen, Instrumente und Sensibilitäten des Beobachters mit einbezieht (Brocklesby/Cummings 1995: 239 f.; Flood/Romm 1995: 401 ff.).

Wenn man die konstitutiven Prinzipien einer Systemethik finden will, muß man zuallererst einmal von einem gewissermaßen „ETHIKFÄHIGEN" SYSTEMBEGRIFF ausgehen. In den letzten Jahren ist uns bewußt geworden, daß statische Designkriterien allein nicht ausreichen bzw. daß die letztlich entscheidenden Kriterien dynamische Kriterien sind; selbstverständlich setzen günstige dynamische Charakteristika bestimmte statische Merkmale voraus. Doch ist der entscheidende Punkt, daß die DYNAMIK heute nicht mehr einfach als „Schicksal" hingenommen werden kann, sondern daß selbst sie ein Problem der Design-Verantwortung ist bzw. daß statische Komponenten – wie Güter, Zwecke, Zielzustände, Werte, Interessen, Verteilungsregeln – nur rekursiv von der Dynamik her zu beurteilen sind (DeGreene 1994: 5, 13). Die bisherigen Ethiken, die weithin statisch oder „Newtonisch" gewesen sind, gingen – wenn sie überhaupt dynamische Kriterien formuliert haben – stets vom GLEICHGEWICHT aus oder, wenn nicht, so haben sie das Gleichgewicht zum normativen Zielzustand erhoben. Heute müssen wir uns damit abfinden, daß selbst wohletablierte Institutionen sich immer in einem Zustand des unstabilen Gleichgewichts und in einem fortlaufenden Prozeß des morphogenetischen Wandels befinden (Robb 1990: 140): Sowohl die Beziehungen mit der Umwelt, die interne Komponentenstruktur und die Kommunikationsstruktur wie auch die Komponenten selbst befinden sich in einem ständigen Prozeß des Wandels.

Die Stabilität der Institutionen ist auf jeden Fall eine DYNAMISCHE STABILITÄT, d. h., sie können eben insoweit stabil sein, als sie auf Offenheit, auf Adaptation und Lernen hin angelegt sind. Wenn Institutionen „älter werden" oder „reifen", wenn sie komplexer werden (Chandler 1994) – oft auch hierarchischer –, wenn sich die Varietät und Flexibilität ihrer Komponenten oder der Energieumsatz vermindert, dann gibt es Probleme der Kohärenz und Kontrolle, der Grenzerhaltung oder der vorzeitigen Schließung, der Koppelung und Kommunikation, der Disziplin und Solidarität der Mitglieder, ihrer Innovationsfähigkeit und Kreativität. Dann kommt es unweigerlich zu Phasen der Instabilität und des MORPHOGENETISCHEN WANDELS, die von der Zyklenbildung über Fluktuationen und Umweltturbulenzen bis zu regional und funktional mehr oder weniger begrenzten Systemzusammenbrüchen, den Katastrophen, und bis zum Chaos reichen (Prigogine/Allen 1982; Radzicki 1990). Nun werden Gedächtnis und Erfahrung zum Hindernis; Rituale, Regeln und Verfahren entsprechen nicht mehr den auftauchenden Entscheidungs- und Handlungsproblemen; die moralische Gemeinschaft fällt auseinander, es tritt ein Zustand der „Anomie" ein. An diesem Punkt bricht die Ethik des Gleichgewichts zusammen.[3] Nun wird es höchste Zeit, auch an eine prinzipiell anders konstruierte Ethik zu denken: eine Ethik der offenen Systeme, der Nicht-Gleichgewichts-Dynamik, an eine Ethik der Adaptabilität, der Selbstorganisation und der Entwicklungsfähigkeit. Diese „MORPHOGENETISCHE ETHIK" muß nicht in einem notwendigen Widerspruch zu einer „morphostatischen Ethik" stehen, doch kann letztere nur einen begrenzten Bereich innerhalb der ersteren einnehmen.

„OFFENE SYSTEME" in diesem Sinn sind Systeme, die gegenüber ihrer Umwelt offen sind, also über Sensoren und interne Verarbeitungsmechanismen verfügen, um Umweltveränderungen registrieren und durch einen Umbau der internen Komponentenstruktur beantworten zu können (Kleiner 1966: 192 f.; Watt/Craig 1986: 193). Aktive Umweltveränderungen sind dabei nicht ausgeschlossen; aber Eingriffe in die Umwelt dürfen nicht unmittelbar, reaktiv und blind erfolgen, sondern sind in bezug auf die meist komplexen Rückkopplungen zwischen System und Umwelt zu planen und zu überprüfen. Keineswegs dürfen die Kosten der Veränderung einfach auf die Umwelt, d.h. auf biochemische und ökologische sowie andere soziale und ökonomische Systeme abgeschoben oder durch erhöhte Energiezufuhr aus der Umwelt ausgeglichen werden. Oberstes Ziel ist vielmehr die ERHALTUNG DER UMWELT in ihrer Regenerationsfähigkeit und möglichst in ihrer bisherigen Varietät (Ophuls 1977; Weizu 1982) – selbst wenn dadurch in der Regel die Konsumstandards, die Effizienz oder selbst die Entwicklungsfähigkeit des bestehenden Systems gefährdet erscheinen.

ADAPTABILITÄT meint in diesem Zusammenhang die Erhaltung der Anpassungsfähigkeit von sozialen Systemen bei zunehmender interner Komplexität unter Bedingungen einer fluktuierenden und unvorhersagbaren, möglicherweise turbulenten, Umweltentwicklung. Anpassungsfähigkeit auf längere Frist setzt in der Regel Optimierungsmängel oder überhaupt das Prinzip der „Suboptimalität" voraus. Mit zunehmender Komplexität wachsen die Schwierigkeiten oder die Kosten der Adaptabilität (Conrad 1983: 352 ff.). Bei hoher Umweltunsicherheit und Krisenanfälligkeit der Systeme selbst wird die VERMEIDUNG DER KATASTROPHE – d.h.: eines multifunktionalen und großräumigen Systemzusammenbruchs – zur obersten Maxime. Hinter vielen Investitionsrisiken steht nun ein Totalrisiko, das die ganze moralische Gemeinschaft betrifft und dessen Beachtung absoluten Vorrang hat. Die Konstruktion eines „krisenresistenten Systems" (Bühl 1984: 208 ff.) in diesem Sinn erfordert vielleicht den Verzicht auf zu komplexe, zu hierarchische und zu spezialisierte Systeme. Da aber eine Rückkehr zu Einfachheit und Entdifferenzierung, zu kleinräumigen Verhältnissen und direkten Interaktionen zwischen den Mitgliedern in der Regel nicht möglich sein dürfte, sind Zyklen und Fluktuationen als kompensatorische Mechanismen und Übergangsmöglichkeiten hinzunehmen und nach Möglichkeit bewußt zu kanalisieren.

Die „EVOLUTIONSFÄHIGKEIT" sozialer Systeme unterstellt nicht eine darwinistische Evolution der Gesellschaft nach den Prinzipien einer zufallsbestimmten Mutation und einer umweltopportunistischen Selektion. Sie ist genausowenig ein teleologischer Prozeß der „adaptiven Höherentwicklung", der zunehmenden „Differenzierung" oder „Komplexität", schon gar nicht der zunehmenden „Rationalität" oder „Selbstbewußtwerdung". Die erste Art von Theorien beruht auf Analogien, die evolutionsbiologisch zudem überholt sind, die zweite Art von Theorien entspringt den Spekulationen des deutschen Idealismus. „Evolutionsfähigkeit" meint in diesem Zusammenhang lediglich einen strukturellen Design, der zur Entwicklung durch „Adaptation" befähigt – zu einer Entwicklung jedoch mit unbestimmtem Ausgang, den man als „Evolution" oder als „Devolution", als „Fortschritt" oder als „Sackgasse" bezeichnen kann. Diese Bezeichnung impliziert eine moralische Bewertung, und die Nennung der „Evolutionsfähigkeit" als eines Designkriteriums akzeptiert, daß es hier um eine moralische Bewertung durch eine bestimmte moralische Gemeinschaft geht, nicht um eine „Naturtatsache" und nicht um eine „Denknotwendigkeit".

Von einer „EVOLUTION" im gesellschaftlichen oder politischen Sinn sind wir in der Regel geneigt zu sprechen, wenn folgende moralische Imperative erfüllt sind (Ch. Smith 1990: 241):

(1) Verantwortungsbereitschaft, volles Engagement im Hier und Jetzt ohne Vorbehalte; BESTANDSERHALTUNG sowie die Bereitschaft, sich dem Fluß der Zeit auszusetzen (Jantsch 1988: 255).

(2) Autonomie und SELBSTREFERENZ; d. h. einerseits das Bestreben, die Zahl der eigenen Wahlmöglichkeiten zu erhöhen (Foerster 1984: 2); andererseits die Orientierung am eigenen System und seinen erkennbaren Entwicklungserfordernissen. Das setzt die Ablehnung von Imitation und bloßem Opportunismus, aber auch die Wertschätzung der Freiheit und die Toleranz oder Anerkennung anderer Systemidentitäten voraus.

(3) Die Suche nach Sinn und Bedeutung jenseits der Tagesaktualitäten. In einem ökonomisch sehr nüchternen, nichtsdestoweniger für die moralische Gemeinschaft fundamentalen Sinn kann man hier von der „kulturellen Abschreibungsrate" oder vom „Zukunftshorizont" einer Gesellschaft sprechen.[4] Oder formaler gesehen ist eine Gesellschaft moralisch höher zu bewerten, die als „LERNENDES SYSTEM" organisiert ist (Allen 1994: 596; Ch. Smith 1990: 240; Lane 1994: 107). Dies setzt einerseits ausreichende mikroskopische Diversität und einen großzügigen Freiheitsraum der Individuen voraus, um den Adaptationspool groß und flüssig zu halten. Andererseits verlangt ein solches System auch eine Rückbindung – „religio" – von Wissenschaft, Technik und alltäglichem Zweckrationalismus an die anthropologischen und mythologisch-rituellen Grundlagen der moralischen Gemeinschaft.

(4) Ein positives Verhältnis zwischen Selbstreferenz und Fremdreferenz, d.h.: Die Selbstreferenz darf nicht „egozentrisch" sein, sie muß „systemisch" sein (Morgan 1986: 243 f.); sie gewinnt ihre eigene Identität nicht durch Negation, sondern durch das Bewußtsein oder das Erlebnis der unausweichlichen Verknüpfung und Verbundenheit – „CONNECTEDNESS" – mit anderen Partnern; durch die Beobachtung von und die Interaktion mit ausgewählten Partnern, die aufgrund funktionaler Komplementaritäten und auch symbolischer Identifikationen wechselseitig belohnende Austauschverhältnisse eingehen können.[5]

(5) Eine Zunahme der KOOPERATION und Komplementarität zwischen den kollektiven und individuellen Akteuren: Der Wettbewerb um Raum, um natürliche Ressourcen, um Märkte usw. kann nur ein Aspekt der sozialen Realität sein; der andere ist der der Arbeitsteilung und des gleichberechtigten Austausches, der Netzwerkbildung und der Koevolution der Kapazitäten, der frei fließenden Information und der Herausbildung immer umfassenderer Solidaritäten (Allen 1994: 595). Die „systemische Selbstreferenz" kann sich heute nicht mehr nur auf die internationalen ökonomischen und politischen Beziehungen beschränken – über die gemeinsame bioökologische und biogenetische Zukunft bezieht sie sich notwendigerweise auch auf die Wohlfahrt des ganzen Planeten.

Die „ETHIK DER SELBSTORGANISATION" ist in diesem Zusammenhang zu sehen und nicht als ein politisches oder ethisches Alibi der Deregulation oder Verantwortungslosigkeit. Aus wissenschaftlichen wie aus ethischen Gründen ist eine bloß analogische Übertragung aus dem naturwissenschaftlichen, etwa dem chemophysikalischen, zellbiologischen oder systemökologischen Bereich in den der Sozialwissenschaften nicht zu verantworten; denn im Bereich der Natur sind Innovationen in der Regel winzig, eingeschlossen in lokale Bereiche, die von anderen Bereichen und Organisationsmustern ausbalanciert oder „unschädlich" gemacht werden, während menschliche soziale Systeme durch schnelle und weitreichende, z.T. globale Diffusionen gekennzeichnet sind. So liegt hier die Analogie mit der Krebsausbreitung näher, wobei ein harmloser „Mikrokrebs" sich über den Zusammenbruch der Immunabwehr schnell in einen pathologischen „Makrokrebs" verwandeln kann (Jantsch 1980: 62). Eine Theorie der „Selbstorganisation" setzt immer das Bewußtsein des MEHREBENENCHARAKTERS und der MULTISTABILITÄT von sozialen Systemen voraus: Die Phänomene der makroskopischen Aggregatebene sind nicht aus sich zu erklären, sondern im Zusammenhang mit einer darunterliegenden Subsystemebene zu sehen, deren Komponenten durch mikroskopische Prozeßzusammenhänge miteinander verbunden sind; eine dritte Ebene bilden die graduellen oder auch katastrophischen Wandlungen der Umwelt, die mit diesen mikroskopischen Prozessen rückgekoppelt sind.

Wenn die „Ethik der Selbstorganisation" nicht übergeneralisiert wird, kann sie uns helfen, erstens die gewohnte „Ordnungsethik" durch eine „Prozessethik" zu ersetzen oder wenigstens zu ergänzen. Obwohl es ohnehin keine realistische „Ordnungsethik" geben kann, die nicht gleichzeitig imstande ist aufzuzeigen, welche Prozesse, Verfahren, Routinen und Rituale zur Herstellung und Sicherung dieser vorgestellten „Ordnung" dienen, so ist die Aufgabe einer „Prozeßethik" vor allem die Beobachtung und Beurteilung von Zuständen der Instabilität, der Unsicherheit und der Turbulenz. Solche Zustände sind genau besehen jedoch keine Seltenheit; eher ist davon auszugehen, daß Stabilitätszustände nur lokal sind bzw. daß die Verkettung von lokalen Identitäten und Regularitäten zu einer gewissermaßen „globalen Identität" in aller Regel unmöglich ist (O'Connor 1994: 612). Vor allem aber ist das ethische Gewicht der Instabilität größer als das der weitaus weniger problematischen Stabilitätszustände.

Die Zulassung der Indeterminiertheit bedeutet zweitens aber auch den Abschied vom Kant-Laplaceschen Weltbild, in dem Universum und Vernunft den gleichen Prinzipien gehorchen. Global ist nun vielmehr von einer „transversalen heterogenen Vernunft" auszugehen (Welsch 1987: 111 ff.; 1995: 748–765), die Heterogenität und Diskontinuität, disparate Verflechtungen und Übergänge ohne Synthese akzeptiert und demzufolge auch bereitwillig mit unterschiedlich organisierten Institutionen und Regimen, mit pluralen Rationalitätstypen und konditional-relationalen Moralen operiert. „Transversale Vernunft" aber bedeutet, daß das, was „vernünftig" ist, nicht ein für allemal vorgegeben ist, daß es „ausgehandelt" werden muß, daß es zwar auf keinen Fall „beliebig" sein kann, daß es aber doch einem nicht abschließbaren Prozeß der „Reflexion" unterworfen ist und bleibt – und das heißt in sozialer Hinsicht: der „Kommunikation", der „Konversation", des „Diskurses" (Churchman 1984: 155 f.).

Drittens bedingt die Anerkennung von Selbstorganisation, Mehrebenencharakter und Transversalität auch eine gewisse moralische Zurückhaltung bzw. Toleranz. In Situationen der Unsicherheit und Bifurkation, der Fluktuation und Turbulenz muß es erlaubt sein, geheiligte moralische Prinzipien in Frage zu stellen, ja sogar die grundsätzliche Leugnung der ethischen Begründbarkeit von moralischen Konventionen zu tolerieren. Die Grenze ist jedoch dort erreicht, wo die Toleranz der anderen zur Durchsetzung der eigenen Intoleranz ausgenutzt wird, d. h., wo die Grundlage der Toleranz – nämlich die Anerkennung alternativer Prinzipien unter der Bedingung der grundsätzlichen Gemeinschaftsverpflichtung aller – zerstört wird. Letztlich bleibt eine Systemethik unbegründet, wenn sie nicht für den globalen Kontext und für die Tiefenstruktur der Moral ein Ziel oder eine Zielrichtung angeben kann. Nachdem dieses Ziel jedoch in der Zukunft liegt, empirisch offen bleiben muß und eine spekulative Letztbegründung bzw. Zielformel ausscheidet, kann es nur formal als „Entwicklung" oder „Entwicklungsfähigkeit" bestimmt werden.

Das heißt anders gesagt: Soziale Systeme sind in ethischer Hinsicht – sofern nicht triftige Gründe dagegen sprechen – grundsätzlich als „zielsuchende" oder besser noch als „idealbildende" – „ideal-seeking" – Systeme (Ackoff/Emery 1972: 237 ff.) anzusehen. „Zielsuchende" Systeme sind Systeme, die einen vorgegebenen Zielzustand – auch unter Überwindung von Hindernissen und auf Umwegen – erreichen können. Dieser Zielzustand kann z. B. genetisch vorprogrammiert sein, er kann aber genauso – und dies war lange die Vorstellung der traditionellen Ethik – als „höchstes Ziel", als „oberster Wert" oder als das *summum bonum* schlechthin gesetzt sein, z. B. durch „Gott", durch die „menschliche Vernunft", aber auch durch die „menschliche Natur" oder etwa das „wohlverstandene Eigeninteresse des Individuums". Von solchen Zielen auszugehen verletzt jedoch gerade die ethische Würde oder Qualität der selbstbestimmten, aus freien Stücken oder nach „bestem Wissen und Gewissen" sich entscheidenden Person bzw. einer „moralischen Gemeinschaft", die sich als solche ernst nehmen möchte; abgesehen davon, daß diese Setzungen keineswegs als allgemeingültig bezeichnet werden können und historisch wie kulturell recht gut verortbar sind. „Idealbildende" Systeme sind darüber hinaus Systeme, die sich „ideale" Zielzustände selbst setzen, in dem Bewußtsein jedoch, daß sie nie oder nur approximativ zu erreichen sind bzw. daß schon „der Weg das Ziel" ist. Das Entscheidende für „idealbildende" Systeme ist, daß die „moralische Gemeinschaft" erhalten bleibt, in ihren Konstitutionsbedingungen verbessert und den Umständen angepaßt, eventuell ausgedehnt wird. Dabei geht es vor allem darum, eine Identitätslinie zu finden, die von der in der Vergangenheit grundgelegten Systemstruktur ausgeht, jedoch ihre Fortsetzbarkeit für eine ungewisse Zukunft sichert.

Im Unterschied zu „zielsuchenden" Systemen, die ihr Ziel erreichen, untergehen oder pervertieren, wenn sie es nicht erreichen, vermögen „idealbildende" Systeme INTEGRATION und KREATIVITÄT miteinander zu verbinden. Ein Zustand hinreichender „Integration" ist erreicht, wenn die Individuen ebenso als selbstbestimmte und selbstverantwortliche Ganzheiten wie auch als Teile des Systems ihnen wesentliche Wertvorstellungen realisieren können. Unter „Kreativität" ist die Fähigkeit des Menschen zu verstehen, unter dem vorherrschenden Anpassungsdruck neue produktive Wertsetzungen zu finden, d.h, das Universum durch die Entdeckung neuer Dimensionen oder durch die Hinzufügung neuer Konfigurationen zu bereichern oder auszudehnen, und damit aber den Menschen selbst, der diese neuen Dimensionen und Konfigurationen seiner Erfahrung zugänglich machen kann (Arieti 1976: 5). „Idealbildende" Systeme folgen dem Prinzip der „DUALEN KONTROLLE", d.h. einer Kontrolle, deren Parameterwerte nicht von Anfang an feststehen, sondern erst im Agieren und Reagieren des Systems hervortreten, aber – nach Erreichen einer bestimmten Systemkonfiguration oder eines bestimmten Kontrollniveaus – auch wieder verändert werden können oder müssen (Taschdjian 1974: 95 f.). Umgekehrt bedeutet dies, daß Informationen über das System erst im Verlaufe von Kontrollversuchen – ihrem Erfolg und Mißerfolg bzw. der Ermittlung ihrer Bedingungen und Bedingungsveränderungen – gewonnen werden können. Damit gibt es keinen vorgegebenen oder permanent gültigen Zielzustand mehr; vielmehr sind Ziele, Normen oder Werte nur RELATIV ZUM SYSTEMZUSTAND zu sehen, mit dessen Erreichung, Überwindung oder Verlust sie dann auch wieder grundlegend revidiert werden müssen.

Solange nicht der letzte Idealzustand erreicht ist, und das wird nie der Fall sein, solange die natürliche Umwelt nicht voll beherrschbar ist – dazu gehört auch die „Natur in uns" – , solange die psychische wie gesellschaftliche, die demographische wie die international-politische, die wissenschaftliche und technologische Entwicklung unübersichtlich, unvorhersagbar oder unkontrollierbar ist, bleibt dann fünftens als Minimalziel des institutionellen Designs nur die ANPASSUNGSFÄHIGKEIT – adaptability – des Systems bzw. die TRAGFÄHIGKEIT – sustainability – der Umwelt (Jeffrey 1996: 176 f.). „Anpassungsfähigkeit" ist die Fähigkeit eines Systems, auf externe wie auf interne Veränderungen durch eine Rekonfiguration der

Komponenten und Zielsetzungen zu reagieren. Die „Tragfähigkeit" der Umwelt wird durch die Diversität der Nutzungsarten bzw. der ökologischen Nischen und die Begrenzung des Nutzungsgrades bestimmt. Es ist weder die Expansion des Systems – nicht in demographischer Hinsicht, aber auch nicht „das größtmögliche Glück der größtmöglichen Zahl" –, noch ist es die Zunahme der „Komplexität" des Systems, das mit zunehmender Komplexität eher an Anpassungsfähigkeit verliert; es ist ebensowenig die Vergrößerung der „moralischen Gemeinschaft" – obwohl schon dies viele Gruppenkonflikte und internationale Auseinandersetzungen oder Kriege verhindern, aber auch die Ausbeutung öffentlicher Güter und die Schwarzfahrerproblematik innerhalb des Staates mildern könnte: Der gegenwärtige Maßstab der Anpassungsfähigkeit ist vielmehr die „ANGEMESSENHEIT" – „appropriateness" – der Systemorganisation und -aktivitäten bzw. die Erhaltung einer regenerationsfähigen Umwelt oder die Lebensfähigkeit – viability – von System und Umwelt zusammen (Ophuls 1977; Weizu 1982). Die „Angemessenheit" hat in diesem Sinn zwei Komponenten, eine systemisch-funktionale und eine sittliche oder ethische.

„Angemessenheit" im FUNKTIONALEN Sinn meint einen Systemdesign und einen Effizienzgrad der einzelnen Mechanismen oder Prozessualismen, der – mit gewissen Toleranzmargen – ausreicht, um den Funktionszusammenhang des Systems zu gewährleisten. „Unangemessen" wäre jede unnötige Komplexität insgesamt oder jede Effizienzsteigerung bzw. funktionale Optimierung und Spezialisierung im einzelnen, die diese Normalität übersteigt oder die organisatorische Flexibilität vermindert. Eine vordringliche Aufgabe ist es schon eher, Komplexität überall dort zu vereinfachen, wo sie monozentrisch und hierarchisch geworden ist, d.h., wo nicht mehr unterschiedliche und relativ unabhängige Organisationsformen und -ebenen in Konkurrenz zueinander stehen, wo diese ihre Kraft der Selbstregulation und Selbstorganisation verloren haben. Dadurch fehlt dem Gesamtsystem jede Möglichkeit, sich aus verschiedenen Organisationskernen zu regenerieren und weiterzuentwickeln (Holling 1994; Tainter 1995). In MORALISCHER Hinsicht ist mit „Angemessenheit" gemeint, daß neben dem Begründungszusammenhang eines Prinzips, einer Norm oder Regel stets auch der ANWENDUNGSZUSAMMENHANG zu berücksichtigen ist. Verkürzt könnte man sagen: Was richtig ist, hängt von der Qualität der Situationseinschätzung ab (Gadamer 1960: 296). Die „Angemessenheit" stellt ein doppeltes Dilemma: ein systemisch-funktionales wie ein moralisches.

Das FUNKTIONALE DILEMMA besteht darin, daß uns die technischen, ökologischen, ökonomischen oder demographischen Probleme bereits über den Kopf gewachsen sind, d.h., daß unsere politische und administrative Kontrollkapazität nicht ausreicht, sie auf nationaler, geschweige denn auf weltweiter Ebene zu lösen. Damit wird die Zauberformel von der „ANHALTENDEN ENTWICKLUNG" sofort zum ethischen Problem, da doch offensichtlich ist, daß diese vor allem den Entwicklungsländern zugedacht ist, die unmöglich den Industrialisierungsprozeß der westlichen Industrieländer rekapitulieren können und niemals deren Konsumstandards erreichen werden. „Anhaltende Entwicklung" reduziert sich für die meisten von ihnen auf das pure „Überleben" in einer der unteren Etagen des Weltsystems, und das heißt, auf eine Fortsetzung der Hilfeleistungen, aber auch der Dominanz der Industrieländer (Funtowicz/Ravetz 1994: 580).[6]

Die Ambiguität dieses Konzeptes könnte erst verschwinden, wenn Industrie- und Entwicklungsländer gleichzeitig in die Fünfte Kondratieffsche Welle einschwenken, d.h., wenn sich der Energiebedarf dank der elektronischen Revolution, dank der neu zu entwickelnden Biotechnologie und erneuerbarer Energieressourcen vermindert und wenn überall Formen einer alternativen und dezentralen Technologie verwendet werden; wenn die Bevölkerungsentwicklung einen Sättigungspunkt erreicht hat und neue Formen der Agri- und Aquakultur entwickelt worden sind; ja, wenn ein Punkt erreicht ist, da es nicht mehr in erster Linie um Produktion und Konsum geht, sondern um die Revitalisierung kultureller Traditionen, um Bildung und Kunst, wohl auch um neue und alte Heilslehren sowie um neue Formen der globalen Kommunikation und des Zusammenlebens von Menschen unterschiedlicher kultureller Herkunft. Dies heißt jedoch, den Begriff der „anhaltenden Entwicklung" an einen Menschheitstraum zu binden, der sich wohl nie erfüllen wird (Tijmes/Luijf 1995: 335). Die einzige Alternative dazu aber scheint der hier und jetzt geltende „ÖKOLOGISCHE IMPERATIV" zu sein: Beschränke den Ressourcenverbrauch auf die Erneuerungsfähigkeit dieser Ressourcen! Halte die Umwelt in einem Zustand der ständigen Regenerierbarkeit! (E. Laszlo 1994: 183) Die Gefahr ist dann allerdings, daß damit alle Ansätze einer globalen moralischen Gemeinschaft zerstört werden bzw. daß dieser Imperativ nur mit Gewalt durch eine Weltregierung oder eine Hegemonie der fortgeschrittenen Industriemächte durchzusetzen ist. Was würde es auch nützen, wenn es einigen Staaten im nationalen Alleingang gelänge, diesen Imperativ für sich zu erfüllen, wenn andere ungestört fortfahren können, die Biosphäre zu zerstören bzw. die ökologisch gewissenhaften Nationen einerseits mit einer Verschiebung der Externalitäten zu übervorteilen oder sie andererseits mit Massenmigration und Epidemien zu bedrohen?

Das MORALISCHE DILEMMA liegt im scheinbar unüberwindlichen Gegensatz zwischen der unabweislichen Universalisierung des Prinzips der „Angemessenheit" und seiner notwendigen Spezifikation in der Anwendung. Gerade wenn man an der UNIVERSALISIERBARKEIT von Normen und Prinzipien im Begründungszusammenhang festhält, muß man sich im klaren sein, daß eine Universalisierung stets nur unter Absehung von besonderen Umständen des Einzelfalls möglich ist. Wenn wir aber als „moralische Gemeinschaft" nicht mehr in einem einheitlichen Ethos leben, das für alle in gleicher Weise verbindlich ist, dann ist die ANWENDUNGSPROBLEMATIK gesondert zu prüfen. Bevor wir die Geltung eines bestimmten Normsatzes oder Prinzips behaupten, müssen wir dann überlegen, „welche Folgen sich aus seiner Anwendung auf bestimmte Tatsachen ergeben könnten und ob wir bereit sind, diese Folgerungen zu akzeptieren" (Günther 1988: 34).

Wenn auch heute noch in einer soziologisch ausgerichteten Systemethik der Mensch „als Zweck an sich selbst" als metaethisches Prinzip gelten kann und muß, so doch sicher nicht mehr in der Vermessenheit eines John Stuart Mill. Für ihn bestand der Sinn allen menschlichen Handelns darin, den „spontanen Lauf der Natur" zu ändern und zu verbessern, so daß die Natur dem menschlichen „hohen Standard von Gerechtigkeit und Güte" unterworfen werde. Inzwischen ist der Mensch an seine ökologischen Grenzen – oder was im Moment so ziemlich das gleiche ist: an die Grenzen seiner politischen Organisationsfähigkeit – gestoßen; gleichzeitig aber beginnen biogenetische Grenzänderungen möglich zu werden, die zum erstenmal den Menschen zwingen, auch in biologischer Hinsicht Verantwortung für sich als Spezies und darüber hinaus für die ganze Biozönose, in der er seinen Platz hat, zu übernehmen. Wenn in dieser Situation überhaupt noch ein metaethisches Prinzip zu benennen ist, so ist es das vom Buddhismus, aber auch von Goethe oder von Albert Schweitzer formulierte Prinzip der „EHRFURCHT VOR DEM LEBEN" (E. Laszlo 1972: 288 ff.). Die Realisierbarkeit eines solchen metaethischen Prinzips für eine „moralische Gemeinschaft", die zwar den Menschheitshorizont anstrebt, der jedoch die notwendige innere moralische Bindung fehlt, muß mit äußerster Skepsis betrachtet werden.

3. „Gleichgewichtsethik" und „dynamische Systemethik"

Die Entwicklung menschlicher sozialer Systeme erweist sich damit in den entscheidenden Grundzügen als ein ethisches Problem. Die Angemessenheit und Lebensfähigkeit in der Gegenwart ist eine notwendige, aber noch keine zureichende Bedingung für die Anpassungsfähigkeit eines Systems in der Zukunft. Diese ADAPTABILITÄT für die Zukunft, die Integration und Kreativität einschließt, kann nur durch das Zusammenspiel zweier Bedingungen gesichert werden, die sich polar gegenüberstehen und einander tatsächlich oft ausschließen; deren Polarität muß aber unbedingt aufrechterhalten werden, wenn ein ausreichendes Adaptationspotential gesichert werden soll.

Die eine Bedingung ist ein großer Reichtum an ANREGUNGEN, wie er nur durch eine „pluralistische Gesellschaft" und den Wettbewerb vieler Gruppen, durch die relative Ungezwungenheit menschlicher Begegnungen und die Offenheit des Diskurses gesichert werden kann. Die andere Bedingung ist ein starkes Bedürfnis nach SYNTHESE, wie es nur in einer intakten „moralischen Gemeinschaft" entsteht, die sich in der gesellschaftlichen Konkurrenz behaupten kann (Arieti 1976: 313 ff.). Dieses Bedürfnis nach Synthese diente bisher oft religiösen und ethnischen Minderheiten primär der Abwehr fremder Kultureinflüsse; aber schon hier richtete sich der Anspruch der schöpferischen Auseinandersetzung oder Synthese an einzelne Individuen, denen der schmerzhafte Prozeß einer vollen INDIVIDUATION zugemutet wurde, wenn sie sich einerseits von den traditionellen Fesseln befreien, andererseits sich aber auch nicht kritiklos dem Meinungsdruck der Zeitgenossen oder der Gastgesellschaft ausliefern wollten. Mit der zunehmenden Ausdehnung der moralischen Gemeinschaft auf den globalen Horizont und in immer mehr Problembereiche ist um so mehr die volle Individuation oder Personwerdung gefordert, die sich gegen den zunehmenden Kollektivierungsdruck im Massenkonsum wie in den Massenmedien behaupten muß. Gleichzeitig muß sich das schöpferische Individuum auch mit den Schattenseiten seines schöpferischen Prozesses auseinandersetzen können: mit der Zerstörung der Tradition, die es bewirkt; mit der Gefahr des Versinkens im kollektiven Unbewußten; mit seiner spezifischen biopsychischen Konstitution, der es nicht entrinnen kann.

Die Notwendigkeit der VERKLAMMERUNG dieser beiden Ebenen von Individuum und Gesellschaft genauso wie von kognitiver und naturaler Ebene wurde von Immanuel Kant bereits gesehen. Da ihm noch die notwendigen wissenschaftlichen Einsichten in ihre funktionale Interdependenz fehlten, hat er diesen Zusammenhang abstrakt und ideell rekonstruiert: durch den „kategorischen Imperativ" und durch die regulative Idee des „guten Willens". Der KATEGORISCHE IMPERATIV – „handle nur nach derjenigen Maxime, durch die du zugleich wollen kannst, daß sie ein allgemeines Gesetz werde" (VII: 51) – verbindet die Individualebene mit der Gesellschaftsebene. Dabei wird das Individuum nicht mehr als Teil, als „atomon", sondern als autonome Ganzheit, als „holon", verstanden, das sich zwar einerseits den Ansprüchen einer im Prinzip universellen moralischen Gemeinschaft stellen muß, aber nur an den Maximen seines Wollens gemessen und nicht zu einem unsinnigen, selbstzerstörerischen und womöglich gemeinschaftsschädlichen Märtyrertum oder Heroismus aufgerufen wird. Die Verklammerung von kognitiver und naturaler Ebene wird durch die regulative Idee des „guten Willens" hergestellt, wonach „überall nichts in der Welt, ja überhaupt auch außer derselben zu denken möglich [ist], was ohne Einschränkung für gut könnte gehalten werden, als allein ein GUTER WILLE" (VII: 18). Dieser Wille wird „gut" genannt, wenn er nicht durch Absicht und Gewinnstreben oder durch sonstige Klugheitsregeln, aber eben auch nicht durch Lust und „pathologische Liebe", nicht durch Triebverdrängung und Minderwertigkeitskomplexe verdorben wird, d. h., wenn er „frei" ist bzw. wenn Erkenntnis- und Verhaltensebene sich in Übereinstimmung befinden. „Guter Wille" und „kategorischer Imperativ" verbinden sich in dem Bestreben, den einzelnen Menschen und die Menschheit als „Zweck an sich selbst" zu achten, ihn nicht als „Mittel zum Zweck" (VII: 60 f.) zu mißbrauchen.

Diese Verklammerung ist konstitutiv für den Menschen und für die Existenz einer „moralischen Gemeinschaft", ein Rückfall hinter Kant ist mit nichts zu rechtfertigen. Obgleich jede Moral ihren speziellen historischen Ort haben wird und keine ihn verleugnen kann und darf, so muß doch das oberste Prinzip jeder Moral die Erhaltung des „ETHISCHEN KONTINUUMS" sein. Dieses Kontinuum muß erstens in „vertikaler" Hinsicht für die Hierarchie der Gemeinschaftsbildungen gelten: So ist die Unterscheidung des Entomologen Edward O. Wilson (1978: 159), nach der ein „harter Kern" des Altruismus – kin selection – von einem „weichen Rand" – Altruismus gegenüber Mitgliedern der politischen Gemeinschaft – unterschieden werden müsse – soweit vom Menschen und von menschlichen Gemeinschaften die Rede ist –, geradezu katastrophal oder *a priori* destruktiv. Ja, schon die Unterscheidung von „Egoismus" und „Altruismus" ist nur ein schlechter Anthropomorphismus, d. h., die Übertragung einer Begriffsdichotomie aus dem menschlichen politisch-moralischen Bereich – wo sie nur agitatorischen oder moralisierenden Charakter hat – in den zoologischen Bereich, angefangen von den Insekten bis zu den Primaten. Ebenso ist Arnold Gehlens (1969: 47) Gegenüberstellung von „familienbezogenem ethischem Verhalten" und dem „Ethos der Institutionen, einschließlich des Staates" nicht bloß ein ärmliches und unlogisches Konstrukt – Familien sind auch Institutionen und die Denunziation einer zum „Humanitarismus" und zur „Hypermoral" überdehnten Familienmoral allein trägt noch nichts zur Begründung oder zur Stärkung einer neuen „Staatsethik" bei; vielmehr blendet die Fixierung auf einen obsolet gewordenen Nationalstaat die neuen Möglichkeiten einer sub- und supranationalen Politik sowie einer Verflechtung von staatlichen und nichtstaatlichen Organisationsformen völlig aus: Indem sie aus den Denkmöglichkeiten eliminiert werden, werden sie auch moralisch diskreditiert. Das gleiche gilt für die politisch gewissermaßen strukturindifferente „Entkoppelung" von „Lebenswelt" und „System", wie sie von Jürgen Habermas (1981 II: 229 ff.) verkündet wird: Er trennt diese zwei Bereiche so, als könne es jemals einen Rückzug aus den unauflösbar gewordenen technischen, wirtschaftlichen oder politischen Systembezügen geben, geschweige denn eine „Emanzipation" auf Kosten der Allgemeinheit; oder er trennt sie so, als ließen sich umgekehrt beide in einer schlichten „Komplementarität" miteinander verbinden (Cummings 1994: 577 ff.).

Dieses „ethische Kontinuum" muß zweitens auch in „horizontaler" oder arbeitsteilig-funktionaler Hinsicht gelten. Es ist nicht einzusehen, warum für eine Wirtschaftsethik oder politische Ethik, eine Bevölkerungsethik oder ökologische Ethik, eine Medizin-Ethik oder Wissenschaftsethik andere Aufgaben und moralische Normen gelten sollten als für die Ethik insgesamt: Unterschiedlich sind nicht die Prinzipien, sondern die Sachgegebenheiten (Birnbacher 1993: 6 f.; Homann 1994: 3 f.), z. B. in der Ökologie häufig der statistische oder synergetische Charakter der Schädigungen und damit die Anonymität der Schädiger; in der Medizin in der Regel ein persönliches Arzt-Patient-Verhältnis, mit der Schweigepflicht des Arztes und der Unantastbarkeit der Menschenwürde des Patienten; in der Wirtschaft hingegen die ungehinderte kürzer- oder längerfristige Gewinnmaximierung, der freie Wettbewerb und die scheinbar unbegrenzte Teilbarkeit und Tauschbarkeit der Güter. Soweit wir in einer „arbeitsteiligen Gesellschaft" leben, muß gerade die „moralische Gemeinschaft" die Funktionenteilung übergreifen können.

Doch ob nun Antagonismus oder Komplementarität: Das grundlegende Problem ist heute, daß das Leben der Individuen – und zwar gerade in den intimsten Lebensproblemen – immer mehr vom reibungslosen Funktionieren der großen KOMPLEXEN SYSTEME mit hohem Technologiepotential, großer Bevölkerungsdichte und oft nahezu globaler Ausdehnung abhängig ist (Strijbos 1994: 73; Jamieson 1992: 148f.). Entweder gelingt es, Prinzipien und Normen, institutionelle Regulationen und Verfahren für diese großen Systeme zu finden – vom Gesundheitswesen bis zum Informationssystem, vom Weltwirtschaftssystem bis zum globalen Klimawandel –, oder es bleibt nur die Aufgabe der sporadischen und opportunistischen Anpassung oder Einpassung des menschlichen Lebens an und in diese Systeme. So sehr nun das Ideal der sozialen Integration wie auch des schöpferischen Prozesses die Schaffung einer neuen „Ordnung" sein mag, so kann es doch nicht eine statische, sondern nur eine „DYNAMISCHE ORDNUNG" sein. Eine dynamische Ordnung ist aber nur mit einem PROZESS-DENKEN erfaßbar (Edwards/Jaros 1994), das in gewisser Weise gerade eine Umkehrung zu einem Struktur-Denken darstellt, welches allzu oft von vorgefaßten, reifizierten Struktureinheiten ausgeht. Damit aber klammert es zum einen die stets wechselhaften, ihre Grenzen immer wieder überprüfenden und verschiebenden System-Umwelt- oder Subsystem-Subsystem-Beziehungen (Hervey/Reed 1994: 385), zum andern alle Fragen der Teleonomie oder Emergenz, der Kontinuität oder Diskontinuität dieser Prozesse aus. Es ist nicht so, daß Gleichgewichtszustände im Prinzip nicht vorzuziehen wären – sie sorgen schließlich für die Ökonomie des Lebens; sie ermöglichen es, knappe Energie für Krisen und kritische Übergänge zu reservieren; aber in der ethischen Aktualität und Priorität hat doch eine weitgehende Umkehrung der Ordnungsaufgabe stattgefunden: Das vordringliche Problem sind heute Systemzusammenbrüche – „Katastrophen" – von nicht bloß lokalem und regionalem Ausmaß, oder nichtlineare Fluktuationen, die nicht mehr laminar zu bündeln sind und in Turbulenzen und chaotische Phasen überzugehen drohen. Damit ist nicht gesagt, daß die alten Systemvorstellungen eines Newtonschen mechanischen Systems alle über Bord zu werfen wären; unabweisbar ist jedoch die Erkenntnis, daß sie nur auf einen eng begrenzten Bereich unter ganz speziellen Bedingungen anzuwenden sind. In der mathematischen Modellierung sind dann den Gleichgewichtsmodellen beispielsweise nichtlineare Zyklenmodelle oder Modelle des deterministischen Chaos gegenüberzustellen (Allen 1993: 52).

Für alle diese Modelle gilt, daß sie sozusagen lediglich den platonischen Kern einer komplexen Welt repräsentieren; denn sie alle definieren diese in einer bestimmten Dimension, sie idealisieren oder modellieren sie jeweils nach einem einzigen Erklärungsprinzip. Komplexe Systeme hingegen sind gerade dadurch gekennzeichnet, daß sie aus einer Mehrzahl von Aufbauprinzipien entstanden und durch eine Vielzahl von Prozeßabläufen zu charakterisieren sind. D. h., komplexe Systeme sind grundsätzlich nur PERSPEKTIVISCH zu erfassen, wobei keiner der Beobachter seine jeweilige Beobachtungsperspektive verabsolutieren darf, sondern erst die Zusammenschau verschiedener Perspektiven einen gewissen Erklärungswert für sich beanspruchen kann. Prozessual formuliert kann man sagen, daß je nach der Konstellation im Phasenraum andere Strukturcharakteristika und Prozeßabläufe hervortreten werden, die dann nach einer der zur Zeit verfügbaren mathematischen Modellvorstellungen mehr oder weniger stringent abgebildet werden können. Die Komplexität von sozialen Systemen ist in dem Sinn EMERGENT und nicht gleichbleibend, nicht linear, nicht reduzierbar oder dekomponierbar, da sie von der Rückkopplung von System und Umwelt, von internem und externem Kräftespiel abhängig ist. Diese Systeme unterliegen irreversiblen historischen Transformationen, die in einer großen Reichweite etwa von der Dominanz oder Hegemonie eines einzigen Ordnungsparameters bis zur völligen Diversität und Dissipation oder auch Fragmentation des Systems reichen können (Funtowicz/Ravetz 1994: 568 ff.). Das interne Kräftespiel wird durch die Prinzipien der Selbstorganisation bestimmt, das externe Spiel durch die Prinzipien der Synergie, der Selektion und Koevolution (Corning 1995: 91 ff.).

Systeme mit emergenter Komplexität sind immer als ÖKOLOGISCHE Systeme in dem Sinn aufzufassen, daß einerseits die interne Konfiguration im System durch Umweltfaktoren und Nachbarschaftsverhältnisse – durch Symbiose oder Verdrängung, durch Koevolution oder durch Hegemonie und Fusion – selektiert wird, andererseits aber das System eben nur auf jene Umweltfaktoren aktiv Zugriff haben kann, die seiner Strukturcharakteristik entgegenkommen. Zwar können Systeme mit emergenter Komplexität gelegentlich wie Systeme mit normaler Komplexität behandelt werden, aber dann ist erst die Spitze des Eisbergs sichtbar, während gerade die für die Moralität eines sozialen Systems entscheidenden Grundzüge im verborgenen bleiben: nämlich KONTINGENZ und IRREVERSIBILITÄT; NICHTLINEARITÄT, jedoch prinzipielle TRANSFORMIERBARKEIT; schließlich sogar BEWUSSTSEIN und Intentionalität oder Vorhersicht dank symbolischer Repräsentationen. Es ist schlicht ein epistemologisches wie ein ethisches Erfordernis, endlich anzuerkennen, daß im Vorgang der Transformation gerade die nichtlinearen Prozesse eine große und letztlich positive Rolle spielen: Das Chaos enthält die Keime neuer stabiler Ordnungen, während umgekehrt rein hierarchisch geordnete und monostabile Zustände am stärksten von Katastrophe und Chaos bedroht sind. Andererseits ist das Streben nach Stabilität und Ordnung als ein Versuch anzusehen, Inseln der Ruhe und Rationalität in einem Meer der Unsicherheit und der Irrationalität – jedenfalls der Unverständlichkeit und Unkontrollierbarkeit – zu schaffen. Diese Inseln mögen ein Wert für sich sein; vor allem aber sind sie Stützpunkte in einer im übrigen eher fragilen und fragmentarischen Weltkonstruktion (Thiétart/Forgues 1995: 28).

Die Systemtheorie hat sich – in sozialwissenschaftlicher Hinsicht – diesen Anforderungen nur zögernd gestellt, die SYSTEMETHIK muß diese empirisch-theoretische Entwicklung erst noch nachvollziehen. Die bisherige Ethik war weithin „GLEICHGEWICHTSETHIK" – eine Ethik des „Mittelweges", der Ausbalancierung der Kräfte, der Reziprozität der Verpflichtungen, der Komplementarität von Individuum und Gesellschaft. Diese Ethik behält nach wie vor ihre Gültigkeit; doch wächst die Einsicht, daß sie eben doch nur noch auf Bereiche des Gleichgewichts in einer vielfältigen und verwirrenden gesellschaftlichen Dynamik anzuwenden ist. Die Hauptaufgabe einer Systemethik besteht dann darin, Strukturdesigns zu finden, die das Schlimmste verhindern, oder darin, Prinzipien und Verfahren zu entwickeln, die es ermöglichen, auch noch im Angesicht von Ungleichgewichtsprozessen – von Fluktuationen, Turbulenzen, Katastrophen und chaotischen Prozessen – verantwortlich entscheiden und handeln zu können. Die Systemethik führt insofern zu einer UMKEHRUNG des gewohnten Verhältnisses von Statik und Dynamik. An die Stelle einer Ethik des Baumeisters, der auf festen Grund baut, tritt sozusagen eine Ethik des Seefahrers oder des Flugkapitäns, der sein Gefährt mit begrenzten Stabilitätsparametern durch Turbulenzen steuert oder davon Abstand nehmen und landen muß. Jedenfalls kann dies keine monistische und absolutistische Ethik mehr sein, sondern sie muß sich nun ihres jeweiligen Referenzsystems und ihres historischen Charakters bewußt werden. Ihr grundlegendes heuristisches und moralisches Prinzip ist nicht mehr die „Mitte", die „Balance" oder der „Kompromiß" bzw. die Normierung des Verhaltens und die Ausregelung aller „Abweichungen", sondern die Förderung von Varianz und Flexibilität, die Tolerierung von Fluktuationen, das Austesten von Abweichungen und möglichen Neuerungen bzw. das Aushandeln der Grenzen und Grenzbedingungen. Die positive Motivation einer Systemethik ist die „Wandlungs- und Entwicklungsfähigkeit" des sozialen Systems und die konstruktive Gestaltung eines entsprechenden Systemdesigns.

Das Ergebnis dieser Versuche mag vielleicht eine neue Mitte sein; aber diese Mitte muß sensibel bleiben; sie wird immer vorläufig und für einen bestimmten Zeithorizont gefunden werden, und sie darf die Extreme, von denen her sie bestimmt wird, nicht einfach ausblenden oder dämonisieren. Wenn es nach wie vor praktisch und ökonomisch ist, relativ feste Gleichgewichtszustände und möglichst breite Stabilitätszonen zu finden, so muß man sich dennoch der Riskiertheit auch und gerade dieser Gleichgewichtszustände bewußt bleiben, die schließlich Teil der gleichen Systemdynamik sind wie Fluktuationen und Katastrophen. Statt von einer „Gleichgewichtsethik" wäre konsequent von einer „DYNAMISCHEN ENTWICKLUNGSETHIK" auszugehen. Unter „Entwicklung" in diesem Sinn kann freilich nicht mehr eine lineare Entwicklung oder „Evolution" nach einem logischen Prinzip verstanden werden, etwa der funktionalen Differenzierung und einer genau damit korrespondierenden Integration, sondern eine NICHT-LINEARE oder zumindest MULTI-LINEARE Entwicklung aus historisch kontingenten Bedingungen heraus.

Man kann diese scheinbar negative Begriffsbestimmung auch positiv und konstruktiv sehen: Dynamische Systeme, insoweit sie vom Menschen kontrollierbar sind, sind vor allem durch die Organisationsprinzipien der REKURSIVITÄT und REFLEXIVITÄT gekennzeichnet. Der negative Ausgangspunkt einer Systemethik ist die Einsicht, daß Einzelereignisse in der Regel ephemer und daß scheinbar individuelle Entscheidungen oft eingebildet und weitgehend doch nur Resultante eines institutionellen Designs, einer Koalitionsbildung oder einer spezifischen Umweltkonstellation sind. Dabei kann aber nicht angenommen werden, daß soziale Systeme in jedem

Fall voll integriert sind bzw. sich mehr oder weniger automatisch selbst regulieren; im Gegenteil: Es werden die „sozialen Güter", sprich die Kosten und Nutzen der Produktion und des Austausches, ungleich verteilt sein, somit aber auch die Kompetenzen und Entwicklungsmöglichkeiten der Individuen und Gruppen. In komplexen Mehrebenensystemen ist es unwahrscheinlich, daß Individuen Entscheidungen, zu denen sie sich gezwungen sehen, „autonom" und in voller Kenntnis der Umstände treffen können: Sie werden viel eher ein Ergebnis der vorgegebenen Machtstruktur bzw. der unkontrollierten oder unkontrollierbaren Umweltveränderungen sein.

Die AKTEURE sind mithin stets in gewisser Weise „AGENTEN" des Systems (Granovetter 1985; Dessler 1989; Carlsnaes 1992; Hays 1994). Die Systeme ihrerseits aber bewegen sich in einer menschlichen und nichtmenschlichen UMWELT; sie nutzen zwar diese nicht nur als Reservoir und Materialvorrat, sondern sie schaffen sich eine ökologische Nische – durch wissenschaftliche Erkenntnis und Technik, durch genetische Auslese und medizinische Kompensationsverfahren, durch arbeitsteilige Sozialorganisationen und Monokulturen. Obgleich die Menschen diese ökologischen Zusammenhänge – trotz zahlloser Appelle – in ihrem Alltagsleben noch kaum realisiert haben und sie schon wegen ihrer Unwissenheit gut daran tun, die bestehenden Ökosysteme zu respektieren (Rowland 1995: 285), so haben sie doch bereits massiv und irreversibel in diese Zusammenhänge eingegriffen. Damit aber tragen sie auch Verantwortung dafür: Die Akteure sind mithin nicht bloß die „Agenten" ihres eigenen Herkunfts- und Funktionssystems, sondern sie sind unbestreitbar auch „Mitglieder" des globalen Ökosystems. Wenn auch die Ökosysteme im moralischen Sinn wohl nur als „Quasi-Gemeinschaften" zu bezeichnen sind und in dieser Hinsicht von Reziprozität und Solidarität kaum die Rede sein kann, so zwingen uns schon die funktionalen Erfordernisse des Weiterlebens und das Minimalprinzip der Melioration dazu, unsere moralische Verantwortung auf diesen ökologischen Horizont zu erweitern (Garrett 1991: 12). Die für die Systemsteuerung entscheidenden Prozesse sind jedoch in der Regel Prozesse, Ressourcen und Umweltbegrenzungen einer METAEBENE, die den meisten Agenten der Subsysteme des Systems noch gar nicht bewußt geworden ist. Die wirklich kritischen Entscheidungen fallen somit nicht auf der Akteur-, sondern auf der DESIGNEBENE. Möglicherweise werden in seltenen historischen Momenten Designänderungen unmittelbar durch Ereignisse und Taten auf der Akteurebene herbeigeführt oder vollzogen; aber selbst dann folgen sie nicht einfach dem *fiat* des jeweiligen Entscheidungsträgers, sondern weitgehend den Zwängen der Entscheidungssituation bzw. der Architektonik des institutionellen Rahmens.

Entsprechendes gilt dann auch für die tatsächliche Verantwortungsverteilung: Obwohl die Verantwortungszuschreibung und Handlungsrechtfertigung – nach außen hin oder auch nach den Überzeugungen der Handelnden – noch dem alten Akteursklischee folgen mag, ist doch jeder individuelle Akt auf dem Hintergrund oder im Rahmen eines institutionellen, eines sachlichen wie persönlichen REFERENZSYSTEMS zu erkennen und zu rechtfertigen.[7] Schon wegen dieser Mehrfachreferenzen sind *de facto* alle Handlungen und Verantwortungen REKURSIV aneinander gekoppelt; d. h., gleichgültig, wo eine Handlung ansetzt, ist sie tatsächlich nur dann durchführbar und verantwortbar, wenn sie wiederholt in Verbindung oder im Kontrast zu einem anderen Referenzkontext durchgespielt wird.

Die moralische Qualität einer Handlung oder Entscheidung, einer institutionellen Ordnung oder einer Prozedur usw. liegt nicht in dieser selbst, sondern in der Appräsentation einer für alle verbindlichen Bezugsordnung. Komplementär zur Prioritätenumkehrung von der statischen zur dynamischen Ordnungsproblematik ist der Wechsel von einer „moralischen Gemeinschaft", die bisher *de facto* den Staat zum Garanten ihrer ethischen Maximen nahm, zu einer Ethik mit einem GLOBALEN HORIZONT, der es in erster Linie um das „kollektive Überleben" gehen muß. Es dreht sich heute buchstäblich um die Bewährung unserer gesamten Zivilisation, die – bei allen kulturellen Unterschieden und politischen Gegensätzen – jedenfalls die moralischen Ansprüche auf Universalisierung und soziale Gerechtigkeit verteidigt, selbst wenn sie diese nur zum Teil realisiert hat; oder es geht um den Rückfall in eine erneute Blockbildung und Regionalisierung, die die geopolitischen und geoökologischen, die demographischen und technologischen, die wirtschaftlichen und finanziellen Machtverhältnisse unverhüllter denn je zum Vorschein bringen wird.[8] Mit dieser Horizontumkehr sind die Nationalstaaten oder kleinere „moralische Gemeinschaften" – soweit sie noch funktionsfähig und nicht völlig korrumpiert sind – keineswegs unwichtig geworden. Ebensowenig sind damit die Individuen von ihrer persönlichen Verantwortung und von der Aufgabe ihrer Individuation befreit. Unbestreitbar ist die Umkehrung der Prioritätenordnung: Das Dezennium und der weite Horizont bestimmen die Tagesordnung und die Prioritäten des engeren Horizonts; der moralische Druck der „ideellen Gemeinschaft", die heute in ihren fundamentalen Voraussetzungen global geworden ist, auf die „aktuellen Gemeinschaften", die oft wieder zum Kleinteiligen, zu Nähe und Reziprozität tendieren, ist zweifellos größer geworden und für sensiblere Gemüter bereits unerträglich.

Mit der Größe der Aufgaben unverträglich scheint die Tatsache, daß die Ethik zu einem schwierigen, mehrschichtigen und dadurch REFLEXIVEN Unternehmen geworden ist, aus dem keine einfachen Antworten mehr zu erwarten sind. Soziale Systeme sind weitgehend „selbststeuernde" Systeme, deren Kontrolle immer durch eine Vielzahl von relationalen Akteuren ausgeübt wird, die zum einen aufeinander in Kooperation und Konflikt, Koalition und Gegenkoalition, zum andern einzeln und im Zusammenhang auf die Umwelt bezogen sind. Die Relation wird durch Kommunikation aufrechterhalten und weiter ausgebaut; der Zeichenvorrat, die Semantik und die Verfahren der Kommunikation aber sind weitgehend schon vorgebahnt durch frühere Kommunikationen. Die Kommunikation ist durch basale Selbstreferenz oder durch Reflexion gekennzeichnet. Im zweiten Fall kann die Kommunikation selbst thematisiert und verändert werden, im ersten Fall ist sie unbewußt leitend – aber gewiß nicht weniger wirksam. In jedem Fall sind die daraus resultierenden Entscheidungen ethisch zu verantworten. Eine Systemethik hat dann im Grunde VIER EBENEN – deskriptiv, analytisch und normativ bzw. evaluativ – miteinander zu verbinden (Bunge 1989: 287 ff.; Krüll 1987: 252):

Die erste Ebene ist die der MORALISCHEN TATSACHEN ODER URTEILE, wie sie von einer „moralischen Gemeinschaft" selbst wahrgenommen, ausgesprochen, beschrieben oder bewertet werden. Die zweite Ebene betrifft die zugrundeliegenden MORALISCHEN CODES bzw. die spezifische MORAL oder das MORALISCHE SYSTEM einer Gemeinschaft, nach denen moralische Tatsachen dargestellt, legitimiert, moralisch beurteilt oder kritisiert werden. Diese Ebene erschließt sich in der Regel dem wissenschaftlichen Beobachter, der in der Lage ist, den logischen und semantischen Zusammenhang der zu beobachtenden moralischen Tatsachen, Vorschriften, Regeln und Unterstellungen zu erkennen. Drittens gibt es die Ebene der ETHIK oder einer „REFLEXIONSTHEORIE DER MORAL" (Luhmann 1989: 371). Diese wird besonders den gesellschaftlichen Kontext oder die wissenssoziologische Verortung einer Moral herausarbeiten. In dieser Sicht gibt es keine absolut gültige Ethik, weil hier jede Ethik nur in ihrem Kontext

„gültig" oder „angemessen" ist. Aufgabe einer Ethik ist es demgegenüber, sozusagen die innere Konstruktion der Moral herauszuarbeiten, d. h., unterschiedliche Moralauffassungen und -praktiken miteinander systematisch zu vergleichen. Die vierte Ebene ist die der METAETHIK, die – wie auch die Ethik – mehr deskriptiv, mehr präskriptiv oder beides sein kann und sich mit der Analyse der Ethiken zu befassen hat: ihrer logischen Konsistenz, ihrer Universalisierbarkeit, ihrem methodologischen Reflexionsgrad, ihren ontologischen Voraussetzungen, ihren axiologischen Konsequenzen, ihrer Flexibilität und Entwicklungsfähigkeit oder ihrer Starre und Entwicklungsfeindlichkeit.

Das Problem einer Systemethik komplexer und dynamischer Gesellschaften ist, daß keine dieser Ebenen zu isolieren ist, daß moralische Urteile und ethische Grundsätze nicht aus einer Ebene allein abzuleiten sind, sondern daß wir immer vor einem Problem der mehrfachen oder REKURSIVEN REFERENZ stehen, daß die Abfolge der Referenzen aber nie oder selten hierarchisch zu ordnen ist. Ist man z. B. einmal auf der metaethischen Ebene angelangt und stellt fest, daß die in einer Gesellschaft vorherrschenden moralischen Codes wohl die Integration fördern, jedoch ihre Kreativität behindern, dann muß man zu einer Neubewertung der moralischen Tatsachen und Urteile kommen; oder auf der Ebene der Ethik wird man dem Kriterium der Lebensnähe oder der wissenschaftlichen Orientierung den Vorzug vor logischer Konsistenz und methodologischer „Sauberkeit" geben. Diese mehrfache Reflexivität und Rekursivität einer ethischen Rechtfertigung oder Bewertung beeinträchtigt keineswegs die Geltung einer Moral oder Ethik. Im Gegenteil ist zu behaupten, daß erst die Akzeptanz der Rekurrenz erstens die Tatsache der Veränderbarkeit oder die Notwendigkeit der Veränderung der Gesellschaft in den Bereich der moralischen Verantwortung miteinbezieht; zweitens kann nur mit dem Mut zur permanenten Reflexion der eigenen Prämissen sowohl die Eigenständigkeit und persönliche Verantwortungsfähigkeit als auch die Verallgemeinerungsfähigkeit und Universalisierung der ethischen Entscheidungen ermöglicht werden.

4. Das Prinzip des „moralischen Relationismus"

Die Universalisierung darf nicht als ein geradliniger, allumfassender Prozeß verstanden werden. Es wäre gewiß nicht wünschenswert, wenn in einem die ganze Welt beherrschenden und monologischen Universalismus – der notwendigerweise EINER von einer Supermacht durchgesetzten Kultur zur Prädominanz verhelfen und das Potential der anderen Kulturen ausschalten und mit der Zeit vernichten würde – die Prinzipien des politischen und moralischen PLURALISMUS, ja auch des RELATIVISMUS und der MULTIKULTURALITÄT völlig abgewertet würden.[9] Bei näherem Hinsehen widersprechen sich diese ethischen Perspektiven nicht mit Notwendigkeit. In einer Welt, in der es genuin unlösbare moralische Probleme gibt, in der moralische Nichtübereinstimmung oder moralischer Konflikt als legitim und unter Umständen sogar als fruchtbar gelten, bedingen und begrenzen sie einander – freilich auf eine komplexe, gelegentlich schwer durchschaubare Weise. Unter den Gesichtspunkten des „Weiterlebens" und der „Entwicklungsfähigkeit", des „ethischen Könnens" und der „Gemeinschaftsbildung", d.h. der Erhaltung oder Erweiterung der moralischen Gemeinschaft, kann es weder um völlig prinzipienlose Interessenkonfliktlösungen noch um apriorisch gültige Prinzipien transzendenten oder transzendentalen Ursprungs gehen:

Ein rein POLITISCHER PLURALISMUS auf der einen Seite, der tiefreichende moralische Probleme auf bloße Interessenkonflikte zwischen den unmittelbar Beteiligten reduzieren wollte, würde nicht nur die gesellschaftlich-funktionale Interdependenz und ganz allgemein die Kollektivgutproblematik, sondern vor allem die Existenz einer moralischen Gemeinschaft und die moralische Frage selbst, die zugunsten von momentanen Nutzen-Kosten-Kalkülen im Grunde eliminiert wird, verfehlen (Gutmann/Thompson 1995: 88 f.). Ein rein DEONTISCHER UNIVERSALISMUS auf der anderen Seite ist in gesellschaftlich-historischer und in politischer Hinsicht fast ebenso reduktiv, da er moralische Fragen für endgültig lösbar hält und sie damit zu allgemeinen Problemen des Individuums bzw. der Menschheit im Ganzen erklärt, ohne die konkreten kollektiven Prozesse der Machtausübung und Güterverteilung, der Reproduktion und Vernichtung von Humankapital, der offenen ökologischen Verdrängung und der verdeckten genetischen Selektion der Bevölkerungen noch sehen zu wollen. Das gleiche Desinteresse an diesen Prozessen und die gleiche Elimination der moralischen Frage ist beim POLITISCHEN RELATIVISMUS festzustellen: Für ihn sind alle Kulturen und Politien grundsätzlich gleichwertig, damit aber auch gleich gültig bis gleichgültig und einer moralischen Bewertung – etwa nach dem Grad der Gemeinschafts- und Entwicklungsfähigkeit oder ihrem Beitrag zum menschlichen Weiterleben – nicht mehr zugänglich. Die „reinen" Formen des Universalismus, Pluralismus und Relativismus erweisen sich in gesellschaftlich-moralischer Hinsicht gerade deshalb als ungeeignet, weil sie bloße Gedankengebilde und asoziale Konstruktionen sind und damit zum Reduktionismus oder zum Zynismus neigen; im Zusammenhang jedoch gesehen und als Limesbegriffe verwendet, können sie trotzdem das moralische Bewußtsein schärfen, indem sie die Grenzbedingungen und Gefährdungen eines pragmatisch zugänglichen moralischen Handlungs- und Normenraumes (Druwe-Mikusin 1991: 125 ff.) deutlich machen.

Pluralismus in unserem Sinn meint einen MORALISCHEN PLURALISMUS, und damit mehr als einen politischen oder wirtschaftlichen Pluralismus von Unternehmen, Parteien und Verbänden, die auf dem Güter- und Dienstleistungsmarkt oder auf dem öffentlichen Meinungsmarkt bzw. im Bereich der politischen Ämter und des politischen Einflusses miteinander konkurrieren; erst recht natürlich mehr als einen bloßen Pluralismus der Geschmäcker, der Lebensstile und Weltanschauungen (Sidorsky 1987: 94). Dennoch sind auch schon diese oberflächlicheren oder dem Modewechsel folgenden politischen Pluralismen, die sich nach außen hin auf unterschiedliche und scheinbar unvereinbare Werte berufen, dadurch charakterisiert, daß jede Partei die Wertentscheidungen der anderen toleriert – in der Annahme, daß das Allgemeinwohl durch den Pluralismus und die mit ihm verbundenen Prozeduren der Aushandlung und Konsensfindung – oder zumindest der Fortsetzung des Suchprozesses gefördert wird. Die Suche nach dem Gemeinwohl wird auf diese Weise von moralischen Erwägungen gerade entlastet. Anders beim echten „moralischen Pluralismus", der unweigerlich in einer Paradoxie endet, indem er einerseits eine echte, unentscheidbare und irreduzible Pluralität von Werten, andererseits aber auch die Erhaltung und Weiterentwicklung einer moralischen Gemeinschaft voraussetzt. Ein „EXTREMER PLURALISMUS", wonach eine Person oder Organisation je nach Situation und Eigennutz nach- und nebeneinander ganz verschiedene Werte und ethische Positionen vertreten könnte (Wenz 1993: 66), scheidet so von vornherein aus. Ein „MINIMALER PLURALISMUS" aber, wonach jede Form des Monismus zurückgewiesen wird, ob in apriorischer oder glaubensmäßiger Form – in der es in jeder Situation nur eine richtige Lösung geben könnte, die zudem aus einer einzigen Theorie abzuleiten wäre –, ist Voraussetzung jeder demokratischen oder konsensualen Gesellschafts- und Sozialethik; denn hier geht es doch immer darum, daß eine gemeinsame Lösung von unterschiedlichen sozialen Akteuren in einem offenen sozialen Prozeß gefunden werden muß (Steen 1995: 211 ff.). Dies gilt *de facto* selbst in einem praktizierbaren deontischen Universalismus oder in einem extremen Utilitarismus und ist insofern kein besonderes Charakteristikum des Pluralismus. So kann im Grunde nur von einem „MODERATEN PLURALISMUS" die Rede sein, der wohl ein kohärentes ethisches System voraussetzt, in diesem System jedoch unterschiedlich strukturierte Ebenen und Problembereiche bzw. eine Mehrheit von konstitutiven Prinzipien anerkennt (Callicott 1990). Die politische Funktion des „gemäßigten Pluralismus" liegt gerade in der intersubjektiven Aktualisierung und Gewichtung der verschiedenen Ebenen und Prinzipien in unterschiedlichen Situationen bzw. in der Aufrechterhaltung des sozialen Prozesses, der allein die Kontinuität der moralischen Gemeinschaft bewahren kann. Oder umgekehrt: Jeder Pluralismus – auch der politische, wirtschaftliche oder religiöse – findet dort seine moralische Grenze, wo der Bestand der bestehenden oder zu schaffenden moralischen Gemeinschaft gefährdet ist.

Vor dem gleichen Problem steht der MORALISCHE RELATIVISMUS, für den die moralischen Prinzipien, die für eine Person oder Kollektivität bindend sind, lediglich als eine Funktion der moralischen Praktiken einer Gesellschaft zu verstehen sind, die ihrerseits sozialstrukturell und historisch völlig kontingent sind (Raz 1994: 141 ff.). Dieser Relativismus hat sein Gutes: Er macht deutlich, daß moralische Prinzipien denjenigen, die sie befolgen sollen, auch verständlich und pragmatisch realisierbar erscheinen müssen; er macht ebenso begreiflich, daß es einen sozialen Wandel gibt und daß mit ihm auch bestimmte moralische Prinzipien an Aktualität und Glaubwürdigkeit verlieren, während andere gewinnen. Doch ist ein konsequenter Relativismus gar nicht so leicht durchzuhalten: Die meisten Personen und Kollektive gestehen sehr wohl zu, daß in anderen Gesellschaften unter anderen Umständen andere Prinzipien und Maßstäbe gelten können oder sogar müssen; aber für ihre eigene Situation halten sie dennoch ihre eigene Moral für die einzig richtige – auch wenn sie vielleicht der Konvention folgen und ihnen jede Begründung dafür fehlt. Die meisten Menschen sind also sehr bedingt Relativisten. Was dem Relativismus seine moralische Qualität erhält, ist ja auch einzig die Verpflichtung gegenüber der eigenen moralischen Gemeinschaft. Ein radikaler Relativismus, der zugesteht, daß alle Prinzipien und Maßstäbe beliebig sind bzw. daß jedes Mitglied einer Kollektivität sich nach anderen, vielleicht sogar gut begründbaren Maßstäben verhalten kann, würde sich in seiner moralischen Qualität selbst zerstören. Ein moralischer Relativismus hingegen, der moralisch bindend für alle sein soll, kann bestimmte Grundzüge, die fundamental und universell sind, schon aus logischen, erst recht jedoch aus ethischen Gründen nicht vernachlässigen.

Wenn die Grundlage der Moral zunächst einmal ist, VERANTWORTUNG zu übernehmen, also die legitimen Interessen der anderen in seine eigenen Überlegungen einzubeziehen und zumindest von wechselseitigem Wohlwollen, im Grunde aber von sozialer Pflicht und Gerechtigkeit auszugehen, so ist nicht nur zwischen Sitten und Sittlichkeit – mores und morality – zu unterscheiden, sondern es ist auch anzuerkennen, daß die mögliche Unterschiedlichkeit und ein Nebeneinander der Moralen gerade darauf begründet ist, daß sie alle den gleichen Grundzügen der Moralität folgen (Rescher 1989: 3–18). Prinzipien wie die, daß der Andere als Person zu achten ist und daß er nicht zum Mittel meiner Zwecke degradiert werden darf, daß anderen Menschen und Lebewesen vermeidbares Leid nicht zugefügt werden darf, daß für alle – in vergleichbarer Situation und Position – das gleiche gilt, daß andere nicht mit Absicht belogen, betrogen und hintergangen werden dürfen, daß sich keiner aufgrund der Moralität der anderen einen ausbeuterischen Vorteil verschaffen darf, daß der gemeinsame Lebensraum nicht zerstört werden darf usw., sind nicht verhandelbar – nicht innerhalb einer Kultur und nicht zwischen den Kulturen (Rescher 1989: 39, 49).

Es ist schwer, eine Hierarchie zwischen diesen einzelnen Imperativen festzulegen; denn sie besagen funktional alle das gleiche: Erfülle deine Pflicht in der moralischen Gemeinschaft, der du zugehörst! Tritt für andere Mitglieder in dieser Gemeinschaft ein! Wohl aber lassen sich verschiedene Ebenen der Abstraktion oder Generalität in diesen Imperativen und Normen feststellen: vom genannten Gemeinschaftsprinzip über grundlegende Prinzipien und Werte bis zu den davon abgeleiteten praktischen Regeln allgemeineren und spezielleren Grades. Diese Hierarchie ist keine „materiale" oder „essentielle" Werthierarchie im Sinne von Max Scheler, sondern eine logisch-pragmatische, und zwischen diesen Ebenen gibt es jeweils einen gewissen Interpretations- und Handlungsspielraum, der einerseits eine situationsadäquate Anwendung ermöglicht, andererseits die Akteure bei ihrer Verantwortung hält. Obwohl es eine weltweite Tendenz in diese Richtung gibt, mag es dennoch fraglich sein, ob man für alle moralischen Gemeinschaften von einer „ontologischen Pflicht zur Selbstverwirklichung" (Rescher 1989: 90) ausgehen kann; ein pauschaler moralischer Relativismus allerdings, der unfähig ist, diesen zwingenden MEHREBENENCHARAKTER von moralischen Anforderungen zu würdigen und der damit notwendigerweise undifferenziert oder „fundamentalistisch" bleibt, ist auf jeden Fall verfehlt: Mit ihm ist pragmatisch sinnvoll gar nicht zu diskutieren, und schon diese Nicht-Diskursivität ist unmoralisch.

Einen totalen moralischen Relativismus der Indifferenz kann es *de facto* und *de jure* also gar nicht geben. Was es gibt, ist ein bestimmtes Ausmaß an kulturellem oder politischem Relativismus. Der KULTURRELATIVISMUS (Gutmann 1995: 275) geht davon aus, daß moralische Prinzipien, Maßstäbe und Ansichten über soziale Gerechtigkeit und persönliches Glück, die in unserer Kultur gelten, nur auf Mitglieder unserer eigenen Kultur voll anzuwenden sind, während die moralischen Prinzipien der Angehörigen anderer Kulturen – selbst wenn sie vorübergehend oder ziemlich dauerhaft in unserer Kultur leben – letztlich nach deren eigenem kollektiven Verständnis zu beurteilen sind, auch wenn beide Seiten im alltäglichen Zusammenleben genötigt sind, pragmatisch definierte Kompromisse einzugehen. Dieser Kulturrelativismus ist geeignet, die Toleranz gegenüber anderen Kulturen zu fördern und den Horizont der eigenen Lebensmöglichkeiten zu erweitern; er läuft aber auch Gefahr, daß die fremde Kultur in unseren Vorstellungen homogenisiert wird bzw. daß eine singuläre, zeitgeschichtlich dominante oder durch die Massenmedien hochgespielte Überzeugung zum generellen Kulturmuster erklärt wird, so daß die Eigenrechte der Individuen sowie die sozialen Unterschiede von Rasse und Klasse, von Ethnie und Geschlecht, Einkommen und politischem Einfluß gar nicht mehr gesehen werden, sich damit aber auch jeder Grundsatz des Allgemeinwohls oder der sozialen Gerechtigkeit verflüchtigt.

Der POLITISCHE RELATIVISMUS kümmert sich weniger um die kulturellen Einheiten als um politische Gemeinwesen, die in der Regel durch einen Staat repräsentiert sind, der für sich Legitimität beansprucht und seine eigenen Maßstäbe von sozialer Gerechtigkeit setzt. Da hier die Machtdifferenzen vielfach unübersehbar sind und moralische Fragen wenigstens zum Teil durch Recht und Gesetz geregelt sind, beschränkt er sich weitgehend auf die Grundsätze eines prozeduralen Rechts und einer prozeduralen Gerechtigkeit, die kulturell oder religiös begründete Wertsetzungen tunlichst vernachlässigen. Zwei Mechanismen einer prozeduralen Gerechtigkeit sind einerseits die DEMOKRATIE, andererseits die SEZESSION. Beide verfehlen leicht ihr Ziel, indem sie im einen Fall trotz deklarativer Wertbeschwörungen die bestehende moralische Gemeinschaft vielfach ignorieren oder nur funktionieren, insoweit diese Gemeinschaft noch als selbstverständlich gegeben gilt. Im anderen Fall jedoch zerstören sie die bestehende moralische Gemeinschaft und restituieren sie allenfalls als getrennte – in der Regel feindliche – moralische Gemeinschaften wieder. Der Kulturrelativismus wie der politische Relativismus findet seine Grenze darin, daß wir zunehmend gezwungen sind, in immer größeren politischen Gemeinschaften, vielfach mit multikulturellen Zentren, zusammenzuleben. Tatsächlich mündet der politische Relativismus in aller Regel in eine minimalistische Form des Universalismus, wonach unterschiedliche Kulturwerte und Meinungsverschiedenheiten zwar akzeptiert werden, gleichzeitig aber durch allgemein anerkannte politische Verfahren und individuell zugeschriebene Menschenrechte abgepuffert werden. Ebenso setzt der Kulturrelativismus – vor allem, wenn er als Begründung der Multikulturalität herhalten soll – schon rein logisch voraus, daß Relativität nur auf dem Hintergrund oder der Grundlage einer Einheit oder Identität gedacht werden kann. Es ist dann gleichgültig, ob diese nun biologisch-ethologisch – es gibt nur EINE Spezies Mensch und nur EIN Ethogramm des Menschen – oder ob sie nach dem Prinzip der Intelligibilität und der Kommunizierbarkeit verstanden wird. Wo kein Wert mehr auf die Einheit der Menschheit und auf die Kommunizierbarkeit von Werten und Normen gelegt würde, gäbe es letztlich überhaupt keine moralische Verpflichtung mehr, und damit auch keinen Anspruch auf Gemeinwohl und Gerechtigkeit. Dann hätte sich der moralische Relativismus selbst *ad absurdum* geführt.

Aus dem gleichen Grund kann als MORALISCHER UNIVERSALISMUS nicht schon die überall gebräuchliche minimalistische Version des ethischen Universalismus, sondern nur eine maximalistische Form gelten, wonach es substantielle Gerechtigkeitsprinzipien und einen umfassenden Katalog ethischer Prinzipien gibt, die auf alle modernen Kulturen anzuwenden sind

(Gutmann 1995: 293 f.). „Modern" soll erstens heißen, daß diese Prinzipien VERNUNFTBEGRÜNDET sind, daß sie einerseits nicht Rekurs auf einen religiösen oder kulturellen Fundamentalismus oder Monismus nehmen, daß sie andererseits aber logisch begründbar und empirisch-experimentell überprüfbar sind bzw. daß sie eine plausible Entwicklungsperspektive aufzeigen oder zumindest diskursfähig sein müssen. Zweitens heißt „modern", daß allem letztlich ein persönlicher INDIVIDUALISMUS zugrunde gelegt wird: Dem Individuum werden unabhängig von der Kollektivität, in der es lebt, unveräußerliche Menschenrechte und Entwicklungspotentiale zugestanden oder zugemutet; dafür trägt aber nun auch jedes Individuum globale Verantwortung (Scheffler 1995: 227 ff.). Dennoch soll hiermit nicht einem „ethischen Egoismus" das Wort geredet werden: Individuen sind selbstverständlich immer Mitglieder von Gruppen und Organisationen; sie sind wesenskonstitutiv „Agenten", Handlungsbevollmächtigte, Verantwortungsträger, Repräsentanten dieser Sozialbezüge, und die ethische Qualität des moralischen Individualismus liegt gerade in dieser Verbindung von Funktionserfüllung und persönlicher Integrität, kurz: von „Pflicht" und „Wertentscheidung" (Mack 1990: 82 f.). Werte sind in diesem Sinn immer sozial relativ oder relational, Pflichten sind immer persönlich, und seien sie noch so betont als „Gesetz" formuliert; von „Verantwortung" ist überhaupt erst in dieser Verbindung zu sprechen.

Eine universalistische Ethik in diesem Sinn kann nicht definitiv und allumfassend und schon gar nicht apriorisch sein, vielmehr besteht ihre Universalität ja in ihrer Flexibilität und PROZESSUALEN OFFENHEIT, so daß z. B. auch neue politische oder wissenschaftliche Probleme, die offensichtlich keiner eindeutigen und endgültigen Lösung zugeführt werden können, offen zu diskutieren sind. Ein apriorischer Universalismus würde kulturelle Differenzen ungeprüft einebnen, er würde den Gesetzgebern und ihren Wahlkörperschaften auf der einen und den Gerichten auf der anderen Seite die Grundsatzentscheidungen abnehmen, und er würde damit die politische Freiheit und kulturelle Selbstbestimmung gerade dort zur Illusion machen, wo den Grundsätzen der Gleichheit und der sozialen Gerechtigkeit zum Durchbruch verholfen werden soll. Was unter den gegenwärtigen Umständen einer Multiplizität von Staaten und Kulturen möglich und notwendig scheint, ist ein DELIBERATIVER UNIVERSALISMUS (Gutmann 1995: 296 ff.), der auf persönlicher Entscheidung und Beratung, auf Reflexion und Diskurs beruht. Der „deliberative Universalismus" erschöpft sich aber andererseits nicht im bloß Prozeduralen; er stellt insofern „substantielle" Ansprüche, als er sich dessen bewußt ist, daß bei aller Situationsbedingtheit und Vorläufigkeit der ethischen Lösungen ein gnadenloser technisch-wirtschaftlicher wie auch demographisch-genetischer Selektionsprozeß eingesetzt hat, der irreversible Kontingenzen eröffnet und die Wesensdefinition von „Menschlichkeit", „menschlichem Glück", „Allgemeinwohl" und „sozialer Gerechtigkeit" sehr wohl grundlegend verändern kann.

Wenn man die Doktrinen des ethischen Universalismus, des Relativismus und Pluralismus unter den Gesichtspunkten der Gemeinschaftsbildung und der Entwicklungsfähigkeit der gelebten oder angestrebten moralischen Gemeinschaft betrachtet, dann kann man stets feststellen, daß jede Übertreibung in Richtung einer monistischen, allumfassenden und apriorischen Ethik im Grund ethisch destruktiv ist. Dagegen kann jedoch eine PERSPEKTIVISCHE Deutung, die diese Doktrinen zueinander in Beziehung setzt, durchaus fruchtbar sein: Der Relativismus löst sich dann in einen minimalistischen Universalismus, der Pluralismus in einen sozialen „Relationismus" auf (K. Mannheim 1964: 570) und der dogmatische Universalismus in einen deliberativen Universalismus der gemeinsam zu verantwortenden Entscheidungen in Kooperation und Konflikt. Dieser „MORALISCHE RELATIONISMUS" öffnet einen weiten moralischen Entscheidungsraum, er macht aber auch moralische Entscheidungen zu Problemen der Zuordnung, der Gewichtung und Abwägung. Man kann nicht alles zugleich haben: Allgemeinheit und Kohärenz auf der einen und Treffsicherheit und Genauigkeit in der Anwendung auf den Einzelfall auf der anderen Seite; hat ein Moralsystem einen hohen Grad der logischen Geschlossenheit und theoretischen Begründung erreicht, so wächst die Gefahr, daß die Kontextualität und pragmatische Anwendbarkeit ein Opfer der Systematik wird (Raz 1995: 308).

Dieser relativistische oder perspektivische Ansatz scheint sich im Prinzip der MULTIKULTURALITÄT selbst aufzuheben; bei näherem Hinsehen aber erweist er sich hier als die einzig mögliche Lösung. Unter „Multikulturalismus" soll ein Zustand verstanden werden, in dem Mitglieder aus stark unterschiedlichen Kulturen, die ihre kollektive Identität bewahren wollen, arbeitsteilig miteinander verbunden sind, ohne daß eine geographische und gesellschaftliche Separierung möglich wäre.[10] Die Paradoxie der Multikulturalität liegt darin, daß ihre Anerkennung ja nicht nur die kollektive Identität und den unersetzbaren kulturellen Eigenwert der eigenen Kultur und die Toleranz der fremden Kultur impliziert, sondern diese Anerkennung in der alltäglichen Praxis auch aus Gründen der politischen Gleichheit und Wohlfahrt, der Hilfeleistung und sozialen Gerechtigkeit gefordert wird. Beides ist nur unter bestimmten Bedingungen zu vereinen: Toleranz können Kollektivitäten für sich dann fordern, wenn sie selbst tolerant gegenüber anderen sind; soziale Gerechtigkeit können nur jene fordern, die sich am Ausbau der gemeinsamen Infrastruktur und der Kollektivgüter einer Gesellschaft beteiligen; kollektive Eigenständigkeit kann der fordern, der die soziokulturellen Standards der Gastkultur überbietet oder sich dem Risiko des sozialen Wandels fern von der Herkunftsgesellschaft aussetzt.

Der Begriff der Multikulturalität kann stärker in Richtung eines liberalen Multikulturalismus, der also die Freiheitsrechte und die AUTHENTIZITÄT der einzelnen Kulturen betont, verstanden werden, oder mehr in Richtung der gleichen Zugangschancen und der sozialen GERECHTIGKEIT, oder er kann mehr nach den Prinzipien einer Individualethik oder nach denen einer Kollektivethik aufgefaßt werden; immer aber wird es zu einem pragmatischen Kompromiß zwischen beiden Seiten kommen müssen: Würde man nur die Freiheitsrechte in kollektiver wie in individueller Form betonen, wäre die moralische Integrität der Gast- wie auch der Herkunftsgesellschaft gefährdet; würde man die Gleichheitsrechte über den Bereich bestimmter Kerninstitutionen – meist: Schule, Amtssprache, Militärdienst, politische Partizipation, öffentliches Gesundheitswesen – und bestimmter Minimalstandards hinaus auf alle Funktionsbereiche der Gesellschaft ausdehnen, dann könnte dies nur zur Zerschlagung der Minderheiten und des Privatsektors der Mehrheit führen.

Ethisch vertretbar und moralisch sensibel ist der Multikulturalismus, solange eben die Spannung zwischen SINGULARITÄT und UNIVERSALITÄT aufrechterhalten bleibt (Taylor 1993: 28) und solange die Moral ein Problem der Balance und der gemeinsamen Beratung im Fall der Kooperation bzw. der Aushandlung im Fall des Konflikts ist. Es gibt sowohl einen falschen Singularismus und eine falsche kulturelle Authentizität als auch einen falschen Universalismus. Die Authentizität (Ferrara 1994: 261 ff.) ist dort falsch, wo sie monologisch ist und die Bedeutung der lebendigen Beziehung zu den anderen unterschätzt bzw. wo ihr Charakter einer sozialen Konstruktion geleugnet wird. Wo diese Authentizität nicht weiterentwickelt werden kann, ist sie verloren: Eine Rückkehr in die Vergangenheit gibt es nicht, höchstens neue Formen des Traditionalismus und der Restauration, der Revitalisierung und der Renaissance. Ein falscher Universalismus liegt vor, wenn zwar das jeweils Fremde respektiert und vielleicht auch noch als kulinarischer Reiz wahrgenommen wird, jedoch eine kreative Einbindung und eigenständige Weiterentwicklung des Fremden auf dem Boden der eigenen Tradition und im Rahmen der eigenen moralischen Gemeinschaft nicht mehr möglich ist, wenn keine Seite zu einer Synthese fähig oder willens ist (Arieti 1976: 306 ff.). Vielleicht wird überdies auf eine eigene kollektive Identität in einem größeren oder kleineren Rahmen verzichtet, selbst auf Kosten der Grundlagen eines effektiven Staates. Die personale wie kollektive Identität ist dabei in erster Linie ein Bezugs- und erst in zweiter Linie ein Abgrenzungsproblem. Neben „primären" Identitäten gibt es „sekundäre", neben partikularen und vielleicht exklusiven gibt es universelle und inklusive Identitäten, wobei die einen so wichtig sind wie die anderen und das moralische Dilemma dort beginnt, wo enger und weiter Horizont beziehungslos auseinanderfallen.

5. Prinzipien der „moralischen Gemeinschaft"

Handeln, auch betont individuelles Handeln, ist immer nur innerhalb eines sozialen Kontextes möglich. Negativ gesehen heißt das, daß zahllose andere Individuen einen Beitrag zu meiner Handlung leisten müssen, um sie realisieren zu können; positiv, daß wir alle zusammen eine empirische wie eine ideelle „Gemeinschaft" bilden: Eine „EMPIRISCHE GEMEINSCHAFT", insofern ich tatsächlich in jeder meiner Handlungen auf die anderen, wie sie mit mir existieren oder wie sie vor mir existiert haben, angewiesen bin; eine „IDEELLE GEMEINSCHAFT", insofern diese Gemeinschaft in der Gegenwart höchst unvollkommen, jedoch in die Zukunft ausgerichtet ist und als regulative Idee – Gegenwart, Vergangenheit und Zukunft miteinander verbindend – unser Zusammenhandeln erst ermöglicht, nach den Prinzipien der Fairneß, des Vertrauens oder der Pflicht.

Eine Gemeinschaft setzt sich aus PERSONEN mit gleichen Rechten zusammen. Dies bedeutet nicht, daß alle INDIVIDUEN – etwa nach ihren natürlichen Begabungen und gesellschaftlichen Statuspositionen – gleich sind; aber es impliziert, daß kein Mitglied einer solchen Gemeinschaft eine privilegierte Position innehaben kann, daß Ämter nicht an Personen gebunden sein dürfen, sondern daß sie dem freien Wettbewerb ausgesetzt sein müssen (Kant XI: 147 f.). Als Individuen sind die Mitglieder einer Gemeinschaft ungleich, als Personen sind sie gleich. Umgekehrt ist es ethisch nicht möglich, Menschen, die in Not geraten sind, im Stich zu lassen; denn dies würde de facto zum Gemeinschaftsausschluß dieser Mitglieder führen und mithin die Gemeinschaftsidee für alle Mitglieder zerstören. Konstitutives Prinzip der Gemeinschaft ist daher die CHANCENGLEICHHEIT – wenngleich es natürlich Unterschiede in der tatsächlichen Herstellung dieser Chancengleichheit gibt. Die Chancengleichheit ist nicht etwa ein Geschenk (VIII: 591) der Wohlhabenden an die Notleidenden – das würde ja die Ungerechtigkeiten einer jeden Herrschaftsordnung nur legitimieren; sie ist genausowenig ein Gebot der politischen Klugheit – etwa um mit der Erhöhung der Bildungschancen für untere Schichten das kollektive Begabungspotential zu erhöhen; vielmehr sie ist konstitutiv für die Gemeinschaft und Pflicht aller Gemeinschaftsmitglieder.

„Ideelle Gemeinschaft" und „Person" gehören begrifflich zusammen wie „empirische Gemeinschaft" und „Individuum". Eine PERSON ist „das ganz einzigartige Sein eines Wesens, das ein Bewußtsein seiner selbst hat,

sinnvolle Akte und Stellungnahmen vollzieht, das ‚sich selbst besitzt' ..."
(Hildebrand 1955: 147). Personen sind „selbständige Einheiten", sie sind
„Teile der Gemeinschaft"; doch die Tatsache, „daß sie eine neue Einheit
als Teile aufbauen" (141), tangiert nicht ihre Selbständigkeit. Personen
sind eigene moralische Instanzen oder sogar die letzten moralischen Instanzen, die zusammen zwar eine GEMEINSCHAFT bilden, doch immerhin
frei sind in der Entscheidung, WELCHER Gemeinschaft sie angehören, welche Art von Gemeinschaft sie bilden wollen, wieweit sie dem bisher eingeschlagenen Kurs der Gemeinschaftsbildung folgen und welche Rolle sie
darin spielen wollen. Wir können überhaupt „Gemeinschaften" erst erkennen, wenn wir als Personen fungieren. Wir können die Gemeinschaft
sozusagen „von außen", gleichsam als Zuschauer sehen, wenn auch als
„verständnisvolle, mit dem Objekt ‚konspirierende' Zuschauer" (149). Im
„Außenaspekt" sehen wir die Gemeinschaft vor allem in ihren Materialisationen und Objektivationen, in ihrer Organisationsform und ihren Werken. Oder wir können die Gemeinschaft „von innen" sehen, als „Glied der
Gemeinschaft", wobei wir die Gemeinschaft aus unserem eigenen Sinnmittelpunkt rekonstruieren und der Zustand der Gemeinschaft immer zugleich auf den Zustand unserer Person bezogen bleibt. GEMEINSCHAFTEN
können sich auf verschiedenen Ebenen konstituieren; typisch ist jedoch,
daß die höhere Ebene jeweils aus der tieferen Ebene „herauswächst"
(152–169).

Auf der untersten Ebene, die bei unserer Geburt uns schon vorgegeben
ist, bildet sich ein „gemeinschaftsmäßiges Miteinander" durch biologische
und geographische Gegebenheiten, durch das arbeitsteilige Zusammenleben in einem bestimmten Lebensraum. Auf einer mittleren Ebene, die
schon einen höheren Grad des Bewußtseins und der Entscheidung voraussetzt, werden wir durch soziale, z. T. rechtsverbindliche Akte des Versprechens und des Vertrages, von Befehl und Amtsautorität zusammengehalten. Auf dieser Stufe bleibt der soziale Akt, der sie ins Leben ruft,
sozusagen noch außerhalb der Gemeinschaft; die Gemeinschaft verinnerlicht sich erst, wenn die Personen von Sympathie und Vertrauen zueinander erfüllt sind. Auf der höchsten Stufe ist die Gemeinschaft eine „Wertegemeinschaft", getragen von einem gemeinsamen Ethos und durch
historisch gebundene Ideale, denen bestimmte Werte zugrunde liegen, die
den Beteiligten vielleicht gar nicht bewußt sind. Wenn sich eine Gemeinschaft auf allen drei Ebenen konstituiert, bildet sich mit der geistigen

„Einswerdung" ein „neues Gemeinschafts*corpus*" heraus, so daß die Gemeinschaft geradezu körperlich empfunden werden kann, daß sie als „Individuum eigener Art" erlebt wird, das zwar aus Personen erwächst, sie dennoch aber alle transzendiert. Man könnte einfacher sagen, daß sich ein „Wir" herausgebildet hat, sodaß die Ereignisse, die uns personell begegnen, sich „generell nicht mehr an das ‚Ich' allein, sondern an ein ‚Wir' adressieren".

Kantisch gesprochen geht es um eine „UNIVERSALISIERUNG" der sozialen Akte wie der Ideale und Werte, wenn eine „Gemeinschaft" zustande kommen soll. Dieser Ausdruck ist treffend, insofern er die umfassendste und höchste Gemeinschaft meint: die „Menschheit"; für die anderen Gemeinschaften wie Ehe, Familie, Verein, Nation klingt diese Redeweise kalt und rationalistisch; dennoch gilt das Prinzip der Universalisierung auch hier: „GEMEINSCHAFTSKONSTITUTIV", also gemeinschaftsbildend, gemeinschaftsfähig, gemeinschaftlich sind alle Handlungen und Handlungs- oder Entscheidungsgrundsätze, die dem Kriterium der Universalisierbarkeit[11] genügen. Nach Kant wird diese Universalisierbarkeit durch die Vernunft garantiert; doch genügt für eine allgemeine Sozialethik, die nicht unbedingt dem Vernunftglauben verpflichtet ist, die Universalisierung auf eine Gemeinschaft hin, an die das Selbst sich in seiner Entwicklung bindet. „GEMEINSCHAFTSWIDRIG", also gemeinschaftszerstörend, sind Handlungen und Grundsätze, die dem Universalisierbarkeitskriterium widersprechen, z. B., indem sie Ausnahmen zulassen, die, wenn sie sich jeder gestattete, die Gemeinschaftsverpflichtung aufhöben; aber auch, wenn ethisch zulässige, jedoch sekundäre Maximen, z. B. an Gott zu glauben, dem Hedonismus zu folgen, über die fundamentalen Maximen der Gemeinschaftserhaltung und Universalisierung gestellt werden. Dem Prinzip der „Universalisierung" kann nicht schon das Prinzip der „Intersubjektivität" oder des „Konsenses" genügen (Corradini 1994: 141); erforderlich ist vielmehr die „Objektivität" eines den aktuellen Gemeinschaftshorizont übersteigenden „allgemeinen Gesetzes", das auf die Menschheit universalisierbar ist. So können „altruistische" Akte nicht bereits als „gemeinschaftsfördernd" angesehen werden. Sie können die Gemeinschaft auch zerstören, wie z. B. das Verhalten von falschen „Friedfertigen" und „Märtyrern" zeigt, die den Betrug an der Gemeinschaft, ihre Ausbeutung und Schädigung tolerieren.

Wenn ein hinreichender Grad der Universalisierung stattgefunden hat, so ist der Prozeß der MORALISCHEN INTEGRATION komplex und vielleicht auch widersprüchlich. Vor allem kann die moralische Integration nicht mehr allein auf der Ebene der interpersonellen Kontakte und Kommunikationen lokalisiert werden. Universalisierung bedeutet ja gerade die Anerkennung der anderen Person, den Schutz ihrer physischen und psychischen Integrität, die Gewährleistung ihrer Teilnahmerechte an der Gemeinschaft wie auch eine Hilfsverpflichtung der Gemeinschaft gegenüber der Person; aber Universalisierung bedeutet gleichzeitig auch die Loslösung der Teilnahmerechte wie der Schutzrechte von der konkreten Person oder von einem bevorzugten Kreis von Personen. Die Integration der komplexen moralischen Gemeinschaft beruht gerade auf Symbolisationen, Mythen und auf Ritualen, z. B. in der Zeiteinteilung oder in der Aufteilung von Arbeit und Freizeit, von Öffentlichkeit und Privatsphäre, und auf allgemeingültigen Prozeduren, z. B. von Mehrheitsentscheidungen, Lohnverhandlungen und Rechtsmittelwegen. Diese setzen auf einer weit höheren gesellschaftlichen Ebene an und benötigen keine persönliche Bekanntschaft der Mitglieder einer moralischen Gemeinschaft (Peters 1993: 101 f.). Die Behauptung, daß die moralische Integrität in der modernen bzw. postmodernen Gesellschaft sich vermindert habe, ist in dieser Pauschalität sicher unrichtig. Zu beobachten ist eher eine Loslösung der sekundären von der primären Ebene und eine Umkehrung des Begründungsverhältnisses: Während auf der sekundären Ebene die „allgemeinen Menschenrechte" weitestgehend anerkannt sind und auch tatsächlich ein hohes Maß an Anerkennung, Vertrauen und Pflichtbewußtsein gegenüber Fremden herrscht, ist die moralische Integrität der primären und intermediären moralischen Gemeinschaften, z. B. von Familie, Freundeskreis, Hausgemeinschaft, Kollegenschaft, Wohngemeinde oder -quartier, von Land und Kirche, auch Staat und Nation, sehr abgesunken. Es hat gewissermaßen eine Umkehrung des moralischen Horizonts stattgefunden. Verstöße gegen die moralische Integrität primärer Gruppen wie Ehebruch, Kindsmißbrauch, verweigerte Hilfeleistung, Gewaltanwendung in Jugendbanden, die Entmündigung und Erniedrigung von Sektenmitgliedern, die Diffamierung im politischen Bereich werden nicht mehr von der primären moralischen Gemeinschaft, sondern durch Berufung auf die universellen Menschenrechte und mit Hilfe der Gerichte geahndet (Post 1986).

Ob man eine Pflichtethik oder eine Wert- und Normethik zugrunde legt, immer ist von ZWEI EBENEN bzw. einer konstitutiven Polarität von „individuellem Willen" und „allgemeinem Gesetz", von „primärer" und „sekundärer" sozialer Ebene, von „Natur" und „Person", von „geglaubten" und „konstitutiven Werten", von „deklarierten" und „subsistenten Normen", von „empirischer" und „ideeller Gemeinschaft" auszugehen. Diese Polarität mag zu mancher Paradoxie Anlaß geben; dennoch bedingen sich beide Pole wechselseitig und unmittelbar, und im Horizont einer zukünftigen Gesellschaft, die unvermeidlicherweise eine „Weltgesellschaft" sein wird, wird die „ideelle Gemeinschaft" schon sehr konkret und zwingend, so etwa, was das Verhältnis von Industrienationen und Entwicklungsländern, was die Umweltproblematik oder auch was das Verhältnis zu künftigen Generationen auch der engeren Gemeinschaften oder was schließlich das Verhältnis zum Leben, also auch zu Eugenik, Abtreibung und Euthanasie betrifft. Wie will z.B. John Rawls (1993) begründen, daß seine „Gerechtigkeitsethik" nur für Staaten gelten soll, nicht jedoch für die Weltgesellschaft oder für das „Völkerrecht"? Er reklamiert die „moralische Gemeinschaft" ausschließlich für „Völker" oder „Nationen", obwohl ihm doch erstens bewußt sein müßte, daß die „moralische Gemeinschaft" auch innerhalb eines „Volkes" äußerst brüchig sein kann, zersetzt von Gruppenkonflikt, Korruption und Parasitismus; zweitens sind die Grenzen zwischen den Nationen in aller Regel durch Krieg und Eroberung, durch Völkermord, Kolonisation und Versklavung, bestenfalls durch Migration, Überlagerung und demographische Absorption zustande gekommen; drittens sind alle zusammen, ob sie wohlintegrierte moralische Gemeinschaften darstellen oder nicht und ob sie dies aktiv anstreben oder passiv erleiden, durch mehr oder weniger globale ökonomische, politische und ökologische Interdependenzen miteinander verbunden. Wie kann die Verteilung der sozialen Güter und Verantwortungen in einer nationalen Gesellschaft gerecht sein, wenn der Wohlstand dieser Gesellschaft auf unrechte Weise zustande gekommen ist oder wenn die Erhaltung dieses Wohlstandes weiterhin einerseits wohl auf der Erhaltung der funktionalen Interdependenz, andererseits aber auf der Erhaltung der bisherigen Ungleichheit in der Ressourcenverteilung beruht? (Vgl. Pogge 1994: 196 ff.)

Eine MORALISCHE GEMEINSCHAFT kann sich nicht allein in bezug auf die Vergangenheit oder auf die Zukunft begründen. Eine moralische Gemeinschaft gibt es erst dort, wo es eine Identität dieser Gemeinschaft gibt und wo sich die Individuen in Loyalität an diese Gemeinschaft binden. Nach Josiah Royce (1968: 248) muß sie sowohl eine „Gemeinschaft des gemeinsamen Gedächtnisses" wie auch eine „Gemeinschaft der Hoffnung" sein.

Eine „Gemeinschaft der Erinnerung" besteht darin, daß jedes Individuum die gleichen Ereignisse als Teil seines Lebens zu betrachten gewillt ist, die vermutlich auch die anderen als Teil ihres Lebens definieren. Diese in die Vergangenheit zurückreichende Gemeinschaft beruht oft auf ethnischen Wurzeln, auf religiösen Bekenntnissen, auf engeren landschaftlichen oder regionalen Bindungen; nichtsdestoweniger müssen auch diese schon Elemente enthalten, die in die Zukunft weisen und generalisierbar sind für größere Gemeinschaften. Die „ideelle Gemeinschaft" kann nur die „GROSSE GEMEINSCHAFT" sein, nämlich die Weltgesellschaft als „moralische Gemeinschaft". Eine solche Gemeinschaft existiert bis zu dem Grad, wie alle Menschen sich auf gemeinsame Erinnerungen berufen und gemeinsame Zukunftserwartungen hegen. Andererseits setzt aber jede „moralische Gemeinschaft", die sich selbst ernst nimmt, diese große moralische Gemeinschaft schon voraus; denn nur in der großen Gemeinschaft kann verhindert werden, daß die moralische Verantwortung von einer „natürlichen Gemeinschaft" auf die andere verschoben wird, und nur in ihr ist die Freiheit und die psychische Entwicklung des einzelnen auf einen langen oder unbeschränkten Zeithorizont gesichert. Jene Gemeinschaften können „GENUINE" MORALISCHE GEMEINSCHAFTEN genannt werden, die für diese „große Gemeinschaft" geöffnet sind und sich nicht durch moralische Alibis und Privilegien absondern.

Allerdings führt der Weg zur „großen Gemeinschaft" historisch über kleinere Gemeinschaften einer niedrigeren Organisationsebene. Dieser Weg ist nicht zu vermeiden; er ist in der Regel auch moralisch vorzuziehen, da hier Verantwortungen noch persönlich übernommen werden müssen und die Loyalität von unten wachsen kann, also nicht deklarativ durch Massenappelle und Ideologien hergestellt werden muß (Royce 1969: 1069 ff.). Entscheidend ist, daß sich diese kleineren moralischen Gemeinschaften nicht in einem „falschen Sektionismus" abspalten, sondern daß sie sich als Teil der „großen Gemeinschaft" verstehen. Einer moralischen Gemeinschaft anzugehören ist nicht eine Frage des Entweder-Oder nach dem angeblich natürlichen Antagonismus von „ingroup" und „outgroup", sondern eine Sache des Gradunterschiedes und des Bezugsystems an Bezugspersonen wie Bezugsgruppen und -objekten. Im Falle des Konfliktes zwischen verschiedenen Gemeinschaftsloyalitäten ist stets der „genuinen Gemeinschaft" der Vorzug zu geben, also jener Gemeinschaft, die ihre Zukunft in der „großen Gemeinschaft" sieht.

Eine „ideelle Gemeinschaft" in diesem Sinn meint nicht die „geistige", noch weniger die „utopische" Gemeinschaft, sondern im Gegenteil eine sehr reale, nämlich moralisch zwingende, immer schon gegenwärtige, eine „grundlegende" oder „fundamentale" Gemeinschaft (Aul 1993: 175). Eine solche „ideelle Gemeinschaft" eröffnet einen weiten Entwicklungsraum, insoweit innerhalb der „FUNDAMENTALEN" Regeln damit verträgliche „SEKUNDÄRE" Regeln möglich sind, welche verschiedene Gemeinschaftsformen zulassen, die durchaus auch nach Utilitätskriterien oder historisch-kulturell kontingenten Kriterien zu wählen sind. Alle Weltanschauungsgemeinschaften sind sekundär in diesem Sinn. „Sekundäre" unterscheiden sich von „fundamentalen" Normen erstens darin, daß sie nicht für jedermann obligatorisch gemacht werden können, daß sie überhaupt nur für diejenigen als „moralisch" gelten können, die dieser Weltanschauung tatsächlich in ihrem ganzen Lebensvollzug anhängen. Zweitens sind sie teleologischer Art in dem Sinn, daß sie vorschreiben, was zu tun ist, um einen bestimmten Zweck zu erreichen. Nichts und niemand kann mich jedoch dazu zwingen, einen bestimmten Zweck zu verfolgen, eine bestimmte Wahl zu treffen, vor allem aber nicht, das Kriterium der Universalisierbarkeit aufzugeben. Es gibt also auch keinen Zweck, keine Charaktereigenschaft und kein Gut usw., die „gut" genannt werden könnten über diese Universalisierbarkeit hinaus. Mithin ist es auch nicht ernsthaft moralisch und ethisch zu rechtfertigen, ein Ziel – und sei es das *summum bonum* – direkt um seiner und um meiner selbst willen anzustreben, ohne Rücksicht auf die Aufrechterhaltung und Weiterentwicklung der „ideellen Gemeinschaft" zu nehmen.

Von dieser „ideellen Gemeinschaft" ausgehend, muß man dann aber zugestehen, daß eine ganz vom Individuuum, von der unmittelbaren Wertverwirklichung oder auch vom Problem des Egoismus oder Altruismus ausgehende HANDLUNGSETHIK wenig Sinn macht bzw. zu einem falschen Moralismus und zu in der Regel unerfüllbaren oder sogar gesellschaftlich kontraproduktiven Anforderungen führt. Der eigentliche Gegenstand einer SOZIAL- UND GESELLSCHAFTSETHIK sind nicht die Individuen, sondern die gesellschaftlichen Verhältnisse, die Institutionen und Agenturen, die sozialen Systeme und deren Sub- bzw. auch Supra-Systeme, in deren Namen, mit deren Ressourcen und im Rahmen von deren Schranken und Begrenzungen die Akteure handeln bzw. aufgerufen sind, sich als „Personen" zu verwirklichen, d.h. als Mitglieder einer „ideellen Gemeinschaft". Strikt soziologisch gesehen, sind moralische Urteile „Beschreibungen institutioneller Tatsachen" (R. Ferber 1993: 380). Dies jedenfalls gilt weitgehend für die praktisch Handelnden, ob sie sich nun der moralischen Sprache in einer deskriptiven, emotiven oder sogar präskriptiven Form bedienen. Aus der Moralisierung institutioneller Tatsachen folgt allerdings nicht, daß diese Urteile schon deshalb richtig oder gerechtfertigt sind; wir bemühen uns eher, moralische Urteile zu institutionalisieren, WEIL wir sie für richtig halten. Moralische Urteile können auch in verschiedener, sogar gegensätzlicher Weise institutionalisiert sein.

In einer optimistischeren Sicht der moralischen Entwicklung kann man die Unterschiedlichkeit der Institutionen geradezu begrüßen, bietet sie doch die Möglichkeit der Erprobung verschiedener Organisationsformen wie der ihnen zugrundeliegenden Normen oder Wertvorstellungen. Der Ethiker wie der Sozialforscher muß auf jeden Fall über diesen INSTITUTIONELLEN RAHMEN hinausgehen, indem er sich Gedanken über die Konstitution dieses Rahmens, seine Bedingungen und Konsequenzen macht.[12] Der institutionelle Rahmen kann heute in den meisten Fällen gar nicht weit genug gedacht werden. Er umfaßt nicht nur die herkömmlichen Institutionen von Familie, Staat und Kirche, sondern auch Super-Institutionen wie supranationale Organisationen oder internationale Regime, und die primäre moralische Verantwortung ist heute schon „Design-Verantwortung" und nicht erst unmittelbare „Handlungs- oder Entscheidungsverantwortung".

Eine DESIGNETHIK ist von der moralischen Gemeinschaft und vom institutionellen Design, seinen architektonischen und strategischen Gegebenheiten her zu denken. Die „materiale Wertethik" und die „Rational Choice Theory" reichen dafür nicht aus, die beide – von zwei konträren Extremen her – das für eine Sozialethik zentrale Problem der Gemeinschaftsbildung weitgehend ignorieren. Schelers „MATERIALE WERTETHIK" (1958: 32 f.) lehnt mit Kant jede Güter- und Zweckethik ab, die sittliche Werte mit historisch und kulturell bedingten Gütern identifizieren oder sie zu „technischen" Werten für die Erreichung eines Zweckes herabwürdigen könnte. Sein Versuch aber, den Kantischen Apriorismus und „Formalismus" – seinen „Vernunftglauben" sowie eine seiner Meinung nach von außen aufgedrungene „Pflichtethik" – zu umgehen, der ja materiale Wertentscheidungen völlig offenläßt und sie der jeweiligen moralischen Gemeinschaft überantwortet, bringt ihn dazu, nach einer „phänomenologischen Urerfahrung" oder „Wesensschau" zu suchen. Die Schau jedoch läuft letztlich auf eine Schichtungslehre des emotionalen Lebens hinaus mit a) sinnlichen Gefühlen, b) Lebensgefühlen, c) rein seelischen Gefühlen, d) geistigen Gefühlen (1958: 341–356). Abgesehen davon, daß diese Schichtungslehre sehr dem Vitalismus seiner Zeit verpflichtet ist und somit keineswegs der historischen Kontingenz entgeht, entzieht sich Scheler der SOZIALORGANISATORISCHEN Aufgabe völlig. Seine Unterscheidung von „Intimperson" und „Sozialperson" oder seine Utopie einer „solidarischen Personengruppierung unersetzlicher Personindividuen" (1960: 122) bietet für die anstehenden Designaufgaben keinen oder nur einen unzureichenden Ausgangspunkt.

Nicht viel besser steht es in dieser Beziehung um die „RATIONAL CHOICE THEORY", die Lösungen für das Problem der individuellen und kollektiven Wahlentscheidungen direkt aus den individuellen Präferenzen und den allzu einfachen oder auch strukturarmen Regeln der Nutzenmaximierung ableiten will.[13] Wenn man hier zu sozialwissenschaftlich relevanten Aussagen kommen will, so steht man vor dem sogenannten „AGGREGATIONSPROBLEM" (Wippler/Lindenberg 1987: 140ff.), also der Frage, wie überhaupt ein gemeinsamer Schnittpunkt in der Vielzahl individueller Präferenzen gefunden werden kann. Das gelingt nach dieser Vorstellung in der Regel nur unter dem Druck der äußeren Verhältnisse: knapper Ressourcen, unüberwindlicher Umweltbarrieren, der Unteilbarkeit der erzeugten kollektiven Güter oder schließlich der Abwehr von Ausbeutern und Schwarzfahrern. Der soziale Charakter der Wahlentscheidungen erscheint hier erst am Rande eines im Prinzip gnadenlosen Egoismus, der seine Grenzen lediglich darin findet, daß keiner mehr lügen, betrügen und ausbeuten kann, wenn alle lügen, betrügen und ausbeuten. Die so begründete „Sozialität" des Menschen ist rein fiktional – ebenso wie der Egoismus des rein zweckrationalen Handelns; aber immerhin sind selbst aus dieser absurden Limeskonstruktion noch gewisse Designkriterien für den Aufbau gemeinschaftsfähiger Institutionen abzuleiten.

Gegenüber dieser „aggregativen Perspektive" der „Rational Choice Theory" ist besser für eine „INTEGRATIVE PERSPEKTIVE" zu plädieren, wonach die individuellen Präferenzen durch Institutionen präformiert und kanalisiert werden, so daß weniger die Ermittlung gemeinsamer Einigungspunkte das Problem ist als vielmehr die Regelung von Kooperation und Konflikt, die Verteilung der Nutzen und Kosten für die gemeinsam erwirtschafteten Güter, der Zeithorizont der eingegangenen Bindungen und Risiken, die Zuschreibung der Verantwortungen und Verdienste.[14] Das wichtigste Kriterium ist auch hier das der „Transitivität" der Wahlen: Nur von Individuen, die transitive Vorzugsordnungen haben – welche also nicht völlig unvereinbar sind und nicht in ganz unterschiedlichen Wertdimensionen liegen –, sind fähig, sich auf eine als gemeinsam unterstellte Präferenzordnung einzulassen, deren Gültigkeit jedoch wohlwollend angenommen und nicht im einzelnen überprüft wird. Allein unter dieser Voraussetzung kann man dem „Condorcet-Kriterium" Genüge tun und kann ein „Pareto-Optimum" erreicht oder wenigstens angestrebt werden.[15]

Erforderlich ist vor allem eine hinreichende Sensitivität gegenüber Wandlungen in den unterschiedlichen Individualpräferenzen, was normalerweise in unserem Gefühl von Fairneß registriert wird. Um Raum für diese Fairneß zu geben, ist eine notwendige Voraussetzung die prinzipielle Chancengleichheit aller Mitglieder im Zugang zu den verschiedenen Mitgliedsrollen. Oder negativ ausgedrückt, darf es keinen Diktator geben, d.h., keinem Individuum darf es möglich sein, seine Präferenzordnung ohne Berücksichtigung der Präferenzordnungen der anderen Individuen durchzusetzen, ja auch nur aufzustellen. Das entscheidende Designprinzip beruht darin, daß es eine „universelle Domäne" gibt, in der sich alle individuellen Präferenzen treffen können und in der es einen großen Spielraum für alle möglichen Konfigurationen gibt. Des weiteren sollte aber auch ein „persönlicher Bereich" für alle Individuen vorhanden sein, in dem sie persönliche Entscheidungen treffen können, die außerhalb der universellen Domäne liegen. Dies ist die Grundlage einer freiheitlichen Gemeinschaftsordnung, und Freiheit ist die Grundbedingung jeden ethisch zu nennenden Verhaltens.

6. Prinzipien des „ethischen Pragmatismus"

In der Verwirklichung einer bestimmten Moral gerät man leicht in ein MO-RALISCH-PRAKTISCHES PARADOX: Je kohärenter und prinzipieller eine Moral vertreten wird, desto geringer ist die Wahrscheinlichkeit ihrer Durchsetzbarkeit (Gross 1993: 61). Eine Moral muß „systemadäquat" sein, um praktiziert werden zu können. Eine überspannte Moral gleich welcher Art könnte ethisch nicht gerechtfertigt werden; sie würde die Menschen zu Heuchelei und Selbsttäuschung oder zu Zwangsneurosen und Rigorismus führen. Erforderlich ist deshalb ein PRAGMATISCHER KOMPROMISS, eine Haltung des „Pragmatismus"; allerdings ist der Pragmatismus nicht zu übertreiben in Richtung eines postmodernistischen Relativismus. Eine pragmatische Ethik hat mehr vom ETHISCHEN KÖNNEN als vom Meinen, mehr vom spontanen Eingehen auf die Notlagen oder Bedürfnisse anderer als vom propositionalen Wissen oder von intentionalen Entscheidungen auszugehen (Varela 1994: 28). Der Grund des richtigen Könnens ist nicht im bewußten Erlernen von ethischen Maximen zu suchen, sondern in einem weithin unbewußten Lernprozeß der Sozialisation, in dem wir lernen, was man von uns erwartet, weil wir zu dieser Gemeinschaft gehören möchten. Eine überanstrengte Intentionalität, eine überwache Situationsanalyse, eine verschärfte Zweck-Mittel-Abwägung muß in diesem Sinn geradezu als unethisch bezeichnet werden: Ethisch ist ein Reagieren und ein Können, das selbstvergessen ist, weil es völlig in einen ganzheitlichen Lebenszusammenhang eingebunden ist oder weil es um seiner selbst angestrebt wird.

Die deontischen Ansätze, die von einer reinen Pflichtethik ausgehen und die sich schnell im Kategorischen verflüchtigen, ohne die sozialen Auswirkungen der von ihnen eingenommenen moralischen Positionen zu beachten, gehen zu leicht an den „sozialen Tatsachen" vorbei. Sie verzichten damit auf Verwirklichung um ihrer kategorialen Entschiedenheit, ihrer dogmatischen Einheit und Kohärenz willen – und gerade das ist sozialethisch nicht zu verantworten. Rein deontologische Argumentationen bekommen einen „theoretischen Drall": Sie opfern den konkreten Fall einer unter schwierigen Umständen zu vollziehenden Tat auf dem Altar von Prinzipien, Normen oder metatheoretischen Erwägungen – und zwar notwendigerweise auf der Grundlage von Analogieschlüssen, Konsistenzforderungen oder Theorieidealen, die der Einzelfall gar nicht hergeben kann. Nicht viel besser steht es um einen auf die Spitze getriebenen Konsequentialismus, der stets vom Einzelfall und seinen besonderen Bedingungen und zu erwartenden Wirkungen ausgeht – und z. B. lediglich die Optimierung eines von den Beteiligten erwünschten Gutes erreichen will –, ohne auf moralische Prinzipien zu rekurrieren; er müßte in der moralischen Urteilslosigkeit enden, denn die bloße Optimierung eines Gutes ist noch keine gute Tat, sie könnte auch ein Verbrechen sein.

So bleibt für beide Ansätze nur ein pragmatischer Mittelweg, oder vielmehr: eine pragmatische Rückkopplung und das Prinzip der PRAGMATISCHEN REVIDIERBARKEIT (Richardson 1995: 113); dieses besagt, daß der Akteur sich in keinem Einzelfall leiten lassen kann von irgendeinem fixen und definitiven Prinzip oder einer „Theorie" wie etwa der Gerechtigkeit, der Fairneß oder des Wohlwollens, sondern daß diesen eben nur „prinzipielle Gültigkeit" zuzuschreiben ist, während – gerade aus Achtung vor dem prinzipiellen Charakter – erst zu prüfen ist, ob und inwieweit das Prinzip im vorliegenden Fall anzuwenden ist. Umgekehrt kann es nicht angehen, einem moralischen Urteil unbesehen die Vorstellungen von Gütern, Nutzen und Kosten, Wohlergehen und Gerechtigkeit zugrunde zu legen, die bei den beteiligten Akteuren unter bestimmten Situationsbedingungen und selbstverschuldeten Zugzwängen vorherrschen. Auch diese Vorstellungen sind der Revision unterworfen und können bloß nach allgemeingültigen moralischen Prinzipien beurteilt, gewürdigt, verworfen oder eingeschränkt werden.

Wenn man diese Überlegungen zu einem methodischen Schluß zusammenfaßt, dann ist ein wahrhaft moralisches Handeln offenbar lediglich in einer GESTAFFELTEN REAKTION (Pogge 1991: 25) zu vollziehen, die eine kategoriale Kernethik von kontextbestimmten Spezifizierungen unterscheidet. Diese Reaktion liefert sich jedoch nicht völlig einem Pragmatismus aus, dem es nur darauf ankommt, eine funktionierende Moral zu etablieren, gleichgültig welche.

Natürlich geht es darum, systematische Einheit und pragmatische Anwendbarkeit, deontologische und konsequentialistische Ebene miteinander zu verbinden; und die moralische Qualität einer Sozialethik liegt genau darin, daß diese Verbindung als ein fortlaufender und umfassender sozialer Prozeß begriffen wird (Smith 1990: 119 ff.). Eine „ESOTERISCHE MORAL", die von einer feststehenden, gemeinsamen Glaubensüberzeugung ausgeht und die noch von vielen – von „Fundamentalisten" wie von „Konventionalisten" – für die ideale Lösung gehalten wird, ist nicht zu halten. Deren Beziehung zu den moralischen Prinzipien und ihrer tatsächlichen Anwendung wird nicht problematisiert. Sie gibt sich der Täuschung hin, daß deontische Prinzipien direkt – gewissermaßen ohne Nachdenken und ohne Lebenserfahrung, ohne institutionalisierte Verfahren und Regelsysteme, ohne praktischen und theoretischen Diskurs – in praktisches Handeln umgesetzt werden könnten. Damit liefert sie sich dem Irrtum, dem Betrug und der Manipulation aus, oder schlimmer noch: Sie läßt das ethische Problem überhaupt verschwinden, d. h., sie bestärkt bestenfalls die als gemeinsam deklarierten Glaubensüberzeugungen. Sie nimmt aber von dem zur Entscheidung aufgerufenen Individuum oder der Kollektivität jeden Druck, diesen Umsetzungsprozeß zu kontrollieren bzw. schlechte Anwendungen zu verbessern oder nicht anwendbare Prinzipien zu ersetzen oder sogar sich selbst zu ändern und neue instiutionelle Wege zu suchen. Eine PRAGMATISCHE ETHIK ist das Gegenteil einer solchen esoterischen Ethik: Mit ihrem zweistufigen Verfahren, erst allgemeingültige deontische Prinzipien aufzustellen und dann praktikable Anwendungsregeln für spezielle Probleme und Situationen zu finden oder auch umgekehrt, überantwortet sie die Lösung ethischer Probleme der moralischen Gemeinschaft und nicht irgendwelchen Dogmen und Glaubensautoritäten. „Endgültige" und „unbezweifelbare" Antworten sind damit nicht zu finden; selbst in einer „esoterischen Ethik" sind solche Antworten ein Selbstbetrug, der eben dadurch zu kaschieren ist, daß die Prinzipien so vage wie möglich gehalten werden.[16]

Ein Mißbrauch ist weder von der einen noch von der anderen Seite her auszuschließen: Die kategorische Fassung von Menschenrechten etwa und die zunehmende systematische Einheit völkerrechtlicher Rechtsgrundsätze können nicht verhindern, daß internationale Vereinbarungen und humanitäre Interventionen von dominanten Mächten zur Verfolgung ihrer eigenen nationalen Interessen genutzt werden. Umgekehrt ist das Ende der pragmatischen Flexibilität und Toleranz dort erreicht, wo lokale oder regionale Moralanwendungen das Prinzip des Allgemeinwohls untergraben und die Plausibilität und Glaubwürdigkeit der Moral und des Moralisierens selbst in Frage stellen. Hingegen ist es nicht gerade von weltbewegender Bedeutung, welche Ausgangspunkte einer kollektiven politischen Moralität zugrunde gelegt werden, da auch der Ausgang von einem logischen Extremmodell bei der tatsächlichen Anwendung die zunächst vernachlässigten Komponenten wird berücksichtigen müssen. Eine logische Möglichkeit ist z. B. das Modell des strategischen, rein zweckrationalen Handelns, das vom bloßen Eigeninteresse bzw. einem natürlichen Egoismus ausgeht. Es muß dann aber dennoch – über die Kollektivgut- und Schwarzfahrerproblematik – zu Kooperationslösungen und damit zu gemeinsamen ethischen Prinzipien vorstoßen: wenigstens zum Prinzip der Fairneß, meist aber auch der Vertrauensbildung und des Vertrauensschutzes. Auf der anderen Seite steht ein gewöhnlich deontisch formuliertes Modell, das von allgemeinen Pflichten und Menschenrechten ausgeht und das über irgendeine Form des kategorischen Imperativs das Individuum an die größere Gemeinschaft, wenn nicht sogar an die Menschheit bindet. Es kann sich aber dennoch vor einer allzu ethnozentrischen Gemeinschaftsbildung nur hüten, wenn es unmittelbar an das Individuum appelliert. Entgegen den verschiedenen Sektoral- oder Provinzialethiken, in denen ein bestimmter Aussschnitt aus diesem Koordinatensystem herausgegriffen und zum einzig gültigen oder vorbildlichen erklärt wird, geht es gerade um die Durchgängigkeit sowohl der Geltung als auch der Gemeinschaftsbindung.

Der Pragmatismus ist anti-essentialistisch und anti-rationalistisch. ANTI-ESSENTIALISTISCH ist er, insofern er jede Begründung der Moral aus dem weithin als unbekannt anzusehenden „Wesen des Menschen" oder auch einem „göttlichen Auftrag" für unmöglich hält. Unmöglich oder unnötig ist aber auch die Dichotomisierung in intrinsische und extrinsische Motivationen bzw. Merkmalsdimensionen; denn wir müssen die Dinge nehmen, wie sie uns erscheinen, und die Beschreibungen der Dinge werden von unseren eigenen Bedürfnissen diktiert (R. Rorty 1994: 68). Der Pragmatismus ist ANTI-RATIONALISTISCH, insoweit er nicht versucht, die Moral aus den Grundsätzen der Vernunft abzuleiten, ja insoweit er sich in Sachen der Moral nicht auf rationale Begründungen oder die Intelligenz der Menschen, sondern eher auf ihre Sensibilität gegenüber den Bedürfnissen der anderen Menschen verlassen möchte (R. Rorty 1994: 79).

In dieser Auffassung ist der Pragmatismus NICHT „RELATIVISTISCH" in dem Sinn, daß er allgemeingültige moralische Prinzipien für ungültig hält.[17] Der Pragmatist ist sich der „KONTINGENZ" seines Handelns bewußt, seiner Gemeinschaftszugehörigkeit, seiner Sprach- und Kulturbedingtheit; doch „Kontingenz" kann nicht einfach mit „Zufälligkeit" gleichgesetzt werden.

Die Kontingenz ist gerade kein moralisches Alibi, sie ist vielmehr ein entscheidendes ethisches Prinzip: Handlungen sind aus ihrer Kontingenz heraus zu verantworten – allerdings geht unsere Verantwortung darüber hinaus und bezieht sich ebenso auf das Zustandekommen dieser Kontingenzen. Der pragmatische Relativismus ist kein Relativismus im Sinne von „anything goes" (Anderson 1991: 360), sondern der Sache nach ein „RELATIONISMUS", der die Dinge in ihrer Relation zueinander definiert. Er ist den sozialen Beziehungen nach ein „REFERENTIALISMUS", der eine Moral nach ihrem sozialen Bezugssystem bewertet.

Auch eine PRAGMATISCHE SYSTEMTHEORIE ist nicht schon an sich ethisch wertvoll: Sie könnte ja mißbraucht werden von manipulativen Systemtheoretikern im Dienste einer verbrecherischen Elite (De Greene 1995: 162). Die von ihr vertretenen Werte wie z. B. Begrenzung des materiellen und demographischen Wachstums, Förderung von Begabung und persönlicher Entwicklung, Begrenzung der persönlichen und institutionellen Macht, Verbindung von persönlicher Freiheit und sozialer Verantwortung, Befreiung von Bürgerkrieg und Krieg, vernünftige Verteilung des Wohlstands, Bereitstellung eines sozialen Netzes, das individuelle Katastrophen auffängt, Gleichheit der Zugangschancen, soziale Gerechtigkeit, Anerkennung der angeborenen Rechte der anderen Spezies und Ökosysteme – sind systemtheoretisch plausibel; es kommt aber immer darauf an, WIE sie institutionalisiert sind und welche soziale Reichweite sie haben, d. h., ob sie zur Kooperation zwischen den Völkern führen oder zu einem rücksichtslosen Konkurrenzkampf. Ebensowenig kann ein PRAGMATISCHER RELATIONISMUS verhindern, daß die handelnden Individuen und Kollektive selbstzentriert, egoistisch und selbstgerecht sind (Holler 1984: 224 ff.). Aber indem beide aufzeigen, daß Werte nicht isolierbar und gar nicht für sich definierbar sind, sondern eben in der Relation zueinander, ja daß ihre eigentliche moralische Bedeutung in der Herstellung dieser Relationen in der Gemeinschaft und der von ihr erschlossenen Welt liegt, wälzen sie wenigstens nicht die Verantwortung vor dem größeren Ganzen ab. Sie entgehen den schlimmsten Formen des weltanschaulichen Cartesianischen Dualismus, des Newtonschen Atomismus, des Sozialdarwinismus und des egoistischen Utilitarismus. Der Pragmatismus stellt selbst kein großes Programm auf: Er übernimmt zunächst die kleinen und in ihrer Mixtur vielleicht inkonsistenten Programme der betroffenen Akteure, indem er – als MORALISCHER MELIORISMUS – stets vom vorhandenen Bestand in allen seinen Defizienzen und Risiken ausgeht, um ihn schrittweise zu verbessern (Sleeper 1986: 206 f.). Wenn er eine bessere Zukunft schaffen will, so verzichtet er dennoch auf eine feste Zielformel; aber wenn Institutionen kritisiert werden, dann sind stets auch Vorschläge für einen alternativen Design zu diskutieren. Dieser Meliorismus hat nun verschiedene Konsequenzen für die Konzeption der Gemeinschaft, des Selbst sowie der Kernmoral einer Gemeinschaft bzw. eines Selbst.

Was die moralische Gemeinschaft betrifft, so ist es unvermeidlich, von der jeweils AKTUELLEN GEMEINSCHAFT auszugehen, obgleich die „ideale Gemeinschaft" als Zielpunkt nicht vernachlässigt werden darf. Doch selbst wer sich einbildet, von einer „idealen Gemeinschaft" zu reden, geht vermutlich von einem kompensatorischen Gegenbild oder von einer affirmativen Projektion der gegenwärtigen Gesellschaft in die Zukunft aus. Der Unterschied besteht vor allem darin, daß sich der eine der aktuellen Gemeinschaftsbindung bewußt ist, der andere hingegen nicht. Wer sich dessen nicht bewußt wird, läuft Gefahr, fernen und gestaltlosen Utopien nachzulaufen, während ein pragmatischer Systemethiker gezwungen ist, sich ständig mit konkreten Designveränderungen auseinanderzusetzen, die Struktur des Systems zu eruieren und die Prozesse der Veränderung zu kontrollieren. Aus diesem aktuellen Bezug entsteht SYSTEMVERANTWORTUNG. Die rein quantitative Maxime von Rorty (1994: 76), „die Bedürfnisse immer umfassenderer Personengruppen anzusprechen" bzw. dafür zu sorgen, „daß menschliche Ichs so umgestaltet werden, daß die Vielfalt der für diese Ichs konstitutiven Beziehungen immer umfassender wird", genügt den Erfordernissen einer Systemethik jedoch nicht, weil sie keinerlei strukturelle Handhaben bietet.

Auch ist es im Rahmen einer Systemethik undenkbar, zwischen Privatheit und Öffentlichkeit eine strikte Trennungslinie zu ziehen und die Freiheit des Menschen im puren Privatismus zu suchen. Ebenso unmöglich ist es, die moralische Gemeinschaft nur als ein Aggregat von Einzelindividuen zu denken, die ganz unabhängig vom Gruppenethos existieren. Vielmehr ist anzunehmen, daß das GRUPPENETHOS – sei es der Familie, einer Freundschaftsgruppe, einer Gemeinde, einer Firma, einer Nation, einer Kirche usw. – zurückwirkt auf das PERSONALE ETHOS: Die Gruppe ist ihren Mitgliedern „immanent", aber „transzendent" für jedes einzelne Mitglied (Vacek 1991: 169). Nach John Dewey (1963; 1927) ist schon rein pragmatisch ein konstruktives individuelles Handeln ohne Arbeitsteilung und Kooperation unmöglich – wobei jedoch jede Kooperation in ihren Konsequenzen und Voraussetzungen immer eine „öffentliche" Angelegenheit ist. Die Garantin dieser Kooperation, die höchste Appellationsinstanz, die Moral und Erkenntnis miteinander zu verbinden sucht, ist aber selbst wieder eine Gemeinschaft. Sie ist die Wissenschaftsgemeinschaft, die in einem „universal discourse" zwar über die aktuelle Gemeinschaft hinausgreift, dennoch aber nicht in einem überhistorischen Jenseits residiert, sondern ganz aus den Nöten der aktuellen moralischen Gemeinschaft herauswächst.

Der pragmatische Ansatz hat auch seine Auswirkungen auf das Konzept des Selbst oder der PERSON: Es kann konsequenterweise nur als „aktuelle Person" oder als „referentielles Selbst" in die ethische Rechtfertigung und Verantwortung eingehen. Soziologisch und psychologisch gesehen ist unumstritten, daß die Person nur in der REFERENZ auf andere Personen – in horizontaler Hinsicht in den gegenwärtigen Handlungszusammenhängen wie in vertikaler Hinsicht in der Vergangenheits- und Zukunftsbezogenheit unserer Handlungen und Dispositionen – aktualisierbar ist (Ladeur 1990: 75). Bezogen auf den Innenaspekt der Person ist daher von einem „MULTIPLEN SELBST" auszugehen – wiederum in horizontaler wie in vertikaler Hinsicht: In horizontaler Hinsicht muß eine Person – in wechselnden Situationen, Szenen und Sozialbeziehungen – unterschiedliche Rollen spielen und unterschiedlichen normativen Erwartungen gerecht werden. Schon dieses Rollenspiel erfordert ein flexibles oder multiples Selbst, das imstande ist, unterschiedliche Potentialitäten zu aktualisieren. Jedoch können diese Teil-Selbste nicht unverbunden nebeneinanderstehen: Sie müssen in einer übersituationalen, einen Lebensplan oder eine Entwicklung ermöglichenden Weise miteinander verbunden sein (Williams 1976; Toulmin 1977). In dieser vertikalen Integration sind unterschiedliche Reflexionsstufen vorstellbar, so daß man nicht nur imstande ist, „naiv" oder mehr oder weniger „fremdbestimmt" eine Entwicklungslinie zu finden und durchzuhalten, sondern daß man zusätzlich auch Wünsche und Strategien zur Durchsetzung eines Lebensplanes entwickelt bzw. daß man sich sogar Gedanken über die Wünschbarkeit eines solchen Lebensplans für sich und die anderen macht.

Der Begriff „multiples Selbst" darf jedoch auf keinen Fall zu einer Auflösung der Einheit der Person führen. Es sollte damit erstens die Komplexität oder Schwierigkeit bzw. der Prozeßcharakter der Aufgabe deutlich werden: Die Integration ist immer auf höherer Stufe zu vollziehen und nicht mehr naiv zu erreichen. Zweitens ist damit klar, daß die Aktualisierung der Person von sozialen Umständen, von Ressourcen wie von Widerständen, von Spielräumen und Koordinationsregeln und -institutionen abhängt: Die „AUTONOMIE" der Person gegenüber der Gesellschaft ist einerseits eine „regulative Idee" der moralischen Gemeinschaft, wonach Verantwortungen praktisch zuschreibbar werden; andererseits aber ist sie empirisch rein graduell zu verwirklichen, insoweit die Person aus den verfügbaren und wahrgenommenen Möglichkeiten auswählen, sich mit gesellschaftlichen Erwartungen identifizieren und sie eventuell modifizieren kann. Beide Bedingungen führen nicht zur Auflösung der Einheit der Person, zu Relativismus oder Beliebigkeit; im Gegenteil: Der Zwang, seine Autonomie in der Gesellschaft behaupten, sie sich in der „Auseinandersetzung" erkämpfen zu müssen, schließt die Notwendigkeit ein, sich zu „verobjektivieren", d.h., zumindest zu verstehen und zu akzeptieren, daß das Leben der anderen Personen im wesentlichen den gleichen sozialen, biologischen und ökologischen Bedingungen unterworfen ist wie mein eigenes Leben (Quigley 1994: 54). Die erste, von Kant formulierte Bedingung aber, die den Menschen grundsätzlich und ohne Einschränkung zum „Zweck an sich selbst" erhebt, läßt sich empirisch erst erfüllen, wenn tatsächlich eine möglichst umfassende und tief gegründete „moralische Gemeinschaft" entstanden ist.

Der „PERSONALISMUS" wie der „SOZIOLOGISMUS" sind in ethischer Hinsicht gleich unhaltbar. So ist im „Wertpersonalismus" Max Schelers (1954: 51) zwar der pure „Aktualismus" – die Person „existiert nur im Vollzug ihrer Akte" – ausgeschlossen, wenn er eine apriorisch gültige Wertordnung festzustellen sucht; das gleiche gilt für den reinen „Individualismus", den er durch das „Solidaritätsprinzip" der „ursprünglichen Mitverantwortlichkeit" (15) bannen will; doch wenn „aller letzte Sinn und Wert von Gemeinschaft und Geschichte gerade darin liegt, daß sie Bedingungen dafür darstellen, daß sich in und an ihnen wertvollste Personaleinheiten enthüllen und frei auswirken können" (509), so wird damit ein genialisch-expressionistischer Personbegriff hypostasiert, der ohne einen korrespondierenden Begriff von „Gemeinschaft" und „Geschichte" gar nicht formulierbar ist. Provozierend „gemeinschaftswidrig" oder „zynisch" ist auf der anderen Seite der negativ definierte Personbegriff von Niklas Luhmann (1991: 169–172), der die Entstehung von Personen aus der „doppelten Kontingenz sozialer Situationen" erklärt, „in der jeder Teilnehmer sein Verhalten gegenüber anderen davon abhängig macht, daß diese ihm gegenüber zufriedenstellend handeln ...". Die „Person" wird somit zur „Maske", „Erwartungsdisziplin", „Einschränkung des Verhaltensrepertoires", „die Notwendigkeit, der zu bleiben, der zu sein man vorgetäuscht hatte", ein Problem der „Selbstdarstellung" oder „Sozialkosmetik". Der Begriff „Person ... bleibt seinem Sinn nach eine Kollektividee", jedenfalls meint er „nicht die individuelle Einzigartigkeit der konkreten Natur des Einzelmenschen". Die Person bestimmt sich lediglich durch die Differenz zu anderen Personen; sie muß sich selbst wählen, denn sonst bestimmen andere über ihr Schicksal. Doch sich zu wählen hat keinerlei moralischen Vorzug vor der Entscheidung oder Nicht-Entscheidung, nicht zu wählen.

7. Fairneß, Gerechtigkeit, Solidarität

Die Konzeption eines „multiplen Selbst" und der Rekurs auf die „aktuelle Gemeinschaft" führt keineswegs zum Relativismus, auch nicht zur Ausschließung einer Pflichtethik, wenn man beide im Zusammenhang sieht und sich der realen sozialorganisatorischen Grundlagen bewußt bleibt bzw. sich nicht in einen dogmatischen Prinzipienstreit ohne Berücksichtigung der permanenten Organisationsverantwortung flüchtet. Man kann noch so sehr auf die Kontingenzen des Selbst verweisen: Als Mitglied einer auf „Weiterleben" angelegten „moralischen Gemeinschaft" ist die Gleichberechtigung der Person erst gesichert, wenn Privatsphäre und Öffentlichkeit miteinander verbunden bleiben. Es genügt nicht, allein die Sensibilität für die Bedürfnisse der anderen bzw. die Minimierung der Grausamkeit gegenüber den anderen zum obersten ethischen Prinzip zu erheben; denn da ist zumindest das Lebensrecht des anderen und sein Anspruch auf die Hilfe der Gemeinschaft. Dieser Anspruch ist bloß durchzusetzen, wenn ihm ÖFFENTLICHE GELTUNG zukommt und wenn es eine Verpflichtung dieser Gemeinschaft zur Gerechtigkeit gibt (Critchley 1994: 17). Überhaupt hat die Diskussion ethischer Prinzipien nur einen Sinn, wenn sie verbunden ist mit Fragen des sozialorganisatorischen Designs. Auch und gerade wenn kein archimedischer Punkt in der Ethik mehr anzunehmen ist, kann der „ethische Internalismus" und der „kulturelle Relativismus" keine Alternative sein. Diese Alternative bewegt sich ja immer noch im kartesischen Kategorialschema von *res intensa* und *res extensa* und ist mithin keine Lösung; gefordert ist vielmehr ein „ETHISCHER REALISMUS" (Werner 1983: 678 f.), in dem „Tatsachen" und „Werte", „wissenschaftliche Interpretationsgemeinschaft" und „moralische Gemeinschaft", „ethische Prinzipien" und „Organisationsdesign" eng miteinander verbunden bleiben.

Das hier genannte „Realitätsprinzip" setzt natürlich den Akzent etwas anders als Sigmund Freud (1933/1969: 513): Hier steht nicht das Ich dem Es und der Triebverzicht den ungezähmten Leidenschaften gegenüber; vielmehr wird eine sozialorganisatorische Rückkopplung von „Natur" und „Vernunft" bzw. von „Antrieben" und „mentalen Konstruktionen" angenommen, die zwar von uns geschaffen werden, aber eben von Wesen, die selbst schon immer Geschöpfe der Natur und der biokulturellen Evolution sind. Umgekehrt sind Werte und Ideale, aus denen sich unsere Zwecksetzungen rechtfertigen, nicht bloß Phantasiegebilde und Kompensationen, sondern die wichtigsten Wegweiser oder Autopiloten, die uns helfen, in verworrenen Situationen einen Weg zu finden. Schließlich werden die grundlegenden Lebensprobleme nicht von uns gewählt, sondern sie sind uns schicksalhaft vorgegeben. In diesem Sinn ist der „ethische Realismus" gleichzeitig ein „PRAGMATISCHER IDEALISMUS". Letzte Zwecke, z. B. ob man weiterleben will, ob man an Gott glauben möchte, ob man in seiner Muttersprache oder in Englisch denken und schreiben soll, sind im Grunde nicht rational entscheidbar, und sie sind daher notwendigerweise Fragen einer pluralistischen oder polytheistischen Weltanschauung. Das heißt nicht, daß die darunterliegende zweite Ebene nicht der rationalen Erklärung und Rechtfertigung zugänglich ist und daß diese Werte nicht von universeller Geltung sind (Rescher 1994: 381). Solche Werte sind z. B., daß Versprechen nicht gebrochen werden dürfen; daß Lüge, Ausbeutung und Parasitismus gemeinwohlzerstörend sind; daß alle unsere sozialen Akte auf die „Fortsetzung des Spiels" angelegt sein müssen; daß Freiheit und Gleichheit kollektive Güter sind und privatistisch nicht erlangt werden können; daß alle, die an der Erzeugung kollektiver Güter beteiligt sind, waren und beteiligt sein werden, Gerechtigkeit in der Verteilung der Mittel erwarten dürfen; daß Nutzen und Kosten nur unter der vielleicht stillschweigenden Anerkennung und Aufrechterhaltung eines für alle geltenden Regelsystems abgewogen werden können (Sheng 1994: 507 ff.). Ein „Universalismus der zweiten Ebene" genügt jedoch in pragmatischer Hinsicht vollauf.

Freilich kann Streit darüber ausbrechen, wie weit diese Grundsätze in welcher Situation und bei welchen Akteurspotentialen gelten sollen; zwischen einzelnen Grundsätzen kann unter Umständen sogar eine Dilemmasituation entstehen, wenn z. B. eine Lüge ein Menschenleben retten könnte; aber DASS dieser Streit mit rationalen Mitteln und in geregelten Verfahren ausgetragen werden muß, darüber kann es wohl kaum Meinungsverschiedenheiten geben. Unter dieser Voraussetzung können Meinungsunterschiede und ein Streit auf dieser dritten Ebene gerade ein Gebot der Rationalität bzw. der Herstellung eines rationalen Prozesses sein. Eine solche Ethik kann dann nur eine PROZESS-ETHIK sein, in der Prozesse Vorrang haben vor ihren Produkten, wie Urteilssprüchen, Gütern, Werten, Tugenden; Prozeßzusammenhänge und Regelsysteme haben Vorrang vor Einzelentscheidungen. Damit ist allerdings mehr gemeint als eine bloße „Diskurs-Ethik", da diese die Verbundenheit der Diskurspartner in einer moralischen Gemeinschaft bereits voraussetzt – und zwar einer moralischen Gemeinschaft, die die aktuelle Situation weit transzendiert: in die Zukunft wie in die Vergangenheit, in die geistige Sphäre wie in die Tiefen der genetischen Grundlagen. Das Ziel und die Voraussetzung einer Prozeß-Ethik ist daher vielmehr die kollektive und personelle ENTWICKLUNG. Diese „Entwicklung" muß in ihrer Definition zwar offen bleiben; sie hat nichts mit den linearen Evolutions- und Revolutionstheorien des 19. Jahrhunderts zu tun, sie kann auch in Sackgassen und Katastrophen enden, sie kann in Fluktuationen und chaotischen Zuständen jede Richtungsbestimmung verlieren. Dennoch bleibt der Rekurs auf den Systemimperativ der Entwicklungsfähigkeit unverzichtbar, soll die Systemethik nicht im Relativismus der rückgekoppelten Selbst- und Fremdreferenzen, der Beobachtung der Beobachtung und im Verzicht auf jede moralische Aussage enden. Verschiedene Gesellschaften und Kulturen sind nicht bloß Träger unterschiedlicher Moralauffassungen, sondern diese Moralen sind nach ihren wissenschaftlich-historisch vergleichbaren Konsequenzen auch ethisch recht unterschiedlich zu bewerten, z. B. als mehr oder weniger universalisierbar bzw. menschenfreundlich, als kollektivitäts- oder personalitätsfördernd, als adaptiv oder starr. Insofern ist durchaus eine ENTWICKLUNGSREIHE von Ethikformen anzugeben:

Die bereits in Kap. II.1 dargestellte VERTIKALE ACHSE der moralischen Grundprinzipien des eigennützigen Altruismus oder altruistischen Egoismus, der Fairneß, des Vertrauens und der Pflicht kann natürlich auch psychologisch ausgeführt werden durch die Abfolge der Bedürfnisse nach Maslow (1943): Von biologischen Überlebensnotwendigkeiten über das physische und psychische Sicherheitsstreben bis zu sozialen Bedürfnissen und schließlich dem Wunsch nach Selbstachtung und Selbstverwirklichung; oder durch die Stufen der „moralischen Entwicklung" nach Kohlberg (1984: 174f.): von einer rein opportunistischen Anpassung über ein Zweck-Mittel-Handeln hin zu einer konventionellen Moral der „guten Beziehungen", bis schließlich zu einer „Pflichtmoral" und als letztes zu einer „postkonventionellen", reflexiven Moral, in der Werte und Normen auf die jeweilige Situation bezogen und „relationiert" werden.

Parallel dazu läßt sich diese Stufenfolge auch als gesellschaftlich-funktionale Entwicklung (Sirgy/Mangleburg 1988: 127) interpretieren: von der Dominanz der bloßen Produktions- und Konsumorientierung über eine

Betonung der politischen Unterstützung und Gemeinschaftsverträglichkeit bis hin zur Erhöhung des Humankapitals und der sozialen Integration bzw. schließlich der Verbesserung der Umweltverträglichkeit durch eine planmäßige Förderung der Innovation. Die HORIZONTALE ACHSE – von der familialen über die kommunale bis zur nationalen und schließlich globalen Ausdehnung der moralischen Gemeinschaft – darf nicht zu dem Mißverständnis führen, als würden mit zunehmender Universalisierung die engeren Gemeinschaften entleert und überflüssig: Sie nehmen natürlich an diesem Universalisierungsprozeß teil, was sich z. B. in einem zunehmenden Individualisierungs- und Verinnerlichungsdruck zeigt.

Besonders interessant sind die NEUEN GEMEINSCHAFTSFORMEN: die „transnationalen Organisationen" und Firmen, die über und unter der Ebene der Staaten operieren, ohne sich an die Staaten und die von den Staaten getragenen „internationalen" Beziehungen zu binden (Vernon 1987); die „internationalen Regime", die – in Ermangelung einer Weltregierung und ohne Zwangsgewalt und ohne gesicherte Rechtsbefugnisse – die wichtigsten funktionalen Bezüge in ökonomischer und finanzieller, in sicherheitspolitischer und technologischer, in informationeller und wissenschaftlicher Hinsicht ordnen (E.B. Haas 1987); die Herausbildung von sozialen Netzwerken „jenseits von Vertrag und Organisation", die die herkömmlichen Gemeinschaftsformen verbinden oder durchdringen, ohne einer effektiven politischen oder rechtlichen Kontrolle zu unterliegen (Teubner 1992). Die ethischen Prinzipien, die in diesem Koordinatensystem auf der DIAGONALE liegen, lassen sich als „Anerkennung", als „Fairneß" und „Gerechtigkeit" sowie als „Solidarität" und „Menschenliebe" bezeichnen. Es ist nicht zu bestreiten, daß diese drei Ethiken qualitative Unterschiede aufweisen – aber ebensowenig, daß sie in einem Prozeß der Emergenz auseinander hervorgegangen sind; d. h. erstens, daß im Konflikt- oder Zweifelsfall – entgegen allen Deklarationen – der Rekurs auf die jeweils primitivere Ebene die Regel ist, zweitens, daß ein für alle verbindlicher Entwicklungsweg vorgezeichnet ist.

(I) Die einfachste, am meisten bemühte Form der Ethik ist zweifellos die „KAMPF- UND ZWANGSETHIK" oder eine „ETHIK VON FURCHT UND ZITTERN", die als ethisches Prinzip im wesentlichen den „Kampf um Anerkennung" enthält, wonach die Anerkennung meiner selbst durch den Anderen eben um den Preis der Anerkennung des Anderen zu haben ist.[18] Die Weiterentwicklung dieses ethischen Prinzips scheitert meist daran, daß kein Vertrauen aufgebaut werden kann, weil zur Verfolgung der eigenen Interessen der Einsatz von Gewalt und Ausbeutung nicht untersagt ist, sondern als normal und strategisch klug unterstellt wird (Majeski/ Fricks 1995: 622).

Strukturell liegt dieser Ethik die Vorstellung einer anarchischen Welt zugrunde, in der es vor allem um Sicherheit und Macht sowie um Geld und Bereicherung geht, von „Wohlstand" kann man wohl nicht sprechen. Natürlich ist diese anarchische Welt eine Fiktion; aber sie ist von erheblicher realpolitischer Bedeutung, insofern die Menschen an sie glauben – und zwar von den internationalen Beziehungen zwischen den Staaten bis zur Wirtschaftsordnung innerhalb der Staaten; von den makropolitischen Regimen über die Mesoebene der Betriebs-, Gewerkschafts- und Parteiorganisationen bis hin zu mikrosoziologischen Formen der Manipulation. Es ist nicht zu bestreiten, daß die rechtliche Verbannung der Gewalt zu einer moralischen Aufwertung des Kampfes um Anerkennung geführt hat; gleichzeitig darf nicht verkannt werden, daß damit der Kampf um Anerkennung – gerade wegen seiner Sublimierung und Internalisierung – schwieriger und zu einem endlosen Unternehmen geworden ist (Münch 1991).

Die Grundsituation dieser „Furcht- und Zwangs-Ethik" ist vielfach in der SPIELTHEORIE untersucht worden, wobei neben den total nicht-kooperativen Spielstrukturen wie Erpressung und Blockade vor allem die Konfliktsituationen mit kooperativen Momenten, wie die Nutzenmaximierung oder das Gefangenendilemma, ethisch hervorzuheben sind. Diese „Spiele" sind auf Wiederholung angelegt, über ihnen lastet der „Schatten der Zukunft", hier ist Kommunikation und Aushandlung notwendig; d.h., die einzelne Streitpartei, so „egoistisch" oder „zynisch" sie auch sein mag, ist zur Regeleinhaltung gezwungen und bindet sich in einem gewissen Maß an eine „moralische Gemeinschaft". Die „Kommunikation" mag dabei kostspielig und „hart" sein, wie direkte und indirekte Zahlungen, Truppenaufmärsche und Krieg, oder sie mag billig und „weich" sein, wie in der politischen Rhetorik: Sie impliziert auf jeden Fall „Drohung" und „Versprechen", setzt also Selbstbindungen und Verpflichtungen gegenüber anderen voraus (Johnson 1993). Diese Art von Ethik ist nicht von vornherein primitiver oder minderwertiger zu nennen als etwa eine Gerechtigkeitsethik; sie ist vielmehr eine „Ethik der letzten Zuflucht" und insofern vielleicht härter und bindender als eine Ethik rechtlich und materiell gesicherter moralischer Gemeinschaften. Die subsistenten moralischen

Regeln mögen hier wirklich so verborgen sein, daß sich die eine oder andere Partei einbilden kann, sich darüber hinwegsetzen zu können. Doch die Strafen für die Nichtbefolgung dieser Regeln – durch Desertion und Verrat, durch Verletzung der positionalen Pflichten innerhalb der eigenen Gruppe – sind auch härter als anderswo: „Aug' um Auge, Zahn um Zahn" gegenüber dem Gegner, „Gesichtsverlust" und Ostrazismus in den eigenen Reihen.

Am eindringlichsten ist diese Ethik im Falle der INTERNATIONALEN BEZIEHUNGEN, insbesondere der atomaren Abschreckung, herausgearbeitet worden; sie ist aber keineswegs auf diesen Fall beschränkt. Die internationalen Beziehungen sind nach „realistischer" Auffassung durch drei moralische Dilemmas bestimmt (Doyle 1983): Obwohl erstens jeder Staat ein starkes Interesse an kollektiven Gütern hat, die nur in Kooperation mit anderen Staaten erstellt werden können, hat das Fehlen eines globalen Gesetzgebers und einer globalen Rechtsordnung zur Folge, daß kein Staat auf das kooperative Verhalten des anderen zählen kann. Deshalb hat jeder Staat gute rationale Gründe, von diesem kooperativen Unternehmen Abstand zu nehmen, besonders wenn der zu erwartende Nutzenwert geringer ist als der notwendige Einsatz.

Obwohl zweitens jeder Staat weiß, daß seine Sicherheit vom Rüstungspotential der Gegner abhängt und jeder versucht, seine Rüstungsausgaben so gering wie möglich zu halten, so weiß er doch ebenso, daß er im Falle eines überraschenden Angriffs und unter der Bedingung einer fehlenden globalen Sicherheitsgarantie besser daran tut, die notwendigen Kosten einer ausreichenden Rüstung auf sich zu nehmen, als einem möglichen Gegner schutzlos ausgeliefert zu sein.

Drittens verlassen sich hochgerüstete Staaten auf ihr Prestige und ihre Glaubwürdigkeit, die ihre Gegner davon abhält, ihre wirkliche Stärke zu testen. Wenn es aber zu einer Konfrontation kommt, ist es unklug, als erster zurückzustecken; also ist ein Krieg die wahrscheinlichste Folge; also scheint Thukydides' Dreiheit von „Sicherheit, Ehre und Selbstinteresse" oder Hobbes' Formel von „Zurückhaltung, Ruhm und dem Krieg aller gegen alle" immer noch die beste Lösung zu sein (Jervis 1978).

Die Erfüllung der logisch konsequenten Forderung nach einem Weltstaat ist bei dieser Ausgangssituation gerade am unwahrscheinlichsten. Wenn es dennoch nicht ständig zum Krieg kommt und sich eine globale Kooperation anbahnt, dann ist das vor allem auf die Ungleichheit der Staaten zurückzuführen, die – nach Geographie, Populationsgröße, technischem Entwicklungsstand und Ideologie, aber auch nach Koalitionsmöglichkeit und -fähigkeit – ganz unterschiedliche Positionen einnehmen. Die anarchische Logik gilt nur zwischen zwei Gleichen; aber wo gibt es schon zwei Gleiche? Jeder Test dieser „Gleichheit" hat bisher noch das Gegenteil bewiesen. Das ist nun aber das Grunddilemma jeder Ethik, die auf die Anerkennung des anderen als Gleichen gebaut ist: Ist der andere wirklich gleich, dann ist Nicht-Kooperation geboten. Ist er schwächer, wie soll er dann seinen Anspruch auf Respekt durchsetzen? Ist er stärker, warum soll er dann den anderen als gleichwertig anerkennen? Auch wenn sich diese Ethik als eine Ethik von Liberalismus und Demokratie versteht (Doppelt 1978: 19 ff.), so bleibt sie doch seltsam statisch und leer: Die Hoffnung auf die grundsätzliche Gleichheit der Individuen und damit auch eine „Gemeinschaft der Demokraten" erweist sich meist sehr schnell als billige Rhetorik; in Wirklichkeit gibt es kein Entrinnen aus dieser Falle der supponierten Gleichheit, die jede Entwicklung unmöglich oder unnötig zu machen scheint.

Besonders gefährliche Züge nimmt diese Gleichheitsethik in der ATOMAREN ABSCHRECKUNG an, in der es – nicht erst seit dem Zusammenbruch der Sowjetunion – nicht allein um einen BIPOLAREN KONFLIKT zwischen zwei Supermächten geht, sondern in der immer schon ALLE betroffen sind, letztlich sogar das Überleben der Menschheit in Frage gestellt ist. Die Reichweite der Zerstörung, die direkt aus einem atomaren Schlag resultiert, war vollends unkalkulierbar geworden und kaum vorstellbar; damit mußte aber die Abschreckung so unvorstellbar riesige Ausmaße annehmen, daß es sich niemals lohnen konnte, einen solchen Schlag auch nur in Erwägung zu ziehen (Hoekema 1985: 95). Die Logik des bipolaren Konflikts hatte die ethische Situation von einer deontologischen zu einer konsequentialistischen Argumentation verschoben: Angesichts der Eskalationsgefahr eines atomaren Krieges gab es keine präzisen Kriegsziele und keine darauf gerichteten intentionalen Akte mehr; es gab aber auch keine Verhältnismäßigkeit der Mittel, und für schuldig erklärte Gegner und unschuldige Opfer waren nicht mehr zu trennen; jede Rechtfertigung eines „gerechten Krieges" war hinfällig geworden (Kavka 1978). Die atomare Rüstung konnte lediglich gerechtfertigt werden als Schutz GEGEN den Einsatz von Atombomben durch den Gegner – eine positive Rechtfertigung gibt es nicht (Henrich 1990: 76 f.). Tatsächlich wurde die atomare Abschreckung weithin als ein rein „technisches" Problem gesehen (Lackey 1985). Aber das hat natürlich nicht verhindert, daß die atomare Abschreckung dem ethischen Nihilismus Tür und Tor geöffnet hat.

Mit der MULTIPOLARISIERUNG, d.h. mit der Entschärfung der amerikanisch-russischen und europäischen Problematik, aber gleichzeitig auch der Steigerung der asiatischen, wie Indien-Pakistan bzw. China und Nordkorea gegenüber Japan, und der mediterranen Dynamik in Israel, Irak und Iran, Türkei, ist nun die unmittelbare atomare Bedrohung weniger global geworden (Laird 1995); doch gleichzeitig haben die existentiellen lokalen oder regionalen Bedrohungen wie Koalitionsmöglichkeiten und damit auch die Eskalationsgefahren zugenommen, nun auch mit anderen als atomaren Waffen. Dabei ist nicht zu übersehen, daß die typisch europäischen Annahmen des Gleichgewichts und der externen Sicherheit nicht mehr gelten: Statt um Territorien geht es vielmehr um kulturelle Integrität und Dominanz, ob nun eher auf religiösem oder technologisch-wissenschaftlichem Gebiet. Statt um Sicherheit vor einem äußeren Feind geht es zunächst vor allem um die interne Sicherheit (Baker/Sebastian 1995: 19). Angesichts einer völlig unberechenbaren politischen Dynamik wird – jedenfalls für die hochtechnischen Großmächte – die atomare Abschreckung wieder stärker zu einer Frage der deontologischen Ethik. Von Anfang an möchte sie jedes globale Drohpotential bannen – auch rechtlich durch Nichtverbreitungs- und Kontrollabkommen abgesichert. Doch diese scheinbare Re-Ethisierung der atomaren Abschreckung rekurriert in Wahrheit nicht mehr auf die „Gleichheit" der Staaten, sondern explizit auf ihre Ungleichheit, auf ein „Kartell der Angst", bestenfalls auf einen „rationalen Hegemon" oder einen „aufgeklärten Imperialismus" (Gowa 1989; Williams 1995).

Diese Ethik von „Furcht und Zittern" findet sich nicht nur im internationalen Bereich, wo ihr viel Aufmerksamkeit zuteil geworden ist und wo ihr bei aller Brutalität ein Zug ins Grandiose nicht abzusprechen ist; sie findet sich ebenso im internen Bereich, wo sie als eine „Ethik der SELBSTHILFE" oder des „FAUSTRECHTS" mafiose Züge annimmt und nicht wenige Menschen in ihren Bann zwingt. Sie ist überall dort zu finden, wo es keine funktionsfähige „Zivilgesellschaft" gibt, d.h., wo der Staat nicht die Macht oder den Willen hat, Recht und Gesetz durchzusetzen, wo es aber auch keine intermediären Institutionen wie Parteien, Berufsverbände, relativ autonome Gebietskörperschaften und Verwaltungen gibt, die wohl im öffentlichen

Interesse arbeiten, ohne jedoch vom Staat einerseits oder von verschiedensten Privatunternehmern andererseits abhängig zu sein.

Dies ist nun weitgehend der Fall in den postkommunistischen Ländern Osteuropas (Rose 1994; Schöpflin 1994), jedoch auch in einer Reihe von armen südeuropäischen Ländern, in den meisten Entwicklungsländern ohnehin, nicht zuletzt auch in den Slumvierteln amerikanischer und anderer westlicher Großstädte (Maier 1994). Die Formen und materiellen Voraussetzungen dieser Selbsthilferegime sind sicher höchst unterschiedlich: Bei den einen steht das Überleben mit Hilfe der Familie, des Clans oder des Patrons im Vordergrund; bei den anderen geht es um Selbstbereicherung durch Korruption, Insidergeschäfte und Steuerhinterziehung (LaPalombara 1994); bei den einen um die Beschaffung von Drogen, damit aber auch um die mafiose Organisation des internationalen Rauschgiftgeschäfts (Andelman 1994); bei den anderen um „ethnische oder auch fundamental-religiöse Säuberungen" und um das internationale Waffengeschäft; und für den Rest geht es dann notwendigerweise um die soziale Abschottung von Drogenkonsum, Kriminalität und Seuchengefahr (Garrett 1996).

Obwohl ein Teil dieser Selbsthilferegime moralisch positiv bewertet wird, ein anderer ausschließlich negativ, so sind sie doch durch die gleiche moralische Grundsituation direkt und indirekt miteinander verbunden: Das konstitutive Mißtrauen oder die Verachtung gegenüber Politik und Staat, Recht und Gesetz, gegenüber der gesellschaftlichen Elite und dem „Ausland" wie gegenüber dem Nachbarn und Mitbürger nebenan führt auf der einen Seite zu einem negativistischen und ausbeuterischen Verhalten. Auf der anderen Seite entsteht ein ängstlicher Opportunismus ohne Zukunftsperspektive und ohne generalisierbare ethische Prinzipien. Das Fatale dieser Selbsthilferegime und des VERFALLS DER ÖFFENTLICHEN MORAL ist, daß sie keineswegs lokal und sozial begrenzbar sind auf wenige Randgruppen oder gegebenenfalls auch auf große Bevölkerungsanteile in den Entwicklungsländern oder den Großstadtslums rund um die Welt, sondern daß genau hier das transnational organisierte Verbrechen und die „globale Mafia" einhakt. Diese bedroht nicht nur ganze Nationalstaaten in ihrer Legitimität und Existenz (Shelley 1995), sondern unterminiert weltweit Gesetz und Ordnung – und macht damit jede Hoffnung auf eine bessere Weltordnung zunichte. Das ist gewissermaßen die letzte Ironie einer Gleichheitsethik ohne Gleichheit, daß sie die „Gleichen", die sich individuell wie kollektiv auf Gleichheit und Selbstbestimmung berufen, den „Ungleichen", die diese nur verachten, zum Fraß vorwirft (Etzioni 1992/93).

(II) Die zweite Ethik ist an ihrer Basis eine „ETHIK DER FREIHEIT UND GLEICHHEIT" bzw. des „ungezwungenen Austausches", in ihrer Spitze ist sie eine „GERECHTIGKEITSETHIK". „Freiheit" ist zunächst ganz unpathetisch: Die Freiheit, einen Handel einzugehen oder nicht, die „unsichtbare Hand des Marktes" zu nutzen, sein Eigeninteresse zu verfolgen, insofern es anderen nicht schadet. Diese Freiheit erfordert allerdings den Schutz der persönlichen Sphäre durch den Rechtsstaat, ebenso wie den Verzicht des einzelnen, den anderen in seinen privaten Beziehungen „zu seinem Glück" zwingen, ihn durch Drohung und Liebesentzug lenken zu wollen, sondern die Bereitschaft, ihn – mit Wohlwollen und Vertrauen – seinen eigenen Weg finden zu lassen (Spaemann 1989: 123–140). In der Kantschen Philosophie ist diese Freiheit anspruchsvoller formuliert als im Liberalismus, nämlich als „Autonomie" der Person, als Selbstbestimmung und Selbstentwicklung (vgl. Henrich 1982: 6–56; O'Neill 1989). Diese „Pflicht" bindet nun aber auch den Staat ein, der den Individuen die Mittel zu dieser Autonomie an die Hand zu geben hat, nämlich in der Garantie der prinzipiellen „Chancengleichheit" und einer „Gerechtigkeit", die den Mehrgewinn der Bessersituierten abzweigt für die Förderung der Hilfsbedürftigen.[19] Von „Gemeinschaft", „Solidarität" oder „Liebe" ist auf dieser Stufe keine Rede, auch nicht von irgendeiner politischen „Vision" – und das kann gerade ein Vorzug dieser Ethik sein, solange sie wenigstens die Minimalvoraussetzungen einer Gemeinschaftsbildung sichert.

Freiheit und Gleichheit stehen in einem scheinbar paradoxen WECHSELVERHÄLTNIS. Um dieses Verhältnis einigermaßen realistisch darstellen zu können, ist zunächst einmal zu akzeptieren, daß beide Begriffe zweideutig und gespalten sind und daß daher die Kombination beider Begriffe die rhetorischen Mißbrauchsmöglichkeiten multipliziert. Freiheit ist negativ definiert „Freiheit von": von Zwang, von Ausbeutung, von Fremdherrschaft, von politischer oder religiöser Bevormundung; positiv definiert ist sie „Freiheit zu": Selbstbestimmung und Selbstverwirklichung, zu Glück und Ruhm, zur Vereinigung mit anderen Individuen und Gruppen. „Freiheit von" ist die Voraussetzung der „Freiheit zu"; umgekehrt braucht es ohne eine Vision der „Freiheit zu" auch keine „Freiheit von". In beiden Fällen kann die Freiheit des einen die Freiheit des anderen begrenzen (Hare 1984: 3). Ebenso ist es mit der Gleichheit, die minimal formal als

„Gleichheit der Mittel", maximal materiell als „Gleichheit der Lebenschancen" zu definieren ist (Gross 1986: 124). Die Gleichheit der Mittel ist noch lange keine Gleichheit der Lebenschancen, insofern es unüberwindliche Ungleichheiten zwischen Individuen und Kollektiven in bezug auf Ausgangslage und Begabungen gibt. Ungleichheiten in der Ausgangslage lassen sich z. B. durch ein allgemeines Gesundheits- und Schulwesen bis zu einem gewissen Grad ausgleichen; doch die Ungleichheit der Talente entfaltet sich um so sicherer auf der Grundlage der Mittelgleichheit – und die moralische Gemeinschaft kann kein Interesse daran haben, die Entfaltung der Talente zu behindern und eine Angleichung „nach unten" zu erzwingen. Nur sie erzeugen den „Mehrwert", der für eine Umverteilung notwendig ist (Barry 1989: 213 ff.; Cohen 1995: 161). Freiheit und Gleichheit lassen sich allein in einer Demokratie und in einem Wohlfahrtsstaat vereinen, wobei jedoch gewisse Proportionen zu wahren sind und das eine Prinzip nicht auf Kosten des anderen auf ein Maximum oder Minimum getrieben werden darf (Narveson 1993: 8). Demokratie und Wohlfahrtsstaat bewegen sich zwischen den Prinzipien der FAIRNESS und der SOZIALEN GERECHTIGKEIT. Weder für die Gleichheit noch für die Freiheit gibt es ein objektives Maß und eine letzte Zielformel: Beide sind lediglich im Vergleich mit der Ausgangslage und in bezug auf eine historische moralische Gemeinschaft zu bestimmen. Der Versuch, Freiheits- und Gleichheitsrechte auf der Basis der Individuen zu definieren und rechtlich abzusichern, kann bloß als Appell verstanden werden, gewisse Minimalforderungen zu erfüllen; entscheidend bleibt jedoch das kollektive Optimum, das unvermeidlich Ungleichheiten und Freiheitsbeschränkungen einschließen wird.

Im WIRTSCHAFTLICHEN Bereich findet diese Freiheits- und Gleichheitsethik ihren Ausdruck im offenbar endlosen Streit zwischen „Marktwirtschaft" und „Planwirtschaft", im POLITISCHEN Bereich im Gegensatz zwischen einem „liberalistischen Kapitalismus" und einem „sozialistischen Etatismus". Wenn auch voller Widersprüche und unbegründeter Gleichsetzungen, vielleicht auch weniger subtil als seine Vorgänger David Hume und John Stuart Mill (J. Gray 1981: 80), so ist der heute noch politisch einflußreichste Beitrag dieser Richtung wohl der von Friedrich A. von Hayek (1980/81; 1983).

Hayeks politisches Ziel ist es, die logische und historische Priorität des MARKTES mit seinen Institutionen des Privateigentums, des Schadenersatzes, des Vertrages, der Börse, des Bürgerlichen Rechts – vor dem STAAT – mit seinen Kollektivgütern und öffentlichen Dienstleistungen, mit Zentralverwaltung und Zwangsapparat – zu behaupten (Radnitzky 1993: 12). Seine Ethik ist in ihrem deontischen Kern eine rein individualistische Freiheitsethik, in ihrer Ausführung jedoch ist sie weitgehend konsequentialistisch und pseudosoziologisch. Genauer besehen hat er zwei Ethiken anzubieten, die die Spannweite einer Freiheits- und Gleichheitsethik anzeigen könnten, jedoch gegeneinander ausgespielt werden: eine TAUSCH-ETHIK, wie sie angeblich für Horden und primitive Gesellschaften üblich war und in *face-to-face*-Beziehungen weiterhin gültig ist; und eine abstraktere, über Preis und Versprechen regulierte MARKT-ETHIK, wie sie für moderne und komplexe Gesellschaften typisch ist. Die Vision einer „sozialistischen Gesellschaft" ist nach seiner Meinung verfehlt, weil sie das moralische System der Horde in die anonyme Gesellschaft zurückholen will. Genauso kritisiert er die parlamentarische Demokratie, die „soziale Marktwirtschaft" – angeblich ein Widerspruch in sich selbst – und den „Wohlfahrtsstaat", insofern sie durch Subventionen und Monopolbildung lediglich den Preismechanismus außer Kraft setzen und den Staatsapparat zu einer schließlich unkontrollierbaren Größe aufblähen. In dieser politischen Polemik aber schießt Hayek nicht nur über das Ziel hinaus, er selbst zerstört vor allem die Grundlagen seiner Freiheitsethik.

Verfehlt ist sicher, „Staat" und „Markt" antagonistisch einander entgegenzusetzen, wenn der Staat nicht nur mit seiner Garantie der Rechtssicherheit, sondern auch mit seinen Infrastrukturleistungen, z. B. im Verkehrs-, Gesundheits- und Schulwesen, in der Kranken-, Alters- und Arbeitslosenversicherung usw. erst die Voraussetzungen für einen funktionsfähigen Markt schafft. Zweifelhaft ist schon, ob so einfach von „Markt" und „Staat" zu sprechen ist, wo doch sehr unterschiedliche Organisationsformen und -niveaus auf beiden Seiten sowie verschiedene Kombinationen zu unterscheiden sind, z. B. vom Wohlfahrtsstaat bis zur Deregulation, vom Korporatismus zum Kommunitarismus. Bedenklich aber wird die Vorgehensweise Hayeks vor allem dort, wo er „theoretisch" wird und Begründungen heranzieht, die inkompatibel sind oder die – ganz im Gegensatz zu seinen sonst kulturalistischen Intentionen – in einem reduktionistischen Rationalismus enden. Besonders ominös ist sein willkürlicher Paradigmen- oder zumindest Ebenenwechsel von der auf der Individualebene operierenden „unsichtbaren Hand" zu einer funktionalistisch-evolutionistischen Erklärung der „SPONTANEN ORDNUNG" oder der „Selbstorganisation" auf der Grundlage der Gruppenselektion (E. Heath 1992: 31 f.). Beide haben nichts miteinander zu tun, sie widersprechen sich sogar vielfach; doch gerade aus der Gleichsetzung beider „Mechanismen" im vagen Begriff der „Evolution" gewinnt Hayek eine scheinbar naturalistische Begründung für eine Wertsetzung, die in Wirklichkeit eine moralisch-normative Dezision voraussetzt (Forsyth 1988: 250). Wenn aber der „Markt" in einem historisch kontingenten Selektionsprozeß entstanden ist, so ist es auch der „Staat". Außerdem garantiert die „spontane" Entwicklung der einen oder anderen „Ordnung" noch nicht, daß sie bereits im Interesse aller liegt – vielleicht liegt sie nur im Interesse weniger, z. B. einer Elite, einer Mafia, der Ausbeuter und Schwarzfahrer (Vanberg 1986: 85 ff.). Wenn auch dem Truismus nicht zu widersprechen ist, daß viele soziale Interaktionsmuster und Regeln zwar „das Resultat menschlichen Handelns, aber nicht menschlichen Entwurfs" sind, so können doch Nicht-Intendierbarkeit, begrenzte Planbarkeit, die Notwendigkeit von Versuch und Irrtum usw. den Menschen nicht davon befreien, Kriterien und Maßstäbe für die „Angemessenheit" von Regeln und für die „Fairneß" und „Gerechtigkeit" der Ergebnisse zu finden.

Wenn inzwischen scheinbar eine liberalistische Ethik die Oberhand gewonnen hat, so ist doch nicht zu übersehen, daß ihre Hauptschwierigkeit – ob sie nun kantianisch-deontologisch oder utilitaristisch verstanden wird – darin besteht, daß sie keinen plausiblen Übergang findet von den INDIVIDUELLEN Präferenzen zu den FUNKTIONALEN Erfordernissen und Systembedingungen komplexer und dynamischer, inzwischen fast durchgehend transnationaler Gesellschaften. Ob der Liberalismus nun ausgeht von der Dworkinschen Annahme (1978: 234 ff., 275 ff.) der „gleichen Anteilnahme und Achtung" oder Ackermans (1980: 11) „unparteiischem" bzw. „neutralem Dialog" oder Rawls total fiktivem „Urzustand" (1975: 36), in dem „bei der Wahl der Grundsätze alle die gleichen Rechte" haben und infolgedessen versuchen, gerechte Anteile festzulegen bzw. die schlechtmöglichste Position auszuschließen – ob nun induktiv und prozedural oder deduktiv und kategorial vorgegangen wird –, der liberalistische Ansatz endet letztlich doch nur im Subjektivismus oder jedenfalls im Vorrang der speziellen vor den generellen Verpflichtungen (so: Fishkin 1984: 106 ff.).

Dies ist jedoch empirisch nicht auszuweisen und ethisch nicht zu rechtfertigen. Kollektive Systemprobleme erscheinen in dieser Sicht nur am

Rande dieses ganz auf das Individuum abgestellten Ansatzes, nämlich als „Komplexität" oder „Unvorhersehbarkeit", als Problem der individuellen moralischen „Überbürdung" oder als Problem einer wachsenden „Indifferenzzone" – insofern in weiten Bereichen zwischen „Recht" und „Unrecht", zwischen „gut" und „böse" nicht mehr zu unterscheiden ist. In der Tat sind alle diese Probleme vom Individuum her nicht zu bewältigen und nur durch institutionelle Regelungen und Rahmenordnungen, durch Organisation und Selbstorganisation, durch weitgespannte Systeme mit Rück- und Vorkoppelungen, wenn schon nicht zu lösen, so doch wenigstens bis zu einem erträglichen Grad zu regulieren. Angesichts der Tatsache, daß unsere moralischen Verpflichtungen mehr oder weniger global geworden sind und transnationale Regime die Welt beherrschen, fragt man sich inzwischen, ob das Prinzip der „FAIRNESS" und das Ziel einer „stabilen" reibungslosen Gesellschaft überhaupt noch ausreichen kann, da nun einmal die Weltentwicklung ebenso ungleich wie dynamisch ist. Das erfordert letztlich doch eine gemeinsame Konzeption des „GUTEN", zumindest die Gewährleistung der „Autonomie" der Individuen, d.h. aber: ihrer persönlichen „ENTWICKLUNG" und der Erweiterung ihrer Wahlmöglichkeiten (Raz 1986: 407 ff.). Dies setzt eine dritte Stufe der Ethik voraus, aus der das Problem der Weltgemeinschaft, der weltweiten Solidarität und der „GLOBALEN GERECHTIGKEIT" nicht mehr auszuklammern ist (Pogge 1989: 273 ff.).

Die liberalistische Ethik ist eine Ethik der durch die Aufklärung gegangenen, institutionell voll entwickelten bürgerlichen Gesellschaften der westlichen Sphäre, und sie regelt nur deren „innere" Verhältnisse. In bezug auf das Verhältnis „zwischen" den Staaten und Gesellschaften hat sie wenig zu sagen. Hier bleibt sie *de facto* – trotz Völkerbund und UNO – eine Ethik der strategischen Rationalität, die vor allem in der institutionellen Ordnung der FUNKTIONALEN INTERNATIONALEN REGIME zum Tragen kommt, deren Verdienst es ist, allen Staaten, Korporationen und Clubs gleiche Zugangsrechte zu gewähren, die aber deren Machtpositionen im Prinzip nicht verändert. Ihr Ziel ist FUNKTIONSFÄHIGKEIT, NICHT GERECHTIGKEIT; ihr Prinzip ist nicht Ausgleich, sondern die Unterwerfung unter die jeweils stärkste Führungskoalition in einem bestimmten funktionalen Sektor (Snidal 1985: 40). Gerade dort, wo diese internationalen Regime am wirkungsvollsten sind – im Bereich des internationalen Kapitalverkehrs, im Flug- und Telekommunikationsbereich, aber auch in der atomaren Abschreckung und in der Waffenentwicklung und -proliferation, im internationalen Rauschgifthandel und Gesundheitswesen –, dort mildern sie nicht die Gegensätze, sondern sie verstärken sie; und sie sind nicht nur „ungerecht" in dem eher steuerrechtlichen Sinn von Rawls, daß sie den Benachteiligten nicht helfen – sie beuten sie vielfach sogar aus – , sondern sie untergraben den Glauben an die Gerechtigkeit und die Forderung nach Gerechtigkeit überhaupt.

Diese Ungerechtigkeiten sind auf der mikropolitischen Ebene nun nicht durch die Verkündung allgemeiner Menschenrechte zu beheben, auch nicht durch die Verbreitung demokratischer Staatsordnungen – was schon ein zweiter und sehr schwieriger Schritt ist –, sondern eben durch die Schaffung einer makropolitischen Ordnung, die erst die gemeinsame Rahmenordnung für die untergeordneten nationalen und subnationalen Institutionen bilden kann. Die entscheidende Frage ist, ob diejenigen Staaten, die nachweislich zu einer einigermaßen gerechten Binnenordnung gekommen sind, befugt oder verpflichtet sind – sofern sie das notwendige Wissen und die Macht dazu haben –, eine gerechtere, für alle gültige, globale Ordnung durchzusetzen. Nach einer liberalistischen Marktideologie, verbunden mit einer „realistischen" Supermacht-Politik des Laissez-faire (Prestowitz 1992), aber auch nach der allgemeinen Nationalstaatsideologie der Vereinten Nationen, sind sie es gerade nicht; doch nach einer auch bloß ansatzweisen deontischen Ethik machen sich vor allem die potenten Großmächte, die über die Mittel verfügen, eine gerechtere globale Ordnung zu institutionalisieren, vor aller Menschheit und vor sich selbst schuldig, wenn sie es nicht tun. Die kritische Frage ist eher eine politische und natürlich auch wissenschaftlich-organisatorische als eine ethische: Gibt es einen gangbaren Weg der Reform, die zu einer eindeutigen und dauerhaften Verbesserung gegenüber der bisherigen Lage führt? Reicht die Macht einer Koalition der Willigen und Opferbereiten aus, sich gegen den Widerstand derjenigen durchzusetzen, die bisher von Unordnung und Ungerechtigkeit profitierten?

(III) Bei aller Skepsis gegenüber einer liberalistischen Freiheits- und Gleichheitsethik ist festzuhalten, daß die dritte Stufe der Ethik ohne die gesicherte Basis der zweiten Stufe nicht realisierbar ist, d.h., sie müßte ohne diese Grundlage sofort umkippen in die erste Stufe von Zwang und Erziehungsdiktatur. Solidarität und Menschenliebe setzt Freiheit voraus; denn erst wenn die Menschen unbedroht sind und frei von Unterdrückung

(Stufe I), können sie es wagen, die eigene Sicherheit aufs Spiel zu setzen, Austauschäquivalente zu ignorieren und sich bedingungslos für den Anderen einzusetzen. Liebe setzt aber auch den Verzicht auf Verdienst und gesellschaftliche Anerkennung, auf Autonomie und Gerechtigkeit (Stufe II) voraus; Liebe heißt Leben mit den Anderen, Selbstverwirklichung durch das Erlebnis der im Wesentlichen von den Anderen definierten Wirklichkeit. Eine „ETHIK DER LIEBE", der „SYMPATHIE" oder der „SOLIDARITÄT" scheint utopisch. ETHIK I und II scheinen realistischer und zunächst plausibler, denn es geht doch mehr um eine „Notgemeinschaft" als um eine „Liebesgemeinschaft" – und doch ist ETHIK III inzwischen zur entscheidenden Überlebensbedingung der Menschheit geworden.[20]

Gerade gegenüber den heute so bedrängenden ATOMSTRATEGISCHEN, WELTWIRTSCHAFTLICHEN, ENTWICKLUNGS- und BEVÖLKERUNGSPOLITISCHEN wie ÖKOLOGISCHEN und BIOGENETISCHEN Problemen sind die Probleme unseres Wohlfahrtsstaates bzw. der internen sozialen Gerechtigkeit, wie sie in der Diskussion von liberalistischem Minimalstaat und Belastbarkeit des Sozialstaates, in der Verteilung von Arbeit und Einkommen ganz im Vordergrund stehen, fast schon zu sekundären Problemen geworden; denn was ist der moralische Wert und was ist die moralische Rechtfertigung von einigen Wohlfahrtsinseln, wenn für diese globalen Probleme bestenfalls eine Lösung auf der Stufe einer gesetzmäßigen, aber mehr oder weniger diktatorischen Weltregierung (Stufe I) oder eines unlegitimierten faktischen Direktorats der Großmächte bleibt, das die Entwicklung weitgehend sich selbst überläßt und an Gerechtigkeit wenig interessiert ist (Stufe II)? Ethisch gesehen ist eine Organisationsform unter dem Niveau einer *Defacto*-Weltregierung nach den Prinzipien der Solidarität und des Ausgleichs (Stufe III) heute nicht mehr zu rechtfertigen.

In der nicht zufällig ausufernden Diskussion des KOMMUNITARISMUS – weil in dieser Form unlösbar – steht nicht nur in Frage, ob es eine moralische Gemeinschaft ohne aktive Solidarität geben kann, sondern ob überhaupt noch von Moral und Moralität zu sprechen ist, wenn es diese Solidarität nicht gibt. Der Kommunitarismus wendet sich mit gutem Grund gegen die verschiedenen Formen eines utilitaristisch und egoistisch kalkulierenden Marktliberalismus, der glaubt, ohne gemeinsame Wertbasis und Gemeinschaftsvorgaben auskommen zu können oder zu sollen, um noch mehr individuelle Wertfreiheit und Wahlmöglichkeiten zu erschließen (Etzioni 1995: 12).

Der Kommunitarismus setzt dagegen die Verpflichtung gegenüber der GRÖSSEREN GEMEINSCHAFT. Diese Verpflichtung ist allerdings lediglich bedingt und gilt nur gegenüber einer verantwortlichen und diskursiven Gemeinschaft, in der die Definition des Gemeinwohls immer wieder den sich verändernden Umweltbedingungen angepaßt wird und auch die Moral selbst evaluiert wird. Andererseits ist die Verpflichtung jedoch grundlegend und muß ALLE Aspekte des Gemeinschaftslebens umfassen. Kommunitäre Gemeinschaften sind in diesem Sinn betont „moralisch"; aber die Moral bezieht sich offenbar nur auf die eigene Gemeinschaft, und die eigene Gemeinschaft ist wiederum differenziert als eine „Gemeinschaft von Gemeinschaften", wobei für verschiedene Gemeinschaftsteile durchaus unterschiedliche Normen und Verpflichtungen gelten können (Selznick 1995: 45). Solidarität gibt es somit nur gegenüber den aktiven Mitgliedern und Genossen – nicht darüber hinaus, etwa gegenüber ärmeren oder kulturell andersartigen Gemeinschaften. Nach kommunitärer Auffassung kann sich Solidarität nur zwischen Gemeinschaften und Gesellschaften gleicher Bedürfnislage und Wertsetzung entwickeln. Die Solidarität ist sozusagen Produkt oder Belohnung der KOOPERATION. Dies widerspricht natürlich explizit dem Begriff der Solidarität in einer Weltgesellschaft, wo sie weitgehend als Einbahnstraße verstanden werden müßte, als Hilfe der problemlösungsfähigen Gesellschaften für die problemlösungsunfähigen (Hondrich/Koch-Arzberger 1992: 80).

Für die Begründung einer Sozialen Systemethik kommt gerade dieser weite und großzügige Begriff der SOLIDARITÄT in Frage, jede andere Fassung wäre nicht nur zu eng, sondern geradezu demoralisierend und systemzerstörend. Dies gilt in begriffsintensionaler wie in exstensionaler Hinsicht. Nach Durkheim ist die Solidarität (Lidz 1989: 140) eine APRIORISCHE und natürliche Voraussetzung jeder Gemeinschaftsbildung, die je nach der Dichte und der Art der gesellschaftlichen Assoziationen ihre eigene Ausprägung haben wird. Sie wird sich mehr dem Egoismus oder mehr dem Altruismus, mehr dem Markt oder mehr dem Fatalismus zuneigen; jedoch wird sie stets fundamental und universell, ja geradezu kosmologisch sein, insofern sie weit über die Notwendigkeiten der arbeitsteiligen Integration, aber auch die Prinzipien der Reziprozität hinausgeht. Wahre „Liebe", „Brüderlichkeit" oder Verbundenheit mit dem Leben auf dieser Erde und die Anerkennung der „Sonderstellung des Menschen" im Universum wird vorausgesetzt (Rauscher 1988: 1191; Ibana 1989). Auch extensional kann die Solidarität nur als GLOBALE Solidarität verstanden werden – und zwar nicht nur aus sozusagen systemtechnischen Gründen der funktionalen Interdependenz, sondern weil jede, z. B. kommunitäre, Begrenzung zu Verantwortungslosigkeit oder Verantwortungsverschiebung und ethischer Absurdität führen müßte. Denn wo sollen die Grenzen der „community" im Kommunitarismus liegen? Entweder man beschränkt sich auf ein liberalistisches Partizipationsmodell (Benhabib 1992: 71 ff.); dann bleibt die Gemeinschaft auf die Handlungsfähigen begrenzt, die eigentlich Hilfsbedürftigen bleiben draußen: Von sozialer Gerechtigkeit kann keine Rede sein. Oder man entscheidet sich für ein ernstgemeintes Integrationsmodell; dann geht es um sozialen Ausgleich und Gerechtigkeit; dann ist eine Gemeinsamkeit von Grundwerten gefordert, die alle verbinden und nicht einen Teil der Bevölkerung abspalten oder ausschließen. Es wäre aber ethisch nicht zu rechtfertigen, diese Grundwerte allein in der abendländisch-jüdisch-christlichen Tradition zu suchen – selbst nicht in den USA oder in einem europäischen Land, noch viel weniger in den anderen Ländern der Erde (Bounds 1995: 360). Gleiches gilt natürlich für andere kulturelle Traditionen und Religionen. Sich mit der Formel zu retten, daß die „Gemeinschaft selbst das denkbar wichtigste Gut ist, das zu verteilen ist" (M. Walzer 1983: 29), klingt dann wie Hohn und Spott in den Ohren der Machtlosen; oder sie reduziert die Gemeinschaft wiederum auf die rein formale Partizipationschance. Daraus ist wiederum der Schluß zu ziehen, daß die Solidarität entweder als ein APRIORISCHES und UNIVERSELLES Prinzip anzuerkennen ist oder daß es keine Solidarität geben wird bzw. daß eine partielle und an Bedingungen und Vorbehalte geknüpfte Solidarität im Grunde als amoralisch zu bewerten ist.

Sowenig auf eine globale Solidarität auf der Basis einer Zwangs- und Kampfethik oder auf der Basis einer utilitaristischen Freiheits- und Gleichheitsethik zu hoffen ist, sowenig auf SOZIALE – intra- wie internationale – GERECHTIGKEIT ohne Solidarität. Beide sind letztlich erst möglich in einer auf Sinnverständnis und Sympathie gegründeten WERTEGEMEINSCHAFT. Diese Wertegemeinschaft muß man sich nicht zu großartig und nicht allumfassend vorstellen; es kommt auch nicht auf die öffentliche Deklaration dieser Werte an, und es muß keinen perfekten Welt-Rechtsstaat mit einer letzten, jedem Rechtsbrecher überlegenen Erzwingungsgewalt geben. Denn einerseits sind auch in einem voll entwickelten Rechtsstaat grundlegende Verfassungskonflikte nicht ausgeschlossen; andererseits genügen für die prinzipielle Anerkennung und auch die ansatzweise Realisierung bzw. eine sich ausweitende Durchsetzung von Solidarität und sozialer Gerechtigkeit auch Zwischenlösungen, wie sie vom Sicherheitsrat der Vereinten Nationen, vom Haager Gerichtshof, von der OECD, von einer erweiterten NATO, von der EG-Kommission und verschiedenen anderen internationalen Kommissionen repräsentiert werden (Pogge 1989: 297). Diese Kommissionen haben oft den Status von Konferenzen, sie mögen in ihrer Zusammensetzung oft fraglich und in ihrer Tätigkeit oft wenig effektiv und inkonsequent sein; immerhin üben sie öffentlichen Meinungsdruck aus.

Auch was ihren Inhalt betrifft, rekurrieren sie auf wirklich fundamentale Werte – nicht bloß instrumentelle oder Utilitätswerte, wie z. B. das gemeinsame Interesse an der Aufrechterhaltung eines globalen Friedenszustandes, an der Nichtverbreitung von Atombomben, an einer internationalen Zusammenarbeit in der Terrorbekämpfung – auch wenn diese Werte eher NEGATIV denn positiv definiert sind. Solche nicht verhandelbaren Grund- oder Kernwerte sind etwa, daß es keine Sklaverei mehr geben darf, daß niemand wissentlich oder gar gezielt Hunger und Krankheit überantwortet werden darf, daß Verträge nicht gebrochen werden dürfen – *pacta sunt servanda* –, daß eine internationale Koalitionsbildung nicht auf die Auslöschung eines Staates gerichtet sein darf, daß der Zugewinn der Reichen nicht auf Kosten der Armen erzielt werden darf oder etwa daß eine eventuell wünschbare Weltregierung nicht durch Gewalt und einen dritten Weltkrieg etabliert werden darf. Wenn diese scheinbar negativen Werte tatsächlich gelten, so ist das nicht wenig, implizieren sie doch alle gegenseitige Anerkennung und ein ernsthaftes Streben nach Solidarität und Gerechtigkeit. POSITIV kann man formulieren, daß der Verzicht jeder Großmacht auf den Anspruch, schon über eine Blaupause der besten Weltordnung zu verfügen und diese gegen Widerstand durchsetzen zu dürfen, die prinzipielle Anerkennung des KULTURELLEN PLURALISMUS und seines Entwicklungspotentials impliziert (Pogge 1989: 228 ff.). Die Werte der verschiedenen Kulturen und Nationen können nicht identisch sein; entscheidend ist, daß es Institutionen und Organisationsnetzwerke gibt, in denen gemeinsame subsistente Werte institutionalisiert worden sind, so daß auf dieser Grundlage Überschneidungen und wechselseitige Angleichungen, aber auch Innovationen und neue Synthesen auf der sekundären und tertiären Ebene möglich werden, die rückwirkend wiederum die Grundwerte stärken.

ETHISCH gesehen ist vielleicht die größte Schuld der Politiker, daß sie global – obwohl es innerhalb dieses globalen Rahmens schon einige durchaus haltbare und entwicklungsfähige Wertegemeinschaften gibt – immer noch starr am *modus vivendi* festhalten. So wird der Aufbau einer wertbasierten Weltordnung geradezu mit System verhindert. Sie reden zwar von Werten, jedoch lediglich appellativ, zur Verteidigung der eigenen Position und zur Verurteilung fremden Verhaltens; sie sind aber nicht bereit, in einen ernsthaften ethischen Diskurs über die Frage einzutreten, WELCHE Werte nun denn dem gemeinsamen zukünftigen Verhalten zugrunde liegen und WIE sie effektiv gemeinsam institutionalisiert werden sollen. Überwiegt in den internationalen Beziehungen die Kampf- und Zwangsethik, so stellt innerhalb der Nationalstaaten die perfekte Juridifizierung der Wohlfahrtsrechte sowie der Normen von Solidarität und sozialer Gerechtigkeit eine Gefahr insofern dar, als Menschenliebe und Güte – die ihre unverzichtbare ethische Voraussetzung sind – damit moralisch überflüssig erscheinen. Die Reichen könnten gewissermaßen die Armen durch wohlfahrtsstaatliche Transferzahlungen „aufkaufen": Damit aber entbehren die Transferzahlungen ihrer eigentlichen moralischen Qualität der politischen Entscheidung wie der Gemeinschaftsbildung und einer verantwortlichen, in die Zukunft gerichteten Wertschöpfung (Lomasky 1995: 50f.).

Von einem aufrichtigen DISKURS kann erst die Rede sein, wenn man erstens von der moralischen Beschränkung auf den Nationalstaat Abstand nimmt und sich der Erkenntnis Kants (XI: 41) anschließt, daß „das Problem der Errichtung einer vollkommenen bürgerlichen Verfassung von dem Problem eines gesetzmäßigen äußeren Staatenverhältnisses abhängig [ist]" und daß es „ohne das letztere nicht aufgelöset werden [kann]".[21] Zweitens lassen sich Solidarität und soziale Gerechtigkeit nicht am Katzentisch realisieren. Von noch viel größerer Bedeutung ist zum einen die Verantwortungsübernahme „von oben" und die Kooperation von „oben" UND „unten". Die entwickelten Industrienationen im Bereich der OECD – vielleicht das oberste Quintil der Weltbevölkerung – tragen größere Verantwortung als der Rest; und hier ist es wiederum die politische Klasse und die technisch-wissenschaftliche Intelligenz, die durchaus über das Wissen und Können verfügt, eine institutionelle Reform einzuleiten, die mehr Solidarität und Gerechtigkeit in der Welt ermöglicht. Eine soziale Gerechtigkeit von unten ohne Verantwortungsübernahme von oben kann es nicht geben; die Verbesserung der Produktions- und Reinvestitionsbedingungen, des Managements und der politischen Führung ist in dieser Hinsicht mindestens ebenso wichtig wie eine noch so mildtätige und an statistischen Indexzahlen ausgerichtete Verteilungsgerechtigkeit. Umgekehrt wird eine juridisch formalisierte und gewissermaßen automatische Verteilungsgerechtigkeit nicht unbedingt die soziale Kooperation stärken und das Entwicklungspotential der schwächeren Bevölkerungsteile fördern. Es ist hier mehr erforderlich, nämlich das Gefühl der WECHSELSEITIGEN VERPFLICHTUNG für die Zukunft (Ricœur 1995: 31). Drittens lassen sich bei einer dichter werdenden globalen Interdependenz nationale und internationale Bereiche und Funktionen ohnehin nicht mehr klar unterscheiden. Multinationale Firmen und transnationale Informationsnetzwerke und Organisationen spielen heute in vielen Fällen eine ebenso wichtige Rolle wie die Staaten, und sie sind – wenn sie längere Zeit überdauern wollen – im Prinzip den gleichen Normen unterworfen wie die Regierungen. In diesem Sinne sind die multi- und transnationalen Organisationen keine Konkurrenz der Staaten; sie ergänzen sie vielmehr und verstärken den moralischen Anspruch auf globale Solidarität und soziale Gerechtigkeit. Die Staaten tun so oder so gut daran, global vergleichbare Rahmenbedingungen für die multi- und transnationalen Organisationen zu schaffen.

III. Systemethik und institutioneller Wandel

1. Drei Formen der Systemethik

Eine SOLIDARISCHE WELTETHIK wird den moralischen Anforderungen der Globalisierung und der funktionalen Differenzierung, der dynamischen Beschleunigung und Komplexität, die in dem kommenden soziokulturellen wie biotechnologischen Wandel zu erwarten sind, kaum genügen, wenn sie sich nicht als eine „Ethik des Werdens" oder als „Prozeßethik" versteht (Leinfellner 1990: 182). Als PROZESSETHIK im globalen Maßstab wird sie dann bestehen können, wenn sie die gesamte – und zwar schon die aktuelle und konkrete, nicht irgendeine „ideale" und „zukünftige" – MENSCHHEIT als „moralische Gemeinschaft" betrachtet. Diese Ethik sollte in einen gemeinsamen „PROJEKTZUSAMMENHANG" – möglichst mit einer bestimmten Zielrichtung und der Ahnung einer Gesetzmäßigkeit des Prozeßablaufes – gestellt sein. Die Diskussion kreist seit Jahrzehnten um drei Alternativen eines solchen natürlich eher unbewußten als bewußten „Projektzusammenhangs", nämlich einer vor allem politökonomisch konzipierten „Entwicklung", einer nach biogentischen Analogien konstruierten „Evolution", oder einer die Einmaligkeit der Situation betonenden „Weltgeschichte". Bislang ist kaum das Verhältnis dieser drei Begriffe zueinander in einer eindeutigen und konstanten Weise definiert worden.

Nach einer ersten Begriffsbestimmung, die nach den wissenschaftstheoretischen Kriterien der GESETZMÄSSIGKEIT und der VORHERSAGBARKEIT urteilt (Lemke 1993: 268 ff.), ist der einfachste und damit auch der uns zugänglichste Begriff der der typenspezifischen und rekapitulativen ENTWICKLUNG, die für alle Gesellschaften in den wesentlichen Grundzügen die gleiche ist. Sie verläuft gesetzmäßig und ist – wenn man die Ausgangsbedingungen und die zu erwartenden Randbedingungen kennt – auch in groben Zügen vorhersagbar. Da dieser Begriff unserem herkömmlichen Handlungs- und Verantwortungsverständnis am nächsten kommt, gebrauchen wir ihn gewöhnlich als Oberbegriff, dem wir stillschweigend die Begriffe der „Evolution" und der „Geschichte" unterordnen, wenn wir nicht ohnehin diese drei Begriffe mehr oder weniger synonym verwenden. Der Begriff EVOLUTION ist dagegen unterbestimmt, weil der Prozeß der Evolution wohl als gesetzmäßig – teleonomisch –, jedoch als unvorhersagbar – nicht teleologisch – gilt. Was die Gesetzmäßigkeit betrifft, so wird sie heute allerdings nicht mehr als einfach oder linear – vom „Homogenen" zum „Heterogenen", von niedriger zu hoher „Komplexität", vom „totemistischen" über das „metaphysische" zum „wissenschaftlichen" Zeitalter – vorgestellt, sondern Darwins atomistische „Variationsevolution" wird durch den „Punktualismus" komprimiert. Die Prozesse der Mutation bzw. der endogenen Mendelschen Gesetze werden durch die exogenen stochastischen Prozesse der Umweltanpassung und -veränderung ergänzt (E. Mayr 1994: 204 ff.). Wenn 99 Prozent der jemals existiert habenden Arten schon wieder ausgestorben sind und die Auslöschungsraten bei den Arten mit einer langen Adaptation die gleichen sind wie bei Arten mit einer kurzen Adaptation (Lewontin 1978: 159), dann wagt niemand mehr, von „Teleologie" zu reden. Von GESCHICHTE ist zu sprechen, wenn die Anpassungsprozesse nicht nur irreversibel sind wie bei der Evolution, sondern ein Prozeß der Individuation – der Individual- wie der Kollektivpersonen – und des Lernens, der Reflexion und des Diskurses eingesetzt hat; die Geschichte ist jedoch trotz aller Anstrengungen – schon aus Gründen der Synergetik und der unbekannten Akteurkoalitionen, ganz zu schweigen von den unbeabsichtigten Rückwirkungen der von uns selbst veränderten Umwelt – nicht vorhersehbar und nicht planbar. Sie folgt auch keinen Gesetzen, die wir kennen könnten. Nicht-operationalisierbare und nicht-modellierbare Pseudogesetze wie das von „challenge and response" (Toynbee) oder Geschichtsgesetze, die angeblich „logische" Entwicklungsgesetze sind, wie das Drei-Stadien-Gesetz von Comte, gibt es allerdings die Menge. Auf lange Frist gesehen ist die Geschichte aber eben doch nicht kontrollierbar oder steuerbar, bzw. unsere kurzfristigen Steuerimpulse sind, je mehr sie Erfolg haben, um so wahrscheinlicher langfristig kontrollvermindernd (Lemke 1993: 270).

Nach einer zweiten Begriffsbestimmung, für die das Wichtigste das ÜBERLEBEN der Menschheit ist – allerdings nicht nur das biologische Überleben und nicht unbedingt das Überleben in der jetzigen Populationsstärke –, ist die EVOLUTION der Oberbegriff, genauer: Hier meint man die „Adaptations-" bzw. die „Evolutionsfähigkeit", während die ontogenetische wie sozialorganisatorische „Entwicklung" – zusammen mit „Reifung" und „Verfall" – nur als Teil einer zyklischen Bewegung im Rahmen der Evolution angesehen werden kann; als „Geschichte" werden nur die vom Menschen dramaturgisch gesteigerten Momente in diesem scheinbar zeitlosen oder unabschließbaren Prozeß bezeichnet (Vollmer 1987: 92). Nach biologischen Gesichtspunkten muß eine „evolutionsgerechte" Moral und

Ethik davon ausgehen, daß sich nur auf der Grundlage des „biogenetischen Potentials" mit seinen im Genom verankerten Programmen und Verhaltensmustern ein „tradigenetisches Potential" mit Werten und Normen herausbilden kann. Diese werden weitgehend unbewußt durch Kommunikation übermittelt, während für das eigentlich historische „ratiogenetische Potential" – d. h. die Werte und Normen, die bewußt angeeignet und in einem historischen Diskurs reflektiert werden – nur wenig Raum bleibt (Tembrock 1990: 193).

Nach dieser biologischen Auffassung gewinnt die Evolution leicht etwas Statisches, was auch durch die Zielbestimmungen einer „evolutionär stabilen Strategie" oder der „Optimierung der Stabilität und der Überlebenschancen von Gesellschaften" noch unterstrichen wird. Wenn die Statik nicht am Anfang steht, so am Ende: nicht unbedingt mit einer „absolut ethischen Gesellschaft", wie es noch die Hoffnung von Herbert Spencer war, so doch mit einer „ethisch besseren Gesellschaft" (Leinfellner 1991: 177). Das Begriffsverhältnis von Geschichte, Entwicklung und Evolution, wie es sich aus dem menschlichen Bewußtsein definiert (Loh 1990), kehrt sich hier um: Die „Geschichte" tritt dann erst am „Ende der Evolution" in Erscheinung, wenn die sozusagen bewußtlose Evolution ihr Werk getan hat bzw. wenn die Mittel des Menschen – über Zuchtwahl, Medizin, Mikrobiologie, Künstliche Intelligenz, Ökologie und Gentechnologie – scheinbar stärker geworden sind als die Mittel der Natur – und so die Evolution gewissermaßen „in unsere Hand gegeben" ist. Erst mit diesem Punkt, wo die naturwüchsige Evolution endet, beginnt die „Evolutionäre Ethik" nun wirklich kritisch zu werden; gleichzeitig wird an diesem Punkt deutlich, „daß die Moral KEINE biologische Kategorie ist" (Wessel 1990: 195), sondern daß sie eher das Resultat einer komplexen und eigenständigen historischen Entwicklung des Menschen ist, in die viele Gaben, aber auch Lasten der Evolution eingeflossen sind, die aber doch nur innerhalb dieser neuen Komplexität funktional wie wertmäßig bestimmt werden können.

Eine dritte Verhältnisbestimmung von Geschichte, Entwicklung und Evolution geht weniger von der philosophischen Begründbarkeit einer „Evolutionären Ethik" als vielmehr von der ANWENDBARKEIT von Normen und Werten aus, die das Evolutionspotential des Menschen erhöhen oder jedenfalls nicht gefährden (Vollmer 1986: 64). Von der Anwendbarkeit her gesehen aber gibt es keinen Oberbegriff: „Evolution", „Entwicklung" und „Geschichte" stehen als SYNONYME nebeneinander; es ist in dieser Beziehung nicht zu entscheiden, welches Phänomen welchem „Projektzusammenhang" zuzuordnen ist. Eine „Evolutionäre Ethik" auf dieser Basis kann nur die „schwache These" (Bayertz 1993: 25) vertreten, daß es biologische Randbedingungen gibt, die für das moralische Verhalten der Menschen mehr oder weniger, positiv oder auch negativ, funktional oder „genealogisch" relevant sind. Aus dieser schwachen These sind jedoch keine allgemeinverbindlichen Werte und Normen für die ontogenetische oder sozialorganisatorische Entwicklung oder für die historische Verantwortung des Menschen abzuleiten; dieser Aufweis von biologischen Randbedingungen kann uns höchstens dazu anleiten, nicht zu viel zu verlangen oder zu erwarten; z. B. kann man nicht annehmen, daß bei einer genetisch doch recht unterschiedlichen Ausstattung der Menschen jemals eine vollkommene soziale Gleichheit hergestellt werden könnte; vor allem können uns diese Randbedingungen nichts über den erforderlichen und moralisch zu rechtfertigenden Mitteleinsatz oder Kostenaufwand, über die Kriterien der „Optimierung des Wohlergehens der Menschen", über die Zielrichtung einer künftig anzustrebenden Entwicklung oder über die historische Wertigkeit unseres bisher erreichten Entwicklungsstandes sagen, uns bestenfalls eine vage Hoffnung geben (Laszlo 1992: 129 f.). Die biologisch-pragmatische Verhältnisbestimmung erweist sich somit als zu schwach, die starke evolutionsbiologische These der Subsumtion der Entwicklung wie der Geschichte unter die Evolution aber ist schlechthin „un-moralisch". So bleibt nur die Möglichkeit, die ENTWICKLUNG zum Oberbegriff zu erheben, wobei diese aber „historisch" und nicht naturgesetzlich-deterministisch zu verstehen ist und das „Evolutionspotential" der Entwicklung unbestimmt bleiben muß.

Was nun die Möglichkeit und die Form einer EVOLUTIONÄREN ETHIK betrifft, so ist die erste Frage, ob überhaupt von einer „sozialen" Evolution zu sprechen ist, und selbst wenn ja, dann die zweite Frage, ob daraus ethisch eine eindeutige und verbindliche Aussage abzuleiten ist. Entgegen einer populär gewordenen Biosoziologie einerseits (Dawkins 1976; Wickler/Seibt 1977) und weiteren Repetitionen der Hegelschen „Phänomenologie des Geistes" (Parsons 1966; Jantsch 1976; Habermas 1976; Luhmann 1976) andererseits ist es nämlich sehr schwer, ein dem biologischen Prozeß der ADAPTATION und SELEKTION analoges Modell des sozialen Wandels zu konstruieren. Die meisten Versuche sind dadurch gekennzeichnet, daß sie nur ein Moment aus einem überaus komplexen – z. B. genetischen, ökologischen, populationsdynamischen, neurologischen, informationellen, gruppendynamischen bzw. konditionierungspsychologischen – Prozeß herausgreifen, um daraus dann eine ebenso einfache wie scheinbar plausible „Theorie" zu konstruieren. Doch alle diese Versuche sind gescheitert: Der genetische Reduktionismus oder Atomismus z. B. kommt schon mit der einfachen Tatsache nicht zurecht, daß der Mensch zusätzlich zum Genom mit dem Gehirn – und hier nicht zuletzt über den Neokortex – über eine zweite Steuerungsebene verfügt, die zwar über das Stammhirn und das Limbische System mit der ersten rückgekoppelt ist, aber sich wohl gerade deshalb durchgesetzt hat, weil es unmöglich ist, einen langlebigen und komplexen Organismus auf eine schwierige oder schnell veränderliche Umwelt vorzuprogrammieren (Keyes 1992; Loye 1994).

Die bio-kulturelle Koppelung und Ko-Evolution kann sicher nicht einfach metaphorisch rekonstruiert werden, indem den „Genen" „Meme" gegenübergestellt werden, die sich auch noch analog verhalten sollen wie angeblich die Gene (Harré 1981). Abgesehen davon, daß Gene wie Meme nur in Konfigurationen auftauchen, übersieht diese Analogie erstens, daß die Meme nicht durch vertikale Vererbung von den Eltern auf das Kind, sondern durch eine horizontale Übertragung zwischen zeitgenössischen und genetisch beliebig weit entfernten Menschen weitergegeben werden und daß zweitens die Replikation nicht über die „hardware", sondern über die „software" – also gerade NICHT über den lange Zeiträume erfordernden und irreversiblen genetischen „Härtetest" – erfolgt (Cavalli-Sforza/Feldman 1981: 151 ff.; Lumsden/Wilson 1982: 295 ff.). Ferner ist der Selektionsprozeß seit Darwin als ein populationsgenetischer Prozeß zu verstehen, wobei die epigenetische Anpassung an die sich verändernde Umwelt – z. B. an konkurrierende oder kooperierende Populationen, an andere Arten, an die physische und in der Folge auch an die künstliche, vom Menschen selbst geschaffene Umwelt – von ausschlaggebender Bedeutung ist. Bei der „Umwelt" wiederum sind „externe Umwelt" – z. B. die Ressourcenknappheit oder Umweltverschmutzung – und „interne Umwelt" – z. B. der Chemismus des Gehirns, Bakterien, Viren und Parasiten, Lymphozyten und Antikörper in unserer Körperflüssigkeit – zu unterscheiden; beide sind rückgekoppelt, und das letzte Wort über den „evolutionären Erfolg" des Menschen ist noch nicht gesprochen. Bei der Populationsbildung oder der Herausbildung von Sozialorganisationen und ganzen Kulturen ist zudem nicht zu übersehen, daß diese gerade nicht aus den „Mechanismen" der „Mikroevolution" zu erklären sind, sondern eigenen „Makro-Gesetzen" und ganz anderen statistischen Verteilungsmustern folgen.

Wenn der Versuch einer „Evolutionären Ethik" dennoch zu rechtfertigen ist, dann sicher nicht, weil die soziale, also individuelle wie gesellschaftliche Entwicklung des Menschen unmittelbar aus der genetischen und epigenetischen Evolution abzuleiten wäre, sondern im Gegenteil nur deshalb, weil auch und gerade Mängel und Versäumnisse oder Katastrophen in der Sozialorganisation unweigerlich auf die Genbahn einwirken, z. B. schon durch Seuchen und Populationsvernichtung, durch Migration und veränderte Muster der Partnerwahl (E. Laszlo 1987: 140); des weiteren sind sozialorganisatorische Veränderungen weniger riskant als genetische Eingriffe. Wie schon Herbert Spencer wußte, ist eine Evolutionäre Ethik ganz gewiß nicht auf den naturalistischen Fehlschluß zu begründen, „daß das Überleben des Tauglichsten ... immer das Überleben des Besten" wäre (Bayertz, Hg., 1993: 78) – schon gar nicht auf die Leerformel, daß wir „gemäß der Natur" leben sollten oder daß „alles Natürliche gut" sei; denn „die" Natur ist für unsere Begriffe zu vielfältig und zu heterogen und für unser Moralempfinden gelegentlich auch zu pervers, um zum Maßstab dienen zu können: Wenn alles Natürliche im gleichen Maße gut ist, dann gibt es keine „natürliche Ethik" (G. E. Moore 1970: 74 f.); bzw. dann ist die Krankheit so gut wie die Gesundheit, die Debilität so gut wie Genialität, das Absterben so gut wie die Fortpflanzung usw. Ist dieser naturalistische Fehlschluß leicht als trivial zu erkennen, so verliert sich die schwerer zu durchschauende Rückführung des „moralischen Wertsystems" selber samt der „praktischen Vernunft" auf eine evolutionäre Genese, aus der alles und nichts abzuleiten ist, gewissermaßen in der „Ursuppe" der Evolution (so: Wuketits 1990: 164 ff.).

Dieser Schluß wird auch nicht dadurch verbessert, daß er mit Quantoren versehen wird, indem von der rein spekulativen „Fitneß-Maximierung" auf die teils spekulative, teils empirische „Nutzenmaximierung" geschlossen wird, diese aber durch das empirische, jedoch nur subjektive „Wohlbehagen" gemessen wird: „Gut" wäre demnach alles, was mir gut tut; oder: Um die Fitneß zu maximieren, wird die Natur diejenigen Organismen auswählen, die im großen und ganzen ihr Wohlergehen maximieren. Hier besteht das Problem, daß mein Wohlergehen im Gegensatz zum Wohlergehen des anderen stehen kann, daß sein und mein Wohlergehen auf Kosten der Allgemeinheit gehen können. Daß wir alle unsere stammesgeschichtliche Fitneß zu verbessern suchten, ist insofern nicht zu bezweifeln, da wir leben und offensichtlich noch nicht ausgelöscht worden sind; die Frage ist aber, WAS wir mit diesem „Wohlergehen" verbinden – Vergnügen, Bequemlichkeit, Sicherheit, Ausbeutung, Lust – und was wir vermeiden – Mißvergnügen, Schmerz, Kummer, Anstrengung – bzw. WIE, d. h. mit welchen Mitteln und Strategien in welchen Koalitionen wir es durchsetzen. Im übrigen werden Sozietäten im Vorteil sein, in denen es eine ausreichende Anzahl von Mitgliedern gibt, die ihr Wohlergehen zugunsten des Nachwuchses oder zur Unterstützung anderer zeugungsfähiger Mitglieder aufopfern. Der naturalistische Fehlschluß wird aber nicht überzeugender, wenn die Leerformel durch den jedenfalls vieldeutigen und verwirrenden Begriff der „Komplexität" oder der „Selbstorganisation" gefüllt wird: Anstatt sich der genetischen Heterogenität der Natur und der natürlichen Auslese auszuliefern, werden die autonomen und autokatalytischen Prozesse der Selbstorganisation oder „Autopoiesis" zur primären Quelle der Ordnung erklärt; der genetischen Selektion hingegen wird nur die Funktion der Feinabstimmung der Ergebnisse des Verhaltens oder der Verhaltenseigenschaften zugeschrieben (S.A. Kauffman 1993). Hier wird die historische Kontingenz der überlebenden Organismen oder Organismenverbände ignoriert (Corning 1995: 98). Doch nur aufgrund dieser mysteriösen Komplexität und naturgegebenen Ganzheitlichkeit läßt sich dann die Teleonomie der Evolution in Teleologie, die Statik in Dynamik, die Leere in Fülle und die naturwissenschaftliche Deskription in eine ethische Rechtfertigung oder Begründung verwandeln.

Der naturalistische Fehlschluß weist aber positiv wie negativ immerhin auf zwei Konstitutionsbedingungen der Moralität hin: Erstens ist die Befolgung moralischer Normen abhängig von einer offenbar notwendigen „moralischen Illusion" – der Illusion nämlich, es gebe Gründe für eine OBJEKTIVE GÜLTIGKEIT der Werte und Normen in unserer und in jeder moralischen Gemeinschaft (Ruse 1993: 163). Wenn die Gemeinsamkeit der Normen auf die biologische Evolution zurückgeführt werden kann, dann stärkt das vielleicht diese Illusion; obwohl mit der genetischen Erklärung auch nicht mehr gewonnen ist als mit der Fiktion des „Gesellschaftsvertrages", den unsere imaginären Vorfahren – aus welchen Gründen immer – geschlossen haben.

Zweitens ist aber ein ethisches Verhalten erst zu erwarten oder kann von „Moral" die Rede sein, wenn die Individuen bereit und fähig sind, Entscheidungen aus freien Stücken zu treffen und Verantwortung von sich aus zu übernehmen, d. h., wenn sie „AUTONOM" sind (Weinberger 1992: 258). Autonomie und Gemeinschaftlichkeit scheinen sich zu widersprechen, bedingen sich aber soziologisch gegenseitig. Die Evolutionäre Ethik gerät damit jedoch in ein Dilemma: Entweder sie stützt sich auf den genetischen Determinismus, auf Fitneß, Nutzenmaximierung und Wohlergehen – dann erhöht sie den Anschein der Objektivität, verletzt jedoch die Autonomie des Entscheidungsträgers und ist somit nicht imstande, eine Theorie der Moral zu formulieren. Oder sie setzt von vornherein auf die Freiheit und Autonomie oder Selbstverantwortlichkeit des Handlungssubjekts, dann kann sie sich aber nicht mehr auf eine „starke" biologische Begründung stützen und ist gezwungen, die biologischen, neurologischen oder ökologischen Gegebenheiten zu bloßen Randbedingungen herabzudrücken; mit anderen Worten, sie muß ihren Anspruch, eine genuine Ethik der Evolution zu sein, aufgeben.

Die Evolutionäre Ethik scheitert aber nicht allein an dem ethischen Dilemma, das sie selbst heraufbeschwört, sie scheitert bereits intern an der Unvereinbarkeit oder Widersprüchlichkeit ihrer Begründungsversuche oder evolutionären Zielvorgaben. Diese reichen (1) vom „egoistischen Gen" bzw. der Darwinschen populationsgenetischen Selektion, über (2) die „kin selection" und die Beschränkung des „Altruismus", der immer noch ein erweiterter genetischer „Egoismus" ist, auf die nähere Blutsverwandtschaft, bis (3) zum „moral brain" des Limbischen Systems und seinem Überbau und schließlich (4) zur Herausbildung der Kooperation unter Fremden nach der „Tit-for-Tat"-Strategie oder (5) der Entwicklung eines „Mem-Pools", der für die Fortpflanzung mindestens ebenso wichtig ist wie der „Gen-Pool". Dies alles ist vollkommen „natürlich" und ist bis heute Teil der menschlichen Evolution; alle diese unvereinbaren, aus der Evolution herauszulesenden Zielvorgaben sind normativ gleich gültig oder gleich ungültig. Wenn man sich jedoch wirklich auf die tiefsten Abgründe der Natur berufen wollte, dann käme man wohl um eine „ETHIK DER SCHNELLEN UND NIEDERTRÄCHTIGEN LÖSUNGEN" (Rosenberg 1990: 98 f.) nicht herum; denn „Altruismus" scheint es zunächst nur unter dem Vorzeichen der Fortpflanzung der eigenen Gene zu geben; „Kooperation" gibt es dann, wenn die Ressourcenverteilung in der Umwelt dies unumgänglich macht oder ein Konkurrent nicht aus dem Weg zu räumen ist. Die Natur hingegen bevorzugt schnelle und brutale Lösungen, weil diese weniger kostspielig und weil sie unter wechselnden Umständen einfach rationeller sind. Insofern ist die Natur „ohne Moral"; oder man könnte auch sagen: Der egoistische und nur zweckrational kalkulierende Nutzenmaximierer kommt der „Moral der Natur" noch am nächsten. Sein Pech ist allerdings, daß er ausschließlich ein Produkt der modernen kapitalistischen Gesellschaft ist und daß er gerade unter den höchst „unnatürlichen" Verhältnissen einer auf die Spitze getriebenen funktionalen Interdependenz lebt und ohne nur gemeinschaftlich zu erzeugende kollektive Güter und ohne wohlfahrtsstaatliche Versicherungsleistungen der verschiedensten Art nicht mehr existieren kann; meist wäre er auch erst gar nicht geboren worden. So bleiben einer „revidierten Version der darwinistischen Ethik" als einzig haltbare Zielvorgabe nur die „Erhaltung der Gemeinschaft" und die „Sicherung des Allgemeinwohls" (Richards 1993: 192 ff.). Die Frage ist allerdings, wo die Grenzen der Gemeinschaft zu ziehen sind und welche Gemeinschaftsleistungen zum Gemeinwohl oder individuellen Wohlergehen zählen und welche nicht mehr. Zu diesen Fragen ist von der Evolutionären Ethik keine Antwort zu erwarten.

Gibt es von einer genuinen ENTWICKLUNGS-ETHIK mehr Antworten als von einer „Evolutionären Ethik"? Ausgehend vom linearen System- oder Gleichgewichts-Funktionalismus von Talcott Parsons ist der Begriff „Entwicklung" angesichts immer gravierenderer Fälle von Krise, Stagnation und Systemzusammenbruch im Laufe von drei Jahrzehnten grundlegend revidiert worden: Entwicklung wird heute NICHT MEHR als LINEARER Prozeß der strukturellen Höherentwicklung gesehen, wobei anzunehmen wäre, daß unter der Voraussetzung einer harmonischen Abstimmung von funktionaler Differenzierung und Integration die Ziele „wirtschaftliches Wachstum durch Produktivitätssteigerung", „politische Stabilität und Demokratie", „soziale Gleichheit und Gerechtigkeit", „weltanschaulicher Pluralismus und Individualisierung" gleichzeitig zu erreichen seien (Huntington 1987: 7 ff.). Inzwischen hat das Bewußtsein zugenommen, daß Disparitäten und Konflikte unausweichlich sind bzw. daß eine im Rückblick „erfolgreiche" Entwicklung stets zugleich durch Strukturbrüche und Destruktion, durch Zyklen und Fluktuationen gekennzeichnet ist. Dennoch ist für alle Konzeptionen von „Entwicklung" typisch, daß die Entwicklung als ein EINHEITLICHER, wenn auch spannungsreicher und in verschiedenen Regionen und Sektoren unterschiedlich sich manifestierender Prozeß gesehen wird.

Entscheidungstheoretisch ist Entwicklung zu definieren als „Ausdehnung des Entscheidungsbereichs" oder „ZUNAHME DER WAHLMÖGLICHKEITEN" (Apter 1987: 16). Unter „Wahlmöglichkeiten" wird die Reihe der erkennbaren Alternativen verstanden, die sich den Individuen und Kollektiven eröffnen. Die Wahlmöglichkeiten sind innerhalb einer politischen Einheit und zwischen den politischen Einheiten unterschiedlich verteilt; entscheidend ist daher der Zugang zu Institutionen, Ämtern und Informationsnetzwerken bzw. die Form ihrer Institutionalisierung. Systemtheoretisch gesehen meint Entwicklung einen multifunktionalen Prozeß der externen Anpassung an die Umwelt und des internen Wissenserwerbs, insoweit er eine höhere LEBENSQUALITÄT der Mitglieder ermöglicht (Gharajedaghi 1984: 167). Diese „Lebensqualität" ist im einzelnen schwer zu bestimmen; doch kann entwicklungspolitisch behauptet werden, daß im statistischen Regelfall erst einmal bestimmte quantitative Meßgrößen erreicht sein müssen, bevor eingehendere qualitative Differenzierungen vorgenommen werden können. Die einfachsten QUANTITATIVEN Indizes sind Lebenserwartung, Schulbildung und Bruttosozialprodukt pro Kopf (Streeten 1995: 26 ff.). Wenn das Bruttosozialprodukt über der internationalen Armutsgrenze liegt, wenn alle hinreichend gebildet sind, um sich weltweit informieren zu können, und wenn im statistischen Durchschnitt ein Lebensalter von über 70 Jahren erreicht wird, dann spielt der Grad der Industrialisierung, die Regierungsform, das Vorkommen von Bodenschätzen, der Anteil des Außenhandels usw. keine allzu große Rolle mehr; dann werden auch die beiden QUALITATIVEN Hauptkriterien von Entwicklungsfähigkeit und aktueller Lebensqualität, nämlich SOZIALE, d.h. rechtliche, politische, kulturelle GLEICHHEIT und UMWELTVERTRÄGLICHKEIT bzw. die Fähigkeit zu einer anhaltenden Entwicklung, auf die eine oder andere Weise zu erfüllen sein.

Historisch gesehen wird Entwicklung oft mit „INDUSTRIALISIERUNG" oder „Modernisierung" gleichgesetzt; dennoch ist diese Verbindung – vor allem in einem „post-industriellen" Zeitalter – nicht zwingend; „Industrialisierung" und „Modernisierung" können schon immer entwicklungsförderlich wie entwicklungshemmend gewesen sein. Die „Industrialisierung" war in den letzten hundert Jahren sicher einer der dynamischsten Faktoren der Entwicklung. Sie besteht in einem Prozeß der Verbesserung und Vermehrung der Produktion von Waren und Dienstleistungen – ein Resultat der wissenschaftlichen und technischen Innovation. Der Begriff der „MODER-

NISIERUNG" ist eng verbunden mit dem der „Industrialisierung" und meint eben meist die Renovierung der „traditionalen Gesellschaften" nach dem institutionellen Muster der westlichen Industriegesellschaften. Der Prozeß der Modernisierung jedoch ist umfassender oder grundlegender als der der Industrialisierung, weil er auch die Motivationen, Normen und Werte des individuellen Leistungsstrebens, der sozialen Disziplin und Gleichheit, der Rationalisierung und Individuation einschließt.

Von dieser „klassischen" Modernisierung ist vielleicht noch eine „ZWEITE Modernisierung" zu unterscheiden, die mit den Folgeproblemen der Modernisierung, dem Traditions- und Sinnverlust, den ökologischen Schäden einer bloßen Wachstumspolitik, der Arbeitslosigkeit und den sonstigen Wohlfahrtslasten zu tun hat. Die „POLITISCHE ENTWICKLUNG" ist ein funktionaler Teilaspekt der gesellschaftlichen Entwicklung, der oft mit Industrialisierung und Modernisierung verkoppelt, doch nicht notwendigerweise an sie gebunden ist. Sie meint die Entwicklung von politischen Systemen wie Staaten, Kommunen und Regionen, von internationalen Staatenbündnissen und Organisationen in Richtung einer stärkeren Partizipation auf seiten der Mitglieder und einer größeren öffentlichen Verantwortung seitens der Eliten. In einem ausgesprochen „postmodernen" Stadium der Entwicklung gewinnen vor allem die ÖKOLOGISCHEN und die KULTURELLEN Kriterien der Lebensqualität an Bedeutung: Als „entwickelt" kann eine Gesellschaft dann angesehen werden, wenn sie keine Umweltschäden hervorruft, die über ihren Kontrollbereich hinausgehen (Gyekye 1994: 48). Nach diesem Kriterium stehen einige hochentwickelte Industriegesellschaften nicht besser da als einige unterentwickelte Länder. Das gleiche gilt für das kulturelle Kriterium, daß eine Gesellschaft dann Aussicht auf eine dauerhafte Entwicklung hat, wenn sie sich entsprechend ihren eigenen Traditionen, Werten und Institutionen entwickeln kann (Gendzier 1989: 227).

Bei dieser Revision der Entwicklungskriterien bleibt aber der Gedanke einer einheitlichen und für alle Gesellschaften gleichen Entwicklung erhalten, ja: Es wird versucht, die nicht mehr als selbstverständlich angesehene oder verlorene soziale Integration wieder herzustellen – unter den erschwerenden Bedingungen der Globalisierung und Dynamisierung von Wirtschaft, Technologie und Politik. Das Prinzip der Einheitlichkeit und Integration ist der große Vorzug, möglicherweise aber auch das große Manko einer „reinen" ENTWICKLUNGSETHIK. Zum einen impliziert Einheitlichkeit „politische Gleichheit" und letztlich auch „soziale Gerechtigkeit" – insofern verlangt eine genuine Entwicklungsethik nach Maßnahmen der INTRA- UND INTERNATIONALEN REDISTRIBUTION, und zwar nicht erst auf der Konsumseite, sondern schon vor allem auf der Produktionsseite. Insoweit eine Nachholentwicklung der Entwicklungsländer weithin illusorisch geworden ist bzw. selbst die Industrieländer vollauf mit der „zweiten Modernisierung" beschäftigt sind, muß diesen Ländern gleich der nächste Schritt einer „postmodernen" Entwicklung ermöglicht werden im Bereich der sozialen Dienstleistungen und des Tourismus, der Landschaftspflege und der höheren Dienstleistungen über globale Computernetzwerke und neue Formen der Agrar- und Biotechnologie. Zum andern wird diese mögliche Kompensation sowohl von den Industrie- als auch von den Entwicklungsländern dadurch unterlaufen, daß die Entwicklungsziele schließlich doch wieder von den bereits „entwickelten", d. h. den westlichen und vielleicht auch den südostasiatischen Industrieländern stammen – selbst wenn diese zum Teil an einen toten Punkt gelangt sind, den sie gerade durch „Expansion ohne Innovation" zu überwinden suchen. Das Ziel der „Entwicklung" ist dann eben eine gemeinsame Falle.

Wenn die Gleichheitsforderung zur soziokulturellen Nivellierung und zum Rückzug auf die individuellen Menschenrechte oder einen egozentrischen Individualismus führt, kann eine so verstandene Entwicklungsethik sogar zu einem generellen entwicklungspolitischen Alibi führen, indem die Entwicklungsaufgabe allein dem Individuum zugeschoben wird und dessen ungenügendes Leistungsstreben zum eigentlichen Entwicklungshemmnis erklärt wird, während die moralische Gemeinschaft in Anomie zerfällt oder das spezifische kulturelle Erbe zur bloßen Folklore herabsinkt und das kreative Potential ungenutzt bleibt. Dazu kommt, daß die westlichen Kulturideale in ihrer Globalisierung arg verkürzt oder verflacht werden, so daß die wirtschaftliche Tätigkeit und das individuelle Leistungsstreben allein auf den schnellen Gelderwerb und den Konsumfetischismus verschoben wird. Die ethische Begründung der Entwicklungsethik liegt dann ausschließlich im UTILITARISMUS – womöglich in einem bloßen Akt- und Produkt-Utilitarismus, unter Vernachlässigung der Regeln des gesellschaftlichen Zusammenlebens und der internationalen Kooperation. Wenn ernsthafte ökologische Überlegungen mitberücksichtigt werden, dann kann sich dieser mitunter äußerst egoistische oder chauvinistische Utilitarismus zu einem universalistischen Konsequentialismus erweitern; doch fehlt der daraus abgeleiteten Entwicklungsethik dann jedes deontisch verpflichtende Moment.

Gewöhnlich aber beschränkt sich eine solche Entwicklungsethik auf eine einzige Phase einer doch viel längeren Entwicklungssequenz, nämlich auf die Wachstumsphase. Jedenfalls bis zu den „Grenzen des Wachstums" (Meadows 1972) war die Entwicklungsethik nur „WACHSTUMSETHIK", und auch der Club of Rome kannte damals nichts anderes als ein „exponentielles Wachstum" bzw. seine Begrenzung durch Rohstoffknappheit, Überbevölkerung, Intensivierung der Landwirtschaft, Umweltverschmutzung; sein Ziel war nicht „Entwicklung", sondern ein neomalthusianisches Gleichgewicht (Cleveland 1993: 22 f.). Das Dilemma einer reinen Wachstumsethik ohne eigentliche Entwicklungsintention ist, daß sowohl das Wachstum als auch das „Null-Wachstum" moralisch überaus negative Konsequenzen zeitigen kann: Es ist zwar nicht bewiesen, daß die distributive Gerechtigkeit in der Zeit eines nationalen oder internationalen Wirtschaftswachstums besonders gefördert worden wäre – immerhin war dieses Wachstum durch eine große individuelle Leistungsbereitschaft, durch Demokratie und Freihandel, durch soziale Mobilität und eine Welle der individuellen Emanzipation ermöglicht worden. Dagegen ist ein Nullwachstum wohl nur durch eine zentral geplante und kontrollierte Ökonomie, durch gesetzliche Einschränkungen und Zwangsmaßnahmen – sei es durch nationale Abschottung oder durch eine Weltregierung mit einer überragenden Zwangsgewalt – zu erreichen. Bei einer restriktiven Nullwachstums-Politik ist zudem ein negativer Effekt auf wissenschaftliche Forschung und technische Entwicklung sowie auf das Bildungs- und Gesundheitswesen zu erwarten, was die Chancen der zukünftigen Generation vermindert; auch in bezug auf die distributive Gerechtigkeit verspricht sie keinen Gewinn (Thurow 1980: 155 ff.). Unter den Bedingungen des Nullwachstums gibt es weniger zu verteilen, ganz gleich, was die Verteilungskriterien sind; und bei Nullwachstum ist der Gewinn des einen der Verlust des anderen; dies bedingt eine Verschärfung der Gruppenkonflikte und politische Instabilität.

An diesem Dilemma einer Wachstumsethik, die eine verkürzte Entwicklungsethik ist, wird ein generelles Manko der nur utilitaristischen oder bestenfalls konsequentialistischen Entwicklungsethik deutlich: Sie hat keine Maßstäbe für Redistribution und soziale Gerechtigkeit, ja, in diesem Rahmen ist eine Umverteilung gar nicht zu rechtfertigen. Es wäre doch konsequenter, daß die am besten Entwickelten und vermutlich auch in Zukunft Entwicklungsfähigsten alle Mittel bekommen, die wirtschaftliche und technische Entwicklung voranzutreiben, während die Armen in einer Art internationaler Apartheid noch am besten von den Gewinnen der Reichen profitieren können. Diese Art Entwicklungsethik, die zur Rechtfertigung einer konzeptlosen Entwicklungshilfepolitik in Anspruch genommen wird, ist völlig unglaubhaft geworden, nicht nur, weil die Entwicklungshilfe vor allem dort gescheitert ist, wo sie am dringendsten gebraucht würde – in Afrika und Lateinamerika –, sondern auch, weil sie – nach dem Untergang der sozialistischen Alternative, aber auch der Schwächung der amerikanischen Führungsfunktion – derzeit keinerlei Zukunftsvision mehr eröffnen kann (Kothari 1993: 136 f.). Vielleicht ist es vermessen, nach einer solchen Vision Ausschau zu halten: Eine realistische Entwicklungsethik muß sich vielmehr darauf beschränken, für eine VERBESSERUNG des gegenwärtigen Zustandes zu sorgen und eine Verschlechterung zu verhindern. Eine Entwicklung ist von außen aufgedrängt, also ethisch heteronom, oder sie kommt von innen, dann ist sie historisch kontingent und nicht vorhersagbar; und so ist im Prinzip auch von keinem inhaltlich bestimmbaren Ziel auszugehen. Das höchste Ziel einer Entwicklungsethik kann nur FORMAL bestimmt werden als die Erhöhung der externen PROBLEMLÖSUNGSKAPAZITÄT bzw. des internen ENTWICKLUNGSPOTENTIALS. Eine Entwicklungsethik, die den hochentwickelten Industrieländern auf dem Weg in die Informationsgesellschaft angemessen wäre, ist noch in weiter Ferne. Das höchste Gut oder Ziel könnte hier die Entwicklung einer Kultur des lebenslangen Lernens sein: Nicht ein Kult der bloßen Informationssammlung, sondern der systematischen Vertiefung des Wissens; nicht der Replikate und der gerissenen Intelligenz, sondern der Kreativität und der neuen Synthesen (K.E. Boulding 1985: 160 ff.; Bühl 1995: 37 ff.). Die Entwicklung hedonistischer und bewußtseinsdämpfender, esoterischer und szenischer Subkulturen scheint hier eher in die Gegenrichtung zu weisen.

Die soziale Evolution ist in der Kürze des menschlichen Lebens – selbst wenn von einem generationenübergreifenden philosophischen Diskurs auszugehen ist – nur als Entwicklungsprojekt erfahrbar; und sogar die Entwicklungskonzepte bleiben historisch kontingent, der Mode und zeittypischen Illusionen unterworfen. So sind wir am Ende doch auf eine HISTORISCHE ETHIK verwiesen, obwohl sie den geringsten Halt zu bieten scheint. Umgekehrt kann man sehen, daß selbst Historiker die Kontingenz der Geschichte nur schwer ertragen können. Vor allem eine „Universalgeschichte" ist immer der Versuch, „Geschichte" auf „Entwicklung", einen einfachen „Entwicklungsmechanismus" oder auf die einfachste Form einer „Evolution" – nämlich auf einen „Hyperzyklus" – zurückzuführen.[1] Eine Historische Ethik kann sich auf keine „Zukunftsgewißheit" oder ein „Ende der Geschichte" – was das gleiche ist – einlassen: Sie muß mit dem *Kairos*, der Einmaligkeit – oder systemtheoretisch: der EMERGENZ – der geschichtlichen Konfigurationen rechnen, daß also ein zeitlich späterer Systemzustand niemals unmittelbar aus einem vorhergehenden Systemzustand oder noch weiter vorausliegenden Systemzuständen abzuleiten ist. Selbst wenn bekannte Elemente aufzutauchen scheinen, erfüllen sie in einer neuen Systemkonfiguration vermutlich eine andere Funktion, haben sie einen anderen Stellenwert oder Systembezug, erfahren sie eine andere Sinndeutung durch die Akteure wie durch zeitgenössische Beobachter. Bei einer Historischen Ethik müssen mehr die Krisen, die Frakturen und Systembrüche anstelle möglicher universalgeschichtlicher Kontinuitäten im Mittelpunkt der Beurteilung stehen. Zwar sind diese Krisen und Frakturen erst im nachhinein als Schwellen und Übergänge zu erkennen: wenn man ein erstes Bild des Epochenwandels, seiner faktoriellen Rekonfiguration und seiner sektoralen und regionalen Auswirkungen gewonnen hat. Dennoch gibt es Anzeichen der Krise und des Abreißens einer gewohnten Kontinuität – Entscheidungsnotstände und Bifurkationspunkte, Dilemmata und Paradoxien –, die hypothetisch als Übergänge zu einer neuen Konfiguration gedeutet werden können. Und mehr als eine Hypothese kann und soll in einer Historischen Ethik auch nicht versucht werden, da in einer Ethik *in actu* der Ethiker den Entscheidungsträgern die Entscheidung nicht abnehmen kann. Eine Hypothese kann bestätigt oder nicht bestätigt werden; die Wahrscheinlichkeit der Bestätigung einer historischen Hypothese ist allerdings geringer als die jeder anderen wissenschaftlichen Hypothese. Zur „Moral" einer Historischen Ethik gehört es jedoch, lieber übersensitiv zu reagieren – auch wenn dies scheinbar unnötige seelische Belastungen mit sich bringt (Smilansky 1996).

Es sind vor allem ZWEI SCHWELLEN, die den Verfechter einer Historischen Ethik – gewissermaßen auf dem Weg nach innen wie auf dem damit korrespondierenden Weg nach außen – beunruhigen müssen: erstens die endgültige Überschreitung der BIOGENETISCHEN GRENZE, zweitens der ÜBERGANG ZUR GLOBALITÄT in einigen für die Gesellschaft konstitutiven

Funktionszusammenhängen. Zwar gibt es die Probleme der Zuchtwahl oder der künstlichen Insemination, der Abtreibung oder Euthanasie schon seit langem, doch als ethische Entscheidungsprobleme verblieben sie bislang im Bereich der Medizin oder eines persönlichen Verantwortungsverhältnisses von Arzt und Patient. Mit den sich Schritt für Schritt eröffnenden Möglichkeiten einer systematischen Gentechnik, die zunächst vielleicht nur kurativ, prinzipiell aber auch prokreativ angewandt werden kann, ist jedoch ein Sprung erreicht oder schon getan, der nicht nur die menschliche Spezies, sondern – durch den nunmehr wirklich gezielten Eingriff des Menschen – alle Spezies, Biozönosen und ökologischen Systeme auf der Erde verändern kann (Wills 1994).

Nicht viel geringer ist der Sprung zur Globalisierung wesentlicher Funktionszusammenhänge, die für das Überleben und für die Qualität des menschlichen Lebens grundlegend sind. Zwar ist die „Wissenschaftsgemeinschaft" – ideell, wie personell – schon seit langem eine globale Gemeinschaft; und mehrere Konfessionen beanspruchen, Weltreligionen zu sein; doch was die Energieversorgung und was die ökologische Überlebensfähigkeit, was den Bevölkerungs- und Gesundheitsstand, aber auch den Rechtsschutz des Individuums oder die Normen des internationalen Zusammenlebens betrifft (Florini 1996), so rückt die Menschheit erst jetzt zu einer globalen Einheit zusammen: Die moralische Gemeinschaft erreicht die SPEZIESGRENZE im gleichen Moment, da die Spezies Mensch sich nun nicht mehr rein theoretisch, sondern auch praktisch-technisch radikal in Frage stellt.[2]

Angesichts dieser potenzierten Komplexität, in der die Umweltkomplexität die Systemkomplexität steigert, und umgekehrt, in der es keine Einzellösungen mehr gibt und folglich mit den in der Ethik so beliebten Kasuistiken nur noch wenig anzufangen ist, in der auch kein „höchster" Wert mehr benennbar ist, sondern nur noch Konfigurationen von Werten die Wertigkeit eines Wertes bestimmen, muß jede historische Ethik zur SYSTEM-ETHIK werden[3] – jedoch zu einer Systemethik nicht mehr des „harten" an der „hardware" orientierten, sondern des „weichen" an der „software" orientierten Systemdenkens. Das „harte" Systemdenken glaubte noch von Ingenieur-Systemen ausgehen zu können, die auf feste Ziele einprogrammierbar sind oder die sich gegebenenfalls selbst optimieren können; das „weiche" Systemdenken geht demgegenüber davon aus, daß nicht einfach die Welt als System zu organisiert ist, sondern daß bestenfalls der

Forschungsprozeß systemisch organisiert werden kann: aber so aufgebaut, daß dieser Prozeß offen bleibt für künftige Teilnehmer und für zukünftige Alternativen (Checkland 1988: 382 f.).

Das System befindet sich als Ganzes im Werden: es kann eben im Unterschied zu Hegels Geschichtsphilosophie nicht mehr zukunftssicher über die „Volksgeister" zum „Weltgeist" fortschreiten – schon deshalb, weil die „Volksgeister" im Prozeß der Globalisierung und Individualisierung entschwunden sind. Hier kann wiederum nur von einer ZWEI-STUFEN-ETHIK ausgegangen werden, wobei wir nur versuchen können, die Bedingungen der Möglichkeit eines systemischen Such- und Entscheidungsprozesses zu sichern; wir dürfen uns aber nicht anmaßen, Entscheidungen für eine weit vor uns liegende Zukunft vorwegzunehmen; wir sind vielmehr verpflichtet, die Zukunft offen zu halten, nämlich eine globale ökologische Katastrophe zu vermeiden, auf erneuerbare Rohstoffe und Energieträger umzusteigen und die Vielfalt der Arten wie der Weltanschauungen und Sozialorganisationen nicht zu dezimieren.

Die Last und die Aufgabe einer Historischen Ethik wird damit nicht geringer. Wenn keine Teleologie mehr zu behaupten ist, so ist doch die TELEONOMIE der Geschichte zu verantworten: Es gibt eine Verpflichtung gegenüber dem historischen Erbe – sei es Ergebnis der natürlichen Auslese, sei es Menschenwerk; des weiteren gibt es eine Verpflichtung gegenüber der Freiheit oder Autonomie zukünftiger Menschen, deren Wahlmöglichkeiten nicht von uns willkürlich eingeschränkt und beschnitten werden dürfen. Der Teleonomie der Geschichte aber können wir nur dann gerecht werden, wenn wir uns der Menschheit als ganzer verpflichten und wenn unsere Ethik DEONTOLOGISCH zu begründen ist. Die schwächste deontologische Begründung ist die des „Schleiers der Unwissenheit", der allein die Unparteilichkeit sichern kann. Die stärkste Begründung wäre ein religiöser Glaube, der den Menschen zum „Verwalter von Gottes Schöpfung" macht.[4] Aber die Berufung auf einen höheren Willen kann leicht als Legitimation für jegliche Anmaßung dienen. So bleibt als mittlere Position eben doch Kants KATEGORISCHER IMPERATIV, der Menschheit und Individuum miteinander verbindet, wenn er die Universalisierbarkeit des moralischen Urteils, aber auch die volle Individuation der Person voraussetzt, die sich eben nicht mehr den Zwangsvorstellungen des kollektiven Unbewußten oder irgendeines „Zeit"- oder „Volksgeistes" ausliefern darf.

2. Weltordnung und institutioneller Wandel

Ethische Prinzipien aufzustellen, ohne einen Organisationsdesign angeben zu können, innerhalb oder mittels dessen sie durchgesetzt werden können, endet allzuschnell in einem billigen Moralismus. Eine „WELTETHIK" jedenfalls wird nicht durch Deklarationen und Konzilien geschaffen, sondern allein durch legitime und effektive Organisationen, die durch ihre kontinuierliche Wirksamkeit ein „Ethos" formen. Dies wird dadurch gestützt, daß es für die Mitglieder zur Verpflichtung oder zur schon gar nicht mehr wahrgenommenen Selbstverständlichkeit, für Nichtmitglieder aber zu einer nicht zu übersehenden Tatsache wird. Dies gilt besonders im Rahmen der MAKROPOLITIK, d.h. der gesamtgesellschaftlichen Ordnung, der inter- und transnationalen Beziehungen, der globalen funktionalen Regime und der „Weltordnung" ingesamt. Diese vier Ebenen sind *de facto* nicht voneinander zu trennen, da Organisationslösungen auf der einen Ebene mit Notwendigkeit – in der Frage ihrer Strukturbedingungen und Konsequenzen – zur Erörterung der Organisationsbedingungen der anderen Ebene führen. Auf dem Weg zu solchen Überlegungen scheint die Formel „Weltordnung ohne Weltregierung" – „governance without government" – eine griffige Lösung zu bieten (Rosenau/Czempiel 1992; Commission on Global Governance 1995: 4f.), insofern man unter „government" eine vollinstitutionalisierte, in der Regel parlamentarische Regierung versteht, legitimiert durch das Volk und funktional realisiert durch einen ausdifferenzierten Regierungsapparat mit einem staatlichen Gewaltmonopol. Als „governance" hingegen betrachtet man eine zwar irgendwie effektive, in institutioneller Hinsicht jedoch unentwickelte Funktionsordnung und Herrschaftsform. Doch wenn man sich die extrem unterschiedlichen Definitionen von „governance" ansieht, wird man feststellen, daß man sich mit dieser scheinbar so schlüssigen – weil dichotomen – Formel um das Problem einer Bestimmung des Organisationsdesigns gerade herumgedrückt hat. Denn was ist „GOVERNANCE" in der Beobachtungswirklichkeit?

Für die einen ist es schlicht UNLEGITIMIERTE HERRSCHAFT, Herrschaft z.B. durch ein Gleichgewicht der Mächte – balance of power – oder durch wechselseitige atomare Abschreckung – also im Grunde: durch Terror; Ordnung jedenfalls durch rein physische Gewalt, die die zugrundeliegende „Anarchie" unschädlich machen soll (Holsti 1992: 31). Für andere scheint

„governance" einen beinahe paradiesischen Zustand des endlich von staatlicher Bevormundung befreiten WELTBÜRGERTUMS darzustellen.[5] Auffallend ist, daß die Chancen des Verfalls der alten Ordnung ganz auf der MIKROEBENE gesehen werden: Darin nämlich, daß sich überall die demokratischen Bürgerrechte durchzusetzen beginnen. Nicht nur wird durch ein globales Fernsehen, sondern auch durch negative Interdependenzen wie Umweltverschmutzung, Währungskrisen, den Drogenhandel, AIDS und den Terrorismus usw. „die Erosion und Dispersion von Staat und Regierungsgewalt" vorangetrieben; die sozialen Bewegungen wie die feministischen, die Friedens- und die Umwelt-Bewegungen sind angeblich sogar in der Lage, den erforderlichen Organisationsanstrengungen die Richtung zu weisen (Rosenau 1992: 275 f.). Doch über die Form der neuen institutionellen Ordnung oder über die MAKROPOLITIK in geopolitischer und militärstrategischer, in technologisch-funktionaler wie in ökologischer Hinsicht wird dabei nichts gesagt. „Governance without Government" erweist sich so als Flucht- und Alibiformel, die alles und nichts sagt, sich jedoch der eigentlichen Aufgabe entzieht: zu bestimmen, WIE die künftige Weltordnung beschaffen sein soll, d. h. vor allem aber, wie sie GESCHAFFEN werden kann, wie der Prozeß der Institutionalisierung einer legitimen und effektiven internationalen Ordnung oder Weltordnung vor sich gehen kann und soll, in welchen Stufen, unter welchen Voraussetzungen und in welchen Rahmenbedingungen, mit welchen Folgelasten und mit welchen Entwicklungsmöglichkeiten.

In der internationalen wissenschaftlichen Literatur – aber auch in der tatsächlichen und alltäglichen politischen Praxis, die in dieser Literatur reflektiert werden soll – werden vor allem vier Alternativen angeboten bzw. vier nebeneinanderlaufende, sich teilweise widersprechende, in jedem Fall mit großem Finanzaufwand verbundene Strategien oder Organisationsformen vorgeschlagen:

1. das Modell einer Weltregierung im Rahmen der UN, begründet auf dem NATIONALSTAATSPRINZIP und den Prinzipien der Gewaltfreiheit bzw. des Rechtsstaates und der Streitschlichtung vor dem internationalen Gerichtshof in Den Haag;

2. das Modell einer UNIVERSELLEN DEMOKRATIE mit allgemeinen individuellen Menschenrechten, die – über die Zivilgesellschaft und die Marktwirtschaft, vielleicht auch über den KOMMUNITARISMUS und die MULTIKULTURELLE GESELLSCHAFT – grundsätzlich über das Nationalstaatsprinzip hinausführen;

3. das beiden Modellen völlig entgegengesetzte GEOPOLITISCHE Modell der Herausbildung von Machtblöcken ausschließlich auf der Basis von „Realfaktoren" wie geostrategischer Lage, Ressourcen, Humankapital, technologischer Stand, Marktbeherrschung: Die „Weltregierung" wird in diesem Fall *de facto* von der in einem hegemonialen Machtkampf sich durchsetzenden Supermacht und ihren wichtigsten Allianzpartnern übernommen;

4. das Modell der REGIMEBILDUNG, der Herausbildung vielfältiger FUNKTIONALER Regime, die teils lose, teils eng und systemisch miteinander verbunden sind, die sich teils in regionaler Kooperation und Konkurrenz gegenüberstehen, teils übergreifend und global miteinander verflochten sind; die „Weltregierung" wäre auf diese Weise institutionell gut ausdifferenziert, jedoch wenig sichtbar und jedenfalls fluktuierend oder multizentrisch. Obwohl sich hier scheinbar unversöhnliche politische Weltanschauungen, aber auch manifeste Interessen gegenüberstehen, werden tatsächlich bereits heute – wenn auch mit unterschiedlichen Akzentsetzungen seitens der handlungsmächtigen Akteure – alle vier Wege gleichzeitig beschritten, so daß es eigentlich schon nicht mehr darum gehen kann, sich für EINE Alternative zu entscheiden. Die Aufgabe besteht vielmehr darin, diese vier Strategien zu einem möglichst realistischen, aber auch logisch schlüssigen MEHREBENEN-MODELL der „Weltpolitik" oder der „Weltordnung" miteinander zu verbinden.

Die „WELTORDNUNG" – „global order" – soll im folgenden in verschiedenen Funktionsbereichen und auf verschiedenen Ebenen näher beschrieben, in ihren Entwicklungstendenzen analysiert und in ihren ethischen Konsequenzen beurteilt oder bewertet werden. Doch um das Vorurteil auszuschalten, unter „Weltordnung" sei extensional nur eine Ordnung größter räumlicher Ausdehnung und zeitlicher Spannweite gemeint, nicht aber etwas, das jeden einzelnen von uns betrifft, ist der Begriff zunächst intensional – in seinen verschiedenen Begriffsdimensionen und Bedeutungshorizonten – zu definieren: Grundsätzlich ist davon auszugehen, daß eine „Weltordnung" von der MAKROebene bis zur MIKROebene, und von den BIOLOGISCH-ÖKOLOGISCHEN Grundlagen bis zur EPISTEMOLOGISCHEN Ebene reicht: Erst daß diese Polaritäten in einem bestimmten epochentypischen Muster miteinander verbunden sind, macht den Begriff „Ordnung" aus. Daß „GEOPOLITIK und GEOKULTUR" (Wallerstein 1991) miteinander verbunden sind, ist offensichtlich und hat bereits das Oberflächenbewußtsein öffentlicher Schlagworte erreicht. Daß das, was als „WELTPOLITIK" bezeichnet wird, sehr viel mit „WELTWIRTSCHAFT" (Rich 1990: 345–368; Frieden 1991; Siebert 1991) – und eben nicht allein mit „internationalen" Wirtschaftsorganisationen, die zu einer „internationalen Politik" führen, aber nicht zu einer „Weltpolitik" – zu tun hat, scheint klar. Nirgends ist dies deutlicher spürbar als im Verhältnis von „Industrieländern" und „Entwicklungsländern" oder der „Gruppe der 7" als der finanzstärksten Länder und dem Rest der Welt (Chichilinsky 1990; Ihonvbere 1992). Ebenso ist bereits in unserem Alltagsleben deutlich geworden, daß die Industrialisierung und die Erhöhung des Lebensstandards auf der einen Seite und die Bevölkerungszunahme auf der anderen Seite etwas mit der GLOBALEN ÖKOLOGIE – mit dem Treibhauseffekt und der Erwärmung der Erdatmosphäre – und dem BIOSOZIALEN SYSTEM: der Verteilung von Bevölkerung, bebaubarem Land, Ressourcen und Erholungs- bzw. Reservegebieten, zu tun haben (Dávid 1996; Clark 1996; Grubb 1995; Shue 1995). Mit der Erreichung der BIOGENETISCHEN Ebene – in der planmäßigen Veränderung von Pflanzen- und Tierarten, über kurz oder lang auch des Menschen – wird schließlich deutlich, daß diese Veränderungen eben von einer globalen EPISTEMOLOGISCHEN GEMEINSCHAFT hervorgerufen werden und auch nur von ihr kontrolliert und möglicherweise zum Teil gesteuert werden könnnen (P. M. Haas 1992: 1–35; E. Adler/P. M. Haas 1992: 367–390). Was für die biogenetische Ebene gilt, gilt natürlich auch längst für die wirtschaftliche oder politische Ebene: Obwohl hier weitgehend wissenschaftliche „Laien" am Werk zu sein scheinen, holen sie sich ihre Beratung notwendigerweise doch bei der „scientific community" – oder sie leben eben vom sedimentierten Wissen vergangener Tage.

Erst die Tatsache, daß die „globalen äußeren Verhältnisse" ihre Rückwirkung auf unsere „lokalen" Verhältnisse haben und daß sie „innerlich" verarbeitet werden müssen, gibt uns das Recht, von „WELTORDNUNG" zu sprechen; denn „Welt" meint immer „Innenwelt" und „Außenwelt" zugleich – den ganzen Kosmos eben unserer Wahrnehmungen und Bedeutungen. Daß die „Weltordnung" etwas mit der „GLOBALEN ORDNUNG" und mit den Prozessen der „GLOBALISIERUNG" (Campanella 1990; Held/McGrew 1993) zu tun hat, die – z. B. über Satellit und Computernetzwerke, über die Weltbank und einen globalen Börsenhandel – inzwischen nicht nur die „WELTSTÄDTE" (Korff 1991) unmittelbar miteinander verbinden, sondern auch unsere Arbeitsplätze wie unser Freizeitverhalten, unsere lokalen Beziehungen wie unsere Kinderzimmer von Grund auf verändern, ist jedem Modedesigner, jedem Arbeitslosen, jedem Teilnehmer am Internet oder schon jedem Fernsehzuschauer gegenwärtig (A.W. Williams 1992; J. Friedman 1993; Kline 1995). Daß bei diesem Prozeß der Globalisierung „Weltkulturen" und „Weltreligionen" aufeinanderstoßen (Huntington 1993: 22–49, 186–194; Paesch 1994; Fuller 1995), daß von einem „Zivilisationsbruch" die Rede ist, gilt vielen noch als ein Ereignis der „Peripherie", spielt sich in seinen grundlegenden Implikationen jedoch in den Zentren und auf den höchsten Kontrolleben ab, wie die „Welt-Systemtheorie" herausarbeitet (Hopkins/Wallerstein, Hg., 1982; Chirot/Hall 1982; Wallerstein 1986; Gelovani/Dubovsky 1990; Chase-Dunn/Hall 1993).

Insoweit die Globalisierung nicht in einer „Apartheid" endet, sondern – über Prozesse der Diffusion von technischen Neuerungen, der Demokratisierung und des wirtschaftlichen Austausches bzw. der Angleichung der Lebensverhältnisse – tatsächlich Erfolg hat, ist die Herausbildung einer „globalen Gesellschaft" (Luard 1976; Lipschutz 1992; M. Shaw 1992) mit einer „globalen Rechtsordnung" und mit globalen moralischen Normen (Falk 1987; 1992; Pogge 1994) unausbleiblich. Das schließt nicht aus, daß es weiterhin kulturelle Reservate und Sonderentwicklungen gibt; dennoch bleiben es gemeinsame Werte und eine geltende moralische Ordnung für alle global Interagierenden. Letztlich aber kann es eine „Weltgesellschaft" oder „Weltgemeinschaft" erst dann geben, wenn auch das „Selbst" der Menschen für diesen Menschheitshorizont geöffnet wird (Sirgy 1990; de Swaan 1995). Diese Öffnung mag zunächst nur in ihren pathologischen Erscheinungen deutlich werden, z.B. in einem weltweiten Drogenkonsum, in grassierenden Virusepedemien oder in um sich greifenden psychischen Ängsten und magischen Praktiken, in Wellen des Fremdenhasses, aber auch der folkloristischen Vermarktung alter Kulturen; doch gleichzeitig werden Zeichen einer größeren Sensibilität für andere Kulturen und Lebensweisen, ebenso wie eine tatsächliche moralische Verpflichtung gegenüber den Menschen fremder Erdteile sichtbar. Die Globalisierung wirkt selbstverständlich zurück bis in die Stilisierung des eigenen Körpers und in die Somatisierung von Weltproblemen, über die man zwar informiert ist, zu deren Lösung man jedoch nichts beitragen kann. Die zunächst nur äußerlich, also geo- und wirtschaftspolitisch definierte „Weltordnung" (Modelski 1987; Kurth 1991) kann so durchaus die

Grundlage einer rein innerlich definierbaren „WELTETHIK" (S. Hoffmann 1981; Bahm 1982; Naroll 1983) sein.

Die „Weltordnung" ist so eben nicht ein transzendentes Abstraktum, sondern zeichnet sich in allen Institutionen ab; ein Wandel der Weltordnung findet nur statt, insofern er sich in unseren Institutionen und ihrer Rekonfiguration vollzieht (Garrett/Lange 1995). Am deutlichsten sichtbar ist dieser Wandel natürlich in den SEKUNDÄREN INSTITUTIONEN, die – durch Vertrag und Rechtssatzung, durch die Einrichtung von Entscheidungsinstanzen und Verwaltungsapparaten – eigens dafür geschaffen wurden, um die neu entstandenen Aufgaben zu erfüllen (Williamson 1990: 34 ff.). Die sekundären Institutionen bauen jedoch auf fundamentalen oder PRIMÄREN INSTITUTIONEN auf – auf Familie und Sippe, Gemeinde und Staat, also auf Institutionen, in die man hineingeboren wird, denen man einverständnismäßig zugeordnet wird und denen man sich aus scheinbar rein persönlichen Gründen selbst zurechnet (Dietl 1993: 110 ff.). Obwohl auch primäre Institutionen teilweise wenigstens durch eine Rechtsordnung geschützt und gesichert sind, bleibt diese doch weitgehend unbewußt, und die institutionelle Ordnung scheint „naturgegeben". Dennoch ändern sich auch diese primären Institutionen in ihrer Funktion, ihrer Struktur und in ihrer Bedeutung, wenn sich der Kontext der sekundären Institutionen wandelt. Allerdings bleibt diese Veränderung vielen lange Zeit verborgen, weil die äußere Form die gleiche zu bleiben scheint. Mit dem Wandel der sekundären wie der primären Institutionen und ihrem Verhältnis zueinander verändern sich auch die TERTIÄREN INSTITUTIONEN: die REFLEXIONS-Institutionen, die diesen Wandel und die Veränderung der institutionellen Rekonfiguration in irgendeiner Weise „reflektieren", wie z.B. eher unbewußt in der Mode, dem Starkult, der Popmusik, den Weltcups, oder bewußter in der Journalistik, der Rechtsprechung, den Museen, der Wissenschaft oder der Philosophie. Das große praktische wie theoretische Problem des INSTITUTIONELLEN WANDELS ist, daß sich die sekundären Institutionen wohl planmäßig verändern lassen, daß sich die gesellschaftliche Wirkung dieses Wandels jedoch schwer vorhersagen läßt; diese ist ein Resultat der Veränderung der gesamten Konfiguration von primären, sekundären und tertiären Institutionen und nicht ein Ergebnis punktueller Eingriffe. Doch das ist eben das Problem der „historischen Kontingenz".

In systemtheoretischer Terminologie sind Institutionen als „SELBSTORGANISIERENDE, entwicklungsfähige Systeme" oder „Subsysteme" (Probst

1989: 145 ff.) zu definieren, d. h. als Systeme, die gekennzeichnet sind durch Redundanz – mehrere Komponenten können die gleiche Funktion übernehmen und füreinander einspringen –, durch relative Autonomie, durch Selbstreferenz – jedes Verhalten wirkt auf das System zurück und wird zum Ausgangspunkt für weiteres Verhalten – und, daraus resultierend, durch Komplexität. Diese Beschreibung gilt im Prinzip für alle Institutionen; das bedeutet aber nicht, daß es keine bewußten, zielorientierten, geplanten Eingriffe in das System gäbe. Dieser „rationale" Teil des institutionellen Handelns heißt nach Max Weber „Anstaltshandeln" oder nach Hayek „Organisation" (von Hayek 1975: 10 ff.). Auch auf der Mikroebene gilt, daß dieses „Anstaltshandeln" nur einen Teil des tatsächlichen institutionellen Verhaltens definiert bzw. daß dieser Teil dann effizient sein kann, wenn er eben nicht einfach willkürlich gesatzt ist, sondern den Prinzipien der Selbstorganisation entspricht. Institutionen sind in diesem Sinn immer „synergetisch" (Weise/Brandes 1990: 183 ff.), d. h., ihr tatsächliches Verhalten und ihre Entwicklung ist nicht schon aus einer Aggregation von individuellen Akten oder funktionalen Einzelleistungen abzuleiten; entscheidend ist die neue Grundspannung, die neue Integrationsform, die neue Verhaltenslandschaft mit ihren speziellen Attraktoren und Fluktuationen, die jedes individuelle Handeln, jede funktionale Einzelleistung und die Rationalisierungsbemühungen in ihren Bann zieht. Außerdem ist das institutionelle Verhalten nicht oder nur zum Teil endogen – eben aus der Institution selbst – zu erklären; denn insofern Institutionen funktionale Komplexe mit relativer Autonomie und relativ loser Koppelung im Gesamtsystem sind, sind sie weitgehend „ökologisch" determiniert: Sie werden von den Grenzbedingungen bzw. von der Übereinstimmung oder Konkurrenz mit anderen Institutionen bestimmt. Wenn von individuell zuschreibbaren Entscheidungen oder Handlungen die Rede sein kann, dann bloß, wenn die Individualakte gerade nicht aggregierbar sind.

Um die NEUEN INSTITUTIONEN oder auch die neue Qualität der alten Institutionen überhaupt zu sehen, ihre Reichweite und Wirkungsweise abschätzen zu können, ist es erforderlich, von jenem geradlinigen Funktionalismus abzulassen, der die Differenzierung und Integration in Parallele setzt und damit die Wandlungsproblematik trivialisiert, als hätten Institutionen nur der Stabilisierung und dem Gleichgewicht zu dienen – und nicht auch der Entbindung und Verbindung von Kräften, der Anpassung an den Wandel des Umfeldes, ja der Ermöglichung und Eindämmung von Fluktuation und Chaos in einer sonst gestaltlos entgleitenden Zeit. Die „neuen Institutionen" sind nicht mehr als „Gebilde" zu erfassen, also nicht als konstante, gegeneinander deutlich abgegrenzte und vor allem mit Sanktionsgewalt ausgestattete funktionale Komplexe (so aber nach wie vor: Dahrendorf 1989: 4). Wer das erwartet, der wird die „neuen Institutionen" nicht sehen, wenngleich sie sein Leben fest im Griff haben.

Die „alten Institutionen", insbesondere insoweit sie „politische Institutionen" sind oder mit einem „öffentlichen „Mandat" sich rechtfertigen – so die Parteien und Staatsregierungen, die Diplomatie und das Militär, die Verbände und Gewerkschaften, die Unternehmensführungen und Wohlfahrtseinrichtungen, aber auch Ehe und Familie, insoweit sie politischen Modellcharakter und politische Unterstützung beanspruchen – diese Institutionen unterliegen einem Prozeß der „ENTKERNUNG" (U. Beck 1993: 210 ff.). Dieser hinterläßt bei scheinbar gleichbleibender Funktionalität in Wirklichkeit eine rein repräsentative Fassade, hinter der das Personal nichts mehr von einer Mission weiß und auch ohne prinzipielle Schwierigkeiten ausgewechselt werden kann. Die wesentlichen politischen Funktionen – wie Interessenartikulation und -aggregation, Prioritätensetzung und Wertbindung der Herrschaftsunterworfenen, Schaffung der auch für die Durchsetzung der Privatinteressen notwendigen kollektiven Güter und Infrastruktur – werden dann durch andere Organisationen und Institutionen übernommen, die ganz „unpolitisch" erscheinen oder deren politisches Verhalten oder politische Beziehungen gewissermaßen „informell" geworden sind (Jordan 1990: 478 ff.). Solche Institutionen wirken weniger durch ihr normatives Gewicht, durch Entscheidungsbefugnisse und Sanktionsgewalt als vielmehr durch ihre „VERNETZUNG" mit anderen Institutionen (DiMaggio/Powell 1983: 154 ff.). Die „Entscheidungen" fallen nun weniger IN den Institutionen als vielmehr im Vorfeld oder im Nachgang der Institutionen: im aufeinander abgestimmten Design der Institutionen und in den wechselseitigen Beeinflussungen und Korrekturen in der Phase der Implementation. Oder die Institutionen selbst sind „TRANS-INSTITUTIONELL" in dem Sinn geworden, daß zwar immer mehr Spezialinstitutionen auftauchen und auch die Institutionen einer bestimmten Art immer mehr vom Modellfall abweichen und unterschiedlicher geworden sind, aber dadurch, daß immer mehr Institutionen unterschiedlichster Art miteinander verkoppelt werden, wie im Wohlfahrtsstaat oder in der Globalisierung, vermindern sich auch die Unterschiede zwischen den Mitgliedern verschiedener Institutionen, so daß sich die Grenzen zwischen der ursprünglich eigenen Institution und den fremden Institutionen verwischen. Es entstehen damit neue soziale Verbände, die weit über die eigenen Gruppengrenzen hinausreichen (Loo/Reijen 1992: 116); so werden aus funktional klar BEGRENZTEN LOKALEN Institutionen WEITVERZWEIGTE GLOBALE Einrichtungen.

In ihren Außenbeziehungen sind die „neuen Institutionen" vor allem durch ihre Struktur der „MULTILATERALITÄT" bestimmt (Ruggie 1992: 571). Die drei bisher allgemein angenommenen Organisationsprinzipien einer Institution – die Gleichwertigkeit der Mitglieder, die diffuse Reziprozität und die Generalisierung der Normen – sind daher ein wenig zu modifizieren: Das Prinzip der „Gleichwertigkeit" besagt, daß zwischen den einzelnen Mitgliedern nicht unterschieden werden darf in bezug auf Betroffenheit oder Machtpotential. Von tatsächlicher „Gleichheit" zu reden wäre unter Umständen etwas irreführend; denn *de facto* genügt es, daß sich eine Kerngruppe von Mitgliedern – also eine Gruppe von Mitgliedern, die groß genug ist, die Kooperationskosten trotz der Passivität oder des Schwarzfahrens der anderen zu tragen – hinreichend engagiert, um ein Minimum an Kooperation zu sichern (Caporaso 1992: 616). Die institutionelle Bindung besteht ja gerade darin, daß momentan unwillige Mitglieder nicht so leicht austreten oder die Kooperation verweigern können oder im Fall des Zuwiderhandelns oder des Versagens nicht gleich ausgestoßen werden. Das Prinzip der „DIFFUSEN REZIPROZITÄT" (Keohane 1986) ist gewissermaßen die praktische Nutzanwendung des Gleichheitsprinzips für das einzelne Mitglied, das bloß eine ungefähre Entschädigung für seine Anstrengungen über längere Zeit und im Rahmen eines größeren oder ganz anderen „Pakets" erwarten kann. Beide Prinzipien zusammen führen – schon weil es dem einzelnen Mitglied unmöglich ist, in jedem Moment eine Nutzen-Kosten-Rechnung anzustellen – zum Prinzip der „GENERALISIERUNG DER NORMEN": Obwohl das Kooperationsversprechen der Mitglieder nur als bedingt angesehen werden kann – ich kooperiere, wenn alle anderen auch kooperieren –, werden Normen weit über den institutionellen Zusammenhang hinaus generalisiert oder sogar universalisiert, und von den Mitgliedern wird *idealiter*, nicht unbedingt *realiter*, Einstimmigkeit und Identifizierung mit der Gruppe verlangt.

„Neue Institutionen" unterscheiden sich von „alten Institutionen" ferner darin, daß ihre vordem fast immer sakrale Aura entschwunden ist, daß aber nichtsdestoweniger die Bedingungen der Reziprozität und der Multilateralität besser gesichert sind als früher. In ihrer Binnenordnung sind die „neuen Institutionen" eher nach dem „SAMMELSURIUM-PRINZIP" – „garbage can" – als nach den Prinzipien einer „rationalen Ordnung" organisiert. Das heißt nicht, daß es in einer „Mülltonne" bzw. in einem „Warteraum" oder in einer „Geschäftsstelle" keine Ordnung gebe; sie ist aber eher durch Material-, Personal- und Zeitabhängigkeit gekennzeichnet: je nach Ein- und Zusammentreffen der Probleme und ihrer Terminierung, durch Ressourcen- und Aufmerksamkeitsbegrenzung, durch lose Koppelung und durch Ambiguität oder Unentschiedenheit. Wir bilden uns dagegen immer noch ein, daß Problemorientierung und logische Konsistenz, Klarheit und Entschiedenheit sowie Allgemeingültigkeit und Zeitunabhängigkeit vorherrschen sollten (March/Olsen 1986: 17 ff.). Abgesehen davon, daß dieses Modell gerade als Kontrast zur Idealisierung eines rational-bürokratischen Entscheidungshandelns formuliert wurde, bietet es keine schlechte Beschreibung des GLOBALEN institutionellen Handelns, das gerade wegen der Aufrechterhaltung seiner multilateralen Außenbeziehungen intern angewiesen ist auf Flexibilität und Anpassungsfähigkeit, auf eine drastische Verminderung der kritischen Probleme sowie auf eine stärkere Aktivierung der Beteiligten. Insgesamt müssen Institutionen als FLEXIBLE oder plastische Systeme angelegt sein (Taschdjian 1979), abgefedert durch „weiche Systempraktiken" (Ledington 1992: 47 f.), in denen Zieldefinitionen revidiert, Lösungen korrigiert, Normen uminterpretiert, Entscheidungen aufgeschoben werden und sogar die Aufmerksamkeit von kritischen Punkten abgezogen werden kann.

Ein noch weiter fortgeschrittener Prozeß der Flexibilisierung ist erreicht, wenn kein allgemeiner Konsens, keine gemeinsame „öffentliche Meinung" mehr vorausgesetzt wird, sondern wenn man sich mit „ERWARTUNGSERWARTUNGEN" begnügt (Luhmann 1970: 32), ohne diese jedoch wirklich überprüfen zu wollen oder zu können. So wird ein im Prinzip unabschließbarer Prozeß der REFLEXIVIERUNG und DISKURSIVIERUNG in Gang gesetzt. Der unterstellte Konsens wird damit so weit generalisiert und anonymisiert, daß thematische Festlegungen unnötig erscheinen und Verantwortlichkeiten kaum noch persönlich zuschreibbar sind. Die Reflexivierung erfaßt nunmehr alle Institutionen – nicht allein die „Reflexionsinstitutionen", wo noch Meinungen Personen zugeschrieben werden können und von ihnen verantwortet werden müssen. Sie charakterisiert nicht bloß die Institutionen des Rechts, in denen die Rechtfertigung auf Verfahren und Prozeduren umgelegt wird, um inhaltlich möglichst offen bleiben zu können; sondern sie formt allmählich auch scheinbar so „stabile" oder „stabilisierende" Institutionen wie Ehe und Familie, Kirche und Beruf um. Diese werden nun so aufgefaßt, als wären sie lediglich ein Ergebnis der persönlichen Wahl und als dürften sie die Freiheit künftiger Disposition nicht behindern.

Insoweit die Anonymisierung des Konsenses und auch die Individualisierung der Motivation die nationalstaatlichen Grenzen überschreiten, hören Institutionen auf, binnengesellschaftliche Erscheinungen zu sein. Makro- und mesosoziologische Ebene beginnen sich hier zu verwirren: Wohl sind die sekundären Institutionen in der Regel als Subsysteme einer Staatseinheit konzipiert, doch ihr Reflexionshorizont ist vielfach in rechtlicher wie in finanzieller oder auch politischer Hinsicht TRANSNATIONAL oder international; diese Institutionen funktionieren eben, weil und insofern sie mit korrespondierenden Institutionen im Rahmen einer internationalen epistemischen Gemeinschaft wie etwa der EU oder der OECD verbunden sind (P. M. Haas 1992: 2 f.). Die Institutionen selbst werden dabei „AMPHIBISCH" (Ding 1994: 297 ff.), d. h., sie bewegen sich in zwei Medien oder zwischen zwei Ebenen, wobei ihre Funktion von ihrer Interaktion mit anderen Institutionen abhängt und nicht mehr vorweg und formal – durch Zuordnung etwa zur staatlichen Ebene, zu einer kommunalen oder suprastaatlichen Ebene, zum Unternehmensbereich oder zum Verbandswesen – bestimmt werden kann. Die Institutionen führen in diesem Sinn ein Eigenleben, und sie dienen keineswegs immer dem Zweck, zu dem sie geschaffen worden sind.

Es ist aber auch festzustellen, daß sich die Reflexion nicht auf den gesellschaftlich-politischen Bereich beschränkt, sondern daß sie nun auch den verborgenen Grundlagen der gesellschaftlichen Ordnung nachgeht und sich z. B. den biogenetischen, bevölkerungspolitischen oder geoökologischen Grundlagen politischer Macht zuwendet (Foucault 1977: 107). An die Stelle einer meist religiösen transzendenten Begründung, einer Entproblematisierung oder apriorischen Legitimierung der Institution tritt gewissermaßen die Frage nach ihrer letzten Immanenz und Kontingenz.[6] Die Institutionalisierung ist heute bis in die Imagination vorgestoßen, und das Entscheidende scheint gerade die Institutionalisierung des Imaginären (Castoriadis 1984: 199 ff.) zu sein. Sie hat inzwischen sogar das SELBST des

Menschen, bis in Körperwahrnehmung, Sexualität, Krankheitserfahrung und Todeswunsch erreicht (Krieken 1990; N. Rose 1990). Trotzdem darf man die Reflexions- und Diskursfähigkeit des Menschen nicht überschätzen; denn die epidemische Diffusion der „Reflexion" bleibt doch thematisch seltsam begrenzt – und der Themenwechsel folgt bemerkenswert kurzatmigen Zyklen; und umgekehrt: Wo die Kunst der Reflexion professionell entwickelt worden ist, dort läßt sie sich auch instrumentell für primitivste Werbung und politische Diffamierung, für religiöse Wahnvorstellungen und für eine dogmatische Psychiatrisierung der Gesellschaft einsetzen. Es gilt also, auch die Basis dieser Reflexivierung zu sehen – sowohl den biopsychischen wie biosozialen „Untergrund" als auch den gewaltigen, vielfach globalen Organisationsrahmen dieser „Reflexionsindustrie", ihre Finanzausstattung sowie die damit verbundenen Wirtschaftsinteressen und gegebenenfalls auch politischen Ambitionen.

Auch sekundäre Institutionen sind ja nicht bloß rationale Konstrukte von individuellen Akteuren, sondern sie schaffen unbestreitbar symbolische Ordnungen und Prozesse, sie regeln Interaktionsbeziehungen und -mechanismen, Routinen und Verfahren, die von den individuellen Akteuren zwar im kritischen Fall mißachtet werden KÖNNTEN; da sie aber weitgehend unbewußt sind, besteht gerade in der Krise die größte Chance, daß sie befolgt werden, und sei es in der Umkehrung, Vertauschung der Komponenten oder in einer neuen Mixtur.

Institutionen sind so in gewisser Weise bewegliche LENKUNGSMECHANISMEN für laufende Ereignisse und Entscheidungen, aber auch für Krisen bzw. den Zusammenbruch der Koordination oder der Unmöglichkeit sinnvoller individueller Nutzen-Kosten-Kalküle. Trotzdem können und dürfen diese institutionellen Lenkungsmechanismen nicht einfach sich selbst überlassen werden; sie selbst wiederum müssen überwacht, korrigiert und strategisch eingesetzt werden, wenn sie zum einen effizient werden sollen und zum andern von einer politischen Führung oder einem Management in irgendeiner Form verantwortet werden sollen. Dafür lassen sich einige Regelmäßigkeiten oder Gesetzmäßigkeiten angeben (Linder/Peters 1990). Der institutionelle Lenkungsmechanismus hat sozusagen eine AUSSEN- und eine INNENSEITE: Zum einen muß eine Anpassung – die ADAPTATION – an die Umwelt erreicht, zum andern muß möglicherweise eine Modifikation des Lenkungsmechanismus vorgenommen bzw. ein LERNEN in Gang gesetzt werden können. Nach diesen beiden Dimensionen, die jeweils mit „hoch" oder „niedrig" bewertet werden, sind VIER hauptsächliche institutionelle LENKUNGSMECHANISMEN zu unterscheiden, die auf ganz unterschiedliche Problemsituationen ansprechen.

Ein „REINES MARKTMODELL" (A) würde mit der niedrigsten Stufe von Adaptation – dem unverbundenen Inkrementalismus – und ohne Lernen – also mit blindem Versuchs- und Irrtumsverhalten – auskommen. Am anderen Ende wäre gewissermaßen das WISSENSCHAFTLICHE PLANUNGSMODELL (D) in Politik, Militär, Wirtschaft, Recht und Staat zu lokalisieren, das die höchste Stufe des Lernens erreicht – in der Antizipation der Probleme – und einen strategischen Einsatz unterschiedlicher Institutionendesigns je nach Situation und Zweck ermöglichen würde. Beide Extremtypen aber sind völlig ahistorisch und in empirischer Hinsicht ziemlich unrealistisch oder nicht in Reinkultur zu finden – obwohl ein großer Teil der politischen Polemik von „Marktwirtschaft" und „Staatsdirigismus" mit diesen Extremtypen bestritten wird. Für eine Historische Systemethik relevant sind vor allem die beiden mittleren Formen, wobei in unserer Gesellschaft eine Gewichtsverschiebung von einem PROSPEKTIVEN LÖSUNGSMECHANISMUS (B) – mit „bürokratischen" EX-ANTE-Regeln und langem Zeithorizont – zu einem REAKTIVEN und bestenfalls RETROSPEKTIVEN LÖSUNGSMODELL (C) – mit EX-POST-Regeln und kurzem Zeithorizont – festzustellen ist: Liberale, DEMOKRATISCHE politische Ordnungen mit einem starken Markt- und Selbstorganisationsmoment bzw. einem großen Handlungsspielraum der individuellen und korporativen Akteure sind nun einmal dadurch gekennzeichnet, daß Politik und Management erst reagieren können, wenn Probleme sich angestaut haben – „policy crowding". Für eine prospektive Institutionenlenkung, wie sie jedoch in der öffentlichen Verwaltung oder bei der Gesundheitsfürsorge unumgänglich ist, bleibt gewöhnlich wenig politischer Entscheidungsspielraum; um so mehr kommt sie in globalen FUNKTIONALEN REGIMEN zur Geltung, die sich jedoch in dem Grade unserer Aufmerksamkeit entziehen, in dem sie entpolitisiert und eben funktionalisiert worden sind.

Im folgenden sollen – ausgehend von den einmal „klassischen", inzwischen aber weitgehend „globalisierten" und „tertiarisierten" Institutionen des MARKTES und des STAATES – entsprechend dieser Typologie verschiedene Formen und Ebenen der INTERNATIONALEN Institutionalisierung einer Weltordnung dargestellt und auf ihren organisatorischen Design hin analysiert werden: nämlich der UNO mit ihrer Sanktionierung des Nationalstaatsprinzips, jedoch der Deklaration individueller Menschenrechte; dem Prozeß der mit der Marktwirtschaft und eventuell mit dem Kommunitarismus verbundenen UNIVERSELLEN DEMOKRATISIERUNG; aber auch der stillschweigenden – oder *ex post* wirksamen – Errichtung einer neuen GEOPOLITISCHEN ORDNUNG sowie der *ex ante* wirksamen Etablierung INTERNATIONALER ORGANISATIONEN und GLOBALER FUNKTIONALER REGIME. Dabei wird angenommen, daß jeder makropolitischen ORDNUNGSFORM eine bestimmte MORAL oder ETHIKFORM entspricht. Die der Analyse zugrundeliegende THESE ist, daß die funktionalen Regimeordnungen einen minimalen Grundbestand an funktionalen Erfordernissen sichern, während internationale Organisationen und die UNO ohne dieses funktionale Netzwerk verloren wären. Die größten moralischen Anforderungen stellt eine universelle demokratische Ordnung, die deshalb vorerst auch geringe Erfolgswahrscheinlichkeiten hat bzw. erst auf die weitgehende Institutionalisierung der darunterliegenden Organisationsebenen und moralischen Verhaltensregeln angewiesen ist. So kann eine „WELTETHIK" derzeit nur eine MEHRSTUFIGE und HETEROGENE Ethik sein, die von verschiedenen politischen Körperschaften und Organisationen nur graduell und in unterschiedlichen Akzentsetzungen erfüllt werden kann. Obwohl eine solche Ethik nach „HETERONOMIE" riecht und den rein philosophischen Ethikern nicht gefallen kann, ist sie der einzig realistische pragmatische Kompromiß im Sinne einer Historischen Systemethik.

3. Für eine deontische Staatsethik

Nach dem theoretisch-methodologischen Prinzip der Emergenz war es immer schon falsch – auch und gerade zur ideologischen Blütezeit des Nationalstaats –, den Staat als Institution zu isolieren und zur moralisch höchsten Institution der Menschheit zu erklären; genauso falsch ist es heute, „den" Staat als Institution abzuschreiben, ihn als Machtinstrument von bloßen Interessengruppen und Wirtschaftskartellen zu denunzieren oder ihn wegen seiner „Arroganz der Ohnmacht" der Lächerlichkeit preiszugeben (Luhmann 1983; Wilke 1992). Dies konnte geschehen, weil der (explizite und der implizite) Funktionswandel des Staates nicht berücksichtigt wurde bzw. weil überhaupt die inzwischen eingetretene komplexe Vernetzung und die damit ermöglichte dynamische Wandlungsfähigkeit der „neuen" Institutionen ignoriert wurden. Der Staat kann in diesem Sinn durchaus eine „alte" und eine „neue" Institution zugleich sein. Die eigentliche Ironie liegt vielleicht nicht darin, wie die „Ironiker der Staatstheorie" (Menk 1992) und die damit sich rechtfertigenden „Zyniker der Staatsethik" glauben machen möchten, daß der Staat eben ein Funktionssystem unter anderen oder überhaupt nur ein Subsystem der Wirtschaft ist bzw. daß die Einheit des Staates nur noch in der Zirkularität seiner rekursiven Selbstaffirmation besteht[7]; der Hohn liegt darin, daß es immer noch Staaten gibt, die wenigstens von der regulativen Idee einer Gesamtordnung und einer Gesamtverantwortung, einer Zukunftsvision und einer historischen Mission in einer globalen moralischen Gemeinschaft ausgehen. Diese Staaten erhalten sich demgemäß jedenfalls die Chance, Akteure der Weltgeschichte zu sein, während die Ironiker ihre angeblich so hochkomplexen, nicht mehr steuerbaren – aber um so offeneren und evolutionsfähigeren – Staaten zum Opfer oder zur Verhandlungsmasse der imperialistischen Staatstheoretiker und Politiker machen.[8]

Offenbar gibt es in den Nationalstaaten ganz unterschiedliche Ordnungen, und die essentialistische Rede vom „STAAT" oder der „NATION" an und für sich ist bloß politische und normative Spekulation. Erstens müssen „Staat" und „Nation" nicht notwendigerweise zusammenhängen (Kurth 1992, 26, 29): Es gibt große historische Nationen ohne Staat, wie in der islamischen Welt, und es gibt vollentwickelte Staaten ohne korrespondierende Nationen, wie in Lateinamerika oder in Afrika südlich der Sahara.

Genau besehen bleiben fünf oder sechs „National-Staaten" – England und Frankreich, vielleicht Spanien, schließlich Deutschland, Italien und Japan –, in denen beide Komponenten gleichmäßig entwickelt sind, wobei aber kein einziger Nationalstaat nach seinen geopolitischen und historischen Konstitutionsbedingungen und historischen Abläufen den anderen entspricht. Heute erscheinen Japan, Italien und jetzt wieder Deutschland als homogene Nationalstaaten; doch sind sie erst spät und unter „Blut und Eisen" in die Geschichte eingetreten und immer noch durch polarisierende interne Gegensätze bedroht; aber auch die Einheitsillusion Großbritanniens und Frankreichs ist zerstoben. Daneben sind die USA und UdSSR oder auch Rußland von Anfang an Nicht-Nationalstaaten gewesen, und die Vorstellung eines demokratisch-liberalen sozialen „Schmelztiegels" oder einer „sozialistischen" Übernation wird nicht einmal mehr als deklarierte Staatsideologie aufrechterhalten. England und Frankreich hingegen, die für ein volles Jahrhundert eine imperiale und koloniale Rivalität ausgetragen haben – wobei sowohl die staatlich-bürokratische als auch die nationalsprachliche Dimension auf die Spitze getrieben worden ist –, können nicht gerade als Universalmodell einer endogenen Nationalstaatsbildung angesehen werden. Immerhin ist schon bei diesen „klassischen" Nationalstaaten festzuhalten, daß sie alle aus einem negativen wie positiven „Referenzsystem" hervorgegangen sind, in dem sich stets die eine Nation gegen die andere – in stiller Koalition mit einer dritten – profiliert hat.

Ihre Stellung in der Welt wird viel weniger durch ihre kulturellen und organisatorischen Unterschiede als durch ihre Gemeinsamkeiten bestimmt: Erstens sind sie INDUSTRIESTAATEN mit Massenarbeit und Massenorganisation, mit Massenerziehung und einer ausgebauten Staatsverwaltung[9]; zweitens stellen alle Nationalstaaten KERNREGIONEN, heute besonders Japan und Deutschland, für große Wirtschaftsräume und kulturelle Regionen dar. Doch diese Kernregionen sind nur existenz- und entwicklungsfähig unter dem Schirm der amerikanisch-russischen atomaren Abschreckung, der multinationalen Wirtschaftslogistik mit einem globalen Güter- und Kapitalmarkt, aber auch auf der Basis der amerikanisch beherrschten Massenmedien bzw. der Konsummuster, die durch sie propagiert werden. Entgegen der UNO-Satzung kann die Welt, politisch gesehen, bestimmt nicht einfach als eine Aggregation von Nationalstaaten betrachtet werden: Der Nationalstaat ist vielmehr die große Ausnahme. Um die Extreme zu benennen, so sind die USA bereits eine POSTMODERNE

Gesellschaft, in der weniger für den nationalen als für den globalen Markt produziert wird, in der eine internationale Massen-Pop-Kultur propagiert wird, jedoch die Bedeutung der schulischen Massenbildung geschwunden ist, in der es eine Bürgerarmee nicht mehr gibt und in der von einer „Volkswirtschaft" nicht mehr die Rede sein kann (Etzioni 1983: 342 ff.). Im nationalstaatlichen Sinn ist von einer „Dekonstruktion" der Vereinigten Staaten zu sprechen; jedenfalls können sich die konstruktiven Kräfte allenfalls durch Segregation und Selbstorganisation behaupten. Auf der anderen Seite sind die meisten Staaten in der Welt VORMODERNE Entwicklungsländer ohne funktionierende Verwaltungsorganisation und ein politisches Kollektivbewußtsein.

Etwas überspitzt kann man sagen, daß die Grundlinien der Weltpolitik gestern und heute im wesentlichen von NICHT-NATIONALSTAATEN definiert werden unter dem Deckmantel einer Weltföderation von Nationalstaaten. Die Mehrzahl der Staaten ist lediglich in potemkinschen internationalen Organisationen organisiert, in denen der Anschein der Rechtsstaatlichkeit und der demokratischen Entwicklung nur mit Mühe aufrechtzuerhalten ist (Kurth 1992: 34). Bevor man also eine ALLGEMEINE STAATSETHIK verkündet, wird man sich vergegenwärtigen müssen, daß es sehr unterschiedliche Dichtegrade und Formen einer moralischen Gemeinschaft gibt und daß an verschiedene Staaten höchst unterschiedliche Maßstäbe von bürgerlicher Freiheit und sozialer Gerechtigkeit, von sozialer Solidarität und Gerechtigkeit usw. angelegt werden. Nur für einen relativ engen Kernbereich von Staaten wird es eine „deontologische Staatsethik" geben können, während für den großen Rest auf eine „Minimalethik" wird rekurriert werden müssen.

Die MINIMALETHIK besteht darin, daß man sich auf staatlicher Ebene auf die Doktrin der Nicht-Intervention zurückzieht bzw. daß die individuellen Freiheitsrechte über die kollektiven staatlichen Verpflichtungen und Verantwortungen gestellt werden (Walzer 1991: 210). Das wiederum bedeutet, daß tyrannische und verbrecherische Regierungen nicht zu stoppen sind, daß es sozusagen nur einen „horizontalen Kontrakt" zwischen dem Staat und seinen Bürgern gibt – mit einem Rechtsfrieden nach innen und einer Verteidigung nach außen –, jedoch keinen „vertikalen Kontrakt", mit historischer Legitimität, individueller Chancengleichheit und Gerechtigkeit. Der Staat wird zum „formalen Rechtsstaat", der Rechtssicherheit, Gewaltenteilung und die individuellen Grundrechte sichert; damit gerät er aber – wie im Rechtspositivismus und in einer juridifizierten Staatspolitik – materiell und substantiell in Widerspruch zu den kulturellen, den kollektiven und historischen Grundlagen des Rechts; hier gibt er also seine impliziten universellen Geltungsansprüche auf. Wer sich bloß auf den „horizontalen Kontrakt" und damit auf die Sicherung privater Freiräume und die Gewährung bestimmter Grundrechte beschränkt, der läßt nicht nur im Binnenverhältnis den Staat hinter sich, der zerschneidet auch das Band zwischen National- und Weltbürger.

Wenn wir unsere eigene politische Ordnung als auf menschenrechtliche Grundsätze gebaut begreifen, gleichzeitig aber Menschenrechtsverletzungen außerhalb unseres Kulturkreises als gleichgültig hinnehmen, verlieren wir unsere Selbstachtung und damit auch den Respekt von und vor jedem anderen (H. Hofmann 1995: 26f.). Selbst eine Minimaltheorie der Menschenrechte muß vom Postulat der gleichen Verletzlichkeit und Bedürftigkeit aller Menschen ausgehen, wobei die Staaten praktisch als die einzigen Garanten der Menschenrechte nicht außer acht gelassen werden dürfen. Das Problem ist also nicht, zu welcher Staatsethik wir uns bekennen, sondern in welcher Form wir sie realisieren können. Der Minimalismus wird nur eine schwache Solidarität stützen können – eine deontische Ethik hingegen wird eine stärkere Form von Solidarität verlangen; die Reichweite jedoch wird für beide Ethiken faktisch dieselbe sein müssen, leben wir doch alle unter den gleichen atomaren, ökologischen, virologisch-bakteriellen, biogenetischen Gefährdungen. So wird selbst die Minimalethik der Minimalstaaten ohne starke Staaten mit einer deontischen Staatsethik nicht zu gewährleisten sein.

NATIONALSTAAT und STAAT sind nicht mehr notwendigerweise identisch. Die ethische Maxime des Nationalstaats – jeder Staat ist eine Nation, jede Nation ist ein Staat, die oberste moralische Gemeinschaft ist der Nationalstaat – ist heute ungültig, und sie war nie sehr realistisch. Eine gewisse Berechtigung hatte sie noch in der Abwehr von ethnischer, religiöser oder kultureller Unterdrückung und politischer Fremdherrschaft (Margalit/Raz 1990; A. Buchanan 1991). Der Vorteil eines „Klubmodells" der Nationwerdung (Goodin 1995: 27) liegt vielleicht darin, eine möglichst große, jedoch homogene oder kommunikations- und kooperationsfähige Bevölkerung zu effektiven kollektiven Leistungen zusammenzufassen; der große Nachteil des Modells liegt jedoch in seiner Exklusivität, die sich nicht nur gegen andere Nationen richtet, sondern auch gegen subsidiäre Einheiten der eigenen Nation bzw. gegen eine föderative Gesamtordnung unter- und oberhalb der Ebene des Nationalstaates.

Die wahre Verderbnis des Nationalstaats liegt darin, daß er oft zum einzigen Modell erhoben wird; dann fordert schon die Existenz auch nur eines einzigen machtbewußten Nationalstaates die Gründung gegnerischer, ihn begrenzender Nationalstaaten geradezu mit Notwendigkeit heraus. In Wirklichkeit ist und war das nationale Band oft sehr schwach: Beinahe alle Nationalstaaten des 18. und 19. Jahrhunderts waren multiethnische und multikulturelle Gebilde, die schließlich durch eine monarchische oder revolutionär-republikanische Herrschaftsgewalt zusammengezwungen und „gesäubert" worden sind, z.B. durch die Ausrottung oder „Bekehrung" ganzer Religionsgemeinschaften, durch die Konfiskation von kirchlichem und feudalem Eigentum, durch die Enthebung von Stadtherrschaften, durch die Vernachlässigung ausgedehnter, ehemals zentraler Regionen usw. Die gemeinsame Nationalität ist in erster Linie ein gemeinsamer Mythos – ein Mythos, der sicher von großer funktionaler und moralischer Bedeutung ist, der aber doch historisch kontingent ist; er kann jedenfalls nicht gegen neue Formen der Konföderation und Föderation, der supranationalen Staatenbildung und transnationalen Regimebildung ins Feld geführt werden: Diese haben grundsätzlich die gleiche Möglichkeit und das gleiche Recht zur Integration.

Der Nationalstaat ist heute im Verschwinden begriffen – aber nicht einfach, indem der Staat verschwindet oder die Nation sich auflöst, sondern indem der Nationalismus ENTPOLITISIERT und gewissermaßen kulturalisiert und der Staat REGIONALISIERT und GLOBALISIERT wird (Smith 1990: 2f.). In diesem Sinn bleibt der Staat die grundlegende Einheit von Kultur und Gesellschaft; ja, manche Ethnien erobern sich zum ersten Mal eine volle Staatlichkeit, andere betrachten ihre imperiale oder koloniale staatliche Einbindung als illusorisch oder als ungerecht. Der Nationalstaat ist realiter seiner politischen Monopolfunktion verlustig gegangen. Trotzdem wäre es eine schwere Täuschung, die neuen ethnischen oder fundamentalistischen religiösen Nationalismen als eine Rückkehr zum *status quo ante* zu betrachten: Genausowenig wie jene künstlichen bi- und multinationalen Staaten, die die ethnischen, kulturellen und historischen Wurzeln ihrer Teilstaaten einfach ignorieren wollten, Bestand hatten, haben umgekehrt die neuen ethnischen oder fundamentalistischen Staaten keine Entwicklungschance, wenn sie sich nicht – möglichst multilateral – in die neuen inter- und transnationalen, d.h. staatlichen, privaten und halböffentlichen Funktionsverbände einfügen. Obwohl die Intellektuellen heute durch die neuen elektronischen Kommunikationsmittel sehr viel mehr Spielraum haben und sozusagen eine neue Geschichte konstruieren für an den Rand gedrängte Ethnien, wird die Stellung in diesen Verbänden nicht mehr territorial, kaum sprachlich und schon gar nicht religiös definierbar sein (Richmond 1984); alle Staaten, ob sie nun „neu" oder „alt" sind, werden von den gleichen – vor allem technologisch definierten – Konstitutionsbedingungen bestimmt. Umgekehrt erfüllt diese globale Kultur genauso wie Esperanto keine kollektiven Wünsche nach Identität und einer gemeinsam zu verwirklichenden Zukunftsvision: Eine auf die *tabula rasa* begründete globale Kultur bietet eben doch keine realen Entwicklungschancen. So behält der Nationalstaat, wenngleich in einer großzügigeren geokulturellen Definition als früher, immer noch seine moralisch-kollektive Bedeutung (Hobsbawm/Ranger 1983).

Heute sind alle Staaten auf TRANSNATIONALE KOORDINATION und KOOPERATION verwiesen; dabei können sie sich auf der einen Seite intergouvernementaler Agenturen, transnationaler Konsortien und internationaler Regime, auf der anderen Seite aber auch regionaler und kommunaler Gebietskörperschaften oder funktionaler Zweckvereine bedienen (Bühl 1990: 237 ff.). Mit dem Verfall der Supermacht- oder Hegemonialstruktur und der Etablierung einer multipolaren, machtmäßig breiter diversifizierten Machtstruktur hat sich die Gefahr vermindert, daß selbst größere Staaten auf den Status von Klientelmächten absinken oder einfach ignoriert werden. An die Stelle des Staates ist kein neuer und besserer Koordinator getreten. Die größere Gefahr ist heute, daß in einer *de facto* schon eher mono-polaren Welt die Disziplin zusammenbricht, da der mögliche Hegemon – die USA – nicht in der Lage oder willens ist, die Kosten und Risiken einer Weltregierung zu tragen, und die kleineren Staaten in der Regel keine neue Koalition der Superstaaten fürchten müssen (der Irak befand sich in einem selbst provozierten Ausnahmezustand). Die Staaten haben im allgemeinen an formaler Souveränität verloren; dieser Souveränitätsverlust wird jedoch zu einer kooperativen Vertiefung des Einflusses auf das Leben ihrer Bürger genutzt. Umgekehrt ist es heutzutage leichter möglich, daß verschiedene Ethnien und ehemals selbständige Staaten, wie in der früheren UdSSR oder im ehemaligen Jugoslawien, die schwache *Pax Romana* nutzen, um sich zu neuen Staatsgebilden zusammenzuschließen – durch

Sezession oder durch eine bisherige Staatsgrenzen übergreifende Föderation oder Integration. In keinem Fall ist der „Nationalstaat" mehr als ein statuarisches Wesen in sich zu definieren: Was ein Nationalstaat ist, wo seine politischen Grenzen liegen, was seine kulturellen Potenzen sind, das wird durch die ENTWICKLUNGSTENDENZEN im Umfeld definiert. Diese aber sind äußerst zwiespältig; sie sind einerseits gekennzeichnet durch die Globalisierung von Wirtschaft und Technologie – damit aber auch der Politik und des Staates (L. Pauly 1995), andererseits aber wiederum durch die Segmentierung der ehemals größer und zentralistischer angelegten Nationalstaaten entlang den Bruchlinien ihrer ethnischen oder regionalen Zusammensetzung (Roosens 1989; Rex/Drury 1994).

Eine externe Entwicklungstendenz, mit der sich die Staatsregierungen auseinanderzusetzen haben, ist die vor allem von den multinationalen Firmen vorangetriebene GLOBALISIERUNG – nicht einfach die Internationalisierung – der Produktion von Gebrauchsgütern, damit aber auch der Finanzmärkte (S. Strange 1995: 293 ff.). Die Staaten haben gegenwärtig wenig Kontrolle über die Kapitalbewegungen, die Auslandsinvestitionen und die sogenannte „Steuerflucht". Wo die Grenzen zwischen einheimischer Währung und Auslandsgeld oder die Beziehungen zwischen Gewinn und Investition unklar geworden sind, da sind es ebenfalls die Grenzen zwischen Kooperation und Konflikt mit Regierungen oder anderen Großunternehmen. Das große politische und ethische Problem dabei ist, daß das Kapital mobil geworden ist – auch in der Form von Transport, Kommunikation, Wissen, Technologie und Energie –, der Arbeitsmarkt aber nicht oder jedenfalls viel weniger; problematisch ist auch, daß der Staat wohl für die Pflege des Humankapitals zu sorgen hat, auf seine Verwendung aber kaum Einfluß hat. Das bedeutet, die Politik hat keine unmittelbare Legitimitätsbasis mehr in der Lebenswelt der Menschen, der Staat kann wenig Loyalität erwarten; die „moralische Gemeinschaft", die durch den Nationalstaat repräsentiert werden sollte, zerfällt.

Das demokratische System wird – trotz all seiner prozeduralen Neuerungen und subsidiären Ergänzungen – unterminiert, während die Exekutivmacht in den Managementetagen und den Regierungsabteilungen zunimmt und von traditionellen sozialen Verpflichtungen entbunden wird (V. Schmidt 1985: 85).

Die Regierungen haben nicht notwendigerweise weniger Macht, aber ihre Diplomatie ist TRIANGULAR geworden, d. h. Staaten verhandeln mit

Staaten, Staaten mit Unternehmen, Unternehmen mit Unternehmen. Der Koalitionsspielraum hat sich erweitert und damit die Schwarzfahr- und Fluchtmöglichkeiten, die Erpressungssituationen und sozialen Dilemmas (Stopford/Strange 1991). So hat sich aber auch die Schärfe des Selektionsprozesses zwischen Großen und Kleinen, zwischen Gewinnnern und Verlierern, zwischen Aufsteigern und Absteigern verschärft. Der Staat kann in diesem Selektionsprozeß eine wichtige Rolle spielen; die Ideologie des „schlanken Staats" aber zeigt, daß einige Staatsregierungen den Inhalt und die Regeln dieses Spiels noch nicht begriffen haben. Das gilt nicht nur auf den Finanzmärkten (B. J. Cohen 1995), sondern auch im Informations- oder Telekommunikationssektor, den der Staat großzügig privatisiert, um neuen Monopolen oder Oligopolen Raum zu geben (Mansell 1993). Die Staaten üben zweifellos erhebliche Autorität in der Welt aus, wie stillschweigende Kollusionen etwa zwischen den USA, Japan und Deutschland innerhalb und außerhalb der G-7 immer wieder zeigen; aber gleichzeitig mit den Staaten haben sich eben auch die Unternehmen und selbst die internationalen Verbrechersyndikate globalisiert, und dies oft schneller und mit größerer Entschiedenheit (C. Sterling 1994).

Es scheint eine Paradoxie zu sein, daß zweitens mit der zunehmenden Globalisierung ein interner Prozeß der RE-ETHNISIERUNG oder RE-NATIONALISIERUNG eingesetzt hat, und zwar nicht nur bei den Verlierern, sondern auch bei den Gewinnern der härter gewordenen Selektion; denn im Prozeß der Globalisierung gehen die alten kollektiven Identitäten und Loyalitäten, die Legitimitätserwartungen, die moralischen Bindungen und auch Schranken verloren. Zu beobachten ist, daß ein erheblicher Teil der Menschen – wie es doch dem liberalen Credo entspräche – gerade nicht in der Lage ist, sich zu „individualisieren", ja sogar „multiple Selbstidentitäten" anzunehmen (S. Hall 1992), sondern daß die Menschen ihren Halt in sozialen Beziehungen und Netzwerken, in Wertbindungen und Glaubensüberzeugungen suchen. Diese schienen schon verschwunden und sind vermutlich auch nicht wiederzuerwecken, werden aber dennoch in neuer – revivalistischer, fundamentalistischer oder auch rationalisierter – Form wieder gesucht (Rex 1995: 22f.). Nachdem alte Klassenstrukturen und kommunale Körperschaften entschwunden sind, ist es nicht verwunderlich, daß sich diese Suche in sozialen und religiösen Bewegungen vollzieht, die sich erst einmal gegen das „Establishment" richten – Anti-Atom-Bewegung, Friedens-Bewegung, ökologische Bewegung, Frauenemanzipation –, bevor sie wieder festere Formen und Gehalte annehmen – in Zirkeln und Sekten, in Clubs und Computernetzwerken oder in Sozialdiensten unterschiedlichster Art. Dies gilt bereits für die „progressiven" Gruppen einer Gesellschaft, wieviel mehr gilt es für diejenigen, die mit unzureichenden Mitteln versuchen, wieder „Boden unter den Füßen" zu gewinnen, sich wieder sippenmäßig und territorial zu definieren? Was aber beide Gruppen miteinander verbindet, das ist, daß sie in sich oder zusammen keine „moralische Gemeinschaft" mehr bilden, daß eine deontologische Staatsethik – gründend auf Recht und Gerechtigkeit, auf Pflicht und Solidarität auch in den sekundären sozialen Beziehungen – von ihnen nicht mehr zu erwarten ist; die einen bewegen sich gewissermaßen auf einer Ebene darüber: auf der Ebene eines individualistischen Utilitarismus oder Hedonismus, die anderen bewegen sich auf einer Ebene darunter, also auf der Ebene einer quasi-primären Familien- oder Sippenethik.

Globalisierung und Reethnisierung sind IM ZUSAMMENHANG zu sehen: Hält man sich nur an einen der beiden Prozesse, endet man in jedem Fall bei einem Geschichtsbild, das deterministisch ist, ob man nun das Ergebnis positiv oder negativ beurteilt. Das „Ende der Geschichte" ist für Fukuyama (1989: 3–17) und seine lineare Geschichtsauffassung nicht das Ende, sondern die Erfüllung und der Beginn der wahren Menschheitsgeschichte: Die Prinzipien der liberalen Demokratie und des freien Marktes haben sich bis in die letzte Peripherie durchgesetzt, die Menschen leiden keine materielle Not mehr, jeder respektiert den anderen. Das ethische Problem dieser Konstruktion ist, daß es kein Mittel gegen tyrannische Regierungen und keinen Ausgleich zwischen Staaten gibt, keinen Anspruch auf Solidarität oder gar Gerechtigkeit. Dies zerstört selbst die deontische Basis, d.h. die Selbstachtung der reichen und mächtigen Staaten, gerade wenn jeder Konflikt mit den armen Staaten unterdrückt oder ausgeschlossen werden könnte, was unwahrscheinlich ist. Dem „Sieg der Demokratie" steht daher bei Guéhenno – mit der gleichen Folgerichtigkeit – das „Ende der Demokratie" oder die „Fragmentation der Welt" gegenüber: Der Staat wird weitgehend ersetzt durch eine Vielfalt transnationaler Netzwerke, in denen Myriaden von Mikro-Entscheidungen eine Synergie von kleinen Effekten herbeiführen, deren Auswirkungen für das internationale System und seine Akteure nicht vorhersagbar sind. Die territorialen Grenzen werden ebenso bedeutungslos wie die autoritativen Wertentscheidungen, an denen die Politiker nichtsdestoweniger festhalten und an die auch viele noch glauben.

Die Nationen verschwinden damit nicht, aber sie werden gewissermaßen zu Mythen; die Politik ist im wesentlichen „symbolische Politik"; der Nationalstaat hat kaum noch instrumentelle, sondern ideative Funktionen (Münkler 1994: 376). Mit der Auflösung in Mikroprozesse verschwindet auch die „Freiheit", das Recht und die Fähigkeit einer Kollektivität, ihr Schicksal in die eigene Hand nehmen zu können; negativ bedeutet es, daß das Recht jedes Individuums, der Willkür und dem Machtmißbrauch der anderen entgegenzutreten, sich auflöst. Während der technisch entwickelte und wohlhabende Teil der Welt zu einer immer homogeneren Einheit verschmilzt, wird der zahlenmäßig größere und unentwickelte Teil der Welt zerfallen. Glücklicherweise spricht für keine dieser beiden deterministischen Konstruktionen viel Wahrscheinlichkeit; eine MULTIPLE KERNBILDUNG ist viel wahrscheinlicher. Ethisch bedeutet dies aber UNTERSCHIEDLICHE VERANTWORTUNGEN, so daß die Kernstaaten einer deontischen Pflichtordnung unterworfen sind, während die Randstaaten zwar Respekt und Solidarität für sich beanspruchen werden, daß ihnen aber ein prinzipienloser Utilitarismus nicht zu verdenken ist. Dieser wird dann wiederum eine moralische Rechtfertigung für die Zentren darstellen, sich genauso zu verhalten.

Bei aller gelegentlich berechtigten „Entzauberung des Staates" (Wilke 1987) durch die Staatstheoretiker – und auch dem den praktischen Politikern willkommenen Bekenntnis zum „Rückzug" des Staates oder zum „schlanken Staat" – ist der Staat eine der wichtigsten und agilsten Institutionen geblieben: Vielleicht ist er wichtiger und stärker denn je und nur ein wenig von der repräsentativen Oberfläche verschwunden und sozusagen in den schlecht sichtbaren Hintergrund der Netzwerkknoten getreten. Freilich ist die „Souveränität" jedes Staates vermindert und „geteilt" zwischen innen- und außen- bzw. sicherheitspolitischer Funktion (Lübbe 1994); oder genauer: Die außenpolitische Souveränität ist selbst für die USA, für Rußland oder China zu einem Topos der politischen Rhetorik geworden, während noch vor wenigen Jahren die reduzierte außenpolitische Souveränität ein Sonderphänomen ausschließlich der Bundesrepublik Deutschland zu sein schien. Aber die innenpolitische Machtfülle und die Fähigkeit des Staates – nicht unbedingt des Nationalstaates, sondern der sub- und supranationalen Funktionseinheiten –, Ressourcen zu erschließen und umzuverteilen bzw. Aufgaben zu definieren, ihre Erfüllung zu kontrollieren und zu regulieren, war substantiell nie größer als heute. Man braucht sich nur die Höhe der ohne große Proteste hingenommenen Besteuerung, die Größe der wohlfahrtsstaatlichen Dividende oder den Umfang der rechtlich regulierten und jedenfalls staatlich kontrollierten Sachbereiche anzusehen. Bei aller funktionsbezogenen regional-subsidiären Partialisierung oder Globalisierung alter nationaler Souveränitäten ist doch das Maß der allgemeinen funktionsunabhängigen Legitimität und Effektivität des Staates immer noch größer als das jeder anderen Institution; vorausgesetzt wird, daß es der Staatsführung gelingt, sich eine adäquate Position in der globalen kapitalistischen Ökonomie zu erobern (Ikenberry 1995: 114), die Macht zu teilen und zu „delegieren" bzw. flexible Koalitionen einzugehen und ihr weitreichendes Informations- und Gesetzgebungsmonopol zu nutzen.

Wohl muß über die NEUDEFINITION oder UMFORMUNG des Staates gesprochen werden, keineswegs über sein Verschwinden, vielleicht auch über einen strategischen „Rückzug" oder über die „Deregulation", nicht jedoch – wie es anfangs schien – schlechthin über die „Unregierbarkeit" und das „Staatsversagen", die „Ohnmacht" und den globalen „Legitimitätsverlust".[10] Reduziert wurde nicht der Einfluß und die Kontrollfähigkeit der Staaten, der Parlamente und Staatsbürokratien, nicht einmal der Parteien und Gewerkschaften, sondern allenfalls die Erwartungshaltung und der Erwartungsdruck der politischen Öffentlichkeit.

Dem Staat scheinen weniger interne als externe Interventionsmöglichkeiten zu bleiben – mit der fortschreitenden technologischen Entwicklung und der Entwertung rein territorialer Herrschaftsgewalt, mit der Internationalisierung der Finanzströme und der Globalisierung der Märkte, mit der formalen und informalen Europäisierung zentraler politischer Entscheidungen, mit der Aufhebung eines globalisierten Ost-West-Konflikts in der Sicherheitspolitik usw. Doch tatsächlich haben sich die regulativen Funktionen des Staates – wenn auch selten auf der nationalen Ebene – damit eher verstärkt, insbesondere wo es um zentrale Funktionen geht, wie z.B. um die Kapital- und Humankapitalbildung in der Steuer-, Fiskal- und Währungspolitik, in Bildung und Ausbildung, im Gesundheitswesen, im Informations- und Versicherungswesen, aber auch um die Raumordnung oder die Gestaltung der Umweltbedingungen bzw. die ökologische Kompetenzzuweisung (W.C. Müller 1994: 4ff.). Der entscheidende Unterschied ist, daß an die Stelle des gewissermaßen „integralen" Staates, der fast alle innen- und außenpolitischen, wirtschafts- und wissenschaftspolitischen Funktionen in sich vereinigt hat, der „KATALYTISCHE" STAAT getreten ist, der als Katalysator die Kräfte von Regierungsinstitutionen und Nicht-Regierungsinstitutionen, von öffentlichen Verwaltungen und Industriefirmen, von regionalen Verbänden und globalen Märkten, von transnationalen Banken und Stiftungen aneinander bindet (Lind 1992: 8 ff.).

Welche Bedeutung der Staat hat, zeigt sich besonders in seiner WOHLFAHRTSFUNKTION, die sich angeblich in Zeiten wirtschaftlicher Stagnation vermindert hat, in Wirklichkeit aber nur umverlagert oder in einen anderen Kontext gestellt worden ist. Sowohl in den eher sozialdemokratischen Wohlfahrtsstaaten wie Schweden als auch in den mehr konservativen Wohlfahrtsstaaten, z. B. den USA oder Deutschland, sind die Wohlfahrtsinstitutionen fest etabliert und von zentraler funktionaler Bedeutung. Wenn man neben den Empfängern von Renten und Pensionen, von Arbeitslosengeld und Sozialhilfe auch die Personen berücksichtigt, die im Erziehungs- und Gesundheitswesen sowie in den sozialen Diensten beschäftigt sind, so empfängt in den fortgeschrittenen westlichen Industriestaaten rund die Hälfte aller Wähler Wohlfahrtszahlungen (Flora 1989: 154). Ein großer Teil der Wohlfahrtsempfänger ist bestens organisiert, und so überlegen sich die Politiker zweimal, ob sie für die unpopuläre Kürzung von Sozialausgaben ihre Wiederwahl aufs Spiel setzen sollen – zumal diese gewöhnlich nicht den erwünschten Effekt z. B. der Produktivitätssteigerung, der Lohnkostensenkung, der Standortvorteile oder der Verminderung der Staatsausgaben haben.[11] In keinem dieser Länder ist das Grundmuster der Wohlfahrtszahlungen verändert worden, bestenfalls wurden die Zuwachsraten getrimmt, oft sind die Ausgaben lediglich auf andere Träger – etwa vom Bund auf die Länder oder Kommunen, von der Arbeitslosenversicherung auf die Rentenversicherung – verschoben worden, zum Teil sind sogar neue Sozialausgaben geschultert worden, wie die Pflegeversicherung in Deutschland.

Insgesamt gibt es schon deshalb wenig politischen Spielraum im Umbau des Wohlfahrts- oder Sozialstaates, weil seine ethischen Grundlagen historisch und strukturell tiefer liegen, als jede neue politische Koalitionsbildung oder Regierungsprogrammatik vermuten läßt. Es gehört zu den Konstitutionsbedingungen jeder Industriegesellschaft, die auf Nutzung und Mehrung des Humankapitals angewiesen ist und einen gewissen Grad an funktionaler Differenzierung erreicht hat, daß der Staat ein SOZIALSTAAT sein muß und daß er vor allem die Einkommensquelle Arbeitskraft gegen typische Risiken, wie z. B. Krankheit, Invalidität, aber auch Arbeitslosigkeit und Ausbeutung, zu sichern hat. Weitere Aufgaben sind, daß der Staat für kollektive Schäden wie Naturkatastrophen und Kriegsfolgen eintreten muß, daß er für prinzipielle Chancengleichheit vor allem im Bildungs- und Ausbildungswesen zu sorgen hat und daß letztlich das Solidaritätsprinzip vor dem Leistungsprinzip rangiert. Daß der Sozialstaat als RECHTSSTAAT abgesichert sein muß, ergibt sich schon aus dem hohen Grad an Arbeitsteilung, aber auch der Generalisierung und Abstraktion, der Säkularisierung und Profanierung der Legitimitätsgrundlagen des Staates, die unter den Bedingungen des Weltmarktes und eines weltweiten Verkehrs- und Kommunikationsnetzes unumgänglich sind (J. Hoffmann 1989: 30 ff.). Darüber hinaus muß der soziale Rechtsstaat auch ein GERECHTIGKEITSSTAAT sein, der neben der Rechtssicherheit ebenso für die materielle Verteilungsgerechtigkeit bzw. für einen Solidarausgleich für die sozial Benachteiligten sorgt.[12]

Man muß nicht für einen „sozialistischen" Staat eintreten, um dem Staat mehr als eine minimale Rolle zuzuschreiben. Das gilt gerade im Falle einer hochentwickelten liberalen Marktwirtschaft, in der zweifellos eine starke Konzentration des Kapitals in den Händen gerade der größten Teilhaber stattfindet und ein schneller technischer Fortschritt – in der Rationalisierung, Roboterisierung und Computerisierung – zur Arbeitslosigkeit bzw. zum Export der Arbeit aus dem Heimatstaat führt (A. Smith 1988: 21). So kann es nicht bloß nur um die VERTEILUNGSGERECHTIGKEIT in der Allokation der erwirtschafteten Mittel gehen, sondern es muß mindestens ebenso um eine möglichst umfassende PRODUKTIONSBETEILIGUNG am Arbeitsprozeß und Wissenserwerb gehen; denn die vordringlichste Voraussetzung der sozialen Gerechtigkeit ist doch zunächst einmal die Selbstachtung und die Herstellung einer moralischen Gemeinschaft. Ohne die Erfüllung dieser Voraussetzung gäbe es nur Almosen; oder die Idee oder das Prinzip der sozialen Gerechtigkeit würde zu einer Sozialbuchhaltung verkürzt, die doch niemals halten kann, was sie verspricht.

Diese Stabilitäts- oder Kontinuitätssicherung muß oder kann lediglich teilweise über die Wirtschaft selbst erfolgen, z.B. durch Besteuerung, Geldmengenpolitik, Kürzung von Wohlfahrtsausgaben, Staatsverschuldung; aber der Staat hat eine ganze Reihe von Institutionen in der Hand, so die Schule, Forschung und technische Entwicklung, die Krankheits- und Arbeitslosenversicherung und öffentliche Einrichtungen aller Art. Diese unterstützen eine kontinuierliche wirtschaftliche Entwicklung, ohne der Wirtschaft unterworfen zu sein.

Der SOZIALSTAAT wie der Rechtsstaat hat seine Grenzen dort, wo die Autonomie des Individuums unnötig eingeschränkt wird, wo der notwendige Respekt vor dem anderen in einer eventuell wohlwollenden Bevormundung untergeht, aber auch wo die individuelle Leistung und Verantwortung von der Solidargemeinschaft nicht mehr gefordert wird. Die Grenzen des Sozialstaats sind überschritten, wenn erstens eine autoritär-administrative Durchregelung und Verplanung der Gesellschaft die Autonomie der Individuen und Gruppen aufhebt, und zweitens, wenn der Staat in einer übertriebenen sozialstaatlichen Selbstminimierung die Solidargemeinschaft auflöst. Daß der Staat nach innen soziale Gerechtigkeit üben muß und daß er den Grundsätzen einer deontologischen Gerechtigkeits- und Pflichtenethik unterworfen ist, wird kaum bezweifelt (Banner 1988: 15); problematischer ist das Außenverhältnis zwischen den Staaten, in dem – angefangen von Machiavelli über Morgenthau bis Rawls – der pure Zynismus herrscht. Doch in einer globalen Welt ist dies inkonsequent und destruktiv auch für das staatliche Binnenverhältnis. Denn Frieden und Gerechtigkeit kann es letztlich erst dann geben, wenn die gleichen sozialstaatlichen Prinzipien auch auf den Weltkontext angewandt werden.

Umgekehrt wirkt der Weltkontext unmittelbar zurück auf die binnenstaatlichen Ordnungen, ja auf die psychische Konstitution und Selbstachtung aller Individuen, in welche Sozialordnung sie auch eingebunden sind. So ist es nicht verwunderlich, daß die Wohlfahrtsfunktion des Staates inzwischen auch auf der internationalen Ebene generalisiert und rechtlich wie ethisch von der Kantschen Idee eines Staatenbundes und einer bloßen Friedensordnung – *foedus pacificum* – zur Idee einer „WELTGEMEINSCHAFT", wie sie schon Samuel Pufendorf 1688 postulierte, vertieft worden ist (Schreckenberger 1994: 508).

Die Allgemeine Erklärung der Menschenrechte der Generalversammlung der Vereinten Nationen vom 10. Dezember 1948 und die Verfassung der UNO bleiben weit unter diesem Niveau; sie basieren vielmehr auf dem Prinzip der staatlichen Souveränität und der Nichteinmischung. Angesichts des Konkurrenzkampfes der Staaten und der Probleme der Übervölkerung, der ökologischen Krise sowie der ungleichen Verteilung der Energieressourcen und technologischen Kapazitäten kann die Lösung nicht in der Betonung und Ausweitung des Souveränitätsprinzips liegen. Fast noch gefährlicher wäre aber die autoritative Verkündigung politischer Entscheidungen durch die UNO; denn es ist klar, daß hier rein historische

Zufälligkeiten der Stimmverhältnisse und Interpretation durchschlagen würden.[13] Es ist kaum zu bestreiten, daß eine INTERNATIONALE oder sogar MORALISCHE RECHTSORDNUNG nur gleichzeitig mit den entsprechenden Institutionen und funktionalen Regimen wachsen kann und daß hier durch einen einmaligen Willensakt – welcher Art und von wem auch immer – nichts zu erzwingen ist. Die Realisten und Neo-Realisten haben uns gelehrt, daß wir uns erstens an die gegebene Staaten- und Institutionenordnung zu halten haben und daß zweitens die moralische Verantwortung für die eigene Bevölkerung – als moralische Gemeinschaft – im Vordergrund stehen muß. Kein Staat hat demnach das moralische Recht, sich zum Richter anderer Staaten oder der ganzen Weltgemeinschaft aufzuwerfen, der nicht in der Lage ist, für Recht und Gerechtigkeit in seinem eigenen Bereich zu sorgen. Diese Ordnung hat unauflöslich drei Dimensionen: die Beziehungen zwischen den Individuen untereinander, die Beziehungen zwischen Individuum und Staat und die Beziehungen zwischen den Staaten (Schattschneider 1984). Übertriebene moralische Forderungen auf einer Ebene zu Lasten der anderen Ebene sind selbst wiederum unmoralisch, so z.B. die Bevorzugung der „Fremdenliebe" vor der Nächstenliebe, wie Nietzsche sie nennt, die Priorität des „Volkes" vor dem einzelnen oder auch der Kurzschluß von der UNO-Satzung auf die „Menschenrechte" – unter Umgehung der realen politischen Verhältnisse der Staatenordnung oder -unordnung. In einer realistischen Ethik der internationalen Beziehungen werden sich stets konsequentialistische mit deontologischen Momenten verbinden müssen. Es lassen sich dabei drei Stufen einer Weltethik oder auch der moralischen Entwicklung vorstellen:

I. Die MORALISCHE MINIMALORDNUNG wird innerhalb wie zwischen den Staaten dadurch bestimmt, daß jedes Individuum die grundlegenden Freiheitsrechte jedes anderen Individuums zu respektieren hat und daß es Aufgabe des Staates ist, diese Freiheitsrechte zu schützen (Walzer 1977: 53 f.). Die Staaten und politischen Einheiten können die Prinzipien der Territorialität und Souveränität nur in Anspruch nehmen, weil und insoweit sie Voraussetzung der individuellen Rechte der Selbstbestimmung und der freien Assoziation sind. Die Schwäche dieser Minimalordnung liegt darin, daß es im Falle der Verletzung der Menschenrechte durch den Staat kein Recht der Intervention und keine Pflicht zur Hilfe für andere Staaten gibt; denn einen „Kontrakt" gibt es lediglich zwischen den Individuen (Beitz 1980; Doppelt 1980). So setzt diese moralische Ordnung, die eine deontische Minimalordnung zu sein scheint, dennoch die universelle Geltung der Menschenrechte, also eine deontische Maximalordnung und einen globalen Konsequentialismus voraus.

II. Realistischer und ehrlicher scheint demgegenüber ein „STRATEGISCHER KONSEQUENTIALISMUS" zu sein (Scott/Carr 1986: 83 ff.): das Dogma, daß die Staaten eine deontische Verpflichtung nur gegenüber ihren eigenen Staatsangehörigen haben, während sie sich in den internationalen Beziehungen ausschließlich an den Folgen ihres Handelns zu orientieren haben. Dies ist in gewisser Weise die klassische Nationalstaatsordnung, ohne die Beschönigungen und Verklausulierungen der UNO-Menschenrechte, denen im Ernstfall ohnehin recht selten Geltung verschafft wird; daher werden sie von den meisten moralisch nicht als bindend angesehen. Die Staaten oder Korporationen suchen ihre Macht, ihre Sicherheit und ihren Wohlstand zu vermehren; aber sie beenden dies klugerweise an jenem Punkt, da sich eine übermächtige Koalition gegen sie herausbildet, die die ihnen bisher genehme internationale Ordnung strukturell umzustürzen sucht. Auch diese scheinbar zynische moralische Haltung hat ihren deontischen Kern; immerhin wird die Aufrechterhaltung der Ordnung respektiert, oder das Ordnungsstreben muß dem Eigeninteresse vorhergehen, und dies erfordert die Anerkennung von Regeln und Verpflichtungen. Der „strategische Konsequentialismus" verlöre seine moralische Berechtigung allerdings dort, wo es einen absolut dominanten Nationalstaat gäbe, der versucht sein könnte, zum letzten Gefecht anzutreten, um nunmehr die Regeln selbst zu bestimmen.

III. Der „strategische Konsequentialismus" ist gewissermaßen die Moral der Großmächte; die Kleinen und Schwachen haben weniger an Solidarität und Gerechtigkeit, an Hilfe und Entwicklungsimpulsen zu erwarten. Das moralische Maximum für eine gerechte Weltordnung wäre von einem „REALISTISCHEN KONSEQUENTIALISMUS" zu erwarten, der institutionell so gestaltet ist, daß dieser Nachteil ausgeschlossen wird; vielmehr herrschte dann ein institutioneller Pluralismus, und ein Verteilungsmechanismus wäre etabliert, der für eine kontinuierliche Umverteilung zugunsten der Schwachen sorgte; ihnen müßten dann auch Koalitionsmöglichkeiten offenstehen, um stärker zu werden. Dies wäre das Rawlsche „Differenzprinzip", nun allerdings nicht in seiner konsumtiv-distributiven Funktion, sondern auch in seiner produktiven Funktion, was die Übernahme von technologisch-wissenschaftlicher und politischer Führung betrifft. Diese

INSTITUTIONELLE LÖSUNG (Pogge 1986: 69) scheint weitgehend konsequentialistisch zu sein; sie hat jedoch ihren DEONTISCHEN KERN. Dieser ist nicht apriorisch wie bei Kant, der die Existenz einer internationalen moralischen Gemeinschaft schon als Konstitutionsbedingung des Vernunftmenschentums voraussetzt; sie ist historisch und kontingent – aber schließt auch die Hoffnung auf eine solche moralische Gemeinschaft nicht aus.

Um den deontischen Kern dieser internationalen Moral zu erfüllen, genügt nicht die Formulierung oder Verrechtlichung schöner Prinzipien, sondern es bedarf der Schaffung der nötigen Institutionen. Wenn auch die erforderlichen GEMEINSCHAFTSORGANE – z. B. ein Weltgerichtshof, ein wirklich funktionierender Weltsicherheitsrat, eine effektive Weltgesundheits- und Weltbevölkerungsbehörde, eine globale ökologische Observation usw. – noch fast völlig fehlen, so ist doch die „Weltgemeinschaft" als ethische Forderung oder als regulative Idee nicht mehr von der Hand zu weisen.

Dies ist nicht bloß eine ideelle Forderung; eine viel wichtigere Rolle spielen dabei die kollektiven Erfahrungen immer wieder aufflammender ethnischer Konflikte, Bürgerkriege und Religionskriege, die heute schon schwer zu bewältigenden Immigrationsbewegungen, die atomaren und ökologischen Bedrohungen. Deshalb ist eine Weltethik vor allem auf diese Erfahrungen und ihre institutionelle Bewältigung und nicht auf UNO-Deklarationen oder eine obsolete völkerrechtliche Basis zu begründen. Überhaupt wird es nicht darum gehen, eine Entscheidung zwischen diesen drei Ethiken oder ethischen Haltungen nach abstrakten Prinzipien herbeizuführen. Und die eine Ethik ist nicht höher zu bewerten als die andere. Es wird von der Situation abhängig sein, welches ethische System realistischerweise durchzusetzen ist. Wichtiger ist, das Ganze als ein GESTUFTES SYSTEM anzusehen, das einen festen deontischen Kern sowie eine Gruppe von Kernstaaten und -institutionen enthält, die in eine Reihe von gesellschaftlichen Institutionen und funktionalen Regimen mit geringeren ethischen Anforderungen eingebettet sind. Doch ohne die Existenz dieses deontischen Kerns und ohne den definitiven Anspruch oder die begründete Hoffnung[14] auf eine moralische Weltordnung müßten auch die „realistischeren" oder minimalistischen Ordnungsvorstellungen in der internationalen Anomie enden.

4. Der moralische Kern des Marktes

In unserem Zusammenhang sind Märkte und die einzelnen Marktorganisationen, wie Produktions- und Vertriebsfirmen, Geschäftsbanken oder Börsen, als vollwertige SOZIALE INSTITUTIONEN und nicht bloß als „Mechanismen" oder „Medien" zu definieren; als solche verleihen sie dem Markt auch eine moralische Typik eigener Art. So sehr ehrgeizige Volkswirtschaftstheoretiker auch bemüht sind – mit ihren Theoremen der Utilität, Effizienz, des Gleichgewichts, des Pareto-Optimums usw. –, gewissermaßen die Mathematik an die Stelle von Politik und Moral zu setzen, so läßt es sich doch nicht bestreiten, daß alle diese Theoreme erst auf der Basis einer gemeinsamen Kultur und gemeinsamer Grundbedürfnisse Inhalt und Form gewinnen. Der Markt mag dort, wo er „funktioniert" und im Vergleich mit anderen Wirtschaftssystemen, die maximale Wahlfreiheit für den einzelnen gewährleisten; aber diese Wahlfreiheit wird erst dann realisierbar, wenn die notwendigen kollektiven Güter und Infrastrukturleistungen geschaffen worden sind und in einer Weise verteilt wurden und werden, die die Stabilität der erwünschten politischen Ordnung – oder besser noch: die Entwicklungsfähigkeit der Gesellschaft und ihrer Mitglieder – gewährleistet (J. Gray 1993: 122 f.). Und so sehr auch einem strikten Konsequentialismus in der Form einer reinen Zweck-Mittel-Rationalität, verbunden mit einem Handlungs- oder Regelutilitarismus, gehuldigt wird (zur Kritik vgl. Nida-Rümelin 1995: 53 ff.), läßt es sich nicht vermeiden, daß am Ende doch von fundamentalen sozialen Werten und Pflichten die Rede ist: von Sympathie, Wohlfahrt, Freiheit und Gerechtigkeit (Sen 1985: 8); somit hat der Konsequentialismus deontische Voraussetzungen – und seien sie nur negativer Art, z. B. daß moralische Werturteile in der Theorie abgelehnt werden, während doch eben diese Ablehnung in der Praxis unabsehbare moralische Konsequenzen hat.

Der Markt oder die Marktgesellschaft ist eine MORALISCHE GEMEINSCHAFT eigener Art: Die moralische Qualität des Handelns ihrer Mitglieder impliziert Verantwortungsbereitschaft und tätige Mitverantwortung, personale Autonomie und ethische Entscheidungsfähigkeit und die moralische Qualität der Gemeinschaft als Ganzer eine Arbeitsteilung ohne Zwang. Rechtssicherheit, Fairneß, Kontinuität, damit aber auch die Entwicklungsfähigkeit der Gesellschaft auf lange Frist sowie die Effizienz und Innovativität des Marktes selbst hängen gerade davon ab, daß der Markt kein blinder Mechanismus ist. Als „Mechanismus", ausdrückbar in meist schlichten mathematischen Gleichungen, als „unsichtbare Hand", erscheint er erst dort, wo diese moralischen Voraussetzungen als selbstverständlich gegeben erscheinen. Alle Versuche einer direkten logischen oder mathematischen Ableitung von Marktgesetzen oder Handlungsstrategien ignorieren den politischen, immer schon vorausgesetzten Entscheidungsbedarf und zerstören diese moralische Qualität. Darüber hinaus übersehen sie gewöhnlich, daß es nicht um die theoretische oder metatheoretische Rechtfertigung einer Theorie geht, sondern zunächst und vor allem um die Entwicklung eines in der Praxis brauchbaren Handlungs- und Entscheidungsmodells. Auf dieser Basis dann eine allgemeine „Marktethik" – etwa eine „Unternehmensethik" oder gar eine „Wirtschaftsethik" – zu entwickeln kann zu nichts als zu absurden Ergebnissen führen.

Als sachfremd und in gewisser Weise auch unmoralisch sind meist zwei STATISCHE Lösungen mit besonders hohem moralischen Anspruch zu bezeichnen: einerseits ein „ökonomischer Imperialismus", der direkt und ohne Rücksicht auf die Situation aus herkömmlichen ökonomischen Theoremen moralische Grundsätze ableiten möchte; andererseits die Degradierung der Wirtschaft zu einem bloßen „Anwendungsgebiet" einer angeblich längst praktizierten Ethik und Moral. Der erste Ansatz bleibt der Ethik fremd, oder er repräsentiert nur einen schmalen moralischen Ausschnitt aus der tatsächlichen Problematik, der zweite bleibt der Wirtschaft fremd oder macht sie zum Propagator eigener Glaubensüberzeugungen. In Frage kommt allein ein DYNAMISCHER oder prozessualer Ansatz, der folgendes in Rechnung stellt: erstens, daß wirtschaftliche Probleme zu ethischen Problemen werden, wenn die Funktionsweise der Wirtschaft sich verändert hat oder wenn neue Anforderungen an die Wirtschaft herangetragen werden; zweitens, daß die wirtschaftlich-ethische Problemverknüpfung aus einem historischen Aushandlungsprozeß resultiert, der oft inkonsequent ist und von vielen Kontingenzen abhängt. Der Wert, die Gültigkeit und die Praktikabilität einer Wirtschaftsethik liegen dennoch in diesem INTERAKTIONSPROZESS – und nicht in scheinbar ewiggültigen, davon abgelösten Marktgesetzen oder Wertsetzungen.

Der „ÖKONOMISCHE IMPERIALISMUS" kann sich in zwei Erscheinungsformen äußern: erstens in der biederen Alltagsmeinung, daß die Wirtschaft und insbesondere der Markt ein ethikfreies Gebiet ist; daß die Moral am

Ende ist, wo der Wettbewerb einsetzt, und dies zu Recht und mit ökonomischer Notwendigkeit. Daß diese Ansicht zu oberflächlich ist, wurde schon vom Ahnherrn der Nationalökonomie, von Adam Smith, festgestellt: Die moralische Ordnung des Marktes ist nicht in den Motiven und Handlungen der Akteure, die egoistisch und sogar unlauter sein mögen, zu suchen, sondern in den Rahmenbedingungen des Marktes, die durch Verfassung, Gesetz, Gerichtsbescheide, Gewerbezulassungen, Berufsprüfungen, Verbraucherschutzordnungen usw. definiert sind. In der modernen Gesellschaft dominiert die Ordnungsethik der Systemebene zweifellos die Verantwortungs- und Tugendethik der Individualebene (Homann 1994: 2), die zwar – vor allem in Krisenpunkten – nicht zu vernachlässigen ist, dennoch aber selbst im Zuwiderhandeln die Rahmenordnung nicht zu sprengen vermag.

Die zweite und sublimere Art des „ökonomischen Imperialismus" hat scheinbar in der „Theorie rationaler Entscheidungsfindung" – RCTH – eine geniale und für immer gültige Lösung gefunden: Man unterwirft jede individuelle Handlung, aber auch größere Regelarrangements in der Wirtschaft, im Unternehmen, im Gesundheitswesen, in der Sozialpolitik usw. einem H-O-Test: Man überprüft, wie weit die Entscheidungen auch in Dilemma-Situationen dem Modell des *homo oeconomicus* – mit purem Eigeninteresse, ohne jeden Rekurs auf Werte, jedoch mit vollkommen rationaler Zweck-Mittel- bzw. Nutzenkalkulation – entsprechen (Homann/Pies 1994: 11). Es geht aber noch einfacher durch einen Zirkelschluß: Man übersetzt die ökonomischen in ethische Grundbegrifffe; man betrachtet z. B. „die Moral als öffentliches Gut" und als „Kapitalgut" – dann hat man jedoch nicht die Wirtschaft „ethisch domestiziert" (so vermeintlich: Homann 1988: 222 ff., 227 ff.), sondern die Ethik kapitalisiert.

Diese Modelle erfüllen zweifellos die Aufgabe, die Moral nicht von außen in die Wirtschaft hineinzuzwingen, sondern den systematischen Ort der Moral in der Wirtschaft selbst zu suchen. Problematisch bleiben die zugrundeliegenden Annahmen einer sozusagen homogenen und geradlinigen Rationalität, der Separierbarkeit ausschließlich eigeninteressierter Individuen, der Isolierung eines reinen Eigeninteresses in einer funktional interdependenten Kooperations- und Wettbewerbsordnung (vgl.: Baecker 1994: 13 f.) und die ethische Rechtfertigung eines möglicherweise soziopolitisch katastrophalen Pareto-Optimums (Sen 1985: 10 f.). Außerdem setzt das Modell voraus, was es erklären soll: perfekt funktionierende, transparente, im Gleichgewicht befindliche Märkte.[15] Wenn man die den Marktmechanismus sichernden, stützenden, kontrollierenden, kompensierenden Institutionen des Staates, der kommunitären Vereine und Verbände, der internationalen funktionalen Regime usw. miteinbezieht, dann gesteht man zu, daß eine rein konsequentialistische oder nur zweckrationalistische Sicht des Marktes nicht durchzuhalten ist bzw. daß deontische Momente für die moralische Rechtfertigung wie für die sozusagen technische Effizienz des Marktes grundlegend sind.

Bei der gesuchten Markt- und Wirtschaftsethik darf es nicht um eine bloße ANWENDUNG gegebener moralischer Grundsätze auf die Wirtschaft gehen, wenn nicht gerade der genuine Kern des Marktmodells ignoriert werden soll, also die Aushandlungsfähigkeit des Warenkorbs, der Preise und Kosten unter den Regeln der Einhaltung gegebener Versprechen bzw. der Verhaltensstabilität, jedoch ohne Verpflichtung auf eine inhaltliche Wertentscheidung (Harsanyi 1994: 13). Der Markt ist ethisch nicht aus individuellen oder kollektiven Rechten unmittelbar zu rechtfertigen: weder aus dem Recht auf Freiheit, Eigentum, selbstgewähltem „Glück", auch nicht durch seine Nähe zu Rechtsstaat und Demokratie; diese Werte sind auch auf andere Weise zu erreichen, bzw. durch diese Werte allein ließen sich nirgends Hunger, Arbeitslosigkeit, Ausbeutung und soziales Dumping – die alle möglicherweise mit dem Markt verbunden sind – rechtfertigen (Sen 1985: 5). Noch viel weniger läßt sich der Markt durch allgemeingültige philosophische oder religiöse Prinzipien begründen. Wenn die „Religion" als Korrektur von „Ethik-Versagen" (Koslowski 1994: 142) begriffen wird – also als Korrektur von „Marktversagen" oder von mangelndem Vertrauen der wirtschaftlichen Akteure in sozialen Dilemmasituationen –, dann wird zum einen die Religion mißbraucht und ihrer Eigenwürde beraubt, zum andern wird der ökonomische Zweck nicht erreicht; die „religiöse Versicherung des Sinns von Ethik" erfüllt ihren Zweck, WENN tatsächlich ALLE diesen religiösen Glauben teilen. So einen Glauben, religiöser oder philosophischer Art, gibt es aber heute nicht. In der modernen Gesellschaft herrscht nun einmal eine Situation der „moralischen Pluralität" (Druwe-Mikusin 1991).

Schon gar nicht ist eine sozial mildtätige Telekratie zu erwarten, in der sich Wirtschaft, Politik, Gesellschaft und Ökologie in einer weltumspannenden und organischen Weise miteinander verbinden könnten (so aber: Koslowski 1989: 26 ff.). Freilich wäre eine solche kulturelle und moralische

Einheit wünschenswert, weil sie die Transaktionskosten – z.B. die Unsicherheit der Situationsdefinition, die Kosten der Verständigung, die Risiken des Betrugs – vermindert. Funktioniert das Marktsystem nur, wenn die Transaktionskosten niedrig sind, dann kann man auch umgekehrt schließen, daß die reine Marktsituation eine vielbeschworene Fiktion ist, die eben selten realisiert ist.

Es gibt also keine einfache Lösung für die Konstruktion einer Wirtschaftsethik: weder eine Vereinnahmung der Ethik durch die Wirtschaft noch eine bloße Applikation irgendeiner Ethik auf die Wirtschaft. Das ist vor allem gut für die Aufrechterhaltung ethischer Anforderungen in der Wirtschaft; denn in einem so oder so determinierten System gäbe es keinen Entscheidungsspielraum und keine Entscheidungsnotwendigkeit mehr; es gäbe überhaupt keine neuen Probleme mehr, die mit neuen Begriffen und Kriterien, Indizes und Meßverfahren zu bearbeiten sind; es gäbe kein ethisches Bewußtsein, also keine Spannung zwischen gesellschaftlicher Generalisierung und personaler Autonomie, zwischen Pflicht und Spontaneität. Verschwinden würde auch der relationale Charakter jeder Handlung und Entscheidung, die zwar auf Generalisierung oder auch Universalisierung abzielt, doch immer ihren Ausgangspunkt und ihre Problematik in einer bestimmten sozialen und sachlichen Bezugsstruktur findet.[16] Mit der RELATIONALITÄT, mit der Selbst- und Fremdreferenz der Beziehungen, ginge auch der besondere Gemeinschaftscharakter des Marktes verloren. Dieser liegt nicht darin, daß die moralische Gemeinschaft aufgelöst und in eine funktionale „Gesellschaft" überführt würde, sondern daß er Solidarität durch wechselseitigen Nutzen bei hochgradiger Arbeitsteilung und wenigstens subjektiver, vergleichsweise aber auch objektiver maximaler individueller Wahlfreiheit gewährleistet (Vaubel 1990: 34ff.).

So ginge aber der prozedurale und prozessuale Charakter jeglichen ethischen Handelns und Entscheidens verloren, das mit dem sich erweiternden Wissenshorizont auch neue Wertperspektiven, Verantwortungen und Verpflichtungen gewinnt und tragen muß – je nach der auf einem bestimmten Pfad zurückgelegten Wegstrecke und ihren Protentionen und Retentionen, je nach dem Eintritt in neue Konfigurationen und der Ablösung von alten Verbundhandlungen. Die eigentliche ethische Qualität dieser Entscheidungen liegt jedenfalls nicht in ihren Ergebnissen, sondern mehr in ihrem RETROSPEKTIV-PROSPEKTIVEN Charakter, also in ihrer Bereitschaft, Verantwortung für die anderen und für das Unvorhergesehene und

Nichtintendierte zu tragen, und zwar aus der niemals definitiv abgrenzbaren gesellschaftlichen Verpflichtung heraus (Ricœur 1974: 293-312).

Der prozedurale Charakter kommt auf der PRODUKTIONSseite noch stärker zum Ausdruck als auf der Seite der DISTRIBUTION und Redistribution. Dort ist er allerdings schwerer faßbar, weil er eben alle Unsicherheiten der Entdeckung und Innovation, des verdeckten Wettbewerbs und auch des Zufalls miteinschließt (Kirzner 1994: 110f.). Die Überbetonung der Redistribution führt hingegen zu einer gewissen Erstarrung und Verbürokratisierung des ganzen Marktsystems, zu Effizienzverlusten im ökonomischen Bereich und zum Absinken des Grades der moralischen Integrität im gesellschaftlichen Bereich (Lachmann 1988: 290). Wenn man den relationalen und prozeduralen Charakter des Marktes berücksichtigt, so bleibt keine andere Lösung als eine „kommunikative Ethik" (P. Ulrich 1990: 132); hier darf allerdings das Kriterium der „Rationalität" nicht zu hoch gesteckt werden, sondern die gesellschaftlich relevante „Wertschöpfung" wird durch einen eher stummen Aushandlungsprozeß erreicht, der unter Einsatz aller möglichen „rationalen" – also finanziellen Anreize, Gewinne, Produktivitätssteigerungen – und „irrationalen" Mittel – wie die Imagebildung, Desinformation, Statusappelle und die klassische und operante Konditionierung – betrieben wird.

Unter „Markt" wird in der Regel – mit Ausnahme von kleinen Wochenmärkten oder Flohmärkten – keine primäre, sondern eine TERTIÄRE Institution unter Einschluß von oder im Bezug auf sekundäre Institutionen verstanden. Nach Luhmann (1988: 34ff., 91ff.) ist die „Wirtschaft der Gesellschaft" ein „autopoietisches System", und der Markt ist nach seiner speziellen Ausdrucksweise „die innere Umwelt des Wirtschaftssystems". Es ist noch kein ethisches Alibi, daß die Wirtschaft ein System ist, das seine eigenen Funktionen hat – vor allem die Bewältigung von Knappheit –, das sein eigenes Kommunikationsmedium hat – das Geld in verschiedenen Formen –, das vor allem aber autopoietisch geschlossen ist und seinen eigenen Zweck hat – nämlich keinen bestimmten Zweck, sondern seine Selbstfortsetzung ohne Ende. Im Gegenteil, wenn man den tatsächlichen Interaktionsprozeß, ebenso die Reflexion darüber und die Hauptbegriffe und Indikatoren der Wirtschaftswissenschaften und Wirtschaftspolitik betrachtet, dann erscheint der Markt geradezu als „moralische Anstalt". Es gehört zur Geschicklichkeit der Politik, dies mit Hilfe scheinbar wirtschaftstheoretischer Argumente zu verbergen. Tatsächlich erfolgt die Verhaltenskoordination im Markt nicht über gemeinsame Ziele und Wertvorstellungen, sondern über abstrakte „technische" Regeln, die die verfügbaren Mittel begrenzen und verteilen. Im übrigen erfordert die Koordination keine tiefgründigen Erkenntnisse, und viele Marktteilnehmer sind sich auch der zugrundeliegenden Regeln und Voraussetzungen nicht bewußt. Der Vorteil der Marktwirtschaft besteht gerade in der Akzeptierung des Nichtwissens – was immerhin den Vorteil hat, daß jeder für seine Information selbst zu sorgen hat und nicht alle in die falsche Richtung laufen (Hayek 1975). Moderne Gesellschaften sind in diesem Sinn „mittel-verknüpft" und nicht „ziel-verknüpft" (Hayek 1981: 153). Regeln koordinieren nicht bloß das Verhalten, sie schaffen auch eine gewisse moralische Sicherheit in einem Feld der funktionalen Unsicherheit und der Unvorhersehbarkeit der entscheidenden Ereignisse (Homann/Pies 1994: 8).

Wenn die Autopoiesis des Marktes gerade auf der Ausklammerung der Wertfrage beruht, dann heißt das, daß die Kategorien einer personalen Wert- und Tugendethik in diesem Problembereich unangebracht sind bzw. daß die ethische Qualität des Marktes auf der TERTIÄREN EBENE gesucht werden muß. Auf dieser jedoch ist der Markt kein eigenständiges, abschließbares System – wie eine Organisation, ein Unternehmen oder ein Haushalt –, sondern er ist ein mit Hilfe von Preisen „zirkulär geschlossenes Netzwerk von Beeinflussungen" (Luhmann 1988: 95). Die Zirkularität vor allem des Geldmarktes und der Börse kommt darin zum Ausdruck, daß der Markt primär gar nicht mehr so sehr auf Strukturveränderungen in seiner Umwelt reagiert, sondern eher auf großenteils interne „Ereignisse", die drastische Preisveränderungen erwarten lassen.

Demnach liegen die entscheidenden ethischen Fragen nicht auf der Ebene des Wettbewerbs, der ja doch nur *post festum* taxiert werden kann, oder auf der Ebene der Eigentumsrechte und der Unternehmensstrategien, sondern auf der Makro-Ebene der Differenzierung und Aggregation der Märkte, der Primitivität oder Abstraktheit der Geldmittel, der Fixierung oder Mobilität des Kapitals, der Zusammensetzung, Verteilung und Konzentration der Ressourcen, also zusammenfassend: Die Fragen richten sich an die Fähigkeit, an und für sich imkompatible Güter und Dienstleistungen gegeneinander zu verrechnen. Natürlich sind die individuellen Tugenden der Vertragstreue, der Zuverlässigkeit und Ehrlichkeit deshalb nicht unwichtig und bloß „Sekundärtugenden"; denn sie sind ja konstitutiv für die institutionelle Ebene des Vertrages und der Eigentumsrechte, der

Gewerbe- und Berufsfreiheit (Molitor 1989: 77 ff.); aber ohne institutionelle Verankerung werden diese „tugendhaften" Individuen zum Objekt der Ausbeutung. Ähnliches gilt für das Verhältnis der wirtschaftlichen Institutionen zur gesamten oder transnationalen Gesellschaft. Die Moral ist nun einmal als ein Mehrebenensystem zu verstehen, bei dem Regelverstöße um so gravierender sind, je weiter oben sie stattfinden, während es auf der unteren Ebene mehr Korrektur- oder Substitutionsmöglichkeiten gibt.

Es ist keine Frage, daß ein auf lange Frist entwicklungsfähiger, Wohlstand für viele verheißender und ein die negativen ökologischen Externalitäten vermeidender Markt MORALISCH HÖHER zu bewerten ist; niedriger einzustufen ist ein unproduktiver und intransparenter Konsummarkt im Sinne eines bloßen Bazar-Kapitalismus und zentralwirtschaftlich dirigierter, in Wirklichkeit aber gespaltener Märkte. Um dies gerade im Zusammenhang des Marktes und der Marktwirtschaft richtig werten zu können, bedarf es des Begriffes einer „dynamischen Ökonomie", die folgerichtig im Rahmen einer „System-Ethik" begrifflich zu entwickeln und empirisch zu realisieren ist. Die NEOKLASSISCHE NATIONALÖKONOMIE stellt den Markt – enger oder weiter gefaßt – als ein geschlossenes Gleichgewichtssystem dar, in dem dafür vorgesehene Agenten vor sich wiederholenden Problemsituationen stehen, die sie nach gleichbleibenden Kriterien und einer feststehenden Präferenzskala zu optimieren versuchen (Foss 1994: 30).

Diese Auffassung ist unrealistisch und eliminiert die entscheidenden wirtschaftspolitischen und ethischen Probleme völlig. In Wirklichkeit weiß jeder, daß es kein Gleichgewicht und keine Stabilität gibt – diese werden erst *post festum* unterstellt oder in Frage gestellt –; vielmehr ist der Marktprozeß gekennzeichnet durch fortlaufende Fluktuationen und Zyklen, durch Marktexpansionen und -zusammenbrüche, die hervorgerufen werden durch Versuch und Irrtum, durch die Einführung von Innovationen, durch Fusionen und Monopolbildungen, durch Fehleinschätzungen und kollektive Massenphänomene. Der Markt ist in diesem Sinn etwas großspurig als „offenes ökonomisches Universum" zu definieren, das weder als deterministisches System aus sich selbst reagiert noch von intentionalen Akteuren im System oder von außen gesteuert werden kann. Der Marktprozeß ist eher ein kollektiver synergetischer Prozeß, in dem wechselnde Populationen von Marktteilnehmern mit wechselnden Populationen von Marktgütern und Innovationen operieren, ohne das Gesamtergebnis voraussehen zu können (Nelson/Winter 1989). Zu einer wirklich „dynamischen Disziplin" wird die Wirtschaftsethik erst, wenn man von einem dynamischen und offenen Wirtschaftsprozeß ausgeht und auch Abstand nimmt von der Zielsetzung einer „relativen Stabilität".[17]

Die Dynamik des Marktes ist nicht allein auf den WETTBEWERB zurückzuführen – wie ein altes liberalistisches Credo besagt. Die Lobpreisung des freien Wettbewerbs, wie sie gegenwärtig durch den neuen Wirtschaftsliberalismus in der westlichen Hemisphäre deklamiert wird, ist gelegentlich ausgesprochen kontraproduktiv – und bringt z.B. in der Konkurrenz mit den ostasiatischen Ländern viele Nachteile (Krugman 1994): Erstens wären die Kooperationsvorteile nicht nur wirtschaftlich weit größer, vor allem kann so der Ansatz zu einer friedlichen Weltordnung gefunden werden. Zweitens führt diese Konkurrenz-Ethik nicht über eine dyadische Ethik der Reziprozität hinaus – „Wie du mir, so ich dir"; es gibt keine Vorstellungen von Kooperation oder gar Hilfe, Gerechtigkeit und Solidarität. Drittens bedeutet Wettbewerb nicht notwendigerweise auch Entwicklung; zwar gibt es gelegentlich spezielle Entwicklungskonzepte der einzelnen Akteure, aber die bleiben im ganzen ethisch unverbindlich oder widersprüchlich. Es ist ja auch eine kollektive Katastrophe möglich. Nach Hayek aber führt die Gesamtentwicklung notwendigerweise zu einer Zunahme der „evolutionären Rationalität"; denn im Laufe des Selektionsprozesses werden die weniger innovativen, undemokratischen und hierarchischen Gesellschaften ausgeschieden oder entmachtet. Demgegenüber muß man zugeben, daß gerade die Vorhersagekraft des Evolutionsmodells besonders gering ist (Herrmann-Pillath 1994: 43). Für die nähere Zukunft gibt es einige ziemlich sichere Parameterwerte; doch je weiter wir in die Zukunft blicken, desto größer wird die Unsicherheit (Boulding 1981: 44). Für den Vertreter einer evolutionären Ökonomie gibt es daher auch keine andere Zielvorstellung – so vage sie sein mag – als die einer Steigerung des „evolutionären Potentials". Immerhin sind selbst aus diesem vage formulierten Prinzipien drei ethische Maximen abzuleiten:

1. Wirtschaftssysteme sind als UMWELTORIENTIERTE, ÖKOLOGISCHE SYSTEME, nicht als mechanische oder quasi-organische Systeme zu interpretieren. Wahrhaft „organische" Systeme sind ohnehin nicht durch den menschlichen Geist zu konstruieren, sondern besten- oder schlimmstenfalls zentralverwaltete planwirtschaftliche und lineare Systeme – ohne die theoretische Anerkennung wechselnder Grenzzyklen, konstitutiver Fluktuationen und notwendigerweise chaotischer Übergänge. Trotzdem macht

es einen Unterschied, ob das Marktsystem nach dem Idealbild eines organischen Systems oder eines ökologischen Systems organisiert ist. Im quasi-organischen System stimmt ein Teil auf den anderen, eine perfekt „kommunistische Gesellschaft" ist „eine Firma – ein Staat"; eine ökologische Gesellschaft ist gewissermaßen ein Staat mit mehreren und mitunter sehr unterschiedlichen, miteinander konkurrierenden Firmen, die sich an ihren jeweiligen Grenzbedingungen, nicht an einem ohnehin fiktiven zentralen Plan, orientieren. Die „Marktgesellschaft" mag höchst ungerecht sein – sie wird nach dem „Matthäusprinzip" regiert: wer hat, dem wird gegeben –, doch sie ist innovativ und entwicklungsfähig; und sie hat den Vorteil, sich an den realen, kognitiv oft gar nicht voll erfaßten Umweltbedingungen zu orientieren. Ethisch gesehen hat eine solche Marktgesellschaft den Vorzug, daß sie die Autonomie des Individuums wie die Subsidiarität der Gesellschaft erfordert.

2. Eine Wirtschaft ist nach ihren zwei Hauptkomponenten PRODUKTION und DISTRIBUTION zu beurteilen, so auch eine genuine Wirtschaftsethik. Eine lediglich an der Distribution orientierte Wirtschaftsethik mag wohlgemeint sein; aber sie ist unrealistisch und wirtschaftlich kontraproduktiv und ethisch sogar auch verantwortungslos; denn die Faktoren der Distribution lauten „Land", „Kapital" und heute – unter den Bedingungen einer Massenarbeitslosigkeit – auch „Arbeit". Die Faktoren einer modernen Produktion jedoch sind „Wissen", „Energie" und „Rohstoffe" (Boulding 1981: 27 f.). Eine Ethik aber, die sich auf die Distributionsseite konzentriert, setzt zu spät an: Sie will die Ernte verteilen, bevor sie gesät hat. Voraussetzung ist aber die Produktionsseite, nicht allein ihr Volumen und ihre Verteilung, sondern in moralischer Hinsicht vor allem ihre Motivierung und die Förderung des persönlichen wie kollektiven Entwicklungspotentials. Gegenstand einer Wirtschaftsethik ist dann nicht in erster Linie der Output oder Input einer Wirtschaft, sondern die institutionelle Infrastruktur – wie die Sicherung des Rechtsfriedens, die Sozialbindung des privaten Eigentums, die Stabilität des Kapitalmarktes, die Pflege des Humankapitals, die Möglichkeit von Versuch und Irrtum (Boettke 1994: 94 ff.).

3. Der Wirtschaftsprozeß – wie produktiv oder destruktiv immer er aussehen mag – ist ein Prozeß der „KO-EVOLUTION": der Verbindung von materiellen und geistigen, von naturalen und kulturellen Faktoren. Der Markt ist keine rein materielle Gegebenheit, sondern eine kulturelle Schöpfung

und eine soziale Institution. Mithin ist der Markt durch politische und rechtliche Anstrengungen zu modifizieren; er beruht auf einem gemeinsamen kulturellen Einverständnis; und es gibt verschiedene Marktformen und Marktpraktiken, die nicht auf einen generellen Nenner zu bringen sind. Die Ethik des Marktes kann weder materialistisch noch idealistisch sein, weder christlich noch unchristlich, weder rein liberalistisch noch sozialistisch. Der Markt entsteht nicht von selbst, und er lenkt sich nicht von selbst, und vor allem: Er wird nicht allein durch die „klassischen" Faktoren „Land", „Kapital" und „Arbeit" bestimmt – „Management", „technische Innovation", „Unternehmenskultur" und „Image" sind mindestens ebenso wichtig. Der „Markt" ist eine fiktive Abstraktion, die „Gesetze des Marktes" sind normative Vorstellungen. Der Marktprozeß ist ein offener Prozeß, der in verschiedenen Sektoren und Regionen einen unterschiedlichen Ausgang nehmen mag. Die Hoffnung auf eine „konvergente Evolution" – d.h., das Maß und die Standardisierung der Information nehmen zu, die physischen und ökologischen Grenzen der Evolution werden respektiert – bleibt eine politische Hoffnung; die ethischen Ansprüche, die die Realisierung dieser Hoffnung stellt, sind immens – im Unterschied allerdings zur sozialistischen Planwirtschaft, die geglaubt hat, ethische Dilemmas ein für allemal ausschließen zu können.

Das Pendant zum Markt, das idealtypisch gesehen ausschließlich von den Konsumenten, ihren Bedürfnissen, ihren Wünschen und ihrer Zahlungsfähigkeit bestimmt wird, sind die UNTERNEHMEN, die für diesen Markt produzieren bzw. ihn im wesentlichen erst schaffen müssen. Die Unternehmensethik müßte insofern ein Spiegelbild der Marktethik und ein Teil der allgemeinen Wirtschaftsethik sein. Unter diesen Anforderungen einer allgemeinen Wirtschafts- oder Marktethik kann es daher nicht allein um ethisches Verhalten IN den Unternehmen gehen, sondern es geht um eine genuine Unternehmensethik (Trundle 1989: 261), also um eine Ethik DES unternehmerischen Verhaltens in der nationalen und transnationalen Wirtschaft, auch gegenüber Staat, Technologie und Kultur.

Prinzipiell geht es um den gesamten Einflußbereich und um alle Bezugsquellen der Unternehmen; die Behauptung, daß allein das klassische Marktmodell gelte, also das Unternehmen angesichts der „Marktzwänge" gar keine Entscheidungen zu treffen hätte, ist sicherlich falsch. Erstens ist die Wirtschaft auf der Erzeuger- wie der Verteiler- und der Verbraucherseite von oligopolistischen Marktstrukturen durchzogen oder strukturiert

(Gerum 1992: 259). Zweitens gibt es selbst bei einem ausgereizten und transparenten Markt die Möglichkeit und Notwendigkeit von Produktmodifikationen und echten Innovationen, die die bisherige Produktpalette – und damit auch die alten Konsumgewohnheiten – von Grund auf ändern können. Außerdem ändert sich ohnehin dauernd die Population der Unternehmen wie auch der Haushalte. Neue Unternehmen werden gegründet, andere scheiden aus; während die einen Konsumenten abgesättigt sind oder altern, erschließen sich neue Verbraucherkreise, neue Wirtschaftsregionen und Kapitalquellen. Es ist in der Regel nicht zu sagen, unter welchen Strukturbedingungen der auf dem Unternehmer lastende Entscheidungsdruck größer ist: unter oligopolistischen Strukturen oder unter den so gerne propagierten „reinen" Marktbedingungen. Festzustellen ist, daß die von den Unternehmen akzeptierten Bindungen und Verpflichtungen von Unternehmensgruppe zu Unternehmensgruppe, aber auch von Land zu Land, höchst unterschiedlich sind. Während sich z.B. die amerikanische Unternehmensethik lange Zeit auf das bloße Geschäftsgebaren – „business ethics" – oder eine bloße „Managementethik" beschränkt hat, ist in Deutschland die Sozialpflichtigkeit der Unternehmen – ihre Bindung an die soziale Marktwirtschaft und ihre Institutionen – von Anfang an unumstritten (Steinmann/Löhr 1992: 46). Ob die Unternehmensethik darüber hinaus noch einen „speziellen Beitrag zur Sicherung des inneren Friedens" leisten kann, wie sie vorgibt, bleibt angesichts der multinationalen Unternehmen und ihrer Konkurrenz sowie des hohen Grades von Arbeitslosigkeit allerdings fraglich.

Klar ist inzwischen für alle, daß die Unternehmensethik keine nur KORPORATIVE ETHIK auf der Mesoebene der speziellen sekundären Institutionen oder juristischen Personen sein kann, sondern daß sie ihre unabweisbaren makro- und mikropolitischen Komponenten hat. Eine rein korporative Ethik wäre eine Ethik, die sich ganz auf die Binnenorganisation der Unternehmen, auf die Führungsstruktur und die Aktivierung ihres Personals, gegebenenfalls auf die Beziehungen zu einzelnen anderen Unternehmen beschränkt (French 1992: 326). Zugleich ist aber auch deutlich, daß sie auf die Abwehr „von außen" kommender Ansprüche ausgerichtet ist, sei es der Staat, sei es die Gesellschaft; vielmehr begründen die Unternehmen ihre Autonomie auf die wechselseitige Anerkennung, obwohl diese oft im Konflikt endet und sogar die Gerichte beschäftigt. Die legale Grundlage der Korporationen sind VERTRÄGE innerhalb der

Unternehmen, wie z. B. Arbeitsverträge und Kooperationsverträge zwischen ihnen. Tatsächlich aber werden nicht selten Verträge vermieden und durch Absprachen, Vereinbarungen oder stillschweigende Koordination ersetzt. Das Hauptproblem der korporativen Ethik wird meist erst im Zuschreibungsproblem lokalisiert, d. h., wie Entscheidungsträger in der Binnenstruktur mit ihren Entscheidungen und Nicht-Entscheidungen für intendierte und nichtintendierte Ereignisse im Umfeld haftbar gemacht werden können. Doch ist dieses Zuschreibungsproblem selbst im Falle der nicht-rationalisierbaren Entscheidungen bzw. nicht-intendierten Wirkungen in der Regel relativ leicht lösbar, insofern jede Korporation ein Organisations- und Verantwortungsablaufdiagramm aufweist, das durch Anerkennungsregeln untermauert ist (French 1992: 322 f.). Selbst wenn es zu Abstimmungsergebnissen kommt, die im nachhinein niemand gewollt hat, bleibt die korporative Entscheidung – unabhängig von internen Streitigkeiten über die Verantwortungszumessung – gültig: Sie kann sich schlimmstenfalls als Irrtum, als Fehler, oder als legal, aber illegitim oder als „unethisches Verhalten" erweisen – als ob es so etwas überhaupt geben könnte (Garrett 1989).

Wichtiger für das ethische Verhalten in seinem vollen Begriff ist die scheinbar metaphysische Frage, ob Korporationen nur AGGREGATE VON INDIVIDUEN oder gar nur von einzelnen „Führungskräften" sind, ob sie QUASI-PERSONEN eigener Art oder ob sie TeilKOLLEKTIVITÄTEN einer größeren „moralischen Gemeinschaft" im Sinne von Durkheim sind. Wenn man die Handlungen einer Korporation einzelnen Personen zuschreibt oder sie sogar als „sekundäre Handlungen" definiert, „die von primären Handlungen rationaler Erwachsener konstituiert werden" (Werhane 1992: 330), dann hat man nicht nur alle nicht-rationalen Handlungen und nicht-intendierten Wirkungen wegdefiniert, sondern auch die Komplexität der internen Organisations- und Entscheidungsstruktur – das genuin korporative Charakteristikum – verfehlt. Man wird kaum bestreiten können, daß es einen Prozeß der korporativen Sozialisation gibt, d. h., daß individuelles Handeln durch korporative Handlungsmuster zumindest verstärkt wird, vielleicht auch, daß Individuen gelegentlich eben als „Agenten" ihrer Organisation in Erscheinung treten. Nach der ersten Version ist jeder bloß für seinen „persönlichen" Bereich verantwortlich, insofern ein solcher überhaupt zu definieren ist; nach der zweiten Version übersieht man entweder die individuellen Handlungsalternativen, oder man verfällt dem Zynismus, daß es überhaupt keine korporativen Intentionen gebe, sondern daß diese doch nur die Intentionen der Direktoren oder Manager wären (French 1992: 322). Beide Konstruktionen – die Ableitung von sekundären aus primären Handlungen und die Agenten-These – sind ALIBIKONSTRUKTIONEN, die das Problem der Verknüpfung und der tatsächlichen Verantwortung umgehen. Die Frage, ob Personen primär seien und Korporationen sekundär, oder umgekehrt, ist soziologisch unsinnig; denn beide sind Teil der gleichen moralischen Gemeinschaft, der gleichen Kultur, der gleichen ökologischen Konstellation, der gleichen Kapitalverhältnisse, der gleichen Wirtschafts- und Unternehmensstruktur. So oft es auch bestritten wird, Korporationen sind etwas anderes als Individualaggregate oder Groß-Personen: Sie schließen bei aller Planmäßigkeit der organisatorischen Abläufe und auch der persönlichen Rekrutierung und Aufgabenzuschreibung dennoch eine Fülle von unbewußten und ungeplanten kollektiven Momenten in sich ein, die heute weit über den Nationalstaat hinausreichen. Entsprechend ist die Verantwortung der Unternehmen nicht eine rein korporative, sondern darüber hinaus eine kollektive.

Dies ist von den Korporationen – mit zunehmender Organisationsverflechtung und unter zunehmendem Druck der politischen Öffentlichkeit bzw. der Rechtsprechung – inzwischen wenigstens indirekt anerkannt worden. Man kann die „MORALISCHE REIFE" einer Korporation geradezu nach dem Grad des Bewußtseins definieren, daß die ökonomischen Zielsetzungen sich mit einer „sozialen Mission" oder „gesellschaftlichen Verpflichtung" verbinden müssen (Reidenbach/Robin 1991: 274ff.). Ohne Zweifel stehen die meisten Manager, trotz anderslautender Lippenbekenntnisse, noch auf der untersten Stufe der Pyramide: Sie sind schlicht „AMORALISCH" in dem Sinn, daß sie unter allen Umständen – unter Vernachlässigung der Produktqualität, des Service, unter Aufgabe von Arbeitsplätzen oder durch Umwelt- und Sozialdumping – Gewinne maximieren, Marktanteile vergrößern und die Produktion rationalisieren wollen. Selbst staatliche und rechtliche Sanktionen werden hier als bloße Zusatzkosten verbucht. Die erste Stufe einer „moralischen Korporation" beginnt aber mit der „LEGALISTISCHEN KORPORATION", die sich wohl an den Buchstaben des Gesetzes hält, ohne seinem Geist zu folgen. Die moralischen Werte werden hier vom Staat gesetzt; die Korporationen befolgen sie in erster Linie, um Kosten zu vermeiden und ihren öffentlichen Ruf zu wahren. Immerhin wird hier schon ein juristischer Stab eingesetzt, der die Gesetze und Vorschriften zur

Kenntnis nimmt, der allerdings auch dazu mißbraucht werden kann, Vorschriften zu umgehen und Gesetzeslücken zu finden und zu nutzen. Erst der darauf folgenden zweiten Stufe könnte man den Namen einer „VERANTWORTLICHEN KORPORATION" zuerkennen, insofern sie die Gesetze und Vorschriften zwar für eine Belastung hält, sie jedoch als legitim anerkennt. Mit zunehmender Durchsetzung der Normen sind sozial nicht akzeptierte Produkte ja auch bald nicht mehr marktfähig – so kann Gesetzestreue auch ihre Zinsen bringen. Auf der dritten Stufe wird selten genug eine im Ansatz „ETHISCHE ORGANISATION" erreicht, wenn gleichsam ein sozialer Kontrakt zwischen Geschäftswelt und Gesellschaft anerkannt wird. Die vielfach zu Reklamezwecken genutzten „Verhaltenskodizes" werden nun erst mit Leben erfüllt. Allerdings bleiben die Wertsetzungen der Firma *ad hoc* und inkohärent. Das Spitzenmanagement ist um die Erfüllung der Wertsetzungen bemüht, verfügt aber noch nicht über das notwendige Instrumentarium. Erst mit einem kohärenten Wertprogramm, mit der Schaffung eines entsprechenden Arbeitsstabes und mit der Schulung des Linienpersonals wäre die Stufe einer entwickelten „ethischen Organisation" erreicht. Das heißt nicht, daß nun keine ethischen Entscheidungsprobleme mehr auftauchen: Nun erst werden sie wirklich akut, denn die Spannungen zwischen Firmeninteresse und den Zielen der personellen und gesellschaftlichen Entwicklung bleiben bestehen.

Nun ist klar, daß dieses an Lawrence Kohlberg (1981) orientierte Schema die tatsächliche Organisationsentwicklung der meisten Korporationen nur sehr beschränkt wiedergeben kann. Denn im Gegensatz zur Individualentwicklung kann eine Organisationsentwicklung praktisch auf jeder Stufe beginnen. Eine Korporation, die aus sehr unterschiedlichen Teilbetrieben besteht, wird nebeneinander verschiedene Stadien realisieren. Die moralische Entwicklung einer Korporation hängt von der Gesetzes- wie von der Marktlage ab, und sie kann so auch im Laufe der Zeit beträchtlich schwanken. Trotzdem ist dieses Modell gut geeignet, eine plausible VERBINDUNG zwischen der korporativen Mesoebene und der gesellschaftlichen Makroebene einschließlich ihrer Rückkopplung zur personellen Entwicklung auf der Mikroebene herzustellen. Unstritig bleibt in der korporativen Ethik wie in jeder Gesellschaftsethik die Bedeutung des Individuums bzw. der sozial verantwortlichen Person, erstens in ihrer Funktion oder ihrem Amt, zweitens für den überblickbaren Bereich ihrer persönlichen Beziehungen in der größeren Gemeinschaft. Diese zweite

Funktion ist prinzipiell nicht weniger wichtig als die erste; doch aus der Ökonomie unserer Sozialbeziehungen und der Beschränktheit unseres Wissens ergibt sich, daß diese zweite Verpflichtung gewöhnlich mit geringerer Intensität wahrgenommen wird. Eine prinzipielle ethische Rechtfertigung gibt es dafür allerdings nicht.[18]

Zur MIKROEBENE gehören nicht allein die Individuen als abstrakte Einheiten, sondern auch deren Sozialisation – also ihre Motivationen, ihre persönlichen Wertsetzungen und Bindungen, das Verhältnis von persönlicher und sozialer Identität – für die schließlich in gleicher, wenn auch komplexerer Weise ebenso Verantwortung zu übernehmen ist wie für die unmittelbaren Entscheidungen. Wenn man dieser Verantwortung nicht immer oder nur zum Teil gerecht werden kann, ist das keine Rechtfertigung, sie völlig zurückzuweisen. Ethische Argumentationen und Forderungen auf der Mikroebene können allerdings auch leicht zur Manipulation der Betriebsangehörigen mißbraucht werden, wenn nicht ein Verhältnis der wechselseitigen INTERDEPENDENZ zwischen Vorgesetzten und Untergebenen, zwischen den Kollegen oder zwischen Betriebsleitung und Belegschaft besteht oder hergestellt werden kann (P. Drucker 1981: 30 ff.). Ohne diese Voraussetzung nützen Verhaltenskodizes auf Anschlagtafeln oder in Konzernzeitschriften wenig: Die Ethik ist dann eine schicke Methode der Eigenpropaganda oder der Verschleierung wahrer Absichten. In der katholischen Soziallehre (Sethi/Steidlmeier 1993: 903 f.) wird umgekehrt die politische Ökonomie als ein Mittel zum Zwecke der vollen personalen Entwicklung auf der individuellen, der intermediären institutionellen und der gesellschaftlichen Ebene aufgefaßt. Unterentwickelt ist aber in allen Unternehmen die makroökonomische und gesamtgesellschaftliche Ebene, die entweder in idealistischen oder auch materialistischen Abstraktionen untergeht oder auf andere Institutionen – wie auf ein selbstreferentielles und prozedurales Recht oder die politische Öffentlichkeit – abgeschoben wird. Man kann sogar den Spieß umdrehen und den Wirtschaftsvertrag bzw. die Unternehmensethik zynischerweise als „eine ethische Kompensation des Staatsversagens" interpretieren (Kersting 1994: 355), ein Dienst an den Unternehmen ist es nicht.

Was den Unternehmensethiken auf der MAKROEBENE gemeinsam zu sein scheint, das ist erstens eine Reduktion der Probleme auf „Entscheidungsprobleme", weniger schon auf praktische Handlungen, und so gut wie gar nicht auf Wirkungen und Nebenfolgen. Wenn zweitens die Ethik als

„Frühwarnsystem" für die Firma verstanden wird (Gerum 1992: 260), dann geht trotz aller „Mitbestimmung", „Ethikkommissionen" und „Sozialbilanzen" jeder ethische Charakter verloren, auch wenn dieses Verhalten als „ethische Sensibilität" gepriesen wird. Drittens scheint man sich selbst auf der Makroebene meist um Distributionsprobleme zu kümmern – ohne die große Bedeutung der Produktionsbedingungen und der Innovation, damit aber auch des „Humankapitals" und der staatlichen Infrastruktur für Gesundheit, Ausbildung und Sozialversicherung zu sehen. Die entscheidende Aufgabe wäre heute jedoch, das Gefühl für eine KOLLEKTIV-SYSTEMISCHE Verantwortung zu wecken und die entsprechenden Stützinstitutionen zu schaffen. Den „kollektiven" Horizont erreicht eine Wirtschaftsethik erst jenseits der korporativen Verantwortungszuschreibung – nämlich gerade dann, wenn juristisch unzuschreibbare Synergieeffekte in den Wirkungen auftreten und diese auch nicht nur als legitime, sondern als vordringlich zu lösende Probleme anerkannt werden.

„Systemisch" wird eine Wirtschaftsethik, wenn die Rückkopplung der Ebenen berücksichtigt wird und der Systembezug Priorität vor dem durchaus legitimen Akteurbezug erhält. Am deutlichsten werden die neuen Erfordernisse einer glaubhaften Wirtschaftsethik bei den multinationalen Unternehmen, die sich gerade nicht mehr fragen können, ob sie sich „an die Ethik ihres Mutterlandes, an die ihres Gastlandes, an beide, oder an keine von beiden" halten sollen (so jedoch: DeGeorge 1992: 314). Diese Frage stellt die Möglichkeit und den Wert einer Wirtschaftsethik selbst in Frage und ist somit selbst schon „unethisch". Positiv gewendet: In dieser Frage scheint das unverzichtbare DEONTISCHE Moment jeder Wirtschaftsethik auf, die eben nur teilweise UTILITARISTISCH oder umgekehrt auch FUNDAMENTALISTISCH zu formulieren ist. Im Prinzip gilt das gleiche wie für die multinationalen Firmen natürlich auch für alle marktorientierten Institutionen, genauso wie für die immer noch als Nationalstaaten gedachten Staaten, die alle zusammen ihre Legitimität ja doch nur erhalten können, wenn sie sich für eine gemeinsame Weltentwicklung und für mehr soziale Gerechtigkeit einsetzen.[19]

5. Kommunitarische Revisionen

Obwohl der akademische Streit geeignet ist, die weltanschaulichen und metatheoretischen Grundlagen des Kommunitarismus zu erhellen, geht er mit dem Thema – ob der Kommunitarismus vornehmlich als Gegenposition zum Liberalismus oder zum Korporatismus zu verstehen ist, ob er einen Ersatz-Sozialismus oder gar eine Flucht in das Mittelalter darstellt – an der Frage vorbei, wie in Zukunft die Institutionen zu gestalten seien, was die wichtigsten Trägerinstitutionen, was ihre Architektur und Dynamik sein sollen oder wie die Verantwortung zu verteilen ist. Hier aber interessieren nicht diese Disputationen, sondern die Konstitutionsbedingungen eines NEUEN INSTITUTIONENVERSTÄNDNISSES und seine möglichen Entwicklungslinien. Diese sind besser aus der empirisch orientierten soziologischen, politologischen und ökonomischen bzw. wirtschaftshistorischen Literatur zu erschließen. Für die Definition eines gesellschaftlich verantwortlichen Kommunitarismus – „responsive communitarism" – steht die Formel, die Amitai Etzioni (1995: 13) zum Abschluß eines fruchtlosen Streits vorgeschlagen hat: KOMMUNITARISMUS ist eine politische Weltanschauung und eine gesellschaftliche Organisationsform, in der vorausgesetzt werden kann, erstens, daß alle Individuen Mitglieder einer moralischen Gemeinschaft sind; zweitens, daß sie deshalb alle – bei allem möglichen Eigennutz – eine genuin moralische Verpflichtung gegenüber der Gemeinschaft und ihren Kollektivgütern, ihrer Kultur, ihren Werten und Normen tragen; drittens, daß es aber weder möglich noch wünschbar noch ethisch zu rechtfertigen ist, die Identitäten, Energien und Bindungen der Individuen völlig den sozialen Belangen unterzuordnen.

Die Gemeinschaft ist ein BEZUGSRAHMEN diverser Aktivitäten und autonomer, persönlich zu verantwortender Entscheidungen (Selznick 1995: 33). Der antinomische Gegensatz zwischen „Individuum" und „Gemeinschaft" ist eine lebensfremde und gedankenlose akademische Fiktion; in Wirklichkeit sind die individuellen Personen immer schon „sozial eingebettet", und die Gemeinschaft ist immer eine wenn auch oft komplexe Personengemeinschaft, die aus natürlichen und juristischen Personen besteht, zeitweise aber auch von nicht personifizierbaren Stimmungen und sozialen Bewegungen getragen ist.

Die verschiedenen THEORIERICHTUNGEN des Kommunitarismus – und damit seine Konstruktions- und Interpretationsprinzipien für alte und neue Institutionen – lassen sich nach zwei Dimensionen ordnen: 1. nach ihrer mehr individualistischen oder kollektivistischen Akzentsetzung, 2. nach ihrer Tendenz zum Universalismus oder Kontextualismus (Forst 1993: 203 ff.). Dementsprechend sind vier Formen des Kommunitarismus zu unterscheiden: erstens ein KOLLEKTIVISTISCHER bzw. bei der sozialen Struktur ansetzender UNIVERSALISMUS, der deontische Aussagen für alle Kulturen und alle Sozialordnungen einschließlich der Personwerdung machen will (Etzioni 1988: 237–251); zweitens ein INDIVIDUALISTISCHER UNIVERSALISMUS, der negativ von der Inkommensurabilität der herrschenden Wertsysteme ausgeht, so daß anstelle einer allgemeinen Tugendethik ein ethischer Emotivismus übrigbleibt, der moralische Urteile bloß als Ausdruck der individuellen Situation oder Präferenz ansieht, ohne sie rational begründen zu können oder zu wollen (Ch. Taylor 1988; 1989). Positiv läßt sich die Inkommensurabilität deuten als Streben nach Authentizität und nach Dialogizität (Ch. Taylor 1993: 22 f.; 1995: 23). Nach Robert Bellah u. a. (1987: 284 ff.) liegt die Chance einer „neuen Sozialökologie" immer noch bei den Individuen, die über die kleinen Kreise von Familie und Freundschaft, von Gemeinde und Pfarrei durchaus eine Chance haben, eine neue Gesellschaft – bis hin zur Weltgemeinschaft – aufzubauen und sich dabei als sozial integre Individuen selbst zu verwirklichen.

Drittens gibt es einen KONTEXTUALISTISCHEN UNIVERSALISMUS, wie er besonders von Michael Walzer (1977: 53 f.; 1990: 24) vertreten wird; d. h., jede Gesellschaft mag ihr eigenes Moralsystem haben, und es hat nur Sinn, moralische Forderungen zu stellen, die von den Mitgliedern der verschiedenen Sphären einer Gesellschaft verstanden und tatsächlich realisiert werden können; dennoch gibt es einen „minimalen universalen Code", der zum einen im Respekt gegenüber der Person als Person besteht, zum andern in der Priorität der Integrität der Individuen vor der gemeinschaftlichen Integrität. Demgegenüber behauptet viertens der INDIVIDUALISTISCHE KONTEXTUALISMUS von MacIntyre (1984), daß es weder einen kontextübergreifenden „minimalen Moralcode" noch einen allgemeinen Begriff der „praktischen Vernunft" geben könne; was es gibt, sind „traditionsimmanente Moralbegriffe" oder Konventionen, die zwar gewöhnlich von jeder Kultur für allgemeingültig erklärt werden, aber insgesamt inkommensurabel und unvergleichbar sind. Eine Person kann immer nur die moralischen

Forderungen akzeptieren und erfüllen, durch die sie zu einer „ethischen Selbstfindung" kommen kann.

Allgemein ist festzustellen, daß alle Extrempositionen in letztlich unauflösbaren Widersprüchen und Paradoxien enden und daß wohl deshalb die Schärfe des Paradigmenstreits seit den achtziger Jahren erheblich nachgelassen hat. Insgesamt und im Zusammenhang gesehen eröffnen sich durchaus neue Perspektiven, die über die alte Institutionentheorie weit hinausgehen und geeignet sind, nicht nur die engen Gemeinschaften von Familie, Freundschaft, Gemeinde, Schule oder Pfarrei in einem neuen Licht zu sehen, sondern endlich auch die globalen Institutionen der multinationalen Firmen, der Staaten und Staatenbündnisse sowie schließlich selbst der Weltgemeinschaft, in einer pragmatischen und realistischen Weise zu erfassen. Der allein von Nutzen-Kosten-Erwägungen getragene FREIE MARKT sowie der von Pflicht und Allgemeinwohl bestimmte STAAT z. B. sind nützliche Fiktionen, solange sie nicht zu einem in sich geschlossenen und „autopoietischen" Quasi-Organismus reifiziert werden. Beide zusammen aber wären sinn- und zwecklos, wenn sie nicht von einer moralischen Gemeinschaft getragen würden, wenn sie nicht dem gesellschaftlichen Austausch und der Regulation der darin einbezogenen Institutionen und Gesellschaften dienten (Etzioni 1988: 244). Wer der Auffassung ist, daß durch die Prozesse des technologischen Wandels und der gesellschaftlichen Differenzierung bzw. Spezialisierung, durch die Individualisierung und geographische wie berufliche Mobilisierung der Bevölkerung usw. eine Erosion der moralischen Grundlagen stattgefunden habe bzw. daß von einer gemeinsamen moralischen Basis der postindustriellen Gesellschaften, der Schwellen- und Entwicklungsländer sowie der armen Länder ohne erkennbare Entwicklung schon gar nicht mehr zu sprechen sei, der müßte sich eben diesem Gemeinschaftsaspekt zuwenden.

Das MINIMALPRINZIP der kommunitaristischen Institutionalisierung ist das des gegenseitigen RESPEKTS und der wechselseitigen HILFE (Selznick 1995: 34). Obwohl die sozialen Beziehungen in postindustriellen Gesellschaften sehr komplex oder sehr abstrakt und dann eher kalt und reduktiv geworden sind, so sind selbst diese letzten Endes in PERSONENZENTRIERTEN BEZIEHUNGEN verankert und durch Sozialisationsprozesse in der Familie und in relativ engen lokalen Beziehungen geformt worden. Die Gefahr ist weniger, daß diese personenzentrierten Beziehungen verschwinden, als vielmehr, daß das Modell dieser Beziehungen – mangels sozialer Erfahrung oder wegen tiefenpsychologischer Übertragungsvorgänge – unmittelbar in diese komplexen Beziehungen hineinprojiziert wird, was dann zur sogenannten „Massengesellschaft" führt. Unabhängig von dieser Verankerung, die für einen jeden eine andere ist, haben auch die institutionellen und die makrosozialen Beziehungen ihre eigene kulturelle und historische Prägung, die wiederum den Möglichkeitsraum der Person bestimmt. Umgekehrt schließt jede persönliche Verantwortung eine prinzipielle KOLLEKTIVE VERANTWORTUNG – auch wenn diese im Moment unüberschaubar ist und dunkel bleiben sollte – mit ein. Entscheidend sind oft nicht die heroischen oder auch abgefeimten Einzelhandlungen, sondern das moralische Klima einer kleineren oder größeren Gemeinschaft, der Grad der sozialen Integration, die Rechtssicherheit, die Geltung des Prinzips von „Treu und Glauben".

In einer KOMPLEXEN GESELLSCHAFT jedoch gehören die Menschen mehreren Gemeinschaften zur gleichen Zeit an, sie kennen sich in sehr unterschiedlichen institutionellen Ordnungen aus, und sie orientieren sich positiv oder negativ an VIELEN BEZUGSGRUPPEN. Ebenso vielfältig und unterschiedlich sind Wertsetzungen und Wertbezüge. Ganz bestimmt orientieren sie sich in ihrem Handeln nicht an einer einzigen Wertsetzung und schon gar nicht an der an sich leeren Nutzenmaximierung (Etzioni 1988: 249); denn zu fragen wäre dann immer noch, was ein „Nutzen" wofür ist und auf welchen Zeithorizont er sich erstreckt, was ein Vergnügen ist und was ein sinnerfülltes Tun bedeutet. Wenn diese Multiplizität und Diversität anerkannt wird, dann kann für den Kommunitarismus nur eine „KOSMOPOLITISCHE DIVERSITÄT" (Selznick 1995: 34) gemeint sein; d.h., die Diversität darf sich nicht im Partikularismus und Lokalismus oder im modischen Szenenwechsel erschöpfen; damit würde das erste Prinzip der wechselseitigen Hilfe und der primordialen Gemeinschaftsverpflichtung verletzt, außerdem die Kontinuität der eigenen Personwerdung, die Treue gegenüber sich selbst und dem Nächsten in Frage gestellt. Dadurch würden schließlich gerade die wichtigsten Probleme einer Gemeinschaftsbildung ausgeklammert: Minoritäten, Flüchtlinge, Immigranten, Slumbildung, das Elend der unterentwickelten Gesellschaften. So müssen alle Institutionen heute letztlich auf eine umfassende WELTGEMEINSCHAFT ausgerichtet sein. Das gilt nicht allein für die neu zu schaffenden, ohnehin unter globalem Einfluß stehenden Institutionen, sondern ebenso für alte Institutionen, die ja schon längst ihre Funktion und Form verändert haben.

Ein grundlegendes Aufbauprinzip aller Institutionen bleibt bei allem Kosmopolitismus dennoch der FÖDERALISMUS oder die SUBSIDIARITÄT. Denn nach Auffassung des Kommunitarismus wird ein ethisches Verhalten nicht durch Moralpredigten erzeugt, sondern durch die Schaffung vieler Gelegenheiten zur Übernahme von Verantwortung (Selznick 1995: 36). So ist es das Beste – von der Familie und dem Kindergarten beginnend, über die Kommunen und Regionen bis hin zur Integration Europas oder auch bis zu globalen Militärbündnissen –, jeder Gemeinschaft die Aufgaben zu überlassen, die sie konsensual und effektiv selbst lösen kann, und erst dann von der übergeordneten Ebene her regulierend einzugreifen oder Mittel bereitzustellen, wo dies nicht zu erwarten ist. Effektivitätsverluste sind dabei um des Konsensgewinns willen in Kauf zu nehmen. Im Grunde erstrebt der Kommunitarismus eine „GEMEINSCHAFT VON GEMEINSCHAFTEN" (Pearson 1995: 45).[20]

Nach der Auffassung des Kommunitarismus – auch des individualistischen und kollektivistischen Universalismus – sind alle Institutionen mehr oder weniger KONTEXTUAL und PROZESSUAL zu denken. Der Kommunitarismus nimmt Abstand von abstrakten, situationslosen Prinzipien oder Rechten und Pflichten, weil die lebendigen Gemeinschaften aus verschiedenen Sphären bestehen, weil sie eine Vielfalt von Interessen vertreten und von untereinander konkurrierenden Werten bestimmt sind. Es gibt keine „reinen" Prinzipien, weil es keine homogenen und situationsunabhängigen Gemeinschaften gibt. Ja, man kann noch weitergehen: Wer seinen Prinzipien treu bleiben und wer sie wirklich erfüllen will, der tut gut daran, nicht bloß nach einem hehren Ideal oder nach großen Zwecken zu streben, sondern auch genau die Situation oder die Umwelt zu erforschen, in der er seinen Prinzipien Geltung verschaffen will. Wenn er das nicht tut, handelt er im Grunde verantwortungslos; er erweist sich dann als „Prinzipienreiter" oder als „Moralprediger". Der Kontext besteht nicht allein aus Gegebenheiten der unmittelbaren Nachbarschaft, nicht nur aus den Genossen, Gegnern und selbst-deklarierten „Betroffenen", sondern auch aus historischen Traditionen und den durch sie möglichen Zukunftsentwicklungen. Institutionen werden erst lebensfähig, wenn sie nicht nach einem starren Regelwerk ablaufen, sondern kontextuell flexibel und anpassungsfähig sind. Es ist nicht so gut, zukunftsfähige Institutionen „auf Felsen" zu bauen; die „weichen" und „halbfertigen" Institutionen sind vermutlich lebensfähiger, weil sie die ständige Anpassungsbereitschaft und Kooperation herausfordern. Außerdem geht es bei Institutionen um die Regelung von Prozessen, nicht um die Materialisation einer Idee in Gebäuden und Personal.

Mit der Adaptabilität der Institutionen muß schließlich auch die moralische ENTWICKLUNG DER PERSONEN korrespondieren. Individuen sind eben „sozial eingebettete Personen". Wenn von „Individualismus" und „Individualisierung" gesprochen wird, so wird rhetorisch auf die Ideale der Freiheit, der Selbstbestimmung und der rationalen Begründung abgehoben. Diese Seite der Personwerdung ist zweifellos für alle Institutionen von Bedeutung, die in der Regel auf eine Stärkung der zentripetalen Kräfte angelegt sind und gerade dann, wenn sie die Individualperson völlig absorbieren, unbeweglich und steril zu werden beginnen und damit ihre moralische Legitimation verlieren. Institutionen sollten so ausbalanciert sein, daß sie auf die sich wandelnden Wertsetzungen, die Ansichten und Kommunikationen ihrer Mitglieder reagieren und ihre Organisationsstruktur wie ihren Symbolismus entsprechend verändern können. Das sollte umgekehrt auch die Gemeinschaftsmitglieder an die Institutionen binden und sie dazu ermuntern, Verantwortung zu übernehmen. Diese Balance wird nie perfekt sein können; anpassungsfähige Institutionen zeichnen sich gerade dadurch aus, daß sie dieses Spannungsverhältnis ertragen oder fördern. Dies gilt umgekehrt auch für sozial ausgereifte Personen, die sich das Recht von „Abwanderung und Widerspruch" (A. O. Hirschman 1974) vorbehalten dürfen. Institutionen wie Personen sind durchaus nach ihrer Entwicklungsfähigkeit zu beurteilen und moralisch zu bewerten.

Diese Prinzipien gelten durch die ganze Palette der Institutionen hindurch (Etzioni 1997: 238–247, 273–278): Von der Familie, Schule, Pfarrei oder Sekte über die Firmen und Korporationen bis zu den Staaten und Staatenbündnissen und schließlich auch für eine allumfassende „Weltgemeinschaft". Großen Wert legt der Kommunitarismus auf die Institution FAMILIE, die heute nicht mehr als Großfamilie, auch nicht als komplette Kernfamilie, sondern nur noch als eine „auf das Wesentliche beschränkte Familie" – „essential family" – aufrechtzuerhalten bzw. zu erneuern ist.[21] Es ist unabdingbar, daß wenigstens EINE feste Bezugsperson sich um die Erziehung und Beaufsichtigung der Kinder kümmert, die nicht dem Fernsehen oder der Straße überlassen werden dürfen. Die Familie bietet die erste und grundlegende Erfahrung von Vertrauen und Wechselseitigkeit; wenn sie versagt, dann wird ein Domino-Effekt in allen folgenden Institutionen einsetzen, z. B. in der Schule, die mit emotional unentwickelten, leistungsunfähigen und -unwilligen Kindern scheitern muß. Kinderhorte, Kinderheime, Internate und andere staatliche oder private Sozialeinrichtungen können diese Funktion der Familie niemals ersetzen. Ebenso sieht der Kommunitarismus die Degradierung der amerikanischen HIGH-SCHOOL – ähnliches gilt aber auch für Westeuropa – nicht so sehr darin, daß ein erschreckender Teil der Schüler nicht mehr lesen und rechnen kann, daß viele Innenstadtschulen der Großstädte von Rauschgift und Gewalttätigkeit überflutet werden und allzu viele Lehrer sich „ausgebrannt" fühlen, sondern vor allem darin, daß die Schule ihrem Erziehungsauftrag nicht gerecht werden kann; d.h., daß die alles entschuldigende, nichts fordernde, nur Hedonismus und Egozentrik fördernde Pop-Psychologie in die Schule Einzug gehalten hat, daß die Lehrgegenstände und -methoden einem nicht zu begründenden Modewechsel unterworfen sind (Etzioni 1983: 134–153). Die erste Aufgabe jeder Art von Schule ist nach Auffassung des Kommunitarismus die Persönlichkeitsbildung, die sich hier an einem aufgabenbezogenen Lernen zu bewähren hat – und nicht in außerschulische Sozialveranstaltungen oder in den Freizeitbereich abgeschoben werden darf. Das aufgabenbezogene Lernen ist bereits als Vorbereitung für das spätere Berufsleben gedacht.

Deutliche Zeichen einer zunehmend kommunitarischen Gesinnung finden sich auch auf der Stufe des Berufslebens, und hier beispielhaft gerade in den nationalen und multinationalen GROSSUNTERNEHMEN. Während man früher der Theorie nach allein vom Kontrakt ausgegangen ist, von der Auffassung also, daß eine Industriefirma ausschließlich oder in erster Linie ein privates Unternehmen ist, so ist man nun bereit, ein berechtigtes öffentliches Interesse besonders an den großen Firmen zu akzeptieren bzw. selbst öffentliche Verantwortung zu übernehmen. In der kommunitarischen Perspektive ist ein Unternehmen ein öffentlicher Akteur und eine soziale Institution, die erst durch die Gewährung eines besonderen autoritativen Status in der Gesellschaft dank der Rechtsmittel des Staates effektiv werden kann. So hat die Gesellschaft ein berechtigtes Interesse, daß das Unternehmen in einer Weise handelt, die die Ziele und Normen der Gesellschaft unterstützt oder ihnen zumindest nicht entgegensteht (Preston 1995: 17). Die großen Unternehmen sind damit unter öffentlichen Druck geraten; eine kommunitaristische Politik ist hier nicht die schlechteste Lösung für die Unternehmen, da sie ihnen öffentliche Anerkennung verspricht, ohne sie ihrer Entscheidungsfreiheit und organisatorischen Autonomie zu berauben (Weidenbaum 1995: 10 ff.).

Dieser institutionelle Wandel stellt die Unternehmen nicht vor grundsätzlich neue moralische Ansprüche; er macht lediglich explizit, was implizit schon immer gegolten hat: daß nämlich vor den Aktionärsinteressen die Unternehmensinteressen rangieren und vor dem einzelnen Unternehmerinteresse die Interessen einer Branche oder der Gesamtwirtschaft und damit notwendigerweise der Gesellschaft insgesamt (Preston 1995: 20).

Auf den Langzeithorizont gesehen ist das auch das Beste für die Aktionäre selbst. Innerhalb der Unternehmen ist die Einsicht nicht mehr abzuweisen, daß Management und Aufsichtsrat in moralischer Hinsicht untrennbar verknüpft sind; die gewissermaßen rechtliche Trennung der Innenbeziehungen von den Außenbeziehungen und die Beauftragung zweier oder mehrerer Führungsgremien ändert nichts an der Tatsache der gemeinsamen Verantwortung: Sowohl die Manager als die Aufsichtsräte sind Treuhänder für all die zahlreichen und unterschiedlichen Interessen, die direkt oder indirekt mit dem Unternehmen verbunden sind. Wenn penetrant stets von „Aktionären" die Rede ist, so ist das nur als ein Kürzel für das überaus komplexe Beziehungsgeflecht zu verstehen, in das diese wiederum eingebunden sind. Es ist darüber hinaus gerade eines der Hauptkennzeichen moderner Korporationen, daß sie – direkt und indirekt – in einem komplexen System verbunden sind, das die Koordination VIELER Interessen und die Zusammenarbeit MEHRERER Unternehmen und Subunternehmen, Betriebe und Büros voraussetzt.[22]

Der Kommunitarismus bedauert nicht so sehr die Schwäche der globalen Beziehungen – diese verdichten sich ohnehin schon aus funktionalen Gründen –, sondern die der NATIONALEN Bindungen, die sich nicht notwendigerweise schwächen müßten, wenn die globalen Bindungen zunehmen: Im Gegenteil, es bedarf stärkerer nationaler Bande, wenn nicht die Staaten durch die Globalisierung zerrissen oder ausgehöhlt werden sollen. Das Heilmittel des Kommunitarismus ist allerdings nicht etwa der Nationalismus des 19. und 20. Jahrhunderts, sondern die Stärkung der REGIONEN und NETZWERKE – auch der interregionalen Beziehungen, ob sie sich nun innerhalb von Staatsgrenzen bewegen oder über sie hinausgehen (Etzioni 1983: 164 f., 1997: 296–310). Die Regionalisierung ist nicht dazu gedacht, die Staaten in Regionen aufzulösen; im Gegenteil, es sollen Mittel des regionalen Finanzausgleichs, eine gemeinsame Steuer- und Sozialpolitik usw. für eine angenäherte Gleichheit der Lebensverhältnisse sorgen – wobei unterschiedliche kulturelle, soziale, selbst landschaftliche und klimatische Prägungen nicht ausgeschlossen werden können und sollen. Um dem regionalen Zerfall vorzubeugen, ist es erforderlich, daß die alten Bürgertugenden und das allgemeine politische Interesse wieder gestärkt werden. Wenn dies den Parteien oder Interessengruppen und den Verwaltungen nicht mehr gelingt, so ist den sozialen Bewegungen und Referenden mehr Gewicht einzuräumen: Dann sind Bürgermeister und andere politische Repräsentanten direkt zu wählen, ebenfalls ist das Genossenschaftswesen wieder stärker zu fördern, und es ist auf Politiknetzwerke von relativ dauerhaften, jedoch nicht formal organisierten Kommunikations- und Kooperationsnetzwerken zwischen privaten Personen und Amtsträgern, zwischen Behörden und privaten Organisationen umzuschalten (Hettlage 1983: 207 ff.; Arnim 1993: 335 ff.; Benz 1996). Die grundlegende Voraussetzung aber bleibt, daß es gemeinsame Werte gibt, die nach Auffassung des Kommunitarismus bloß durch ein qualifiziertes öffentliches Schulwesen, durch eine überregionale Presse, durch öffentlich-rechtliche Rundfunk- und Fernsehanstalten und schließlich durch die allgemeine Wehrpflicht vermittelt und verstärkt werden können.[23]

Die Schlagzeilen der Presse und die Nachrichten des Fernsehens über Krieg und Verbrechen, über Katastrophen und massenhafte Verelendung lassen eigentlich nur Pessimismus und Verzweiflung zu und scheinen jeden der Lächerlichkeit preiszugeben, der von der „WELTGEMEINSCHAFT" redet und an eine kosmopolitische globale Moralität glaubt. Nach Meinung der Kommunitaristen wird sich – gerade wegen der Unhaltbarkeit der Zustände – der notwendige moralische Code jedoch schneller herausbilden, als die „Realisten" und die „Zyniker" glauben. Von einer Gemeinschaft – auch einer Weltgemeinschaft – ist zu sprechen, wenn es erstens eine Reihe von Grundwerten, d.h. auch von Interessen, Hoffnungen und Ängsten gibt, die von allen Mitgliedern geteilt werden, und wenn sich die Mitglieder im Grunde ihres Herzens dessen auch bewußt sind (O'Neill 1994: 139). Natürlich wird die Weltgemeinschaft nicht einheitlich oder nur wenig integriert sein können, die speziellen Interessen werden weiter divergieren: Doch als „pluralistische Gemeinschaft" sind sich die Mitglieder voll bewußt, daß sie alle „in demselben Boot" sitzen und daß es unverzichtbare gemeinsame Interessen gibt.

Der zweite Bedingungsfaktor für eine solche Gemeinschaft ist, daß die notwendigen Institutionen, Funktionsordnungen, Austauschbeziehungen und Kommunikationsmittel vorhanden sind oder mit Aussicht auf Erfolg geschaffen werden können; damit können die Mitglieder unter den Bedingungen des Rechtsfriedens, der relativen Autonomie und Freiheit, letztlich der Gerechtigkeit, kooperieren bzw. auch ihre Konflikte austragen (Mitlas 1990: 204).

Drittens muß eine Bereitschaft der Mitglieder bestehen, ihre politischen und sozialen Verpflichtungen zu erfüllen und sich zusammen für die Erreichung von Gemeinschaftsgütern einzusetzen. Was das Verhältnis zueinander betrifft, so ist die Weltgemeinschaft von den Prinzipien der Gerechtigkeit noch weit entfernt; immerhin gibt es gelegentlich schon Zeichen der Solidarität, und wer gegen die Prinzipien des wechselseitigen Respekts und der Fairneß verstößt, der begibt sich bereits heute ins Abseits. Die „moralische Gemeinschaft" ist letztlich eine geistige Gemeinschaft; sie entsteht nicht allein durch den Austausch von Gütern oder durch wohlgemeinte materielle Hilfsleistungen, sondern muß immer wieder durch historisch wechselnde und kulturell unterschiedlich akzentuierte Ideale und Vorbilder oder Leitbilder reorientiert werden.

Die kommunitaristische Institutionenethik kommt einer Solidaritäts- und Liebesethik am nächsten: Sie sucht die sozialen Bindungen zu stärken, Vertrauen zu schaffen, um eine langfristige Kooperation zu ermöglichen (Swanson 1992: 550). Doch schließt dies gewisse Gefahren des Gruppendenkens nicht aus. Amitai Etzioni (1995: 14) versucht deshalb in seinem Konzept der „responsive community", die kommunitaristischen Moralvorstellungen durch den Gedanken der PFLICHT für einen weiteren sozialen Horizont und für eine allumfassende Partizipation zu öffnen. Wenn einmal klar geworden ist, daß die Kategorien des „Nutzens" oder der „Effizienz" selbst eine Wertdimension einschließen – „Nutzen" wofür? „Effizienz" in welcher Hinsicht? –, dann können andererseits auch wieder utilitaristische Prinzipien in den Kommunitarismus einfließen, selbst wenn sie als sekundäre Leitlinien fungieren. Das Hauptmanko des Kommunitarismus scheint zu sein, daß er eine soziale WERTETHIK fordert, ohne eine WERTORDNUNG aufzeigen zu können. Die Werte stehen an oberster Stelle; sie definieren die Pflichten, die Ziele und die Mittel; und diese wiederum bilden die kontextuellen Rahmenbedingungen für Utilitäts- und Effizienzentscheidungen. Solch ein theoretischer Bezugsrahmen ist also ziemlich umfassend und anspruchsvoll. Aber was sind die Werte, in welcher systematischen Ordnung stehen sie? Sind es die konsensualen Werte dieser oder jener Gemeinschaft? Sind es einfach die Wertsetzungen von Majoritäten, die Minoritäten ins Abseits drängen und individuellen Wertentscheidungen den Boden entziehen? Etzioni wehrt diesen Vorwurf mit dem Verweis auf die amerikanische Verfassung und die konstitutionelle Demokratie ab. Dies dürfte aber nicht genügen, wenn es dem Kommunitarismus gerade um die Erneuerung der amerikanischen Verfassung und um demokratische Reformen geht.

In Verbindung mit einer unausgeführten Werttheorie ergibt sich leicht eine IDEALISIERUNG DER GEMEINSCHAFT, die auch eine Hölle von Kollusionen und Kollektivneurosen sein kann. Dies gilt gerade für sehr homogene und enge Gemeinschaften. Heterogene Gemeinschaften, die durch einen hohen Grad von geographischer, sozialer, politischer und Heirats-Mobilität bzw. durch mehr Liberalismus gekennzeichnet sind (Bounds 1995: 358), sind dagegen eher durch individuelles Statusstreben und wechselseitige Instrumentalisierung bedroht. Gerade die intimsten sozialen Beziehungen sind nicht selten durch überspannte Erwartungen und Ausbeutung sowie emotionale Erpressung gekennzeichnet (Pearson 1995: 46). Grundsätzlich ist es völlig undenkbar, daß Institutionen ohne Autorität, Gruppendruck und Sanktionsgewalt sowie auf der anderen Seite natürlich nicht ohne Zuwendung, Belohnung, Geborgenheit auskommen; wenn jeder jederzeit Widerspruch einlegen kann, besteht auch kein Anreiz oder Zwang, sein Leben so eng mit dem der aktuellen Gemeinschaft zu verbinden. Ferner ist nicht auszuschließen, daß der Zusammenhalt der Gemeinschaft zum nicht geringen Anteil auf der ABGRENZUNG gegen andere Gemeinschaften und Bezugsgruppen beruht. Der Gesamtzusammenhang der Gemeinschaften wäre dann eher als eine „Gemeinschaft von konkurrierenden Gemeinschaften" (Pearson 1995: 46) zu denken.

Die Gemeinschaft *per se* kann deshalb für den Kommunitarismus kein Blankoscheck für eine Institutionenbildung sein: Es kommt schon auf bestimmte GemeinschaftsQUALITÄTEN, wie z. B. Solidarität, Partizipationsbereitschaft, Toleranz oder Effizienz an, um ein bestimmtes Handeln moralisch zu rechtfertigen. Ein nicht zu unterschätzendes Dilemma besteht darin, daß eine Gemeinschaft – wenn sie gut integriert ist – sich leichter öffnen kann, dann aber auch eine dominante Stellung im Umfeld beansprucht, während der moralische Zusammenhalt der ursprünglichen Mitglieder sich lockert. Ist sie schlecht integriert, ist ein höherer moralischer

Druck erforderlich; der aber führt leicht zum Ausschluß von Minoritäten und zur moralischen Abgrenzung, wenn nicht sogar zur Feindschaft gegenüber anderen Gemeinschaften. Außerdem dürfte das Gemeinschaftsmodell der Institutionalisierung begrenzt sein auf Bereiche, wo wirklich eine „Vergemeinschaftung" möglich ist, etwa über Blutsverwandtschaft, Sprache, Kultur, räumliche Nähe oder große Kommunikationsdichte; dort aber, wo gerade einmal die arbeitsteiligen funktionalen Beziehungen einer „Vergesellschaftung" vorliegen, wie in industriellen Arbeitsverhältnissen und bei großer Mobilität, wie bei formalen Beziehungen, globalen Netzwerken und hochspezialisierten Funktionsverbänden, hat das kommunitaristische Modell wenig Aussicht auf Erfolg, oder es führt zu hypertrophen Gemeinschaften, z. B. völkischer oder fundamentalistischer Art.

Selbst dort, wo Vergemeinschaftung möglich ist, ist gerade dann, wenn eine Institution nicht adaptationsfähig ist und sich im Wandel befindet, der Konflikt um Status und Macht unausweichlich: Die Gemeinschaft ist stets eine „streitbare" und eine „erkämpfte" Gemeinschaft (Hardin 1995). Soziale und persönliche Identitäten sind nicht einfach vorgegeben, z. B. durch Geburt oder die genetische Ausstattung, sondern sie werden in einem PROZESS DER SOZIALISATION UND IDENTIFIKATION erworben. Diese Identifikation ist eine subjektive Tatsache, jedoch unter bestimmten objektiven Bedingungen. Ein Hauptgrund der Identifikation ist, daß wir uns mehr Vorteile von der Gruppe, Gemeinschaft oder Institution erwarten, als wir uns individuell selbst verschaffen könnten. Es geht hier nicht um distributive Güter, sondern mehr um positionale Güter. Wenn eine Wirtschaft im Aufschwung ist, schwächt sich der Kampf um distributive Güter ab; in schlechten Zeiten hingegen und bei einem unzureichend funktionierenden Markt werden Verteilungskonflikte selbst mit ethnischen und religiösen Identifikationen ausgetragen. Wenn der Staat oder die Politik, besonders in einer Zentralverwaltungswirtschaft, jedoch auch im Korporatismus, viele Stellen zu vergeben hat, dann führt der Kampf um diese Positionen notwendigerweise auch zur Ausschließung von Konkurrenten, wobei gerade die gröbsten und oberflächlichsten Identifikationen die nützlichsten sind. Wenn sich die Regierung so wenig wie möglich in die institutionelle Ordnung von Wirtschaft, Arbeitsorganisation, Gesundheitswesen, Schulwesen und Massenkommunikation einmischt, kann die Ungleichheit zwischen den Individuen sehr groß sein, doch die zwischen den konstitutiven Gemeinschaften wird sich verkleinern. Wenn sich der Kommunitarismus diesem Mechanismus von Identifikation und Exklusion nicht ausliefern will, kommt er ohne eine gute Portion UNIVERSALISMUS nicht aus. Allerdings hat er darin recht, daß dieser Universalismus nicht abstraktiv-deduktiv zu gewinnen ist. Immer wieder zeigt sich, daß oft leidvoll erprobte und eingefahrene Verfahren der Konfliktregelung tragfähiger sind als nicht sanktionsbewehrte Normen des Völkerrechts. Am Ende sind es oft die durch Kriege und schwere Konflikte gegangenen Regionen wie Teile Europas oder der USA, die zu Vorbildern der Kooperation und institutionellen Ordnung werden (Reese-Schäfer 1994: 174).

Trotz der unvollkommenen Lösung der theoretischen Widersprüche oder Probleme – und trotz der gelegentlich sektiererischen Selbstabgrenzung der kommunitarischen Sozialkörperschaften gegenüber einer demoralisierten sozialen Umwelt – bildet der Kommunitarismus eine große Hoffnung in ethischer wie in sozialorganisatorischer Hinsicht, insoweit er versucht, Polaritäten wie Staat und Markt, Wert und Funktion, Deontik und Utilitarismus, Universalismus und Kontextualismus, ein starkes Individuum mit einer globalen Gemeinschaft usw. systematisch miteinander zu verbinden. Soweit ihm das bereits ansatzweise gelingt, ist der Kommunitarismus von modellhafter Bedeutung für alle neuen Institutionen – oder für die neuen Ansprüche an alte Institutionen –, die alle mit einem schnellen dynamischen Wandel der Umwelt bzw. mit einer Vielfalt von oft höchst unterschiedlichen und weitgespannten Relationen zurechtkommen müssen und so einen hohen Grad der Flexibilität und Adaptationsfähigkeit erfordern. Daß dies gelingt, ist von existentieller Bedeutung gerade für eine GLOBALE INSTITUTIONELLE ORDNUNG, ob diese nun über eine internationale Kooperation der Demokratien, über die UNO, über die Vervielfachung der funktionalen Regime oder einfach über die Etablierung einer neuen geopolitischen Ordnung erreicht werden soll. Der Kommunitarismus scheint bislang fast den einzigen Weg aufzuzeigen, der ohne Zivilisationsbruch und Kulturkampf, ohne eine globale Erzwingungsgewalt und Massenvernichtung zu einer friedlichen und entwicklungsfähigen Weltordnung führen kann.

IV. Weltordnung und Weltethik

1. Die Moral der UNO und die Menschenrechte

Obwohl manche in der UNO die Garantin einer globalen Sicherheitsordnung oder eine Form der Weltpolizei sehen, wenn nicht gar den Kern einer Weltregierung (G. Kümmel 1994: 163), so kann sie nicht einmal die Funktionen einer globalen IGO – international governmental organization – erfüllen. Nach den Designprinzipien des „Aktualismus" und der schrittweisen „Melioration", des „ethischen Pragmatismus" und der „konditionalen Kooperation" sowie nach den Prinzipien der „dynamischen Offenheit" bzw. der „Selbstorganisation" wäre nicht schwer vorherzusagen gewesen, daß die UNO als Modell einer Weltorganisation mit dem Anspruch einer der „Gerechtigkeit" verpflichteten Organisation zum Scheitern verurteilt ist: Ausgerichtet allein auf das Prinzip der „Universalität", das lediglich *a priori* postuliert wurde, blieb die UNO das Beispiel einer Prinzipienschmiede ohne realistische organisatorische Verankerung. Schon die beiden Apriori-Prinzipien – einerseits die exklusive Anerkennung des NATIONALSTAATS als Konstitutionsprinzip, andererseits des INDIVIDUUMS als eines „Weltbürgers" mit seinen „Menschenrechten" – sind logisch widersprüchlich und unvereinbar.

Entscheidend ist nicht allein die logische Vereinbarkeit von apriorischen Prinzipien, sondern ihre Operationalisierbarkeit und schrittweise Realisation. Was aber das Nationalstaatsprinzip betrifft, so ist es historisch eng begrenzt; d.h. auch, daß einige Mitgliedstaaten das Nationalstaatsprinzip – jedenfalls als alleingültiges Legitimations- und Organisationsprinzip – längst hinter sich gelassen haben, während andere dieses Ziel nie erreichen werden. Ebenso gibt es keine Definition der Menschenrechte, die gerade unter dem gegenwärtigen Anspruch des Multikulturalismus *de facto* als allgemeingültig anerkannt und konstant gesetzt werden könnte. So hat die UNO – trotz einer bemerkenswerten personellen Ausweitung und organisatorischen Entfaltung und trotz einer sehr abwechslungsreichen Instrumentalisierung durch verschiedene Nationalstaaten, Wirtschaftsblöcke oder andere internationale Organisationen – in den letzten 45 Jahren politisch kaum an Boden gewonnen. Im Gegenteil muß man feststellen, daß sie sich durch ihre eigenen Aktionen – gerade dort, wo sie am ehrgeizigsten waren, z.B. in der Friedenserhaltung – selbst zunehmend delegitimiert hat und daß sie einen großen bürokratischen Apparat darstellt.

Dieser appelliert zwar dauernd an die öffentliche Meinung und an das „Weltgewissen", in Wirklichkeit aber vollzieht er doch nur den geopolitischen Willen ihrer führenden Mitglieder (R. Falk 1995: 628).

Obwohl oder gerade weil die Geschichte der UNO bestimmt ist durch zyklische Fluktuationen zwischen Erstarrung und exzessivem Aktivismus, zwischen bürokratischer Selbstgenügsamkeit und einem utopischen Internationalismus (Fromuth 1993: 355), kann sie nicht Träger der „Neuen Weltordnung" nach dem „Kalten Krieg" sein – so wenig wie sie den „Kalten Krieg" selbst zu beeinflussen imstande war. Die Organisationshemmnisse liegen schon in der Konstruktion der UNO selbst, und sie werden durch die veränderten globalen Entwicklungen noch verschärft (Roberts 1993: 5 f.). Die in den Wind geschriebene „Agenda für den Frieden" eines zu neuer Aktivität erwachten Generalsekretärs (Boutros-Ghali 1992) änderte daran nichts: Sie macht die Widersprüche des Organisationsdesigns bloß noch deutlicher als vorher. Zweifellos wäre die UNO mehr denn je gefordert als „INTERNATIONALE GEMEINSCHAFT", und zwar als globale SICHERHEITS- wie als globale ENTWICKLUNGSgemeinschaft; doch muß sie in beiden Punkten versagen. Der Kalte Krieg mit seiner bipolaren atomaren Abschreckung hatte ganz die Fragen des Überlebens, vor allem der atomaren Supermächte und ihrer Allianzen in den Vordergrund gestellt; hingegen die Fragen der Gleichheit und der Gerechtigkeit, einer ausgewogenen Weltwirtschafts- und Weltbevölkerungsentwicklung waren völlig in den Hintergrund gedrängt worden; dennoch fand die UNO – eben angesichts dieser Drohung – eine alle übergreifende Aufgabe und Legitimation, und damit schien sie von einer „internationalen Gemeinschaft" getragen zu sein. Das bipolare Gleichgewicht des Schreckens wurde jedoch nicht von der UNO, sondern von den beiden Supermächten garantiert oder erzwungen. Nun aber, da eine weitgehende Diffusion nicht nur der A-, sondern auch der B- und C-Waffen stattgefunden hat und von einem Gleichgewicht nicht mehr die Rede sein kann und tatsächlich eine „internationale Gemeinschaft" erforderlich wäre, ist von einer solchen nichts mehr zu spüren; nun erweisen sich zum einen die den Sicherheitsrat bestimmenden atomaren Sieger des Zweiten Weltkriegs als ohnmächtig, mit ihren überdimensionalen Waffen Sicherheit in nicht-atomaren Zonen zu gewährleisten; zum andern bleibt die Versammlung der UNO, die zum ganz überwiegenden Teil aus Entwicklungsländern besteht, ihrer eigenen Machtlosigkeit und Zerstrittenheit überlassen: Aus dem Zusammenbruch der

„ALTEN ORDNUNG" des Kalten Krieges ist keine „NEUE WELTORDNUNG" entstanden. Schlimmer noch: Erfolg und Mißerfolg der UNO sind weder auf die Organisationsfähigkeit einer nunmehr wahrhaft multinational gewordenen UNO noch auf die globale Durchsetzung der Demokratie noch auf verbesserte Mitbestimmungsrechte der Entwicklungsländer, sondern allein darauf zurückzuführen, daß die UNO sich immer wieder zum Instrument einzelner Nationalstaaten oder Staatengruppen machen ließ (Holmes 1993: 324).

Der erste Hinderungsgrund liegt wohl schon darin, daß die UNO zwar eine „Neue Weltordnung" schaffen wollte, daß sie jedoch gerade jenes obsolete Organisationsprinzip konserviert und generalisiert hat, das seit dem Westfälischen Frieden von 1648 für 300 Jahre alle Kriege gerechtfertigt hat, nämlich das NATIONALSTAATSPRINZIP. Ob diese Kriege nun der Doktrin der „Balance of Power" auf dem europäischen Kontinent zwischen den damaligen Großmächten folgten, ob sie als imperiale Unterwerfungs- und Kolonisationskriege oder ob sie – in der historischen und logischen Folge – als Befreiungs-, Sezessions- und Bürgerkriege auf der Grundlage der ethnischen und kulturellen Selbstbestimmung verstanden wurden, es war immer das Nationalstaatsprinzip, das in seiner Einseitigkeit und Starrheit keine anderen Organisationsprinzipien neben sich duldete. Es war zwar ein alter Traum der UNO-Manager, daß sich die UNO auf REGIONALE Unterorganisationen stützen könne: auf die NATO, auf die EG oder die WEU – Western European Union –, auf die ASEAN – Association of the South East Asean Nations – oder die OAU – Organization of African Unity, oder die Arabische Liga, zum Schluß sogar auf die Neugründungen der KSZE bzw. OSZE – Organisation für Sicherheit und Zusammenarbeit in Europa – oder der NAFTA – North American Free Trade Agreement –; doch letztlich erwiesen sich alle diese Regionalvereinigungen, denen die UNO gerne als Supraorganisation vorgestanden hätte, als mehr oder minder gelungene Blockbildungen, die sich der Kontrolle der UNO entziehen. So bleibt am Ende doch nur der Rekurs auf den Nationalstaat, genauer: auf die rund 200 nominell bei der UNO registrierten Staatsgebilde, die in Wirklichkeit vom Stadtstaat bis zum multinationalen Imperium, vom Stammesfürstentum bis zum merkantilistischen Territorialstaat und von der Militärdiktatur bis zur vollentwickelten Demokratie reichen. Alle diese Staatsgebilde sind nach der Doktrin der Nichteinmischung: Kap. I, Art. 2/7 der UN-

Charta, gleichwertig, erlauben keine Qualifizierung. Entsprechend unvergleichbar sind aber auch die politischen Interessen und Kapazitäten.

Statt des allmählichen Zusammenschlusses zu politikfähigen und wirtschaftlich kooperierenden internationalen Regionalbündnissen ist daher insgesamt eher eine Aufspaltung und interne Regionalisierung der Nationalstaaten selbst festzustellen. Statt einer Konfliktschlichtung ZWISCHEN den Nationalstaaten oder einer Balance zwischen den Regionalbündnissen geht es heute in der Regel stärker um ethnische, religiöse oder lokale oder sogar mafiaartige Konflikte INNERHALB der vielfach überaus künstlichen Nationalstaaten, wie in Somalia oder Kambodscha, in Nicaragua oder El Salvador, im Irak oder im vormaligen Jugoslawien. Man könnte diese Konflikte vielleicht ignorieren; aber nachdem wenig Übereinstimmung zwischen den Großmächten besteht, wie sie im Sicherheitsrat vertreten sind, gelten diese Konflikte jedoch als gefährliche Ansatzpunkte für globale Konflikte zwischen „Nord" und „Süd", zwischen der „islamischen" und der „christlichen" Welt, zwischen den Prinzipien von „Nationalismus" und „Transnationalismus", zwischen technologischer Entwicklung und natürlicher Bevölkerungsvermehrung.

Tatsächlich ist die von der UNO zu berücksichtigende Konfliktstruktur heute gerade nicht durch die Nationalstaaten, sondern durch die Dialektik von supranationaler Fusion und subnationaler Spaltung bestimmt (Alonso 1995: 592). Man kann diesen Zustand aus dem allzu engen Blickwinkel der UNO vielleicht als „Überlastung" bezeichnen; doch von außen gesehen muß man feststellen, daß die UNO nach ihrer geplanten Funktion funktionslos geworden ist bzw. nach ihrem Organisationsdesign inzwischen fehl am Platze ist.

Die UNO ist zwar eine überstaatliche Organisation, sie ist aber kein echtes politisches SUPRAsystem, sondern stets SUBsystem oder politisches Legitimationsinstrument einzelner politischer Interessen oder bestenfalls eines Konsortiums von Mitgliedstaaten. Die scheinbaren Erfolge der UNO und ihre angeblich globale Mission[1] waren amerikanische Unternehmen unter Rückendeckung oder zumindest Duldung der UN. Wo aber ausgeprägte nationale Interessen fehlen[2], dort kümmert sich die UNO nicht um Recht und Unrecht, ist von einem globalen Anspruch nichts zu spüren. Es wäre sicher ein Trugschluß, schon aus der schwindenden Autonomie der Territorialstaaten und aus der zunehmenden technischen wie marktwirtschaftlichen Vernetzung der Welt zu schließen, daß die Bedeutung der UNO notwendigerweise zunehmen müsse. Zwar gibt es sozusagen den „CNN-Faktor": die Medienaufmerksamkeit ist im Prinzip „global" und „humanitär", wenn auch äußerst selektiv und repetitiv; doch für die Einwirkungs- und Organisationsfähigkeit der UNO bedeutet dies nicht unbedingt einen Gewinn: Sowohl die Ausbreitung der Marktwirtschaft als auch der Medien führt im Gegenteil eher dazu, daß nicht markt- und mediengerechte Probleme einfach abgeschrieben werden: Entwicklungsprobleme, Probleme der gerechten Verteilung oder Umverteilung jedenfalls finden in diesem Rahmen keinen Platz mehr. Die UNO bewegt sich damit – gerade mit ihren spektakulären „Blauhelm-Aktionen" – auf der Ebene des Roten Kreuzes, ohne dessen Legitimität für sich in Anspruch nehmen zu können, während in politischer – in sicherheits- wie entwicklungspolitischer – Hinsicht eher von einer MARGINALISIERUNG der UN (Falk 1995: 639, 645) zu sprechen ist.[3]

Das eigentliche Problem ist eine realistische Lösung der FÜHRUNGSFRAGE in einer „internationalen Gemeinschaft". „Realistisch" ist eine Lösung zu bezeichnen, an der die tatsächlich handlungs- und entwicklungsfähigen Weltmächte beteiligt sind – seien es Nationalstaaten oder andere weltpolitisch wirksame Akteure, z. B. multinationale Organisationen und Bankenkonsortien, transnationale Forschungsgemeinschaften oder subnationale Regional- und Kommunalverbände. Die Zurechnung zu den Vereinten Nationen ist aber erstens auf sogenannte Nationalstaaten beschränkt, und sie ist rein DEKLARATIV: Jeder Staat, der die Deklaration der Menschenrechte vom 10. Dezember 1948 unterschreibt, gehört dazu, und die Vereinten Nationen sind die Summe der Signatarstaaten, ob diese nun die Definition eines „Minimalstaates" erfüllen, ob sie die Menschenrechte gewährleisten oder nicht. Obwohl diese Erklärung inzwischen von allen Mitgliedern mehr oder weniger explizit akzeptiert wurde, ist sie in organisatorischer Hinsicht – und zwar sowohl in bezug auf das Individuum als auch auf die internationale Kooperation – von geringer Bedeutung; sie ist eben nur nach Buchstaben und Geist „deklarativ", d.h., sie ist lediglich in einem kleinen Teil der Welt einklagbar; wo sie eingeklagt oder mit Gewalt durchgesetzt worden ist, ist dies höchst selektiv und politisch tendenziös geschehen; im großen und ganzen ist die Deklaration eine Alibiformel oder eine Tautologie für die Nichtdurchsetzbarkeit eines Rechts, das in Wirklichkeit nicht als Recht durchgesetzt, sondern den Zuwiderhandelnden als noch zu erfüllende Pflicht oder als ferneres Ziel aufgegeben ist.[4]

In Wirklichkeit ist die Mitgliedsfrage noch viel undurchsichtiger geworden, da die UN inzwischen DREI ARTEN oder „Generationen", oder noch genauer: drei Ausdeutungen VON MENSCHENRECHTEN unterscheidet (Koijmans 1988: 14): vor allem negativ definierte Bürgerrechte oder allgemeine Menschenrechte – civil rights –, positiv definierte soziale oder kulturelle Bürgerrechte, die je nach sozialem Entwicklungsstand und kultureller Tradition unterschiedlich definiert werden, und schließlich kollektive kulturelle Rechte, die der Erhaltung und Weiterentwicklung einer Kulturgemeinschaft, unabhängig von – oder auch im Gegensatz zu – den Individualrechten dienen. Diese drei Definitionen stehen in keinem erkennbaren logischen Zusammenhang, mitunter schließen sie sich sogar aus, jedenfalls schaffen sie mehrere Klassen von Mitgliedern. Philosophisch unproblematisch und rechtlich in allen Kulturen bindend scheinen inzwischen nur die von John Locke formulierten FREIHEITSRECHTE, nach denen alle Menschen als gleichwertig und gleichberechtigt zu betrachten, aber auch verpflichtet sind zu individueller Selbstbestimmung und Selbstverantwortung. Inhaltlich ist diese Selbstbestimmung nicht zu definieren: Ihrer Intention nach ist sie ja vor allem ein Abwehrrecht, gerichtet gegen den Staat oder irgendein anderes, die Selbstbestimmung und damit die Gleichberechtigung von Grund auf verhinderndes Kollektivum. So ist auch eine essentialistische, überhistorische Definition dieser Menschenrechte nicht erforderlich; die Stoßrichtung ihrer Abwehr wird sich je nach historischer Situation verändern (Machan 1994: 480). Sie sind in diesem Sinn UNIVERSALISTISCH, und sie bilden den formalen Kern eines „rationalen" oder „diskursiven" Verhaltens. Im übrigen sind es ÖFFENTLICHE Rechte: Rechte gegenüber anderen Individuen wie Kollektiven, die das Individuum privat nicht positiv definieren können, sondern ihm gerade die Freiheit der Eigendefinition ermöglichen. Selbstverständlich ist die liberalistische Schlagseite dieser Freiheitsrechte kaum jemand verborgen geblieben: Mein Recht auf Selbstbestimmung setzt das Recht der Selbstbestimmung auch des anderen voraus; so liegt der Sinn der Selbstbestimmung in der Ermöglichung der Kooperation und Gemeinschaftsbildung; ebenso setzt mein formales Recht auf Selbstbestimmung bestimmte materielle Mittel zu seiner Realisation voraus. Letzteres verweist wiederum auf das Allgemeinwohlprinzip in der Kooperation.

Was diese individuellen Freiheitsrechte in internationaler Hinsicht bedeuten, ist klar: den unmittelbaren SCHUTZ DES INDIVIDUUMS durch das internationale Recht GEGEN den eigenen Staat, insofern dieser die Menschenrechte nicht achtet (S. Hoffmann 1983: 21). Da es zwar Menschenrechtskommissionen und Appellationsgerichtshöfe, aber eine *de facto* wirksame internationale Rechtsprechung nicht gibt, heißt dies aber, daß sich andere Staaten im Sinne der UN-Satzung bereithalten müssen, für einen „völkerrechtlichen Individualschutz in Konfliktgebieten" (Ipsen 1991) notfalls mit militärischen Mitteln einzutreten. Dies gilt besonders für Minderheiten oder Ethnien, die aus ihren Stammesgebieten vertrieben werden sollen oder deren Lebensgrundlagen bereits verwüstet worden sind; es gilt für mißliebige Personen, die durch ihren Widerstand hervorgetreten sind oder denen Kollaboration vorgeworfen wird. In dieser Hinsicht kann aber nicht behauptet werden, daß es bisher gelungen wäre, die Menschenrechte auch nur in dieser primären oder negativen Hinsicht durchzusetzen.

Erstens sind wegen der höchst komplexen merkantilen und industriellen oder technischen Beziehungen und Rohstoffabhängigkeiten, aber auch wegen der zu großen militärischen und waffentechnischen Risiken solche Eingriffe – selbst wenn Einigkeit bestünde – nicht durchführbar. Wo sie zweitens im Einzelfall dennoch durchgeführt werden, z. B. gegen den Irak und zugunsten Kuwaits durch die USA im Auftrag der UNO, dort können sie gerade wegen ihres Ausnahmecharakters wenig Legitimität beanspruchen bzw. erscheinen angesichts größerer und drängenderer Probleme – von Palästina bis Nordirland, von Kurdistan bis Bosnien, in Nordkorea oder China – geradezu als opportunistische Willkürakte. Drittens widersprechen solche Akte konstitutionell der UNO-Satzung, die nun einmal auf dem nominellen Nationalstaat aufgebaut ist, obwohl von diesen Staaten praktisch nicht mehr gefordert wird, als daß sie durch ein Außenministerium vertreten und bei der UNO akkreditiert sind, während die Repräsentation der eigentlichen Völkerrechtssubjekte – seien es Ethnien oder Sprach- und Kulturgemeinschaften, seien es Individuen – grundsätzlich ungeklärt bleibt. Alle diese Gründe zusammengenommen, ist die Deklaration der Menschenrechte durch die Vereinten Nationen vielfach eben als FALSCHER MORALISMUS zu qualifizieren; d. h. sie stellen den Versuch dar, durch moralische Forderungen an andere, die zu erfüllen man selbst gar nicht bereit und in der Lage ist, nicht die allgemeine Moral zu fördern, sondern – auf Kosten dieser Moral und ihrer Glaubwürdigkeit – eigene Zwecke zu erfüllen, also die eigene Organisation zu rechtfertigen und zu finanzieren. Daß sich dieser falsche Moralismus mit dem politischen Idealismus und vor allem den Eigeninteressen bestimmter Nationalstaaten aufs beste verbindet, erhöht seine Durchsetzbarkeit, kann aber die moralische Situation der UN und die Glaubwürdigkeit einer Deklaration ohne entsprechenden Organisationsdesign in keiner Weise verbessern.

Eine zweite Ebene – der ersten eindeutig nachgeordnet, aber vielleicht ihr eigentliches Ziel – ist die der Sicherung der SOZIALEN UND KULTURELLEN GLEICHHEITS- UND EIGENRECHTE, einschließlich der angeborenen oder selbstgewählten kulturellen und sozialen Eigenarten gemäß der eigenen ethnischen oder regionalen, religiösen oder moralischen Zugehörigkeit. Was die internationalen Beziehungen betrifft, so wird aus diesem „Menschenrecht" vielfach ein Recht auf Wohlfahrtszahlungen und Entwicklungshilfe abgeleitet. Es ist kaum zu übersehen, daß Wohlfahrtszahlungen bloß innerhalb kooperativer Gemeinschaften zur Pflicht gemacht werden können bzw. daß es ein solches Recht nach dem Buchstaben der UN-Charta überhaupt nicht geben kann; vielmehr ist der Grundsatz der NICHT-EINMISCHUNG, d. h. des Interventionsverbotes, mindestens ebenso konstitutiv für sie wie die individuellen Freiheitsrechte. Insoweit aus der Charta soziale Gleichheitsrechte abgeleitet werden, wird die UNO zu etwas deklariert, was sie bestimmt nicht ist: ein Rechts- und Sozialstaat. Die UNO aber ist eine internationale Organisation und überhaupt kein Staat.

Die Zuerkennung sozialer Grundrechte an die individuellen Mitglieder mag gut gemeint sein; doch solange nicht einmal die primären Freiheitsrechte gesichert sind, ist die Zuschreibung oder Forderung solcher Rechte eher kontraproduktiv, da die unvermeidlich damit verbundene Unterwerfung unter eine fremde administrative Hoheit das Selbstbestimmungsrecht der Individuen untergraben würde. Die Gleichheitsrechte sind insofern den Freiheitsrechten nachgeordnet. Die UNO bleibt als politische Gemeinschaft auf jeden Fall eine partielle Gemeinschaft, wenn sie überhaupt guten Glaubens als solche erlebt werden kann. Das gilt generell für jede reale moralische Gemeinschaft (Gomberg 1994: 537), die immer nur vom Optimismus auf Universalisierung leben kann. Genau dann aber, wenn sie diesen Universalismus verkündet, ohne ihn organisatorisch gewährleisten zu können, verliert sie auch jede Glaubwürdigkeit. Das aber tut die UNO, wenn sie die „Menschenrechte der zweiten Generation" direkt mit den „Menschenrechten erster Ordnung" verkoppelt.

Die UN haben es sich nicht nehmen lassen, sogar „Menschenrechte" einer „dritten Generation" zu verkünden, nämlich in Art. 28 des „Covenant on Civil and Political Rights" vom 8. Sept. 1992, wonach „in den Staaten mit ethnischen, religiösen oder sprachlichen Minderheiten den Angehörigen das Recht nicht versagt werden darf – IN GEMEINSCHAFT MIT ANDEREN MITGLIEDERN IHRER GRUPPE –, sich ihrer eigenen Kultur zu erfreuen, ihre eigene Religion zu bekennen und zu praktizieren oder ihre eigene Sprache zu gebrauchen". Obwohl zunächst für Minderheiten gedacht, sind diese Rechte inzwischen so weit verallgemeinert worden, daß sie generell und ohne Vorbedingung für alle Rassen und Religionen, für Kinder, Frauen, Homosexuelle usw. gelten sollen; sie sollen sich zudem nicht nur auf aktuelle Gleichheitsrechte, sondern auch auf potentielle Rechte – nämlich das Recht auf allgemeinen Frieden und auf persönliche Entwicklung – beziehen. Hiermit begeben sich die Vereinten Nationen völlig in das Reich der Utopie, denn die UNO hat keinerlei Organisationsmittel zu ihrer Verwirklichung in der Hand. Sie zerstören auch noch ihre internationale politische Grundlage – „inter nationes" – sowie ihren universalistischen moralischen Anspruch (Booth 1995: 117).

Ursprünglich gedacht als eine Grundrechtserklärung für die Unterlegenen und Zukurzgekommenen, kann sie nun jederzeit umgekehrt werden zu einer Besitzstandserklärung für Diktatoren und Apartheidsregime, für Fundamentalisten und Rassisten jeder Art (Newman 1995: 9). Der Ausweitung des Grundrechtskatalogs steht somit eine Aushöhlung der Rechtsgrundlagen gegenüber. Wenn nämlich die UN-Charta nur eine begriffliche Tautologie herstellt zwischen Art. 56 der Charta, der alle zur Kooperation und wechselseitigen Hilfe verpflichtet, mit Art. 28, der „jedermann Zugang zu einer sozialen und internationalen Ordnung zusichert, in der die Rechte und Freiheiten dieser Deklaration voll und ganz verwirklicht werden können" (Kojimans 1988: 26), dann ist dies nur leere Rhetorik – oder die Vortäuschung falscher Tatsachen, so als seien die UN eine gewählte Weltregierung, die ihrerseits die Verpflichtung übernommen habe und in der Lage sei, jedem Mitglied ein Minimum von Rechten zu garantieren.

In diesem Mißverständnis bleibt die Verkündung von Menschenrechten durch die UNO eine Deklaration nicht nur ohne Praxis, sondern auch ohne Theorie; die UNO ist keine Weltregierung, und sie repräsentiert keinen Weltstaat, sondern sie ist ein Bündel von IGOs mit beschränktem Mandat. Das Mandat liegt allein bei den Nationalstaaten. Tatsächlich haben diese UNO-Deklarationen allein dort Rechtsgeltung, wo sie von Staaten oder Regionalbündnissen mit staatsrechtlich bindender Wirkung übernommen worden sind. Das ist jedoch nur der Fall bei der „European Convention of Human Rights" von 1953 und der „American Convention of Human Rights" von 1969 – also einer kleinen Minderheit von Mitgliedstaaten (H. N. Meyer 1994; H. B. Robertson 1992). Wenn die Organisationsentwicklung der Vereinten Nationen nicht hinter der der Staaten und IGOs zurückbleiben soll, dann müßte zumindest die Anerkennung der Gerichtsbarkeit des Internationalen Gerichtshofes Voraussetzung einer Mitgliedschaft bei den Vereinten Nationen sein. Umgekehrt sollte die vom Gerichtshof überprüfte Realisierung eines „Minimalstaates"[5] Voraussetzung der Anerkennung eines Staates durch die UNO sein. Da dies nicht der Fall ist, erschöpfen sich die UN unvermeidlich in einer Inflation von Deklarationen ohne internationale Durchsetzungsmöglichkeiten.[6]

Selbstverständlich ist die Propagierung der kulturellen Eigenrechte in einer UNO-Deklaration ein politisches Kampfmittel interessierter Mitgliedsländer, und natürlich wird der politische Machtkampf – wie immer in der „symbolischen Politik" – ins Metaphysische transformiert: Bei allem Wohlwollen ist aber nicht zu übersehen, daß der Widerstand gegen den „UNIVERSALISMUS" z. T. ein Widerstand gegen die PFLICHTEN ist, die notwendigerweise an die Freiheitsrechte gebunden sind. Es ist unschwer zu erkennen, daß die Anerkennung des „KULTURELLEN RELATIVISMUS" nichts zu tun hat mit kulturellem und politischem PLURALISMUS – ja, daß im Gegenteil jeder Kulturrelativismus den Pluralismus gerade unterläuft oder zerstört. Unter Pluralismus wird die Idee verstanden, daß Werte grundsätzlich nicht auf eine einzige Hierarchie oder ein widerspruchsloses System reduziert werden können, sondern eben eine irreduzible und konfliktgeladene Vielheit darstellen (Crowder 1994: 293). Pluralismus impliziert jedoch nicht, daß bestimmte Güter und Lebensweisen den gleichen Wert haben und gleich behandelt werden müssen; er sagt uns lediglich, daß bestimmte Güter nicht gegeneinander aufgewogen werden können und daß es oft keinen gemeinsamen Maßstab gibt. Daraus folgt, daß wir in einen Konflikt geraten können, daß wir uns entscheiden und das eine für das andere werden opfern müssen, aber auch, daß wir Toleranz gegenüber anderen üben müssen, die sich grundsätzlich in der gleichen Lage befinden. Der Pluralismus stellt uns wohl vor eine unabweisbare Wahlnotwendigkeit; gerade dies jedoch impliziert nicht die Gleichwertigkeit oder auch Gleichgültigkeit der Wahlen. Umgekehrt bedingt die Anerkennung anderer Werte nicht, daß sie alle in unserer oder in ein und derselben Gemeinschaft gleichzeitig verwirklicht werden müßten oder könnten. Das ist ein Ding der Unmöglichkeit in einer moralischen Gemeinschaft, die nichts mehr fürchten muß als den Zustand der Anomie. Viel fruchtbarer ist es, wenn verschiedene Wertordnungen in verschiedenen Gemeinschaften gelebt werden, die sich wechselseitig anerkennen.

Ein wohlverstandener politischer und kultureller Pluralismus bedeutet demnach keine Absage an den UNIVERSALISMUS, also an die Auffassung, daß alle Personen in bezug auf ihre Güter und Interessen oder Wertsetzungen mit der gleichen und unparteiischen Rücksicht behandelt werden sollten (Gewirth 1988: 283). Universell sind nicht die Interessen oder Werte, sondern die Zugangs- oder Verwirklichungsrechte der Personen, die erstens durch Zwanglosigkeit und Freiheit, zweitens durch Gleichheit und Unparteilichkeit bestimmt sein müssen. Gleichheit und Unparteilichkeit sind nicht allein subjektiv definierbar – Abweichungen und die Anwendung von unmittelbarem Zwang hingegen sind mit einer gewissen Objektivität und Eindeutigkeit feststellbar. Sind dies eher formale und negative Kriterien des Universalismus, so sind die materiellen und positiven Kriterien, die sich auf das Wohlergehen der Menschen und gleiche Partizipationsrechte – die „Chancengleichheit" – beziehen, schwerer zu bestimmen und abzugrenzen. Es ist unvermeidlich, hier von Prioritäten oder einer Hierarchie von Gütern und Werten auszugehen, die auch zwischen den großen Kulturen kaum strittig sein dürften (vgl. Gewirth 1988: 290). Zu den GRUNDLEGENDEN Werten gehören die unverzichtbaren Voraussetzungen der Handlungsfähigkeit des Menschen: die Erhaltung des Lebens, körperliche Unversehrtheit, geistiges Gleichgewicht. Zu den UNVERZICHTBAREN Voraussetzungen des Wohlergehens gehören die allgemeinen Fähigkeiten und Bedingungen, die einem erlauben, die selbstgesetzten Zwecke zu erreichen und seine Fähigkeiten zu entwickeln. Dazu gehört auch, nicht belogen, bestohlen oder mit physischer Gewalt bedroht zu werden. Zu den ZUSÄTZLICHEN Werten und Bedingungen gehören solche, die einem ermöglichen, das allgemeine Niveau der Zweckerreichung und der Fähigkeiten für bestimmte Zwecke zu erhöhen. Beispiele dafür sind Bildungseinrichtungen, Möglichkeiten des Einkommenserwerbs oder Hilfen zur Erhöhung der Selbstachtung. Eine wahrhaft universalistische Ordnung muß logischerweise bei den primären und nicht bei den tertiären Werten beginnen.

Zum richtigen metaethischen Verständnis der Menschenrechte gehört genauso, daß man das Verhältnis von Universalismus und Partikularismus, von individuellen und kollektiven Menschenrechten, von kulturellem Relativismus und zivilisatorischem Globalismus in einer pragmatisch realistischen und logisch konsistenten Weise sieht. Am wichtigsten ist vielleicht das Verständnis, daß der ethische Universalismus den gesellschaftlichen PARTIKULARISMUS moralischer Gemeinschaften keineswegs ausschließt, sondern erst ermöglicht. Antinomische Gegensatzkonstruktionen sind hier völlig fehl am Platz: Erst der Universalismus der Menschenrechte gewährt jedem ohne Ansehen der Person, seiner Rasse, seines Geschlechts, seiner Glaubensüberzeugungen usw. unabhängige und unveräußerliche Rechte. Er kann bestimmte Gruppen und Institutionen, in denen die tatsächlichen Rechte und Zugangschancen unvermeidlicherweise immer ungleich verteilt sind, autorisieren, diese Ungleichheiten durch die Bildung partikularistischer Gemeinschaften und institutioneller Ordnungen intern wieder auszugleichen oder in besonders effektiver Weise zu nutzen. Ein ethischer Universalismus wird nicht dadurch realisiert, daß alle Unterschiede ausgelöscht werden, sondern dadurch, daß allgemeine Prinzipien gefunden werden, die eine institutionelle Differenzierung ermöglichen oder rechtfertigen. So ist es verfehlt, eine Doppelmoral zu verkünden, die einen universalistisch-öffentlichen und einen partikularistisch-privaten, persönlichen Teil enthält, die beide nichts miteinander zu tun haben (so jedoch: T. Nagel 1979; M. Walzer 1983: 3–6; Ch. Taylor 1985). Derart fragmentierte Menschenrechte verlieren jeden legitimatorischen Wert, und sie verniedlichen das Problem einer Menschheitsethik zum Problem einer vermeintlich altbekannten Kleingruppenethik.[7] Die Grenze partikularistischer Moralen liegt dort, wo sie den ethischen Universalismus, der ihre Begründung ermöglicht hat, zerstören. So sind Rassismus und Sexismus keine ethisch zu rechtfertigenden Formen des ethischen Partikularismus: erstens weil sie die Rechte der Mitglieder anderer Gruppen verletzen, insofern diese als minderwertig angesehen werden oder ihnen die „höheren", die „unverzichtbaren" und die „zusätzlichen" Menschenrechte nicht zugestanden werden; zweitens weil sie eine Gruppenbildung nicht *qua* persönlicher Wahl und freiwilliger Vereinbarung, sondern *qua* angeborener biologischer, also nicht frei wählbarer Merkmale beanspruchen.

Ebenso gelten die individuellen Menschenrechte VOR den kollektiven Menschenrechten, und die ersteren sind die Voraussetzung der letzteren, während die UMKEHRUNG DER PRIORITÄTEN die Menschenrechte in ihrem inneren Sinn völlig zu zerstören droht.[8] Es ist nicht bloß eine historische Tatsache, daß die Menschenrechtsdeklarationen den Zweck hatten, den Individuen Rechte und Entwicklungschancen einzuräumen unabhängig von ihrer Herkunft, von Rasse, Geschlecht, Religion, Wohlstand der Eltern, usw. – notfalls auch GEGEN die Vorgaben und Zwänge des Kollektivums, dem ein Individuum verhaftet ist. Die Menschenrechte sind umgekehrt auch die einzige Garantie gegen die Erstarrung von Gruppen und Gruppenkulturen, die – ein mögliches Potential an Innovationen ignorierend – sich sehr leicht in der Pflege von obsolet gewordenen Traditionen und Konventionen, von Ritualen und Abwehrmechanismen gegen andere Kulturen und Umweltbedingungen erschöpfen können.

Zum einen kann die ökologische Perspektive der Spezieserhaltung nicht auf Kulturen und Gruppen übertragen werden: Gruppen sind eben keine Spezies (Habermas 1994: 130). Zum andern ist schon die Dichotomie von Gruppe und Individuum höchst künstlich, da wir als Soziologen oder Psychologen genau wissen, daß es ein monologisches Individualsubjekt nicht gibt, sondern sich der Begriff des Selbst nur im Dialog mit dem Anderen und in der Anerkennung des Anderen als Anderen herausbilden kann (Ch. Taylor 1994: 32). Die Priorität der individuellen oder jeweils subsidiären Menschenrechte ist gerade der Mechanismus, der das notwendige Potential an Diversität und möglicher Innovativität für die Gruppe schafft, um den sozialen Wandel in einer organischen Weise zu ermöglichen, während auf dem Verordnungsweg homogenisierte Kulturen ihr Adaptationspotential vermindern.

Der Gegensatz von „moralischem Universalismus" und „kulturellem Relativismus" ist auf beiden Seiten mit viel politischer Polemik verbunden. Gerade Wallerstein (1991: 185), der sich stets auf die Seite der Entwicklungsländer gestellt hat, muß feststellen, daß die Vorstellung von festgefügten und einheitlichen, deutlich voneinander abgehobenen und ausgerechnet mit einem Nationalstaat identischen Kulturen eine Idee des 18. Jahrhunderts ist. Diese Idee wurde ja erst durch die UN-Deklaration von 1948 zur politischen und kulturellen Norm erhoben. Die KULTURELLE HOMOGENITÄT einer Nation war und ist eine politische Fiktion; in Wirklichkeit leben die Menschen überall in verschiedenen kulturellen Zirkeln zusammen, die sich teilweise berühren, zum großen Teil aber gerade von der Unterscheidung – „Distinktion" – leben (Bourdieu 1982: 182 ff.). Wenn man von einem überhobenen Prinzipienstreit absieht, dann ist eher eine gegenläufige Dynamik festzustellen, die alle Kulturen erfaßt hat – alte und neue, dominante und unterdrückte, universalistische und partikularistische. Es gibt zum einen die starke Tendenz zur KULTURELLEN DIFFERENZIERUNG, wenn nicht Fragmentierung, die sich jedoch mit einer weltumspannenden kulturellen Diffusion verbindet, bis hin zur Globalisierung bestimmter Elemente der Kultur; zum anderen gibt es als Reaktion darauf eine bemerkenswerte Tendenz zur Betonung der eigenen Originalität und Eigenständigkeit, bis hin zur Provinzialität und altväterischen Schrulligkeit (Türk 1993: 450 f.). Schließlich gehören die beiden Begriffe „Differenzierung" und „Integration" auch struktural-funktional oder systemtheoretisch zusammen: Das eine ist ohne das andere nicht zu haben. Gerade die „klassischen" Nationalstaaten haben sich kulturpolitisch höchst schizophren benommen: Einerseits haben sie ganze Kulturregionen – mit einer in Jahrhunderten gewachsenen Agrikultur, mit architektonischen Meisterleistungen und einer reichen Literatur – ignoriert und veröden lassen; sie haben moralisch integre Religionsgemeinschaften auf den Scheiterhaufen getrieben und lebendige Sprachen ausgerottet; andererseits haben sie – wenn es politisch opportun war – die kulturelle Diversität und ihre eigene kulturelle Herkunft geleugnet und fremde Kulturelemente der eigenen nationalen Folklore einverleibt, die oft weder etwas mit der eigenen Nation noch mit dem gewachsenen Brauchtum zu tun haben.

Der Begriff einer homogenen, eigenständigen, allein aus der eigenen Tradition kommenden KULTUR, wie er im Begriff des „Kulturrelativismus" gegen den „Universalismus" ausgespielt wird, ist ein Begriff einer politisch kurzsichtigen Kulturpropaganda, jedoch nicht der Kulturanthropologie oder der Kultursoziologie. Von der Kulturanthroplogie und Humanethologie aus gesehen dürfte es nicht schwer sein, gemeinsame Grundzüge aller menschlichen Kulturen herauszustellen (Callicott 1990: 102), die die These des „Universalismus" stützen und sich nicht erst vom Rationalismus der europäischen Aufklärung herleiten. Bezogen auf die Entstehung und Ausformung der Kulturen, der modernen wie der antiken, besagt dieser Begriff folgendes: Die kulturellen Identitäten – die französische, die englische und die deutsche, wie die japanische, koreanische und chinesische, die javanische wie die balinesische Kultur – konnten sich alle nur in Relation zueinander, also in Entgegensetzung und Angleichung, in Verspottung und Imitation definieren und herausbilden. Im Begriff des „KULTURELLEN RELATIONISMUS" ist der Begriff des „Universalismus" wie der des „kulturellen

Relativismus" aufgehoben, beide verlieren ihre kulturpropagandistische Schlagseite. „Kultur" ist – so kann man mit einiger Zuspitzung mit Immanuel Wallerstein (1991: 184) sagen – *„per definitionem* partikularistisch"; d. h., sie dient der demonstrativen Abgrenzung einer politischen und moralischen Gemeinschaft gegen eine andere. Ob sie deren Zusammenhalt fördern kann, ist eine andere Frage.

Es ist nicht zu übersehen, daß sich dieser kulturelle Pluralismus in einem realpolitischen Rahmen bewegt und ausformt, der von universalistischen Tendenzen bestimmt ist, die heute zur Globalisierung drängen und so mächtig und durchdringend sind wie noch niemals in der Geschichte. Niemand kann behaupten, daß diese Tendenzen nur „äußerlich" wären und den „innerlichen" Bereich des Geistigen, des Kulturellen und Ethischen nicht berührten. Daß es keine „kulturübergreifende Ethik als Grundlage für einen universellen Geltungsanspruch der Menschenrechte gibt" (Nuscheler 1995: 202), ist weder kultursoziologisch und schon gar nicht realpolitisch zu begründen. Selbstverständlich gibt es keinen wirklich gehaltvollen und von allen feierlich anerkannten Codex, keine gemeinsame Wertphilosophie – wohl aber gibt es gemeinsame Zwänge und Begrenzungen, Gemeinsamkeiten im Habitus, ein gemeinsames moralisches Bewußtsein bei den Interessierten und Einsichtigen, ein vielleicht noch schwaches, aber doch zwingendes Ethos der Gemeinsamkeit, eine unabweisbare Einsicht in die Notwendigkeit einer umfassenden Kooperation.

Aufgabe der UNO wäre es in dieser Situation, nicht immer neue maximalistische Grundrechts- und Pflichtenkataloge zu verabschieden, sondern für die DURCHSETZUNG DES MINIMUMS zu sorgen: jenes beschämenden Minimums, das gerade noch durchsetzbar ist – und zwar überall, und nicht nur selektiv in bestimmten Gebieten, die aufgrund ihrer geostrategischen Lage und ihrer Kollision mit Großmachtinteressen gnadenlos abgestraft werden, während anderen Mächten jede Menschenrechtsverletzung nachgesehen wird. Ein erstes, sicher nicht ausreichendes Mittel zur Verbesserung der Durchsetzbarkeit wäre ein INTERNATIONALER GERICHTSHOF, der nicht nur für UNO-Probleme zuständig ist, sondern mit anderen supra- und transnationalen Organen verbunden ist. Aber wenn man der UNO angehören kann, ohne den internationalen Gerichtshof anerkennen zu müssen, ist es die UNO selbst, die sich als Institution der Lächerlichkeit preisgibt: Auch der Rechtsraum, in dem die Vereinten Nationen operieren, wird von ihnen selbst erzeugt, insofern sie sich als eine Art „Völkerbund" verstehen, als Versammlung aller Nationalstaaten. Jedoch haben erstens die Nationalstaaten gewaltig an Macht verloren, und zweitens sind die meisten UN-Mitglieder ohnehin nur Pseudo-Nationalstaaten, deren einzige nationalstaatliche Legitimation zirkulär die UN-Mitgliedschaft selbst ist.

Das politische System – vor allem ein WELT-SYSTEM – ist heute ein MEHREBENENSYSTEM nicht bloß von Nationalstaaten, sondern von Regionen und Kommunen einerseits und von supranationalen Zusammenschlüssen und internationalen Organisationen andererseits. Diese sind zudem transversal durchschossen von transnationalen Organisationen, multinationalen Unternehmen, intergouvernementalen Kooperativen und privaten Arbeitsgemeinschaften, die man auf keiner Landkarte verzeichnet findet. Ohne diese Querverbindungen gibt es keine wirksamen Sanktionsmöglichkeiten. Die Vorstellung von einem internationalen Gerichtshof, der so wie ein staatliches System seinen eigenen Sanktionsapparat mit Polizei, Vermögenseinzug, Gefängnis bereithält, wäre daher verfehlt. Die Rechtsausübung im internationalen System wird, da es keine Weltregierung gibt, von den handlungsfähigen Akteuren selbst wahrgenommen werden müssen.[9] Durch Sanktionen jedoch wird ein Rechtsbruch öffentlich gemacht, ein Übeltäter bloßgestellt; entscheidend ist aber vor allem die dadurch ausgelöste Empathie, die insbesondere durch das Fernsehen und durch andere Massenkommunikationsmittel aufgebaut wird. Jedenfalls würde das internationale Recht nicht durch die Schaffung von UN-Gefängnissen und Polizeitruppen gestärkt, sondern durch die Schärfung des moralischen Bewußtseins der Beteiligten.[10]

Zweitens muß die UNO ihre Aufgaben ihren Mitteln anpassen, und sie muß sich Aufgaben vornehmen, die ihre Legitimität erhöhen und nicht mit großer Wahrscheinlichkeit vermindern. Das heißt, die UNO muß von ihren unerfüllbaren Aufgaben der „Friedenssicherung" und der „humanitären Hilfe" Abstand nehmen, um sich mit aller Kraft der ENTWICKLUNGSAUFGABE zuzuwenden. Daß die unter dem Kommando der UN stehenden Streitkräfte zur Friedenssicherung bei internationalen Konflikten wenig beitragen können, ist schon von ihrer Organisationsstruktur her offensichtlich. Während in Art. 1/1 der UN-Charta als Aufgabe definiert wird, „den internationalen Frieden und die internationale Sicherheit aufrechtzuerhalten", wurde die internationale Sicherheit in den vergangenen Jahrzehnten in Wirklichkeit ausschließlich durch Militärallianzen gesichert, die sich gegenseitig in Schach hielten. Wer keiner solchen Militärallianz angehörte, der hatte auch keine Sicherheitsgarantie. Der UNO verblieb lediglich die „humanitäre Hilfe"; aber auch die hat stets einen giftigen Stachel hinterlassen – vor allem dort, wo nach UNO-Definition kein klassischer internationaler Konflikt vorlag, sondern Auseinandersetzungen innerhalb von Staaten, die von einer Regierung nicht mehr zusammengehalten werden konnten. Die „humanitäre Hilfe" steht dann, wenn sie überhaupt das Zielgebiet erreicht, vor der Alternative, eine unfähige oder korrupte Regierung zu stützen und ein „Völkergefängnis" aufrechtzuerhalten oder sich auf die Seite einer Regierungsopposition, einer Rebellion oder einer bisher ausländischen Macht zu stellen und damit selber zur Kriegspartei zu werden (M. Walzer 1995: 54 f.). In beiden Fällen ist die UNO auf die Duldung der unter Umständen wechselnden Kriegsparteien angewiesen, die ihrerseits natürlich die UNO in ihr Machtkalkül, in ihre Logistik und ihre Angriffs- und Verteidigungsstrategie miteinbeziehen. Selbst wenn die UNO die notwendige Militärmacht hätte, wäre es ziemlich sinnlos, sie einzusetzen, da sich letztlich doch die Streitparteien, die wieder auf irgendeine Weise zusammenleben müssen, am Ort einigen müssen. Ohnehin beschränken sich Friedenssicherung und humanitäre Hilfe auf NACHTRÄGLICHE Maßnahmen, die auf jeden Fall zu spät kommen und oft geradezu kontraproduktiv sind. Wenn die UN das Übel bei der Wurzel packen will, dann wird sie nicht umhinkönnen, sich mehr der Entwicklungsaufgabe und dem Ziel der internationalen Gerechtigkeit zuzuwenden. Auf lange Sicht gesehen sind Probleme wie Ungleichgewichte im internationalen Handelsaustausch, Schuldenberge, wirtschaftliche Zusammenbrüche, Hunger, Armut, Arbeitslosigkeit, AIDS, Rauschgifthandel, Bevölkerungsexplosion und Migration, Umweltzerstörung und Klimawandel für das menschliche Überleben mindestens ebenso wichtig und effizienter als Kriege und nationale Rivalitäten.

Die UNO hat diese Entwicklungsaufgabe mit der Gründung zweier Beraterstäbe – dem „Economic Security Council" und dem „International Development Council" – inzwischen akzeptiert. Wenn die Vereinten Nationen dabei die Grundsätze der internationalen Gerechtigkeit nicht ganz unter den Tisch fallen lassen wollen, werden sie diese Ungleichheit statistisch erfassen und finanziell ausgleichen müssen, z. B. durch eine „globale Ressourcensteuer" oder „Rohstoffdividende".[11] Die Einziehung einer solchen Steuer setzt keine Weltregierung voraus; allerdings ist ein Sanktionsmechanismus erforderlich, der säumige Zahler zur Kasse zwingt. Eine solche Steuer wäre nicht so ungewöhnlich, da ohnehin eine Menge Geld der UNO durch verschiedene Kanäle zufließt in Form von UNO-Beiträgen, Entwicklungshilfe, Weltbankanteilen, Kriegskontributionen, humanitärer Hilfe usw. Diese Beiträge sind allerdings kaum koordiniert und höchst ungleich verteilt. Obwohl die entwickelten Industrieländer – direkt und indirekt – die Hauptzahler wären, würde sie sich nicht gegen deren Interessen wenden, da sie die Umweltverschmutzung wie die Rohstoffausbeutung bremsen würde. So dürfte auch klar sein, daß eine solche Rohstoff- und Umweltsteuer bzw. daß eine allein ökonomische Entwicklungshilfe nicht genügt: Vierzig Jahre Entwicklungshilfe haben – mit Ausnahme weniger Entwicklungsregionen – die Einkommensdifferenzen nicht vermindert, weder intra- noch international (Cleveland 1993: 21). Die Entwicklungshilfe hat meist dazu beigetragen, die militärische Rüstung zu vergrößern, demographische Schübe zu finanzieren oder der politischen Elite ein arbeitsfreies Sondereinkommen zu verschaffen. Voraussetzung aller Entwicklungsanstrengungen wäre eine „gute Regierung", in der die „soziale Hydraulik" von oben nach unten wirkt, und nicht umgekehrt. Dieses Problem jedoch ist im Rahmen der UN nicht lösbar. Gleichgültig, ob man letzten Endes eine Weltregierung für unumgänglich hält oder nicht, ist auf jeden Fall dieser MULTILATERALE Weg zu einer neuen Weltordnung vorzuziehen, da wir alle erst lernen müssen, daß kein Staat der Erde mehr seine Sicherheits- und Entwicklungsinteressen alleine wahren kann. Das betrifft die Supermächte und entwickelten Industrieländer ebenso wie die Entwicklungsländer, die sich großenteils erst vor kurzem zu Nationalstaaten deklariert haben. Die UNO ist vielleicht nicht die beste Institution, um dieses Bewußtsein der MULTILATERALEN FUNKTIONALEN INTERDEPENDENZ voranzutreiben, da sie selbst auf der funktional nicht näher spezifizierten Nationalstaatsideologie beruht. Eher geeignet sind funktional definierte Unterorganisationen und Kommissionen der UNO, denen es nicht schwer fallen sollte, Querverbindungen zu anderen inter- und transnationalen Organisationen herzustellen.

2. Die Moral des demokratischen Internationalismus

Ein weiteres Konzept, das sich dem Designproblem im Grunde entzieht und dessen pragmatische Brauchbarkeit deshalb in Frage gestellt werden muß, ist das der universellen Demokratisierung.

Für die UNIVERSALISIERUNG gibt es zwei Begründungen: eine quasi-naturwissenschaftliche und eine philosophisch-rationalistische, aus der Europäischen Aufklärung entstandene. Nach der ersten Begründung ist auch der politische Kampf der Gruppen eine darwinsche KONKURRENZ ums Überleben. Dabei bleiben unter historisch wechselnden Umweltbedingungen und im Kampf ganz unterschiedlich organisierter politischer Gruppen diejenigen übrig, die am besten fähig sind, zum einen ihre Herrschaftsstruktur den Umweltgegebenheiten anzupassen und zum andern sich gegen Konkurrenz und Verdrängung zu behaupten. Dies leistet am besten die Herrschaftsform der Demokratie, wobei sich Demokratien besonders schnell und nachhaltig dort durchgesetzt haben, wo die Machtressourcen so breit verteilt waren, daß keine Gruppe mehr in der Lage war, ihre Konkurrenten zu unterdrücken und eine Hegemonie zu errichten (Vanhanen 1992: 21). Die rationalistische Version beruft sich weniger auf die Vergangenheit und mehr auf die Ermöglichung der Zukunft einer „Zivilgesellschaft", ist aber genauso universell und evolutionistisch. Demnach ist die Demokratie, welche allein die unmanipulierten Entscheidungen der Individuen in einer freien Gesellschaft garantiert, die Grundlage des KULTURELLEN PLURALISMUS; dieser wiederum bietet die größten Entfaltungsmöglichkeiten für das Individuum und die Gesellschaft (Kateb 1994). Der Pluralismus muß ein „*modus-vivendi*-Pluralismus" sein, d.h., er muß Freiheit und Gleichheit ausbalancieren; er darf nicht in einen „pluralistischen Liberalismus" zerfallen, der die Individuen nicht mehr aneinanderbindet (J. Gray 1994: 731), aber auch nicht in einen „pluralistischen Kollektivismus", der nur Ethnien, Religionsgemeinschaften oder Parteien demokratische Vertretungsrechte zugesteht und schnell in einem aggressiven Multikulturalismus oder multiplen Ethnozentrismus endet (Rosenblum 1994: 553 ff.).

In einer prozeduralen Definition der Demokratie, nach der es zu diesen extremen Gleichgewichtsstörungen erst gar nicht kommen dürfte, müssen alle Individuen und Gruppen befähigt sein, in einen fortlaufenden und gleichberechtigten DISKURS einzutreten. Dieser Diskurs ist zum Teil informell und dezentral, zum Teil erreicht er die parlamentarischen Körperschaften, wo er durch Gesetzgebungsakte in administratives Handeln umgesetzt wird. Dank dieser „diskursiven Rationalisierung" ist die Demokratie die Regierungsform, welche am besten einem fortlaufenden Anpassungsprozeß gerecht wird, ohne die Solidarität der Gemeinschaftsmitglieder zu verlieren (Habermas 1994: 8 f.). Die darwinistische Konkurrenz wie der Diskurs sind gewissermaßen lediglich zwei Ebenen des gleichen universalistischen Selektionsmodells.

Dieser Auffassung zufolge ist die DEMOKRATIE die beste oder einzige Herrschaftsform in intra- wie internationaler Hinsicht, die es wert ist, UNIVERSELL verbreitet zu werden. In interner Hinsicht ermöglicht alleine eine Demokratie die Entfaltung einer zivilen Gesellschaft, mit Selbstbestimmung und Gleichberechtigung der Gesellschaftsmitglieder; sie garantiert relativ autonome politische Vertretungen der unterschiedlichen Interessen, sie sichert den Rechtsstaat für alle Akteure, und sie ermöglicht einerseits die Kontrolle einer auf Monopolisierung tendierenden Staatsbürokratie, wie sie andererseits eine frei sich entfaltende Wirtschaft den notwendigen Gemeinwohlverpflichtungen unterwirft (Linz/Stepan 1994: 1–4). In internationaler Hinsicht habe die demokratische Regierungsform den Vorzug, daß „Demokratien keine Kriege gegeneinander führen" (Small/Singer 1976; Doyle 1986; Rummel 1995; Gleditsch 1995). Die Friedensneigung der Demokratien braucht nun nicht unbedingt – im Anschluß an Kants „Zum ewigen Frieden" – auf ihre innere Befriedung oder Absättigung der Valenzen, die keine Projektion nach außen mehr erforderlich macht, zurückgeführt werden; es genügt die skeptische und realistischere Annahme, daß Demokratien angesichts äußerer Drohungen zu Allianzen gezwungen, aber auch fähig sind (Mearsheimer 1990: 48 ff.; Layne 1994). Doch gleichgültig, wie die Korrelation von Demokratie und Frieden zustande käme, bestünde die politische Designstrategie dann einfach darin, möglichst viele Staaten zu Demokratien zu machen, alte Demokratien zu stabilisieren und neue Demokratien zu fördern bzw. beide notfalls durch regionale Zusammenschlüsse miteinander zu verbinden.

Diesem Konzept scheint tatsächlich der größte Erfolg beschieden, wenn man heute eine DRITTE WELLE der Demokratisierung feststellen kann – eine weitere Welle, die nach dem Sieg der Alliierten 1945 nicht nur die unterworfenen Industriestaaten, sondern nun, etwa ab 1974, auch eine große Gruppe von Entwicklungsländern und die Staaten aus dem ehemals sowjetischen Machtbereich erfaßt hat (Huntington 1991: 13 ff.). Die Frage einer „Weltordnung" oder eines „internationalen Führungsregimes" – d. h. internationaler Führungsansprüche und Verteilungsprobleme, einer gemeinsamen Ressourcenerschließung und Umweltschonung, der Entwicklungspolitik und internationalen Organisationsentwicklung, aber auch der Konfliktregelung und der Friedenssicherung im Falle ungelöster Konflikte – ist damit zwar nicht gelöst. Sie scheint aber wesentlich entschärft zu sein, insofern angenommen wird, a) daß alle diese Probleme mit friedlichen Mitteln und in demokratischen Verfahren gelöst werden können und b), daß selbstverständlich jeweils die stärkste demokratische Macht – und das sind auf absehbare Zeit die USA – die Führung übernehmen wird (Howe 1994). *De facto* führt diese Annahme dazu, daß prinzipielle Weltordnungsprobleme nicht aufgeworfen oder verdrängt bzw. daß bisherige Entwicklungslinien bis zum unerwarteten Beweis des Gegenteils extrapoliert werden. Daß sich das Ordnungsproblem damit trotzdem nicht aus der Welt schaffen läßt, wird in der Vehemenz sichtbar, in der jede Frage nach der Notwendigkeit und den Aufgaben einer Weltregierung zurückgewiesen wird, etwa mit der Formel „governance without government", also „Koordination und Kooperation ohne jeden Zwang" (Zacher 1992: 67). Das gilt selbst unter der unwahrscheinlichen Bedingung, daß die ganz überwiegende Mehrzahl der funktional wichtigen Staaten sich zu einer demokratischen Regierungsform bekennt und auch auf längere Sicht demokratisch bleiben wird.

Das Problem beginnt erstens damit, daß das, was „Demokratie" genannt werden kann, keine Entweder-Oder-Qualität ist, sondern daß sich alle Demokratien wie alle anderen Staatsformen auch – intra- wie international – in einem ständigen Prozeß des STRUKTURELLEN WANDELS befinden. Unter veränderten wirtschaftlichen und technologischen Rahmenbedingungen, ja auch schon bei anderen demokratischen Allianzen werden unvermeidlicherweise andere Strukturmerkmale kritisch. Vor jeder Diskussion der Strukturmerkmale ist festzustellen, daß – auch nach der erfolgreichen „dritten Welle" und bei großzügigster Interpretation von „Demokratie" – nur ein Teil der Staaten Demokratien sind. Zwischen 1974 und 1990 sind mindestens 30 Staaten in das Lager der Demokratien übergetreten, so daß sich deren Anzahl fast verdoppelt hat. Doch wenn man den Bevölkerungsanteil mißt, der in Demokratien lebt, so bewegt er sich auch heute kaum über einem Drittel der Weltbevölkerung, und es ist unwahrscheinlich, daß dieser Anteil jemals wesentlich höher ausfallen wird (Huntington 1984). Zwar besteht kein notwendiger und kein kausaler Zusammenhang zwischen Einkommen und Demokratie[12] – auch einkommensschwache Länder können demokratisch sein, wenn sie die notwendigen Infrastrukturleistungen in Bildung und Gesundheitspolitik erbringen und eine ausgeglichene Einkommensverteilung erreichen (Poppovic/ Pinheiro 1995: 78); doch verwundert es nicht, daß 70 Prozent der Hocheinkommensländer Demokratien sind und umgekehrt 71 Prozent der armen Länder von autoritären oder totalitären Regimen beherrscht werden (Allison/Beschel 1992: 84). Der zu erwartende Bevölkerungszuwachs aber verschiebt sich immer mehr zugunsten der armen Länder.

Zweitens ist der Prozeß der Demokratisierung und Entdemokratisierung bzw. der Reform und der Umgewichtung demokratischer Konstituentien ein ZYKLISCHER PROZESS, und zwar nicht nur für die neuen und armen, sondern auch für die alten und wohletablierten Demokratien. Für alle neuen Demokratien gilt ein Drei-Phasen-Modell, das vor allem durch Blockaden in der wirtschaftlichen und sozialen Entwicklung gekennzeichnet ist (Arat 1991: 9 ff.): In einer ersten hoffnungsvollen Phase eröffnen sich neue Bürgerrechte und politische wie wirtschaftliche Organisationsmöglichkeiten, wenn auch die wirtschaftlichen Gewinne und die sozialen Chancen noch zurückbleiben; die neugewonnene Legitimitätsbasis trägt diese Effektivitätsmängel. In der zweiten Phase hat das Land stabile politische Verhältnisse mit gesicherten politischen Rechten und Organisationsformen erreicht; gleichzeitig verfestigen sich die wirtschaftlichen und sozialen Unterschiede und Gegensätze, während ein Einkommensausgleich oder eine Umverteilung der Ressourcen noch nicht in Sicht ist; es werden im Gegenteil Tendenzen der Monopolisierung und Oligopolisierung, der Diskriminierung und des Ausschlusses immer spürbarer.

In einer dritten Phase schließlich bricht auch das Legitimitätseinverständnis ein, und das Regime antwortet angesichts der Unzufriedenheit einer Mehrheit der Bevölkerung bzw. beginnender sozialer Unruhen mit diktatorischen Maßnahmen, die mit Demokratie und Marktwirtschaft kaum mehr vereinbar sind. Auch in den alten Demokratien folgt auf jede Welle des demokratischen Aufbruchs – z. B. der Steigerung der Massenpartizipation, der parteipolitischen Mobilisierung, des politischen Engagements und der Interessenartikulation – eine Rückwelle der Enttäuschung und Ermüdung, der „Politikverdrossenheit" und der Reprivatisierung (Hirschman 1984: 101 ff.). Bei den Regierenden werden Eigeninteresse, Korruption und Bestechlichkeit sichtbar, bei den Regierten erhebt sich Widerstand gegen die Höhe der Wohlfahrtszahlungen bzw. gegen eine weitere Umverteilung der Einkommen und Ressourcen; die gesamte Politik gerät in eine „moralische Krise" (C. S. Maier 1994: 53 ff.). Insgesamt folgt so auf jede Welle der Demokratisierung ein Rückschlag des Autoritarismus oder der Revision und Verhärtung. Dieser vermindert mitunter nicht nur die Zahl der verbleibenden Demokratien wieder um einen spürbaren Anteil[13], sondern verändert auch die Qualität der verbleibenden Demokratien. Typisch ist ein Übergang von einer Demokratie mit stark partizipativen Zügen, mit Einkommensausgleich und großem Infrastrukturaufbau, mit einer keynesianischen Wirtschaftslenkung und großen Volksparteien, über eine Phase der Liberalisierung und der Entfaltung der Interessenpolitik bis zu einer Form der postliberalen Demokratie. In dieser dominiert der „possesive Individualismus" und das Schwarzfahrertum. „Geschäfte unter der Hand", vorbei an der Steuer und der Gemeinwohlverpflichtung, machen sich breit, und die moralische Einheit der politischen Gemeinschaft geht verloren (Schmitter 1995: 20).

Drittens gibt es VERSCHIEDENE FORMEN der Demokratie nicht nur in den flügge gewordenen neuen Demokratien, sondern auch in den wohletablierten alten Demokratien, ja, die Variabilität und Flexibilität der Demokratien scheint gerade ihren Vorteil gegenüber den Autokratien auszumachen. Vom klassisch-liberalen Standpunkt aus gesehen sind die NEUEN DEMOKRATIEN fast immer „restringierte" Demokratien oder Demokratien „mit Schlagseite", insofern etwa Großteilen der Bevölkerung wirtschaftliche und soziale Rechte oder Chancen vorenthalten bleiben, insofern eine oligarchische Elite sich aus einem eng begrenzten Teil der politischen Klasse rekrutiert oder sich wenig an das eigene Land gebunden fühlt, insoweit der Staat massiv in die Unternehmensstruktur und die Eigentumsverhältnisse eingreift, insoweit die Verwaltungsstruktur zentralistisch und dirigistisch bleibt oder überhaupt das Land unter Ausnahmerecht steht (Stavenhagen 1990: 48 ff.). In gewisser Weise sind diese Demokratien „überpolitisiert" oder „unterinstitutionalisiert"; d.h., die Konkurrenz um politische Ämter und Wählerstimmen wird vielfach mit Gewalt ausgetragen und findet außerhalb der dafür vorgesehenen politischen Institutionen statt; Kompromisse sind hier schwer zu erzielen, die politischen Machthaber befinden sich trotz ihrer oft autoritären Machtfülle in einer ungesicherten Position gegenüber den übrigen Elitenangehörigen (Sangpam 1992: 402).

Auf der anderen Seite gleicht keine der ALTEN DEMOKRATIEN – nach Organisationsstruktur und geschichtlichen Erfahrungen bzw. Empfindlichkeiten – ganz der anderen. Nach ihrer Regierungsform reichen sie von einer mehr repräsentativen bis zu einer eher plebiszitären Demokratie; die Führungsspitze kann mehr nach dem Präsidial- oder mehr nach dem Konsortialprinzip organisiert sein; die Wirtschaftstätigkeit kann mehr dem Modell des Marktliberalismus oder eher dem des Korporatismus folgen; die Rechtfertigung der Politik kann mehr in Autonomie und Selbstbestimmung oder mehr in Wohlfahrt und sozialer Gerechtigkeit gesucht werden; die Wirschaftspolitik kann mehr an Eigeninteresse und Konsum oder mehr an Allgemeinwohl und Investition appellieren, bei letzterem kann mehr die Erhaltung der Arbeitsplätze oder die Förderung der Produktivität im Vordergrund stehen usw. Man kann behaupten, daß Demokratien anpassungsfähig bleiben, insofern sie ausgewogene Mischungen aller dieser Momente darstellen, die – je nach Ebene und Funktion und von Problemlage zu Problemlage unterschiedlich – jeweils andere Kombinationen und Konfigurationen ermöglichen.

Der kritische Punkt in unserem Zusammenhang ist nun, daß die Entscheidung für die Demokratie nicht alle Probleme innerhalb und zwischen den Staaten lösen kann. Schließlich stehen diese verschiedenen Formen von Demokratie teils in Konkurrenz zueinander, teils schließen sie sich zu strategischen Allianzen zusammen. Was die Gestalt der zu erwartenden „Weltordnung" betrifft, so wird sie in der nächsten Zukunft vielleicht am stärksten von den drei Formen der Demokratie und des Kapitalismus der USA, Japans und Westeuropas bestimmt, obgleich die Verkürzung dieser vieldimensionalen, in einen globalen und komplexen Organisationszusammenhang eingespannten Konkurrenz auf einen bloßen „Handelskrieg" (Thurow 1993) zum Bereich der Sensationsschriftstellerei zählt und gerade zur politischen Agitation taugt.

Viertens ist es nicht damit getan, daß möglichst viele Staaten, als Nationalstaaten oder als Quasi-Nationalstaaten, sich zur Regierungsform der Demokratie bekennen, da zum einen die Demokratie ein MEHREBENENPROBLEM ist; zum andern sind die Staaten nicht die einzige Organisationsform, die die internationale Politik bestimmen. Was gewissermaßen die politische Qualität einer Demokratie ausmacht, also ihre Friedensfähigkeit, aber auch ihr menschliches Entwicklungspotential, hängt sehr viel von der Verbindung von lokaler, regionaler und gesamtstaatlicher Ebene ab. Haben diese Ebenen ein zu unterschiedliches Gewicht, bleibt die demokratische Regierungsform auf eine Ebene beschränkt; sind diese Ebenen miteinander sogar unvereinbar, so bleibt trotz der nationalstaatlichen Demokratie ein großes Konfliktpotential und ein geringes Entwicklungspotential bestehen. Die größte Konfliktgefahr liegt heute nicht mehr zwischen den Nationalstaaten, sondern zwischen Ethnien innerhalb von Nationalstaaten bzw. in der Entstehung von regionalistischen und separatistischen Bewegungen, die sich vom Nationalstaat unterdrückt oder vernachlässigt oder in ihren Entwicklungsmöglichkeiten eingeschränkt sehen (Moynihan 1993). Von einem durchgreifenden internationalen Demokratisierungseffekt ist dann zu sprechen, wenn diese Ebenen TRANSNATIONAL miteinander verbunden sind, wenn also Stadt mit Stadt, Region mit Region – über die Nationalstaatsgrenzen hinweg oder unter ihnen hindurch – in intensive Austauschbeziehungen treten können und wenn sich dieser Austausch nach demokratischen bzw. marktwirtschaftlichen Prinzipien vollzieht. Lediglich diese transnationale Öffnung erleichtert die Unterordnung unter supranationale Herrschafts- und Funktionsordnungen, ohne daß der „Souveränitätsverlust" mit einem „Funktionsverlust" gleichgesetzt werden müßte.

Zum andern wird das internationale System nicht mehr allein durch ein Aggregat von Nationalstaaten und ihre diplomatischen Beziehungen repräsentiert, sondern durch eine Fülle von intergouvernementalen und interorganisatorischen Beziehungen, verbunden mit IGOs – international governmental organizations – und INGOs – international non-governmental organizations –, aber auch mit TNOs – transnational organizations – und nicht-organisatorischen, d.h. informellen, spontan entstandenen und gesellschaftlichen transnationalen Beziehungen mit globalen Netzwerken und Foren (Young 1995: 207). Diese anderen Organisationen können die Nationalstaaten nicht ersetzen; sie ermangeln gerade deren konstitutiver Momente, wie dem Territorium, der Rechtshoheit, der Verfügungsgewalt über natürliche Ressourcen und schließlich auch über Menschenleben; sie sind auf die Effektivität der Nationalstaaten angewiesen und in diesem Sinne derivativ; dennoch vermögen die Nationalstaaten ohne diese Organisationen nichts mehr: Das „internationale" System – „IN-

TER nationes" im wörtlichen Sinn – ist nur noch funktionsfähig in enger Verkoppelung mit der über die Nationalstaatsgrenzen hinausreichenden „TRANSNATIONALEN GESELLSCHAFT". Umgekehrt wird die Friedensprämie der nationalstaatlichen Demokratien dann fällig, wenn und insoweit diese transnationale Verflechtung gelingt. Das Bedenkliche daran ist, daß ein großer Teil dieser nicht-staatlichen Organisationen wie auch der Staaten selbst nicht demokratisch regiert ist: Ein Teil davon, wie die Freihandelszonen und Finanzmärkte, funktioniert nach marktwirtschaftlichen Gesetzen, ein anderer Teil, z.B. die NATO oder ähnliche Verteidigungsbündnisse, aber auch multinationale Unternehmen in einer dominanten Position, ist autoritär-hierarchisch regiert, während sich wieder ein anderer Teil, wie die Zusammenarbeit der starken Finanzmächte unter dem Dach der G-7, einer demokratischen Kontrolle entzieht. Eine noch so weitgehende Demokratisierung der Nationalregierungen wird diese Verhältnisse nicht grundlegend verändern können. Die dritte Welle der Demokratisierung steht vor dem Paradox, daß das Volk in dem Moment zum Souverän wird, da es keine Volkssouveränität und keine unabhängigen demokratischen Nationalstaaten mehr gibt, sondern die Demokratie nur noch in einem globalen Rahmen, quasi als „kosmopolitische Demokratie" (D. Held 1993: 37 ff.) effektiv werden kann. Diese Kosmopolitisierung aber müßte neben der UNO oder gegen die UNO erfolgen, die immer noch der Garant des Nationalstaats ist.

Fünftens erweisen sich Demokratien als konstitutionell unfähig zu INTERVENTIONEN. Das scheint zunächst gerade ein Vorteil und eine Vorbedingung ihrer Friedensfähigkeit zu sein; letztlich muß damit aber eine „demokratische Weltordnung" jeden Anspruch auf Gerechtigkeit aufgeben und untergräbt damit ihren eigenen Legitimitätsanspruch. Nach ihren Prinzipien der nationalen Selbstbestimmung und der Nichteinmischung bleibt eine solche Weltordnung auf die Regelung zwischenstaatlicher Konflikte und auf die Allianzenbildung beschränkt, während innerstaatliche Verhältnisse – seien sie anomischer Natur oder seien sie ganz planmäßige verbrecherische Akte von Diktatoren an ihrer eigenen Staatsbevölkerung – völlig außer acht bleiben. Parteipolitische Liquidationen und ethnische Säuberungen, Bürgerkriege und Sezessionen haben keinen Platz in diesem demokratischen Weltbild. Obwohl demokratische Staaten – zur Erhaltung ihrer eigenen Legitimitätsbasis – jeden Grund hätten, überall dort einzugreifen, wo Menschenrechte mißachtet, wo Selbstbestimmung und Selbstregierung unmöglich gemacht werden, wo eine Demokratie zerstört wird, führen doch die demokratischen Staaten längst keinen „demokratischen Kreuzzug" mehr. Sie verfolgen keine „positiven" Ziele mehr – auch wenn sie dies in Verbindung mit „negativen" Zielen gelegentlich vorgeben und sich dies von der UNO bestätigen lassen: also weder die Durchsetzung der Menschenrechte noch der Demokratie, nicht des freien Marktes noch gar der wirtschaftlichen oder sozialen Gerechtigkeit. Sie greifen erst ein, wenn eigene materielle, sicherheitspolitische nationale Interessen bedroht sind (M. Walzer 1995: 55). Sogar wenn sie unmittelbar in Mitleidenschaft gezogen werden – durch Ströme von Flüchtlingen und Asylsuchenden, durch Hilferufe eigener Staatsangehöriger oder verwandter Ethnien: Es überwiegt heute doch stets der sozusagen natürliche Impuls zur NICHT-INTERVENTION.[14]

So sind die staatlichen und internationalen Einwirkungsmöglichkeiten im Rahmen der UNO schnell erschöpft; Hoffnungen auf eine DEMOKRATISCHE LÖSUNG bestehen – so paradox es klingt – lediglich außerhalb des nationalstaatlichen demokratischen Internationalismus: im Bereich der TRANSNATIONALEN Wirtschaftsbeziehungen, der globalen Kommunikation sowie der transnationalen funktionalen Regime. Besonders beeindruckend ist der internationale Stimmungswandel, der durch die Massenmedien, vor allem das Satellitenfernsehen, erreicht worden ist.[15] Die vielleicht wichtigste Einwirkungsmöglichkeit bieten dennoch die transnationalen Wirtschaftsbeziehungen im Handel, im Finanzverkehr, in der technischen Zusammenarbeit in Produktion und Produktentwicklung, in der Verflechtung von Rohstofferschließung, Transportwesen, Forschung und technologischer Entwicklung. Allerdings hat mit der Erstarkung dieser transnationalen Gesellschaft auch eine lebhafte Zirkulation von Drogen, eine gewaltige Ausdehnung des mafiaartig organisierten Verbrechens, von Waffenlieferungen und Industriespionage eingesetzt, die von einem Staat oder auch der internationalen Gemeinschaft nicht mehr zu kontrollieren ist. Inter- und intranationale Konflikte, Verbrechen gegen die Menschlichkeit und internationale kriminelle Vereinigungen, ebenso Hungersnöte, Seuchen und politische Unfähigkeit sind nicht durch einzelne Kraftakte im akuten Notfall zu beheben – da ist es in der Regel schon zu spät; sie sind strukturell bedingt und bedürfen einer systematischen Prävention. Diese Prävention muß einerseits positiv auf Strukturentwicklung und auf Integration in funktionale Interdependenzen angelegt sein, andererseits muß sie auch negativ jederzeit einsetzbare Abwehrallianzen zusammenschmieden. Dies ist jedoch nach den gegebenen Umständen nicht von einer Allianz der Demokratien zu erwarten, sondern von der jeweils stärksten Weltmacht. Auf absehbare Zeit sind dies noch die USA; insoweit sie demokratisch bleiben und sie trotzdem die Rolle des „Weltpolizisten" übernehmen, ist eine Interventionspolitik im Geiste der Demokratie wenigstens denkbar; insoweit sie dazu nicht bereit und in der Lage sind, bleibt die „demokratische Weltordnung" eine politische Utopie.

Was für Interventionen gilt, gilt sechstens erst recht für systematische und langandauernde Entwicklungsanstrengungen. Zwar ist es ein alter demokratischer – von den westlichen Industrieländern, aber auch von UNO und Weltbank genährter – Wunschtraum, daß eine gewissermaßen selbstevidente Korrelation zwischen DEMOKRATISIERUNG UND ENTWICKLUNG besteht. Doch insoweit Entwicklung mehr verlangt als einen vorübergehenden Kapitalzufluß und eine generelle Marktöffnung, sieht die Wirklichkeit anders aus. Gerade was die zahlreichen, mit Entwicklung befaßten Organe der UN betrifft, so haben sich in den letzten 40 Jahren die Vorstellungen über Entwicklung und über Demokratie ganz wesentlich gewandelt. Obwohl die Probleme des Außenhandelsungleichgewichts, der Schuldentilgung, von Hunger und Armut, der Übervölkerung und der damit verbundenen Bevölkerungsbewegungen über die Grenze, von Drogenschmuggel und AIDSverbreitung usw. die Vereinten Nationen mit zunehmender Dringlichkeit beschäftigt haben, findet eine grundsätzliche Rückbesinnung auf die Entwicklungsaufgabe erst statt, seitdem der Kalte Krieg beendet ist und die vorher alles überwältigende Sicherheitsaufgabe in ihrer Bedeutung zurückgetreten ist (Childers/Urquart 1994: 53 f.). Doch dies hat nichts mit einer demokratischen Wiedererneuerung der UN zu tun, sondern eher mit der Abwertung oder Selbstblockade des Sicherheitsrates und mit der Aufwertung der Generalversammlung, die von den Entwicklungsländern dominiert wird.[16] Immerhin aber hat ein entscheidender Bewußtseinswandel bezüglich der Entwicklungsproblematik stattgefunden, und darin herrscht auch weitgehend Konsens (Rivlin 1995).

Zum einen ist klar geworden, daß Entwicklung nicht allein ein wirtschaftliches, sondern auch ein politisches, sozialstrukturelles und nicht zuletzt ein kulturelles Problem ist.[17] Man kann nicht mit der Einkommensverteilung in der Welt, mit dem Prokopfeinkommen oder der Erfüllung von „Grundbedürfnissen" operieren, ohne auf STRUKTURAL-FUNKTIONALE

GRUNDERFORDERNISSE in politischer und gesellschaftlicher Hinsicht einzugehen (Streeten 1995: 25 f.). Politische Grunderfordernisse aber sind nun einmal überall die Effizienz der Verwaltung, die die Übersicht behält, die Legitimität der Regierung, die Ausmerzung von Korruption und Vetternwirtschaft, die Steigerung des Verantwortungsbewußtseins der Elite gegenüber den Herrschaftsunterworfenen, die Garantie der Rechtsgleichheit aller und die Eröffnung von Partizipationschancen nach Leistung und Kompetenz. Insgesamt ist vor allem politische Stabilität und ein politisches Klima erforderlich, das Neuerungen begünstigt; ohne beides sind langfristige Entwicklungen und eine planmäßige Entwicklungspolitik unmöglich. Schließlich kann eine Gesellschaft nur entwicklungsfähig bleiben, wenn sie sich nach den eigenen Traditionen, Werten und Institutionen, also gemäß der eigenen Kultur entwickeln kann (Gyekye 1994: 55). Allerdings ist Kultur nichts Statisches; sie ist dann lebendig, wenn sie Neuerungen integrieren oder aus sich selbst hervorbringen kann. Tradition und Kultur sind kein Entwicklungsalibi. Letztlich ist so Entwicklung ein ETHISCHES PROBLEM: das Problem nämlich, ob man sich zu einer moralischen Gemeinschaft rechnet und ob man zu dieser Gemeinschaft steht und einen erheblichen Teil seiner Lebensenergie in deren Entwicklung – verbunden natürlich mit der eigenen persönlichen Entwicklung – investieren will.

Entwicklung wird heute allgemein als ein GLOBALES PROBLEM begriffen. Wenn auch die Perspektiven von „Süd" und „Nord" immer noch sehr unterschiedlich sind und bleiben werden – der Norden sorgt sich um Luft- und Wasserverschmutzung, um globale Erwärmung und Armutswanderung, der Süden um Hunger und Seuchen, um Ressourcenerschließung und industrielle Entwicklung –, so ist doch klar geworden, daß es ein Problem der „Überentwicklung" oder besser der Fehlentwicklung, des Raubbaus und der psychosozialen Perversion im Norden gibt und daß dieses Problem die Rückseite des Problems der „Unterentwicklung", der Apathie, der Verantwortungsverschiebung und Korruption im Süden ist.

Beides sind schließlich Probleme des industriellen Konsumismus, des Besitzindividualismus, des Zerfalls der moralischen Gemeinschaft und der Anomie. Beide Entwicklungsprobleme verbinden sich im Problem des „umweltverträglichen Wandels".[18] Die Entwicklung erweist sich zum erstenmal als ein wirklich globales Problem, das sich nicht mehr in einer bloßen Schuldzuweisung und Symptombehandlung erschöpfen kann, sondern das nach Ursachenforschung und funktionaler Reorganisation verlangt. Im Grunde ist die „Dritte Welt" – als rhetorische Formel und ideologische Rechtfertigung *Pro* und *Contra* – verschwunden. Einerseits ist klar geworden, daß es in den positiven wie in den negativen kollektiven Gütern, z. B. im Rohstoffverbrauch wie in der Umweltverschmutzung oder -zerstörung, um einen gemeinsamen Lebensraum geht, der nur noch schwer in Domänen und Reservate aufzuteilen ist; zum andern ist das Bewußtsein, daß wir alle zusammen eine globale moralische Gemeinschaft bilden, stark gewachsen. Dazu bedarf es keiner ausgesprochen „humanitären" Einstellung mehr, dafür sorgen schon die realen Flüchtlingsströme und die noch drohenden Armutsmigrationen, aber auch schon die ganz reguläre Arbeitsmigration innerhalb der EG, die Export- und Rohstoffabhängigkeit der Industrieländer auf der einen Seite, das international organisierte Verbrechen, der grenzenlose Rauschgifthandel wie der ebenso grenzenlose Tourismus auf der anderen Seite.

Obwohl die UNO in ihrer Charta die demokratischen Grundrechte proklamiert und sie ihrem Schutz unterstellt, kann man sie nicht gerade als eine Vereinigung von Demokratien betrachten. Obschon die transnationalen Organisationen am besten in einem politischen Klima der Freiheitsrechte und des Freihandels, der Rechtssicherheit und der Zivilgesellschaft gedeihen, werden sie selbst wohl kaum demokratisch geführt, und sie tragen auch wenig zum Aufbau von Demokratien bei. So ist auch unter diesem Aspekt das Verhältnis von Demokratie und Entwicklung erneut zu prüfen. Unter keinen Umständen kann das JAPANISCHE MODELL generalisiert werden, das darauf beruht, daß die Einbeziehung weniger privilegierter Gruppen die Kontinuität und Stabilität der Regierung erhöht, diese aber zu einer Umverteilung zugunsten der Minderprivilegierten genutzt wird, was wiederum die Partizipation erhöht (Kabashima 1993; Munslow/Ekoko 1995: 162 f.). Dieses für die Entwicklung fast durchwegs positive Modell beruht auf Voraussetzungen, die nur selten gegeben sind, wie z. B. auf ethnischer Homogenität, relativ hoher Allgemeinbildung, Rechtsgleichheit, relativ geringen Einkommensdifferenzen usw. Unter diesen Umständen ist eine positive Korrelation von Demokratisierung und Entwicklung kaum zu bestreiten. Sind diese Bedingungen jedoch nicht gegeben oder herrscht gar ihr Gegenteil vor, dann entsteht der „Teufelskreis" des POPULISTISCHEN MODELLS: Mehr politische Partizipation führt vielleicht zu größerer sozioökonomischer Gleichheit, jedoch zu geringer sozioökonomischer Entwicklung und geringer Regierungsstabilität, da sich eben keine moralische

Gemeinschaft herausbildet; vielmehr sucht eine Gruppe auf Kosten der anderen Sondervorteile zu erzielen (Huntington/Nelson 1976: 24f.; Marsh 1979; Weede 1983).

Den gleichen negativen Zirkel bewirkt auch das NEO-LIBERALE MODELL, das zwar mehr politische Partizipation ermöglicht, jedoch fast ausschließlich an die individuellen Erwerbsinteressen appelliert, damit aber die sozioökonomische Gleichheit zerstört und zur Ausbeutung der Umwelt führt; die damit verminderte soziale Integration und politische Stabilität soll durch die Begründung autoritärer Regime ausgeglichen werden, die ihrerseits wiederum die politische Partizipation drosseln. Möglicherweise kommt es zu einer anhaltenden sozioökonomischen Entwicklung, insofern die Regierungsstabilität gesichert ist; Demokratie und Entwicklung stehen sich in diesem Fall jedoch konträr gegenüber (McNamara 1990; Przeworski 1991).

In keinem dieser drei Modelle erfüllt sich das Wunschdenken von UNO oder Weltbank, wonach die bloße Steigerung der politischen Partizipation sich automatisch mit einer Mobilisierung der ökonomischen Kräfte verbindet (Held 1993: 23). Da hilft auch ein RADIKAL-DEMOKRATISCHES Modell nichts, dem es um die plebiszitäre „Ermächtigung" des Volkes geht, ob auf demokratische oder charismatische, auf autokratisch-kollektivistische oder liberal-privatistische Weise. Was helfen könnte, wäre die Dezentralisation der Macht und die Verlagerung der Entscheidungsbefugnisse von größeren auf kleinere Einheiten. Doch wo keine Zentralmacht hinter Recht und Gesetz steht, da bedeutet Dezentralisierung Zerfall; wo die alten Gemeinschaften sich in Privatisierung und Individualisierung verlieren, da beginnt sich die Zivilgesellschaft aufzulösen. So gibt es keinen statistischen und kausalen Zusammenhang zwischen Demokratisierung und Entwicklung. Wo beide miteinander korrelieren, sind dritte Faktoren im Spiel, die die Aufrechterhaltung oder den Ausbau der moralischen Gemeinschaft betreffen (Munslow/Ekoko 1995: 159).[19]

Siebtens können selbst die entwickelten Demokratien von innen ausgehöhlt werden, und zwar durchaus im Namen der Demokratie. Die in den USA und in den westeuropäischen ehemaligen Kolonialstaaten England, Frankreich, Niederlande und Portugal, aber auch in der Bundesrepublik Deutschland beliebteste und scheinbar progressivste Form der Demokratisierung ist der MULTIKULTURALISMUS.[20] Gemeinsames Mißverständnis unterschiedlicher Auffassungen scheint zu sein, daß es „Demokratie" OHNE einen gemeinsamen *demos* als Legitimationssubjekt geben könne. Sicher gibt es sehr unterschiedliche Rekonstruktionen dieses *demos* – die von der tatsächlichen oder unterstellten ethnischen Verwandtschaft bis zur Vertragsfiktion und von der „Kulturnation" bis zur „Staatsnation" reichen; doch niemals gibt es eine Demokratie ohne eine Gemeinschaft, die durch Gemeinsamkeit, Gleichheit und Gemeinwohlverpflichtung definiert ist. Die Alternative einer Demokratie wäre ein reiner Macht- oder Imperialstaat feudaler oder sowjetisch-ideologischer Art, der Völkerschaften ohne Gemeinsamkeit und unter dem Prinzip des *divide et impera* zusammenzwingt.[21]

Demokratie erfordert zum einen SOLIDARITÄT, wie immer sie begründet sein mag: rein rational als Wertschätzung der Rationalität der politischen Entscheidungen selbst oder mehr emotional als Gefühl der Gemeinschaftsverpflichtung vor allem gegenüber den Macht- und Wehrlosen (Raz 1994: 77). Grundsätzlich ist es unmöglich, die Rechte der Gruppen gegen die der Individuen auszuspielen: Wurzellose Individuen sind genauso unerwünscht wie totalitäre, den Einzelnen verschlingende Gruppen. Demokratie setzt ein gewisses Gleichgewicht zwischen beiden voraus: Auch bei einem noch so liberalen Verständnis verstößt ein Multikulturalismus, der dem Individuum keine Abwehr- oder Emanzipationsmöglichkeit gegen die Ursprungsgruppe offenläßt, genauso gegen die Demokratie wie ein kulinarischer Multikulturalismus, der jede Gruppenbindung und Gemeinschaftsverpflichtung verneint. Zum andern müssen Werte als WERTVOLL erachtet werden. Es ist politisch selbstdestruktiv, Multikulturalismus mit totalem Wertrelativismus gleichzusetzen. In den Vereinigten Staaten ist klar geworden, daß – wenn auch der Wertpluralismus zu bejahen und unhintergehbar sein mag – ein Zentrum und eine Mehrheit gegeben und als solche geachtet sein muß und die Toleranz gegenüber der Marginalität nicht in eine Intoleranz gegenüber der Mehrheit verkehrt werden darf (Raz 1994: 72f.; Etzioni 1997: 279–291). Multikulturalismus muß auf allen Seiten die Bereitschaft zum Wertwandel bedeuten, sonst ist er eine politische Lüge. Und Wertwandel schließt in einer Welt, in der sich viele Kulturen begegnen, eine gewisse Universalisierung der Werte ein, z.B. in der Rechtsstellung der Frau, in der Trennung von Kirche und Staat. Dort, wo der Multikulturalismus entweder die Universalisierung unterdrückt oder in der völligen Abwertung oder Kulinarisierung der Werte endet, dort endet auch das Selbstverständnis eines politischen Liberalismus, der von einem Minimum an Gemeinschaftsverpflichtung getragen sein muß. Statt von „Multikulturalismus" sollte man vielleicht besser von „TRANSKULTURALISMUS" sprechen. „Transkulturalität" ist die Fähigkeit des Mitglieds einer Kultur – sei es einer bestimmten National- oder Regionalkultur, einer bestimmten Schicht- oder Standeskultur –, sich fremdes Kulturgut in modifizierter Form zu assimilieren und in verschiedenen Lebensformen und Kulturstilen zu Hause zu sein, die je nach Situation aktualisiert werden können. Diese Fähigkeit wird vor allem durch die technischen Möglichkeiten der neuen Massenkommunikationsmittel, durch Freizeit- und Unterhaltungsindustrie, durch Mode und Tourismus, sicher auch durch Immigration gefördert (Welsch 1992: 11). Was diesen Begriff der Transkulturalität von dem der Multikulturalität unterscheidet, ist der Verzicht auf einen hermetischen Kulturbegriff. Es ist das Verständnis, daß Kulturen schon immer aus Prozessen der Diffusion und Assmiliation, der Kontrastierung und Umkehrung entstanden sind; es ist das Bewußtsein, daß jede Behauptung von Einheit der Kultur, Einmaligkeit und Authentizität ein soziales Konstrukt ist. Der Multikulturalismus möchte am liebsten zurück zu Stammeskulturen, die es nicht mehr gibt und so nie gegeben hat; der Transkulturalismus hingegen nimmt die Realitäten einer globalen Kulturindustrie und Kulturdiffusion zur Kenntnis. Europa lebt seit Jahrhunderten von diesem transkulturellen Austausch. Italien, Deutschland, Polen usw. sind nur als „Kulturnationen" definierbar: Ihr Staatsgebiet hat vielfach gewechselt, und sie sind erst spät zu einer – recht unvollkommenen – staatlichen Einheit gekommen; aber auch die klassischen „Staatsnationen" Frankreich, Spanien und England definieren sich von der Kultur her. Für eine tatsächliche „Multikulturalität" besteht hier wenig Verständnis, wohl aber für „Transkulturalität". Vielleicht ist der Multikulturalismus, der ganz wesentlich ein amerikanisches Produkt ist, überhaupt anders gemeint. Was den weltweiten und unvergleichlichen Erfolg der amerikanischen Unterhaltungsindustrie ermöglicht hat, ist gerade die Fähigkeit, fiktionale Welten jenseits aller historischen Kulturen zu errichten, in denen jeder scheinbar frei wählen kann (Rieff 1993: 80).

Wenn man die besprochenen sieben Punkte einer DEMOKRATISCHEN WELTORDNUNG zusammenfaßt – die äußerst ungleiche Einkommensverteilung zwischen den Staaten von Süd und Nord, die Zyklizität der Demokratisierungsprozesse, die Unterschiedlichkeit oder Unvergleichbarkeit der meisten Demokratien als Regierungsform, die Verlagerung des Kontrollproblems von der nationalstaatlichen auf die transnationale Ebene, die Unfähigkeit der Demokratien zu Interventionen, die Vernachlässigung des Entwicklungsaspekts und die Gefahr der multikulturellen Desintegration –, dann muß man feststellen, daß sich die Vision einer gewissermaßen automatischen Selbstregulation von Demokratisierung und Marktöffnung, von Friedenssicherung und Entwicklungspolitik als unrealistisch und unhaltbar erwiesen hat. Zwar verspricht eine demokratische Ordnung dank der Vielfalt von Organisationen mehr Chancen für eine eigenständige Entwicklung, als sie eine zentral gelenkte Weltregierung bieten könnte; gleichzeitig aber ist der Mangel an Konfliktregelungs- und Umverteilungsmechanismen bzw. an langfristigen Entwicklungsvorgaben nicht zu übersehen. Vor allem ist das vielgepriesene „föderale Modell demokratischer Autonomie" (Held 1991: 161), wonach Organisationen und Gebietseinheiten schon dank ähnlicher Handlungsprinzipien und konstitutioneller Leitlinien zusammenarbeiten könnten, eine Illusion; ebenso bleibt der proklamierte „Internationalismus" in der Regel leer und folgenlos (Rieff 1995: 57); denn zu einer längerfristigen Kooperation und zur Erstellung kollektiver Güter mit großem Mitteleinsatz kommt es erfahrungsgemäß erst, wenn es eine hegemoniale Großmacht oder Führungsmacht gibt, die überproportionale Vorleistungen erbringt und genügend Vertrauenskredit der funktional gewichtigen Mitglieder auf sich vereinigen kann.

Wenn man diese realpolitische Vorbedingung berücksichtigt, impliziert der „demokratische Internationalismus" nicht einfach eine Auflösung oder Abmilderung der internationalen Staaten- und Herrschaftsordnung. Er stellt selbst ein ganz konkretes Herrschaftsprogramm dar: Es ist ein Programm der GLOBALEN FÜHRERSCHAFT DER USA – sie allein können derzeit noch eine hegemoniale Position einnehmen –, einerseits mittels des internationalen Marktes und einer Senkung der Führungskosten durch die Fragmentation der internationalen Bündnisse (C.Carr 1995: 67), andererseits durch die Wiedererrichtung von nationalen Einflußsphären und Machtbalancen, durch die Bildung von Handelsblöcken und das Gegeneinanderausspielen von Freund und Feind (Steel 1995: 51). Internationalismus und beinharter Nationalismus stehen nicht notwendigerweise im Widerspruch zueinander – nicht jedenfalls für den Gewinner in diesem Machtkampf.

Daß es Gewinner und Verlierer gibt, gilt dem demokratischen Internationalismus als Naturtatsache. Vor allem die Wohlhabenden und Gebildeten, die Mobilen und Anpassungsfähigen gehören zu den Gewinnern, während diejenigen mit unzureichenden oder veralteten Qualifikationen ihren Arbeitsplatz verlieren werden; es werden also die sozialen Ungleichheiten wieder zunehmen und eine Klassengesellschaft neuer Art wiedererstehen. Hier liegen auch die Grenzen des Internationalismus; denn ohne Melioration der bestehenden Verhältnisse verliert sowohl die Demokratie ihre Legitimitätsbasis als auch die internationale Gemeinschaft ihre moralische Rechtfertigung.

3. Eine neue geopolitische Ordnung ohne Moral?

Die Grundzüge des Designs einer künftigen Weltordnung lassen sich eher aus den „realpolitischen" Prinzipien einer GEOPOLITIK gewinnen als aus den sozusagen „ideal-politischen" Prinzipien der Demokratie und einer auf den *Pro-forma*-Nationalstaat gegründeten UNO. Diese Prinzipien mögen manchem ungeheuer reduktiv und auch unmoralisch erscheinen, doch angesichts einer fehlenden Weltregierung, einer funktionsunfähigen UNO sowie in Ermangelung einer in allen wesentlichen Funktionsbereichen führenden Supermacht bieten sie noch den wahrscheinlichsten und klarsten Ansatz für eine neue Weltordnung. Ethik hat nach unserem Ansatz mehr mit Machbarkeit und Verbesserung, mit der Durchsetzung von Minimalzielen und der Verhinderung der äußersten Notfälle als mit hohen Worten und einer moralischen Utopie ohne benennbare Akteure und Institutionen zu tun. Diese geopolitische Ordnung braucht im Grunde nicht erst geplant zu werden, sie liegt nicht irgendwo in der Zukunft, sondern sie beginnt sich bereits einzuspielen und wartet auf ihre Weiterentwicklung in der einen oder anderen Form, auf eine Umgruppierung der Allianzen je nach der funktionalen Vorzugsordnung und Kapazität der Beteiligten. So erlaubt die scheinbare Einfachheit des Designs auch keine sichere Zukunftsprognose; trotzdem ist eine statistische Globalvorhersage zumindest der wichtigsten Spannungsgebiete möglich.

Ziemlich unstrittig ist erstens, daß sich ein seit Jahrtausenden anhaltender Langzeittrend fortsetzen wird: daß eine immer kleinere Anzahl von politischen Einheiten immer größere geographische und politische Einheiten beherrschen oder funktional integrieren wird (W. Bell 1996: 11). Dies heißt nicht, daß eine „Weltdiktatur" entstehen wird – angesichts der rapide zunehmenden inter- oder transnationalen bzw. nicht gouvernementalen Institutionen, der bis heute bereits 50 weltweiten Informationssysteme und der von Jahr zu Jahr zunehmenden internationalen Rechtsvereinbarungen ist eher das Gegenteil einer scheinbar „anarchischen" Entwicklung wahrscheinlich.[22] „Weltordnung" heißt noch lange nicht „Weltregierung", eher eine Ansammlung von kleineren und halbautonomen lokalen und regionalen Einheiten, die global miteinander verbunden sind. Wachstum und Integration werden bestimmt nicht linear verlaufen, wenn man in Rechnung stellt, daß 95 Prozent des Bevölkerungswachstums bei den Entwicklungsländern liegen; daß der industrielle Output in der Welt sich die nächsten 100 Jahre verfünf- oder verzehnfachen wird, wobei die Hochtechnologierevolution fast ausschließlich von den hochindustrialisierten Ländern getragen wird; daß Kriege zwischen den Großmächten zwar unwahrscheinlicher werden, daß jedoch Kleinkriege, Mafiaunternehmen und Epidemien zunehmend an Bedeutung gewinnen (N. Sadik 1991).

Was den Design der neuen Ordnung betrifft, so kann er sicher nicht mehr so einfach definiert werden, wie es den Pionieren der Geopolitik, etwa Halford Mackinder und Karl Haushofer, vorschwebte (Tuathail 1992: 111). Sicher bleiben die bestimmenden Elemente MILITÄRISCHE MACHT und RÄUMLICHE bzw. FUNKTIONALE KOMPLEMENTARITÄT. Eine Allianzenbildung bzw. die Ausbildung einer Hegemonie – mit einer anerkannten Führungsmacht und funktional arbeitsteiligen Allianzpartnern – ohne räumliche Nähe erweist sich im geschichtlichen Rückblick als höchst selten und wenig haltbar (Starr/Siverson 1990: 243); dennoch ist unübersehbar, daß bei gegebenen technischen Mitteln eine schnelle und kapazitätsmäßig ausreichende Schiffs- oder Flugverbindung diese räumliche Nähe herstellen kann bzw. daß früher unüberwindliche Informations- und Kontrollprobleme heute durch globale elektronische Medien gesichert werden können (J.S. Nye/W. A. Owens 1996). Ebenso kann die Größe einer Hegemonialmacht nicht mehr allein nach ihren militärischen Mitteln und schon gar nicht nach ihrer bloßen Zerstörungskraft beurteilt werden. Von mindestens ebenso großer Bedeutung – und Voraussetzung einer weiterhin entwicklungsfähigen Militärmacht – ist die WIRTSCHAFTSMACHT eines Landes bzw. einer Allianz, wobei wiederum nicht das derzeit erzielte Bruttosozialprodukt und die Größe der Bevölkerung ausschlaggebend ist, sondern die Qualität der Produktion, der Gebrauch und die Verteilung der Produkte sowie die finanzielle Solidität einer wirtschaftlichen Entwicklung.[23] Ein ganz entscheidender Faktor für die Qualität der Produktion ist der technische Stand und die zu erwartende TECHNOLOGISCHE ENTWICKLUNGSKAPAZITÄT in ziviler wie in militärischer Hinsicht, d. h. ihre Innovativität und Adaptivität, aber auch ihr Ressourcen- und Energieverbrauch bzw. ihre ökologische Verträglichkeit (Chase-Dunn/Hall 1994: 268). Die größten Konfliktpotentiale sind heute gerade daraus zu erwarten, daß politisch definierte Staatsgebilde und Hegemonialbereiche nicht mit den ÖKOREGIONEN der Welt übereinstimmen (Byers 1991) – definiert nach natürlichen Ressourcen und bio-geographisch-klimatischen Bedingungen, nach Bevölkerungsdichte und -wachstum sowie nach dem Stand der Agrar- wie der Industriewirtschaft, dem Tourismus und der Freizeitwirtschaft wie der Erhaltung von Frischwasserreservoirs und Reinluftgebieten. Die Klammer zwischen Technologie und Ökologie, der Demographie und dem Ressourcenbedarf bildet letztlich das Wissen bzw. der WISSENSFORTSCHRITT (Giersch 1990: 8). Der Wissenstransfer aber ist in aller Regel – auch bei modernsten Kommunikationsmitteln – vom Personaltransfer abhängig. Dieser wiederum hat etwas mit gemeinsamen epistemologischen Voraussetzungen oder mit der gegenseitigen Wertschätzung von Kulturen zu tun, so daß bei einer noch so rationalen oder reduktiven Geostrategie, Geopolitik oder Geoökonomie kulturelle Faktoren niemals außer acht gelassen werden können (Daudel 1991: 54).

Das Erklärungsschema der Geopolitik ist relativ einfach, und es muß einfach und offen sein, wenn es ganz unterschiedliche geographische und geokulturelle Räume, technologische Entwicklungen und politische Intentionen oder Allianzen erfassen können soll. In seiner äußersten Abstraktion kann es sich bloß um ein formales TOPOLOGISCHES Schema handeln – das dann jedoch einen um so größeren Interpretationsspielraum enthält und eine empirisch operationale Erklärung erfordert. Insofern es immer um die Eroberung der Macht in einem politischen „Handlungsraum" geht, genügen zunächst die Begriffe ZENTRUM – Kern – PERIPHERIE bzw. Prozeßbegriffe wie ZENTRIERUNG und DEZENTRIERUNG, KONZENTRATION und DISSIPATION, ALLIANZENBILDUNG und POLARISIERUNG, um den unabschließbaren Machtkampf und Herrschaftsprozeß darstellen zu können (vgl.: Wallerstein 1982; Chase-Dunn/Hall 1994; Kowalewski/Hoover 1994). Hinter diesen Begriffen steckt keine besondere Dämonie der MACHT oder Machtverfallenheit des Menschen: Keine Macht – in unserer Zeit sind es hauptsächlich, wenn auch bei weitem nicht mehr nur die Staaten – kann sich diesem Kampf entziehen: Durch ihre bloße Existenz wird sie zum Aktionszentrum, zum begehrten Koalitionspartner oder Koalitionsführer; sie übt Einfluß aus, wenn sie groß und mächtig ist; sie löst Unsicherheit aus, wenn sie groß und schwach ist usw. Eine noch so tugendhafte Zurückhaltung nützt nichts – im Gegenteil würde dieses „widernatürliche" Verhalten als Verweigerung, als Gefahr oder Drohung empfunden; Anlaß genug für eine Sekundärmacht, in dieses „Machtvakuum" vorzustoßen. Umgekehrt bleiben schwache Mächte in aller Regel schwach; sie haben bestenfalls die Wahl, sich einer ihnen genehmen oder erfolgversprechenden Führungsmacht anzuschließen und sich nützlich oder vielleicht sogar unentbehrlich zu machen. Den Starken wie den Schwachen muß es darum gehen, in einer benevolenten Hegemonie zusammenzuarbeiten, mit angemessenen Mitteln Kontrolle über ihre weitere Umwelt und damit gemeinsam eine mittel- bis langfristige Entwicklungsperspektive zu gewinnen (Gray 1988: 30).

Vielleicht ist es noch sinnvoll, zwischen einem inneren und einem äußeren Kern sowie einer inneren und einer äußeren Peripherie zu unterscheiden: Zum INNEREN KERN gehören die funktional unentbehrlichen Staaten, die sich gewöhnlich durch die gleiche Produktivität wie die Führungsmacht, vielleicht sogar durch höhere Innovativität, zumindest aber durch eine besondere strategische Lage auszeichnen. Zum ÄUSSEREN KERN gehören die funktional nicht essentiellen, aber möglicherweise komplementären Staaten und Organisationen, die die Machtfülle, das Finanzvolumen oder die funktionale Integration des Kerns erhöhen. Zur „Peripherie" gehören alle die Staaten, Organisationen und sozialen Bewegungen, die der funktionale Kern beherrscht bzw. aus dem er einen wesentlichen Teil seiner Ressourcen zieht, wie z. B. Rohstoffe, Nahrungsmittel, wichtiger aber noch: Humankapital; sie ermöglichen ihm, seine eigenen Ressourcen zu regenerieren und sei es nur durch die Erhaltung der globalen Umweltqualität. Zur INNEREN PERIPHERIE gehören Gebiete, Rohstoffe, Organisationen und Gläubige, die für die Aufrechterhaltung der Hegemonie unverzichtbar sind; zur ÄUSSEREN PERIPHERIE gehören diejenigen Reserven, die die „innere Peripherie" zwar unterstützen, sie jedoch nicht in ihrer Funktion stören können. Der Austausch zwischen Zentrum und Peripherie ist notwendigerweise „ungleich", da das Zentrum die „terms of trade" bestimmt. Andererseits ist schwerlich von „gerechten" Preisen und Paritäten zu reden, da eine „Peripherie" ohne „Zentrum" ohne jedes wirtschaftliche Interesse wäre bzw. Alternativkosten und -preise nicht zu errechnen sind, was eine freie Wahl zwischen Hegemonien voraussetzen würde. Selbstverständlich kann diese Topologie nur funktional und idealtypisch gemeint sein, d. h.: Die Peripherie hat ihre Agenturen im Zentrum; Bevölkerungsteile des Zentrums sind funktional bedeutungslos oder dysfunktional in diesem System; erhebliche Teile der Bevölkerung in beiden Teilen gehören zur „Semiperipherie", d. h., sie transportieren Güter und Dienstleistungen vom Zentrum in die Peripherie und umgekehrt, und sie rebellieren teilweise sogar gegen das System, obwohl sie zentrale Funktionen für das System erfüllen.

Die Geopolitik ist in erster Linie eine Theorie der STAATEN und ihrer MACHTPOTENTIALE – doch wehe dem, der die Macht zu eng und den Staat zu weit definiert! Das Schicksal der Starken ist nicht zu beneiden: Sie alle, wie in der historischen Abfolge: Portugal, Spanien, England, Frankreich, die Niederlande, Rußland, Deutschland, Japan, nun möglicherweise die USA, verschleißen sich (Rasler/Thompson 1989: 21); sie überziehen ihre Kräfte; ihre Elite degeniert und muß aus der Peripherie ergänzt werden; Repression im Außenfeld zerstört die Zustimmung im Inneren. Aber auch die Schwachen ziehen nicht unbedingt Nutzen daraus: Den einen gelingt ein Koalitionswechsel, um allerdings noch mehr ausgebeutet zu werden oder einer ungewissen Zukunft entgegenzugehen; die anderen verlieren ihre Staatlichkeit oder ihre Mitbestimmungsrechte; wenige erreichen hier eine dauerhafte Verbesserung ihrer Position. Im übrigen geht es nicht allein um Staaten und schon gar nicht um isolierte Staaten. Noch keine Hegemonialmacht konnte für sich – auf ihre eigene Rechnung und zu ihrem exklusiven eigenen Nutzen – eine einigermaßen effektive und dauerhafte Hegemonialherrschaft ausüben. Es ist zunehmend von einem „Interdependenz-System" auszugehen, so daß es keine Einzellösungen der Supermächte mehr geben wird, sondern daß jeder Vorgang der Integration oder Desintegration eines Staats- oder Wirtschaftsgebietes sofort eine zunächst vielleicht verdeckte Gegenkoalition und Umpolung der regionalen und globalen Spannungsverhältnisse nach sich zieht (N. Brown 1992: 169). Jede Hegemonie setzt die Kooperation, das Einverständnis oder zumindest die Duldung anderer Staaten voraus, die in einem gemeinsamen Interesse miteinander verbunden sind, z. B. der militärischen Sicherheit untereinander oder gegenüber dem Außenfeld, der Förderung des Handelsaustausches oder des Technologietransfers, der Ermöglichung von Migration und der Angleichung von Lebenschancen. Die Führung kann eher monokratisch oder eher konsortial sein. Immer aber ist zu bedenken, daß Staaten ohne die Einschaltung von multinationalen Unternehmen und Bankenkonsortien, von internationalen und transnationalen Organisationen jeder Art, von Forschungs- und Weltanschauungsgemeinschaften, ja von eher spontanen, schwer organisierbaren politischen und sozialen Bewegungen einerseits und von privaten Beziehungen – wie in Verwandtschaft, Clique, Club – andererseits Riesen ohne Arme und Beine und mit wenig Gehirn sind.

Also geht es um mehr als um einen staatlichen Machtkampf, und HEGEMONIEN lassen sich überdies nicht durch eine Militärmacht oder Atomwaffen begründen. Die atomare Aufrüstung nach dem Zweiten Weltkrieg und die Faszination der Atombombe hat die Kausalzurechnung verdreht: daß nämlich die USA und die UdSSR keine Hegemonialmächte sind, weil sie über Atombomben verfügen, sondern daß sie sich Atombomben zulegen konnten oder mußten, weil sie Hegemonialmächte waren oder sein wollten (Gray 1988: 30 f.). England und Frankreich sind bei diesem Aufrüstungsprozeß ja gerade nicht zu Hegemonialmächten aufgestiegen, sondern sie haben ihre Kolonialreiche verloren, und die UdSSR ist zerfallen bzw. als Hegemonialmacht auf eine wackelige regionale Größe geschrumpft. Eine vollgültige Hegemonialmacht ist außerdem immer MULTIFUNKTIONAL: Sie muß die wesentlichen Herrschaftsfunktionen ihres Machtbereiches abdecken. Zu diesen Funktionen zählt vor allem eine Vorreiterrolle in der Technologie, wobei sich die Militärtechnologie nicht mehr so leicht forcieren und von der viel vielfältigeren und fruchtbareren Ziviltechnologie abkoppeln läßt (Brzezinski 1989: 194 ff.). Aus dem technologischen Vorsprung ergibt sich unter Umständen – wenn Rohstoffe hinzukommen und die notwendigen demographischen Voraussetzungen gegeben sind bzw. wenn sich damit eine offene und expansive Wirtschaftstätigkeit verbindet – eine wirtschaftliche Führung und der Aufbau einer globalen Finanzmacht. Bei einer gegenseitigen atomaren Blockade haben sich die entscheidenden hegemonialen Funktionen zweifellos vom Militärischen ins Ökonomische verschoben.

Die atomare Fixierung aber hat erstens die Erkenntnis verdunkelt, daß es Hegemonialmächte unterschiedlicher Reichweite und Qualität gibt: nämlich solche globaler oder regionaler Reichweite, expansive und prosperierende wie auch mit sich selbst beschäftigte und degenerative Hegemonialmächte, benevolente und ausbeuterische Hegemonialverhältnisse. Zweitens ist das Hegemonialproblem vor allem ein prohibitives oder sozusagen ein ÖKOLOGISCHES Problem; Hegemonien entstehen nicht unbedingt aus einem Generalstabsplan der Eroberung der Welt, sondern vor allem dort, wo Freiräume, wo unkontrollierbare Gefahrenzonen, wo akute Bedrohungen entstanden sind; die Erhebung einer Großmacht zur Hegemonialmacht fordert eine andere Großmacht heraus, ihr Paroli zu bieten usw. Schließlich muß es immer einen *primus inter pares* geben, also eine Hegemonialmacht im Hintergrund, die das bestehende internationale System in seinen Grundzügen gewissermaßen garantiert. Sie begünstigt z.B. das Entstehen einer weiteren Hegemonialmacht, duldet Ausgleichs- und Strafaktionen im Machtbereich einer anderen Hegemonie – „Nichteinmischung" – oder ahndet umgekehrt die Übergriffe einer Hegemonialmacht in einen anderen Hegemonialbereich. Dieser hegemoniale Schiedsrichter, der in der Regel unsichtbare oder zurückhaltende „Hegemon der Hegemonialmächte", sind seit dem Zweiten Weltkrieg zweifellos die USA und nicht die Vereinten Nationen.[24] Wenn man von diesem multipolaren oder ökologischen bzw. multifunktionalen Bild der Hegemonialbildung ausgeht, so gibt es gegenwärtig drei primäre Hegemonialmächte mit globaler und vier sekundäre Hegemonialmächte mit regionaler Reichweite (Galtung 1993: 28f.; S. B. Cohen 1994: 24ff.):

I. Die VEREINIGTEN STAATEN VON AMERIKA sind derzeit – militärisch und wirtschaftlich gesehen – die Hegemonialmacht der westlichen Hemisphäre sowie des immer noch ungeordneten Mittleren Ostens mit der besonderen Problematik Israels. Zur inneren Peripherie der USA gehören Mexiko auf der einen und Kanada auf der anderen Seite – die NAFTA –, während das übrige Mittel- und Südamerika zur äußeren Peripherie gerechnet werden muß. In Südamerika überschneiden sich allerdings amerikanische und europäische Wirtschaftsinteressen. Für die Länder des MERCOSUR – Argentinien, Brasilien, Paraguay, Uruguay – ist die EU der wichtigste Handels- und Entwicklungspartner, für die übrigen Länder allerdings die USA (Nolte 1995: 733). Des weiteren haben die USA überaus vitale europäische, arabische und südostasiatische Interessen, wenn sich nicht eine globale Unordnung breit machen soll, die selbst die engeren Regionalinteressen der USA bedroht (Howe 1994: 29).

II. Die frühere SOWJETUNION ist derzeit zwar lediglich eine Hegemonie ihrer selbst, die ihre Macht über Mittelosteuropa und die Baltischen Staaten verloren hat und über die Kaukasusvölker zu verlieren droht. Zum inneren Kern gehören Rußland und Weißrußland, eventuell der orthodoxe Teil der Ukraine und das nördliche Kasachstan mit einer mehrheitlich russischen Bevölkerung (Solschenizyn 1991: 5–30). Zur inneren Peripherie gehören die übrigen Republiken der ehemaligen Sowjetunion, die – auch bei einem weiteren Demokratisierungs- oder auch Zerfallsprozeß – durch vielfache wirtschaftliche und infrastrukturelle Bande an Rußland gebunden bleiben. Militärisch stellt die Sowjetunion nach wie vor eine Supermacht dar, der je nach der Entwicklung Chinas und des Persischen Golfs eine zentrale strategische Bedeutung zufällt.

III. CHINA wird in jeder Hinsicht eine Hegemonie eigener Art darstellen, die beim gegenwärtigen Entwicklungsstand auf ihr altes Staatsgebiet begrenzt bleibt und hinnehmen muß, daß sich Korea und Vietnam seinem Hegemonialbereich entzogen haben, und eventuell auch Tibet abfallen wird. China erfüllt derzeit wohl nur die militärischen Funktionen einer Hegemonialmacht – diese jedoch so nachhaltig, daß sie die trilaterale Balance zwischen den USA, Japan und Westeuropa gefährdet (Kreft 1997: 35 ff.); bei weiterer wirtschaftlicher und technologischer Entwicklung scheint jedoch eine Auseinandersetzung oder ein Arrangement mit der derzeit führenden nicht-atomaren Technologiemacht Japan unausbleiblich – was zu einer grundlegenden Umgruppierung der ganzen asiatischen Hegemonialsphäre führen müßte. Schon von der Bevölkerungsmasse von 1,3 Milliarden her stellt China – wenn es zudem etwas von seiner früheren kulturellen Dominanz wiedergewinnen wird – die Supermacht Nr. 1 dar, die von niemandem – es sei denn vom eigenen Isolationismus – bedroht werden kann, den Gang der Weltgeschichte jedoch in jeder Hinsicht mitbestimmen wird (Conable/Lampton 1992: 142 ff.).

IV. JAPAN übt dank seiner Wirtschaftsmacht und seines technischen Vorsprungs – wenn auch unter atomarer Rückendeckung der USA – zweifellos große hegemoniale Macht aus über Ost-Südost-Asien. Zur inneren Peripherie gehören Süd- und Nordkorea, die drei Chinas – die Volksrepublik China, Taiwan und Hongkong – sowie Vietnam – die buddhistischkonfuzianischen Länder; zur äußeren Peripherie gehören die ASEAN-Länder – Indonesien, Philippinen, Malaysia, Singapur, Thailand, die vier ehemals sozialistischen, inzwischen beigetretenen Länder Mongolei, Burma, Laos und Kambodscha, sowie Australien und Neuseeland und die anderen Pazifischen Inselgruppen – also immer noch und wieder die alte „Große Ostasiatische Ko-Prosperitätszone" (Hilpert 1993: 14). Der japanische Hegemonialbereich ist bevölkerungsmäßig der bei weitem größte der Welt, die Zurechnung von China ist allerdings zeitbedingt und nur partiell nach dem gegenwärtigen wirtschaftlichen und technologischen Stand gerechtfertigt. Nur die USA, Japan und Europa verfügen über weltweit geltende Währungen, vor allem aber bilden sie die Finanzzentren der Welt und haben die notwendige technologische Antriebskraft. China muß sich derzeit noch in finanzieller wie in technologischer Hinsicht an eine der drei Industriemächte anlehnen; welcher sie den Vorzug gibt bzw. wie sie diese gegeneinander ausbalanciert oder ausspielt, wird nicht wenig über Konflikt und Kooperation zwischen den primären Hegemonialmächten bestimmen.

V. INDIEN ist nicht mehr Führungsmacht der Blockfreienbewegung, aber es ist nach wie vor unbezweifelte Hegemonialmacht über Südasien, wobei Pakistan, Bangladesch, Sri Lanka, Nepal, Butan und die Malediven zur inneren Peripherie, die Küste des Arabischen Meeres, des Golfs von Bengalen und des Indischen Ozeans, ebenso Trinidad und die Fidschi-Inseln zur äußeren Peripherie zu rechnen sind. Indien hat durch seine militärisch-technologische wie wirtschaftliche Anbindung an die Sowjetunion und den untergegangenen Ostblock wertvolle Entwicklungsjahre verloren, beginnt sich nun aber nach der Seite der ASEAN sowie der EU zu öffnen, während es gleichzeitig nach wie vor eine Kontrolle seiner Atombomben und seines Raketenprogramms verweigert (Wagner 1997; Wieck 1997). Die Indische Hegemonie ist als Armutsregion in ihrem Bestand wenig umstritten, für ihre Mitglieder gibt es kaum Alternativen; allerdings ist sie – seit dem Aufstieg Pakistans und nach dem Scheitern einer indisch-chinesischen Achse – auch ohne bestimmenden Einfluß auf die anderen Hegemonialmächte (Ahmed 1993).

VI. Die EUROPÄISCHE GEMEINSCHAFT übt gewissermaßen Hegemonialmacht aus über sich selbst, über eine innere Peripherie der mittelost- und südosteuropäischen Staaten, und eine äußere Peripherie der 68 ACP-Staaten – Afrika-Caribik-Pazifik, wie sie in den Abkommen von Yaounde und Lomé vereinbart worden ist. Die EU ist in diesem Sinn geographisch die größte Hegemonialmacht der Geschichte. Mit dem Abkommen von Maastricht strebt sie die Verfassung einer Föderation mit einer gemeinsamen Währungs- und Finanzpolitik und in der Folge einer gemeinsamen Außen- und Verteidigungspolitik an. Allerdings ist hier die Führungsstruktur des inneren Kerns – mit Deutschland und Frankreich und England – gewissen Spannungen unterworfen, die nicht zuletzt durch das ungeklärte Verhältnis der externen Hegemonialmächte der USA zu Rußland wie zu China, aber auch durch das interne funktionale Ungleichgewicht der Führungsmächte bedingt sind: Frankreich und England als atomare Mächte mit bedeutenden postkolonialen Bindungen, Deutschland als bei weitem größte Wirtschaftsmacht mit einer starken Ostorientierung.[25]

VII. Eine Hegemonie der Zukunft, die geopolitisch wie geokulturell so plausibel wäre und die dennoch zu ihrer Verwirklichung noch Generationen erfordern wird, ist die ISLAMISCH-ARABISCHE HEGEMONIE, die eine Milliarde Menschen und 47 Staaten vereinigen könnte. Den Kern könnten die 22 arabischen Länder, Palästina mitgezählt, mit etwa 200 Millionen Menschen bilden, vielleicht aber auch die Türkei und die turkmenischen Völker, auch Pakistan oder der Iran. Jede dieser Führungen ist denkbar, jede beinhaltet einen anderen Funktionsmix (Galtung 1991). In der Multipolarität der Kernbildung – in der alten Rivalität von Damaskus, Bagdad, Kairo, Teheran und Istanbul – liegt aber gerade die Schwierigkeit dieser Hegemonialzone (Herrmann 1991). In diesem Punkt unterscheidet sich eine Arabische Hegemonie nicht so sehr von einer Europäischen Hegemonie, die derzeit funktional schon wesentlich weiter entwickelt ist und unter dem Druck des amerikanischen Super-Hegemons und des russischen Anti-Hegemons steht. Es könnte aber auch die Europäische Einigung zum Vorbild der Arabischen Einigung werden, und die hegemonialen Interessen der Vereinigten Staaten könnten sich eines nicht zu fernen Tages – wegen hegemonialer Zusammenstöße zwischen Rußland, China und Japan – von Europa noch stärker auf den Mittleren Osten verlagern.

Ein unhaltbarer geopolitischer Determinismus wäre es allerdings, den geographischen Räumen und ihrer Anordnung selbst Handlungsmacht oder Handlungszwänge oder selbstläufige Dynamiken zu unterstellen; entscheidend sind immer noch die INTERAKTIONEN zwischen den Hegemonien, zwischen Kernzonen und Peripherien, d.h. der AKTEURSKOALITIONEN und ihrer Handlungsinstrumente, ihren Institutionen, Ressourcen und Intentionen. Nach dem Interaktionsmodus lassen sich verschiedene Modelle oder Strategien unterscheiden, je nachdem, ob man mehr von den globalen oder mehr von den regionalen Belangen ausgeht, ob man für die Kernzonen – den „Norden" – oder die Peripherie – den „Süden" – spricht. Alle diese Modelle sind fast ins Unerträgliche gesteigerte idealtypische Übertreibungen und Vereinseitigungen, die – insofern sie sich auf die gleiche Problematik einer praktikablen Weltordnung beziehen – zum einen zeigen, wie sehr man sich in fixe Ideen verrennen kann, zum anderen aber auch, wie variabel die Interaktionsbeziehungen und Handlungsalternativen doch unter Umständen sein könnten. Es bedarf keines großen Scharfsinns, um zu erkennen, daß seit Beendigung des Kalten Krieges allen Modellen zwei Charakteristika gemeinsam sind: erstens daß alle nur noch von irgendeiner Form der KOOPERATION ausgehen, und sei sie noch so schwierig und ungleichgewichtig, bzw. daß sich niemand mehr von einem hegemonialen Konflikt einen Entwicklungsanstoß erwartet; zweitens daß nicht mehr die „Dependenz" der Entwicklungsländer beklagt wird, sondern das

Alleingelassenwerden, das Desinteresse der Industrieländer, die „APARTHEID"; wobei sich die bisher im Mittelpunkt des Interesses stehenden Entwicklungsländer der „Gruppe der 77" ebenso von den südostasiatischen Schwellenländern wie von den zur Marktwirtschaft umschwenkenden osteuropäischen Ländern verdrängt sehen.

Die größte moralische Anklage und die am wenigsten entwickelten Designvorstellungen bringt das Modell der „GLOBALEN APARTHEID" (Mazrui 1994; Wallerstein 1992). Ob nun die USA als die einzig übriggebliebene geopolitische Supermacht angeprangert werden (Chomsky 1993), ob eine scharfe Konkurrenz, also ein „Weltwirtschaftskrieg", zwischen dem Führungsdreieck USA, Japan und Westeuropa angekündigt wird (Lutwak 1994; Thurow 1993) oder ob bereits ein wohletabliertes Finanzmanagement und damit eine indirekte Weltregierung in der „G-7" (Bergsten 1992) gesehen wird mit den USA, Japan, Deutschland, Großbritannien, Frankreich, Italien, Kanada – allenfalls ergänzt durch Rußland und China zu einer G-9: An der Spitze stehen die „Weißen", die alle funktional wesentlichen Führungspositionen beherrschen; die Herrschaftsunterworfenen sind immer die „Schwarzen" – vor allem ganz Afrika als Kontinent, aber auch die dunkleren Rassen Südasiens, und nicht zuletzt die Schwarzen der amerikanischen Großstädte und die farbigen Asylanten in Europa; während sich die Asiaten – in Form der asiatischen Schwellenländer, aber auch asiatische Minoritäten in allen Ländern der Erde – dafür hergegeben haben, Mittler-, Händler- und Eintreiberdienste zwischen beiden zu übernehmen. Die Japaner sind in diesem Sinne natürlich „Weiße", und auch die Milliarde Chinesen zählt hier nicht! Wem diese Konstruktion doch zu fadenscheinig ist, dem wird ein „struktureller Rassismus" angeboten, der nur teilweise in einem „offenen Rassismus" zum Ausdruck komme. Aber die Verschwörungstheorie reicht noch ein Stück weiter: Zwischen den USA, den Westeuropäern und den Staaten des ehemaligen Warschauer Pakts besteht eine geheime „kaukasische Allianz" (Mazrui 1994: 185); der großartig inszenierte „Kalte Krieg" war doch nur ein Komplott der Weißen, um sich ein Übermaß an Geltung in der Welt zu verschaffen, gleichzeitig aber ihre Verantwortung für die „Dritte Welt" abzuschütteln. Die Auseinandersetzungen zwischen Russen und Ukrainern, Russen und Tschetschenen, Serben und Kroaten, Engländern und Iren, Spaniern und Basken usw. dürften demnach nur als Mikro-Konflikte gelten, die nicht verbergen können, daß der Paneuropäismus der Europäer inzwischen eine Organisationshöhe erreicht hat wie noch niemals seit dem Zusammenbruch des Heiligen Römischen Reiches Deutscher Nation.[26]

Der Gegenentwurf zum „Apartheidssystem" war George Bushs Ankündigung einer „NEUEN WELTORDNUNG". Deren Definition blieb jedoch überaus vieldeutig: Sie reichte von einer „geostrategischen Selbstbehauptung" – mit einer Stärkung der weit ausgreifenden Seestreitkräfte und einer Reduktion der Landstreitkräfte – über die Stärkung der UNO – oder jedenfalls einer scheinbar stärkeren Anlehnung an die UNO – bis hin zu isolationistischen Tendenzen und der Ablehnung und Reduktion weiterer internationaler Verpflichtungen (Freedman 1992: 22). In jedem Fall haben sich die Amerikaner schweren moralischen Vorwürfen ausgesetzt: im ersten Fall, daß sie sich nun hemmungslos zur Weltmacht aufschwingen möchten; im zweiten Fall, daß sie in Ermangelung entsprechender wirtschaftlicher Leistungen gezwungen seien, ihre Soldaten als Söldnerheer zu verkaufen; im dritten Fall, daß sie sich ihrer globalen politischen Führungsaufgabe und darüber hinaus ihrer humanitären Verpflichtungen entzögen.[27]

Niemand kann bestreiten, daß die USA eine globale Funktion haben; aber soweit sie global ist, sind ihre Ziele in der gegenwärtigen Weltlage fast nur NEGATIVER Art, während ein positives Ziel – oder eine konsistente Ordnung von Prinzipien und Instrumenten – nicht erkennbar ist. Das beginnt schon mit den globalen geopolitischen Zielen der USA, die vor allem darin bestehen, jede einzelne Macht oder eine Allianz von Mächten davon abzuhalten, die eurasische Landmasse zu beherrschen (Sempa 1992: 17).[28] Ein weiteres negatives Ziel ist die Eindämmung der Proliferation, insbesondere die Kontrolle des im Mittleren Osten aufgebauten militärischen Arsenals, das sich durchaus mit dem der europäischen Kernmächte Frankreich und Großbritannien vergleichen kann. Ein Neo-Isolationismus oder ein Rückzug auf ein angelsächsisches Amerika (Fromkin 1993) oder auch auf eine erweiterte amerikanische Freihandelszone, die NAFTA, verbietet sich schon deshalb. Es ist aber auch ein neuer Wilsonianischer Interventionismus – „für Demokratie und Freihandel!" – wenig glaubhaft, wenn sichtbar ist, daß die USA in ihrer unmittelbaren Einflußzone nicht zimperlich sind, was die Regierungsform betrifft. Viele ihrer Interventionen – auch und gerade, wenn sie „humanitär" gemeint sind – erweisen sich als kontraproduktiv und werden von korrupten Staatsregierungen oder Militärführungen zur „ethnischen Säuberung" oder zur Destabilisierung der Nachbarstaaten mißbraucht (Odom 1995: 164f.).

Das Problem ist, daß eine wirklich GLOBALE politische und ökonomische Führung weder mit einer geostrategischen Umorientierung der Allianzen noch mit einem globalen und vagen „liberalen Humanitarismus" zu erreichen ist. Was politisch von einer Führungsmacht oder dem Direktorium der Kernmächte zu erwarten gewesen wäre, nämlich eine Umpolung der Kräfte vom Ost-West-Konflikt zu einer Nord-Süd-Kooperation, ist nicht erfolgt. Im Gegenteil zeigt sich, daß der „Süden" nicht sehr viel mehr ist als ein rhetorisches Konstrukt. Das Problem einer „Neuen Weltordnung" hat sich darauf reduziert, daß überhaupt – in welcher Form auch immer – „Ordnung" oder „Ordnungszonen" erhalten bleiben und daß die „Unordnung" von diesen Zonen ferngehalten und so weit eingedämmt wird, daß sie selbstdestruktiv und peripher bleibt und nicht in die Zentren der Kernstaaten eindringt. Sofern überhaupt von einem globalen Ansatz eines Weltordnungskonzeptes zu sprechen ist, ist dieser politisch reduktiv. Erstens ist er politisch ohne Inhalt – auf alle Fälle ohne die Behauptung einer Wertegemeinschaft, wie sie noch für die NATO in Anspruch genommen worden ist; dieser Ansatz bleibt auch ohne architektonisches Konzept und ohne eine Vorstellung von neuen Institutionen, die die neue globale Ordnung sichern oder gar organisch weiterentwickeln könnten. Zweitens hat eine organisatorische Reduktion sozusagen auf den „harten Kern" der führenden Mitglieder stattgefunden, nämlich auf die USA, auf Japan und auf Westeuropa; bei letzterem genaugenommen: auf Deutschland, da Frankreich sich vielfach der amerikanischen Hegemonialführung widersetzt, während Großbritannien sich nur schwer in Kontinentaleuropa einbinden läßt und auf britisch-amerikanischen Sonderbeziehungen beharrt, die nicht mehr bestehen. Große Regionen Afrikas und Lateinamerikas sind bereits von diesem organisatorischen Kern abgekoppelt worden; das gleiche Schicksal hat auch den Balkan ereilt, und es droht den mittelosteuropäischen Ländern, die sich – aus politischem Widerspruch oder wirtschaftlicher Unfähigkeit – nicht diesem Führungsgremium unterordnen. Drittens bleibt diese reduzierte globale Ordnung ohne Rückbezug auf die lokale oder regionale Ebene, auf der in Zukunft die brisantesten Konflikte – z.B. ethnischer oder religiöser, nationaler oder ökologisch-demographischer Art – zu erwarten sind. Das bedeutet, sie werden von vornherein den regionalen Ordnungskräften am Ort überlassen: Solange sie die globale Minimalordnung nicht stören, interessieren sie die globale Führung nicht. Das gilt erst recht für Katastrophen und Systemzusammenbrüche, die zwar bedauerlich sind, nach einiger Zeit auch humanitäre Hilfe auslösen können, aber prinzipiell das Problem der Betroffenen bleiben.[29]

So bleibt für den, der die Apartheidsbildung fürchtet und eine konstruktive globale Lösung nicht sieht, eigentlich bloß die REGIONALE LÖSUNG: eine Zwischenlösung sozusagen auf relativ niedrigem Energie- und Formniveau, die sich weitgehend spontan durch die Kräfte der Selbstorganisation und Selbstkontrolle herstellen soll. Typischer Ausgangspunkt dieser Ordnung ist, was man pessimistisch eine „Kakophonie des Wandels" (Cleveland 1991: 20), optimistisch eine „multiperspektivische Politik" (Ruggie 1993: 172) nennen kann. Gemeint ist damit in jedem Fall eine Politik, die funktional divergent ist – in der geopolitische, ökonomische und technologische Faktoren nicht mehr in Einklang miteinander zu bringen sind – und in der die verschiedensten Entwicklungen denkbar sind, auch schon teilweise realisiert werden, nur eben in verschiedenen Sektoren und Funktionen unterschiedlich. Insoweit Regionen nach ihrer kulturellen Prägung, z. B. durch den Konfuzianismus oder den Islam, eine gewisse Einheit darstellen, insofern sie durch spezifische Ressourcen wie Erdöl, Stahlerzeugung oder Hochelektronik oder einfach durch eine dominante Macht zusammengezwungen werden, wäre eine gewisse Bündelung der divergierenden Funktionen zu erwarten. Auf jeden Fall aber wird das Modell der regionalen Entwicklung durch Zyklen bestimmt werden – durch Schwerpunktverlagerungen und Funktionsverschiebungen wie durch den Wechsel der Eliten oder führenden Koalitionen – da eine globale Lenkung fehlt und die Entwicklung jeweils von sehr unterschiedlichen regionalen und historischen Ausgangslagen bestimmt sein wird. Je nach Optimismus oder Pessimismus bzw. der Einschätzung der eigenen Lage kann man ganz unterschiedliche Zukunftserwartungen an die internationale Regionalisierung heften, die von einem selbstdestruktiven Zyklus (Johan Galtung) über die Transnationalisierung und einen „informellen Club" (Harlan Cleveland) bis zu einem „kooperativen Welt-Management" (Ervin Laszlo) reichen.

Nach dem pessimistischen Modell der Regionalentwicklung wird die FUNKTIONALE DIVERGENZ auf die Spitze getrieben: Es werden die politischen von den ökonomischen Funktionen abgespalten, oder es findet eine Ökonomisierung der Politik statt; auch die Ökonomie selbst wird wiederum aufgespalten in eine Realökonomie – der Produktion, der Produktionsanlagen und Investitionen – und eine Symbolökonomie der Spekulation mit

Schuldverschreibungen, Aktien, Börsenkursen und Optionen. Wenn aber das tägliche Spekulationsgeschäft das mehr als Zwanzigfache des täglichen Handelsaustausches ausmacht (Drucker 1986: 783; Kurtzman 1993), dann werden notwendigerweise die Realfaktoren der Wirtschaft vernachlässigt; es kommt sogar dazu, daß diese Spekulationsinteressen, die nicht einmal im Sinne der eigenen Realwirtschaft stehen, sondern zu einer Degradierung der eigenen Wertschöpfung und Humankapitalbildung führen, indirekt oder direkt die Leitlinien der Politik bestimmen.[30] Nach einem optimistischeren Bild werden in der Ökonomisierung der Politik gleichzeitig auch neue Chancen einer übergreifenden Problemlösung gesehen.

Daß die Eingriffsmöglichkeiten des Staates geringer geworden sind, gilt als sicher; gleichzeitig aber werden neue Nicht-Regierungs-Institutionen ausgemacht, die die Koordination übernehmen können. Dies geschieht zum Teil über die Wirtschaft und den Markt, zum Teil über neue Kommunikationsnetze und technische Medien, zum Teil über Zweckverbände und Vereine, zum Teil über soziale Bewegungen, die, von Problem zu Problem unterschiedlich, die Individuen engagieren, ohne sie an eine feste Organisation zu binden. Das wirklich Bemerkenswerte an diesen neuen Organisationsformen ist aber, daß sie transnational sind, d. h., sie greifen einerseits über die Staatsgrenzen hinaus, unterlaufen diese andererseits aber auch, indem sie Firma mit Firma, Club mit Club und Kommune mit Kommune verbinden, ohne sich um staatliche Hoheitsrechte zu kümmern. Das ermöglicht den Staaten selbst, ganz neue Koalitionen – so z. B. im Hinblick auf Probleme, die von unterschiedlichen sozialen Bewegungen auf die Tagesordnung gebracht werden – einzugehen; diese sprengen den Rahmen der formellen staatlichen Beziehungen und der bisherigen Nachbarschaftsverhältnisse. In seiner hoffnungsvollsten Form ermöglicht diese Art von Regionalismus einen „informalen Club" der Unternehmen und Städte, der Verbände und sozialen Bewegungen, aber auch der Staatsregierungen oder Regierungsorgane, sogar derjenigen Amtsträger und sonstigen einflußreichen Persönlichkeiten, die willens und fähig sind, für das allgemeine Wohl einzutreten und eine Allianz von Frieden und Entwicklung zu bilden (Cleveland 1991: 27). Diese „Club"-Lösung ist weniger utopisch, als man denkt; ihre Gefahr ist jedoch, daß sie kaum gemeinwohlorientiert sein wird, aber bestens zu egoistischen bis hin zu kriminellen Zwecken genutzt werden kann.

Der Begriff einer „MULTIPERSPEKTIVISCHEN POLITIK" hat wohl nur Bedeutung für die drei Kernregionen: die USA, Japan und zum Teil Westeuropa oder „Kerneuropa". Auf die gesamte „Europäische Union" wäre dieser Begriff dann anzuwenden, insofern sie tatsächlich im Entstehen ist, also entschieden mehr wäre als eine Freihandelszone, eine Agrarunion und eine Zollunion, nämlich eine Währungs- und Sozialunion, eine Verteidigungsgemeinschaft und eine politische Union mit einer gemeinsamen Außenpolitik. Eine solche politische Union würde eine „Vertiefung" der EU voraussetzen: eine Erreichung der gesellschaftlichen Tiefendimension, die von der Wirschaft ausgehend auch die politische, die sozialstrukturelle, die rechtliche und die kulturelle Ebene erfaßt. Diese „Vertiefung" steht auf absehbare Zeit jedoch in einem Spannungsverhältnis zur „Erweiterung" der EU um die ostmitteleuropäischen Länder, was weniger auf eine „multiperspektivische" oder „multifunktionale" Politik als vielmehr auf eine „multinationale" und funktional weiterhin segmentierte Politik hinweist.

Der Prozeß der funktionalen Vertiefung wird damit nicht ausgeschlossen – im Gegenteil, er wird so erst ermöglicht, was etwa die rechtliche und kulturelle Ebene, also die „europäische Identität" betrifft. Unter der Voraussetzung, daß die drei industriellen Kernregionen diesem Modell einer „multiperspektivischen Politie" entsprechen, könnte man von einem „kooperativen Regime" – „cooperative governance" – ausgehen. Gemeint ist damit allerdings nicht eine „Regierung" – „government" – im herkömmlichen Sinn, weder auf nationaler noch auf supranationaler Ebene, sondern die Kontrolle, die Koordination und die Harmonisierung der politischen Akte in und zwischen den Funktionsbereichen durch dafür geeignete Gremien oder Körperschaften. Diese liegen teils weit unter der nationalen Ebene, wie kommunale Zweckverbände oder Versicherungsgesellschaften, teils befinden sie sich weit über der nationalen Ebene: möglicherweise ebenfalls Versicherungsgesellschaften, aber auch kollektive Sicherheitsbündnisse wie die NATO, ein Währungsverbund oder eine übernationale Umweltbehörde. Ohne Zweifel gibt es bereits ein sehr wirkungsvolles transnationales Management in diesem Sinn (E. Laszlo 1991: 217 ff.); utopisch ist lediglich der Gedanke, die politische Verantwortung für eine neue Weltordnung allein diesen transnationalen Organen übertragen zu wollen und die nationale wie die regionale Ebene einerseits und die globale Ebene andererseits ganz zu übergehen.

Ganz gleich, welches Modell in der Ideologie verfolgt wird – ob nun das Apartheidsmodell, das geopolitische Globalmodell oder das Regionalmodell – es müssen bestimmte globale Probleme gelöst werden. Die Frage bleibt, WIE diese Probleme gelöst werden: wie tragfähig oder kurzatmig die Problemlösungen sind, welchen Akteuren die Lösung in welcher Hinsicht entgegenkommt, wer sich dagegen wehren kann und wer nicht. Es scheinen vor allem VIER GLOBALE PROBLEME zu sein: das geoökonomische Problem und das Bevölkerungsproblem, das technologische und das geoökologische Problem. Die Schwierigkeit liegt erstens darin, daß diese Probleme einander bedingen und daß sie nur im Zusammenhang „gelöst", verbaut oder kompliziert werden können, aber auch, daß sich globale und lokale bzw. nationale Ebene vielfach widersprechen. Alle diese Probleme sind echte Kollektiv- und Entwicklungsprobleme. Bei allen diesen Problemen ist außerdem klar geworden, daß die politisch-ideologische Konfrontation von „Nord" und „Süd" hinfällig geworden ist: Die Industrieländer haben zwar Wirtschaft und Technologie auf ihrer Seite, die Entwicklungsländer aber können über ökologische Katastrophen und Bevölkerungsentwicklung Druck ausüben. Kollektive Lösungen kommen jedoch in der Regel erst dann zustande, wenn Institutionen vorhanden sind, die Informationen sammeln, Beschlüsse vorbereiten und die Durchführung von Beschlüssen überwachen. Konferenzen allein bringen nichts; sie sind nur der öffentlich sichtbare Knotenpunkt in einem verschlungenen, weithin unsichtbaren Prozeß (Mofson 1994: 175). Zweitens liegt eine gemeinwohlfördernde Lösung stets auf dem Weg einer umweltverträglichen und langfristigen Entwicklung – „sustainable development"; es ist aber nicht zu verkennen, daß die meisten Regierungen ohnehin nur kurzfristig an der Macht sind und kurzfristige Interessen verfolgen; oft haben sie auch gar keinen Überblick. Ähnliches gilt auch für viele der gegen die Regierungen opponierenden und sich als Weltgewissen aufspielenden nichtstaatlichen Organisationen und Interessenvereine oder sozialen Bewegungen, die lediglich Partialinteressen verfolgen und oft mehr auf die Erzielung öffentlicher Aufmerksamkeit und Medienwirksamkeit gerichtet sind als auf eine grundlegende Veränderung der Verhältnisse.

(1) Sicher ist die Kritik von Raymond Vernon (1993/94) an der „NEUEN GEO-ÖKONOMIE" (Luttwak 1993) berechtigt, insofern sie alte militärstrategische Denkschemata über Akteure, Zielsetzungen oder Instrumente auf neue ökonomische Akteure überträgt. Überhaupt kann keine Rede davon sein, daß der geostrategische Machtkampf vollends in eine geoökonomische Konkurrenz umgewandelt worden sei. Trotzdem ist nicht zu bestreiten, daß auf der ökonomischen Ebene geopolitische Konflikte von

größter Tragweite ausgetragen werden bzw. daß ohne die Einbeziehung der ökonomischen Ebene geopolitische Planspiele wertlos geworden sind. Die Akteure des Spiels sind nicht mehr allein die Staaten. Es haben sich die Regeln des Spiels geändert; die ethisch-politischen Probleme sind aber geblieben: das Koordinations- oder Führungsproblem einerseits und das Verteilungs- bzw. Entwicklungs- und Gerechtigkeitsproblem andererseits.

Erstens sind die Staaten nicht mehr die alleinigen Akteure, vielleicht auch nicht mehr die Hauptakteure. Gemessen am Nationalstaatsaxiom muß man von einer allgemeinen EROSION DES STAATES sprechen, damit aber auch vom Untergang der Freihandelsideologie (Dieter 1996: 12 f.), die ja von der relativen Immobilität des Kapitals ausgegangen war. So mußten die Gewinne des Handels letztendlich immer im Heimatland landen, während der Handel zwischen den Unternehmen, die national eindeutig lokalisiert waren, international keiner besonderen Regelung bedurfte, sondern der „unsichtbaren Hand" überlassen werden konnte (Daly/Cobb 1989: 215). Heute gibt es nur noch wenige rein „nationale Unternehmen", und die „internationalen" Handelsbilanzen sind oft völlig irreführend. Vielmehr haben sich die großen multinationalen Unternehmen einen „transnationalen Aktionsraum" geschaffen; sie bilden strategische Allianzen – insbesondere auf dem Gebiet der Hochtechnologie –, und sie haben das Bestreben, weltweite Oligopole aufzubauen (Godet et al. 1994: 278). Einen Teil des Handels wickeln sie unter sich als „Intra-Firmen-Handel" ab, der jedoch durch Fusionen und Filiationen rund um die Welt weithin unsichtbar bleibt. Es hat sich auch herumgesprochen, daß staatseigene Firmen oder große Staatsanteile an multinationalen Firmen die geoökonomische Position eines Staates keineswegs verbessern, es geht eher eine Welle einer makroökonomischen „Privatisierung" um die Welt. Das heißt nicht, daß Staaten nichts zur Stärkung ihrer wirtschaftlichen Position tun können: Ihre wichtigste Aufgabe sind nach wie vor Schule und Ausbildung, Infrastrukturentwicklung, Rechtssicherheit, Einheit und Übersichtlichkeit der technischen Normen.

Zweitens hat sich der geopolitisch wichtigste Teil der Firmentätigkeit vom sekundären in den TERTIÄREN oder quartären SEKTOR verlagert. Dieser Sektor ist nun nicht mehr nationalisierbar, sondern transnational vernetzt. Dadurch ist es in allen politischen und ökonomischen Fragen zu einer international größeren Transparenz gekommen, die den Alleingang einzelner Firmen, aber auch einzelner Staatsregierungen, so gut wie unmöglich macht. Gleichzeitig steigen mit der Computer- und Wissensindustrie aber auch die Anforderungen an Ausbildung und Intelligenz, die sowohl innerhalb der Nationalgesellschaften wie im internationalen Wettbewerb die Kluft zwischen Führungskräften und weniger qualifizierten Mitarbeitern, zwischen Innovatoren und Imitatoren, zwischen Produktions- und Unterhaltungssektor steigern werden. Der Personalzuwachs im tertiären Sektor ist – gerade wegen der steigenden technischen Qualität der Instrumente und Verfahren – begrenzt; die Auswirkungen des tertiären Sektors auf eine Reduzierung der Arbeitsplätze im sekundären Sektor sind aber erheblich. Die Wirtschaftsentwicklung wird bestenfalls durch ein Wachstum ohne Beschäftigungszunahme gekennzeichnet sein (M. Miller 1995: 128). Der Informationssektor sorgt ebenso für eine Differenzierung der Waffensysteme. Diese Differenzierung wird zu einem Mehrklassensystem führen, das zwar hochgerüstete, aber technisch zurückgebliebene Länder nicht hindern wird, ihre Kriege mit einfachen und doch sehr wirkungsvollen Mitteln gegeneinander zu führen, das sie aber auf ihren regionalen Bereich beschränken und von der globalen Logistik fernhalten wird. Allgemein läßt sich sagen, daß keine Nation die Antriebsfaktoren, die ihre Entwicklung bestimmen, selbst steuern kann: Der Antrieb und der Beschleuniger der technologischen wie der wirtschaftlichen Entwicklung ist international, nur die Bremsen und Hemmnisse sind national (Godet et al. 1994: 280).

Drittens ist heute jede Entwicklung GLOBAL, d. h., jede lokale Entscheidung einer Kommune, eines Unternehmens oder einer Region hat Auswirkungen und Erfolgsbedingungen, die von anderen Entscheidungsträgern irgendwo in der Welt abhängig sind und die nicht mehr durch den Nationalstaat kontrollierbar sind. Die verschiedenen Verwaltungsebenen sind nicht mehr ohne weiteres hierarchisch zu ordnen. Das Lokale ist möglicherweise global, wenn eine entsprechende Wissensebene erreicht ist. Das zeigt sich besonders in der wissenschaftlich-technologischen Entwicklung, aber sozusagen auch auf der Rückseite der Technologie: in den ökologischen Auswirkungen, die häufig in der Freisetzung giftiger, nicht-abbaubarer Stoffe, in Landschaftszerstörung und Klimaveränderung, in Mülltourismus und Umweltdumping usw. bestehen (Poff 1994: 441 f.). Die Globalität wird natürlich auch in Migrationsbewegungen zum Ausdruck kommen, die durch Krieg, Hunger und Seuchen ausgelöst werden und für die es nationale Grenzen nicht mehr geben wird, da diese funktional nicht mehr zu begründen, sondern gerade noch mit nicht-legitimierter Gewalt zu verteidigen sind. Diese funktionale Globalität hat gewissermaßen ihr Vorzeichen geändert: vom Plus des Wunschtraums einer Weltherrschaft zum Minus eines Alptraums der Weltverantwortung aufgrund des besseren wissenschaftlichen Wissens und der höherentwickelten technischen Mittel.

Wenn dies die wichtigsten geo-ökonomischen Faktoren sind, so ist es ganz besonders um das FÜHRUNGSPROBLEM schlecht bestellt. Nach der Verteilung des Weltbruttosozialprodukts gibt es keine „natürliche" Führungsmacht mehr. Die USA repräsentieren heute nur noch einen Anteil von 22 % – 1955 noch 40 % –, der Dollar ist starken Schwankungen unterworfen, Wirtschaftswissenschaftler beklagen den Verfall der alten Infrastruktur und einen eklatanten Mangel an Investitionen im eigenen Land. Ebensowenig ist Japan mit 10 % am Welt-BSP zu dieser Führung imstande. Die Vision einer japanischen Wirtschaftszone der pazifischen Anrainer, die die alte Atlantische Wirtschaftsszone mit Europa an die Peripherie drängen könnte, hat sich politisch wie wirtschaftlich als Illusion erwiesen. Ebensowenig ist Europa dazu in der Lage, das politisch viel zu uneinig und um so mehr von den USA abhängig ist, je mehr osteuropäische Länder zur NATO stoßen wollen. Das bedeutet, daß weiterhin vier Fünftel der zahlungsfähigen Märkte gemeinsam in der Hand von USA, Europa und Japan bleiben; daß die Entwicklungsländer einer „selbstzentrierten Entwicklung" überlassen bleiben – mit galoppierendem Bevölkerungswachstum, mit einer wilden Urbanisierung und extremer Ungleichheit auch innerhalb des Landes. Selbst wenn die USA keine konstruktive Führung übernehmen können, so können sie doch die Entstehung eines jeden anderen Führungskonsortiums verhindern. Mit Dialogbereitschaft und Konferenzen allein besteht aber keine Aussicht, die zunehmende FUNKTIONALE Interdependenz zu regeln und eine globale Entwicklung zu koordinieren.

Die dringendsten Probleme betreffen die Entwicklungsländer; die globale Entwicklung, aber auch die Entwicklung Europas ist eng mit diesen Problemen verbunden. Diese globalen Entwicklungsprobleme sind ohne eine NEUE WELTWIRTSCHAFTSORDNUNG, die das im Grunde zusammengebrochene „Bretton-Woods-System" ablösen kann, nicht zu lösen (M. Miller 1995: 133 ff.). Mit einem überaus spekulativen Geldmarkt und stark fluktuierenden Leitwährungen sind keine langfristigen Entwicklungsvorhaben in Gang zu setzen. Ohne Senkung der realen Zinsen, ohne Bindung des vagierenden Kapitals, ja, ohne eine „Dividende" (T.W. Pogge 1995) für den bisher weit überproportionalen und noch weiter zunehmenden Rohstoff- und Umweltverbrauch durch die Industrieländer besteht keine Aussicht auf Erfolg. Solche Ziele lassen sich nur durch gemeinsam getragene, globale Institutionen, zuverlässig eingehaltene Regelsysteme und einen das Kollektivgut erzwingenden „politischen Unternehmer" erreichen. Kommt es nicht bald zu einer solchen Institutionenbildung, so wird selbst für Europa mit großer Wahrscheinlichkeit das von Godet (1994: 285) und seinen Mitarbeitern ausgearbeitete „graue Szenario" Wirklichkeit: ein Europa, das in seiner politischen Integration keinen Schritt mehr vorankommt; eine deklarierte europäische Zoll- und Währungsunion, die jedoch von Handelsschranken, Regionalbündnissen und starken globalen Funktionsordnungen durchzogen ist, die den wirtschaftlichen Aufbau der mittelosteuropäischen Länder desorientieren; ein schwaches Wachstum des Bruttosozialprodukts unter 1,5 %, das zudem unregelmäßigen Schwankungen unterworfen ist; ein Europa, das nicht einmal zu einem integrierten Telekommunikationssystem kommt und dessen Informationstechnologie gegenüber Japan und den USA zurückbleibt. Je schwächer Europa politisch integriert sein wird, desto wahrscheinlicher wird das Entwicklungsproblem auf andere Weise gelöst werden: nämlich durch Einwanderung einer überbordenden Bevölkerung aus den armen Ländern des Ostens und Südens in einen demographisch überalterten Raum. Damit bleibt das Entwicklungsgefälle erhalten, und die sozialen Spannungen werden eher noch zunehmen.

(2) Eng verbunden mit dem geoökonomischen Problem – wenn auch sorgfältig tabuisiert durch die Industriemächte wie durch die Entwicklungsländer – ist das GEO-DEMOGRAPHISCHE Problem. Die Verbindung zwischen beiden Problemen ist allerdings nicht so direkt, wie sich einige nationale politische Führer das heute noch vorstellen, sondern sie ist indirekt und SYSTEMISCH; sie zeigt in dieser Form ganz andere Auswirkungen als gewöhnlich erwartet. Unter „Bevölkerungspolitik" ist in diesem Zusammenhang eine bewußte und planmäßige Politik zu verstehen, die demographische Entwicklungen zur Erreichung sozialer und wirtschaftlicher Verbesserungen anstrebt. Eine „geopolitische Bevölkerungspolitik" hingegen wäre solch eine Politik, die Bevölkerungsentwicklungen zu außenpolitischen Zielen einsetzt – ohne Rücksicht auf die Entwicklungsmöglichkei-

ten im Mutterland. Die Ignorierung des Bevölkerungsproblems, Unkenntnis, Nicht-Entscheidungen und mangelnde politische Einwirkungsmöglichkeiten sind sicher von großer politischer Bedeutung; dennoch sind sie es nicht wert, „Politik" genannt zu werden.[31] Es geht hier gar nicht so sehr um strittige Bevölkerungszahlen und voraussichtliche Reproduktionsraten, auch nicht um Übervölkerung oder Ernährung und – entgegen den Deklarationen – kaum je um die ökologische Tragfähigkeit der Erde, noch weniger um die Ungleichheit der Lebensverhältnisse und um ethische Probleme der Gerechtigkeit. Zunächst einmal dreht es sich um das fundamentale geopolitische Problem, ob und wie man durch die Steuerung oder auch Vernachlässigung der nationalen oder regionalen Bevölkerungsentwicklung politischen Druck ausüben kann. Dabei stellt sich sofort die Gegenfrage, wieweit eine Regierung in der Anwendung dieses Mittels gehen kann, ohne ihre eigene Regierungsfähigkeit – sprich: ihre Effektivität wie ihre Legitimität – einzubüßen. Die geopolitische Bevölkerungspolitik ist also ein zweischneidiges Schwert. Das Problem ist, daß sich durch Bevölkerungsvermehrung NICHT UNMITTELBAR politischer Druck ausüben läßt; die Alternative ist in aller Regel gar nicht mehr, ob sich eine Regierung zur Stabilisierung der Reproduktionsrate entschließt, sondern ob sie dies planmäßig und fristgerecht erreicht oder ob sie diesen Prozeß St. Malthus überläßt.

Wichtig ist zunächst, das Bevölkerungsproblem überhaupt als geopolitisches Problem zu erkennen; denn die makropolitische Vorstellung, daß ein Volk einen angemessenen „LEBENSRAUM" brauche, hat seit Hitler und dem Wiederaufstieg eines raummäßig reduzierten Deutschland seine Überzeugungskraft verloren. In der Tat hätte diese These nur Sinn für einen Agrarstaat ohne zureichende Mittel, der auf dem Stand eines Selbstversorgers stehenbleibt oder außer Lebensmitteln und Rohstoffen nichts anzubieten hat (Simon 1989: 165). Eine bessere Alternative ist es wohl, ein leistungsfähiges Bildungswesen aufzubauen und die technische Entwicklung voranzutreiben. Die „ÜBERVÖLKERUNG" bleibt eine schlechte Entschuldigung für Unterentwicklung; denn gerade die dichtestbesiedelten Landstriche gehören in der Regel zu den reichsten der Welt; unter Slumbedingungen macht sich eine hohe Bevölkerungsdichte allerdings deutlich unangenehmer bemerkbar. Die Lösung kann auch hier nicht in der Entvölkerung liegen, sondern nur in der Entwicklung. Wo es keine MAKROpolitischen Kriterien oder Maßstäbe der Bevölkerungsentwicklung gibt, dort weicht man auf MIKROpolitische Rechtfertigungen und Rezepte aus, die zwar alle viel „humanitärer" klingen, in ihrer Gesamtwirkung jedoch genauso katastrophal sind: Nachdem der medizin-technische Feldzug der Kontrazeptiva und der freiwilligen Sterilisation gescheitert ist, psychologisiert und pädagogisiert man das Problem. Das illusionärste Rezept ist, die Frauen selbst über ihre Kinderzahl bestimmen zu lassen, sie also dem Druck der patriarchalischen Väter und deren Müttern zu entziehen. Sublimer klingt das Rezept, mehr für die Bildung der Mädchen zu tun – was natürlich Sekundar- und Universitätsstufe miteinschließt, einige Zeit dauern und in vielen Kulturen nicht einschlagen wird. Der Slogan „Entwicklung ist das beste Geburtenkontrollsystem" kann sich jedoch auf der makropolitischen Ebene nicht besser bewähren als auf der mikropolitischen; er kann ein realpolitisches Entwicklungskonzept nicht ersetzen.

Makro- und mikropolitische Verdrängung des Geburtenproblems dienen beide der Entpolitisierung des Problems, bringen aber keinen internationalen politischen Machtzuwachs. Es mag sein, daß durch unkontrollierte Bevölkerungszunahme Druck auf den einen oder andern Nachbarn ausgeübt werden kann, daß man eine Sezession aus einem Staatsgebilde erzwingen oder anderen Staaten die Konzession zur Neugründung eines ethnisch begründeten Staates auf Kosten von deren Staatsgebieten abringen kann; diese Entscheidung setzt aber auch den guten Willen der bedrohten Nachbarn aufs Spiel, und sie führt zu einem Verlust an eigener Infrastrukturentwicklung. Vor allem aber zerstört sie funktionale Interdependenzen und globale Systemzusammenhänge und damit jeden Impuls zu einer globalen Entwicklungspolitik. Ist es schon eine Illusion, in ein anderes Land mit einer kulturell fremden und technisch höher entwickelten Infrastruktur einmarschieren und das, was übrig geblieben ist, einfach nutzen zu wollen, so ist es eine noch größere Illusion, daß durch noch so große Bevölkerungsmassen die Regierungszentren und Militärstäbe in Angst und Schrecken versetzt würden, daß nur eine einzige multinationale Firma oder ein Forschungszentrum außer Funktion gesetzt oder der bestehende Kapital- und Informationsfluß gestört werden könnte: Er würde vermutlich nur umdirigiert, schlimmstenfalls drohte ein globales Apartheidssystem. Nachdem die UNO Bevölkerungsprobleme nicht zur Kenntnis nimmt bzw. rhetorisch in Entwicklungs- und Umweltprobleme – wenn nicht in feministische Programme – ummünzt, ist nicht schwer vorherzusagen, daß sich die industriellen Kernländer demnächst mit „wissenschaftlichen Beobachtungsstationen" versehen werden, um wenigstens nationale Bedrohungen unter Kontrolle zu halten, wenn schon keine Abstimmung möglich erscheint mit Ländern wie China und Indien oder Pakistan und Bangladesch, mit Brasilien und Mexiko, mit Algerien und Rumänien.[32]

(3) Gefährlicher und systemisch zwingender ist hier die Verbindung mit GEO-ÖKOLOGISCHEN Problemen: mit der Tatsache, daß es in großen Bereichen der Welt erstens eine krasse Inkongruenz zwischen politischen und ökogeographischen Grenzen gibt (Byers 1991: 65), und zweitens, daß der sog. Nord-Süd-Konflikt eine realistische Begründung – und vielleicht seine Lösung – in globalen ökologischen Problemen wie der globalen Erwärmung hat (Lunde 1991). Die erste und zweite Bedingung können zusammentreffen und sich wechselseitig verschärfen; insgesamt aber kann sich die globale wechselseitige Abhängigkeit auch heilsam auswirken, insofern sie die Tendenz zur Bildung größerer politischer Regionen unterstützt und diese Regionen auch geoökologisch und geokulturell sinnvoll abgegrenzt werden. Das größte Problem bildet die sogenannte „VIERTE WELT"; gemeint ist weder die „Erste Welt" der alten Nationen Europas oder Japans noch die „Zweite Welt" der modernen Industrienationen und atomaren Supermächte USA und der früheren Sowjetunion, auch nicht die „Dritte Welt" der sich industrialisierenden Länder, insoweit sie – wie China – alte kulturelle Einheiten darstellen. Gemeint sind die durch Dekolonisation entstandenen Konglomerate, die die ethnisch heterogensten und ökologisch disparatesten Gebiete mit den z. T. ärmsten Bevölkerungen der Welt repräsentieren, wie z. B. in Südasien, im Mittleren Osten oder in Mittelamerika. Die Hälfte der laufenden Kriege wird in dieser Vierten Welt ausgetragen, nicht um Ost-West- oder Süd-Nord-Probleme (Nietschmann 1986).

Es gibt demnach zwei Arten von Konflikten, die entweder dadurch entstehen, daß eine zusammenhängende Ökoregion durch zwei oder mehr Staaten beherrscht wird, oder dadurch, daß ein und derselbe Staat mehrere strukturell unverträgliche Ökoregionen miteinander zu verbinden sucht. Das Konfliktpotential liegt natürlich nicht unmittelbar in den geographischen Unterschiedlichkeiten begründet, sondern darin, daß vorindustrielle Ethnien und Kulturen relativ gut an ihr Biotop angepaßt waren, während koloniale und imperiale Grenzziehungen sozusagen mit dem Lineal diese Adaptationen zerschnitten haben. Wenn sich zwei oder mehr Staaten eine einzige Ökoregion teilen, entstehen Konflikte über die Anteile an knappen Ressourcen, z. B. an Bodenschätzen, mehr noch an Trinkwasser, oder auch an grenzüberschreitenden Umweltverschmutzungen oder -zerstörungen (Westing 1986). Solche Konflikte werden weiter verschärft, wenn ein und dieselbe Ethnie unter die Kontrolle von zwei und mehr Staaten gerät, wie in Aserbaidschan, am Horn von Afrika, in Äthiopien oder Somalia. Wenn ein und derselbe Staat Herr über mehrere Ökoregionen ist, dann vereinigt er in aller Regel auch mehrere Ethnien auf seinem Staatsgebiet, die sich möglicherweise gerade wegen der Unterschiedlichkeit der ökonomisch-ökologischen Interessen feindlich gegenüberstehen. Selbst wenn verschiedene Ökoregionen von ein und derselben Ethnie bewohnt werden, gibt es Unterschiede in der Besiedlungsdichte und Streit um eine angemessene Berücksichtigung in den Regierungsorganen oder im Staatshaushalt bzw. um die Ausbeutung von Bodenschätzen.

Nimmt man die ganze Erde als ökologische Einheit, gehört der globale NORD-SÜD-KONFLIKT einerseits zu der ersten Art von obengenannten Konflikten; mit dem Aussstoß von Schadstoffen durch die Industrieländer oder mit der Abholzung der Urwälder durch Entwicklungsländer wird ein Kollektivgut – die Erdatmosphäre oder das Erdklima – zu ungleichen Teilen genutzt. Andererseits bedeutet etwa die globale Erwärmung einen völlig ungeregelten Eingriff in nationale Rechte und Besitztümer, insofern z. B. durch die Erhöhung des Meeresspiegels verschiedene Länder von der Landkarte verschwinden oder durch die Erwärmung die Anbauflächen und Steppen- oder Wüstenzonen sich großflächig verschieben werden. Mit dem Bewußtwerden dieses Problems, das erstmals von der Brundtland-Kommission (1987) klar formuliert und in der Klima-Konvention von Rio durch die UNO 1992 abgehandelt und in seinen Grundprinzipien diskutiert wurde (Hanisch 1992), wird auch deutlich, daß die institutionellen Mittel zu seiner Lösung fehlen. Zwar wird nun zum erstenmal anhand des allgemeinen Klimaproblems, das die Problematik des Ozonlochs verdrängt hat, deutlich, daß die geoökologischen Probleme globale und gemeinsame Probleme sind; so können die Entwicklungsländer ihre existentiellen Entwicklungsinteressen nicht mehr so ohne weiteres gegen die ökologischen Luxusprobleme der Industrieländer ausspielen; gleichzeitig erweist sich die UNO als das falsche Organ, um solche Probleme lösen zu können: Abgesehen davon, daß sie – dank der Zusammensetzung ihrer Mitglieder – erwartet, daß die Ökologie lediglich eine finanzielle Aufgabe der „reichen" OECD-Länder ist, beruhen die Vereinten Nationen nun einmal auf dem geheiligten Nationalstaatsprinzip; schließlich ist dies genau das Prinzip, das die Hauptursache aller geoökologischen Konflikte darstellt (Strong 1991: 297).

(4) Die Unmöglichkeit einer UNO-Lösung auf nationalstaatlicher Basis wird noch deutlicher, wenn man sieht, daß demographische, geoökonomische und geoökologische Probleme mit einem GEOTECHNOLOGISCHEN Problem verbunden sind. Dies besteht vor allem darin, daß die neuen, das Schicksal der Weltbevölkerung bestimmenden Technologien komplexer und langfristiger, aber auch mehr auf Interdependenz und Selbstorganisation angelegt sind als die technologischen Probleme und Strategien, die bisher von den Nationalstaaten gelöst oder in der Konkurrenz der Nationalstaaten ausgetragen worden sind. Die Schicht der einfacheren technologischen Probleme und Produktionstechniken ist nicht verschwunden – für viele Unternehmen, Industriesektoren und -regionen mögen sie den Hauptteil ihrer Tätigkeit ausfüllen –, aber geopolitisch sind sie nicht mehr von Bedeutung. „TECHNISCHE KOMPLEXITÄT" ist auf einfache Weise definiert durch die Anzahl der Komponenten, die in einem technischen Produkt oder Verfahren miteinander verbunden sind (Ayres 1992: 19). Für höhere Grade der Komplexität genügt diese Definition nicht mehr: Hier kommt es vor allem auf die Art der Verbindung der kybernetischen Kontroll- und Steuermechanismen in einem technischen Produkt oder Verfahren an, die seine Selbstkorrektur, Umweltanpassung und Selbstverbesserung ermöglichen (Morris/Ferguson 1993). Daß die industrielle Produktion einen höheren Grad der technischen Komplexität erreicht hat, heißt nicht, daß die gesamte Industrieproduktion komplexer geworden ist – Handwerk und industrielle Massenproduktion oder Rohstoffgewinnung existieren in veränderter Funktion weiter. Es bedeutet eher, daß sich die technologische wie die geopolitische Konkurrenz in den Bereich der komplexen Produkte und Verfahren verschoben und daß sich eine weitgespannte Hierarchie der Komplexitätsebenen herausgebildet bzw. ein Trennungsprozeß zwischen hoher und geringer Wertschöpfung stattgefunden hat, der u. a. auch die „terms of trade" unbarmherzig nach oben trieb. In geopolitischer Hinsicht ebenso bedeutsam ist, daß diese Spitzenproduktion nur in GROSSORGANISATORISCHEN SOZIALSYSTEMEN zu realisieren ist, die gewissermaßen gegenläufig zur Ausdifferenzierung und Spezialisierung der technischen Seite große sozialorganisatorische Netzwerke und transnationale politische Bereiche zur Verteilung dieser Produkte, aber auch

zur Sicherung der Rohstoffe und des Humankapitals voraussetzen (La-Porte 1994: 270).

Das eine ist ohne das andere nicht möglich; sich allein auf die technische Seite zu stützen endet in technokratischer Sterilität; allerdings bringt die Verbindung beider Seiten auch ihre Probleme mit sich; schon die technische Komplexität bedingt in der Regel eine Steigerung der Unsicherheit und des Risikos. Die SOZIALE INTERDEPENDENZ eröffnet demgegenüber die Möglichkeit einer gewissen Erhöhung der Sicherheit, genauso wie die Möglichkeit der Risikoverschiebung. Die Bevorzugung großorganisatorischer Interdependenzgefüge führt zusätzlich dazu, daß neue Produkte vor allem nach ihrem erwarteten „Marktwert" oder nach der Größe des zu erwartenden Marktes bewertet werden und z.B. weniger nach dem technischen oder sozialen Wert oder der Umweltverträglichkeit. Die Alternative wäre hier ein „wissenschaftlicher" oder „technologischer Gerichtshof", der eine Kenntnis für sich in Anspruch nehmen müßte, die er nicht haben kann, und der zudem durch mächtige Mitglieder bevormundet werden könnte. Der Unsicherheit auf der einen Seite steht die „Emergenz" auf der anderen Seite gegenüber, so die Entstehung neuer, nicht erwarteter, aber in der „Logik" der Entwicklung liegender Erkenntnisse, Produkte und Verhaltensweisen. Emergenz ist dann zu erwarten, wenn technische Systeme relativ offene Systeme mit einem hohen Grad der SELBSTORGANISATION sind. Selbstorganisation aber ist erst erträglich, wenn es Alternativen gibt, so daß später die Ergebnisse unterschiedlicher Selbstorganisationsprozesse mit unterschiedlichen Organisationsprinzipien und -zielen, mit verschieden befähigten und ausgestatteten Akteuren, bei unterschiedlichen Ausgangsbedingungen miteinander verglichen werden können; so kann zwischen verschiedenen Lösungen oder Mixturen von Lösungen ausgewählt werden. Die Emergenz technologischer Entwicklung verträgt sich durchaus mit einer „offenen Demokratie" (Barkenbus 1991), wenngleich hier die „Demokratie" nicht so sehr mikropolitisch – im Sinne der betrieblichen Mitbestimmung oder des Volksentscheids über wünschenswerte technologische Entwicklungen –, sondern makropolitisch – im Sinne des Wettbewerbs von Unternehmen oder Wirtschaftsregionen und Kulturmustern – zu verstehen sein wird.

4. Der internationale Konsequentialismus

Die herkömmlichen drei Vorstellungen einer Weltordnung – über die Vereinten Nationen und die Sicherung der Menschenrechte, über die Demokratisierung und eventuell eine multikulturelle Verknüpfung aller Nationalstaaten, aber auch über eine geopolitische Durchsetzung einer eher physisch und technisch begründeten Machtordnung – bringen uns dem Ziel einer gerechten Weltordnung nicht näher. Keiner dieser Entwürfe kann die Erfordernisse von Legitimität und Effektivität miteinander verbinden. Die Demokratie gilt zwar allen als eine, wenn auch nicht die einzige legitime Herrschaftsform. Sie muß gewissermaßen von innen kommen, wenn sie effektiv werden soll; darüber hinaus gibt es kaum Mittel ihrer weltweiten Durchsetzung. Der UNO werden – nach ihrer Entstehung und Zusammensetzung wie auch nach ihrer tatsächlichen Funktion und Wirkung bis zum heutigen Tage – Effektivität und Legitimität bestritten. Trotz eines ungleich größeren Organisationsaufwandes reicht ihre Geltung und Wirkung kaum über die des ehemaligen Völkerbundes hinaus. Einer vorwiegend geopolitischen Ordnung hingegen kann eine gewisse Effektivität im Bereich der Zentralmächte und auf mittelfristige Sicht nicht bestritten werden; ihre Legitimität ist aber von vornherein auf die „Legitimität des Faktischen" beschränkt, also defizitär.

Daß sich bei keinem dieser Ansätze Effektivität und Legitimität miteinander verbinden, liegt zweitens schon daran, daß sie sozusagen organisatorisch leer sind; die Ansätze sind alle normativ, ohne für das notwendige Organisationsdesign zu sorgen. In ihrem Geltungsbereich setzen alle letzten Endes ein homogenes „Staatsvolk" voraus: als Individuen wie als Kollektive gleich vor dem Gesetz, geleitet oder beherrscht von einer fähigen und aufrichtigen, selbstverständlich im Auftrag des „Volkes" und „rational" entscheidenden Elite. Durch diese Homogenitäts– oder Einheitsfiktion ermäßigt sich scheinbar die Legitimitätsfrage einerseits zu einer reinen Prinzipienfrage, während das Problem der Effektivität überhaupt eliminiert wird: Das UN-Modell wie auch das Demokratiemodell ist in diesem Sinn weitgehend eine rein kontrafaktische oder eine zirkulär-deklarative Konstruktion. Die geopolitische Ordnung andererseits fragt nicht viel nach Legitimität, sondern nach Effektivität. Das heißt nicht, daß die geopolitische Ordnung völlig ohne Moral wäre – es ist nur eine minimale „Moral der Selbsterhaltung", wobei allerdings die Größe der ihre Selbsterhaltung betreibenden politischen Einheiten in Frage steht. Soweit dies überhaupt noch der Nationalstaat sein kann, kommen bloß die Supermächte in Frage; die anderen Staaten können sich nur im Verband von internationalen Regionen halten. Diese können nach den Prinzipien militärstrategischer Überlegenheit oder zumindest Parität, wirtschaftlich-technologischer Effektivität oder geoökologischer Überlebensfähigkeit geordnet sein. Das Ergebnis wäre mit großer Wahrscheinlichkeit ein internationales Apartheidsystem, das zwar von einer rigorosen Ordnung gekennzeichnet sein würde, in dem jedoch die Frage nach Entwicklung und Chancengleichheit oder Gerechtigkeit kaum eine Rolle spielen könnte.

Drittens wird in jeder dieser Konzeptionen die „Weltregierung" oder das „Weltmanagement" immer noch in Analogie zu einer Nationalstaatsregierung verstanden, was sie auf keinen Fall sein wird. Das heißt, man unterstellt die Verhältnisse eines Volksstaates oder einer Republik, die von einer sichtbaren, irgendwie repräsentativen Zentralregierung geleitet wird und einen funktional allumfassenden TERRITORIALSTAAT bildet. Dieser Territorialstaat mag je nach Problemlage mehr oder weniger föderal gegliedert sein, doch sind alle Mitglieder „Bürger" einer – und nur einer – Raumeinheit; die politische Jurisdiktion ist territorial gebunden, der Staat – eventuell eine Untereinheit oder eine supranationale Allianz – beansprucht das Gewaltmonopol, bis hin zur Verfügungsgewalt über das Leben seiner Bürger (Tonn/Feldman 1995: 15). Diese Vorstellung wird der organisatorischen Komplexität einer Weltregierung oder einer Regionalordnung – wie immer sie organisiert sein mag – in keiner Weise gerecht; ja, sie führt an den eigentlichen Funktionen einer Weltregierung vorbei, deren wesentliche Aufgabe auf keinen Fall darin bestehen kann, vorhandene Organisationen und Funktionsverbände aufzulösen und zu ersetzen, sondern nur darin, diese auf eine neue Weise zu koordinieren, zum Teil zu integrieren, zum Teil aber auch zu neutralisieren und in ihrer Wirkung durch Gegenmaßnahmen aufzuheben. Eine Weltregierung, die zu einer Vereinfachung der Organisationsstrukturen führen würde, könnte nur eine diktatorische Utopie genannt werden. Jede Form einer funktions- und entwicklungsfähigen Weltregierung wird im Gegenteil eine spürbare Erhöhung der organisatorischen Komplexität bedingen, wie beispielsweise schon die EG – ein supranationales Regionalbündnis mit bisher noch bescheidener funktionaler Reichweite – einen organisatorischen „Quantensprung" darstellt, der von den meisten Nationalregierungen noch in keiner Weise verdaut ist.

Um von dieser Territorial-Einheitsstaats-Vorstellung abzurücken, muß man sich vielleicht klar machen, daß auch die STAATSREGIERUNGEN unserer entwickelten Industriestaaten und im Verbund mit ihnen auch der Entwicklungsländer *de facto* dieser Vorstellung nicht mehr entsprechen: Sie ist bestenfalls eine staatsrechtliche Fiktion des absoluten Fürstenstaates, doch selbst in dieser Beziehung unrealistisch und vereinfacht; in Wirklichkeit bedarf auch der Territorialstaat und seine ihn repräsentierende Regierung KOMPLEMENTÄRER funktionaler Ordnungsregime, um als „Regierung" überhaupt in Erscheinung treten zu können. Zum einen ist ein Ordnungsregime erforderlich, das die AFFINITÄT der Bürger zum Staat sichert und pflegt: ihre affektive Bindung aneinander und an die Regierung, an ihre ethnische Herkunft und ihr kulturelles Erbe, an gemeinsame Wertvorstellungen und für die Zukunft bindende Zielsetzungen. Diese Affinität mag sich auf Mitbürger einer territorial geschlossenen Einheit beziehen, sie bezieht sich aber auch beispielsweise auf alle Deutschen außerhalb Deutschlands bzw. auf alle Sympathien, die irgendwo in der Welt Deutschland oder dem deutschen Kulturgut entgegengebracht werden. Das Affinitätsmanagement erfolgt vor allem über die Kommunikationsmittel; es bezieht sich auf persönliche und Gruppenbeziehungen und Bezugsgruppen aller Art (Tonn/Feldman 1995: 22 f.). Dieses Affinitätsmanagement ist zweifellos eine der zentralen Funktionen unserer demokratischen Regierungen und jeglicher territorial wirksamen Jurisdiktion. Zum andern bedürfen die Regierungen zusätzlicher KOORDINATIONSEINRICHTUNGEN in einem komplexen Interaktionsgefüge von zahlreichen Akteuren, die nicht oder teilweise nur der hoheitsrechtlichen Jurisdiktion des Staates unterworfen und auch nicht durch kulturelle oder politische Affinität aneinander gebunden sind. Diese Koordinationen betreffen z. B. das Geschäftsleben und den Handelsaustausch, Personenverkehr und Transport genauso wie wissenschaftlichen Austausch und Technologietransfer, Informationswesen und diplomatische Beziehungen. Diese Koordination ist funktional definiert und greift vielfach über territoriale Grenzen hinweg; oft ist das gerade ihr Hauptzweck. Dies ist eine ganz andere Art von „Regierung", die in der Regel nicht von Regierungsmitgliedern und -beamten, sondern sozusagen von „exterritorialen" Beauftragten, von Fachleuten und international organisierten Agenturen und Professionen wahrgenommen wird. Um solche Koordinationen zu ermöglichen, um Standards zu setzen, um Beschlüsse und international geltende Gesetze durchsetzen zu können, bedarf es eines ERZWINGUNGSregimes, das – z. B. durch internationale Gerichtshöfe, durch die internationale Zusammenarbeit der Polizei und Strafverfolgung, aber auch einfach durch die internationale Tätigkeit von Rechtsanwälten und Banken, durch Patentämter und Versicherungen – unabhängig von den territorialen Jurisdiktionen und alle Affinitätsregime übergreifend operiert.

Auch dieses zusätzliche „Ordnungsmanagement" kann nicht von den herkömmlichen Staatsregierungen wahrgenommen werden; nichtsdestoweniger werden hier essentielle Regierungsfunktionen ausgeübt, und die Staatsregierungen sind – gerade zur Aufrechterhaltung ihrer territorialen Souveränitätsansprüche – existentiell auf die Funktionsfähigkeit und Funktionsweise dieser „Nebenregierungen" – widrigenfalls auch: „Gegenregierungen" – oder dieses „Ordnungsmanagements" angewiesen. Das gilt schon heute, insbesondere im Raum der Europäischen Gemeinschaft, und es wird in Zukunft noch mehr gelten in erweiterten Wirtschaftsräumen, aber ebenso auf globaler Ebene, z. B. vermittels multinationaler Unternehmen und einer internationalen Datenübertragung, einer international organisierten Forschung wie auch humanitären Hilfe oder einer Umweltüberwachung per Satellit usw. (Niosi/Bellon 1994: 176 ff.) Es soll nun nicht behauptet werden, daß damit die territorial exklusiven Regierungen – wie Staatsregierungen oder supranationale regionale Bündnisse wie die EG oder territorial exklusive Funktionsverbände wie die NATO oder die UNO – zurücktreten; aber der Zusammenhang von RÄUMLICHEN und NICHT-RÄUMLICHEN Organisationen und Ordnungsregimen wird um so deutlicher werden, je dichter und je dynamischer im allgemeinen die Interaktionsbeziehungen werden und je weniger Ordnungsregime territorial vergegenständlicht werden können. Die modernen Mittel der Telefon- und Telefaxverbindungen, der Glasfaserkabel und der Satellitenübertragung, der Computerspeicher und der Künstlichen Intelligenz schaffen die technischen Voraussetzungen, daß Einzelpersonen und Organisationen über alle territorialen Grenzen hinweg miteinander in Verbindung treten, daß ein permanenter Fluß von Informationen, Dienstleistungen und Zahlungen in Gang gesetzt wird; so können sich territorial nicht gebundene Affinitätsgruppen, Koordinationsmechanismen und Erzwingungssysteme herausbilden.

Jedenfalls ist ziemlich sicher anzunehmen, daß mit einer Weltregierung oder einem Weltordnungsregime nicht die Homogenität, sondern die Diversität zunehmen wird – und daß dagegen auch niemand mehr etwas unternehmen kann, und sei es ein Orwellscher Diktator. Ein Weltmodell ohne diese FUNKTIONALEN Organisationen und Ordnungsregime zu zeichnen, das nur aus Staaten, aus Staatenbündnissen oder einem supranationalen Superstaat besteht, kann nur als das Produkt einer historisch eng begrenzten politischen Zwangsvorstellung bezeichnet werden. Vielmehr sind den STAATSREGIERUNGEN und den mit den Regierungen verbundenen INTERNATIONALEN, eventuell auch INTERGOUVERNEMENTALEN Organisationen, auch den SUPRANATIONALEN REGIERUNGEN wie der EG, Organisationsformen gegenüberzustellen, die mehr indirekt sehr wohl Regierungsfunktionen erfüllen, aber nicht auf territorialen Jurisdiktionen beruhen; diese Aufgabe können aber ebenso Organisationen erfüllen, die zwar lokal und territorial organisiert sind – obwohl sie meist global sind –, jedoch nicht auf Regierungsfunktionen zurückgreifen, zum Teil sogar gegen sie arbeiten, wie TRANSNATIONALE ORGANISATIONEN – z. B. sogenannte „multinationale" Unternehmen einerseits oder NICHT-REGIERUNGS-ORGANISATIONEN – NGOs, wie z. B. das Rote Kreuz, Amnesty International oder Greenpeace – andererseits; hinzu kommen außerdem noch FUNKTIONALE REGIME, die von zunehmender globaler Bedeutung sind, obwohl sie im Organisationsgrad den Status herkömmlicher Organisationen nicht erreichen.

„INTERNATIONALE, genauer: transnationale FUNKTIONALE REGIME" unterscheiden sich von „internationalen Organisationen" vor allem dadurch, daß die Prinzipien, Normen, Entscheidungsverfahren und Regeln, die bei der Lösung unterschiedlicher funktionaler Ordnungsprobleme zwischen verschiedenen Akteuren zur Geltung kommen, nicht formal festgelegt sind; sie sind mit keinem autoritativen Entscheidungs- und Sanktionsmechanismus versehen, und ihre Durchsetzung kann vor keinem internationalen Gericht eingeklagt werden (E.B. Haas 1983: 26 ff.). „ORGANISATIONEN" sind in aller Regel multifunktional: Sie haben eine hierarchische Führungsstruktur, und sie tragen korporative Verantwortung; „REGIME" dienen gewöhnlich nur der Regelung einer einzelnen Funktion, deren Verflechtung mit anderen Funktionen nicht vom „Regime" selbst geregelt werden kann. Dennoch „funktionieren" Regime – wie das internationale Luftfahrtsregime, wie das GATT-Freihandelsregime oder atomare Sicherheitsregime – oft weltweit und dauerhaft, weil eine Regelung der Probleme im Interesse aller liegt und viele von sich aus an einer Beteiligung interessiert sind. In gewisser Weise sind „Organisationen" auch „Regime": Sie funktionieren nur, solange die institutionellen Regelungen befolgt werden und sich die Mitglieder einer autoritativen Führung unterordnen; umgekehrt steckt hinter allen „Regimen" ein Minimum an „Organisation": Zumindest müssen Informationen gesammelt und publiziert, Beiträge einkassiert und Verstöße registriert werden; im Hintergrund muß eine Macht stehen, die Schwarzfahrer zur Kasse bittet und Zuwiderhandelnde mit dem Ausschluß bedroht. Die Macht aber kommt von den Mitgliedern, nicht von der Organisation selbst, das „Regime" ist in diesem Sinne machtlos.[33] Obwohl eine zukünftige Weltordnung nicht allein auf der Basis von „Regimen" errichtet werden kann, sind „Regime" dennoch omnipräsent und erstaunlich effektiv; und durch sie ist vieles geregelt, was durch Organisationen, geschweige denn durch Staaten, nicht geregelt werden kann. So lohnt es sich, das Weltordnungsproblem einmal aus der Perspektive der bereits bestehenden und mit großer Wahrscheinlichkeit sich weiterentwickelnden Regimeordnungen und Organisationsverflechtungen zu betrachten.

INTERNATIONALE REGIERUNGS-ORGANISATIONEN – IGOs – waren einmal die große Hoffnung der UNO, der EG und all jener Staaten, die eine wichtige Rolle in der Weltpolitik spielen wollten und versuchten, der zunehmenden Komplexität der internationalen Beziehungen gerecht zu werden. Inzwischen hat sich das Bild im akademischen Studium und in der praktischen Wertschätzung der Regierungen fast umgekehrt – gegenüber der UNO, der man mit Feindschaft begegnet, selbst wenn man sie gelegentlich zu eigenen Zwecken gut gebrauchen kann, doch genauso gegenüber fast allen IGOs, die als Konkurrenten der Nationalregierungen empfunden werden. Dieses Bild bedarf einer erneuten Revision, denn inzwischen sind andere Generationen von Organisationen mit einer ganz anderen Organisations- und Verhaltensstruktur aufgetaucht. Zum einen hat man festgestellt, daß die UNO und ihre Unterorganisationen personalmäßig lediglich 10 % aller IGOs ausmachen, und alle IGOs repräsentieren nur 10 % aller inter- und transnationalen Organisationen, also betragen die UNO und ihre Untereinheiten nur noch 1 % (Jönson 1993: 463). Zum andern hat man sich ein falsches Bild von den IGOs gemacht, indem man sie wie damals andere Organisationen auch als mehr oder weniger geschlossene Systeme betrachtet hat, beherrscht von einem fast ausschließlich an internen Gesichtspunkten orientierten Management; eine ernsthafte Berücksichtigung der Verbindungen mit der Umwelt und den anderen Organisationen fand nicht statt. Erst die „Interorganisationstheorie" hat den Blick dafür geöffnet, daß die Funktionsweise und Funktionsfähigkeit der Organisationen weitgehend abhängt von ihrer Verknüpfung mit anderen Organisationen, von den Informationsnetzwerken, Verbindungsbüros und Kontaktpersonen, die die Organisationen miteinander und mit dritten Parteien verbinden (Aldrich/Whetten 1981: 390). Auf der anderen Seite hat der Blick in die Organisation selbst gezeigt, daß sie keine geschlossene und stets hierarchische Einheit darstellt; hier spielen informelle Beziehungen eine große Rolle, und Informationen und Initiativen nehmen vielfach und effektiver den direkten Weg von Unterabteilung zu Unterabteilung zwischen den Organisationen als den Weg über die Organisationsspitze (Keohane 1984: 97). Die Verbindung zwischen den Spezialabteilungen bei den Regierungen wie bei den Organisationen aber wirft keine Souveränitäts- und Autoritätsprobleme auf; Streitpunkte werden entpolitisiert und auf fachlicher Ebene erledigt. Außerdem vollzieht sich Politik in einem fortlaufenden Prozeß, so daß mit einer statisch-normativen Sichtweise auf der Seite der Regierungen wie auch der internationalen Organisationen wenig anzufangen ist.

Damit lassen sich die typischen Fehler oder Fallgruben vermeiden, in denen die Beziehungen zwischen beiden meistens versandet sind (Gallarotti 1991: 192 f.): Zum einen erscheinen die internationalen Organisationen den Regierungen nicht mehr so sehr als dicht gekoppelte, miteinander verschworene Systeme, deren Absichten nicht zu durchschauen sind und die eine Bedrohung für die eigene Macht darstellen. Zum andern werden – was die Rückseite der gleichen Medaille ist – die Regierungen davon abgehalten, schwierige Probleme auf die lange Bank zu schieben und sie den internationalen Organisationen zu überlassen, anstatt selbst nach einer Lösung zu suchen. In beiden Fällen werden internationale Organisationen gewissermaßen zu einer moralischen Versuchung. Dies gilt besonders im zwischenstaatlichen Konflikt, wo sich die internationale Organisation kaum aus dem Konflikt heraushalten kann, wie die UN in verschiedenen Krisengebieten; hier gerät sie in Gefahr, von der einen oder anderen Regierung mißbraucht zu werden. Erst bei einer prozessual-interaktiven Sichtweise und einem ebensolchen Verhalten von beiden Seiten gewinnen die IGOs wieder an Interesse. Für die Weltpolitik allerdings sind sie als

Monopolagenturen ziemlich wertlos geworden; ihre funktionale Bedeutung liegt gerade in ihrer Verbindung mit anderen Organisationen – mit den Regierungen einerseits und mit den INGOs andererseits; sie liegt im richtigen Organisationsmix und allgemein in der Transformation der interorganisatorischen Beziehungen auf eine niedrigere, weniger hoheitliche als eher „technische" Ebene.

Die wichtigste Rolle spielen heute die TRANSNATIONALEN ORGANISATIONEN – TNOs. Das sind Organisationen, die zwar international und sogar global wirksam sind, die im strengen Sinn aber nicht „international" genannt werden können, weil sie nichts mit den herkömmlichen Nationalstaaten zu tun haben, sondern diese vielfach negieren oder umgehen; zum andern sind sie nicht international, weil sie nicht „zwischen" den Staaten und Gesellschaften vermitteln. Sie greifen vielmehr – in einer „Muttergesellschaft" entstanden – über jede Gesellschaft dadurch hinaus, daß die Organisationen und Organisationsmitglieder vermittels eigenständiger Kommunikations- und Austauschstrukturen bzw. dank ihrer Aktivitäten, ihrer Ressourcen und Ideen jede Staatsgrenze überwinden oder unterlaufen (Peterson 1992: 371). Die Bedeutung dieser transnationalen Organisationen ist gewissermaßen konjunkturabhängig: Sie tritt immer dann zurück, wenn nationale Sicherheitsbelange, z. B. der Atommächte, im Vordergrund stehen; sie ist aber unabweisbar, wenn es um den Austausch von Handelsgütern und Dienstleistungen, von Personal und Ideen geht, vor allem aber, wenn globale Belange im Vordergrund stehen, wie Menschenrechte und Umweltprobleme, Satellitenübertragung und Computernetzwerke, Technologietransfer und freier Kapitalverkehr (Luard 1990). Transnationale Organisationen finden einen besonders günstigen Boden, wo die Prinzipien der „Zivilgesellschaft" verwirklicht sind, wo Vereinsfreiheit herrscht und die Individuen so frei sind, direkt mit Individuen anderer Zivilgesellschaften in Beziehung zu treten.

Die Organisationsformen, die Ziele und Strategien der TNOs sind höchst unterschiedlich. Sie reichen von multinationalen Unternehmen und Bankenkonsortien bis zu wissenschaftlichen Vereinigungen, von Interessengruppen irgendwelcher Art bis zu Weltanschauungs- und Religionsgemeinschaften, ja, bis zu sozialen Bewegungen und flüchtigen politischen Stimmungswellen, die wie ein Tief oder Hoch über die Ländergrenzen hinwegschwappen, ohne daß die Regierungen oder internationalen Organisationen etwas dagegen unternehmen könnten. Die Organisationen können straff organisiert sein und streng zentralistisch verwaltet werden, oder sie können dezentral organisiert sein, bis zur völligen Verwaltungsautonomie an verschiedenen Standorten. Ebenso sind die ORGANISATIONSMITTEL sehr unterschiedlich: Sie reichen von Mitgliedsbeiträgen und sporadischen Spenden bis zu Staatssubventionen und großen Stiftungsvermögen. Diese höchst unterschiedlichen TNOs erfüllen auch ganz unterschiedliche manifeste und latente FUNKTIONEN. Offensichtlich dienen sie dazu, Interaktionen zwischen sozialen Akteuren über die Staatsgrenze hinweg und ohne Einmischung des Staates zu ermöglichen, so daß sich diese Akteure wechselseitig helfen können, ihr Organisationsziel zu erreichen. Im Verborgenen bleibt eher, wenn Staatsregierungen die Hilfe von sozusagen einheimischen TNOs in Anspruch nehmen, um ihre außenpolitischen Ziele zu erreichen, oder wenn sie umgekehrt die Hilfe ausländischer TNOs suchen, um mangelnde Ressourcen oder Unterstützung für innenpolitische Ziele zu mobilisieren. Dies ist nur möglich, weil umgekehrt auch die transnationalen Organisationen auf die Hilfe der Staaten angewiesen sind, in denen sie einen Verwaltungssitz haben oder in denen sie Einfluß ausüben wollen (Haskell 1980).

Die TNOs bringen also die Staaten keineswegs zum Verschwinden, im Gegenteil, sie leben in vielfacher Symbiose mit ihnen. Ihr Vorteil gegenüber IGOs ist, daß sie nicht nur Insider-, sondern auch Outsider-Strategien nützen können. Sie können also einerseits versuchen, offizielle und inoffizielle Kontakte zur Regierung oder zu fachkundigen und eigeninteressierten Unterabteilungen und Agenturen der Regierung herzustellen; sie können andererseits auch Druck auf die Regierungen ausüben, indem sie sie durch die Beeinflussung der öffentlichen Meinung, über Proteste oder Medienkampagnen unter Entscheidungsdruck setzen. Insiderstrategien sind am wirkungsvollsten bei straff organisierten Zentralregierungen, Outsiderstrategien wirken am besten bei offenen demokratischen politischen Systemen (Risse-Kappen 1991). In der einen oder anderen Weise aber ist jede Regierung dem Einfluß der transnationalen Organisationen ausgesetzt, da es inzwischen ja eine „transnationale Öffentlichkeit" gibt, die von keinem Nationalstaat und keiner internationalen Organisation mehr zu ignorieren ist. Die Regierungen mögen die TNOs als Bedrohung ihrer Souveränität und ihrer politischen Kontrollmacht sehen, sie können jedoch mit ihrer Hilfe auch – innerhalb wie außerhalb ihres Territoriums – eine Menge an politischem Einfluß gewinnen. Dies gilt besonders für kleinere, aber hochentwickelte Staaten, die – wie im Rahmen der EG oder auch der OECD – funktional so vielfach verflochten sind, daß sie Fragen der Souveränität weniger beunruhigen als Fragen der Information und des technologischen Wissens oder auch des wirtschaftlichen und politischen Einflusses.

Organisationen ganz anderer Art sind INTERNATIONALE NICHT-REGIERUNGS-ORGANISATIONEN – INGOs –, die positiv zu definieren sind als private, freiwillige, nicht gewinnorientierte Organisationen, deren Mitglieder ihre Fähigkeiten, Mittel und Energien in den Dienst gemeinsamer Ideale und Ziele stellen (Mawlawi 1993: 392). INGOs haben kein offizielles politisches Mandat und keine verfassungsmäßig garantierte Funktion oder Macht, sie haben keinen Platz im internationalen Recht, dessen Prinzipien der nationalen Souveränität und der Nicht-Intervention sie ignorieren; ihre Mittel sind meist sehr beschränkt. Um die wahre funktionale Bedeutung der INGOs zu erfassen, muß man sie von der negativen Seite her definieren als Organisationen, die die Macht der Regierungen kontrollieren können, gelegentlich auch öffentliche Aufgaben übernehmen, die die Regierungen nicht erfüllen können oder denen sie sich entziehen möchten. Vor allem werden INGOs im intergouvernementalen Bereich – unterhalb der Regierungsspitze, im Bereich der Fachministerien und Fachreferate, der Projektleitungen und Kooperationsabkommen – tätig. Ihr politisches Mandat gewinnen sie dadurch, daß sie die „Stimme des Bürgers" artikulieren und sich, wenn möglich, an die Spitze einer sozialen Bewegung stellen, wie der Bürgerrechtsbewegung oder der Umweltbewegung. Dies ist etwas, was gerade Regierungen, internationale und transnationale Organisationen nicht können. Und in dieser Initiativ-, Kompensations- oder Kontrollfunktion liegt auch die hauptsächliche und – wie sich vor allem im Laufe der letzten zwei Jahrzehnte herausgestellt hat – auch unersetzbare Bedeutung der INGOs. Die Nicht-Regierungs-Organisationen sind auf die Kooperationsbereitschaft der Regierungen und der anderen Organisationen angewiesen; sie dürfen sich dennoch von ihnen nicht vereinnahmen lassen, wenn sie nicht ihren spezifischen politischen Auftrag und ihre Legitimität einbüßen wollen. Zunehmend gelingt es ihnen, ein eigenes internationales Netzwerk aufzubauen, so daß sich diese Gefahr inzwischen vermindert hat (M. Clark 1995: 523 ff.).

Die scheinbaren Organisationsnachteile im Sinne der „harten" Organisationen sind vielfach ihre Vorteile. Ein Vorteil im Gegensatz zu Regierungen und internationalen Organisationen, wie den UN oder der EG, die multifunktional sind und sich mit vielen Problemen gleichzeitig auseinandersetzen müssen, ist ihre Konzentration auf nur ein Problem, z. B. ein Menschenrechts- oder ein Umweltproblem, das zunächst auf lokaler Ebene und oft über lange Zeit verfolgt wird. Erst mit der Zeit schließen sich lokale oder regionale NGOs zu internationalen Verbänden zusammen, und das Verständnis der Problemzusammenhänge erweitert sich vom Einzelfall bis zu einem komplexen Weltproblem. So entsteht häufig ein Grad von Expertise, der von keinem Diplomaten und keiner Ministerialabteilung erreicht werden kann, die kurzfristig – und oft nach dem Rotationsprinzip – zur akuten Aufgabenbewältigung eingesetzt worden sind. Viele Probleme, deren sich die NGOs annehmen, sind gerade dadurch gekennzeichnet, daß sie erstens lokale und globale Ebene miteinander verbinden, jedoch aus der klassischen nationalstaatlichen Gesetzgebung herausfallen; zweitens geht es in der Regel um „neue" Probleme, die der Staat nicht wahrhaben will: Umweltprobleme in Industrieländern oder im Amazonasgebiet, Bürgerrechtsprobleme in Diktaturen, Pflegedienste, die durch die öffentliche Hand nicht oder unzureichend geregelt sind usw. Erst der Druck der öffentlichen Meinung, den die NGOs auf regionaler und internationaler Ebene erzeugen, führt die Staaten oder die inter- oder transnationalen Organisationen dazu, diese Probleme als öffentliche Probleme anzusehen und ihre Lösung auf eine gesetzliche Grundlage zu stellen.

Die materiellen wie die organisatorischen Mittel der NGOs sind in der Regel schwach, eine gesetzliche Grundlage ist nur gelegentlich gegeben, und die NGOs geraten nicht selten in den Verdacht der Illegalität und Subversivität; dennoch erfüllen sie wichtige Funktionen, die von keiner anderen Organisationsform zu erbringen sind. Da die lokalen NGOs in der Regel die ersten Organisationen sind, die einen Mißstand aufdecken und ihn in ihrem Bereich zu beheben suchen, darin allerdings oft scheitern und die größere Öffentlichkeit suchen müssen, werden sie auch häufig als erste konsultiert, wenn es einer amtlichen Stelle um die Behebung dieses Mißstandes geht. Diese Konsultation ist nur selten formal geregelt, dennoch ist sie gerade im Anfangsstadium der Problemdefinition und der Verfahrensentwicklung von großer Bedeutung.[34] Die NGOs stellen gewissermaßen ein Frühwarnsystem für sich entwickelnde öffentliche Probleme dar. Ebenso wichtig aber ist die Funktion der Vermittlung (Spencer/Spencer 1992): Gerade weil NGOs keine Hoheitsrechte und oft keinen Verhandlungsauftrag zu wahren haben, sondern sich von sich aus einmischen, sind sie oft die einzigen Vermittler, die im Vorfeld von offiziellen Regierungsverhandlungen und internationalen Organisationen Möglichkeiten der Thematisierung und Problemlösung abtasten können. Sie können immer noch zur Hilfe gerufen werden, wenn die offiziellen Verhandlungen ergebnislos gescheitert sind (Bailey 1985). Ein großes Problem ist natürlich die Neutralität der NGOs, die sich von keiner Seite vereinnahmen lassen dürfen, um ihre Glaubwürdigkeit zu bewahren, obwohl der Anlaß ihres Engagements in der Regel doch ein lokal oder national aufgetretener Mißstand oder Unrechtszustand ist.

Die Welt besteht also aus höchst unterschiedlichen Organisationen: Wer einen realistischen Blick für die Weltordnung gewinnen will, der muß sich schon die ORGANISATIONSSTRUKTUR dieser Organisationen und ihrer Verbindung untereinander ansehen, ohne sie gleich als geschlossene korporative Akteure zu betrachten, also als Staaten, Unternehmen oder als andere Quasi-Persönlichkeiten der Weltgeschichte, oder sie mit ihrem Namen, ihrem Gründungsmythos oder ihrem angeblichen Generalzweck zu hypostasieren. Allerdings haben Organisationen eine starke Tendenz zur Selbsthypostasierung, d.h. zur Verfestigung, zur Abschließung nach außen, aber auch zur funktionalen Komplementierung und zur Anmaßung zusätzlicher Funktionen, zur Generalisierung oder Beanspruchung eines funktional unbegründeten Legitimitätsüberschusses. Was ihre Dynamik anbelangt, so sind sie vor allem durch fünf Übersteigerungen oder Perversionen bedroht (O.R. Young 1994: 179f.): Erstens droht ihnen in Verbindung mit anderen internationalen Institutionen die LÄHMUNG, wenn diejenigen, die eine Organisation aufziehen und leiten, auf Einstimmigkeit beharren, so daß sie durch Vetorechte jeden institutionellen Wandel verhindern können, wie er beispielsweise durch sich wandelnde Umweltverhältnisse erfordert ist. Ebenso verbreitet ist zweitens das Problem der UNTERFINANZIERUNG, das dadurch entsteht, daß die internationalen Organisationen in der Regel auf die nicht eintreibbaren Beiträge der Mitglieder angewiesen sind, während ihnen eigene Einahmequellen fehlen und damit langfristige Handlungspläne und Umverteilungsmöglichkeiten. Drittens bringt die unumgängliche Kooptation von Spezialinteressen immer die Gefahr der FREMDSTEUERUNG der Organisation von außen mit sich. So fühlen sich die Entwicklungsländer im Internationalen Währungsfonds durch die Interessen der USA beherrscht, während sich die USA etwa im Rahmen der UNCTAD durch die Gruppe der 77 dominiert fühlen. Versuche der Zurückdrängung von Mitgliederinteressen – etwa durch die Einstimmigkeitsregel – verstärken aber wiederum die Gefahr der Paralyse. Viertens besteht die Gefahr der EINMISCHUNG von fast allen Seiten. Organisationen mit großer Transparenz können diese Gefahr der Einmischung und der Überwachung von außen zurückdrängen; doch wenn keine klare Kommandostruktur vorliegt, wenn das System beispielsweise auf übertragbaren Nutzungsrechten beruht, dann gibt es immer Mitglieder, denen das System ineffizient oder ungerecht oder nicht mehr gemäß seinem Gründungszweck erscheint. Dem kann seitens der Organisation fünftens durch Maßnahmen der BÜROKRATISIERUNG begegnet werden: durch Sicherstellung eigener Verwaltungsmittel, durch Verstärkung der Autoritätslinien und durch Formalisierung der Verfahren; doch dann drohen wiederum Erstarrung und Leerlauf.

Diese Gefahren der Organisation und Überorganisation lassen sich vermeiden durch die Einrichtung von FUNKTIONALEN REGIMEN, sozusagen von schwächeren Organisationen, in denen die Eigenständigkeit und Formalisierung der Organisation zurücktritt gegenüber den Eigeninteressen und -initiativen der Mitglieder, die sich selbst – in einem fortlaufenden Prozeß – um die Koordination ihrer Anstrengungen und die Aushandlung einigermaßen fairer Anteile bemühen müssen. Solche „Regime" sind möglicherweise nicht sehr dauerhaft, aber auch weniger kostspielig; indem sie ständig die Beteiligung der Mitglieder herausfordern und jede Aufgabendelegation und Autoritätsübertragung unterbinden, sind sie oft nicht ineffizient als Organisationen, während sie die Legitimitätsfrage völlig umgehen: Wer nicht mitmachen will, muß nicht; wer mitmacht, erkennt das Regime als legitim an. Es ist wichtig, die Konstitutionsprinzipien einer solchen Regimeordnung rechtzeitig zu erfassen; in einer künftigen Weltordnung werden diese Regime – wie heute bereits – eine große Rolle spielen, während auf straff geführte supranationale Organisationen – für eine lange Übergangszeit jedenfalls – keine allzu großen Hoffnungen zu setzen sind. Die „Weltordnung" wird sozusagen beiläufig oder im Rahmen eines komplexen, sich dynamisch weiterentwickelnden und den Beteiligten selbst schwer durchschaubaren Systems entstehen, aber nicht durch einen Generalstabsplan[35] und schon gar nicht durch die Verkündung eines Weltethos oder einer neuen UNO-Satzung.[36]

Vor allem ist in einer solchen Regimeordnung von vielen und möglicherweise sehr unterschiedlichen Akteuren auszugehen, die dennoch alle so ziemlich das gleiche Recht – oder was sie darunter verstehen – beanspruchen. Es ist ein politischer Vorzug dieser Regimeordnung, daß sich die Akteure so gut wie niemals durch eine abstrakte ideologische Formel in zwei Lager zusammenfassen und in einem metaphysischen Prinzipienstreit konfrontieren lassen. Es geht allen um ganz konkrete funktionale Ergebnisse, und ihre Ausgangs- und Aushandlungsposition ist von Problem zu Problem eine andere. Allerdings ist dieser Aushandlungsprozeß auch nicht zu utilitaristisch zu erfassen: Die einzelne Partei versucht nicht einfach, in jedem Einzelfall zur gewinnenden Koalition zu gehören, sondern es gibt Loyalitäten und LANGFRISTINTERESSEN, es gibt normative Bindungen und letztlich auch eine moralische Gemeinschaft. Trotz der vorwiegend funktionalen Definition von Regimen sind immer mehrere funktionale Regime – mehr indirekt als direkt – miteinander verflochten; die Motive zur Zustimmung oder Ablehnung sind „GEMISCHT", und der Aushandlungsprozeß ist mehr ein sozial INTEGRATIVER als ein distributiver Prozeß.

Verteilungs- und Machtprobleme werden gewiß nicht verschwinden, aber sie müssen so weit zurücktreten, daß sie den Fortgang der Kooperation und den Aufbau einer moralischen Gemeinschaft mit gewissen Vorleistungen und Schutzrechten gegenüber den Schwächeren nicht verhindern. Der „Schleier des Unwissens" – wie werden sich die Umweltverhältnisse verändern, welche neuen Koalitionen werden sich bilden, wird man nicht den heute Schwachen schon morgen für die eigene Koalition brauchen? – führt sogar so weit, daß Regime durch das Ordnungsprinzip der „grundsätzlichen GLEICHHEIT" aller Teilnehmer bestimmt werden, unabhängig davon, welches tatsächliche funktionale Gewicht sie einbringen. Natürlich kann dies nur ein konditionales Prinzip sein, das im kritischen Entscheidungsfall angewandt werden kann oder auch nicht. Erstaunlich ist dennoch die in Regimen herrschende Großzügigkeit und Nachsicht, die weit über jedes utilitaristische Kalkül hinausgeht und die trotz so manchen Verlustes an allokativer Effizienz am Ende doch ertragreicher ist, weil sie mehr Flexibilität ermöglicht. Man steigt etwa in relativ problemlose, übersichtliche und gleichheitliche Regime ein, um später – bei ausreichender Bewährung und angesammeltem Vertrauen – auf schwierigere, in ihren Konsequenzen schwer zu überblickende und durch offensichtliche Machtungleichgewichte bestimmte Regime überzuwechseln, oder man läßt es sein. Die Großzügigkeit und die Tendenz zur Gleichbehandlung setzt andererseits allerdings den Willen und die Fähigkeit der Mitglieder zur Befolgung der Normen und zur Kontrolle des eigenen Funktionsbereiches voraus.

Exogene Schocks oder Krisen können die Wahrscheinlichkeit der Einrichtung und des Erfolgs von Regimen sehr wohl erhöhen; oft erweisen sich Regime sogar als die einzige Möglichkeit der Problemlösung, weil bei jeder organisatorischen, insbesondere staatlichen Planung sofort der Machtkampf um Kompetenzen und Ressourcen, um Leitungsposten und Hoheitsrechte einsetzt, und zwar weitgehend unabhängig von der nicht so leicht im vorhinein zu definierenden Aufgabenstellung. Trotzdem haben Regime ihre inneren Grenzen, die genau in dieser Großzügigkeit und Gleichheit ebenso wie im guten Willen und in der Kooperationsbereitschaft begründet sind; sie liegen im Vorhandensein und in der Durchsetzungskraft oder Vertrauenswürdigkeit einer „UNTERNEHMERISCHEN FÜHRUNG", die selbst ein großes Eigeninteresse am Zustandekommen eines Regimes hat und die auch mächtig genug und in der Lage ist, zuverlässige Allianzpartner an sich zu binden. Nur so lassen sich Schwarzfahrer abhalten, an den Wohltaten des Regimes zu partizipieren, selbst aber keinen oder nicht hinreichenden Beitrag zu leisten; nur so läßt sich der in diesem Fall positive „Schleier der Unsicherheit" aufrechterhalten, der für eine riskante Zukunft eine Ausdehnung der Kooperationsbereitschaft verspricht.

Internationale funktionale Regime können oder müssen so manches regeln, was inter- und transnationale Organisationen nicht zu regeln in der Lage sind. Auf der anderen Seite hängt die Effektivität von Regimen davon ab, daß es Organisationen, Staaten und supranationale Staatenbündnisse gibt, die die Leistungen der funktionalen Regime koordinieren und integrieren, die autoritative Zielentscheidungen treffen und Grenzwerte setzen. Insgesamt können diese Regime nur auf der Basis einer mehr oder weniger globalen „ZIVILGESELLSCHAFT" funktionieren, in der die allgemeinen Menschenrechte gelten und eine freie Bewegung von Personen und Dienstleistungen möglich ist; dabei müssen aber auch viele der früher hoheitlichen, hochpolitischen Angelegenheiten zu technischen Problemen herabgestuft worden sein. „Auf der Basis einer Zivilgesellschaft" kann allerdings nicht heißen, daß die Zivilgesellschaft schon überall hergestellt wäre bzw. daß sie den Nationalstaat generell abgelöst hätte oder kurz davorstünde, das zu tun; es bedeutet schon gar nicht, daß sie als alleiniges Ordnungsprinzip ausreichen könnte. Bisher wurde das Modell der Zivilgesellschaft fast nur als Gegenmodell gegen einen allumfassenden Staat verstanden, z.B. in Osteuropa, wo die Verquickung von staatlicher, militärischer und wirtschaftlicher Organisation zusammengebrochen ist, aber ebenso im Westen oder in der Dritten Welt, wo der Staat in den Problemen des Umweltschutzes oder der Ingangsetzung eines endogenen Entwicklungsprozesses eklatant versagt hat (Lipschutz 1992: 392 ff.). Gleichzeitig ist nicht daran zu denken, daß die „Zivilgesellschaft" den „Staat" ersetzen könnte, daß in Zukunft transnationale Organisationen und intergouvernementale Behörden das Geschäft der Weltpolitik übernehmen könnten. Es ist eher umgekehrt: Die doch auf wenige Funktionen beschränkten „zivilgesellschaftlichen" Netzwerke können nur aktiviert werden, insoweit die Staaten nicht nur die „Menschenrechte", die Vereinsfreiheit und den Rechtsschutz gewährleisten, sondern selbstverständlich auch grundlegende Wohlfahrtsleistungen erbringen wie Infrastruktur, Bildung und Ausbildung, Gesundheitswesen und Alterssicherung. Die „Zivilgesellschaft" füllt dann die Lücken, die der Staat nicht füllen kann, aber durch sein soziales Anspruchsniveau erst aufgezeigt hat; sie versucht die Externalitäten der Wirtschaft auszugleichen, die diese auf Umwelt und Gesellschaft abgeschoben hat (Kumar 1993: 385 f.).

Wenn realistischerweise von einer „Weltordnung" gesprochen wird, so kann auf absehbare Zeit immer nur von einem „ORGANISATIONSMIX" die Rede sein. So manchem Doktrinär erscheint eine solche – zugegebenermaßen „unübersichtliche" – Mixtur schon als das reine „Chaos". Dennoch kann man getrost jede Ordnungsvorstellung beiseite legen, die allein EINEM Prinzip folgt. Es ist schon eher ein Gebot der Logik, für eine unvermeidlicherweise komplexe oder „unübersichtliche" Ordnung MEHRERE Ordnungsprinzipien zugrunde zu legen. Freilich wäre es wünschenswert, auch eine Pluralität oder Heterogenität von Ordnungsprinzipien wieder in eine logische Ordnung zu bringen. Diese logische Ordnung wird aber gewiß nicht den Prinzipien einer ein- oder zweiwertigen Logik – mit +/–, 1/0 – folgen können, sondern man wird schon eine mehrwertige Logik bemühen müssen. In einem ersten Anlauf und einer vorerst nur negativen Annäherung wird man von einem „dialektischen" oder „paradoxen" Verhältnis der verschiedenen Weltordnungsprinzipien zueinander ausgehen müssen. Eine oft bemerkte PARADOXIE ist die zwischen der Macht und der Fähigkeit zur autoritativen Entscheidung einerseits und der Bereitschaft und Fähigkeit zum Aushandeln integrativer, in die Zukunft weisender Ergebnisse andererseits (Young 1994: 118). Was die Staaten betrifft, so könnte man sagen: Es ist der Gegensatz zwischen Ressourcenmacht – also dem Grad der Kontrolle über Rohstoffe, Kapitalströme und Märkte, über Technologien und Waffensysteme, über Wissen und Ideologien – und Vertrauen. Beides ist nicht vereinbar: Wer die Macht hat, braucht kein Vertrauen; wer keine oder wenig Macht hat, erlangt leichter Vertrauen – doch was nützt es ihm? Aber gerade diese Paradoxie treibt Mächtige und Machtlose, Vertrauensarme und Vertrauenswürdige zusammen.

Eine ähnliche Paradoxie herrscht zwischen „Organisationen" und „Regimen" im allgemeinen: Die Organisationen verkörpern „strukturelle Gewalt" und Erzwingungsmacht, die schlechtstrukturierten Regime verkörpern Konsens und Kooperationswilligkeit oder -notwendigkeit, Koordination und Funktionalität. Ähnliches gilt insgesamt für das Verhältnis von „Geopolitik" und „Demokratie" oder „Menschenrechten": Niemand kann den Geopolitikern abstreiten, daß sie wesentliche Faktoren der Weltordnung erfassen, die kein Staatsmann, kein Organisationsmanager – welcher Gesinnung oder Zielsetzung auch immer – vernachlässigen kann; dennoch können die Geopolitiker nicht vorhersagen, welche Möglichkeiten sich einer Politik des institutionellen Aushandelns – sei es im nationalstaatlichen Rahmen der UNO, sei es in der Allianz von demokratischen Staaten – im gegebenen geopolitischen Rahmen noch eröffnen können. Die „Geopolitik" würde ihren eigenen Ansatz entwerten, wenn sie diesen Zusammenhang ignorierte.

Die Anerkennung eines unvermeidlichen oder notwendigen Organisationsmix schließt allerdings auch die Anerkennung unterschiedlicher ethischer Prinzipien und Moralvorstellungen auf verschiedenen Ebenen und in verschiedenen Funktionsbereichen der Weltpolitik – also insgesamt eine „heterogene Weltethik" oder den Verzicht auf eine schlicht einheitliche Weltethik – mit ein. Die inter- und transnationalen Organisationen erfüllen dabei ganz unterschiedliche Funktionen: Sie ENTPOLITISIEREN die anstehenden Probleme einer „neuen" oder vielmehr einer „ersten" Weltordnung, und sie FUNKTIONALISIEREN sie: Alle erfüllen sie verschiedene Funktionen, alle können sie nur in der wechselseitigen Koordination bestehen, ihre Populationszusammensetzung verändert sich permanent gemäß den wechselnden Problemlagen. Das ist ihr Verdienst in organisatorischer Hinsicht, genauso wie ihre Begrenzung in ethischer Hinsicht; sie schaffen zwar die notwendigen organisatorischen Vorbedingungen für das Entstehen einer „moralischen Gemeinschaft", klammern jedoch dieses Ziel gerade aus. Vor allem können sie nicht darüber bestimmen, wie umfassend eine durch sie gestützte moralische Gemeinschaft sein soll und welche ethischen Ansprüche sie erfüllen kann: „Weltgemeinschaft" und „Apartheidssystem" sind beides funktionale Möglichkeiten. Was realisiert werden wird, ist eine Frage des politischen Willens und der moralischen Verantwortung der Akteure auf der Weltbühne. Der unschätzbare Vorteil der inter- und transnationalen Organisationen ist der, daß sie alle zumindest den ethischen Prinzipien eines UNIVERSELLEN KONSEQUENTIALISMUS folgen. Damit ist eine solide Basis jeder Weltordnung und jeder Weltethik gewährleistet, wenngleich die funktionale Bedeutung und der moralische Wert dieser Organisationen erst voll zum Tragen kommt, wenn die ethischen Ansprüche darüber hinausgehen.

5. Eine Minimalethik funktionaler Regime

Im Gegensatz zu den deontischen Momenten einer staatszentrierten oder einer kommunitaristischen Institutionentheorie, wie auch im Gegensatz zum scheinbar reinen Utilitarismus des Marktmodells, stehen die funktionalen internationalen Regime, die wohl am besten als Ergebnis eines institutionellen Aushandlungsprozesses – „institutional bargaining model" – zu erfassen sind (Young 1989: 359 ff.). Obwohl es diese funktionalen Regime, wie z. B. das Schiffahrtsregime auf den Ozeanen, das Freihandelsregime, das Postverkehrsregime usw. im Prinzip schon seit langem gibt und diese Regime inzwischen auch weitgehend rechtlich verankert sind, ist lange unbemerkt geblieben, daß es sich hier um sehr lebensfähige und z. T. weltumspannende Institutionen neuer Art handelt. Insofern sie weitgehend die Rahmenbedingungen für Märkte, Staaten und Kommunen der verschiedensten Art abstecken, beeinflussen oder durchdringen sie alle anderen Institutionen und sind damit geradezu zum Modell einer neuen Institutionenbildung geworden. Solange die Kolonialreiche nicht zerfallen waren und der Kalte Krieg herrschte, konnte man internationale Funktionsordnungen als eine Sache der Hegemonie ansehen. Erst seit sich die amerikanisch-sowjetische Bi-Hegemonie abgeschwächt hat oder schließlich zerbrochen ist bzw. seitdem neue globale Probleme aufgetaucht sind – wie Umweltprobleme, das Ozonloch, der Schutz der arktischen Regionen, die Ausbeutung der internationalen Tiefseeregionen, die Verteilung von Radiofrequenzen usw. –, ist man sich der neuen Qualität dieser tertiären Institutionenbildung bewußt geworden.

Regime sind in erster Linie FUNKTIONALE Regime, d. h., sie beruhen auf den funktionalen INTERDEPENDENZEN, die durch die internationale Arbeitsteilung geschaffen worden sind – natürlich erst auf einem höheren Niveau der industriell-technologischen Entwicklung. Sie werden durch Netzwerke von Transport- und Verkehrswegen, von Informationskanälen und Kapitalströmen, durch einen hochgeneralisierten Waren- und Dienstleistungsaustausch sowie die Mobilität von Personen und Ideen ermöglicht (Keohane/Nye 1975: 366 f.). Diese funktionale Interdependenz ist im Grunde ein GLOBALES Phänomen; fraglich bleibt, ob es überhaupt irgendwelche funktionalen Regime gibt, die sich territorial oder regional begrenzen lassen; vielmehr wird die „optimale Reichweite" eines Regimes durch die jeweilige Funktion bestimmt, die z. B. in bezug auf die atomare Proliferation größer ist als in bezug auf den Walfang, in bezug auf die Produktion und den Vertrieb von Heroin größer als von Alkohol. Interdependenz bedeutet nicht notwendigerweise „Integration", sondern möglicherweise auch „Abhängigkeit", „Ausbeutung", „Schwarzfahrerei" und „Konflikt". Funktionale Interdependenz bringt nicht allein die möglichen Vorteile von Arbeitsteilung, Produktverbesserung und Markterweiterung hervor, sondern sie bedeutet ebenso eine größere „Verletzlichkeit" für alle. Der Regelungsbedarf von funktionalen Interdependenzen hat also zwei Seiten, eine POSITIVE – die Koordination – und eine NEGATIVE – also Abwehr, Schutz, und nicht selten zwingt zuerst die negative Seite zum Handeln, bevor positive Ziele in das Blickfeld treten. Positiv bestimmt kann man generell behaupten, daß funktionale Regime „Transaktionskosten" sparen, wie Kosten für Information, für Vermittlung und Koordination, Kosten für Standort- und Arbeitsplatzwechsel; negativ formuliert helfen Regime, die Unsicherheit zu vermindern, die Kosten für die erforderlichen Infrastrukturleistungen, für Netzwerke und Speicher gleichmäßiger zu verteilen bzw. Schwarzfahrer und Ausbeuter zu hindern (Haggard/Simmons 1987: 596 ff.).

Was die POLITISCHE Bewertung von internationalen Regimen betrifft, so schwankt sie zwischen zwei Extremen: einerseits der Meinung, daß sie Instrumente in der Hand der großen Industriemächte sind bzw. daß sie stets der Stärkung einer Hegemonie dienten und immer dienen werden (Payer 1982); andererseits der Meinung, daß sie – über alle Nationalstaatsgrenzen und Funktionsbereiche hinweg – den größten Entwicklungsimpuls in der Weltentwicklung darstellen und gerade zur Entschärfung von Machtungleichgewichten und Hegemonialverhältnissen dienen (Keohane 1984). Beide Bewertungen neigen dazu, die politische (und nicht die technisch-organisatorische) Bedeutung der internationalen Regime zu übertreiben, deren Einrichtung und Nutzung zwar eine notwendige Voraussetzung der korporativen, der nationalen und regionalen Machtentfaltung sowie der Allianzenbildung darstellt, nicht aber schon eine zureichende Bedingung ist. Was die THEORETISCHE Begründung der Wirksamkeit, der Gründung, der Aufrechterhaltung und des Verfalls von Regimen angeht, so gibt es eine Reihe von Erklärungsmodellen: von der Spieltheorie und dem Rational-Choice-Ansatz bis zur Transaktionskostentheorie und dem Symbolischen Interaktionismus; keines von diesen sollte man jedoch zum Dogma erheben (Hix 1994: 21; Hasenclever et al. 1996). Man sollte dies schon deshalb nicht tun, weil es „internationale Regime" in den verschiedensten FUNKTIONSBEREICHEN gibt, und die unterschiedlichen funktionalen Erfordernisse interessen- und machtmäßig, strukturell und situational, verhaltensmäßig und kognitiv auf ganz unterschiedlichen Voraussetzungen und Wertsetzungen beruhen.

Um die für die gegenwärtige und künftige WELTORDNUNG zentralen Regime zu nennen, so reicht das Spektrum von der Wirtschaft etwa mit dem GATT oder dem Welthandelssystem WTO, dem IWF oder der Weltbank, der G-7 oder dem internationalen Währungssystem und Kapitaltransfer, über das Transport- und Verkehrs-, Post- und Telekommunikationsregime, bis zu militärischen Sicherheitsregimen, die die wechselseitige atomare Abschreckung der Atommächte sicherstellen, die Proliferation verhindern oder eine weltumspannende Satellitenübertragung und -überwachung ermöglichen sollen (vgl. Krasner, Hg., 1983). Zunehmend gewinnen Informations- und Kommunikationssysteme an Bedeutung, die bisher weitgehend unsichtbar gewesen sind, die jedoch in der Formung von „epistemischen Gemeinschaften" letztlich die Grundlage jeder weiteren Entwicklung darstellen (P. M. Haas 1992; Miles 1993; Nye/Owens 1996). Die genannten Regime sind durch einen POSITIVEN Zweck definiert und explizit formalisiert; es gibt aber auch gewissermaßen NEGATIV definierte Regime, „Geheimregime" oder „Regime im Untergrund", die allerdings oft mehr durch organisatorische Unfähigkeit der Staaten als durch konspirative Pläne von mafiosen Vereinigungen bestimmt sind. Da ist z. B. ein weltumspannendes „Drogenregime", das von der Produktion über die Verteilung bis zur Geldwäsche reicht (Griffith 1993; Andelman 1994; Paternostro 1995); natürlich organisiert sich gegenüber dem transnational organisierten Verbrechen (L. I. Shelley 1995) auch ein europäisches und ein internationales Polizeiregime (Gregory 1991; Reiner 1992; R. H. Moore 1995). Aber es gibt in diesem Sinn auch ein „Umweltregime" der Umweltverschmutzung und der Verschiebung der Umweltlasten (Jamieson 1992; Shue 1995; Bernauer 1995), ein Atomkontrollregime – oder negativ: ein Atomschmuggelregime – (H. Müller 1992; Clancy/Seitz 1991/92; Thayer 1995), aber auch ein „AIDS-Regime" und ein Regime der Infektionskrankheiten oder ein „Krebs-Regime", das darüber bestimmt, wie mit diesen Krankheiten umgegangen wird und wie sie sich weiter ausbreiten werden (Curtis 1991; Procter 1994; L. Garrett 1996). Es gibt regionale Flüchtlingsregime (Widgren 1990; Lyman 1991; Rubin 1994; Skran 1994) und ein internationales Gesundheitsregime, ein Geburten- und Bevölkerungsregime (P. Taylor 1993; Murphey 1994).

Der ORGANISATIONSGRAD dieser Regime kann größer oder kleiner sein; oft gibt es einen minimalen Verwaltungsapparat, der im wesentlichen lediglich der Registration und Information dient. Immer aber ist die Organisation ihrer Struktur nach DEZENTRAL (Haggard/Simmons 1987: 496 ff.), also ohne zentrale Kommandostelle und Sanktionsgewalt, oft auch ohne ein eindeutig dominantes Mitglied, das über die Aufnahme oder das Verhalten anderer Mitglieder bestimmen könnte. Zu den Mitgliedern internationaler Regime können Staaten gehören, aber auch inter- und transnationale Organisationen, Firmen, Banken, Clubs und Privatpersonen. Internationale Regime können „ausgehandelte Ordnungen" sein, festgelegt durch Satzung und Vertrag; in der Regel aber ist die Ordnung nicht wirklich unter gleichberechtigten Mitgliedern ausgehandelt worden; sie wurde meist einmal „aufgezwungen", entweder durch eine stärkere Macht, z. B. eine Hegemonialmacht, oder einfach durch den „Zwang der Umstände". Bestenfalls ist die Regimeordnung „spontan entstanden" in einem längeren historischen Prozeß, an dem wechselnde Mitglieder beteiligt waren und in dem sich auch die Regeln verändert haben (Young 1983: 98 f.). Wenn man von der normativen Regelung und Sanktionierung des Verhaltens ausgeht, so sind solche „spontanen" Regime gewissermaßen „schwache" Institutionen; doch wenn man ihre funktionale Bedeutung und Reichweite in Betracht zieht, so sind sie geradezu „Super-" oder jedenfalls „Supra-Institutionen". In ihrer Legitimation wie Mittelallokation beziehen sie sich auf ganze Sätze von bereits vorhandenen, in der neuen Integration allerdings verwandelten Institutionen, so z.B. auf die Institutionen von Eigentum und Erbe, auf die „Freiheit der Meere" oder herkömmliche Wege- und Zugangsrechte, auf Tauschhandel und Markt, auf Kirche und Vereinsfreiheit, auf Schule und Profession, aber ebenso auf die öffentliche Meinung und Moral, die Mode oder auf wissenschaftliche Expertisen und Institute. Die Wirksamkeit der internationalen Regime beruht gerade darauf, daß sie sich – quasi kraft internationaler Bürger- und Menschenrechte, oft unter Umgehung der Staatsinstitutionen oder der Regierungsspitze – auf diese Institutionen stützen. Diese gehören durchaus unterschiedlichen Kulturen an und können sich in ihrer funktionalen Bedeutung und Arbeitsweise erheblich voneinander unterscheiden.

In solch einem Fall ist eine EIGENSTÄNDIGE INSTITUTIONALISIERUNG erforderlich; Ansätze eines „institutionellen Aushandelns" erweisen sich gerade dort als notwendig und aussichtsreich, wo weder die utilitaristisch-mikroökonomischen noch die macht-realistischen Erklärungen hinreichen. Der Utilitarismus geht typischerweise von einer unabhängigen Kalkulierbarkeit der Ergebnisse seitens der Akteure wie von genau begrenzten Zielen und beschränkten bzw. abgrenzbaren Zeitperioden aus (Tullock 1970: III). Der Realismus oder Neo-Realismus nimmt an, daß sich internationale Regime bloß dort bilden, wo eine Hegemonialmacht oder eine kleine Gruppe von Akteuren kraft ihrer eigenen Macht eine Einigung durchsetzen kann, die zu ihrem Vorteil ist, die aber dennoch von den anderen – die keine Organisationsalternative haben – mitgetragen werden muß (Sandler/Cauley 1977). Beide Lösungsstrategien und Erklärungsansätze sind jedoch nur auf bestimmte Probleme anwendbar, so etwa auf Handelsabkommen oder auf militärische Sicherheitssysteme; für alle Fälle, in denen nicht einmal auszumachen ist, wer in welcher Form betroffen ist, wo es nicht in erster Linie etwas zu verteilen gibt, sondern erst einmal Information zu sammeln oder ein kollektives Gut zu schaffen ist, überall wo der „Schleier des Unwissens" über der Zukunft liegt – z. B. weil sich die Probleme oder Problemverknüpfungen mit der Zeit wandeln, weil Akteure ausscheiden und neue hinzukommen oder Koalitionswechsel stattfinden –, dort ist ein expliziter Prozeß der Institutionalisierung notwendig. Dies sind vielleicht gerade die für die Zukunft entscheidenden Probleme, wie z. B. in der Gewinnung von wissenschaftlichem und technologischem Wissen, in der Erschließung von Bodenschätzen und neuen Energiequellen – oder umgekehrt im Schutz der Umwelt, nicht zuletzt auch in der Steuerung der Finanzströme und der Investitionen von Kapital und Humankapital im transnationalen Rahmen. Wenn institutionelle Lösungen gerade wegen der Komplexität der Probleme und der Unvorhersehbarkeit ihrer Entwicklung notwendig sind, so besteht Aussicht auf eine haltbare Lösung gerade dann, wenn sich die Regelung auf ganz wenige Kernpunkte konzentrieren läßt, wenn es einfache Überwachungsmechanismen und Überprüfungskriterien gibt oder wenn sich eine Kerngruppe von Akteuren herausbildet, die eine Unternehmerfunktion erfüllt, also einen Kostenvorschuß für die Schaffung des kollektiven Gutes übernehmen kann.

Funktionale Regime führen in der Regel lediglich zu einer „NEGATIVEN INTEGRATION", d. h., sie beseitigen Transaktionsschranken, sie ermöglichen eine Politik der Deregulation oder der Liberalisierung, oder sie verbessern die Koordination der Anstrengungen; sie sorgen jedoch nicht von selbst für politische Integration oder soziale Gerechtigkeit. Andererseits sind einzelne funktionale Regime nicht isolierbar – und seien sie noch so speziell wie etwa die Nichtverbreitung von Atommaterial oder das Rauschgiftregime: Sie setzen nicht nur eine internationale Zusammenarbeit der Polizei und gemeinsame technische Standards und Kontrollsysteme voraus, sondern letztlich auch eine gemeinsame Einwanderungs- und Asylpolitik oder eine enge Zusammenarbeit von Bankensystem, Zollfahndung und anderen. Internationale Regime sind sowohl TRANSFUNKTIONAL als auch TRANSNATIONAL und -regional, d.h., sie überschreiten oder unterlaufen territoriale Grenzen jeder Art, oft auch eigentumsrechtliche Grenzen. Diese Transnationalität wird nicht nur von nationalistischen und diktatorischen Regierungen gefürchtet, sondern auch von wohlfahrtsstaatlichen Demokraten kritisiert, die die mangelnde demokratische Kontrollierbarkeit beklagen (Ziebura 1992: 474). Darüber hinaus sind internationale Regime auch „TRANSVERSAL" in dem Sinn, daß sie gleichzeitig verschiedene Ebenen und Funktionen miteinander verbinden: die globale und die kommunale Ebene, die technologisch-ökologische und die militärische Ebene im Falle des Atommülls; d.h., wenn sich auf einer Ebene und in einer Funktion ein gemeinsam kontrolliertes Ordnungsregime durchgesetzt hat, besteht auch Aussicht, daß es auf angrenzende Gebiete übergreift. Schließlich besteht in dieser Transversalität eine gute Chance der INSTITUTIONELLEN VERSELBSTÄNDIGUNG dieser Institutionen, die sich wechselseitig stärken.

Dies wird vor allem durch drei Mechanismen ermöglicht: Erstens durch plurinationale KOOPTATIONSregime, in denen neue Mitglieder nach funktionalen Gesichtspunkten und institutioneller Bewährung zugewählt werden, wobei „alte" institutionelle Bindungen – hier die „Nation" oder der „Herkunfts-Staat" – möglichst ignoriert oder umgangen werden (Bach 1993: 236). Zweitens durch die Bildung von „GREMIEN-NETZWERKEN" (Grote 1990: 241), d.h. von informellen interbürokratischen Netzwerken, die zwar über kein formelles hierarchisches Entscheidungsrecht verfügen, aber durch horizontale Kontakt- und Kommunikationsstrukturen Kompetenz und Vertrauen schaffen. Solche Netzwerke werden um so wichtiger, je weniger es im Welthandel um Fertigwaren und Maschinen, sondern je mehr es um Problemanalysen und -lösungen, um Produktdesign, Information und Werbung geht (Reich 1991: 113). Die Frage der „Übertragung" von Souveränitätsrechten oder Kompetenzen stellt sich in diesen Netzwerken kaum; vielmehr werden hier unersetzliche Kompetenzen und Beziehungen aufgebaut (Keohane/Hoffmann 1990: 293 f.). Obwohl die Informationsnetzwerke global geworden sind, spielt es dennoch eine Rolle, wer wo die „Netzknoten" aufbaut und überwacht. Hier sind zweifellos die technologisch hochentwickelten und militärstrategisch dominanten Nationen und Regionen im Vorteil, die bereits über zahlreiche hochwertige Elektronikfirmen, Informationszentren, wissenschaftliche Forschungs- und Ausbildungsinstitute usw. verfügen (Nye/Owens 1996: 20 ff.). Drittens wird eine Verselbständigung ermöglicht durch die Herausbildung eines institutionellen Personals von EXPERTEN, die nicht allein durch gemeinsame Werte und eine technisch-funktionalistische Grundorientierung miteinander verbunden sind, sondern diese Grundorientierung auch den mit ihnen kooperierenden Behörden sowie externen Beratern und Sachverständigen vermitteln.

Vielleicht ist noch das Vorurteil abzuwehren, daß funktionale Regime doch nur den „äußeren" Organisationsrahmen betreffen: ÄUSSERE Regime ermöglichen zumindest INNERE Regime, und umgekehrt. Dieser Zusammenhang wurde in der Soziologie von Max Weber ebenso betont wie von Norbert Elias oder Michel Foucault, wenn auch unterschiedlich begründet (Krieken 1990). Besonders Elias hat eine enge Verbindung zwischen der Monopolisierung der Gewalt durch den Staat und der Zunahme der funktionalen Interdependenzen in der Gesellschaft einerseits und dem Übergang vom Fremdzwang zum Selbstzwang beim Individuum andererseits hergestellt (Mennell 1990: 207 f.). Während früher von „Regime" und „Regiment" nur auf der Ebene der Stadt- und Staatsregierungen gesprochen werden konnte, hat sich inzwischen der Begriff mehr auf die internationale Ordnung verschoben (R.K. Smith 1989: 227), die nunmehr ja unmittelbar im Habitus der Individuen fundiert ist. Diese direkte Koppelung von individueller und internationaler Ebene hat ihre Licht- und Schattenseiten: Die *de-facto*-Zuerkennung von internationalen Bürgerrechten – auch wenn sie noch nicht durchsetzbar sind und der UNO-Satzung das Nationalstaatsprinzip zugrunde liegt –, unabhängig von Reichtum oder Armut, unabhängig vom politischen Programm einer nationalen Regierung, ist einerseits eine Funktionsvoraussetzung aller internationalen Regime (S. Hoffmann 1983: 33); andererseits ermöglicht diese Koppelung von internationaler und individueller Ebene allerdings auch kriminelle Regime, wo Staaten unfähig oder unwillens sind einzugreifen oder die nötigen Kooperationsformen noch nicht gefunden haben.[37]

Bei allen Versuchen, internationale Regime in ihrer Wirkungsweise, in ihrer historischen Entstehung und funktionalen Konsequenzen näher zu beschreiben, ist nicht zu übersehen, daß es sich stets um eine Theorieperspektive unter anderen handelt. Im Falle von EUROPA z.B. spielen mindestens vier Ordnungsprinzipien ineinander, sind gleichzeitig drei Theorieperspektiven anzusetzen, um ein realistisches Bild zu gewinnen: Erstens gibt es nach wie vor die alte NATIONALSTAATLICHE Ordnung, die – repräsentiert durch den Ministerrat und das Europäische Parlament – weiterhin die Außen- und zum Teil die Sicherheitspolitik, die Industrie- und Technikpolitik sowie die Finanz- und Sozialpolitik bestimmt. Zweitens gibt es zweifellos Ansätze einer SUPRANATIONALEN Institutionenbildung, die – vertreten durch die Kommission und ihren Präsidenten – eine seltsame Mischung von Primärproduktion in Kohle und Stahl, in der Atomenergie und der Agrarpolitik beherrscht. Ein wesentlicher Teil dieser Institutionen- oder Netzwerkbildung ist jedoch in Wirklichkeit TRANSNATIONAL zu nennen, insofern er die staatliche Ebene überspielt oder unterläuft. Drittens durchdringt ein Netzwerk INTERNATIONALER oder TRANSNATIONALER Regime – wie das GATT oder die verschiedenen Märkte – die nationalstaatliche und supranationale Ordnung, die sie erst ermöglicht und miteinander verbindet, gleichzeitig aber auch öffnet und etwa eine europäische regionale Blockbildung sprengt. So bildet sich viertens in dieser inter- und transnationalen Rahmenordnung auch eine Ebene der KOMMUNALEN, REGIONALEN und selbst der INDIVIDUELLEN Beziehungen heraus, die durch keine der anderen Ordnungsebenen zu kontrollieren oder zu beherrschen ist.

Die ETHIK FUNKTIONALER REGIME ist eine Ethik im Rahmen komplexer und überaus dynamischer Systeme; so ist sie selbst auch nicht so einfach, wie es zunächst den Anschein hat. Man könnte nämlich versucht sein, Regime lediglich nach dem Prinzip der FUNKTIONALEN EFFIZIENZ – also nach ihrer Effektivität in der Zielerreichung, ihrer produktiven Effizienz im Einsatz knapper Mittel, und in ihrer allokativen Effizienz für die Beteiligten – zu beurteilen (Young 1989: 368). Bei näherem Hinsehen zeigt sich jedoch, daß diese Effizienz kaum je praktisch zu definieren ist, weder bei der Etablierung eines funktionalen Regimes noch bei seiner Institutionalisierung unter sich wandelnder Mitgliedschaft und sich verändernden Umweltbedingungen und funktionalen Prioritäten. Vielmehr stehen von Anfang an

Erwägungen darüber im Vordergrund, was funktional „angemessen", was im Effekt „recht und billig" und was in der Lastenverteilung „fair" ist. „FAIR" ist eine Verteilung der Aufgaben wie der Erträge, wenn sie unter dem „Schleier der Unwissenheit" erfolgt, so daß kein Mitglied interessiert sein kann, das andere Mitglied schlechter zu stellen als sich selbst (Brennan/Buchanan 1985: 30). Effektivität und Effizienz können nur vor diesem Hintergrund beurteilt werden.

Dies läßt eine moralische Tiefendimension vermuten, die über jeden Utilitarismus weit hinausgeht, sei dieser nun am Selbstinteresse ALLER Beteiligten oder vor allem am Machtstreben EINER Möchtegern-Hegemonialmacht orientiert. Dies zeigt sich schon im Abstimmungsmodus von Regimen: Wohl gelten alle Teilnehmer als autonom und als legitimiert, ausschließlich in ihrem wohlverstandenen eigenen Interesse zu handeln. Die Autonomie ist ein Konstitutionsprinzip der funktionalen Regime; diese sind in der Regel doch ohne eigene Sanktionsmittel und Gerichtsbarkeit und auf den Willen ihrer Mitglieder angewiesen, die vereinbarten oder einfach eingebürgerten Regeln innerhalb ihrer eigenen Jurisdiktion durchzusetzen. In den Abstimmungen jedoch gilt dann das EINSTIMMIGKEITSPRINZIP, nicht das Mehrheitsprinzip, d.h., wer am funktionalen Regime teilhaben möchte, kann teilnehmen, wenn er seinen fairen Anteil erbringt – oder er kann gehen, muß dann allerdings auch auf die Vorteile des funktionalen Regimes verzichten (Buchanan/Tullock 1962: 360). Es gibt hier keine Koalitionsbildung im Sinne eines sozialen Konflikts, sondern es gibt nur eine KERN- und RANDBILDUNG: Die am meisten interessierten Akteure schließen sich zusammen; andere können folgen oder nicht, sie können gegebenenfalls eine aktive oder eine passive Rolle übernehmen. Alle Mitglieder sind im Prinzip gleichberechtigt; jede Stimme zählt gleich. Obwohl dies *de facto* natürlich nicht ausschließt, daß einige Mitglieder weitaus mächtiger sind als andere, gibt es doch innerhalb eines Regimes eine Tendenz zur „ausgleichenden Gerechtigkeit": Während dominante Mächte oder prospektive Hegemonialmächte eingebunden und dem Wohle des Ganzen verpflichtet werden, müssen sich tentative „Schwarzfahrer" fragen, ob sie das Risiko eingehen können, formell ausgeschlossen oder übergangen zu werden.

Das Prinzip der Einstimmigkeit schließt das Prinzip der FREIWILLIGKEIT – im Falle des Beitritts bzw. der Zugehörigkeit dann aber auch das Prinzip der bedingungslosen Mitgliedschaft – ein. Die Mitgliedschaft muß, solange sie aufrechterhalten wird, insofern BEDINGUNGSLOS sein, als sie auf einen langen oder jedenfalls unbestimmten Zeithorizont ausgerichtet ist und auch ohne zureichende Kenntnis der aufkommenden Probleme erfolgt. Der ganze Aushandlungsprozeß ist explorativ und integrativ, nicht jedoch distributiv zu nennen; denn die zu verteilenden Werte – kollektive Güter, Austauschbeziehungen, Informationen – sind erst zu schaffen, ihre konstitutiven Bedingungen zu ermitteln und die Folgen und Nebenfolgen der getroffenen Arrangements erst im Laufe der Zeit zu erfahren (Walton/McKersie 1965: II-V). Auch wenn das Regime gut „funktioniert", wird sich die Zusammensetzung oder die Aktivität der Mitglieder ändern. Vor allem wird sich die Konfiguration der zu lösenden Probleme wandeln: „KOMPLEXE INTERDEPENDENZ" und eine gewisse Undurchsichtigkeit sind hier oft durchaus erwünscht, um so zu einem möglichst vielfältigen *quid pro quo* zu kommen. Gerade darin liegt der Vorteil von funktionalen Regimen, denn es müssen keineswegs immer alle Mitglieder zu allen Punkten Stellung beziehen: Weil sie so vielfältig miteinander verknüpft sind und weil der Problemzusammenhang oft unbestimmt und vage bleibt, können die weniger interessierten oder durch interne oder anderweitige Probleme verhinderten Mitglieder den aktiveren Mitgliedern das Feld überlassen, während sie selbst zu einem anderen Zeitpunkt und in einem anderen Problemzusammenhang dann die Initiative ergreifen können. Der geforderte Zusammenhalt bei einer ungewissen Zukunft aber ist zweifellos Kennzeichen einer zumindest impliziten „moralischen Gemeinschaft", die im Falle einer rechtlichen Kodifizierung auch explizit werden kann, aber nicht muß; hierbei kann sich die Verrechtlichung sogar als ein Hindernis für die weitere Entwicklung erweisen.

Sind Effizienz und Gleichheit die grundlegenden moralischen Prinzipien der funktionalen Regime, so gibt es doch unterschiedliche Werte und Normen, Verfahren und Gewohnheiten, je nachdem, ob ein „Dilemma des gemeinsamen Interesses" oder ein „Dilemma der gemeinsamen Abneigung" vorliegt (Stein 1983: 120 ff., 125 ff.). Ein DILEMMA DES GEMEINSAMEN INTERESSES entsteht, wenn unabhängige Entscheidungen der von dem gleichen oder einem ähnlichen Problem betroffenen Akteure das Pareto-Optimum verfehlen, also zu einem Ergebnis führen, das im Grunde keiner haben wollte.[38] Regime wie das G-7-Regime, das internationale Finanzregime, die Telekom oder das Flugverkehrsregime sind „POSITIV" zu nennen, insofern sie aus der positiven Motivation zur Kooperation entstehen und nicht unbedingt wegen der letztlich erzielten Ergebnisse. Das moralische Hauptproblem einer solchen Kooperation sind die „Schwarzfahrer", also diejenigen, die wohl ein bestehendes funktionales Regime zu nutzen wissen und von den Mitgliedern des Regimes auch nicht ohne weiteres ausgeschlossen werden können, nachdem einmal ein internationales Netzwerk geschaffen worden ist; sie sind aber nicht bereit, einen adäquaten Beitrag zu leisten. „Schwarzfahrer" führen zu einem verminderten Beitragsaufkommen, untergraben aber vor allem die Moral der ordnungsgemäßen Zahler. Es geht hier meist weniger um die Effizienz des Regimes als vielmehr um Gleichbehandlung, Fairneß und Gerechtigkeit; mit anderen Worten: Wo eine positive Kooperation erforderlich ist, dort sind wir dem Bereich einer Pflicht- und Gerechtigkeitsethik bedeutend näher als einem rein konsequentialistischen Utilitarismus oder inhaltsleeren Funktionalismus.

DILEMMAS DER GEMEINSAMEN ABNEIGUNG, der gemeinsamen Vermeidung oder Verhinderung eines im Falle eines unabhängigen Entscheidungshandelns zu erwartenden Ergebnisses entstehen, wenn verschiedene Akteure zwar ganz verschiedene Ziele und Wertordnungen verfolgen, sich aber in dem Punkt einig sind, daß sie alle zusammen ein bestimmtes Ergebnis unbedingt vermeiden wollen. Unter diesen Umständen müssen sozusagen „NEGATIVE Regime" – wie das Non-Proliferationsregime, verschiedene Umweltregime, oder das internationale Polizeiregime – errichtet werden, die jeden in Frage kommenden Akteur daran hindern können, die anderen einzeln oder kollektiv zu schädigen oder gegeneinander auszuspielen. Da hier jeder alles in seiner Macht Stehende tun wird, um wenigstens sich selbst zu wehren, ist das Problem weniger die Motivation der Akteure als vielmehr die Koordination ihres Handelns; denn die Gefahr ist groß, daß jeder nur sich selbst schützen möchte oder glaubt, dies tun zu können; dies ist aber tatsächlich unmöglich oder kann eben nur auf Kosten des anderen oder des Kollektivums geschehen. Hier ist eine Ethik angesprochen, die mehr von Effizienzgesichtspunkten und von einem konsequentialistischen Utilitarismus ausgehen kann; es braucht hier nicht an Pflicht und Gerechtigkeit appelliert zu werden: Es genügt die Berufung auf Konventionen oder eine Aufgabenübertragung an spezielle Akteure, die für die Aufrechterhaltung des Regimes sorgen. Das aber setzt andererseits Arbeitsteilung und Führung, eventuell auch Zwang und Gewaltanwendung voraus, so daß hier das kollektive Moment stärker hervortritt. Die „moralische Gemeinschaft" ist damit aber nicht weniger präsent als im Fall der positiven Regime.[39]

An beiden Dilemmas wird deutlich, daß funktionale Regime nicht als wertneutrale, rein organisationstechnische Veranstaltungen anzusehen sind, durch die ethische Fragen ausgeklammert werden könnten; diese werden allenfalls in den Untergrund verbannt, um an kritischen Punkten mit um so größerer Macht hervorzubrechen. Daß diese ethischen Probleme von den Funktionsträgern oft nicht gesehen oder verdrängt werden, vermindert nicht die Funktionsfähigkeit der funktionalen Regime, sondern trägt zu ihrer POLITISCHEN ENTPROBLEMATISIERUNG bei. Zum guten Teil ist diese Verdrängung aber eher den Theoretikern der funktionalen Regime zuzuschreiben, die in ihren Erklärungsskizzen nichts unversucht lassen, die funktionalen Regime politisch zu „entschärfen". Für die einen erklären sich Regime, ihr Zustandekommen wie ihre Stabilität, schon aus der Verminderung der Organisations- und Transaktionskosten: Je dichter die Netzwerke werden, je mehr Probleme auf eine funktional-technische Weise – ohne Rekurs auf politische Bindungen, auf Wertordnungen und gemeinsame Überzeugungen – zu lösen sind, desto ausgedehnter werden die funktionalen Regime; desto kleiner werden aber auch die Grenzkosten für den einzelnen Teilnehmer (Keohane 1983: 155 ff.). Für andere setzt die Herausbildung von funktionalen Regimen – besonders von Sicherheitsregimen, aber auch von Handels- und Kommunikationsregimen – voraus, daß der machtmäßige *status quo* von allen Seiten anerkannt wird bzw. daß Auseinandersetzungen zu kostspielig sind, die Ausweitung auf andere Funktionsbereiche jedoch vielversprechend ist (Jervis 1983: 176).

Immerhin taucht hier am Rande bereits eine MINIMALE MORALISCHE KOMPONENTE auf, vorausgesetzt, daß die Mitglieder eines Sicherheitsregimes zumindest voneinander glauben müssen, daß sie großen Wert auf wechselseitige Sicherheit und Kooperation legen. Ähnliches gilt dann wohl ebenfalls für Handels- und Kommunikationssysteme, wo die allseitige Kooperation ohnehin größeren Gewinn verspricht als die Monopol- oder die Allianzenbildung. Die gleiche moralische Komponente liegt selbst dem „Hegemonieverdacht" zugrunde, also der Vermutung, daß funktionale Regime immer Werkzeuge einer Hegemonialmacht sind bzw. daß funktionale Regime ohne klare hegemoniale Führung sehr schnell auseinanderbrechen. In der Tat wird sich heute keine Hegemonie ohne den Aufbau von umfassenden funktionalen Interdependenzen durchsetzen und halten können. Aber im Unterschied zu einer imperialen Macht ist eine Hegemonialmacht auf ECHTE KOOPERATION angewiesen; sie kann nicht die Regeln von sich aus bestimmen und durchsetzen, sondern sie ist zu einem gewissen Grad auf die Zustimmung und die Initiative und Innovationsfähigkeit der anderen Mitglieder angewiesen. Zwar kann die Hegemonialmacht Zwang auf einzelne Mitglieder oder Nichtmitglieder ausüben, und es wird keine intensivere Kooperation ohne unterschiedliche Standpunkte und Interessenkonflikte geben (Keohane 1984: 46); eine Aussicht auf eine tragfähige Weiterentwicklung und breitere Verteilung der Führungskosten wird es gerade bei funktionalen Regimen jedoch nur geben können, wenn es auch ein gemeinsames Funktionsverständnis gibt, wie es in Wissenschaft und Technologie, in Philosophie und Mathematik schon ungleich stärker entwickelt ist.

In diesem Punkt gibt es sicher Unterschiede zwischen den einzelnen funktionalen Regimen; im Prinzip jedoch beruhen alle auf der VERWISSENSCHAFTLICHUNG und RATIONALISIERUNG unseres Lebens, insbesondere der makroökonomischen und makropolitischen Beziehungen. Finanzregime wie die G-7 sind – trotz ihres weltumspannenden Umfangs und ihrer funktionalen Reichweite – „gewachsene" Regime; das „reflexive" oder „diskursive" Moment ist hier nur wenig ausgeprägt; hier zählen weniger die Intentionen und Argumente als die funktionalen Gewichte – und die sind höchst ungleich. Das Umgekehrte hingegen gilt für „epistemische Gemeinschaften", bei denen das reflexive Moment entscheidet und die letztlich die Grundlage aller anderen funktionalen Regime sind. Eine EPISTEMISCHE GEMEINSCHAFT ist ein Netzwerk von Experten mit allgemein anerkannter Kompetenz in einem bestimmten Wissensbereich, insoweit ihr Wissen politikrelevant ist und sie in einem bestimmten Problembereich Autorität in seiner richtigen Anwendung beanspruchen können (P.M. Haas 1992: 39). Eine epistemische Gemeinschaft dieser Art bildet sich von Fall zu Fall; sie besteht insoweit, als ihr gemeinsame Grundüberzeugungen und methodologische Prinzipien zugrunde liegen. Sie ist interdisziplinär und im Prinzip auch inter- oder transnational, auch wenn der herangezogene Expertenkreis variieren kann. Die Mitglieder einer epistemischen Gemeinschaft rekrutieren sich aus zwei Bereichen: aus dem Bereich von Regierungen, internationalen Agenturen und Privatfirmen, und aus dem Bereich der freien Berufe, der Universitäten und Forschungsinstitute sowie der Journalisten. Der zweite Kreis ist weniger an die Politik gebunden, und seine Mitglieder sind leichter ersetzbar oder übergehbar; beide Kreise sprechen aber die gleiche Sprache (Drake/Nicolaidis 1992: 38).

Eine epistemische Gemeinschaftsbildung ist immer dann erforderlich, wenn erstens kein konzeptueller Bezugsrahmen für anstehende Probleme mehr zur Verfügung steht oder keine Optionen mehr erkennbar sind, und zweitens, wenn das Spitzenmanagement diese Aufgabe nicht mehr delegieren kann. Konzeptionslosigkeit hat in erster Linie zu tun mit KOMPLEXITÄT und UNSICHERHEIT. Komplexität hat einen systemischen und einen zeitlichen Aspekt. Eine Sache ist dann komplex, wenn sie multidimensional ist – wenn, wie auf der internationalen Agenda, sich makroökonomische, monetäre, technologische, ökologische, Gesundheits- und Bevölkerungsprobleme miteinander verknüpfen, die Art und das Ausmaß der Verknüpfung jedoch unklar bleiben. Ein Problem dabei ist vor allem die Verbindung von intra- und internationalen Aspekten, von kommunaler oder regionaler mit nationaler und internationaler Ebene, von privat- und öffentlichwirtschaftlichen Voraussetzungen und Auswirkungen. Im zeitlichen Aspekt bedeutet Komplexität Unvorhersagbarkeit oder Unsicherheit, vor allem, was die langfristigen Entwicklungen betrifft. Unter Bedingungen der Unsicherheit haben Entscheidungsträger allen Anlaß, den Rat einer epistemischen Gemeinschaft einzuholen.[40]

Für planmäßig organisierte „epistemische Gemeinschaften" besteht vor allem dann Bedarf, wenn die Entscheidungsspitze betroffen ist und wenn es um grundlegende Entscheidungen geht. Im mittleren Bereich hat man die notwendige Expertise in den eigenen Apparat eingebaut, eventuell auch ergänzt durch externe Berater für Spezialaufgaben. Das Problem von grundlegend neuen Optionen gibt es nur an der Entscheidungsspitze im Falle des Zusammenbruchs der bisherigen Problemlösungsverfahren oder im Falle der Neuerschließung von politischen Problemfeldern, so z. B. dem Einschluß von Dienstleistungen in das GATT-Abkommen, bei Problemen der Umweltkontrolle oder schließlich bei der laufend erforderlichen Verhandlungsanalyse oder der Regierungsberatung in außenpolitischen Entscheidungen. Der Einfluß formal organisierter „epistemischer Gemeinschaften" nimmt allerdings schnell wieder ab, wenn einmal die grundlegenden Ideen und Interessen geklärt worden sind. Dann dominieren nicht mehr die Überzeugungskraft neu eingeführter Ideen oder die Intelligenz neuer Problemlösungsverfahren, sondern – wie vorher – die Macht- und Kompetenzverteilung in der Organisation, die Praktikabilität und routinemäßig zu bestimmende Effizienz der Lösungsverfahren. Die speziell organisierten epistemischen Gemeinschaften treten dann sozusagen wieder zurück in den „universal discourse" einer allgemeinen und weltumspannenden Wissenschaftsgemeinschaft, während das Regime gewissermaßen dem Automatismus der neu geregelten Funktionskopplungen überantwortet wird. Die weiterhin im Hintergrund stehende „Diskursgemeinschaft" aber ist die größte „moralische Gemeinschaft", die sich denken läßt: Die Theorie der anonymen funktionalen Regime entzieht sich somit keineswegs den Fragen der Ethik, sondern sie führt vielleicht tiefer in eine umfassende Systemethik hinein als alle öffentlichen Deklarationen und Wertbeschwörungen aller namhaften internationalen Akteure zusammen.

6. Eine mehrstufige Weltethik

Wenn die zukünftige Weltordnung auf jeden Fall aus einem spezifischen, sich historisch in den Akzenten verändernden Organisationsmix besteht, dann kann es auch keine einheitliche „Weltethik" für diese Weltordnung geben, sondern nur eine „mehrstufige" oder „komplexe Ethik", die – weit entfernt von einem „anarchischen" Zustand – in ihren Ansprüchen von einer „MINIMALETHIK" der funktionalen Regime bis zu einer „MAXIMALETHIK" der demokratischen Staaten reicht. Die ethischen Prinzipien reichen jedenfalls von einer bloßen „GLEICHGEWICHTS- oder „FAIRNESS-ETHIK", die eine Grundbedingung eines jeden aufrichtigen Aushandlungsprozesses ist, bis zu einer kantischen „PFLICHT-ETHIK" und einer Schelerschen SOLIDARITÄTSETHIK, wie sie jede gleichzeitig auf Tradition und Entwicklung angelegte „moralische Gemeinschaft" konstituiert.

Dazwischen liegen verschiedene Ebenen einer „DISKURSETHIK", wie sie vor allem durch die Konstitutionsprinzipien der „Demokratie", verbunden mit den Menschenrechten der UNO-Satzung, gefordert wird. Werden die Menschenrechte individuell ausgelegt, so entsprechen sie dem „universal discourse" (G.H. Mead 1934: 269) des Demokratiemodells; werden sie mehr kollektiv ausgelegt, so müssen ethische Prinzipien der „internationalen Gerechtigkeit" ausgearbeitet und angewandt werden. Ethisches Verhalten ist eine Sache der „PRAKTISCHEN VERNUNFT", das bedeutet aber auch: eine Frage der Umstände, der verfügbaren Mittel, der zu erreichenden Zwecke, der aktuell beteiligten Kooperationspartner oder Konfliktgegner bzw. der Form der moralischen Gemeinschaft, in der man lebt und für die man sich einsetzt. Eine monistische Moral mit feststehenden und vorgegebenen Forderungen und Entscheidungen, die einerseits von einem „höchsten Gut" oder einem gemeinschaftstranszendenten Prinzip abgeleitet sind oder die andererseits die Gemeinschaftsbindung einfach ignorieren – ohne also diesen Kontext zu berücksichtigen und ohne dem Handelnden eine gute Portion praktischer Vernunft zuzumuten –, wäre in diesem Sinne geradezu „unethisch" oder moralisch bedenklich zu nennen. Bei einer der praktischen Vernunft folgenden und notwendigerweise „heterogenen Moral" (Larmore 1987: 131, 138) sind mindestens DREI PRINZIPIEN zu beachten, die gerade im Bereich des politischen Handelns nur schwer miteinander zu verbinden, manchmal schlicht inkommensurabel sind:

(1) Das naheliegendste Prinzip ist das der „Partialität" oder des „relativen Eigenrechts" bzw. umgekehrt der „Neutralität". Die „Partialität" erlaubt, ja erfordert, vor allem meine eigenen partiellen Wünsche und Zwecke zu verfolgen, spezielle soziale Bindungen und Verpflichtungen einzugehen, ganz konkret den Anforderungen meiner täglichen Lebenssituation gerecht zu werden. Wenn jeder in seinem Bereich seinen Aufgaben nachzukommen suchte, wenn jeder das Gute, das – wie man sagt – oft so nahe liegt, entdecken und verwirklichen würde, wäre es um den Bereich der alltäglichen Lebenswelt nicht so schlecht bestellt. Genau dieses Prinzip der Partialität aber verpflichtet mich im politischen oder öffentlichen Bereich zum Prinzip der Neutralität; d. h., ich kann meinen Part gar nicht spielen, wenn ich dem anderen nicht das gleiche Recht zur Partialität einräume, wie ich es für mich in Anspruch nehme. Das Prinzip der Neutralität oder Unparteilichkeit geht notwendigerweise dem Prinzip der Partialität voraus. Partialität ist ethisch nur dort zu rechtfertigen, wo „gleiches Recht für alle" gilt bzw. wo die Partialitäten „gemeinschaftsfreundlich", wo sie komplementär und integrativ und nicht privatistisch oder gar „gemeinschaftsfeindlich" sind.

(2) Das zweite, in Sozialzusammenhängen jeder Art zu beachtende Prinzip ist das der sozialen Konsequenzen – der „Konsequentialität" und des „Konsequentialismus": das Bestreben, bei allem, was wir tun, das größte gemeinsame Wohl oder das geringste gemeinsame Übel für alle zu erzeugen, die von meinen Handlungen oder Entscheidungen betroffen sind. Was Max Weber „Verantwortungsethik" – im Gegensatz zur „Gesinnungsethik" – genannt hat, ist eine Form des Konsequentialismus. Allerdings entbindet die systematische Inbeziehungsetzung der Zwecke zu den Mitteln und die Berücksichtigung der Folgen und möglichen Nebenfolgen nicht vom Werturteil, was „gut" und was „besser" ist, was als „Alternative" und was als „Priorität" zu gelten hat. Diese Güter- oder Wertordnung ist ohne großes Problem, solange wir uns im Bereich der Vermeidung physischen Schmerzes oder der Freiheitsberaubung bewegen; schwieriger wird es schon, wenn es positiv um die Erfüllung von aktuellen persönlichen oder gemeinschaftlichen Bedürfnissen geht. Möglicherweise sogar unvereinbar werden die Wertentscheidungen, wenn es sich um in die Zukunft gerichtete Präferenzen und Prioritäten handelt. Das gilt schon für relativ kurzfristige Präferenzen, stärker noch gilt es für langfristige Projekte und Bindungen, die sich erst im Gemeinschaftskontext entwickeln und gar nicht

vorweg definiert werden können. Dann bleibt oft nur die Binsenweisheit, daß sich die Menschen in dem, was sie für gut und wünschenswert halten, um so mehr unterscheiden, je wichtiger ihnen ihre Werte und Prioritäten sind. Dann gibt es ein unlösbares Dilemma zwischen dem Prinzip der Neutralität bzw. Partialität und dem der Konsequentialität: Wenn wir allein dem Konsequentialismus folgen wollten, dann könnten wir überhaupt keine eigenen Projekte verfolgen und keine eigenen Freundschaften eingehen, weil wir immer in Gefahr stehen, die Wertsphäre anderer zu verletzen und ihre Wahlmöglichkeiten zu beschneiden. Wir werden deshalb unsere Projekte und tiefverwurzelten Präferenzen dennoch nicht aufgeben wollen; vielmehr wird uns erst die Abwägung der Konsequenzen helfen, uns der Besonderheit und Ernsthaftigkeit unserer Wahlen bewußt zu werden. Erst in diesem Dilemma gewinnen beide Prinzipien der Konsequentialität wie der Partialität ethisches Gewicht. Der Utilitarismus entzieht sich gerne dieser Herausforderung, wenn er nicht zwischen verschiedenen Rangordnungen von Gütern unterscheidet und alle gleich gewichtet, so daß immer nur die subjektive Wertung und Gewinnmaximierung zählt, nicht jedoch die soziale Dringlichkeit bzw. Vereinbarkeit oder Destruktivität.

(3) Letztlich aber reicht der Konsequentialismus als Sozialprinzip nicht aus: Selbst eine Weltordnung muß sich den DEONTISCHEN Erfordernissen einer Pflicht- und Wertethik stellen, die ohne Rücksicht auf ihre Konsequenzen gelten. So ist es eine unbedingte Pflicht, abgegebene Versprechen zu halten, dem anderen – soweit es die eigenen Mittel und Fähigkeiten erlauben – im Notfall beizustehen, den anderen unter allen Umständen als Person anzuerkennen und ihn nicht bloß zum Mittel meiner Zwecke zu machen usw. Daß Deontologie und Konsequentialismus in einem manchmal paradoxen Spannungsverhältnis stehen, zeigt schon Max Webers scheinbar so eingängige Unterscheidung von „Verantwortungs-" und „Gesinnungsethik". Obwohl Weber (1956: 183) eloquent für den Konsequentialismus eintritt, so weiß er doch, daß für jeden der Punkt kommt, wo er wie Luther sagen muß: „Hier stehe ich, ich kann nicht anders." Das Prinzip der Partialität ist darauf begründet, daß es solche letzten Gesinnungswerte mit „innerem Schwergewicht" gibt; und auch der Konsequentialismus wird erst bei wirklich ernsthaften und folgenschweren Wertentscheidungen akut. So sind Gesinnungsethik und Verantwortungsethik, deontische Wertsetzung und Konsequentialismus am Ende doch miteinander zu vereinbaren. Ein deontischer Rigorismus übersieht die üblen sozialen und

schließlich auch die unerträglichen ethischen Konsequenzen, die darin liegen, daß eine soziale Bindung und eine moralische Gemeinschaft einem ethischen Prinzip aufgeopfert würde: Was deontisch die beste Entscheidung ist, hat möglicherweise in der Konsequenz die übelsten Wirkungen; umgekehrt würde ein bedingungsloser Konsequentialismus alle persönlichen Entscheidungen und spezifischen Kulturwerte, aber auch alle deontischen Verpflichtungen und Grundsätze in Frage stellen, so daß er selbst jeden Halt und Inhalt verlieren müßte. Der entscheidende Punkt ist gerade, daß ALLE DREI Prinzipien gegeneinander abzuwägen sind bzw. daß das daraus resultierende Spannungsverhältnis zu ertragen ist, während jede Propagierung eines ethischen Monismus – gleichgültig, welcher Art – von vornherein das Spannungsverhältnis zerstört, die Entscheidungssituation entwertet und JEDER Wertentscheidung ihr ethisches Gewicht nimmt.

Diese Anerkennung der Heterogenität oder der Komplexität muß nun auch für die ARCHITEKTUR einer Weltordnung und für die in diesem Rahmen gültigen POLITISCHEN PRINZIPIEN gelten. Die wichtigste Einsicht ist vielleicht schon die, daß diese Architektur – wie die Architektur einer historisch gewachsenen Stadt oder die Tektonik einer geologischen Formation – nicht aus einem Guß sein kann, sondern daß sie – aus unterschiedlichen Ereignissen und Organisationsprinzipien entstanden – auch unterschiedliche Ethosformen in sich vereinigt (S. Hoffmann 1981: 190): das Prinzip der Partialität da, wo dauerhafte politische Gemeinschaften z. B. Nationen und Regionen, Sprach- und Weltanschauungsgemeinschaften mit einem eigenen kulturellen Gepräge und Langfristinteressen entstanden sind; der Konsequentialismus dort, wo sich wie im Bereich der inter- und transnationalen Organisationen und Regime dichte funktionale Interdependenzen entwickelt haben, die sich mehr oder weniger über die ganze Welt spannen und wenig Raum für Partialität lassen; eine streng deontologische Ethik dort, wo es um die möglicherweise zerstörerische Konkurrenz der Staaten und Individuen geht, also etwa um die Bewahrung der Wirksamkeit der atomaren Abschreckung, um den gemeinsamen Widerstand gegen Aggression und Völkermord, um die Gewährleistung der Menschenrechte, um eine gerechte Verteilung der für die Aufrechterhaltung dieser Gemeinsamkeit erforderlichen Lasten.

Das ethische Prinzip der PARTIALITÄT oder umgekehrt: der „Neutralität" erfordert politisch gesehen vor allem Zurückhaltung: die Aufrechterhaltung einer gewissen Unabhängigkeit, Minimierung der Verletzbarkeit;

auch eine gewisse Lockerheit der politischen Bindungen, die allein die Freiheit, also Ungezwungenheit und Authentizität der Entscheidung gewährleistet; die Betonung von Dezentralisation und Subsidiarität überall dort, wo starke Tendenzen der Zentralisation und der hegemonialen Blockbildung sich geltend machen. Der KONSEQUENTIALISMUS erfordert zunächst einmal die Anerkennung und Pflege der funktionalen Interdependenzen in allen Bereichen und auf allen Ebenen. Der Konsequentialismus ist unvereinbar mit dem Machiavellismus, der weitgehend noch die Ideologie der nationalstaatlichen Außenpolitik und der internationalen Politik ist. Mindestens ebenso wichtig wie die Regelung der Beziehungen zwischen den Nationalstaaten und ihren Regierungen ist die der Beziehungen zwischen internationalen politischen Organisationen und internationalen Nicht-Regierungsorganisationen, zwischen transnationalen Organisationen und multinationalen Unternehmen, ja zwischen Personen, die Träger oder Agenten dieser Organisationen sind und sich notwendigerweise zu Kosmopolitikern entwickeln müssen, wenn sie den Konsequentialismus ernst nehmen.

Die Durchsetzung einer DEONTOLOGISCHEN Ethik setzt eine Friedensordnung voraus, in der möglichst jede Ausbreitung von Aggression und Konflikten – vor allem auf der staatlichen und suprastaatlichen Ebene – durch die Anwendung von Recht und Gesetz unterbunden wird. Gerechtigkeit aber – auch schon die effektive Erzeugung kollektiver Güter und die Abwendung kollektiver Übel – setzt eine verantwortliche FÜHRUNG voraus. Dies kann eine individuelle Führung sein, wenn es eine Führungsmacht gibt, die selbst das größte Gewicht auf die Waage legt und den Prinzipien von Recht und Neutralität unbedingten Vorrang vor den eigenen nationalen oder sonstigen partikularen Interessen einräumt.

Es kann eine kollektive Führung sein, wenn hinreichender Konsens zwischen den funktional unentbehrlichen Führungsmächten besteht, wenn diese in der Lage sind, Deserteure, Ausbeuter und Schwarzfahrer von ihrem gemeinschaftsschädlichen Tun abzuhalten, und wenn sie alle prinzipiell bereit sind, den kollektiv erzielten Zugewinn zugunsten der Schwächsten umzuverteilen. Wenn es weder eine individuelle noch eine kollektive Führung gibt – was zur Zeit der Fall zu sein scheint –, ist noch eine funktional diversifizierte Führung denkbar, wonach je nach dem zu lösenden Problem und der Zustimmung der anderen verschiedene Führungsgremien und Regime in Aktion treten. Eine solche Führung wird den Ansprüchen einer deontologischen Ethik aber kaum entsprechen können; Utilitarismus und Partikularismus werden dann überwiegen und schwer miteinander zu vereinbaren sein.

Wenn eine deontologische Ethik in den politisch-organisatorischen Voraussetzungen unserer Weltordnung wenig Halt hat, dann wird man einem ETHISCHEN MINIMALISMUS den Vorzug geben und sich vor maximalistischen Forderungen am falschen Platz – weil unerfüllbar und insofern lügenhaft oder betrügerisch – hüten müssen. Was wir „Glück", „Gerechtigkeit", das anzustrebende „Gute" nennen, kann nicht *a priori* definiert werden; es kann nicht einmal die Erreichbarkeit eines allgemeinen pragmatischen Konsenses vorausgesetzt werden; vielmehr ist von einem unaufhebbaren Pluralismus der Ideale des guten Lebens und von einem unlösbaren – aber durchaus mit vernünftigen Gründen zu rechtfertigenden – Meinungsstreit darüber auszugehen. Was „gerecht" und was „gut" ist, kann dann nicht „substantiell" und emphatisch definiert werden; das bedeutet, es kann nicht einem bestimmten Lebensziel oder Lebensideal der absolute Vorzug gegeben werden, sondern es kann dann immer nur – obwohl das alleine auch nicht genügt – in bezug auf seine Brauchbarkeit für den *modus vivendi* definiert werden, d.h. in bezug auf die Fähigkeit, gemeinsam vernünftig weiterzuleben. Diese Fähigkeit aber wird bestimmt (Larmore 1987: 74) durch die Prinzipien der „Autonomie" und des „Experimentalismus". AUTONOMIE ist wiederum nicht substantialistisch zu verstehen, ist kein Zweck an sich, sondern ist das Recht und die Fähigkeit eines jeden Rechtssubjekts, auch in seiner Eigenheit und Andersheit als originärer sozialer Akteur anerkannt zu werden. EXPERIMENTALISMUS meint lediglich die Ermunterung, neue gemeinsame Wege zu gehen, keine Lebensweise, kein Ideal als gegeben und unumstößlich anzusehen. Das gilt auch für die Autonomie der Person selbst, die nicht als kantisches Apriori zu nehmen ist, sondern als eine relationale Qualität im Verhältnis zu den anderen.

Der Minimalismus soll keine Ermäßigung der internationalen Moral bezwecken, sondern die Bevorzugung und die beharrliche Durchsetzung des Minimums vor der Idealisierung von doch nicht erreichbaren Maximalforderungen (Walzer 1994: 6). Wenn wir in einer „Politik der kulturellen Diversität" (J. Gray 1993: 253 ff.) leben, wenn wir z. B. nicht mehr alle gleichermaßen mitgerissen sind vom Schwung der Aufklärung und des Fortschrittsglaubens, wenn nun angeblich sogar ein „Kampf der Kulturen" ausgebrochen ist, dann verpflichten uns gerade die Prinzipien der Partialität wie des Konsequentialismus um so mehr zur Neutralität. Dann ist es aber auch nicht Aufgabe eines Staates, einer Staatengemeinschaft oder eines sonstigen Organisationsverbandes, unbeschränkte Garantieverpflichtungen für eine bestimmte kulturelle Tradition zu übernehmen oder sozusagen persönliche Identitätshilfen zu geben, wo alte Identitäten morsch geworden sind, moralische Solidarität einzufordern, wo keine mehr ist. Hier muß eben die kulturelle und politische Entwicklung der Zukunft und jener Vielfalt von Organisationen überlassen werden, deren Existenz die Staaten durch ihre Rechts- und Friedensordnung ermöglicht und weiterhin zu sichern haben. Der Minimalismus ist jedoch nicht selbst wieder als ein Fundamentalismus mißzuverstehen; er beruht nicht auf der Überzeugung, daß alle Menschen demselben Kanon grundlegender und letzter Werte verpflichtet sind; vielmehr ist er nur negativ definiert als Voraussetzung einer Wahlmöglichkeit. „Internationale Solidarität" in diesem Sinn beruht also nicht auf der Zugehörigkeit zu einer bestimmten moralischen Gemeinschaft, sondern lediglich auf der wechselseitigen Anerkennung der Mitmenschen als mit den Menschenrechten ausgestatteten Rechtssubjekten, aber auch der wechselseitigen Anerkennung unterschiedlicher Kulturen als vollgültiger und gleichberechtigter moralischer Gemeinschaften.

Dieser ethische Minimalismus auf internationaler Ebene schließt Enklaven oder Keimzellen von SOLIDARGEMEINSCHAFTEN mit einer anspruchsvolleren Moral nicht aus, kann sie jedoch nicht voraussetzen. In der normativen Regel bleiben diese Solidargesellschaften heute noch auf die NATIONALSTAATEN beschränkt, nach der statistischen Häufigkeit ist selbst dieser Punkt noch nicht erreicht. Von einer „Weltgemeinschaft" im moralischen Sinn auszugehen ist wohl noch utopisch. Wir sind zweifellos auf dem Weg von einem „internationalen System" zu einer „INTERNATIONALEN GESELLSCHAFT" mit transnationaler Wirtschaftstätigkeit, ständiger Kommunikation und globalen Massenmedien, mit einer fast unübersehbaren Vermehrung der internationalen funktionalen Regime, sogar mit gemeinsamen sozialen Bewegungen, die eine globale Verantwortung einfordern. Dennoch sind wir von einer „globalen Gesellschaft" oder einer „WELTGEMEINSCHAFT" mit gemeinsamen Werten, einer gemeinsam institutionalisierten Verantwortung und Jurisdiktion noch weit entfernt (Shaw 1992: 431). Im Moment werden die staatlichen, die kulturellen und fundamentalistisch-religiösen Partialitäten sogar oft stärker betont, als die den tatsächlich enger gewordenen Kooperationsverhältnissen entsprechenden Forderungen eines ethischen Konsequentialismus dies zulassen; ganz zu schweigen von einer deontologischen Ethik, wie sie nur durch unabhängige, also als legitim anerkannte und mit effektiver Sanktionsgewalt ausgestattete internationale Gerichtshöfe repräsentiert und durch eine mündige „Weltöffentlichkeit" institutionalisiert werden könnte. Vorerst ist eine solche deontologische Weltethik noch eine fromme Wunschvorstellung, da sie ja den überaus reduktiven Prinzipien einer „internationalen Staatenordnung", wie sie selbst von der UNO mit den Grundsätzen der Staatssouveränität und der Nichtintervention vertreten wird, frontal entgegengesetzt ist.

Eine MAXIMALE WELTETHIK würde eine weitgehende Harmonie von partialistischer, konsequentialistischer und deontologischer Ethik erfordern, nämlich die Übereinstimmung zwischen einer vollendeten rechtsstaatlichen, womöglich demokratischen Ordnung auf nationaler Basis und dem voll entwickelten Konsequentialismus einer globalen Ordnung in wirtschaftlicher, technologischer und wissenschaftlicher, in kommunikativer und sozialer Hinsicht – einschließlich einem hinreichend institutionalisierten internationalen Rechtssystem, das imstande ist, die deontologische Ethik einer globalen moralischen Gemeinschaft durchzusetzen. Von einer „Weltethik" einer „Weltgemeinschaft" könnte erst die Rede sein, wenn gemeinsame Werte von allen als verpflichtend anerkannt würden; wenn die Einzelstaaten tatsächlich in der Lage wären, Rechtsgleichheit und Freiheit auf persönlicher wie auf Gruppenebene institutionell zu gewährleisten; wenn wenigstens die überwiegende Mehrzahl der Bürger bereit wäre, ihren Beitrag zum Gemeinwohl zu leisten, und wenn die daraus erwachsende Gemeinschaft als eine „moralische", d.h. als eine geistige und kollektivpsychische Gemeinschaft aufgefaßt würde (Mitias 1990: 204). Diese geistige Gemeinschaft auf universelle Vernunftprinzipien zu begründen, auf gemeinsame Verträge und Resolutionen, auf die Einigung der Weltreligionen, auf einen gemeinsamen moralischen Kodex oder auf unbestreitbare Erkenntnisse der Soziobiologie oder Humanethologie (Stegenga 1993) ist eher eine Sache der theoretischen Begründung als der praktischen Gründung. Mehr ist gegenwärtig zu erwarten vom umgekehrten Weg der aus Umwelt- und Ressourcenzwängen bzw. Systemzusammenbrüchen sich ergebenden Institutionenbildung. Geistige Bande erwachsen jedenfalls eher aus dem Unbewußten als aus den öffentlichen Deklarationen dafür bestallter Funktionäre oder selbsternannter Moralapostel.

Wenn man die Weltethik als ein MEHREBENENSYSTEM mit unterschiedlichen, aber emergenten Prinzipien und moralischen Ansprüchen auffaßt, dann steht auf der untersten Ebene, die nicht die minderwertigste, sondern vielleicht die Basis jeden „Überbaus" ist, die „REGIME"-ETHIK; diese Ethik funktionaler Regime baut – jedenfalls vordergründig – allein auf den Prinzipien der FUNKTIONALITÄT und des KONSEQUENTIALISMUS auf. „Regime" entstehen, wenn Akteure auf eine unabhängige Entscheidungsfindung verzichten, um sowohl mit den Problemen gemeinsamen Interesses als auch gemeinsamer Schadensfälle fertig zu werden. Gemeinsame Interessen erfordern die Bereitschaft zur Kooperation, Schadensverhütung erfordert wenigstens die Bereitschaft zur Koordination. Die verschiedenen Atom- und Nicht-Weiterverbreitungs-Regime gehören zur ersten Art, die Umwelt- und Klima-Regime zur zweiten Art. Die Akteure tun dies nicht aus Liebe zueinander, sondern nur aus Eigeninteresse; sie konnten so immer wieder erfahren, daß gemeinsam erreichbare Ziele den unabhängig voneinander erreichbaren Zielen vorzuziehen sind. Die ethische Maxime aber bleibt die Maximierung des Eigeninteresses und die Minimierungs des eigenen Risikos; es bleibt die Erhaltung oder Erhöhung der eigenen Wettbewerbsfähigkeit, wenn auch unter Nutzung des Eigeninteresses des anderen und unter Berücksichtigung der gemeinsamen Umwelt, die nicht zerstört werden darf, solange nicht eine bessere Alternative in Sicht ist (Stein 1983: 134). Diese Regime-Ethik beruht nicht einmal auf den Prinzipien der Fairneß: Jeder Beteiligte steigt aus dem Regime aus, wenn er sich von dieser Entscheidung einen Vorteil versprechen kann; und jeder Beteiligte nutzt die letzte Betrugschance, wenn er sicher ist, daß das Ende des Regimes gekommen ist. Trotzdem werden solche Regime – besonders aversive Regime wie das globale Umwelt- oder Klima-Regime – mit den höchsten deontischen Imperativen – z.B. der „Gerechtigkeit" – und mit den weitreichendsten Konsequenzen – Verpflichtung des „industriellen Nordens" für die Entwicklung des „Südens", da doch die ersteren die Hauptverschmutzer der Umwelt waren und sind – belastet (Grubb 1995: 478 ff.). Leider nützen diese deontischen Forderungen wenig, da die konsequentialistischen Voraussetzungen nicht stimmen, ja, weil nicht einmal „Süd" und „Nord" oder „Entwicklung" gemeinsam zu definieren sind. Die „Regime-Ethik" wird hier ethisch total überfordert; aber die rhetorisch-strategische Überlastung verändert nicht die Regimeethik, sondern sie macht die propagandistischen Forderungen zu bloßen Deklarationen.

Größere Ansprüche stellt da schon eine WIRTSCHAFTSETHIK, die in der Regel auf die Prinzipien des UTILITARISMUS begründet ist, und zwar eines „Regel-Utilitarismus" und nicht bloß eines „Handlungs-Utilitarismus" (Harsanyi 1994: 4). Der „Handlungs-Utilitarismus" hält jede Handlung für moralisch gerechtfertigt, die in einer gegebenen Situation den größten zu erwartenden sozialen Nutzen erzielt. Er nimmt dabei keine Rücksicht auf Fragen der Gleichheit und Gerechtigkeit bzw. der Erhaltung der bestehenden Wirtschaftsgemeinschaft, in deren Rahmen diese Handlungen schließlich nur stattfinden können.

Der „REGEL-UTILITARISMUS" hingegen ist nicht unmittelbar auf den dinglichen Nutzen ausgerichtet, sondern auf den sozialen Nutzen der geltenden moralischen Regeln bzw. alternativer moralischer Regeln in einer größeren Reihe von lebensnahen Entscheidungssituationen. Die sozialen Vorteile des Regel-Utilitarismus sind genauso offensichtlich wie sein höherer ethischer Anspruch. Erstens bietet der Regel-Utilitarismus größere Anreize, da es bei ihm ja nicht bloß um Nutzenwerte und Gewinne geht, sondern um Investition und Unternehmertum, um dauerhafte und systematische Berufsarbeit, um Anlagen und Berufsmöglichkeiten für andere. Zweitens schafft er vor allem in sozialer Hinsicht einen Langzeithorizont, Vertrauen und Zukunftserwartungen, damit aber auch erste Ansätze zu einer Alltagsmoral und einer moralischen Gemeinschaft. Drittens begründet er positionale und spezielle Verpflichtungen besonders für das Führungspersonal, aber auch für jeden, der in eine arbeitsteilige Kooperation eingespannt ist. Diese Arbeitsteilung ist die Voraussetzung einer entwicklungsfähigen moralischen Gemeinschaft, aber auch ein Problem, das möglicherweise nur im Rahmen einer deontologischen Ethik zu lösen ist. Immerhin ist es ein spezifisches Verdienst der Wirtschaftsethik, daß sie nicht vorschnell auf universalistische deontische oder individualethische Maximen ausweicht, sondern die komplexe Wirtschaftstätigkeit selbst ethisch durchleuchtet.

Der Realismus jedoch schwindet bekanntlich mit der Größe der zu betrachtenden Wirtschaftskomplexe, und die Forderungen einer WELTWIRTSCHAFTSETHIK sind weitaus utopischer als die einer „nationalökonomischen Ethik" oder einer „Unternehmensethik". Völlig unrealistisch ist es z.B., unsere Weltwirtschaft auf eine „Bruderschaft der Völker" zu begründen, wenn nun einmal höchst ungleiche Bedingungen in bezug auf Rohstoffe, geopolitische Lage, technologischen und wissenschaftlichen Stand, soziale

Ordnung und kulturelle Orientierung gegeben sind und – im Unterschied zum Nationalstaat – keine Ausgleichsmechanismen zur Verfügung stehen.[41] Dies ist wohl auch jenen Ethikern klar, die im Umkehrschluß eine Weltwirtschaftsethik nicht auf das Prinzip der „Gleichheit", der „Kooperation" oder der „moralischen Gemeinschaft" begründen wollen, sondern auf die „gegenseitige Anerkennung des Andersseins"; gemeint sind natürlich ausschließlich die „Entwicklungsländer ohne Entwicklung" (Mackie 1981: 200).

Tatsächlich sind das Prinzip der Reziprozität und die Meistbegünstigungsklausel – sie verpflichtet jedes Land, Begünstigungen, die es einem Land gewährt, auch allen anderen zuzugestehen – gegenüber den Entwicklungsländern aufgegeben worden, die nun einerseits freie Hand für den Protektionismus haben, andererseits aber auch keinen moralischen Anspruch mehr auf das von Rawls geforderte „Fairneß-Prinzip" geltend machen können; deshalb fühlen sie sich weitgehend als Geschenkempfänger degradiert und aus den internationalen Wirtschaftsbeziehungen ausgeschlossen (Hesse/Sautter 1977: 3.2). Der Fehler dieser Konstruktionen liegt darin, daß kurzschlüssig deontische Prinzipien unter Vernachlässigung oder sogar Verneinung der Prinzipien des Konsequentialismus und der Neutralität zugrunde gelegt werden.

Eine INDIVIDUALETHISCHE Sichtweise verengt die Sicht allein auf das wiederum meist nur individuell gesehene VERTEILUNGSPROBLEM – unter Vernachlässigung des Produktions- und Effizienzproblems, der für die Entwicklung so entscheidenden Struktur- und Stabilitätsprobleme, der Koordinationsbereitschaft und Kooperationsfähigkeit. Solch eine Sichtweise ist aber nicht in der Lage, ein moralisch überzeugendes Verteilungskriterium anzugeben. Historisch gesehen gibt es nur vier Prinzipien der Verteilungsgerechtigkeit (Murnion 1989: 849): „Jedem nach seinen Fähigkeiten und seiner Leistung" – klassischer Liberalismus; „jedem nach seiner Wahl und seinem Verdienst für die Allgemeinheit" – wohlfahrtsstaatlicher Libertarianismus; „jedem nach seiner Wahl und nach seinen von ihm selbst definierten Bedürfnissen" – Anarchismus; „jedem nach seiner Fähigkeit und seinen von der Allgemeinheit definierten Bedürfnissen" – Kommunismus. Jedoch ist keines dieser Prinzipien auf weltwirtschaftlicher Ebene glaubhaft anzuwenden:

Eine internationale Verteilungsgerechtigkeit nach den Prinzipien des KLASSISCHEN LIBERALISMUS wird von den Entwicklungsländern und ihren Fürsprechern gerade abgelehnt. Diese Ablehnung wird gewöhnlich mit dem Argument der ungleichen Startbedingungen begründet; doch gälte dieses Argument ebenfalls für Frankreich oder Deutschland, die USA oder Japan gegenüber England; noch im Mittelalter waren viele der heutigen „Entwicklungsländer" vielen der früher „barbarischen" Industrieländer kulturell und gesellschaftlich weit voraus. Das Startargument, das völlig opportunistisch datiert wird, dient in Wirklichkeit nur als universelles Alibi, ist als solches jedoch entwicklungspolitisch wie moralisch kontraproduktiv.

Eine internationale Verteilungsgerechtigkeit nach dem LIBERTARIANISTISCHEN Muster setzt einen gesicherten Wohlfahrtsstaat mit hohem wirtschaftlichen Leistungsniveau und einen Rechtsstaat voraus, der sich als moralische Gemeinschaft versteht. Wenn jedoch in der „UN-Charta der wirtschaftlichen Rechte und Pflichten der Staaten" (1974) jedem Staat „die volle und ständige Souveränität einschließlich des Besitz-, des Nutzungs- und Verfügungsrechts über alle seine Reichtümer, Naturschätze und wirtschaftlichen Betätigungen" zugesprochen wird, dann wird damit der Gemeingutcharakter der Weltvorräte an Rohstoffen gerade verneint. Gleiches muß dann aber auch für „geistiges Eigentum", z.B. an Patenten, und für die „internationale Arbeitsteilung", wie sie sich historisch herausgebildet hat, gelten. Die Voraussetzungen eines weltwirtschaftlichen Gemeinwohls und einer Weltwirtschaftsgemeinschaft sind somit nicht gegeben. Statt von „funktionalen Verdiensten" für die Allgemeinheit wird von einer angeblichen „moralischen Schuld" der Industrieländer ausgegangen, die ihren Wohlstand vor allem der Ausbeutung der früheren Kolonialländer zu danken hätten. Portugal und Spanien beklagen jedoch an ihrer Kolonialpolitik, daß die sie an ihrer internen Entwicklung gehindert habe. Unabhängig von der Richtigkeit oder Unrichtigkeit dieses Kausalurteils geht es hier offenbar lediglich um einen – in einen pauschalen Schuldspruch gekleideten – moralischen Appell an die Industrieländer, der jede Differenzierung unmöglich macht und jeden Maßstab vermissen läßt.

Eine Verteilungsgerechtigkeit nach den Prinzipien des ANARCHISMUS kann es nur in paradiesischen Zuständen geben, also bei völliger positionaler Gleichheit, beim Fehlen von Arbeitsteilung, von Knappheit in materieller und ökologischer Hinsicht, beim Verzicht auf jegliche kollektive Leistungserfordernisse. Selbst bei diesen Bedingungen wäre eine „Verteilungsgerechtigkeit" nicht realisierbar, weil immerhin die „Bedürfnisse" und „Wahlen" ungleich wären und miteinander koordiniert werden müßten; diese Koordination würde jedoch – durch das begrenzte Wissen der Koordinatoren und die Unentschiedenheit bzw. den Bedürfniswandel bei den Konsumenten selbst – unvermeidlich neue Ungleichheiten, Zwang und Knappheit erzeugen.

Die KOMMUNISTISCHE Verteilungsgerechtigkeit schließlich scheitert, wie auch schon die anarchistische, an der mangelnden Definierbarkeit der kulturell sehr unterschiedlichen „Bedürfnisse". Dieses Dilemma wird selbst durch den „Grundbedürfniskatalog" der Weltbeschäftigungskonferenz von 1969 nicht ausgeräumt, da auch er rein deklaratorischen Charakter hat und keinerlei Rücksicht auf die sozialen Konsequenzen und organisatorischen Voraussetzungen nimmt.

Auf keinen Fall läßt sich die „INTERNATIONALE VERTEILUNGSGERECHTIGKEIT" als bloße EINKOMMENSGLEICHHEIT definieren. Nicht nur geben die amtlichen Statistiken, die von einem amerikanischen Warenkorb und von unrealistischen Dollar-Währungsparitäten ausgehen, ein völlig verzerrtes und nach unten verdüstertes Bild; sie lassen auch alle sozialen und kulturellen Qualitäten, die mit Geld nicht zu bezahlen sind, außer acht, so z. B. den Zusammenhalt in Familie und Sippe, die Arbeitsbelastung, den Reichtum oder die Armut an sozialen Beziehungen, das soziale Ansehen, die politische Partizipation und den politischen Einfluß. Schon die Gleichheit ist ein „komplexes Kriterium" (Walzer 1992: 26–57); noch weniger ist Gleichheit mit GERECHTIGKEIT gleichzusetzen, da Gerechtigkeit immer ein soziales Gefüge und soziale Bindungen, Gemeinwohlbelange und Leistungsbeiträge voraussetzt. Sie ist also auf keinen Fall mit einem ausschließlich individualbezogenen, eindimensionalen und quantitativen Kriterium zu messen (Hochman 1994: 40; Pogge 1997, S. 24).

Recht besehen ist eine derart verkürzte Betrachtung keine Hilfe für die Entwicklungsländer, sondern eine moralische Erniedrigung. Sie ist gewiß auch kein theoretisch ernstzunehmender Beitrag zur Verbesserung der internationalen Verteilungsgerechtigkeit. Statt eines PSEUDOINDIVIDUALISTISCHEN MAXIMALISMUS ist hier ein KOLLEKTIVETHISCHER MINIMALISMUS gefordert, der wenigstens die Auswüchse des individualistischen Handlungs-Utilitarismus – also eine Lastenverschiebung auf den Nachbarn, einen „wilden Kapitalismus", die Verweigerung der Koordination, bzw. Parasitismus und Ausbeutung der Leistungen anderer – unterbindet und den freibeuterischen Handlungs-Utilitarismus in einen kooperationsfördernden Regel-Utilitarismus überleitet. Das bringt allerdings die Schwierigkeit mit sich, daß Probleme der sogenannten Verteilungsgerechtigkeit nicht mehr unabhängig von Problemen der Bevölkerungspolitik, der Eigenproduktion und der Pflege des eigenen Humankapitals, der Korruption und der Elitenverantwortung zu sehen sind. Die ethische Qualität der Forderung oder der politischen Rhetorik der „Verteilungsgerechtigkeit" beginnt jedoch erst in diesem Zusammenhang spürbar zu werden.

Im Mittelpunkt der ORGANISATIONSETHIK steht der KONTRAKT, ein Vertrag über zu erbringende Leistungen seitens des Organisationsmitglieds und eine bestimmte Entlohnung oder Bedürfnisbefriedigung seitens der Organisation. Dieser scheinbar rein geschäftliche Vertrag stellt jedoch nur die Oberfläche dar; in der Tiefe geht es immer um einen „psychologischen Kontrakt" (Sims 1991: 495), also um ungeschriebene wechselseitige Erwartungen, die auf der Seite der individuellen Leistungen auch Loyalität, Anstrengung, Verantwortungsbereitschaft und Kreativität, auf der Seite der Organisation Sicherheit, sozialen Status, positive Identifikationsmöglichkeiten und Zukunftsaussichten umfassen (Schermerhorn 1988: 38). Diese Tiefendimension kann nicht vertraglich festgelegt werden; sie wird durch das institutionelle Arrangement oder durch das definiert, was man „ORGANISATIONSKULTUR" nennt. Die Organisationskultur definiert die Identität der Organisation gegenüber anderen Organisationen, sie bestimmt das Ausmaß und die Richtung der Allgemeinwohlverpflichtungen der Mitglieder, und sie regelt die Beziehungen der Organisation zur Umwelt bzw. zur Gesellschaft.

Nur vermittels dieser Organisationskultur wird aus dem „psychologischen Kontrakt" ein „ETHISCHER KONTRAKT" (Sims 1991: 499 ff.), der auf mindestens vier Konstitutionsbedingungen beruht: Erstens muß sich aus den wechselseitigen Erwartungen ein gemeinsames Wertbewußtsein entwickeln können, das durch Explikation und Kommunikation einen öffentlich verpflichtenden Charakter erhält. Die Verpflichtung ergibt sich allerdings nicht aus bloßen Deklarationen, sondern aus der Stimmigkeit des praktizierten Rollen- und Regelsystems bzw. aus der tatsächlichen Übernahme von Verantwortung durch die Rollenträger oder Agenten der Organisation. Zweitens muß die Organisation ein gewisses Maß an „Selbstreferenz" erreichen; das bedeutet, alle Organisationsmitglieder müssen sich um das Problem des anhaltenden Erfolges und des Wohlergehens kümmern und dies auch zum Ausdruck bringen. Drittens müssen Prozesse der „Selbstorganisation" in Gang kommen, die eine bessere Umweltanpassung ermöglichen, als es eine Leitung von oben ermöglichen könnte. „Selbstorganisation" bedeutet viertens aber auch „Irreversibilität", d.h. die Übernahme einer dauerhaften Verpflichtung für die Organisation – unabhängig von der jeweiligen Gewinnlage.

Von der Art dieses „ethischen Kontraktes" hängt es nun auch ab, wie groß und von welcher Art der ethische Handlungsbereich oder die ethische Wirksamkeit sein wird. Diese „ETHISCHE DOMÄNE" kann mehr von internen oder eher von externen Belangen bestimmt sein; sie kann mehr auf die Herstellung von Ordnung und Regelmäßigkeit oder stärker auf explizite Wertverwirklichung ausgerichtet sein (Nicholson 1994: 584): Stehen bloß die EXTERNEN Verbindungen einer Organisation zu ihren Aktionären oder bestimmten Interessengruppen, zu anderen Organisationen oder zu Regierungen im Vordergrund und geht es allein um die Erfüllung der Vertragsbeziehungen und eine geordnete Organisationstätigkeit, dann kommt nur ein sehr reduktionistisches Modell von Organisationsethik zum Vorschein. Diese Einstellung kann als rein EGOZENTRISCHE MORAL bezeichnet werden, die allein dem Prinzip der Partialität folgt und die Prinzipien des Konsequentialismus explizit verneint. Organisationen mit hochqualifiziertem Personal und erheblichen Einwirkungen auf ihr Umfeld werden bei aller Außenorientierung nicht umhinkönnen, bestimmte INTERNE Grundwerte – wie Betriebssicherheit und Konsumentensicherheit, Umweltschutz, Personalpflege, Entwicklungskontinuität – zu berücksichtigen. In der daraus resultierenden Ethik wird die SOZIALE VERANTWORTUNG der Organisation anerkannt; diese Ethik folgt wenigstens den Prinzipien des Konsequentialismus. Dies ist vor allem eine Ethik für politische Organisationen, während sich Unternehmen diesen Prinzipien gewöhnlich erst beugen, wenn man von den Organisationsleitern und -mitgliedern öffentlich „moralisches Wohlverhalten" verlangt. Diese „OPPORTUNISTISCHE MORAL" ist im Grunde ebenso reduktiv wie die egozentrische, wenngleich ihre Verzerrung eine ganz andere ist; sie beruht auf der Behauptung einer naturgegebenen Reziprozität von individueller und organisatorischer Moral (Winn 1989: 883). Einen deontischen Anspruch erreicht einzig eine Organisationsethik, die sich der Organisationsverantwortung in einer moralischen Gemeinschaft und einer bestimmten Wertordnung bewußt wird (Nicholson 1994: 592). Zumindest darf die Organisation – nach ihrem Organisationszweck wie nach ihren Wirkungen nach außen und innen – diese moralische Ordnung nicht untergraben.

Noch stärker in Richtung einer universalistischen Pflichtethik zielt eine ADMINISTRATIVE oder VERWALTUNGS-ETHIK im öffentlichen Bereich. Es geht hier noch nicht um den „Staat", der im Sinne Kants die Konstitutionsprinzipien einer deontologischen Ethik voraussetzt, im Bereich einer Weltethik jedoch verfrüht ist. Eine spezifische Verwaltungs-Ethik aber ist nicht nur im staatlichen Bereich, sondern auch außerhalb – im Bereich der internationalen Organisationen ebenso wie der Kommunen und Regionalverbände – anzunehmen. Ihre formale Voraussetzung oder ihre Minimalbedingung ist das Prinzip der „Neutralität", ihr höchster Zweck ist die Verwirklichung der „SOZIALEN GERECHTIGKEIT" – vor allem der distributiven und redistributiven Gerechtigkeit, aber auch der konstitutionellen Gerechtigkeit, die die prinzipielle Rechts- und auch Chancengleichheit der unterschiedlichsten Individuen und Gruppen zu sichern hat.[42]

Diese Anforderungen ergeben sich vor allem daraus, daß die öffentliche Verwaltung oder Ordnungspolitik treuhänderische Politik für die Allgemeinheit ist, also im Gegensatz zur Wirschafts- oder Organisationspolitik keine legitimierten Eigeninteressen verfolgt, was schon das „Dienstethos" verbietet und auch nicht nach utilitaristischen Maßstäben zu messen ist (Kass 1989: 956). Eine Minimaldefinition von „sozialer Gerechtigkeit" in diesem Sinn bietet John Rawls, der keinen obersten Zweck der mehr oder weniger kooperationsbereiten Akteure annimmt, sondern im Gegenteil höchst unterschiedliche Ziele, und der sowohl die Vergangenheit – die Entwicklung der Institutionen und der Sozialstruktur – wie auch die Zukunft – mit ihren gewiß sehr unterschiedlichen situativen Chancen – hinter dem „Schleier des Unwissens" verschwinden läßt. So kann er „Gerechtigkeit" nur im aktuellen Moment dadurch definieren, daß erstens jeder den gleichen Wunsch nach Gerechtigkeit hegt, zweitens die grundlegenden Institutionen im allgemeinen, wenn auch nicht in jedem Fall, diesem gemeinsamen Wunsch nicht im Wege stehen (Rawls 1979: 21).

Eine spezifische Verwaltungsethik hat vor allem den Prinzipien der DISTRIBUTIVEN und REDISTRIBUTIVEN Gerechtigkeit zu genügen, während konstitutionelle und regulative Aufgaben darüber hinausgehen und einer genuinen STAATS-ETHIK vorbehalten bleiben. Ob eine hinreichende distributive Gerechtigkeit erreicht worden ist, dafür gibt es schwerlich einen objektiven und universell gültigen Maßstab. Ausschlaggebend ist, daß die Entscheidungen der Verwaltung allgemein als legitim und in der Mehrzahl der Fälle auch als effektiv angesehen werden.

Immerhin lassen sich einige unverzichtbare Kriterien angeben: Zunächst einmal müssen die Entscheidungsergebnisse einer solchen Ordnungspolitik oder Verwaltung rational aus den deklarierten politischen Zielen der Legislative abgeleitet werden können. Das allein jedoch genügt nicht: Um sich dem Ziel der distributiven Gerechtigkeit zu nähern, dürfen die Entscheidungen vor allem nicht das Prinzip der Neutralität verletzen: Für jeden ähnlichen Fall muß das gleiche gelten bzw. ungleiche Fälle müssen unterschiedlich gelöst werden. Um Legitimität und Effektivität miteinander verbinden zu können, muß aber auch ein gewisses Gleichgewicht zwischen der Befolgung formaler Regeln und einem situationsgemäßen Ermessensspielraum gefunden werden. Ein schlechtes Zeichen wäre es, wenn das Entscheidungsergebnis offensichtlich mehr dem Eigeninteresse der Verwaltung als den Nöten und Bedürfnissen der Klienten entspräche. Das schwierigste Problem aber bleibt, daß ein gewisser Ausgleich zwischen den individuellen Bedürfnissen und der „individuellen Gerechtigkeit" mit der „sozialen oder aggregativen Gerechtigkeit" gefunden werden muß. Dafür gibt es wenigstens formale Kriterien, die etwas mit der Akzeptanz der Entscheidungsergebnisse zu tun haben. Ob eine hinreichende distributive Gerechtigkeit erreicht worden ist oder wenigstens angestrebt wird, das wird oft schon von den Klienten wie auch von den Verwaltungsbeamten selbst aus prozeduralen Kriterien erschlossen. So wird ein Entscheidungsprozeß dann als fair und gerecht angesehen werden, wenn er auf ausreichender Information beruht, wenn Verfahrensregeln genau eingehalten werden und wenn er im vorgesehenen oder politisch erforderlichen Zeitraum vor sich geht. Eine leicht bestimmbare Voraussetzung ist auch, ob alle Klienten den gleichen Zugang zum Entscheidungsverfahren finden, ob nicht den einen ein Informationsvorsprung verschafft wird oder andere gar ausgeschlossen werden. Dazu gehört auch die Transparenz des Verfahrens, die Zulassung von Öffentlichkeit, Akteneinsicht usw..

Der Ruf nach einer dem öffentlichen Interesse verpflichteten Verwaltungsethik wird besonders dann laut, wenn wirklich schwierige Entscheidungen anstehen, die durch AMBIGUITÄT und Komplexität, vielleicht sogar durch prinzipielle Unentscheidbarkeit gekennzeichnet sind. Wo es um Probleme der Gesetzgebung oder der Durchsetzung des Rechts durch Polizei und Strafverfolgung geht, gibt es im Alltagsleben wenig Spielraum für ethische Erwägungen (Stackhouse 1989: 892). Die ethischen Probleme werden dort akut, wo ein kollektives Gut zu erzeugen oder ein kollektives

Übel abzuwenden ist oder jedenfalls die gemeinsamen Anstrengungen zu koordinieren sind. Denn wo es um gemeinsame Leistung geht, da geht es auch um die Allokation der Mittel: von Ressourcen, von Entlohnung, Befugnissen, Information usw. Distributive Gerechtigkeit ist besonders dort schwer zu realisieren, wo zum einen die Mittel knapp sind und wo zum andern ein Wertkonflikt über die Frage ausgebrochen ist, was das „wahre öffentliche Interesse" ist bzw. bis zu welchen Kosten dieses „öffentliche Interesse" zu verfolgen ist. Das Entscheidungsproblem ist immer ein Balanceproblem: ein Problem der Abwägung von Interessen und Kosten, von Allgemeinwohl und sozialem Ausgleich, von Gesetz und Ordnung einerseits bzw. Wertsetzung und Selbstverwirklichung andererseits. Gerade die Notwendigkeit der Abwägung und der Bewertung in einer Situation der Unsicherheit oder Unübersichtlichkeit macht die ethische Qualität dieser Entscheidungen aus.

Es wäre nun sicher nicht gerechtfertigt, die hier skizzierte MEHRSCHICHTIGKEIT oder MEHRSTUFIGKEIT einer Weltethik – die man auch, um ihren ethisch minderwertigen Charakter zu bezeichnen, als „HETERONOMIE" bezeichnen kann – als „RELATIVISTISCH" einzustufen. Dieser Relativismusvorwurf wäre ebenso essentialistisch wie jeder Begriff des Wahren oder Guten, der von dem philosophischen Glauben ausgeht, daß es gelingen müsse, ein einziges und geschlossenes, rational oder jedenfalls axiologisch zu begründendes Wertsystem oder ein deduktives Moralsystem aufzustellen. Erst wenn man dies für möglich hält, kann man vom Gegenbegriff des Relativismus sprechen, wobei dieser jedoch zum vieldeutigen Residualbegriff wird, so daß mit seiner Hilfe die wildesten Spekulationen und die bösartigsten moralischen Verurteilungen oder Verdächtigungen vorgenommen werden können.

„RELATIVISMUS" hat dann mindestens vier Bedeutungen, die zwar nicht miteinander vereinbar sind, nichtsdestoweniger unter dem gemeinsamen Namen dauernd miteinander verwechselt und gegeneinander ausgespielt werden (Nardin 1989: 150ff.). Erstens bedeutet „Relativismus" soviel wie PARTIALISMUS oder KULTURRELATIVISMUS, so daß jeder Kultur bzw. jeder moralischen Gemeinschaft eine eigene Moral zugeschrieben wird, die von außen gar nicht zu beurteilen und zu bewerten sei. Zweitens meint „Relativismus" soviel wie SITUATIONALISMUS oder KONTEXTUALISMUS oder einen „solipsistischen Relativismus"; d.h., es gibt viele Wahrheiten und Wertsetzungen, die je nach Situation und Entscheidung zur Geltung kommen können, ohne daß zwischen ihnen eine Priorität festzustellen oder eine prinzipielle Wertung vorzunehmen wäre. Die Festlegung solcher Prioritäten gilt als unmöglich oder unnötig, jedenfalls als hinderlich für ein situationsgerechtes Handeln und eine flexible Koalitionsbildung. Drittens wird der „Relativismus" mit einem UTILITARISMUS gleichgesetzt, der ausschließlich den individuellen Präferenzen unter den Prinzipien der Gewinnmaximierung oder des Hedonismus folgt. Insofern es sich nur um einen Akt-Utilitarismus – und nicht einen Regel-Utilitarismus – handelt, spielt hier die Moral gar keine Rolle. Viertens wird „Relativismus" sogar mit KONSEQUENTIALISMUS verwechselt, wobei „Prinzipientreue" und „Klugheit" – „Schläue" – einander gegenübergestellt werden, so daß die Berücksichtigung der Folgen des eigenen Handelns gleich als Zweck-Mittel-Verkehrung oder als Prinzipien-Folgen-Verkehrung gedeutet wird; d. h., die Mittel definieren die Zwecke, die Folgen definieren die Prinzipien – also gibt es eigentlich keine Prinzipien.

Kuriose Züge nimmt dieses Verwirrspiel an, wenn dieser vieldeutige und residuale Relativismusbegriff ausgerechnet Karl Mannheim untergeschoben wird (so: Christians 1989: 5), der das Relativismusproblem gerade durch seine Wissenschaftsauffassung und Methode des PERSPEKTIVISMUS oder des RELATIONISMUS überwinden wollte: So wie man eine Landschaft nur erfassen kann, wenn man sie aus verschiedenen Perspektiven sieht, wenn man sie zu verschiedenen Jahreszeiten und in verschiedenen Stimmungen erlebt, so sind auch alle Erkenntnisse und alle Wertsetzungen von ihrem Bezugspunkt bestimmt und wechselseitig – einander bestätigend und verstärkend oder ergänzend, oder sich widersprechend und in Frage stellend – aufeinander bezogen (Mannheim 1964: 357).

Das gilt schließlich auch für die sozialen Positionen oder Funktionen der Individuen oder Gruppen selbst, die, wie seit langem in der sogenannten Bezugsgruppentheorie formuliert, überhaupt nur im dynamischen Bezug aufeinander definierbar und verstehbar sind. Das gleiche muß nun auch für die moralischen Beziehungen und Probleme gelten, für die es keine einzige, homogene, in sich geschlossene „Weltethik" geben kann, sondern nur ein DYNAMISCHES BEZUGSSYSTEM von Prinzipien und Regeln, von Entscheidungen und Nicht-Entscheidungen, von Organisationen und Deklarationen, das offen und komplex – oft sogar in sich unstimmig – ist, ohne deshalb aber notwendigerweise ungültig, unwirksam oder unmoralisch zu sein. Vielleicht ist dieses komplexe Bezugssystem auf die Formel eines aus der geschichtlichen Erfahrung sich entwickelnden KONSEQUENTIALISMUS zu bringen, der dennoch unverzichtbar auf einer DEONTISCHEN Begründung – z. B.: des kategorischen Imperativs, dem Prinzip der wechselseitigen Anerkennung, der Fairneß oder der Gerechtigkeit – beruht, um damit alle PARTIKULAREN Anwendungen oder Ableitungen – positiv definiert – unter das Prinzip des ALLGEMEINWOHLS oder – negativ definiert – der NEUTRALITÄT zu stellen.

Anhang

Anmerkungen

I. Soziales System und Verantwortung

1 Das Schwergewicht der vorliegenden Abhandlung liegt auf der „Gesellschaftsethik", also den makrosoziologischen Strukturvoraussetzungen einer Makroethik, während die mikrosoziologischen Voraussetzungen einer interpersonellen „Sozialethik" nur in diesem ersten Kapitel über „Verantwortung" diskutiert werden.
2 Das Prinzip der Gerechtigkeit auf das der Fairneß zu begründen, wie das Rawls (1992: 255–292) tut, ist allein in einer statisch-reduktionistischen Argumentation möglich, in der jeder Zukunftshorizont fehlt.
3 Das gilt einerseits für einen EXISTENTIALISTISCHEN Dezisionismus, der schon von Max Weber eingeleitet und von Jean-Paul Sartre oder Martin Heidegger auf die Spitze getrieben worden ist und letztlich in der Entpolitisierung des philosophischen Denkens und im Rückzug auf eine situationsabhängige Privatmoral endet (Apel 1988: 169). Das gilt andererseits aber auch für den KONVENTIONALISMUS, der von anscheinend völlig anders gearteten Voraussetzungen ausgeht – sei es in der Form eines jede Privatmoral leugnenden INSTITUTIONALISMUS (wie bei Arnold Gehlen 1969), sei es in der Form eines RATIONALISMUS (genauer: der Rational Choice Theory), der jedem Entscheiden und Handeln seine moralische Qualität (und Problematik) abspricht, indem er es auf bloß subjektive Nutzen-Kosten-Erwägungen zurückführt (Coleman 1990). Im Endeffekt gilt das jedoch auch für den (neo-aristotelischen) HERMENEUTISMUS, der – wie bei Gadamer, Marquard, Rorty oder Derrida – im Relativismus der Beliebigkeit versinkt (vgl. Schnädelbach 1986).
4 Immanuel Kant: Zum ewigen Frieden, in: Werke in zwölf Bänden, Frankfurt a.M., 1964, Bd. XII, S. 244ff., S. 250. Im folgenden wird nach dieser Werkausgabe zitiert.
5 Karl-Otto Apel wendet sich in diesem Punkt ganz vehement gegen einen Verfechter seiner Diskursethik, nämlich: Ulrich (1987: 122–149).
6 Ein Paradebeispiel ist das „Waldsterben", das – so schien es zunächst – verursacht wird durch die Masse der Autos und deren Abgase, aber auch durch den technischen Rückstand oder die Nachlässigkeit der Autoindustrie, welche wiederum nur möglich ist, weil der Gesetzgeber versäumt hat, die Abgasnormen entsprechend den technischen Möglichkeiten rechtzeitig hochzusetzen. (Ähnliches gilt natürlich für die Industrieabgase, für den Hausbrand und für die landwirtschaftlich erzeugten Abgase, für die Grundwasserverschmutzung und die Bodenverdichtung.) Die Parlamentarier aber haben dies versäumt, weil sie sich einerseits nicht bei ihren Wählern unbeliebt machen wollen (und fast jeder Wähler ist ein Autofahrer), weil sie sich andererseits aber auch bewußt sind, daß die deutsche Wirt-

schaftskonjunktur vom Parlament selbst ganz wesentlich auf die Autoindustrie und die Verkehrspolitik auf den Individualverkehr begründet worden ist.

7 Beim Problem des Waldsterbens z. B. orientiert sich die nationale Gesetzgebung an technischen Standards, die anderswo schon gelten, bzw. an der internationalen Konkurrenzfähigkeit der heimischen Autoindustrie.

8 Selbstverständlich läßt sich eine Systemanalyse handlungstheoretisch ausführen, und es kann sogar die These aufgestellt werden, daß die Sowjetunion untergegangen ist, weil das Makrosystem zu unsensibel gegenüber den für die soziale Integration und Innovation so wichtigen individuell-mikrosozialen Gestaltungskräften gewesen ist (Balla 1994). Umgekehrt läßt sich eine Persönlichkeitsanalyse sehr wohl (mit großem Gewinn für die Persönlichkeits- wie Entwicklungspsychologie) systemtheoretisch durchführen (Powell 1982).

9 Im Gegensatz zu einer „Glass Box", einem Computer bzw. Computerprogramm, in dem alle Daten, Ziele, Konstruktionsprinzipien und Anpassungsstrategien glasklar formuliert sind.

10 Daß ein verantwortungsvoller Designprozeß nicht aus einer Planung ins Blaue besteht, zeigt die Literatur, die realistischerweise großenteils von dieser negativen Zielstellung ausgeht. Ein Beispiel ist die wachsende Komplexität von Organisationen, denen unsere Steuerungskapazität nicht mehr gewachsen ist oder die in dieser Komplexität unbeweglich und steril geworden sind. Der Katalog der in diesem Fall vorgeschlagenen Designmaßnahmen reicht dann von der Vereinfachung und Dezentralisation der Organisationsstruktur über den Einbau von Redundanzen und der Bevorzugung eines unverbundenen Inkrementalismus, von der Etablierung paralleler informeller Organisationen oder der Auslagerung von Pilotunternehmen bis hin zur Einführung einer Matrixorganisation (in der die vertikalen Befehlslinien durch horizontale Interaktionsbeziehungen ausbalanciert werden), oder generell zur Stärkung der Selbstorganisationskräfte innerhalb der bestehenden Organisation (Ulrich 1980: 39; Knowles/Saxberg 1980: 256; Singh et al. 1985: 216 ff.). Design wird hier und im folgenden als *„der* Design" aus den technischen Disziplinen und Ingenieurwissenschaften übernommen und in diesem Sinne gebraucht (s. Register), im Gegensatz zu *„das* Design", wie es in der Modebranche und modernen Produktgestaltung verwendet wird.

11 Die Ermittlung dieser „Grundzüge" (core traits) ist eine empirisch-psychologische oder sozialpsychologische, keine moralphilosophische Aufgabe; gerade in der Konfrontation der Tugendethik mit den Ergebnissen der Persönlichkeits- und Charakterpsychologie, der Entwicklungspsychologie und Soziobiologie könnte eine Chance der Weiterentwicklung der Tugendethik liegen (Baron 1983).

12 So verbindet z. B. Aristoteles die Aufzählung seiner individuellen Charaktertugenden mit dem gewissermaßen funktionalen Konzept der „Mitte" oder der „Ausgewogenheit", da nur diese die Beständigkeit, Gleichheit und Gerechtigkeit der gesellschaftlichen Ordnung gewährleisten kann. Bei Thomas von Aquin finden die gottgebenen Kardinaltugenden von Glaube, Hoffnung und Liebe ihre im Le-

ben zu erwerbende Ergänzung durch die weltlichen Tugenden von Klugheit, Gerechtigkeit, Tapferkeit und Maß in der Handlungseinheit der Person – die diese Einheit nur in Gott finden kann und daher notwendigerweise zur „vollkommenen Tugend" streben muß. Selbst in Schopenhauers scheinbar so widersprüchlicher „asketischer Tugendethik" werden die beiden Kardinaltugenden der „Gerechtigkeit" und der „Liebe" als zwei „charakter-ethische Ableitungen" des für ihn zentralen „Mitleids" dargestellt, nämlich als „männliche" und als „weibliche Tugend"; d.h. einmal als Abwehr des Leidens, einmal als tätige Hilfe im Leiden (Turner 1991: 96 f.).

13 Baier (1977: 214): „For every social order, there are specific moralities, the society's (conventional) morality and each individual's own morality more or less closely mirroring the society's."

14 Daß diese Theorie dennoch mit so großem missionarischen Eifer vertreten werden kann, ist wohl mehr auf die herrschende Ideologie des Neoliberalismus (vgl. Sica 1992) als auf ihre Erklärungskraft zurückzuführen, die inzwischen nur noch auf ihre „hermeneutischen" Verdienste begrenzt wird, d.h. darauf, daß „wir rational sein möchten und wissen wollen, was Rationalität von uns verlangt." (Elster 1993: 189)

15 Kant VIII: 329 f.(AB 22). Hier heißt es weiter: „Die moralische Persönlichkeit ist also nichts anders, als die Freiheit eines vernünftigen Wesens unter moralischen Gesetzen..., woraus dann folgt, daß eine Person keinen anderen Gesetzen, als denen, die sie (entweder allein, oder wenigstens zugleich mit anderen) sich selbst gibt, unterworfen ist."

16 Der utilitaristische Ansatz etwa von Peter Singer, der (entgegen den Grundannahmen des Präferenz-Utilitarismus) den Personbegriff neu einführt und aus der Befähigung zu Präferenzen hinsichtlich der eigenen Zukunft – in der eine Fortsetzung des Lebens vorgezogen werden kann bzw. eine Wahl von Leben oder Sterben möglich ist – ableitet (Singer 1984: 110 ff.), mißachtet die Würde des Menschen, wenn er von bewußten Präferenzen ausgeht und darüber hinwegsieht, daß überhaupt nur Subjekte, die sich ihrer selbst ÜBER die Zeit hinweg bewußt sind (die also trotz vorübergehender Zustände des Bewußtseinsausfalls oder eines permanenten Zustandes einer im Grunde unaufhebbaren Unbewußtheit eine „diachrone Identität" aufweisen), zu solchen Präferenzen – und damit zu rationalen Wahlakten – fähig sind (Tooley 1990). Der reduktionistische Personbegriff von Derek Parfit, der diese prinzipielle Subjektqualität der Person verneint bzw. vom Grad der Verbindung ihrer Ereignisfolgen oder Phasenzustände abhängig macht (wobei dann nicht nur Föten, Schwerstbehinderte und irreversibel Komatöse nicht als Personen zu betrachten sind, sondern auch „normale" Menschen, deren Personqualität als relativ und schwankend angesehen werden muß), löst sowohl die Einheit als auch die Unverwechselbarkeit des Akteurs auf und ist damit von vornherein ungeeignet, einer „Theorie der rationalen Wahl" als Ausgangspunkt zu dienen (Korsgaard 1989: 104 ff.).

17 In genetischer Hinsicht muß die Selektion bei sozial lebenden Arten für eine gute Mischung von „egoistischen" und „altruistischen" Grundzügen gesorgt haben – oder die Frage ist sinnlos, weil z.B. sowohl die Zeugung wie auch die Verhütung von Kindern als „egoistisch" wie auch als „altruistisch" interpretiert werden kann. In soziologischer und psychologischer Hinsicht sind die beiden Begriffe „Individuation" und „Sozialisation" ohnehin nur komplementär definierbar: Erst die zunehmende Individualisierung in unserer Gesellschaft ermöglicht es, Normen auf der Basis gleicher und freier Individuen als abstrakte Prinzipien zu formulieren; der „ethische Universalismus" ist zugleich eine notwendige Folge und Rahmenbedingung der Individualisierung (Horster 1993). Selbst in der Spieltheorie steht dem „Egoismus-Dilemma" („Gefangenendilemma") ein „Altruismus-Dilemma" gleichwertig gegenüber: Das „Gefangenendilemma" besteht darin, daß ich gerne desertieren möchte, von den Anderen aber erwarte, daß sie die Stellung halten und kooperieren. Das „Altruismus-Dilemma" besteht darin, daß die Anderen mehr von mir erwarten, als sie selbst bereit sind zu leisten, ich aber trotzdem den Erwartungen entspreche – und damit noch höhere Erwartungen auf mich ziehe. Das „Egoismus-Dilemma" besteht darin, daß zu wenig Kontrollmöglichkeiten bestehen, das „Altruismus-Dilemma" darin, daß zuviel Kontrolle ausgeübt wird. Ein (individuell wie auch kollektiv) rationales Verhalten ist aber nur möglich, wenn man beide „Spiele" meidet oder wenn man sich stets konditional verhält, und zwar so, daß man sich im „Gefangenendilemma" zunächst kooperativ verhält, im „Altruismusdilemma" jedoch defektiert (Heckathorn 1991: 40). Das Handlungsproblem liegt nicht in der Antinomie, sondern in der Kombination beider Verhaltensweisen: die Antinomien sind nur didaktische Hilfskonstruktionen.

18 Das setzt jedoch voraus, daß ich auch die Interessen der anderen berücksichtige, so daß „jedem das Seine" zukommt. Mein Wille zu sozialer Gerechtigkeit wird nur glaubhaft sein, wenn ich mich als prinzipientreue und integre Persönlichkeit erweise – und mich nicht nur als solche darstelle. Dies wird wiederum dann von allgemeinem Interesse sein, wenn ich einen wichtigen Platz in der Gemeinschaft einnehme. Mir selbst mag es lediglich um die Anreicherung meiner Ziele und Utilitätsfunktionen gehen – ich werde dies doch nur über die Anderen erreichen und eine erhebliche Portion von Altruismus (oder auch Konformismus) aufbringen müssen. Umgekehrt gibt es gute Gründe für den Altruisten, für seine Selbstverwirklichung und Selbstachtung Sorge zu tragen, den Respekt der Anderen einzufordern, sich nicht übervorteilen zu lassen, keine Trittbrettfahrer zu dulden und seinen Beitrag von den Beiträgen der anderen abhängig zu machen.

19 Die Notwendigkeit dieser Verbindung ist utilitaristisch und deontologisch zu begründen. Die vorstehend skizzierte UTILITARISTISCHE Begründung geht vom Individuum und seinem Eigeninteresse bzw. seiner Selbstachtung aus, um schließlich bei der regulativen Idee der „sozialen Gerechtigkeit" zu enden; die DEONTOLOGISCHE Begründung beginnt bei den Konstitutionsbedingungen und Prinzipien einer „moralischen Gemeinschaft", um daraus „Pflichten" für den einzelnen abzu-

leiten. Nach Kant gelten diese Pflichten unabhängig davon, ob sie von bestimmten Individuen gewählt worden sind und ob sie in ihrem Eigeninteresse stehen, unabhängig von ihren Neigungen und momentanen Gefühlen. Obwohl Kant die Bedeutung eines gesunden Egoismus und der Eigeninteressen nicht verkennt, so scheint ihm diese Basis doch zu schwach, um das gegenseitige und bedingungslose Wohlwollen der Individuen zueinander zu sichern. Dieses Wohlwollen ist Pflicht – eine „unvollkommene Pflicht" allerdings, die nicht unbedingt mit menschlicher Wärme verbunden und einklagbar ist. Damit ist aber auch „Spielraum" für die Freiheit und Autonomie des Handelns eröffnet. Im Vergleich zum Utilitarismus dreht es sich hier um ein Begründungsverhältnis, d. h., es ist meine „unmittelbare" Pflicht, das Glück der anderen Menschen gemäß ihren (moralisch zulässigen) Zielsetzungen zu befördern, während die Verfolgung des eigenen Glücks nur eine „mittelbare" Pflicht ist. Trotzdem geht es auch hier ganz explizit um die Verbindung der beiden Seiten von „Egoismus" und „Altruismus", von „Individuum" und „gesellschaftlicher Ordnung", von „Achtung" und „Pflicht" (Hill 1993: 13 ff.).

[20] Wenn sich etwa das GRUNDGESETZ der Bundesrepublik Deutschland (im Gegensatz zur Weimarer Reichsverfassung) im Zusammenhang mit den Grundrechten auf „objektive Werte" und eine „objektive Wertordnung" zur Legitimation konkreter z. B. strafrechtlicher Herrschaftsakte beruft, wenn es das Bundesverfassungsgericht jedoch peinlich vermeidet (abgesehen von der Benennung der „Menschenwürde" als oberstem formalen Wert), eindeutig generalisierbare Aussagen über die WERTRANGORDNUNG zu machen, so hat dies einen durchaus axiologischen Sinn: Zum einen wird damit zugestanden, daß moralische Bewertungen von Handlungen und Unterlassungen bzw. Konfliktlösungen von gesellschaftlichen Spannungslagen innerhalb des Wertsystems nur unter Abwägung aller Umstände des Einzelfalls erfolgen können und müssen (Denninger 1976: 167). Es kann also keine bloße Subsumtion unter eine bestimmte Wertordnung oder einen Grundwert vorgenommen werden – und sei es die Menschenwürde. Zum andern wird damit natürlich ein Arkanum der Verfassungsinterpretation geschaffen, indem nicht nur die Kompetenzen des Bundesverfassungsgerichts ausgeweitet oder erhöht werden, sondern mit dem Kryptoargument einer nichtdefinierten Wertordnung die Motive und Bewertungen einer Verfassungsentscheidung vernebelt und der öffentlichen Diskussion enthoben werden. Dies ermöglicht wiederum, daß die Geltungskraft der Grundrechte über die des politischen Gesetzgebers (also der Parlamente, die schließlich von den Parteien und ihren jeweiligen Mehrheiten gestellt werden) erhoben wird. So wird auch der Verfassung eine übergesetzliche Dignität gesichert, wobei sich die Verfassungsrichter durch die NICHTfestlegung auf eine explizite Wertrangordnung zudem einen ausreichenden Entscheidungsspielraum sichern. Der gemeinsame Sinn beider Strategien ist, den Prozeß des Wertewandels und der Wertdiskussion auf individueller wie auf kollektiver Ebene offenzuhalten.

[21] So zeigen in der Tat hartnäckige mikroökonomische Nachforschungen immer

wieder, daß wir die beliebte Vorstellung, daß unterschiedlichen Kulturen (Institutionen, sozialen Klassen usw.) notwendigerweise unterschiedliche Grundwerte zugrunde liegen müßten, aufgeben müssen: Oft sind es nämlich nicht die Grundwerte, die sich unterscheiden, sondern es sind die Randbedingungen und historischen Ausgangsbedingungen, ökonomisch gesprochen: die Begrenzungen oder die Knappheitsbedingungen, soziologisch gesprochen: die institutionellen und sozialstrukturellen Rahmenbedingungen. In diesem Zusammenhang läßt sich eine Reihe beeindruckender Beispiele anführen, die altehrwürdige spekulative Fehlschlüsse jeder Plausibilität berauben (Diamond 1982: 51–55).

22 Das aber ist z. B. der Fall, wenn in der Wirtschaft die Geldspekulation oder die kurzfristige Gewinnmaximierung im Vordergrund steht, wenn nicht erneuerbare Ressourcen bedenkenlos ausgeschöpft werden, wenn nationale Interessen die internationale politische Szene beherrschen.

23 Der sehr „westlich" erscheinende Wert der „Selbstverwirklichung" z. B. kann „Freiheit", „Unabhängigkeit" oder „Selbstbestimmung" meinen, aber auch „Kreativität" oder „Selbstachtung" und „Menschenwürde". Der Grundwert der „Leistung" reicht vom Streben nach „Einsicht" und „Intelligenz" oder intellektueller „Eleganz" bis hin zum blinden „Ehrgeiz"; der Grundwert der „Sicherheit" kann auf die Nation, die Familie oder bloß die eigene Gesundheit bezogen werden; der Grundwert (oder überhaupt das ethische Grundprinzip) des „Universalismus" reicht von der „sozialen Gerechtigkeit" bis zur ästhetischen „Schönheit", und vom „Frieden" bis zur „Gleichheit".

24 Wenn hier von „Grundwerten" gesprochen wird, so soll damit nicht unterstellt werden, daß sie grundlegender, fundamentaler seien als die konkret gelebten Wertsetzungen: diesen gegenüber sind sie vielmehr nur Fikta und Abstrakta, die lediglich geeignet sind, die analytischen Hauptachsen in einem topologischen Raum zu bezeichnen, in den die konkreten Wertkomplexe eingeordnet werden können. Tatsächlich hat sich die Unterscheidung von „Grundwerten" („Endwerten") und „instrumentellen" Werten als empirisch unhaltbar oder beliebig manipulierbar erwiesen (Schwartz 1994: 35 f.).

25 So sind „Macht" und „Leistung" miteinander verwandt, indem beide der Selbstbehauptung und Selbstvergrößerung dienen; „Leistung" und „Hedonismus" dienen der Selbstbefriedigung; und „Hedonismus" und „Erlebnis" sind beide durch den Wunsch nach einer affektiv erfreulichen Erregung verbunden; „Universalismus" und „Wohlwollen" haben mit der Überschreitung der eigenen Grenzen zu tun; aber auch „Wohlwollen" und „Konformität" berühren sich, indem sie beide auf ein normatives Verhaltensmodell ausgerichtet sind, das enge soziale Beziehungen ermöglicht usw.

26 S. Coleman (1990: 251) schreibt typischerweise: „I will mean by ‚norm' nothing more than the set of sanctions that act to direct the behavior in question."

27 Émile Durkheim geht in „Les règles de la méthode sociologique" von 1895 und seinem Begriff der „faits sociaux" ebenfalls von diesem negativen Begriff aus, um

jedoch im Laufe seines Lebens zu einer positiven Definition der „moralischen Gemeinschaft" vorzustoßen: So vor allem in „Les formes élémentaires de la vie religieuse" von 1912.

28 Wenn es beispielsweise einer Handvoll Managern der Energiewirtschaft gelingt, binnen Wochen das jahrzehntelang verfolgte atomare Entsorgungskonzept der Bundesregierung auf den Kopf zu stellen, dann fragt man sich in der Tat, ob nicht besser die beteiligten Unternehmen die Energie- und Atompolitik in die Hand nehmen sollten; allerdings übernähmen sie damit auch die politische Verantwortung.

29 Nach Elisabeth Noelle-Neumann/B. Strümpel: 1984, S. 34, stimmen nur 20% der Führungskräfte der deutschen Wirtschaft mit den Zielen ihrer Unternehmung überein.

30 Dierkes u. Zimmermann (1994: 539) glauben in einer Inhaltsanalyse von einschlägigen Lehrbüchern und Bestsellern ein „Star Wars"- und ein „Biotop"-Modell erkennen zu können.

31 Im übrigen sind Bewußtsein und Gedächtnis auch bei natürlichen Personen eine Sache des Gradunterschiedes und der Interpretation – und was heißt schon „natürlich" angesichts einer ebenso reflexiven wie einflußreichen Geschichtsschreibung und Psychoanalyse? Natürliche wie juristische Personen sind „moralische Personen", insofern sie aus einem Ethos leben, nicht insofern sie rechtlich als solche deklariert werden.

32 So heißt es bei Lenk/Maring 1990: 50: „Im Hinblick auf moralische Mitverantwortung sollte es keinen Verwässerungseffekt geben (dürfen)." Genau diesen Effekt aber bringt ein pauschaler strukturloser, nicht datierbarer Begriff der „Mitverantwortung" hervor. Eine Folge der Nicht-Definierbarkeit aber ist, daß eine weitere undefinierbare Kategorie in Anspruch genommen werden muß: nämlich die „UNIVERSALMORALISCHE VERANTWORTUNG" (Lenk 1989: 490), die zwar die ausgeblendeten kollektiven und systemischen Aspekte der „individuellen" Verantwortung ahnen läßt, sie aber gleichzeitig im moralischen Pathos vernebelt.

33 Vgl. C. G. Jung: Archetypen, München 1990.

34 Niklas Luhmann 1991: 155–185, beschreibt die „Abfangstrategien" der Partizipation, der Kommunikation (des „talk") und auch der „Ethik" (der moralischen Appelle von allen an alle), aber auch der Weitergabe der Problemlösung an das Rechts- oder an das Wirtschaftssystem, als geläufige Strategien eines komplexen politischen Systems, dessen Hauptakteure jedoch die Systemqualität ihres eigenen politischen Handelns ignorieren. Dem entspricht auf seiten der politischen Öffentlichkeit ein rein appellativer „politischer Moralismus", der zur „persönlichen Verantwortung" (des Anderen) macht, was nur durch entsprechende rechtliche und ordnungspolitische Institutionen geregelt werden kann (vgl. auch: H. Lübbe 1987: 121).

35 So wurden „komplexe Systeme" von Herbert A. Simons „Architektur der Komplexität" bis zu René Thoms „Katastrophentheorie" als Systeme gesehen, die sich entweder auf der Höhe von Gleichgewichtssystemen halten und mit inkrementalen Impulsen gesteuert werden können oder nach vorgegebenen Dimensionen,

Symmetrieachsen oder Bruchlinien zusammenbrechen. Inzwischen aber betrachtet man soziale Systeme – mit Hilfe der Fluktuations- wie der Chaostheorie (Prigogine 1986; Radzicki 1990) – negativ eher als „amorphe" oder „dissipative" bzw. positiv als „selbstregulative", „selbstorganisierende" oder auch „autopoietische" („sich selbst herstellende" oder „generierende" und „regenerierende") Systeme.

36 Ashbys „Gesetz" der „requisite variety" („nur Vielfalt kann Vielfalt zerstören") ist parteiisch und eine praktische Handlungsanweisung für Symstemaktivisten, aber kein empirisch-wissenschaftlich überprüfbares Theorem und, obwohl es so klingt, keine moralische Rechtfertigung der Umweltzerstörung.

37 Der Streit zwischen „Handlungstheorie" und „Systemtheorie", zwischen der Priorität des „Subjekts" oder des „Systems", ist ein parasoziologisches Mißverständnis, das durch hochstilisierte akademische Schulstreitigkeiten noch unterstützt wird (vgl. z. B.: H. Haferkamp 1987: 51–88).

38 Vgl. Baumgartner (1994, 99), wo es heißt: „Denn ‚die Vernunft', als eine eigene substantielle Größe gedacht, ist natürlich nicht in der Weise gegeben, wie es etwa Gott für die einen, oder die Natur für die anderen gibt. Der Gedanke der Vernunft liegt vielmehr quer zu allen weltanschaulichen Orientierungsbegriffen, weil er auf eine alle Menschen verbindende Gemeinsamkeit abhebt, und weil er deshalb hoffen läßt, daß alle dasselbe Problem sehen und, indem sie in bestimmter Weise davon betroffen sind, sich auch in bestimmter Weise, d. h. nach einer für alle verbindlichen Regel, in die Pflicht nehmen lassen."

39 An dieser Stelle reicht eine rein konsequentialistische Gerechtigkeitstheorie häufig nicht mehr aus und beginnt eine deontische Gerechtigkeitsforderung, wie sie im kategorischen Imperativ ausgesprochen ist. Diese sieht von den Gegebenheiten der jeweiligen Ausgangslage und den unterschiedlichen Konsequenzen einer Entscheidung ganz bewußt ab. Dennoch impliziert jeder Konsequentialismus deontische Voraussetzungen, und jede deontologische Ethik muß mit den Konsequenzen einer Entscheidung rechnen (vgl. Honderich 1996: 501).

40 So aber bei Rawls 1993: 46, wo von den „principles of political justice for the basic structure of a closed and self-contained democratic society" bzw. von den „outward" „principles for the law of peoples" die Rede ist; ähnlich: Nagel 1991: XV.

41 Kant: Zum ewigen Frieden (1795); für eine genauere Interpretation im Rahmen des Gesamtwerks vgl. Höffe 1995: 109–132.

42 Vorschläge zu einem „technologischen Moratorium" (Brouwer 1994: 202) oder zur Senkung der Innovationsrate in der Technik und ihrer Steigerung in der Gesellschaft (Ropohl 1996: 355) bleiben rein appellativ, wenn sie nicht zeigen können, wie man das bewerkstelligen soll.

43 Immanuel Kant, der sich mit gutem Grund vor einer „despotischen Universalmonarchie" fürchtete und sich die Ordnungsform demokratischer Bundesstaaten (in denen die Primärstaaten, die Völker und Regionen erhalten bleiben) noch nicht vorstellen konnte, plädiert bekanntlich für eine „Völkerrepublik" (einen „Völkerbund") und nicht für eine „Weltrepublik" (einen „Weltstaat"); dennoch

ist dieser Bund, der über kein „Schwert der Gerechtigkeit" verfügt und im „Naturzustand" verharrt, für ihn deutlich ein zeitbedingtes Surrogat und keineswegs das anzustrebende Ideal (Höffe 1995: 119–128).

44 Wie EURATOM, wie der Währungsverbund einiger Kernländer, wie ein hochsubventionierter Agrarmarkt, eine handlungsunfähige politische Union (WEU) oder eine symbolische deutsch-französische Brigade. Ob eine „kalte" – nämlich finanztechnische – Integration über eine „Währungsunion" ein europäisches Kollektivbewußtsein oder eher nationale Ressentiments und Rivalitäten hervorbringen wird, bleibt noch abzuwarten.

45 Die Beschwörungen von Hans Jonas (1979: 170f.), der sich unmittelbar auf das „Sein" beruft, sich aber mit der „Affizierung unseres Gefühls" begnügt, können nicht darüber hinwegtäuschen, daß diese Ethik rein subjektiv bleibt.

46 In Heideggers „Sein und Zeit" (1927) heißt es: „Die durchschnittliche Alltäglichkeit des Besorgens wird möglichkeitsblind und beruhigt sich bei dem nur ‚Wirklichen'. Diese Beruhigung schließt eine ausgedehnte Betriebsamkeit des Besorgens nicht aus, sondern weckt sie." (1957: 195)

47 Max Scheler spricht geradezu von einem „soziologischen Gotteserweis" (Vom Ewigen im Menschen, 1921, in: 1968: 374). Eine religiöse Begründung ist jedoch nicht erforderlich.

48 Mit der Einführung einer „dialogischen Systemtheorie" ist das Zugeständnis verbunden, daß aus der Systemtheorie selbst kein universelles Konstruktionsprinzip für die Geschichte wie für die Ethik mehr abzuleiten ist: keine lineare Fortschritts- und Verfallsgeschichte, keine katastrophische Eschatologie oder dialektische Vernunftgeschichte, keine Geschichte der großen Wellenbewegungen und auch keine Geschichte der heroisch sich entscheidenden Individuen. Die nichtlineare Systemtheorie kann alle diese Bewegungen darstellen. Gerade deshalb wird sie keine dieser Bewegungsformen zum universellen und inhaltlichen Erklärungsprinzip der Geschichte erheben.

49 Es mag eine wohlgemeinte „demokratische" Forderung sein, daß Normen durch Konsens begründet werden, es hat jedoch wenig mit der Theorie und Praxis einer politischen Demokratie zu tun. Ein „Plebiszit" allein der im Moment beteiligten Diskursfähigen kann nur die „Spitze eines Eisbergs" benennen, der auf der Basis der horizontalen Gewaltenteilung und vertikalen Subsidiarität, der Rechtsstaatlichkeit und der Nicht-Appropriierbarkeit der Ämter einerseits und der Minimierung der Herrschaftsdifferenzen bzw. der Sicherung der Chancengleichheit andererseits ruht. Die „Überbrückung" von Normkonsens und Normgeltung durch den „Universalisierungsgrundsatz" (Keuth 1993: 284ff.) – daß nämlich eine Norm nur dann gültig ist, wenn sie (deontologisch formuliert) „für jeden der Betroffenen ‚gleichermaßen gut' ist" bzw. (konsequentialistisch formuliert) wenn „die Folgen und Nebenwirkungen, die sich jeweils aus ihrer ALLGEMEINEN Befolgung... ergeben, von ALLEN Betroffenen akzeptiert... werden können" (Habermas 1983: 78, 75f.) –, hält weniger als Kants „kategorischer Imperativ". Kant geht

gleich von einem Sollen aus, während Habermas vorgibt, von einem Sein, oder wenigstens vom Prinzip der Faktizität als Begründung ausgehen zu können. Am Ende aber ist die Begründung zirkulär: Geltung begründet Faktizität, Faktizität legitimiert Geltung, so daß dieser Zirkel der Selbstlegitimation im Grunde jeder Willkür-Herrschaft dienen kann (Andersen 1994: 95).

50 Tatsächlich verbindet Habermas dies alles miteinander, indem er sich auf die „Rechtsordnung" und auf eine Version des „kategorischen Imperativs" beruft, der allerdings an die Randbedingung einer bestimmten „Kommunikationsform" gebunden ist: „Eine Rechtsordnung IST in dem Maße legitim, wie sie die gleichursprüngliche private und staatsbürgerliche Autonomie ihrer Bürger gleichmäßig sichert; aber zugleich VERDANKT sie ihre Legitimität den Formen der Kommunikation, in denen sich diese Autonomie allein äußern und bewähren kann. Das ist der Schlüssel zu einem prozeduralistischen Rechtsverständnis." (1992: 493) In einer Erwiderung auf eine ausführliche englische Diskussion schreibt er: „A moral dimension first appears in the autonomy that enfranchised citizens as co-legislators must exercise in common so that everyone can equally enjoy individual liberties. Unlike the moral autonomy that is EQUIVALENT to the capacity for rational self-binding, then, the autonomy of the legal person includes three different components – besides the jointly exercised autonomy of citizens, the capacities for rational choice and ethical self-realization." (1994: 138 f.)

51 Der „ideale Diskurs" ist „dadurch definiert, daß unter den Bedingungen unbegrenzter Zeit, unbegrenzter Teilnehmerschaft und vollkommener Zwanglosigkeit im Wege der Herstellung vollkommener empirischer Informiertheit, vollkommener Fähigkeit und Bereitschaft zum Rollentausch und vollkommener Vorurteilsfreiheit die Antwort auf eine praktische Frage gesucht wird." So der Rekonstruktionsversuch von Robert Alexy (1989: 84).

52 Die Regeln einer rationalen Argumentation sind die folgenden: (1) Jede Person kann jede Feststellung in Frage stellen; jede Person kann jede Behauptung in die Diskussion einbringen. (2) Niemand darf durch Gewalt (oder Betrug) gehindert werden, seine Rechte nach (1) wahrzunehmen. (3) Jede Person ist nur durch das Interesse geleitet, das bessere Argument zu finden. (4) Kein Anspruch ist voll gerechtfertigt, solange nicht jede Partei zustimmt. (Im Anschluß an Habermas 1983: 97-108; vgl. ebenso: Davis 1994: 126 f.)

53 Ilting (1982: 138) wirft Apel einen „intellektualistischen Fehlschluß vor, d. h.: sozial verbindliche Normen schon aus den Bedingungen unseres Verstandesgebrauchs abzuleiten. Der naturalistische Fehlschluß, der bei Habermas noch hinzukommt, besteht darin, soziale Normen aus der „Natur der Dinge" oder aus der „Natur des Menschen" abzuleiten, auch wenn diese gar nicht definiert wird. Beide sind zum Scheitern verurteilt, weil aus einem Apriori kein Aposteriori und aus einem Sein kein Sollen abzuleiten ist.

54 Wenn die „Betroffenen" in solchen Konfliktfällen gehört werden sollen, dann nicht, weil von ihnen ein gerechtes Urteil zu erwarten wäre, sondern weil sie feh-

lende Informationen über ihre Wahrnehmung der Situation, über ihre Bedürfnisse und Motive beitragen können. Letztlich aber kann auch ein Richter nur Recht sprechen, nicht Wertentscheidungen treffen: Der Rechtsspruch beruht auf der Voraussetzung, daß Wertentscheidungen in der Autonomie des einzelnen oder seiner moralischen Gemeinschaft liegen und daß sie die Autonomie des anderen nicht verletzen dürfen. Gerechtigkeit wird nicht durch Zustimmung begründet, vielmehr ist eine selbstbindende und moralisch gerechtfertigte Zustimmung erst möglich, wenn Gerechtigkeit herrscht oder jedenfalls der Legitimitätsglaube an die Rechtmäßigkeit der Herrschaftsordnung.

55 „Dialog" und „Diskurs" unterscheiden sich: Während der Dialog ganz auf das Selbst des Anderen und auf die eigene Selbstwerdung ausgerichtet ist – einmalig und unwiederholbar –, ist der Diskurs auf Objektivation, Dokumentation und Nachvollziehbarkeit unter unterschiedlichsten Randbedingungen, auf Generalisierbarkeit und Universalisierbarkeit ausgerichtet. (Vgl. Waldenfels 1971: 132–317; Foucault 1973: 33–47)

56 Nach George H. Mead, auf den sich die Diskursethiker so gerne berufen, ist auch der „einsame Denker" im ständigen Dialog oder in ständiger Auseinandersetzung mit signifikanten und – mit zunehmender Reife – generalisierten Anderen: Erst in der Introjektion des Anderen bildet sich ein „Selbst" heraus, das „Gespräch" ist – ontogenetisch wie phylogenetisch – eine Voraussetzung des „Selbstgesprächs" der Philosophen. Bei der Enge des Diskursbegriffes der meisten „Diskurs-Ethiker" sollte man die ethische Problematik des Diskurses wohl eher umgekehrt sehen: Der Diskurs ist lediglich ein unzureichender Ersatz für das „Selbstgespräch der Vernünftigen"; oder aber vielleicht ist er ein didaktischer Weg dazu.

57 Dies scheint auch die tatsächliche Theoriestrategie in der „Theorie des kommunikativen Handelns", Bd. 2, 182–228, zu sein, wo die „Lebenswelt" mit dem methodologischen Alibi der „authentischen Selbstinterpretation" unkritisierbar gemacht wird (vgl. Rosenthal 1992: 18 ff.).

58 Wenn es Apel um eine realistische VERANTWORTUNGSETHIK geht und er einen „strategischen Vorbehalt" in seine Diskursethik einbaut (man kann nicht verständigungsorientiert handeln und diskursiv argumentieren, wenn andere strategisch vorgehen und den Diskurs verweigern), wenn jedoch Machtdifferenzen und strategische Vorbehalte nun einmal die Regel im politischen, wirtschaftlichen und gesellschaftlichen Leben sind, so wird die Diskursethik unfreiwillig zur „Zukunftsmusik" oder „Feiertagsethik" trotz aller Beschwörungen der prinzipiellen Richtigkeit in einer endgültigen Menschheitsverfassung. Wenn die Diskursethik dennoch – wie ihre Adepten es laufend versuchen – auf praktische, politische und wirtschaftliche Probleme angewandt wird, dann kommt es zu einer regelrechten moralischen Verkehrung. Diese liegt zumindest darin, daß der Konsens die Gerechtigkeit begründen soll – nicht umgekehrt –, die moralische Qualität des Konsenses jedoch von der Integrität der moralischen Gemeinschaft abhängig ist. Mit anderen Worten: Es gibt auch einen mafiosen Konsens; es gibt eine Kollusion der

Heuchler und Opportunisten; und es gibt auch durchaus einen strategisch eingesetzten Konsens oder absichtsvoll „idealisierten Diskurs".

⁵⁹ Der „STRUKTURALISTISCHE TRAUM" besteht darin, die „wichtigsten" Ereignisse einer „Epoche" (eines Ereigniszusammenhangs in einem bestimmten Zeitabschnitt, der angeblich einem einheitlichen Formgesetz folgt) auf ein einziges Strukturmuster, einen Super-Code, eine Meta-Narration zurückführen zu können. Der „SERIALISTISCHE TRAUM" ist der immer wiederkehrende Traum des Auguste Comte, daß es (wie in seinem „Dreistadiengesetz") eine logisch-endogene Abfolge von Entwicklungsschritten oder Epochen (also von Querschnitten, die sich einem gemeinsamen Längsschnitt fügen) geben müsse. Der „ARCHÄOLOGISCHE TRAUM" war noch der Traum von Michel Foucault in der „Archäologie des Wissens", bis er (1973: 290) entdeckte, daß es ein grober Fehler sei, „die Archäologie als eine Suche nach dem Ursprung, nach formalen Apriori, nach Gründungsakten, kurz als eine Art historischer Phänomenologie zu behandeln (während es sich für sie dagegen darum handelt, die Geschichte aus der phänomenologischen Umarmung zu befreien)." Die „Archäologie" implizierte bereits die Erkenntnis, daß (theoretische wie praktische) diskursive Formationen ganz wesentlich bestimmt werden durch Diskontinuitäten und Skansionen, ja durch Nicht-Diskursivität und Repression, durch das „gesammelte Schweigen" der Faktizität, nämlich durch die Verdrängung ins Unbewußte und in die Psychosomatik des Körpers, durch die scheinbar naturwüchsigen Praktiken der Institutionen, durch die Gesten und Rituale einer „Mikrophysik der Macht" bzw. einer in die Bevölkerungspolitik wie in die Biogenetik vordringenden „Biomacht" (Foucault 1988; Bernauer 1994).

⁶⁰ Dies mag sogar der Fehler der „Goldenen Regel" („Was du nicht willst, daß man dir tu, das füg' auch keinem andern zu!"), des „Leviticus" („Liebe deinen Nächsten wie dich selbst!") oder des „Kategorischen Imperativs" („Handle so, daß du die Menschheit, sowohl in deiner Person, als in der Person eines jeden andern, jederzeit zugleich als Zweck, niemals bloß als Mittel brauchest.") sein, da sie doch nicht immer anwendbar sind – z. B. im Falle lebensrettender medizinischer Hilfe, der Zeugung oder Abtreibung, eines militärischen Kommando-Unternehmens oder der Verhinderung noch schlimmeren Unheils (Donagan 1977: 4; Kemp 1988: 193 ff.).

⁶¹ Aus der ärztlichen Maxime der Bewahrung des Lebens und der Achtung der Menschenwürde z. B. läßt sich beides ableiten: das Recht auf alle denkbaren Möglichkeiten der Apparatemedizin oder das Recht auf ein menschenwürdiges Sterben.

⁶² Lange Zeit hat z. B. die Poppersche „Stückwerk-Methode" die Diskussion beherrscht, wonach immer nur Teilprobleme in Angriff genommen und Veränderungen einzelner Kontrollparameter von einem außenstehenden Kontrolleur getestet werden können, während das „holistische Experiment" (in das der Kontrolleur einbezogen bleibt) unkontrollierbar und ohne Erkenntniswert sei (Popper 1965: 66–71). Diese Methode ist aber nur bei nahezu dekomponierbaren hierarchischen und linearen Systemen anwendbar, bei komplexen Systemen

bleibt nichts anderes als eine holistische Methode, auch wenn der „Experimentator" dabei untergeht und zum „Mittäter" wird. Doch dies ist die normale moralische Struktur unserer Gesellschaftsprobleme, auch des Popperschen Stückwerk-Ingenieurs, dessen begrenzte Regulationsversuche – wenn sie unter einem bestimmten Schwellenwert bleiben – entweder vom ökosozialen System wieder ausreguliert werden oder aber größere Wirkungen erzielen, als er dachte; damit hat aber der Experimentator auch seine Experimentierbedingungen verlassen.

II. Prinzipien einer Sozialen Systemethik

[1] Rescher 1994: 384, unterscheidet einen O-Fortschritt (eine Bewegung weg vom Ausgangspunkt „origin") und einen D-Fortschritt (eine Bewegung hin zu einer bestimmten Destination). Erreichbar ist nur die erste Art von Fortschritt.

[2] Die moralische Schuld dieser kulturrelativistischen Philosophen, die diesen Standpunkt weder wissenschaftlich noch ethisch begründen können, ist nicht zu unterschätzen (vgl. Bunge 1989: 155 f.).

[3] Dieser Punkt ist seit etwa 1974 erreicht, als man noch von linearen, schlimmstenfalls zyklischen Vorstellungen ausgehen konnte. Seitdem ist die gesellschaftliche Entwicklung zu dynamisch wie die wissenschaftliche Entwicklung zu sophistisch geworden, um so schlichte Vorstellungen noch plausibel erscheinen zu lassen (vgl. Smothers 1989; Ch. Smith 1990).

[4] Eine Gesellschaft, die Entscheidungen trifft, die lediglich den (vermeintlichen) gegenwärtigen Nutzen auf Kosten des zukünftigen Wohlergehens nachfolgender Generationen verfolgen, hat eine hohe „Abschreibungsrate" und einen geringen „Zukunftshorizont" (Oberhofer 1989: 45).

[5] Diese Definition schließt an die Referenzgruppentheorie von Robert Merton (1957: 225–279, 281–386) an und unterscheidet sich in der Definition von Luhmann, die in der von ihm gewählten Formulierung sozial gar nicht realisierbar ist. In *Soziale Systeme* (1984: 58) heißt es: „Der Begriff Selbstreferenz bezeichnet die Einheit, die ein Element, ein Prozeß, ein System für sich selbst ist. ‚Für sich selbst' – das heißt: unabhängig vom Zuschnitt der Beobachtung durch andere." Doch niemand kann sich dem Bewußtsein des Beobachtetwerdens entziehen.

[6] Tatsächlich wurde dieses Konzept erst mit der Brundtland-Kommission von 1987 auf den gesamten Weltkontext übertragen, wo nicht nur von der Erhaltung der Biosphäre für künftige Generationen die Rede war, sondern auch eine gemeinsame Entwicklung von Industrie- und Entwicklungsländern gefordert wurde, während „Die Grenzen des Wachstums" von 1972 und die „World Conservation Strategy" von 1980 nur unheilvolle Warnungen ausstießen, eine begriffliche Verbindung von „Erhaltung" und „Entwicklung" aber noch nicht herstellen konnten (World Commission on Environment and Development 1987; Brown 1981; Milbrath 1989). Dennoch ist nicht zu übersehen, daß es sich hier nur um einen not-

dürftigen politischen Kompromiß zwischen Umweltschützern aus der Ersten Welt und nationalen Wachstumsfetischisten aus der Dritten Welt handelt (Mitcham 1995: 317).

7 Was den Gemeinschaftskontext betrifft, so ist etwa der familiale Bezug überhaupt erst im staatlichen Kontext zu definieren, wie die Autonomie des Selbst auch die universale Gemeinschaft aller Menschen voraussetzt. Ebenso sind Egoismus und Altruismus rein analytische Gegensatzkonstruktionen, die nur im Bezug zueinander zu definieren sind. Was Pflicht ist und was eine Pflichtethik erfordert, läßt sich allein im Gegensatz zu den ganz anderen Anforderungen einer bloßen Fairneß- oder auch Vertrauensethik bestimmen.

8 Die Konsequenzen eines Rückfalls von einer prinzipiellen Gerechtigkeitsethik, die wenigstens der Idee nach auf die Hilfsverpflichtung der Mächtigen und Wohlhabenden gegenüber den Ohnmächtigen und Armen angelegt ist, auf eine bloße Überlebensethik, in der lediglich das Prinzip „Rette sich, wer kann!" gilt, sind auf jeder internationalen oder globalen Konferenz – von Fischfangquoten bis zu UN-Blauhelm-Einsätzen, von der Ver- oder Entsorgung atomarer Brennelemente und Explosionsmittel bis zu den Weltklimakonferenzen – bereits leibhaftig zu spüren.

9 Im Unterschied zu Edmund Husserls *Krisis der europäischen Wissenschaften* von 1936 sind wir uns keineswegs mehr sicher, daß die „abendländische Vernunft" – wenn es dafür überhaupt eine Generalformel geben kann – das für alle verbindliche Modell der „allgemeinen Menschenvernunft" (1977: 6) abgeben kann. Wir müssen zugeben, daß es durchaus einen „alternativen Universalismus" – etwa auf der Basis des Konfuzianismus, des Zen-Buddhismus, des islamischen oder hinduistischen Kulturkreises – geben kann bzw. daß gerade aus der Begegnung solcher Kulturen mit Universalitätsanspruch eine neue und umfassendere moralische Gemeinschaft entstehen kann (vgl. Halliday 1995: 156).

10 Dies ist die moralisch anspruchsvollere Form der Multikulturalität, während die meist praktizierte Trennung nach Wohngebieten, Jobs und Heiratskreisen eher mit den Begriffen von Ethnie und Minderheit zu erfassen ist (vgl. Raz 1995: 310).

11 In der *Grundlegung der Metaphysik der Sitten* (VII: 67) heißt es: „...keine Handlung nach einer anderen Maxime zu tun, als so, daß es auch mit ihr bestehen könne, daß sie ein allgemeines Gesetz sei, und also nur so, daß der Wille durch seine Maxime sich selbst zugleich als allgemein gesetzgebend betrachten könne".

12 Die Prädominanz der Institutionen hat sich in der Diskussion des angeblich so akuten Wertwandels gezeigt, in der deutlich geworden ist, daß sich weniger die grundlegenden Werte gewandelt haben als vielmehr die institutionellen Ressourcen und Schranken oder die institutionellen Arrangements ihrer Durchsetzung, allenfalls die Breite des heute möglichen Wertspektrums, aber auch die Integration oder Konsolidierung dieser Breite in einem gewissermaßen tiefergelegten Normkonsens (vgl. A. M. Diamond 1982: 56; C. Brooks/J. Manz 1994: 561 f.).

13 Ein geradezu monströses Beispiel dieses Erklärungsansatzes bietet James S. Coleman 1990, wonach der Akteur „no relations to other actors except through the

media of resources and events" (503) hat und der Mensch auf eine reine Nutzen-Kosten-Maximierungs-Maschine reduziert wird (vgl. Sica 1992: 253; Horowitz 1991: 82).

14 Vgl. March/Olsen 1987. Aber schon nach dem „aggregativen" Ansatz gibt es einige gewissermaßen technische Bewertungskriterien für die Brauchbarkeit eines institutionellen Designs, der wenigstens nicht „gemeinschaftswidrig" ist (vgl. Chamberlin 1990: 193 f.; McKelvey 1976; Schofield 1978).

15 Das „CONDORCET-KRITERIUM" besagt, daß bei paarweisem Vergleich von Wahlentscheidungen jene ausgeschieden werden können, die sich gegenseitig aufheben, während die verbleibende Alternative als Mehrheitsentscheidung gelten kann. Ein „PARETO-OPTIMUM" ist erreicht, wenn die meisten Individuen die Alternative x der Alternative y vorziehen – dies ist dann auch bindend für die ganze Gemeinschaft. Die Erfüllung des „Pareto-Optimums" und des „Condorcet-Kriteriums" darf aber nicht dazu verführen zu glauben, daß es einen in allen Punkten gemeinsamen Gemeinschaftswillen, ja nicht einmal, daß es immer eine Mehrheit geben muß oder gar, daß diese Mehrheit stabil sein kann. Diese populistische Interpretation ist nicht aufrechtzuhalten, unnötig oder sogar schädlich; denn die Gemeinschaft muß ja wandlungsfähig bleiben. Normalerweise wird sich die Mehrheitswahl zyklisch im ganzen Entscheidungsraum bewegen.

16 Es wird z. B. postuliert, daß die Tötung von Personen unter allen Umständen verboten ist; es wird aber nicht gesagt, ob oder ab wann Föten Personen sind.

17 Wenn Rorty (1994: 67) polemisch von einer „Ethik ohne allgemeine Pflichten" spricht und die Moral weitgehend für ein Ergebnis des wechselweisen Anpassungsprozesses zwischen den Menschen hält, so glaubt er dennoch an „den moralischen Fortschritt im Sinne zunehmender Sensibilität und wachsender Empfänglichkeit für die Bedürfnisse einer immer größeren Vielfalt der Menschen und der Dinge"; er träumt dennoch davon, daß der Prozeß der Anpassung „zugleich ein Prozeß der Umgestaltung des Menschengeschlechts ist". Vom Pragmatisten darf eine gewisse „Ironie" erwartet werden, d. h. die Fähigkeit, die eigene Sprache nicht allzu ernst zu nehmen, nämlich nicht auf die Metaphysik der eigenen Sprache hereinzufallen, Gedanken auch von einem anderen Standpunkt aus durchzuspielen, „nicht zu synthetisch zu sein", ohne die Postulation von „Notwendigkeiten" auszukommen.

18 Die klassische Stelle ist natürlich Hegels „Herr und Knecht" in der *Phänomenologie des Geistes* (1807), in: Werke, Bd. 3. Frankfurt a. M. 1970, 145–155; vgl. auch: Honneth (1992).

19 Dieses Verteilungsprinzip in Rawls „Theorie der Gerechtigkeit" lautet S. 96: „Geht man von den Institutionen aus, wie sie von der gleichen Freiheit für alle und der fairen Chancengleichheit gefordert werden, so sind die besseren Aussichten der Verteilung der Begünstigten genau dann gerecht, wenn sie zur Verbesserung der Aussichten der am wenigsten begünstigten Mitglieder der Gesellschaft beitragen."

20 Schon die „SYMPATHIE" ist nach Scheler ganz unsentimental, und sie ist auf Objektivität angelegt; denn ihre Grundlage ist die „Einfühlung" nicht nur mit einer anderen Person, sondern „mit allem Lebendigen, mit der Menschheit als Ganzem, mit einem Volk, einer Familie"; diese „Einfühlung" fundiert die „Nachfühlung", die „Nachfühlung" das „Mitgefühl" und erst das „Mitgefühl" die „allgemeine Menschenliebe" – und nicht etwa umgekehrt, wie im Humanitarismus angenommen wird (1973: 17 f., 105 ff.).

21 „Idee zu einer allgemeinen Geschichte in weltbürgerlicher Absicht", in: Theorie-Werkausgabe XI, 33–61. Die Vorstellung von John Rawls jedenfalls, daß eine gerechte Sozialordnung sich auf den nationalstaatlichen Rahmen beschränken ließe und daß die soziale Gerechtigkeit sozusagen von unten her – durch eine überproportionale Beteiligung der wirtschaftlich Schwachen an der Produktivitätssteigerung – zu definieren sei, läßt sich nicht halten (vgl. Scheffler 1995: 220). Da mag der „Schleier der Unwissenheit" noch so dicht sein, es bleibt doch keinem verborgen, erstens daß Wohlstand und soziale Gerechtigkeit innerhalb einer Gesellschaft nicht selten durch negative Externalitäten im internationalen Umfeld erkauft werden. Da braucht man nicht erst an Hegemonien, an Kolonialismus und Imperialismus zu denken, wo das Abschieben der negativen Externalitäten zum Konstitutionsprinzip erhoben wird; es genügt gegenwärtig, an „Gastarbeiter" aus Billiglohnländern einerseits und an „Steuerflucht" und „Steuerparadiese" andererseits, an öffentliche Haushaltsdefizite und spekulativ verzerrte Währungsparitäten, an die ökologischen Externalitäten der Industrieproduktion, aber auch der Landwirtschaft oder an den „brain drain" zu denken, der die Entwicklungsländer fortwährend ihrer besten technischen Intelligenzen beraubt. Umgekehrt haben bloß jene Länder wirklich Aussicht auf Entwicklung, die – wie die Länder der EG – bereit und in der Lage sind, die ökonomische und technologische Interdependenz kooperativ – und über die Nationalstaatsgrenzen hinweg – zu nutzen.

III. Systemethik und institutioneller Wandel

1 Die EVOLUTIONSKONSTRUKTION findet sich wieder bei Fukuyama 1992, der ganz bewußt versucht, „eine kohärente und zielgerichtete Universalgeschichte zu konstruieren" (26), und dabei auf Kants „Idee zu einer allgemeinen Geschichte in weltbürgerlicher Absicht" und auf Hegels „Philosophie der Geschichte" zurückgreift. Fukuyama setzt praktisch die Begriffe „Geschichte", „Evolution", „Entwicklung", „Fortschritt", „Modernisierung" usw. gleich. Das wird schon deutlich, wenn er z. B. gleich am Anfang definiert: „Unter Geschichte verstehe ich einen einzigartigen, kohärenten evolutionären Prozeß, der die Erfahrungen aller Menschen aller Zeiten umfaßt." (12) Kants Konstruktion, von der er selbst befürchtet, sie könnte nur ein „Roman" sein (A 408), ist auf die kühne Hoffnung gegründet, „die Natur" strebe zu einem Zustand, „in welchem sie alle ihre Anlagen in der

Menschheit völlig entwickeln kann" (A 404). Fukuyamas Konstruktion hat einen „rationalen" und einen „irrationalen" Antrieb. Zum einen wird „die moderne Naturwissenschaft als der Regulator oder Mechanismus betrachtet, der bewirkt, daß die Geschichte zielgerichtet und kohärent verläuft." (15) Zum andern führt der Hegelsche „Kampf um Anerkennung" von der Feudalgesellschaft über nationale Kriege schließlich zur Durchsetzung der allgemeinen Menschenrechte in einem immer größer werdenden Verbund demokratischer Staaten (18 ff.). Damit ist dann auch im wesentlichen das „Ende der Geschichte" erreicht; was folgt, ist eine „Angleichung der Provinzen". Der Meister der ZYKLENKONSTRUKTION ist Herman Kahn (1967; 1972), der aus einer Kombination von Pitrim A. Sorokins epochalem Hyperzyklus – „ideationelle", „idealistische", „sensualistische" Kultur – und Kondratieffs Sukzession von Wirtschaftszyklen ebenfalls anhand der Leitlinie einer kontinuierlichen wissenschaftlich-technologischen Entwicklung einen „komplexen Trend" der Überlagerung von linearem Fortschritt und zyklischer psychosozialer Befindlichkeit konstruiert. Im Unterschied zu der mechanistisch-universalistischen Konstruktion von Fukuyama war sich Kahn des Problems der Analogiebildung zwischen den abgelaufenen und den zu prognostizierenden Epochen bewußt. Heute steht mehr das Problem der Verlagerung des Zentrums, z. B. vom nordamerikanisch-westeuropäischen zum südostasiatischen Raum, im Vordergrund (vgl. Zeleny 1989).

2   Die theoretische Infragestellung geht der praktischen voraus. Max Schelers „Die Stellung des Menschen im Kosmos" von 1927 konnte und mußte – schon die Beschwörung des „Kosmos" zeigt es – noch weitgehend theoretisch bleiben; heute brennen uns jedoch die praktischen Einzelprobleme derart auf den Nägeln, daß es kaum noch zu einer Gesamtschau kommt.

3   Nach Meinung von C. West Churchman (1979: 117–144) ist jede Ethik – die von Bentham wie die von Kant, von E. A. Singer wie von C. G. Jung – eine „Systemethik"; die Frage bleibt, ob sie bewußt als solche formuliert worden ist, inwieweit sie methodologisch ausgearbeitet und ob sie sozialorganisatorisch-institutionell hinreichend verankert worden ist.

4   Diese Begründung hat der „harte" Systemtheoretiker Norbert Wiener vorgezogen (vgl. P. R. Masani 1995: 294 f.).

5   So Rosenau (1992: 1), wo es enthusiastisch heißt: „Zu einer Zeit, da Hegemonialmächte verfallen, da Grenzen (und die Mauern, die sie abdichten) verschwinden, wenn die Häuserblöcke der Städte der Welt von Bürgern bevölkert werden, die die Obrigkeit herausfordern, wenn militärische Allianzen ihre Lebensfähigkeit verlieren…, sind die Aussichten für eine globale Ordnung und ‚governance' zu einer Frage von überragender Bedeutung geworden." Realistischer ist die Definition von Messner/Nuscheler (1997: 346), wo die „Global Governance" im Spannungsfeld von Nationalstaat und Vereinten Nationen, von internationalen Regimen und Zivilgesellschaft bzw. von supranationaler regionaler Integration und lokaler Politik gesehen wird.

6 Dabei sind nicht unbedingt neue wissenschaftliche Erkenntnisse zu erwarten: Auch wenn die Reflexion aus den Reflexions-Institutionen ausgewandert ist und inzwischen Ehe, Familie und Freundeskreis, Betrieb und Amt, Journalismus und Fernsehen, Gruppentherapie und Selbsthilfegruppe erreicht hat, folgt sie doch immer noch beharrlich den alten Modellen von Reflexionsinstitutionen: Gerichtsverfahren, Kreuzverhör, Beichte, Geständnis, Bekenntnis, Universitätsseminar, Rigorosum, Expertenbefragung, ärztlicher oder rechtlicher Konsultation, klinischer Anamnese und magischer Therapie.

7 Luhmann (1994: 8) schreibt: „Aber vielleicht ist der Staat kein Resultat der Selbstaktualisierung einer bereits bestehenden Einheit, sondern ein Resultat von Selbstmystifikation, die notwendig ist, damit man ihn von Kommunikation zu Kommunikation, von Ereignis zu Ereignis, herstellen kann." Sicher ist der Staat nicht einfach eine Emanation einer vorgegebenen Einheit – das haben selbst die Volks- oder Kultur-Nationalisten nicht behauptet –, ebensowenig aber kann die „Selbstmystifikation" aus der Luft gegriffen sein; sie muß schon einen Ansatzpunkt haben in geopolitischen Lagebedingungen, in einer gewissen ethnischen Homogenität oder jedenfalls historischen Verbundenheit, in Sprache und Kultur, schließlich in einem – im kollektiven Unbewußten verankerten – Willen, zusammen eine „moralische Gemeinschaft" zu bilden. Die Entgegenstellung einer reinen „Substanzauffassung" gegen eine reine „Funktionsdefinition" macht keinen empirisch-theoretischen Sinn; sie ist rein polemisch.

8 Dies war schon der Verdacht von Arnold Gehlen (1969: 113), der allerdings mit seiner Lobpreisung des staatlichen „Machtethos" – gegenüber einer „humanitären Gesinnungsmoral" – wiederum nur isolativ denkt und damit eine Systemethik ebenso verunmöglicht wie auf der anderen Seite Niklas Luhmann oder Georg Teubner u. a. (vgl. K. Waechter 1994: 142–149).

9 Die erste Industrienation, England, scheint als erste ihren Charakter als Industriestaat einzubüßen: Es erzeugt nur noch ein Drittel des Bruttosozialprodukts aus der industriellen Basis – in Deutschland ist es noch die Hälfte; die englischen Industrieunternehmen werden von ausländischen multinationalen Firmen dominiert, und Schottland, Wales und Nordirland suchen einen eigenen Entwicklungsweg (A. Mitchell 1992).

10 Während sich die deutsche staatstheoretische Diskussion noch in der Diskussion der „Unregierbarkeit" (Hennis/Kielmansegg/U. Matz, Hg., 1979) und des „Staatsversagens" (Jänicke 1986) erging, hieß die Devise in der amerikanischen Diskussion bereits wieder „Bringing the State Back In" (vgl. Evans/Rueschemeyer/Skocpol, Hg., 1989: 13–44).

11 Pierson 1996: 154: Selbst in Großbritannien unter der Regierung Thatcher oder in den USA unter Reagan sind die Transferzahlungen zur sozialen Sicherheit sowie die Regierungsausgaben (in Prozent des Bruttosozialprodukts) stetig angestiegen, lediglich der Anteil der öffentlich Bediensteten (in Prozent aller Beschäftigten) konnte minimal reduziert werden. In Deutschland werden Einsparungen

im öffentlichen Dienst kompensiert durch Mehrausgaben in Arbeitslosen- und Sozialhilfe (160).

12 Dafür gibt es allerdings keine positiven rechtlichen Normen, denn die Verteilungskriterien bleiben ein politisches Problem. Auch bei John Rawls bleiben die Vorstellungen von sozialer Gerechtigkeit weitgehend intuitiv und zeitgebunden, wenn er das liberale Prinzip der größtmöglichen Freiheit für jeden mit dem utilitaristischen Prinzip der Wohlstandsmehrung für alle verbindet und Ungleichheiten so weit in Kauf nimmt, wie mit dem Gesamtnutzen die Position der Schlechtergestellten verbessert wird (1975: 62 f.). Diese Gerechtigkeitskriterien bleiben im Grunde auf eine Arbeits- und Industriegesellschaft beschränkt, während etwa Kranke und Behinderte, unterdrückte ethnische Minderheiten oder Drogensüchtige – für die dennoch die Solidargemeinschaft aufkommen muß – unberücksichtigt bleiben.

13 Vgl. O. Kimminich 1976: 40: Es gilt hier, die Mitte zu finden zwischen „Moralismus" und „Zynismus". Als „Moralismus" wäre eine Haltung zu bezeichnen, in der ein selbstgerechter, dogmatisch-ideologischer und inflexibler Standpunkt ohne Rücksicht auf die Situationsbedingungen und Folgen (und Nebenfolgen) eingenommen wird. „Zynismus" wäre eine Haltung zu nennen, die nur das Gebot der „Selbsterhaltung" kennt, wobei jedoch dieses „Selbst" (vom Individuum bis zum Staat) beliebig auszudehnen ist (vgl. P. Digeser/R. H. Miller 1995: 334 ff.).

14 Diese Hoffnung ist nicht unbegründet, sie kann sogar einen hohen Wahrscheinlichkeitsgrad für sich beanspruchen, wenn man die historische Entwicklung der „langen Zyklen" seit 1430 verfolgt und sie mit den Anforderungen von Kants „Über den ewigen Frieden" (1795) vergleicht: Von der „Calvinistischen Internationale" über die „holländisch-englische" und „anglo-amerikanische Allianz" bis zum heutigen „NATO-OECD-Kern" sind Kants Forderungen nach „Republikanismus" („Demokratie"), „Föderalismus" und „Gastfreundschaft" Schritt für Schritt erfüllt und über weitere Gebiete ausgedehnt worden. Es gibt heute eine Kernzone des Friedens, des Kapitals und des technisch-wissenschaftlichen Wissens, und es gibt eine „gewinnende Koalition" im Geiste einer Weltföderation, gegen die sich auf absehbare Zeit keine Gegenmacht erheben können wird (vgl. G. Modelski 1990: 22 f.).

15 Maring (1994: 49). Selbst bei Homann und Pies (1994: 9) wird zugegeben, daß die Marktwirtschaft „allgemein zustimmungsfähig nur dann [ist], wenn der Markt lediglich ein Instrument der Gesellschaft, eine Teilordnung darstellt, die VOR, NEBEN und NACH dem Markt ergänzt werden muß: Verfassung und Gesetze, öffentliche Güter, Sozialpolitik." Dann wird der H-O-Test zur logischen Akrobatik, und es ist klar, daß der Wert des Marktes als einer Institution nicht einfach aus dem Umfang seiner Güterproduktion (einschließlich seiner Qualität, Effizienz oder Innovativität) abgeleitet werden kann, sondern daß er moralisch eher aus den Verfahren des Marktes und den Rechten der Marktteilnehmer zu rechtfertigen ist.

16 Bei Amartya Sen (1982: 3–39) gibt es wenigstens eine „actor relativity" wie eine

„evaluator relativity". Die „Relativität" als Wahrheitskriterium trifft jedoch nicht den Punkt der funktionalen Interdependenz und der Relationalität der Perspektiven, wie er für die Bezugsgruppentheorie in der Soziologie konstitutiv ist.

17 So bei W. Leinfellner 1993: 39f. Allerdings wird hier „relative Stabilität" sehr vage definiert als „Gleichgewichtslagen zwischen egoistischen und altruistischen Konfliktlösungen" (39), wobei auch Zyklen (40) zugelassen sind. Diese Definition kann kaum etwas ausschließen.

18 Im Gegenteil konstituiert erst der „Dritte" die Beziehung zwischen mir und dem Anderen, die ja auch privatistisch sein könnte und damit alle Gebote der Gerechtigkeit verletzen würde (vgl. E. Lévinas 1983: 328f.).

19 Die Tatsachen sprechen allerdings eine andere Sprache: Weltbank und Internationaler Währungsfond sind nicht nur völlig unzureichend ausgestattet, auch die multinationalen Unternehmen selbst, die so gerne vom „globalen Dorf" sprechen, investierten um das Jahr 1989 89,8 % ihrer Finanzmittel in den Industrieländern (39,7 % allein in den USA) und nur 10,2 % in den Entwicklungsländern (vgl. International Monetary Fond: 1991 – Balance of Payments 1990, Washington, vol. 2, S. 68f.).

20 Das Subsidiaritätsprinzip gilt als Grundprinzip der Katholischen Soziallehre (formuliert in der Sozialenzyklika „Quadragesimo anno", Nr. 79; vgl. A. Rauscher/ A. Hollerbach: 1989: 386–390), während allerdings die Kirche selbst eher als ein Zentralverwaltungssystem – zwar mit regionalen Teilautonomien, aber doch mit einer einzigen Autoritätshierarchie und einer obersten Dogmenzensur – zu definieren ist; somit widerspricht sie dem Prinzip der „kosmopolitischen Diversität" und ist nicht mit dem Kommunitarismus in seiner pragmatischen Form zu verwechseln.

21 Vgl. A. Etzioni 1983: 108–130. Wenn in den USA lediglich eine von siebzehn Familien eine „Kernfamilie" herkömmlicher Art ist – der Vater ist voll erwerbstätig, die Mutter widmet sich ganz dem Haushalt und ihren durchschnittlich zwei Kindern, oder wenn rund die Hälfte der Kinder bis zum 18. Lebensjahr nur noch mit einem festen Elternteil aufwächst und wenn die Scheidungsrate weiter steigt –, dann wird dies durch eine restaurative Familienpolitik nicht rückgängig gemacht werden können. Wohl aber muß es möglich sein, eine grundlegende Beziehung des Vertrauens und der Wechselseitigkeit in der Familie aufzubauen.

22 Es sind – nach dem positiven Recht wie auch nach dem praktischen Menschenverstand – natürlich die Direktoren, die entscheiden. Zum einen haben die Aktionäre wenig Einfluß auf die Geschäftspolitik des Unternehmens, bei dem sie Anteile halten – sie können nur ihr Geld unter Verlust zurückziehen und woanders unter ähnlichen Risiken reinvestieren; zum andern finden die Direktoren keine Rückendeckung bei den Aktionären, wenn das Unternehmen, z.B. wegen Mißmanagement, wegen Umweltzerstörung oder einer rücksichtslosen Personalpolitik, in die Schlagzeilen gerät. So liegt es vor allem in Zeiten der Krise und des öffentlichen Kreditverlustes der Unternehmen im unmittelbaren Interesse der

Direktoren selbst, ihr Unternehmen als „sozial verantwortlich" zu erweisen oder wenigstens so darzustellen. Die Aufsichtsräte sind natürlich eben EIN Element zur Sicherung der kommunitären Struktur, das allerdings nur Erfolg verspricht bei entsprechenden Gesetzesvorgaben der Parlamente: wenn z. B. die Regierung Enquete-Kommissionen ins Leben ruft und unabhängige, aber öffentlich verantwortliche Kontrollorgane schafft, wenn der Staat freiwillig ausgehandelte Mitbestimmungs- und Anteilsrechte garantiert und generalisiert, wenn die Unternehmen selbst langfristige Kontrakte mit Zulieferern und Verteilern bzw. Servicefirmen abschließen, wenn sie pfleglich mit dem unter ihrem Dach versammelten Humankapital umgehen usw.

23 Die Bundesrepublik der achtziger Jahre zeigte nach teilweiser Ablösung eines zentralistisch verflochtenen korporativen Regimes von Staat, Bankenmacht, Großunternehmen und Gewerkschaften (wenigstens der propagierten Ideologie nach) eher kommunitaristische Züge, die durch Selbstorganisation, Dezentralisierung und Deregulation gekennzeichnet sind (Zöpel 1987: 13 f.). Die neunziger Jahre zeigen allerdings die Grenzen der Deregulation in Großbritannien wie auch in der Bundesrepublik, wo sie durch die Wiedervereinigung, durch hohe Arbeitslosigkeit, durch starke Flüchtlingsströme und zunehmende Einkommensdifferenzen noch betont werden. Wenn man äußerlich von einem Rückzug des Staates – bedingt durch Internationalisierung, Europäisierung, rapiden technologischen Wandel und Multinationalismus – sprechen kann, so steht dem eine interne Stärkung insofern gegenüber, als die Deregulation zu einer Reregulation und viel detaillierteren Kontrollen als vorher geführt hat (Müller/Wright 1994: 10). Zwar hat sich der Stil der Staatseingriffe geändert – sie sind mehr indirekt als direkt –, und es wurden neue Instrumente – wie halb-autonome, halb-öffentliche und private Agenturen – eingeführt; doch insgesamt ist die Bedeutung des Staates nicht zurückgegangen. Es unterscheiden sich allerdings die Muster der Staatsregulation in den verschiedenen Staaten je nach Geschichte und Verfassung, nach der Architektur der Institutionen und den internen Potentialen wie nach der Positionierung in den internationalen Netzwerken ganz erheblich.

IV. Weltordnung und Weltethik

1 Beispiele für solche globalen Missionen sind die Rettung Kuwaits vor dem Irak bzw. die Entwaffnung des Irak, die Operationen in Grenada und Panama, die humanitäre Hilfe für Somalia, usw.
2 Wie z. B. bei der Bekämpfung des Terrorismus in Libyen, der Waffenhilfe für Afghanistan oder Bosnien, für eine eventuelle kurdische oder armenische Staatsgründung zwischen den bisherigen Staatsterritorien usw.
3 Dieser Zustand kann selbst dadurch nicht grundlegend geändert werden, daß die UN nach einer „stehenden Armee" oder einem multinationalen Kontingent von

Eingreiftruppen Ausschau hält. Es ist nicht zu sehen, woher eine solche Armee kommen sollte. Sind bei einer prädominanten Macht, wie etwa den USA, nationale Interessen angesprochen, so können sie diese besser alleine verfolgen. Im Falle von sekundären Konflikten müßten sie sich in eine unabsehbare Reihe von Konflikten einmischen, die alle vor allem dadurch gekennzeichnet sind, daß die Grenzen zwischen Hilfe und Beherrschung, zwischen Friedenserhaltung und Krieg überaus fließend sind. Wo die Mehrheit der Generalversammlung aus autoritären Regierungen besteht, könnten die USA noch nicht einmal für Demokratie und Marktwirtschaft eintreten (Gerlach 1993: 227). Welches Ziel aber sollten die anderen zahlungskräftigen Mitglieder der UNO (wie Japan, Deutschland, Frankreich, Großbritannien) im Rahmen eines kollektiven Internationalismus verfolgen, der nur Kosten, Haß und Furcht zur Folge hat, im Notfall aber ohne den logistischen Einsatz der USA ohnehin nicht zu realisieren ist? Daß es militärische Ziele geben könne, die die USA und China, die Länder der Westeuropäischen Union und lateinamerikanische oder asiatische Entwicklungsländer gemeinsam haben, ist ohnehin kaum vorstellbar. Was die Truppenstärke betrifft, so ist zu bedenken, daß eine Art „Militärpolizei" nur im Rahmen geregelter staatlicher wie militärischer Verhältnisse effektiv sein kann, daß jedoch jeder Einsatz, der einem lokalen Truppenaufgebot nicht gewachsen ist, die Einsatzkräfte der Lächerlichkeit preisgibt und die Legitimität der UN bloß noch weiter unterhöhlen kann. Ein so großer Rahmen aber setzt ein umfassendes Mandat aller Großmächte der UNO voraus. Ein solches aber ist nicht erkennbar; wäre es erkennbar, dann hätten wir es nicht mehr mit dem Problem einer zu Polizeieinsätzen fähigen UNO, sondern mit dem Problem einer Weltregierung zu tun. Ein Interesse zu einer solchen Lösung im Sinne des kollektiven Internationalismus aber könnten gerade die relativ machtlosen Mitglieder der Versammlung oder des Sicherheitsrates (bzw. die Nicht-Mitglieder des Sicherheitsrates) haben. Nachdem aber niemand von den Großmächten auf deren Mehrheitsbeschlüsse hören wird, bliebe am Ende eine Art Selbsthilfeorganisation der Parias, für die die Großmächte die Verantwortung endgültig abgelehnt haben (Morrison 1994: 91). Die nur zur momentanen Krisenbewältigung geeigneten Eingreiftruppen – welches Ausmaß auch immer sie annehmen würden – dienten gerade der Abwehr und dem Aufschub der langfristigen strukturellen Probleme in wirtschaftlicher und ökologischer, in bevölkerungs- und entwicklungspolitischer Hinsicht.

4 Diese Verbindung von Rechten und Pflichten läßt sich nicht durch eine weitere Deklaration („Universal Declaration of Human Responsibilities") und einen leerformelhaften Pflichtenkatalog herstellen, wie sie vom „Inter-Action Council" – bestehend aus einer Reihe von funktionslosen „elder statesmen" – im Oktober 1997 der UN-Vollversammlung zur Diskussion und Verabschiedung vorgeschlagen wurde. Daß sich diese Deklaration, die im wesentlichen aus der Diskussion internationaler Religionsgemeinschaften und Kirchen hervorgegangen ist, in Leerformeln erschöpft (Art. 1: „Jede Person ... hat die Pflicht, alle Menschen

menschlich zu behandeln"; Art. 3: „Jeder Mensch hat die Pflicht, unter allen Umständen Gutes zu fördern und Böses zu meiden"; Art. 5: „Jede Person hat die Pflicht, Leben zu achten"), ist für eine Deklaration nicht verwunderlich. Daß sich die Deklaration, die sich angeblich um „Gerechtigkeit und Solidarität" bemüht, gerade bis zu den Grundsätzen einer Fairneß-Ethik aufschwingt (Art. 4: „Was du nicht willst, daß man dir tu, das füg auch keinem andern zu!"), zeigt die Überforderung oder den Unernst des Rates, der etwa an der aktuellen Unvereinbarkeit von „Nachhaltigkeit" und „Gerechtigkeit" völlig vorbeigeht und die Kausalitäten verdreht (Art. 9: „Alle Menschen ... sollen überall auf der Welt eine nachhaltige Entwicklung fördern, UM für ALLE Menschen Würde, Freiheit, Sicherheit und Gerechtigkeit zu gewährleisten."). Das entscheidende Problem aber ist, daß damit der Universalitätsanspruch der Grundrechte relativiert wird – etwa nach dem Motto: „ohne Pflicht kein Recht" oder „ohne Gemeinwohlleistung keine individuellen Freiheitsrechte"! Der Rat der Weisen erkennt dies selbst, wenn er zum Schluß praktisch wieder alles zurücknimmt (Art. 29: „Keine Bestimmung dieser Erklärung darf so ausgelegt werden, daß sich daraus ... irgendein Recht ergibt, ... eine Handlung vorzunehmen, welche auf die Vernichtung der in ... der Allgemeinen Erklärung der Menschenrechte von 1948 angeführten Pflichten, Rechte und Freiheiten abzielt.").

5   Ein „Minimalstaat" wäre zumindest durch die unparteiische Durchsetzung des Strafrechtes und somit des gleichen Schutzes der Freiheit und des physischen Wohlergehens aller Bürger charakterisiert (vgl. A. Gewirth 1988: 299).

6   Diese Einsicht hat die „Schlußerklärung der WIENER WELTKONFERENZ FÜR MENSCHENRECHTE" von 1994 wieder sehr drastisch vor Augen geführt (Nuscheler 1995). Die Perversion dieser Deklarationspolitik zeigt sich in der Zirkularität der Begründungen und in einer Umkehrung der Prioritäten, die schon logisch widersinnig, überdies aber auch pragmatisch undurchführbar ist. Die Zirkularität äußert sich z. B. darin, daß einerseits die Weltmenschenrechtskonferenz großzügig allen Menschen das „Recht auf Entwicklung" zuerkennt, wie sie sich selbst andererseits durch den Anspruch jedes Menschen „auf eine soziale und internationale Ordnung, in welcher die in der vorliegenden Erklärung angeführten Rechte und Freiheiten voll verwirklicht werden können" (Art. 28), zu legitimieren sucht. Die Weltmenschenrechtskonferenz hat hier einen rhetorischen Kurzschluß erzeugt; sie hat auch ihre eigene Legitimationsbasis, soweit sie in den Gründungsakten beschlossen ist, untergraben. Denn in vollem Gegensatz zu der Eingangsbehauptung der Wiener Erklärung – „Alle Menschenrechte sind universell, unteilbar, bedingen einander und hängen miteinander zusammen" (Art. 5) – führt die Verkündigung kollektiver Kulturschutzrechte praktisch für alle (nicht nur für völkerrechtlich definierte Minderheiten) zur Negierung der individuellen Freiheitsrechte und zur Zurückstufung der intra- wie internationalen Partizipationsrechte. Sie setzt an die Stelle der „Unteilbarkeit" ganz explizit eine „Dreiteilung", die noch dazu mit einer logischen wie historischen Prioritätenumkehrung verbunden ist.

7 Ein gutes Beispiel für das richtige logische Folgeverhältnis bietet hier die FAMILIEN-ETHIK. Selbstverständlich dürfen in einer Familie spezielle Werte gepflegt werden, wird unvermeidlich eine eigene „Familienkultur" ausgebildet werden, werden die Autoritäts-, die Alters- und Geschlechtsbeziehungen in verschiedenen Familien ganz unterschiedlich sein. Daß aber überhaupt solche Familienverbände auf den freiwilligen Entschluß der Ehepartner gegründet werden und in einer spontanen Eigendynamik sich entwickeln können, das wird allein durch die allgemeinen Menschenrechte gewährleistet. Ähnliches gilt für Gemeinschaften anderer Art, seien sie zweckrational oder wertrational begründet, von Sekten bis zu ganzen Nationen.

8 Was der Versuch der Umkehrung der Prioritäten bringt, hat sich auf höchst brutale Weise im ehemaligen Jugoslawien gezeigt und droht sich auf vielleicht zivilere, aber ebenso einschneidende Art in Quebec zu erweisen. Wenn die Individuen zu Gefangenen ihrer Kollektive (bzw. von deren meist selbsternannten Führern) werden, wer kann und will dann der Schiedsrichter zwischen den unvereinbaren Kollektivforderungen sein, wer will die Individuen der einen oder anderen Ethnie zuteilen? (Cullen 1992: 85 f.) Und wo ist eine Grenze der Gruppenansprüche nach unten oder oben festzusetzen? Kann sich jede Gruppe ethnisch, regional, kulturell und sozial beliebig weit differenzieren oder integrieren? Wieweit gilt der Gruppenanspruch gegenüber dem Individuum, das möglicherweise nicht nur Heimat und Besitz, sondern auch wesentliche Bildungs- und Entwicklungschancen aufzugeben hat? Wenn dieser Prozeß der ethnischen Kollektivierung einmal begonnen und allgemeine Anerkennung gefunden hat, wo wird er dann enden, nachdem es nicht einen einzigen Nationalstaat in der Welt gibt, der sich nicht verschiedene Ethnien einverleibt und verschiedene Idiome einer Nationalsprache unterworfen hat? Das Recht auf Minderheitenschutz kann nicht in einem Entwicklungsverbot für Minderheitenangehörige enden. Das amerikanische Credo ist, zu hoffen, daß der Ruf nach separatistischen Bewegungen um so schwächer werden wird, je besser die individuellen Rechte gesichert sind. Doch der Separatismus des französischsprachigen Quebec scheint diese Hoffnung nicht zu teilen. Wenn hier die französische Kultur der Mehrheit (nicht einer Minderheit) bis hin zur Beschränkung der Pflichtschulwahl für Kinder auf alle Zeit konserviert werden soll, was bringt das der politisch-kulturellen Anerkennung oder gar der Entwicklung Quebecs? Was bringt es dem Ansehen und der Entwicklung der französischen Mutterkultur? Wenn Quebec politisch und wirtschaftlich isoliert wird, wenn nur neue Minderheiten geschaffen werden oder wenn die „Staatsgefangenen" (hier: dank ihrer gesicherten individuellen Menschenrechte) ihre Provinz oder das Land verlassen, wird nur das Gegenteil einer Konservierung auf lange Frist erreicht. Selbst eine unbestrittene, von außen gesehen scheinbar homogene Majoritätskultur kann sich in dieser Welt nur behaupten, indem sie sich verändert, neuen Umweltbedingungen anpaßt, fremde Innovationen assimiliert und sinnlos gewordene Traditionen abwirft; dies gilt auf regionaler wie auf nationaler, auf supranationaler wie auf globaler Ebene.

⁹ Unbestritten ist dieses System unvollkommen und oft ungerecht: Nicht selten schreitet der Rechtsverletzer zu Strafaktionen gegen den Geschädigten; aber es ist im ganzen doch ein wirksames System mit feinen Abstufungen der Sanktionsmöglichkeiten, die beispielsweise von der Einbestellung von Botschaftern und der Auferlegung von Handelsbeschränkungen bis zur Sperrung von internationalen Konten und zur Blockade reichen (D'Amato 1995: 25 f.). Die Infragestellung oder die Aufkündigung eines Abkommens ist schon ein sehr seltenes Mittel, das z. B. während des Kalten Krieges zwischen den USA und der UdSSR niemals zur Anwendung kam. Das letzte Mittel ist der Krieg bzw. sind Strafaktionen mit Waffengewalt. Aber selbst die politische Wirksamkeit von Militärmaßnahmen liegt letztlich nicht allein in der Stärke oder Effizienz dieser Maßnahmen selbst, sondern in der Allianzenbildung oder in der Mobilisierung der „Weltmeinung" und in der moralischen Verurteilung, die in der Billigung der Sanktionen zum Ausdruck kommt.

¹⁰ In diesem Sinne spielt es keine Rolle, wie viele Mitglieder der Sicherheitsrat hat; nicht die Vermehrung der Mitgliederzahl, sondern die Glaubhaftigkeit und moralische Integrität der Allianzen, die andere mit Sanktionen zu überziehen drohen, kann das Rechtsbewußtsein stärken.

¹¹ Diese „global resources tax" – GRT – ist der Vorschlag von T. W. Pogge (1994): 200. Der Grundgedanke dieser Steuer ist, daß jeder, der Rohstoffe abbaut, dafür Steuern zahlen soll, die einem allgemeinen Entwicklungsfonds zugeführt werden. Die Saudis z. B. brauchen nicht ihr Rohöl auszubeuten oder ausbeuten zu lassen, aber wenn sie es tun, müssen sie dafür Steuer bezahlen. Diese Steuer läßt sich auch auf den Verbrauch von Ackerland, Wasser und Luft oder auf die Verwendung von Pflanzenschutzmitteln u. ä. ausdehnen. Diese Steuer sollte jedoch nicht mehr als 1 Prozent des BSP ausmachen (219).

¹² Zwar glaubt M. Moore (1995) anhand einer Zeitreihenanalyse eine kausale Beziehung feststellen zu können; doch ist sein statistisches Material zu grob, und was er zur Erklärung anbietet, sind alternative funktionale Interpretationen. Daß jedoch in einem großen Querschnittsvergleich eine eindeutige positive Korrelation zwischen Einkommen und Demokratie vorliegt, wird von niemand bestritten (vgl. A. Pourgerami 1991; M. F. Masters/J. D. Robertson 1988).

¹³ Nach Huntington (1991: 14) hat die zweite Rückwelle immerhin 22 von 40 Staaten geschluckt, die dritte Rückwelle bisher 3 von 33 neu hinzugekommenen Demokratien.

¹⁴ Dies ist durchaus verständlich und politisch „rational": Erstens gibt es seit dem Wegfall der Sowjetunion als einer globalen Bedrohung der westlichen Demokratien und insbesondere der USA keine „imperialistische Prämie" mehr für eine Intervention – weder in Afghanistan noch in Kambodscha, weder in Somalia noch in Bosnien (S. Hoffmann 1995: 168). Die fortgeschrittenen Industrieländer können durchaus mit einer Menge Chaos in der Welt leben, wenn es eben weit genug entfernt ist bzw. die funktionalen Verbindungen gering oder sehr einseitig zu-

gunsten der Industrieländer sind. Zweitens ist bei Auseinandersetzungen innerhalb bislang allgemein anerkannter Staatsgebilde oft schwer zwischen „Feind" und „Freund" zu unterscheiden; gewöhnlich haben sich alle Streitparteien schwerer Verbrechen gegen die Menschlichkeit schuldig gemacht. Die Verbrechen eskalieren wechselseitig; oft ist nicht einmal eine legitime Staatsführung ausfindig zu machen, und Militärführungen bekämpfen sich gegenseitig. In diesem Fall Partei zu ergreifen heißt auf jeden Fall, sich den Verbrechen einer Seite anzuschließen. Drittens sind diese Konflikte gewöhnlich sehr schwer begrenzbar. Man muß von dem mythologischen Modell Abstand nehmen, daß alles Übel nur von außen kommt und daß es sich in singulären Ereignissen zeigt. In der Regel kommt es von innen oder wird von inneren Konflikten genährt, und es ist systemisch verankert. Es hat sich als Illusion erwiesen, zwischen (gewaltlosen) „friedenerhaltenden" und „friedenschaffenden" d. h. mit Gewalt erzwingenden Maßnahmen unterscheiden zu wollen. Auch „humanitäre Hilfeleistungen" sind ohne militärischen Schutz nicht an die Betroffenen heranzubringen; die Errichtung von „Schutzzonen" wird von den kriegführenden Parteien strategisch mißbraucht; die „Schutzmacht" – und sei es eine multinationale Truppe der Vereinten Nationen – wird der Lächerlichkeit preisgegeben; die politische Legitimität des Vermittlers wird systematisch und planmäßig unterhöhlt. Insoweit Konflikte systemisch und strukturell bedingt (und mit historischen Reminiszenzen belastet) sind, sind sie auch nicht von heute auf morgen zu beenden. Es ist dann leichter, sich in einen Konflikt einzumischen, als jemals wieder einen ehrenvollen Abgang zu finden. Eine strukturell dauerhafte Konfliktbeilegung ist unter diesen Umständen nicht durch militärische Schläge und „Eingreiftruppen" zu erzielen, sondern nur durch ein dauerhaftes politisches Engagement, das Treuhandschaft, Protektion, Entwicklungshilfe und Allianzenbildung mit einschließt. Ein Staat, der dazu nicht bereit oder nicht in der Lage ist, braucht sich erst gar nicht auf eine Intervention einzulassen. Viertens bleibt immer noch die völkerrechtliche (aber auch machtpolitische) Frage: Wer ist zu einer Intervention verpflichtet oder berechtigt, wer ist überhaupt befähigt dazu? Bevorzugt würde heute ein Modell der kollektiven Verantwortung, das die UN oder eines der großen internationalen Regionalbündnisse als Akteur benennt. Doch viele dieser Konfliktfälle stehen gerade außerhalb der Regionalbündnisse, und die UNO ist ohne eigenständige Macht: Sie kann nur an Nationalstaaten appellieren, selbständig einzugreifen oder Truppenkontingente (und Hilfszahlungen) „zur Verfügung zu stellen". Wenn es um Konflikte von weltpolitischer Bedeutung geht, ist die UNO in aller Regel durch das Vetosystem im Sicherheitsrat blockiert; zudem hat sich die UNO durch eine nicht abreißende Folge von nicht ausgeführten Resolutionen bzw. durch „Blauhelmeinsätze", die dem Aggressor Rückendeckung gewähren bzw. ihn auch noch mit Hilfsgütern versorgen, weitgehend selbst diskreditiert (B. Williams 1995: 74). So bleibt am Ende der Eingriff durch einen Nachbarn (wie Indien in Ost-Pakistan, Tansania in Uganda, Vietnam in Kambodscha), der mit den strukturellen

Problemen und kulturellen Belastungen meist besser vertraut ist, der den Eingriff aber selbstverständlich auch zur Sicherung der eigenen Prädominanz vornehmen wird. Letztlich kann immer nur eine lokale oder regionale Einigung Bestand haben, wobei andere Staaten lediglich als Zeugen und Garantiemächte auftreten können. Befreiungsbewegungen können bloß von innen kommen, niemals von außen herangetragen werden.

15 Während Josef Stalin noch in den dreißiger Jahren 20 Millionen Mitbürger in politischen Säuberungen hinschlachten konnte, wobei die internationale Gemeinschaft diesen Vorgang als eine rein interne Angelegenheit definierte, werden Greueltaten und Menschenrechtsverletzungen im Irak oder in Bosnien in den Massenmedien beinahe einzeln registriert und zu einer internationalen moralischen Angelegenheit erklärt (D'Amato 1995: 27).

16 Was die Entwicklungspolitik betrifft, so hat sich nichts daran geändert, daß die UNO nur Empfehlungen aussprechen kann und daß die eigentlichen Geldgeber und politischen Akteure die Nationalstaaten bleiben, die jedoch diese Empfehlungen, Konferenzbeschlüsse und Verteilungsschlüssel größtenteils äußerst lax handhaben.

17 Sah man in der 3. Sitzung der Generalversammlung von 1948 das Entwicklungsproblem noch ganz als ein Problem der finanziellen und der technischen Hilfe, so hat die Generalversammlung in der 49. Sitzung 1994 eine umfassende „Agenda for Development" verabschiedet, nachdem in der Zwischenzeit weder die UNCTAD (The United Nations Conference on Trade and Development, 1964), das UNDP (United Nations Development Programme, 1965), die UNIDO (United Nations Industrial Development Organization), aber auch die Verkündung einer neuen Weltwirtschaftsordnung (NIEO: The New International Economic Order, 1974) oder die Einrichtung eines Generaldirektorats for Development and International Economic Cooperation oder eines Department of Technical Cooperation for Development (1978) nicht die richtigen Impulse geben konnten. Eine Hauptursache des Scheiterns lag wohl im politischen Defizit all dieser Entwicklungsbemühungen, das zum einen darin besteht, daß die UNO alle Mitgliedstaaten *ex definitione* als geborene Nationalstaaten mit einer funktionsfähigen politischen Organisation betrachtet, zum andern aber auch darin, daß – schon nach den Mehrheitsverhältnissen in der UNO – erst gar nicht nach den Ursachen und Randbedingungen von Unterentwicklung, Armut, Bevölkerungsdynamik und Umweltzerstörung gesucht wird, sondern die Schuld dafür *eo ipso* bei den entwickelten Industrieländern verortet wird (so: El-Ashry 1993).

18 Wenn man nicht nur das sogenannte Bruttosozialprodukt oder das Prokopfeinkommen oder die Kalorieneinnahme als Entwicklungsindizes nimmt, sondern die Lebenserwartung, Zahl der Schuljahre, Verbrechens- und Selbstmordraten, Drogenkonsum, Gleichheit und Gerechtigkeit in einer Gesellschaft, Umweltanpassung und soziale Integration, ganz zu schweigen vom „Lebensglück", das nicht zu messen bzw. eine Funktion der eigenen Erwartungen oder Bescheidenheit ist, so

sind die Unterschiede gar nicht so groß und fallen nicht durch die Bank zugunsten der Industrieländer aus (Streeten 1995: 28 f.).
19 So hat sich auch die Weltbank damit abgefunden, daß nicht die tatsächliche oder scheinbare Demokratisierung zum Kriterium der Kreditwürdigkeit gemacht werden kann, sondern allein eine rechtmäßige und effektive Regierung („good governance")(Munslow/Ekoko 1995: 176).
20 Die Definitionen der „Multikulturalität" reichen von der „brüderlichen Gemeinschaft der Zukunft der Christen" (Faul 1992; Wlecklik 1993) bis zur gemeinschaftsverneinenden „offenen Republik" (Oberndörfer 1991), von einer demographisch-arbeitsmarktpolitischen (Schäuble 1988) bis zu einer kulinarisch-folkloristischen Variante (Schulte 1990). Entsprechend bunt bzw. politisch unvereinbar ist auch die Trägerschaft dieses Konzeptes: von progressiven Christsozialen bis zu sozialistischen Internationalisten, von hart kalkulierenden Kapitalisten bis zu abenteuerlustigen Kulturkonsumenten.
21 Das gilt sogar für die USA, die möglicherweise einen Sonderfall darstellen, nämlich „a land of dispersed diversity" (Walzer 1994: 185). Die USA kommen aber gerade deshalb nicht ohne eine z. T. sehr entschiedene Identitätspolitik aus. Nirgends kann eine Art von „Seeräuber-Individualismus" (Gitlin 1995: 63) geduldet werden – weder auf Gruppen- oder korporativer noch auf individueller Ebene. Historisch gesehen waren die Individualrechte der amerikanischen Unabhängigkeitserklärung wie auch der französischen Menschenrechtsdeklaration an einen starken Nationalstaat gebunden. Wo die Gemeinsamkeit nicht mehr alltäglich lebendig erfahren wird, dort setzt ein „sozialer Sezessionismus" – nicht mehr nur in ethnischer oder rassischer, sondern auch in bildungs- und standesmäßiger, in religiöser und sogar geschlechtlicher Art – ein; dieser reicht viel tiefer als jede materiell-klassenmäßige Spaltung und kann offenbar nur durch ein kostspieliges Aufrüstungsprogramm nach außen und einen geradezu heilsgeschichtlichen Fundamentalismus nach innen überwunden werden (Schlesinger 1992; Gennaro Lerda 1990).
22 Um ungefähr die zu erwartenden Zeitdimensionen anzugeben (Bell 1996: 12 ff.), wird man bei einer rein geographischen Extrapolation der Größenzunahme das Jahr 3500 annehmen müssen, bis dieser Integrationspunkt erreicht ist. Wenn man von der bisherigen Größenzunahme der großen Hegemonialreiche ausgeht, dann wird eine globale Einigung im Jahre 2300 wahrscheinlich. Wenn man davon ausgeht, daß es bereits Zonen des Friedens, des Wohlstands und der Demokratie, aber auch der ökologischen Knappheit, des Hungers und der lokalen Kriege gibt, die zum Eingriff von außen zwingen, so erscheint eine Einigung bereits im 21. Jahrhundert möglich und notwendig.
23 Galtung (1993: 37) verwendet drei Proportionen zur Kennzeichnung einer Wirtschaft: 1) Q/P (Qualität vs. Preis der Produkte), 2) C/N (Kulturhöhe der Produkte vs. Naturnähe oder Rohstoffabhängigkeit), 3) F/R (das Wirtschaftswachstum ist auf Finanztricks vs. die „Realökonomie" der Anlagen und der Arbeitsqualifikationen zurückzuführen).

24 Der KALTE KRIEG läßt sich auch als eine Kollusion zweier Hegemonialmächte deuten, die sich scheinbar erbittert bekämpft haben, sich aber in Wirklichkeit wechselseitig hochgespielt haben, um erstens das Aufkommen anderer Hegemonialmächte wenn nicht zu verhindern, so doch zu verdunkeln, und um zweitens ihre eigene Hegemonialposition für einige Zeit vom Prüfstand der Geschichte zu ziehen. Wie sich herausgestellt hat, war die UdSSR ein „Kaiser ohne Kleider" oder vielmehr ein „Kleid ohne Kaiser", ein stählener Riese auf tönernen Füßen. Und auch die Stellung des übriggebliebenen Super-Hegemons, der USA, ist nicht unangefochten, wenngleich sie von keiner anderen Hegemonialmacht in Frage gestellt wird, nur von der eigenen Willensschwäche und selbstverschuldeten Entwicklungsdefiziten.

25 Insofern bildet die EG keine Alternative zu den USA, wie Huntington (1988: 93) mutmaßt.

26 Der große Trick der Kaukasischen Allianz war es nach dieser Ansicht, den eigentlich anstehenden Nord-Süd-Konflikt in einen West-Ost-Konflikt verwandelt zu haben. In einer grandiosen Verschwörungstheorie unterstellt Noam Chomsky, daß „die Dritte Welt zuerst in Osteuropa erschien" (1993: 6). Dort konnte man ungeniert Rohstoffe ausbeuten, sich aber trotzdem bekämpfen, statt gemeinsam für „Gerechtigkeit, Gleichheit und Demokratie" zu sorgen. Seit die Sowjetunion als übergreifendes Staatsgebilde zusammengebrochen und die Berliner Mauer verschwunden ist, fehlen alle Gründe, um die Verzögerung dieser globalen Entwicklungsaufgabe weiterhin zu rechtfertigen; gleichzeitig sind für die amerikanischen Präsidenten alle Hemmnisse weggefallen, um in ihrem Vorhof (Panama und Grenada, Guatemala, Honduras, Nicaragua, Kolumbien) wie auch im Mittleren Osten (im Golfkrieg) schamlos ausschließlich zu ihren eigenen Gunsten zu intervenieren. Die Entwicklungsaufgabe wird nun völlig einem „korporativen Merkantilismus" überlassen, der sie – wenn überhaupt – natürlich nur in seinem Sinn der Ressourcensicherung und der Markterweiterung wahrnimmt. So glänzend diese Geschichte rhetorisch aufgezogen ist, so hat sie doch den einen Fehler, daß sie keinerlei Problemlösung anbietet. Im Haß gegen die USA werden die Führungsrolle und die Aktionsmöglichkeiten der USA überschätzt. Dies führt dazu, daß für Westeuropa und Japan ebenfalls keine konstruktive Rolle und keine Kooperationsmöglichkeit mit den Vereinigten Staaten gefunden wird. Der Vorschlag einer konspirativen Nutzung der Vereinten Nationen aus den achtziger Jahren – der Gründung eines „Sekretariats für die Dritte Welt", der Horizontalisierung der Beziehungen zwischen den Peripherieländern und der Informalisierung der Beziehungen – blieb zwar nicht ungehört, erwies sich aber als illusorisch oder selbstdestruktiv, weil es erstens generell der „Dritten Welt" an Kapital und technischem Wissen mangelt und weil zweitens ein wesentlicher Teil der Entwicklungsländer (unter dem Schutz und mit der Hilfe von Hegemonialmächten) diese konspirative Strategie aufgekündigt hat.

27 Moralisch hochlöblich und globalistisch bleiben lediglich das „World Order Mo-

dels Project" (WOMP) des Center for International Studies der Princeton University und die Wahlkampfproklamation des Demokratischen Senators und Vizepräsidenten Al Gore – doch beide haben den Nachteil, daß sie illusionistisch sind und von den tatsächlich praktizierten Problemlösungen nur ablenken (Falk 1994; Al Gore 1992).

28 Dies galt gegenüber der Sowjetunion, es gälte aber auch gegenüber einem deutsch-russischen Bündnis (oder einem noch umfassenderen Bündnis unter Einschluß der mittel-osteuropäischen Staaten oder Frankreichs und der übrigen westeuropäischen Staaten). Glücklicherweise scheinen die geopolitischen und geoökonomischen Differenzen der drei europäischen Kernmächte (Deutschland, Frankreich, Großbritannien) unüberwindlich. Wenn eine solche Prädominanz verhindert werden soll, so ist dann das größte Problem ein Machtvakuum zwischen Rußland und Deutschland, das bloß durch die Erweiterung der NATO – aber nicht ohne amerikanische Beteiligung oder sogar Führung – gefüllt werden kann.

29 Al Gore spricht im Titel seines letzten Kapitels von einem „globalen Marshallplan" (S. 296–366), versäumt aber nicht, von vornherein festzustellen, daß man Pläne nur „im Hinblick auf regionale Gruppierungen und aufgrund von unterschiedlichen Strategien für die einzelnen Regionen machen" sollte (S. 302). Dies ist nicht nur ein praktisches Zugeständnis; denn da es keine übergeordnete Institution gibt, bleibt die Regionalisierung nicht ein untergeordnetes, sondern das übergeordnete Prinzip.

30 Johan Galtung wird nicht müde, den Kreislauf zwischen amerikanischer Rüstungsproduktion, dem Verkauf dieser Waffen an Militärdiktaturen in Krisengebieten (z.B. im Mittleren Osten, hier insbesondere an den Irak) und schließlich dem Einsatz dieser Waffen darzustellen. Durch ihren Einsatz wird auf jeden Fall neuer Bedarf an Waffen geschaffen, gegebenenfalls sogar durch Allianzwechsel; schließlich müssen die verwüsteten Gebiete auch wieder aufgebaut werden – was neue Investitionen bedingt (1993: 35). Im Horizont der Regionalisierung und der Konkurrenz der regionalen Hegemonien stört es wenig, daß durch die politischen Ambitionen der Waffenimporteure und die Marktkonkurrenz der Lieferanten ein Rüstungswettlauf in Gang gesetzt wird, der durch Marktmittel nicht mehr zu stoppen ist. Die Lösung bleibt schließlich machtlosen internationalen Organisationen oder der Initiative einzelner Nationen (oder nationaler Koalitionen) überlassen.

31 Gerade dies aber ist der Normalzustand in Sachen der Bevölkerungsentwicklung, sowohl der Entwicklungsländer als auch der USA oder der UN, die von Zeit zu Zeit große Konferenzen abhalten und Proklamationen vom Stapel lassen. In Wirklichkeit aber verfügen sie weder über die notwendigen wissenschaftlichen Mittel noch über längerfristige politische Zielvorstellungen, so daß ideologische Dogmen herrschen, die von Konferenz zu Konferenz ihre Vertreter wechseln: Die USA etwa übernehmen den marxistischen Standpunkt, daß sich eine Bevölkerung, wenn sie ins Arbeitsalter kommt, schon selbst ernähren wird; China übernimmt die westliche Entwicklungsvorstellung, daß die Bevölkerungszunahme

nicht schneller vor sich gehen darf als der Infrastrukturaufbau usw. (Teitelbaum 1992: 66 ff.). Die Tatsachen, mit denen die Teilnehmer der „Internationalen Konferenz über Bevölkerung und Entwicklung" in Kairo 1994 sich auseinandersetzen mußten, sind, daß die Erdbevölkerung zu diesem Zeitpunkt vermutlich etwa 5,7 Mrd. Menschen betrug und daß sich diese Anzahl bei etwa gleichbleibender Durchschnittsreproduktionsrate innerhalb von 40 Jahren verdoppeln wird. Unvorstellbar ist die afrikanische Reproduktionsrate (mit 6 Lebendgeburten pro Frau), die eine Bevölkerung von 633 Millionen im Jahr 1990 auf 5 Mrd. Menschen im Jahr 2050 hochkatapultieren würde (Westoff 1995: 12). Anschaulicher ist das Problem vielleicht auf lokaler Ebene, wo sich Großstadtagglomerationen innerhalb einer Dekade verdoppeln, so wie etwa Mexico City von 1,6 Mill. (1940) auf 5,2 Mill. (1960) und 18 Mill. (1992) gewachsen ist. Selbstverständlich sind die Verhältnisse nicht überall so wie in Afrika oder Lateinamerika, und auch in Afrika wird die Geburtenzunahme (von 3 auf 2 %) z. B. durch AIDS erheblich reduziert. Aber selbst wenn die Geburtenrate heute mit einem Schlag auf die bloße Reproduktionsrate (2,1 Kinder pro Frau) vermindert werden könnte, würde die Bevölkerungszahl noch auf 8 Mrd. ansteigen, bevor die Erdbevölkerung wieder abnehmen könnte.

[32] In Frankreich gibt es eine Koordination der demographischen Forschungsstellen mit dem Amt des Präsidenten, in Kanada gibt es eine solche Stelle im Außenministerium, in den USA könnte der Nationale Sicherheitsrat oder das Außenministerium solche Aufgaben übernehmen. Insgesamt aber scheint das Bevölkerungsproblem politisch noch kaum beobachtet zu werden (vgl. Teitelbaum 1992: 78).

[33] So gibt es z. B. eine Internationale Kommission zum Schutz des Rheins: eine Organisation, die die Bonner Vereinbarungen über die chemische Verschmutzung des Rheins von 1987 – ein Regime – überwacht. Aber kein Anrainerstaat kann gezwungen werden, diesem Regime beizutreten, und kein Staat kann an seinem Austritt gehindert werden; auch ist die Einhaltung der Grenzwerte und Kontingente nicht erzwingbar, kaum von den Nachbarn kontrollierbar. Ähnliches gilt für das Umweltprogramm der Vereinten Nationen oder für die Konvention zum Schutz des Mittelmeeres (O.R. Young 1994: 164).

[34] Die UNO hat ein solches Konsultationsrecht ausdrücklich vorgesehen und mit der Zeit immer weiter ausgebaut (vgl. Buergenthal 1988: 249).

[35] Sie wurden seinerzeit von Henry Kissinger oder Zbigeniew Brzezinski produziert oder heute in anderer Weise von Francis Fukuyama (1992) oder Samuel P. Huntington (1993) neu aufgelegt. Alle diese Pläne gehen von einer einzigen ideologischen Dichotomie aus, hinter der dann zwei Geisterheere, zwei Wirtschaftssysteme, zwei technologische Systeme, zwei geopolitische Allianzen usw. versammelt werden. Alle diese Generalstabspläne unterliegen dem ideologischen Trugschluß, daß die Weltpolitik eine Einheit darstellt und jeweils von nur einem Prinzip geleitet wird, welches jedoch gewissermaßen automatisch oder autopoietisch wirksam ist.

36 Es ist ziemlich gleichgültig, ob diese Bemühungen von Weltanschauungsgemeinschaften oder Weltkirchen ausgehen und lediglich auf konsensualen Konferenzdeklarationen beruhen, die den kleinsten gemeinsamen Nenner angeben (vgl. Küng/Kuschel 1994) oder ob ernsthafte wissenschaftliche Bemühungen vorliegen, sozusagen aufgrund evolutionsgeschichtlicher Überlegungen eine übergreifende Formel zu finden (vgl. Bahm, 1992) – es liegt immer der gleiche Fehler vor: Von Wertdeklarationen (nicht von gelebten Werten) wird auf Gemeinsamkeiten geschlossen, die organisatorisch (gesellschaftlich wie psychisch) noch in keiner Weise abgesichert sind, ja daß der vielschichtige und multifunktionale Organisationszusammenhang in all seinen Widersprüchen und Synergieeffekten überhaupt nicht gesehen wird – sodaß völlig kurzschlüssig immer gleich von der individuellen Gesinnung – „der Mensch" – auf die Veränderung der globalen Ordnung – „die Welt" – geschlossen wird. So kann man doch nicht im Ernst behaupten, daß „der bedeutendste amerikanische Beitrag zur ökologischen Problematik … vom amerikanischen Vizepräsidenten Al Gore [stammt]" (Küng 1997: 100).

37 In jedem Fall hängen „äußeres" und „inneres" System eng zusammen. So ist z.B. das längst global gewordene „GEONARKOTISCHE REGIME" „äußerlich", insoweit es mit starken Wirtschaftsinteressen (sowohl bei der Produktion wie bei der Geldwäsche) verbunden ist, insoweit es sich (beim Transport und der Verteilung) auf starke eigene Schutzkräfte und mafiaartige Organisationen stützt, ja, insoweit es sich mit dem politischen Terrorismus und mit korrupten politischen Regimen verbündet, politische Souveränitäten unterspült und starke Polizeikräfte bindet (J. Mills 1986). Natürlich ist es auch tief „innerlich", insoweit es vom „Bedarf" lebt; dieser aber hat etwas zu tun mit Bevölkerungsgruppen, die ihr inneres Gleichgewicht verloren haben, die vielleicht nie in Familie und Schule ein positives Selbstwertgefühl aufbauen konnten oder die sich – massenhaft und mit wenig Aussicht auf Erfolg – in einer schwierigen Statuspassage befinden, z.B. arbeitslos oder in ein anomisches Sozialklima geraten sind (Anderson 1994: 170f.). Ähnliches gilt natürlich für alle anderen Regime, z.B. für das Umweltregime ebenso wie für das internationale Finanz- und Währungsregime: „Umweltsensibilität" ist eine Frage der gesellschaftlichen Mitverantwortung für das eigene Land und für eine ganze Welt; die Zugehörigkeit zur „Gruppe der 7" ist auch eine psychologische Angelegenheit: eine Sache der „Führungsfähigkeit" für die Regierungschefs und der „Ichstärke" für die aktiveren Wirtschaftsbürger einer Nation; Währungsfragen sind bekanntlich weitgehend nationale Prestige- und Statusprobleme usw.

38 Als spieltheoretisches Modell dieser Situation wird das sogenannte „Gefangenendilemma" angeführt, das (in unserem Fall) darin besteht, daß sich zwei oder mehrere in einem bestimmten Problem befangene Akteure nur im gegenseitigen Vertrauen und in wechselseitiger Kooperation aus ihrer mißlichen Lage befreien könnten, während jeder Versuch einer Problemlösung auf Kosten des anderen mit dem Risiko des eigenen Untergangs oder eines unheilbaren Schadens behaftet ist. Positiv gewendet taucht dieses Kooperationsproblem bei der Schaffung aller kol-

lektiven Güter auf, wie z. B. von allgemein zugänglichen Brücken und Transportwegen, aber auch von Kranken- und Sozialversicherungssystemen oder der Gewährleistung der inneren und äußeren Sicherheit (Sandler/Loehr/Cauley 1978).

39 Ihren Gipfelpunkt erreichen die negativen Regime derzeit im ATOMAREN REGIME, nämlich in der Doktrin der „wechselseitig zugesicherten Zerstörung" (MAD: mutual assured destruction). Unabhängig davon, ob diese Doktrin im Ernstfall wirklich realisierbar und wieweit sie überhaupt kalkulierbar wäre (Jervis 1983: 190 f.), ist diese Strategie (obwohl sie nichtatomare Mächte ebenso in den Strudel zieht und sogar das Überleben der Menschheit aufs Spiel setzt) nicht einfach unsittlich zu nennen: Indem sie jedem möglichen Gegner die Aussichtslosigkeit seines Tuns vor Augen führt, zwingt sie ihn, nach einem positiven Kontroll- und Abrüstungsregime zu suchen. In der allen deutlichen Tatsache – daß nämlich die Drohung mit der atomaren chemischen, bakteriellen oder elektromagnetischen Massenvernichtungswaffe nur dazu dienen kann, einen Gegner vom Gebrauch der Waffe abzuhalten, während der tatsächliche Gebrauch der Waffe politisch ohne Ziel und Nutzen und ethisch nicht zu rechtfertigen ist (Henrich 1990: 76 f.) – wird sichtbar, daß auch noch die denkbar ärgsten Kriegsgegner – ob sie es selbst wahrhaben wollen oder nicht – insgeheim und untergründig eine „moralische Gemeinschaft" bilden, die um die Frage der Existenz des Menschen, seiner Lebensbedingungen und Wertsetzungen nicht herumkommt.

40 Angesichts des hohen Organisations- oder Institutionalisierungsgrades der regulären Regierungs- oder Managementspitzen tun sie dies jedoch in der Regel erst nach einer Krise oder einem Schock (Kahnemann et al. 1982). Eine erste Aufgabe besteht deshalb darin, die Ursache-Wirkungs-Beziehungen zu untersuchen, die zum Schock geführt haben. In einem zweiten Schritt kann dann der Organisationsaufbau oder die falsche Institutionalisierung ausfindig gemacht werden, die zu dieser Krise geführt hat. Drittens ist das Selbstinteresse des kollektiven Entscheidungsträgers – vielleicht auch einzelner Kontrahenten oder Koalitionen im Entscheidungsgremium – zu ermitteln. Erst dann ist viertens die Formulierung einer neuen Politik sinnvoll.

41 Papst Johannes Paul II. in der Enzyklika „Populorum Progressio". Vgl. auch: Economic Justice for All: Pastoral Letter on Catholic Social Teaching and the U. S. Economy (National Conference of Catholic Bishops, Washington, D. C., 1986), die im puren Kommunismus endet (vgl. W. E. Murnion 1989).

42 Heckathorn/S. M. Maser (1990: 1102). Nach T. Lowi 1985: 74, lassen sich vier Typen oder Funktionen einer Rechtsordnung unterscheiden: erstens eine regulative Ordnung, die den Menschen bestimmte Pflichten auferlegt oder Positionen verleiht; zweitens eine distributive Ordnung, die die Machtverteilung regelt; drittens eine redistributive Ordnung, die für einen Statusausgleich oder für Chancengleichheit durch die öffentliche Hand zu sorgen hat; viertens eine verfassungsgebende Politik, die für die angemessene institutionelle Ordnung sorgt.

Literatur

Abraham, Ralph H.: Complex Dynamical Models, in: Paul A. Fishwich/P. A. Luher, Hg. (1991), 220–242.
Ackerman, Bruce: Social Justice and the Liberal State, New Haven 1980.
Ackoff, Russell L./F. E. Emery: On Purposeful Systems, Chicago 1972.
Adler, Emanuel/P. M. Haas: Conclusion: Epistemic Communities, World Order, and the Creation of a Reflective Research Program, in: International Organization 46 (1992), 367–390.
Adler, Mortimer: Reforming Education, New York 1988.
Ahmed, Samina: Sino-Indian Relations in a Changing World, in: Regional Studies 1993/3, 3–40.
Aldrich, H./D. A. Whetten: Organization-Sets, Action-Sets and Networks, in: P. C. Nyström/W. H. Starbuck, Hg.: Organizational Design, vol. 1, Oxford 1981.
Alexander, Jeffrey C., Hg.: The Micro-Macro Link, Berkeley 1987.
Alexy, Robert: Probleme der Diskurstheorie, in: Zeitschrift für philosophische Forschung 43 (1989), 81–93.
Allen, Peter M.: Policy in a World of Evolution, Learning and Ignorance, in: K. B. DeGreene, Hg. (1993), 43–64.
Allen, Peter M.: Coherence, Chaos and Evolution in the Social Context, in: Futures 6 (1994), 583–597.
Allison, Graham T./R. P. Beschel: Can the United States Promote Democracy? In: Political Science Quarterly 107 (1992), 81–98.
Alonso, William: Citizenship, Nationality and Other Identities, in: Journal of International Affairs 46 (1993), 323–340.
Alston, Philip, G.: The UN and Human Rights, Oxford 1992.
Andelman, David A.: The Drug Money Maze, in: Foreign Affairs 73/4 (1994), 95–108.
Andersen, Heine: Jürgen Habermas: „Faktizität und Geltung", in: Acta Sociologica 37 (1994), 93–99.
Anderson, Charles W.: Pragmatism and Liberalism, Rationalism and Irrationalism, in: Polity 23 (1991), 357–371.
Anderson, Tammy L.: Drug Abuse and Identity, in: The Sociological Quarterly 35 (1994), 159–174.
Aoki, M.: Information, Incentives and Bargaining in the Japanese Economy, Cambridge 1988.
Apel, Karl-Otto: Das Apriori der Kommunikationsgemeinschaft und die Grundlagen der Ethik, in: K.-O. Apel: Transformation der Philosophie, Frankfurt a. M. 1973, Bd. 2: 358–435.
Apel, Karl-Otto: Verantwortung heute – nur noch Prinzip der Bewahrung und Selbstbeschränkung oder immer noch der Befreiung und Verwirklichung von Humanität? In: T. Meyer/S. Miller, Hg. (1986), 15–40.

Apel, Karl-Otto: Diskurs und Verantwortung, Frankfurt a. M. 1988.
Apter, David E.: Rethinking Development, Newbury Park 1987.
Arat, Z. F.: Democracy and Human Rights in Developing Countries, London 1991.
Argyris, Chris/D. A. Schön: Organizational Learning, Reading 1978.
Arieti, Silvano: Creativity: The Magic Synthesis, New York 1976.
Arnim, Hans Herbert von: Staat ohne Diener, München 1993.
Arthur, E. Eugene: The Ethics of Corporate Governance, in: Journal of Business Ethics 6 (1987), 59–70.
Ashby, W. Ross: Einführung in die Kybernetik, Frankfurt a. M. 1974.
Assmann, Aleida/D. Harth, Hg.: Mnemosyne, Frankfurt a. M. 1991.
Aubert, Vilhelm: Interessenkonflikt und Wertkonflikt, in: W. L. Bühl, Hg. (1972), 178–205.
Aul, Joachim: Gemeinschaft und Normativität, in: Prima Philosophia 6 (1993), 169–189.
Aulin, Arvid: Cybernetic Causality II, in: Journal of Mathematical Social Sciences 12 (1986), 227–264.
Aulin, Arvid: Notes on the Concept of Self-Steering, in: F. Geyer/J. van der Zouwen, Hg. (1986), 100–118.
Axelrod, Robert: The Evolution of Cooperation, New York 1984.
Ayres, R. U.: CIM: A Challenge to Technology Management, in: International Journal of Technology Management, Special Publication 1992.

Bach, Maurizio: Transnationale Integration und institutionelle Differenzierung, in: Zeitschrift für Rechtssoziologie 14 (1993), 223–242.
Baecker, Dirk: Zweifel am „homo oeconomicus", in: Ethik und Sozialwissenschaften 5 (1994), 13–15.
Bahm, Archie J.: World Ethics, Its Foundation, in: World Futures 18 (1982), 269–277.
Bahm, Archie J.: World Civilization: Potentialities and Obstacles, in: Alternatives 8 (1982), 463–478.
Baier, Annette: Postures of the Mind, Minneapolis 1985.
Baier, Annette: Moral Prejudices, Cambridge, Mass., 1993.
Baier, Kurt: Rationality and Morality, in: Erkenntnis 11 (1977), 197–233.
Bailey, Sidney D.: Non-official Mediation in Disputes, in: International Affairs 61 (1985), 204–213.
Baker, Nicola/L. C. Sebastian: The Problem with Parachuting: Strategic Studies and Security in the Asia-Pacific Region, in: The Journal of Strategic Studies 18 (1995), 15–31.
Balla, Balint: Zu einer handlungstheoretischen Analyse vom Aufstieg und Untergang des Sowjetsystems, in: Sociologia Internationalis 32 (1994), 77–101.
Balog, Andreas: Multiples Selbst und Lebensentwurf, in: Österreichische Zeitschrift für Soziologie 15 (1990), 71–87.

Banathy, Bela H.: Matching Design Methods to System Type, in: Systems Research 5 (1988), 27–34.
Banner, William A.: The Deontology of Social Justice, in: Social Philosophy Today 1 (1988), 8–17.
Barkenbus, Jack: Can Advanced Technology and Open Democracy Coexist? In: International Journal on the Unity of the Sciences 4 (1991), 37–57.
Barnes, Samuel H./M. Kaase et al.: Political Action, Beverly Hills 1979.
Baron, Marcia: On De-Kantianizing the Perfectly Moral Person, in: Journal of Value Inquiry 17 (1983), 281–293.
Barry, Brian: Theories of Justice, London 1989.
Baruch Bush, Robert A.: Between Two Worlds: The Shift from Individual to Group Responsibility in the Law of Causation of Injury, in: University of California of Los Angeles Law Review 33 (1986), 1473–1563.
Bauer, Leonhard/H. Matis, Hg.: Evolution, Organisation, Management, Berlin 1989.
Baum, Andrew/Yakov M. Epstein, Hg.: Human Response to Crowding, New York 1978.
Baumgartner, Hans M./H. Staudinger, Hg.: Entmoralisierung der Wissenschaften? München 1985.
Baumgartner, Hans M.: Bedarf es einer Ethik der Wissenschaften? In: M. Baumgartner/W. Becker, Hg. (1994), 89–105.
Baumgartner, Hans M./W. Becker, Hg.: Grenzen der Ethik, München 1994.
Bayertz, Kurt: Evolution und Ethik: Größe und Grenzen eines philosophischen Forschungsprogramms, in: K. Bayertz, Hg. (1993), 7–36.
Bayertz, Kurt, Hg.: Evolution und Ethik, Stuttgart 1993.
Bayertz, Kurt, Hg.: Verantwortung – Prinzip oder Problem? Darmstadt 1995.
Beck, Ulrich: Die Erfindung des Politischen, Frankfurt a. M. 1993.
Becker, Lawrence C.: Reciprocity, London 1986.
Becker, Werner: Der fernethische Illusionismus und die Realität, in: K. Salamun, Hg. (1989), 3–8.
Beetham, David: Introduction: Human Rights in the Study of Politics, in: Political Studies 43 (1995), 1–9.
Beetham, David: What Future for Economic and Social Rights? In: Political Studies 43 (1995), 35–43.
Beiner, Ronald: Do We Need a Philosophical Ethics? In: The Philosophical Forum 20 (1989), 230–246.
Beitz, Charles R.: Nonintervention and Communal Integrity, in: Philosophy and Public Affairs 9 (1980), 385–391.
Beitz, Charles: Justice and International Relations, in: Ch. Beitz et al., Hg. (1985), 282–311.
Beitz, Charles/M. Cohen/T. Scanlon/A. J. Simmons, Hg.: International Ethics, Princeton, NJ, 1985.
Bell, Wendell: Bringing the Good Back In: Values, Objectivity and the Future, in: International Social Science Journal 137 (1993), 333–348.

Bell, Wendell: World Order, Human Values and the Future, in: Futures Research Quarterly 12 (1996), 9–24.
Bellah, Robert/R. Madsen/W. M. Sullivan/A. Swidler/S. M. Tipton: Gewohnheiten des Herzens, Köln 1987.
Benhabib, Seyla: Situating the Self: Gender, Community, and Postmodernism in Contemporary Ethics, New York 1992.
Bennis, Phillis/M. Moushabeck, Hg.: Altered States: A Reader in the New World Order, Brooklyn 1993.
Benz, Arthur: Regionalpolitik zwischen Netzwerkbildung und Institutionalisierung, in: Staatswissenschaften und Staatspraxis 7 (1996), 23–42.
Bergsten, C. Fred: The Primacy of Economics, in: Foreign Policy, No. 87 (1992), 3–24.
Bernauer, James W.: Beyond Life and Death: On Foucault's Post-Auschwitz Ethics, in: Philosophy Today 32 (1988), 128–142.
Bernauer, James W./M. Mahon: Foucaults Ethik, in: Deutsche Zeitschrift für Philosophie 42 (1994), 593–608.
Bernauer, Thomas: The Effect of International Environmental Institutions, in: International Organization 49 (1995), 351–377.
Birnbacher, Dieter: Welche Ethik ist als Bioethik tauglich? In: Information Philosophie, Dezember 1993, 4–16.
Birnbacher, Dieter: Grenzen der Verantwortung, in: Kurt Bayertz, Hg. (1995), 143–183.
Blank, S. J.: Greater Concern for Ethics and the „Bicker Backyard", in: Management Review 75 (1986), 28–29.
Bloed, A./W. de Jonge, Hg.: Legal Aspects of a New European Infrastructure, Utrecht 1992.
Boettke, Peter J.: The Political Infrastructure of Economic Development, in: Human Systems Management 13 (1994), 81–100.
Booth, Ken: Human Wrongs and International Relations, in: International Affairs 71 (1995), 103–126.
Boulding, Kenneth E.: Ecodynamics: A New Theory of Societal Evolution, Beverly Hills 1978.
Boulding, Kenneth E.: Evolutionary Economics, Beverly Hills 1981.
Boulding, Kenneth E.: Human Betterment, Beverly Hills 1985.
Bounds, Elizabeth M.: Conflicting Harmonies: Michael Walzer's Vision of Community, in: Journal of Religious Ethics 22 (1995), 355–374.
Boutros-Ghali, Boutros: An Agenda for Peace, New York 1992.
Boyd, Colin: Ethics and Corporate Governance, in: Journal of Business Ethics 15 (1996), 1275–1285.
Boyle, Kevin: Stock-taking on Human Rights, in: Political Studies 43 (1995), 79–95.
Braten, S.: The Third Position: Beyond Artificial and Autopoetic Reduction, in: F. Geyer/J. van der Zouwen, Hg. (1986), 193–205.
Brennan, Geoffrey/J. M. Buchanan: The Reason of Rules, Cambridge 1985.

Brenner, Neil: Foucault's New Functionalism, in: Theory and Society 23 (1994), 679–709.
Britton, G. A./H. McCallion: An Overview of the Singer/Churchman/Ackoff School of Thought, in: Systems Practice 7 (1994), 487–521.
Brocklesby, John/S. Cummings: Combining Hard, Soft and Critical Methodologies in Systems Research, in: Systems Research 12 (1995), 239–245.
Brooks, Clem/J. Manz: Do Changing Values Explain the New Politics? In: The Sociological Quarterly 35 (1994), 541–570.
Brouwer, Wytze: Taking Responsibility for the Implications of Science, in: Bulletin of Science, Technology and Society 14 (1994), 192–202.
Brower, Bruce, W.: Virtue Concepts and Ethical Realism, in: The Journal of Philosophy 85 (1988), 675–693.
Brown, Lester: Building a Sustainable Society, New York 1981.
Brown, Neville: The Strategic Revolution, London 1992.
Brundtland, Gro H., et al.: Our Common Future, Oxford 1987.
Brzezinski, Zbigniew: Planspiel: Das Ringen der Supermächte um die Welt, Erlangen 1989.
Buchanan, Allen: Secession, Boulder, Col., 1991.
Bühl, Walter L., Hg.: Konflikt und Konfliktstrategie, München 1972, 178–205.
Bühl, Walter L.: Krisentheorien, Darmstadt 1984.
Bühl, Walter L.: Gibt es eine soziale Evolution? in: Zeitschrift für Politik 31 (1984), 302–331.
Bühl, Walter L.: Soziologie und Systemökologie, in: Soziale Welt 37 (1986), 363–389.
Bühl, Walter L.: Grenzen der Autopoiesis, in: Kölner Zeitschrift für Soziologie und Sozialpsychologie 39 (1987), 225–254.
Bühl, Walter L.: Sozialwissenschaften jenseits des Gleichgewichtspfades, in: Soziale Welt 40 (1989), 97–110.
Bühl, Walter L.: Entwicklungslinien einer soziologischen Systemtheorie, in: Annali di Sociologia 5/2 (1989), 13–46.
Bühl, Walter L.: Die Historizität sozialer Systeme, in: Österreichische Zeitschrift für Soziologie 14 (1989), 3–15.
Bühl, Walter L.: Sozialer Wandel im Ungleichgewicht, Stuttgart 1990.
Bühl, Walter L.: Deutschland als föderativer und transnationaler Staat, in: Zeitschrift für Politik 37 (1990), 233–262.
Bühl, Walter L.: Wissenschaft und Technologie an der Schwelle zur Informationsgesellschaft, Göttingen 1995.
Buergenthal, Thomas: International Human Rights in a Nutshell, St. Paul, MN, 1988.
Bunge, Mario: Ethics (Treatise on Basic Philosophy, vol. 8), Dordrecht 1989.
Bunge, Mario: Game Theory Is Not a Useful Tool for the Political Scientist, in: Epistemologia 12 (1989), 195–212.
Bunge, Mario: Eine Kritik der Grundlagen der Theorie der rationalen Wahl, in: Zeitschrift für Wissenschaftsforschung 7/8 (1992), 19–33.

Butzer, Karl W.: Environment, Culture, and Human Evolution, in: American Scientist 65 (1977), 572–584.
Byers, Bruce: Ecoregions, State Sovereignty and Conflict, in: Bulletin of Peace Proposals 22 (1991), 65–76.

Callicott, J. Baird: The Case against Moral Pluralism, in: Environmental Ethics 12 (1990), 99–124.
Campanella, M. L.: Globalization: Processes and Interpretations, in: World Futures 30 (1990), 1–16.
Caporaso, James A.: International Relations: Theory and Multilateralism, in: International Organization 46 (1992), 599–632.
Carlsnaes, Walter: The Agency-Structure Problem in Foreign Policy Analysis, in: International Studies Quarterly 36 (1992), 245–270.
Carr, Caleb: Internationalism in the Age of Factionalism, in: World Policy Journal 12 (1995), 67–70.
Castoriadis, Cornelius: Die imaginäre Institution der Gesellschaft, Frankfurt a. M. 1984.
Cavalli-Sforza, L. L./M. W. Feldman: Cultural Transmission and Evolution, Princeton 1981.
Cerny, Philip C.: The Dynamics of Financial Globalization, in: Policy Sciences 27 (1994), 319–342.
Chamberlin, John R.: Formal Political Theory and the Design and Evaluation of Institutions, in: J. E. Jackson, Hg. (1990), 189–216.
Chandler, Jerry L. R.: Complexity, in: World Futures 42 (1994), 219–231.
Chase-Dunn, Christopher: World-State Formation: Historical Processes and Emergent Necessity, in: Political Geography Quarterly 9 (1990), 108–130.
Chase-Dunn, Christopher/T. D. Hall: Comparing World-Systems: Concepts and Working Hypotheses, in: Social Forces 71 (1993), 851–886.
Chase-Dunn, Christopher/T. D. Hall: The Historical Evolution of World Systems, in: Sociological Inquiry 64 (1994), 257–280.
Checkland, Peter: Churchman's „Anatomy of System Teleology" Revisited, in: Systems Practice 1 (1988), 377–384.
Chichilinsky, Graciella: Global Models and North-South Relations, in: International Political Science Review 11 (1990), 177–185.
Childers, Erskine/B. Urquart: Renewing the United Nations Systems, Uppsala 1994.
Chirot, Daniel/T. D. Hall: World-System Theory, in: Annual Review of Sociology 8 (1982), 81–106.
Chomsky, Noam: Introduction: World Orders, Old and New, in: Bennis/Moushabeck, Hg. (1993), 1–13.
Christensen, Bente L./J. S. Norgard: Social Values and the Limits to Growth, in: Technological Forecasting and Social Change 9 (1976), 411–423.
Christians, Clifford G.: Ethical Theory in a Global Setting, in: Thomas W. Cooper, Hg.: Communication Ethics and Global Change, White Plains, NY, 1989, 3–13.

Churchman, C. West: The Systems Approach and Its Enemies, New York 1979.
Churchman, C. West: Churchman's Conversations, in: Systems Research 1 (1984), 155 f.; 3 (1986), 63 f,; 187 f.
Clancy, Tom/R. Seitz: Five Minutes Past Midnight – and Welcome to the Age of Proliferation, in: the National Interest, Winter 1991/92, 3–12.
Clark, John: How Wide is Deep Ecology? In: Inquiry 39 (1996), 189–201.
Clark, Marie: Non-Governmental Organizations and Their Influence on International Society, in: Journal of International Affairs 48 (1995), 507–525.
Cleveland, Harlan: Rethinking International Governance, in: The Futurist, May-June 1991, 20–27.
Cleveland, Harald: Birth of a New World, San Francisco 1993.
Cochran, Clarke E.: Character, Community, and Politics, Alabama 1982.
Cohen, B. J.: The Geography of Money, London 1995.
Cohen, G. A.: The Pareto Argument for Inequality, in: Social Philosophy & Policy 12 (1995), 160–185.
Cohen, Jean: Discourse Ethics and Civil Society, in: Philosophy & Social Criticism 14 (1988), 315–337.
Cohen, Saul B.: Geopolitics in the New World Era, in: Demko/Wood, Hg. (1994), 15–48.
Coleman, James S.: Foundations of Social Theory, Cambridge, Mass., 1990.
Coleman, James S.: Norm-Generating Structures, in: K. Schweers Cook/M. Levy, Hg. (1990), 250–281.
Collins, Randal: Emotional Energy as the Common Denominator of Rational Action, in: Rationality and Society 5 (1993), 203–230.
Commission on Global Governance: Nachbarn in einer Welt, Bonn 1995.
Conable, Barber B./D. M. Lampton: China: The Coming Power, in: Foreign Affairs 72 (1992), 133–149.
Conrad, Michael: Adaptability, New York 1983.
Cooper, Richard N.: Macroeconomics in an Open Economy, in: Science 233 (1986), 1155–1159.
Corning, Peter A.: Toward a Survival Oriented Policy Science, in: A. Somit, Hg. (1976), 127–154.
Corning, Peter A.: Synergy and Self-organization in the Evolution of Complex Systems, in: Systems Research 12 (1995), 89–121.
Corradini, Antonella: Intersubjektivität und Objektivität der moralischen Werte, in: Freiburger Zeitschrift für Philosophie und Theologie 41 (1994), 137–154.
Critchley, Simon: Deconstruction and Pragmatism, in: European Journal of Philosophy 2 (1994), 1–21.
Crowder, George: Pluralism and Liberalism, in: Political Studies 42 (1994), 293–305.
Cullen, Robert: Human Rights Quandry, in: Foreign Affairs 72 (1992/93), 79–88.
Cummings, Stephen: An Open Letter to Total Systems Intervention and Friends, in: Systems Practice 7 (1994), 575–587.

Curtis, Richard K.: AIDS in the 21st Century, in: Futures Research Quarterly, Winter 1991, 39–45.

Dahrendorf, Ralf: Einführung in die Soziologie, in: Soziale Welt 40 (1989), 2–10.
Daly, H./J. Cobb: For the Common Good, Boston 1989.
D'Amato, Anthony: The Moral and Legal Basis for Sanctions, in: The Fletcher Forum 19 (1995), 19–30.
Daudel, Christian: Géographie, Géopolitique et Géostrategie, in: Stratégique (1991), 31–63.
Dauenhauer, Bernard P.: Institutions and Freedom, in: Social Philosophy Today 1 (1988), 77–88.
Dávid, Tamas: The Emergence of the Global Culture and the Global Moral System, in: World Futures 46 (1996), 47–51.
Davis, Felmon J.: Discourse Ethics and Ethical Realism, in: European Journal of Philosophy 2 (1994), 125–142.
Dawkins, Richard: The Selfish Gene, Oxford 1976.
DeGeorge, Richard T.: Unternehmensethik aus amerikanischer Sicht, in: Lenk/Maring, Hg. (1992), 301–316.
DeGreene, Kenyon B.: Policy Challenges in a World of Nonlinearity and Structural Change, in: K. B. DeGreene, Hg. (1993), 1–42.
DeGreene, Kenyon B., Hg.: A Systems-Based Approach to Policymaking, Dordrecht 1993.
DeGreene, Kenyon B.: Can System Dynamics Be Theoretically Improved, and if so, Does it Matter Practically? In: Systems Research 11 (1994), 3–21.
DeGreene, Kenyon B.: The System Thinker as Revolutionary, in: Systems Research 12 (1995), 155–165.
Deigh, John: Human Rights and Population, in: C. Peden/J. P. Sterba, Hg. (1989), 42–50.
Demko, George J./W. B. Wood, Hg.: Reordering the World: Geopolitical Perspectives on the Twenty-first Century, Boulder 1994.
Denninger, Erhard: Freiheitsordnung – Wertordnung – Pflichtordnung, in: M. Tohidipur, Hg. (1976), 163–183.
Denton, Robert E., Hg.: Ethical Dimensions of Political Communication, New York 1991.
Denzau, Arthur D./D. C. North: Shared Mental Models: Ideologies and Institutions, in: Kyklos 47 (1994), 3–31.
Deshpande, Satish P.: The Impact of Ethical Climate, in: Journal of Business Ethics 15 (1996), 655–660.
Dessler, David: What's at Stake in the Agent-Structure Debate? In: International Organization 43 (1989), 441–473.
Dewey, John: The Public and Its Problems, New York 1927.
Dewey, John: Liberalism and Social Action, New York 1963.

Diamond, Arthur M.: Stable Values and Variable Constraints, in: Journal of Business Ethics 1 (1982), 49–58.
Dierkes, Meinolf/K. Zimmermann, Hg.: Ethik und Geschäft, Frankfurt a. M. 1991.
Dierkes, Meinolf/K. Zimmermann: The Institutional Dimension of Business Ethics, in: Journal of Business Ethics 13 (1994), 533–541.
Dieter, Heribert: Bleibt der internationale Freihandel auf der Strecke? In: Internationale Politik 51/6 (1996), 7–14.
Dietl, Helmut: Institutionen und Zeit, Tübingen 1993.
Digeser, Peter/R. H. Miller: Realism, Morality, and Liberal Democracy, in: The Journal of Value Inquiry 29 (1995), 331–349.
Dijk, P. van/G. van Hoof: Theory and Practice of the European Convention on Human Rights, Amsterdam 1992.
DiMaggio, Paul J./W. M. Powell: The Iron Cage Revisited: Institutional Isomorphism and Collective Rationality in Organizational Fields, in: American Sociological Review 48 (1993), 147–160.
Ding, X. L.: Institutional Amphibiousness and the Transition from Communism, in: British Journal of Political Science 24 (1994), 293–318.
Dinzelbacher, Peter, Hg.: Europäische Mentalitätsgeschichte, Stuttgart 1993.
Döbert, Rainer: Konsenstheorie als deutsche Ideologie, in: H.-J. Giegel, Hg. (1992), 276–307.
Dolman, Anthony J., Hg.: Global Planning and Resource Management, New York 1980.
Donagan, Alan: The Theory of Morality, Chicago 1977.
Doppelt, Gerald: Walzer's Theory of Morality in International Relations, in: Philosophy and Public Affairs 8 (1978), 3–26.
Doppelt, Gerald: Statism without Foundations, in: Philosophy and Public Affairs 9 (1980), 398–403.
Doyle, Michael: Kant, Liberal Legacies, and Foreign Affairs, in: Philosophy and Public Affairs 12 (1983), 205–232.
Doyle, Michael: Liberalism and World Politics, in: American Political Science Review 80 (1986), 1151–1169.
Drake, William J./K. Nicolaidis: Ideas, Interests, and Institutionalization, in: International Organization 46 (1992), 37–100.
Dreyfus, Hubert L./Paul Rabinow: Michel Foucault – Jenseits von Strukturalismus und Hermeneutik, Frankfurt a. M. 1987.
Dror, Yehezkel: Ist die Erde noch regierbar? München 1995.
Drucker, Peter F.: What Is „Business Ethics"? In: The Public Interest 62 (1981), 18–36.
Drucker, Peter F.: The Changed World Economy, in: Foreign Affairs 64 (1986), 768–791.
Druwe-Mikusin, Ulrich: Moralische Pluralität, Würzburg 1991.
Dryzek, John S.: Discoursive Designs, in: American Journal of Political Science 31 (1987), 656–679.

Drzwicki, K.: The Future Relations between Eastern Europe and the Council of Europe, in: A. Bloed/W. de Jonge, Hg. (1992), 41–60.
Duparc, C.: The European Community and Human Rights, Luxembourg 1993.
Durkheim, Émile: Soziologie und Philosophie, Frankfurt a.M. 1967.
Dworkin, Ronald: Taking Rights Seriously, Cambridge, Mass., 1978.

Edelstein, Wolfgang/G. Nunner-Winkler, Hg.: Zur Bestimmung der Moral, Frankfurt a.M. 1986.
Edwards, Lynn B./G. G. Jaros: Process-Based Systems Thinking, in: Journal of Social and Evolutionary Systems 17 (1994), 339–353.
Ekholm, Kajsa: On the Limitations of Civilization: The Structure and Dynamics of Global Systems, in: Dialectical Anthropology 5 (1980), 155–166.
El-Ashry, Mohamed T.: Development Assistance Institutions and Sustainable Development, in: The Washington Quarterly, Spring 1993, 83–96.
Elster, John: Rationality, Morality, and Collective Action, in: Ethics 96 (1985), 136–155.
Elster, John: The Cement of Society, Cambridge 1989.
Elster, John: Some Unresolved Problems in the Theory of Rational Behavior, in: Acta Sociologica 36 (1993), 179–190.
Emery, F. E./E. L. Trist: Towards a Social Ecology, London 1973.
Epstein, E. M.: The Corporate Social Policy Process beyond Business Ethics, Corporate Social Responsibility, and Corporate Social Responsiveness, in: California Management Review 29 (1987), 99–114.
Epstein, S.: The Self-Concept, in: E. Staub, Hg. (1980), 81–132.
Eräsaari, Risto: The Problem of Welfare, in: World Futures 28 (1990), 75–92.
Ericson, Richard F., Hg.: Improving the Human Condition, Berlin 1979.
Etzioni, Amitai: The Active Society, London 1968.
Etzioni, Amitai: An Immodest Agenda: Rebuilding America Before the 21st Century, New York 1983.
Etzioni, Amitai: The Moral Dimension: Toward a New Economics, New York 1988.
Etzioni, Amitai: The Evils of Self-Determination, in: Foreign Policy (1992/93), 21–35.
Etzioni, Amitai: The Attack on Community, in: Society, July/August 1995, 12–17.
Etzioni, Amitai: Verantwortungsgesellschaft, Frankfurt a.M. 1997.
Europäisches Parlament: Bericht über die Menschenrechte in der Welt und die Menschenrechtspolitik der Europäischen Gemeinschaft, in: Human Rights Law Journal 14 (1993), 284f.
Evans, Peter B./D. Rueschemeyer/T. Skocpol, Hg.: Bringing the State Back In, Cambridge 1985.
Ewin, R. E.: The Moral Status of Corporation, in: Journal of Business Ethics 10 (1991), 749–756.

Falk, Richard: The Promise of World Order, Philadelphia 1987.
Falk, Richard: Explorations at the Edge of Time, Philadelphia 1992.
Falk, Richard: From Geopolitics to Geogovernance: WOMP and Contemporary Political Discourse, in: Alternatives 19 (1994), 145–154.
Falk, Richard: Appraising the U. N. at 50: The Looming Challenge, in: Journal of International Affairs 48 (1995), 625–646.
Faul, Erwin: Das vereinigte Deutschland – europäisch integrierte Nation oder diffuse „multikulturelle Gesellschaft"? In: Zeitschrift für Politik 39 (1992), 394–420.
Featherstone, Mike: Global Culture – An Introduction, in: M. Featherstone, Hg. (1990), 1–14.
Featherstone, Mike, Hg.: Global Culture, London 1990.
Felix, David: International Capital Mobility and Third World Development, in: Policy Sciences 27 (1994), 365–394.
Ferber, Rafael: Moralische Urteile als Beschreibungen institutioneller Tatsachen, in: Archiv für Rechts- und Sozialphilosophie 79 (1993), 372–392.
Ferrara, Alessandro: Authenticity and the Project of Modernity, in: European Journal of Philosophy 2 (1994), 241–273.
Fetz, Reto L.: Personbegriff und Identitätstheorie, in: Zeitschrift für Philosophie und Theologie 35 (1988), 68–106.
Fink, Ulf: Multikulturelle Gesellschaft, in: Gewerkschaftliche Monatshefte 1989/7, 443–445.
Fischer, Peter: Diskursethik oder Moralphilosophie, in: Prima Philosophia 5 (1992), 79–90.
Fisher, Walter R.: Human Communication as Narration. Toward a Philosophy of Reason, Value, and Action, Columbia 1987.
Fishkin, James S.: The Limits of Obligation, New Haven 1982.
Fishkin, James S.: Beyond Subjective Morality, New Haven 1984.
Fishwich, Paul A./P. A. Luher, Hg.: Qualitative Simulation, Modeling and Analysis, New York 1991.
Flam, Helena: Emotional Man: II. Corporate Actors as Emotion-Motivated Managers, in: International Sociology 5 (1990), 225–234.
Fleishaker, Gail R.: Questions Concerning the Ontology of Autopoiesis and the Limits of Its Utility, in: International Journal of General Systems 21 (1992), 131–141.
Flood, Robert L./N. R. A. Romm: Enhancing the Process of Methodology Choice in Total Systems Intervention, in: Systems Practice 8 (1995), 377–408.
Flora, Peter: From Industrial to Postindustrial Welfare State? In: Annals of the Institute of Social Science, University of Tokyo, 1989.
Florini, Ann: The Evolution of International Norms, in: International Studies Quarterly 40 (1996), 363–389.
Foerster, Heinz von: Principles of Self-Organization in a Socio-Managerial Context, in: H. Ulrich/G. J. B. Probst, Hg. (1984), 2–24.

Forst, Rainer: Kommunitarismus und Liberalismus – Stationen einer Debatte, in: A. Honneth, Hg. (1993), 181–203.
Forsyth, Murray: Hayek's Bizarre Liberalism, in: Political Studies 36 (1988), 235–250.
Foss, Nicolai J.: Realism and Evolutionary Economics, in: Journal of Social and Evolutionary Systems 17 (1994), 21–40.
Foucault, Michel: Archäologie des Wissens, Frankfurt a.M. 1973.
Foucault, Michel: Von der Subversion des Wissens, München 1974.
Foucault, Michel: Der Wille zum Wissen, Frankfurt a.M. 1977.
Foucault, Michel: The Ethic of Care for the Self as a Practice of Freedom, in: Philosophy and Social Criticism 12 (1987), 112–131.
Foucault, Michel: Politics, Philosophy, Culture, hg. von Lawrence Kritzman, New York 1988.
Frankena, William K.: Pritchard and the Ethics of Virtue, in: Monist 54 (1970), 1–17.
Freedman, Lawrence: Order and Disorder in the New World, in: Foreign Affairs 71 (1992), 20–37.
Freeman, Chris: Technical Change and Future Trends in the World Economy, in: Futures 25 (1993), 621–635.
Freeman, Michael: Are there Collective Human Rights? In: Political Studies 43 (1995), 19–34.
French, Peter A.: The Coporation as a Moral Person, in: American Philosophical Quarterly 16 (1979), 207–215.
French, Peter A.: Collective and Corporative Responsibility, New York 1984.
French, Peter A.: Die Korporation als moralische Person, in: Lenk/Maring, Hg. (1992), 317–328.
Freud, Sigmund: Neue Folge der Vorlesungen zur Einführung in die Psychoanalyse (1933): Die Zerlegung der Persönlichkeit, in: Studienausgabe, Bd. 1, Frankfurt a.M. 1969, 496–516.
Frieden, Jeffrey A.: Invested Interests: The Politics of National Economic Policies in a World of Global Finance, in: International Organization 45 (1991), 425–451.
Friedman, Jonathan: Order and Disorder in Global Systems, in: Social Research 60 (1993), 205–234.
Friedman, Milton: Capitalism and Freedom, Chicago 1962.
Fritze, Lothar: Das Prinzip Weiterleben, in: Zeitschrift für philosophische Forschung 45 (1991), 347–370.
Fromkin, David: The Coming Millenium, in: World Policy Journal 10 (1993), 1–7.
Fromuth, Peter J.: The Making of a Security Community: The United Nations After the Cold War, in: Journal of International Affairs 46 (1993), 341–366.
Fukuyama, Francis: The End of History and the Last Man, New York 1992.
Fukuyama, Francis: Das Ende der Geschichte, München 1992.
Fuller, Graham: The Next Ideology, in: Foreign Policy 98 (1995), 145–159.
Funkhouser, G. R.: Values Changes Necessary for a Sustainable Society, in: Science, Technology and Society 9 (1989), 19–32.

Funtowicz, Silvio/J. R. Ravetz: Emergent Complex Systems, in: Futures 26 (1994), 568–582.

Gadamer, Hans-Georg: Wahrheit und Methode, Tübingen 1960.
Gäfgen, Gérard: Der Wandel moralischer Normen in der Entwicklung der Wirtschaftsordnung, in: H. Hesse, Hg. (1988), 85–107.
Gallarotti, Giulio M.: The Limits of International Organization, in: International Organization 45 (1991), 183–220.
Galston, William A.: Cosmopolitan Altruism, in: Social Philosophy and Policy 10 (1993), 118–134.
Galtung, Johan/T. Heiestad/E. Rudeng: On the Decline and Fall of Empires, in: Comprendre No. 43/44 (1978), 50–59.
Galtung, Johan: Power and Global Planning and Resource Management, in: A. J. Dolman, Hg. (1980), 119–145.
Galtung, Johan: What Would Peace in the Middle East Be Like – and Is It Possible? In: Bulletin of Peace Proposals 22 (1991), 243–247.
Galtung, Johan: Geopolitical Transformations and the 21st-Century World Economy, in: Nordenstreng/Schiller, Hg. (1993), 28–58.
Gambetta, D.: Can We Trust Trust? In: D. Gambetta, Hg.: Trust. Making and Breaking Cooperative Relations, Oxford 1988, 213–237.
Garajedaghi, Jamshid: On the Nature of Development, in: Human Systems Management 4 (1984), 163–170.
Garrett, Geoffrey/P. Lange: Internationalization, Institutions, and Political Change, in: International Organization 49 (1995), 627–655.
Garrett, Jan Edward: Unredistributable Corporate Moral Responsibility, in: Journal of Business Ethics 8 (1989), 513–545.
Garrett, Jan: Aristotle, Ecology and Politics: Theoria and Praxis in the Twenty-First Century, in: Peder/Creighton/Hudson/Yeager, Hg.: Communitarism, Liberalism, and Socialism and Social Responsibility, Lewiston 1991, 3–14.
Garrett, Laurie: The Return of Infectious Disease, in: Foreign Affairs 75 (1996), 66–79.
Gehlen, Arnold: Moral und Hypermoral, Frankfurt a. M. 1969.
Geiger, Theodor: Vorstudien zu einer Soziologie des Rechts, Neuwied 1964.
Geißler, Heiner: Zugluft, München 1990.
Gelovani, V. A./S. V. Dubovsky: Global Modeling of the Potential World System, in: International Political Science Review 11 (1990), 207–218.
Gendzier, Irene: Culture and Development, in: The Fletcher Forum of World Affairs 13 (1989), 217–228.
Gennaro Lerda, Valeria: From „Melting Pot" to „Multiculturalism", Rom 1990.
Gerhardt, Volker: Das individuelle Gesetz: Über eine sokratisch-platonische Bedingung der Ethik, in: Allgemeine Zeitschrift für Philosophie 22 (1997), 3–21.
Gerlach, Jeffrey R.: A U. N. Army for the New World Order, in: Orbis 37 (1993), 223–236.

Gerum, Elmar: Unternehmensführung und Ethik, in: H. Lenk/M. Maring, Hg. (1992), 253–267.
Gewirth, Alan: Ethical Universalism and Particularism, in: The Journal of Philosophy 85 (1988), 283–302.
Geyer, Felix/J. van der Zouwen, Hg.: Sociocybernetic Paradoxes, London 1986.
Giegel, Hans-Joachim, Hg.: Kommunikation und Konsens in modernen Gesellschaften, Frankfurt a.M. 1992.
Giersch, Herbert: Thünen-Vorlesung, in: Zeitschrift für Wirtschafts- und Sozialwissenschaften 110 (1990), 1–19.
Gitlin, Todd: After the Failed Faiths, in: World Policy Journal 12 (1995), 61–68.
Glasser, Harold: Naess's Deep Ecology Approach and Environmental Policy, in: Inquiry 39 (1996), 157–187.
Gleditsch, Nils P.: Geography, Democracy, and Peace, in: International Interactions 20 (1995), 297–323.
Godet, Michel/P. Chapuy/G. Comyn: Global Scenarios: Geopolitical and Economic Context to the Year 2000, in: Futures 26 (1994), 275–288.
Gomberg, Paul: Universalism and Optimism, in: Ethics 104 (1994), 536–557.
Goodin, Robert E.: Conjectures on the Nation-State, in: Government and Opposition 30 (1995), 26–34.
Goodpaster, K. E.: The Concept of Corporate Responsibility, in: Journal of Business Ethics 2 (1983), 1–22.
Goodpaster, K. E.: Toward an Integrated Approach to Business Ethics, in: Thought 60 (1985), 161–180.
Gore, Al: Wege zum Gleichgewicht: Ein Marshallplan für die Erde, Frankfurt 1994 (am. 1992).
Gottlieb, Jonathan Z./J. Sanzgiri: Towards an Ethical Dimension of Decision-Making in Organizations, in: Journal of Business Ethics 15 (1996), 1275–1285.
Gowa, Joanne: Rational Hegemons, Excludable Goods, and Small Groups, in: World Politics 41 (1989), 307–324.
Graham, J. W.: Principled Organizational Dissent, in: B. W. Staw/L. L. Cummings, Hg. (1986), 1–52.
Granovetter, Mark: Economic Action and Social Structure: The Problem of Embeddedness, in: American Journal of Sociology 91 (1985), 481–510.
Gray, Collins S.: The Geopolitics of Super Power, Lexington 1988.
Gray, John: Hayek on Liberty, Rights, and Justice, in: Ethics 92 (1981), 73–84.
Gray, John: Post-Liberalism, London 1993.
Gray, John: Beyond the New Right: Markets, Governments and the Common Environment, London 1993.
Gray, John: After the New Liberalism, in: Social Research 61 (1994), 719–735.
Gray, Rockwell: Review Essay: Hans Jonas, The Imperative of Responsibility, in: Human Studies 11 (1988), 419–429.
Greenstein, Fred I./N. W. Polsby, Hg.: International Politics, Reading 1975.

Gregory, F. E. C.: Policy Cooperation and Integration in the European Community, in: Terrorism 14 (1991), 145–155.
Griffith, Ivelaw L.: From Cold War Geopolitics to Post-Cold War Geonarcotics, in: International Journal 44 (1993/94), 1–36.
Gross, Barry R.: Real Equality of Opportunity, in: Social Philosophy & Policy 4 (1986), 120–142.
Gross, Michael L.: The Collective Dimensions of Political Morality, in: Political Studies 42 (1993), 40–61.
Grote, J. R.: Steuerungsprobleme in transnationalen Beratungsgremien, in: Jahrbuch zur Staats- und Verwaltungswissenschaft, Baden-Baden 1990, 227–254.
Grubb, Michael: Seeking Fair Weather: Ethics and the International Debate on Climate Change, in: International Affairs 71 (1995), 463–496.
Guéhenno, J.-M.: La fin de la démocratie, Paris 1993.
Günther, Klaus: Der Sinn für Angemessenheit, Frankfurt a.M. 1988.
Guntern, Gottlieb: Auto-Organization in Human Systems, in: Behavioral Science 27 (1982), 323–337.
Gutmann, Amy: Das Problem des Multikulturalismus in der politischen Ethik, in: Deutsche Zeitschrift für Philosophie 43 (1995), 273–305.
Gutmann, Amy/D. Thompson: Moral Disagreement in a Democracy, in: Social Philosophy and Policy 12 (1995), 87–110.
Gyeye, Kwame: Taking Development Seriously, in: Journal of Applied Philosophy 11 (1994), 45–56.

Haas, Ernst B.: Words Can Hurt You, or: Who Said What to Whom about Regimes? In: S. Krasner, Hg. (1983), 23–59.
Haas, Peter M.: Introduction: Epistemic Communities and International Policy Coordination, in: International Organization 46 (1992), 1–35.
Habermas, Jürgen: Zum Thema „Geschichte und Evolution", in: Geschichte und Gesellschaft 2 (1976), 310–357.
Habermas, Jürgen: Theorie des kommunikativen Handelns, Frankfurt a.M. 1981.
Habermas, Jürgen: Diskursethik – Notizen zu einem Begründungsprogramm, in: J. Habermas: Moralbewußtsein und kommunikatives Handeln, Frankfurt a.M. 1983, 53–125.
Habermas, Jürgen: Postscript to „Faktizität und Geltung", in: Philosophy and Social Criticism 20 (1994), 135–150.
Habermas, Jürgen: Struggles for Recognition in the Democratic Constitutional State, in: Ch. Taylor, Hg. (1994), 107–148.
Habermas, Jürgen: Three Normative Models of Democracy, in: Constellations 1 (1994), 1–10.
Hacker, Friedrich: Terror: Mythos – Realität – Analyse, Wien 1973.
Haferkamp, Hans: Autopoietisches soziales System oder konstruktives soziales Handeln? In: H. Haferkamp/M. Schmid, Hg. (1987), 51–88.

Haferkamp, Hans/M. Schmid, Hg.: Sinn, Kommunikation und soziale Differenzierung, Frankfurt a. M. 1987.
Hager, Nina: Vernunft und Verantwortung, in: Ethik und Sozialwissenschaften 1 (1990), 59–61.
Haggard, Stephan/B. A. Simmons: Theories of International Regimes, in: International Organization 41 (1987), 491–517.
Halfar, Bernd: Das Prisoner's Dilemma als theoretische Falle, in: Ethik und Sozialwissenschaften 1 (1990), 61–63.
Hall, Edward T.: The Hidden Dimension, New York 1966.
Hall, S.: The Question of Cultural Identity, in: S. Hall/D. Held/T. McGrew, Hg.: Modernism and Futures, Cambridge 1992.
Halliday, Fred: Relativism and Universalism in Human Rights, in: Political Studies 43 (1995), 152–167.
Halman, Loek: Is There a Moral Decline? In: International Social Science Journal 145 (1995), 419–439.
Hanisch, Ted: The Rio Climate Convention, in: Security Dialogue 23/4 (1992), 63–73.
Hardin, Russell: Carrying Capacity as an Ethical Concept, in: G. R. Lucas/Th. W. Ogletree, Hg.: Lifeboat Ethics, New York 1976.
Hardin, Russell: Collective Action, Baltimore 1982.
Hardin, Russell: Acting Together, Contributing Together, in: Rationality and Society 3 (1991), 365–380.
Hardin, Russell: Contested Community, in: Society, July/August 1995, 23–29.
Hare, Richard M.: Liberty and Equality: How Politics Masquerades as Philosophy, in: Social Philosophy & Policy 2 (1984), 1–11.
Hare, Richard M.: Moralisches Denken – seine Ebenen, seine Methode, sein Witz, Frankfurt a. M. 1992.
Harré, Rom: The Evolutionary Analogy in Social Explanation, in: U. J. Jensen/R. Harré, Hg.: The Philosophy of Evolution, Brighton 1981, 161–175.
Harsanyi, John C.: Rational-Choice Models of Political Behavior vs. Functionalist and Conformist Theories, in: World Politics 21 (1969), 513–538.
Harsanyi, John C.: A Case for a Utilitarian Ethic, in: H. Siebert, Hg. (1994), 3–13.
Hart, H. L. A./A. M. Honoré: Causation in the Law, Oxford 1959.
Hasenclever, Andreas/P. Mayer/V. Rittberger: Interests, Power, Knowledge: The Study of International Regimes, in: Mershon International Studies Review 40 (1996), 177–228.
Haskell, Barbara: Access to Society, in: International Organization 34 (1980), 89–120.
Hauerwas, Stanley: Truthfulness and Tragedy, Notre Dame 1977.
Hauerwas, Stanley: Vision and Virtue, Notre Dame 1981.
Hayek, Friedrich A. von: Die Anmaßung des Wissens, in: Ordo 26 (1975), 12–21.
Hayek, Friedrich A. von: Die Irrtümer des Konstruktivismus, in: Walter-Eucken-Institut: Vorträge und Aufsätze 51 (1975), 3–34.

Hayek, Friedrich A. von: Recht, Gesetzgebung und Freiheit, Landsberg a.L., Bd. 1/2, 1981.
Hayek, Friedrich A. von: Die Verfassung der Freiheit, Tübingen 1983.
Hays, Sharon: Structure and Agency and the Sticky Problem of Culture, in: Sociological Theory 12 (1994), 57–72.
Heath, Eugene: Rules, Function, and the Invisible Hand, in: Philosophy of the Social Sciences 22 (1992), 28–45.
Heath, Joseph: The Problem of Foundationalism in Habermas's Discourse Ethics, in: Philosophy & Social Criticism 21 (1995), 77–100.
Heckathorn, Douglas D./S. M. Maser: The Contractual Architecture of Public Policy, in: Journal of Politics 52 (1990), 1101–1123.
Heckathorn, Douglas D.: Extensions of the Prisoner's Dilemma Paradigm, in: Sociological Theory 9 (1991), 34–52.
Heelan, Patrick A.: Towards a Hermeneutics of Natural Science, in: Journal of the British Society for Phenomenology 3 (1972), 252–260.
Heidebrink, Ludger: Zum Problem historischer Verantwortung, in: Philosophisches Jahrbuch 103/II (1996), 225–247.
Heidegger, Martin: Sein und Zeit (1927), Tübingen 1957.
Held, David: Democracy, the Nation-state and the Global System, in: Economy and Society 20 (1991), 138–172.
Held, David: From City-states to a Cosmopolitan Order? In: D. Held, Hg.: Prospects for Democracy, Stanford 1993.
Held, David/A. McGrew: Globalization and the Liberal Democratic State, in: Government and Opposition 28 (1993), 261–285.
Hennis, Wilhelm/P.Graf Kielmansegg/U. Matz, Hg.: Regierbarkeit I/II, Stuttgart 1979.
Henrich, Dieter: Ethik der Autonomie, in: D. Henrich: Selbstverhältnisse, Stuttgart 1982, 6–56.
Henrich, Dieter: Ethik zum nuklearen Frieden, Frankfurt a.M. 1990.
Herrmann, Richard K.: The Middle East and the New World Order, in: International Security 16 (1991), 42–75.
Herrmann-Pillath, Carsten: Evolutionary Rationality, „Homo Economicus", and the Foundations of Social Order, in: Journal of Social and Evolutionary Systems 17 (1994), 41–69.
Hervey, David L./M. H. Reed: The Evolution of Dissipative Social Systems, in: Journal of Social and Evolutionary Systems 17 (1994), 371–411.
Hesse, Helmut, Hg.: Wirtschaftswissenschaft und Ethik, Berlin 1988.
Hesse, Helmut/H. Sautter: Entwicklungstheorie und -politik, Tübingen 1977.
Hesse, J. H./Ch. Zöpel, Hg.: Zukunft und staatliche Verantwortung, Baden-Baden 1987.
Hettlage, Robert: Genossenschaftsmodelle als Alternative, in: P. Koslowski, Hg. (1983), 192–214.
Hildebrand, Dietrich von: Die Metaphysik der Gemeinschaft, Regensburg 1955.

Hill, Thomas E.: Beneficence and Self-Love: A Kantian Perspective, in: Social Philosophy and Policy 10 (1993), 1–23.
Hilpert, Hanns Günther: Die wirtschaftliche Verflechtung Japans mit der asiatisch-pazifischen Region, in: IFO-Schnelldienst 1993/3, 14–30.
Hindess, Barry: Political Choice and Social Structure, Aldershot 1989.
Hirschman, Albert O.: Abwanderung und Widerspruch, Tübingen 1974.
Hirschman, Albert O.: Engagement und Enttäuschung, Frankfurt a.M. 1984.
Hix, Simon: The Study of the European Community, in: West European Politics 17 (1994), 1–30.
Hobsbawm, Eric John E./T. Ranger, Hg.: The Invention of Tradition, Cambridge 1983.
Hochman, Harold M.: Economics and Distributive Ethics, in: Society, November 1994, 35–42.
Höffe, Otfried: Ethik; Moral, in: Lexikon der Ethik, hg. von O. Höffe, München 1986, 54f.; 170–172.
Höffe, Otfried, Hg.: Grundlegung zur Metaphysik der Sitten, Frankfurt a.M. 1989.
Höffe, Otfried: Völkerbund oder Weltrepublik, in: I. Kant: Zum ewigen Frieden, hg. v. O. Höffe, Berlin 1995, 119–128.
Höffe, Otfried: Die Vereinten Nationen im Lichte Kants, in: I. Kant: Zum ewigen Frieden, hg. v. O. Höffe, Berlin 1995, 245–272.
Höffe, Otfried: Vernunft und Recht. Bausteine zu einem interkulturellen Rechtsdiskurs, Frankfurt a.M. 1996.
Höffe, Otfried: Der Kommunitarismus als Alternative? In: Zeitschrift für philosophische Forschung 50 (1996), 92–112.
Hoekema, David A.: The Moral Status of Nuclear Deterrent Threats, in: Social Philosophy and Policy 3 (1985), 93–117.
Hoffmann, Josef: Ethische Grundlagen der Sozialstaatlichkeit, in: Archiv für Rechts- und Sozialphilosophie 75/4 (1989), 27–43.
Hoffmann, Karl-Dieter: Menschenrechte beginnen mit dem Überleben, in: Vorgänge 33/3 (1994), 104–118.
Hoffmann, Stanley: An Ethics of World Order, in: S. Hoffmann: Duties Beyond Borders, Syracuse, NY, 1981: 189–232.
Hoffmann, Stanley: Reaching for the Most Difficult: Human Rights as a Foreign Policy Goal, in: Daedalus 112/4 (1983), 19–49.
Hoffmann, Stanley: The Crisis of Liberal Internationalism, in: Foreign Policy 98 (1995), 159–177.
Hofmann, Hasso: Geschichtlichkeit und Universalitätsanspruch des Rechtsstaats, in: Der Staat 34 (1995), 1–31.
Holler, Linda D.: In Search of a Whole-System Ethics, in: The Journal of Religious Ethics 12 (1984), 219–239.
Holling, C. S.: Simplifying the Complex, in: Futures 26 (1994), 598–609.
Holmes, Kim R.: New World Disorder: A Critique of the United Nations, in: Journal of International Affairs 46 (1993), 323–340.

Holsti, K. J.: Governance without Government: Polyarchy in the 19th Century European International Politics, in: Rosenau/Czempiel, Hg. (1992), 30–57.

Homann, Karl: Die Rolle ökonomischer Überlegungen in der Grundlegung der Ethik, in: G. Hesse, Hg. (1988), 215–240.

Homann, Karl: Kollektive Probleme und individualethisches Paradigma, in: Ethik und Sozialwissenschaften 1 (1990), 67–69.

Homann, Karl: Wettbewerb ohne Moral? In: Zur Debatte 24/4 (1994), 1–5.

Homann, Karl/I. Pies: Wirtschaftsethik in der Moderne, in: Ethik und Sozialwissenschaften 5 (1994), 3–12.

Honderich, Ted: Consequentialism, Moralities of Concern, and Selfishness, in: Philosophy 71 (1996), 499–520.

Hondrich, Karl Otto/C. Koch-Arzberger: Solidarität in der modernen Gesellschaft, Frankfurt a.M. 1992.

Honneth, Axel, Hg.: Kommunitarismus, Frankfurt a.M. 1993.

Hopkins, Terrence K./I. Wallerstein: World-Systems Analysis, Beverly Hills 1982.

Honnefelder, Ludger: Der Streit um die Person in der Ethik, in: Philosophisches Jahrbuch 100 (1993), 246–265.

Honneth, Axel: Der Kampf um Anerkennung, Frankfurt a.M. 1992.

Horn, Christoph: Philosophische Argumente für einen Weltstaat, in: Zeitschrift für philosophische Forschung 50 (1996), 229–251.

Horowitz, Irving L.: Chance, Choice, Civility and Coleman, in: Society 28 (1991), 80–87.

Horrigan, James O.: The Ethics of the New Finance, in: Journal of Business Ethics 6 (1987), 97–110.

Horster, Detlef: Sind wir der zunehmenden Individualisierung in der Moderne ohnmächtig ausgeliefert? In: Zeitschrift für Individualpsychologie 18 (1993), 4–16.

Howard, R.: Values Make the Company, in: Harvard Business Review 1990, 133–144.

Howe, Jonathan T.: Will the United States Lead a New World Order? In: The Fletcher Forum of World Affairs 18 (1994), 23–30.

Hu, Jixuan: The End of Utopia. The Nondesignability of Social Systems, in: Cybernetics and Systems 19 (1988), 491–500.

Huntington, Samuel P./J. M. Nelson: No Easy Choice, London 1976.

Huntington, Samuel P.: Will More Countries Become Democratic? In: Political Science Quarterly 99 (1984), 193–218.

Huntington, Samuel P.: The Goals of Development, in: M. Weiner/S. P. Huntington, Hg. (1987), 3–32.

Huntington, Samuel P.: The U. S. – Decline or Renewal? In: Foreign Affairs 67 (1988), 76–93.

Huntington, Samuel P.: The Third Wave: Democratization in the Late Twentieth Century, Norman 1991.

Huntington, Samuel P.: The Clash of Civilizations? In: Foreign Affairs 72 (1993), 22–49.
Huntington, Samuel P.: If Not Civilization, What? In: Foreign Affairs 72 (1993), 186–194.
Husserl, Edmund: Zur Phänomenologie des inneren Zeitbewußtseins (1893–1917) (Gesammelte Werke, Bd. 10), Haag 1966.
Husserl, Edmund: Die Krisis der europäischen Wissenschaften und die transzendentale Phänomenologie (1936), Hamburg 1977.

Ibana, Rainer R. A.: The Possibility and Necessity of the Principle of Solidarity According to Max Scheler, in: Philosophy Today 33 (1989), 42–55.
IFO-Institut: Konsequenzen der regionalen Blockbildung für die Welthandelsentwicklung, in: IFO-Schnelldienst 1992/12, 10–23.
Ihonvbere, Julius O.: The Third World and the New World Order in the 1990s, in: Futures 24 (1992), 987–1002.
Ikenberry, G. John: Funk de Siècle: Impasses of Western Industrial Society at Century's End, in: Millenium 24 (1995), 113–126.
Ilting, Karl-Heinz: Der Geltungsgrund moralischer Normen, in: K.-H. Ilting: Grundfragen der praktischen Philosophie, Frankfurt a.M. 1994, 138–175.
Ipsen, Knut: Völkerrechtlicher Individualschutz in Konfliktgebieten, in: Wiener Blätter zur Friedensforschung (1991/3), 119–123.
Ishida, Hideki: Amoeba Management at Kyocera Corporation, in: Human Systems Management 13 (1994), 183–195.

Jackson, John E., Hg.: Institutions in American Society, Ann Arbor 1990.
Jänicke, Martin: Staatsversagen, München 1986.
Jamieson, Dale: Ethics, Public Policy, and Global Warming, in: Science, Technology, & Human Values 17 (1992), 139–153.
Jantsch, Erich: Evolving Images of Man, in: E. Jantsch/C. Waddington, Hg. (1976), 230–242.
Jantsch, Erich/C. Waddington, Hg.: Evolution and Consciousness, London 1976.
Jantsch, Erich: The Self-Organizing Universe, New York 1980.
Jantsch, Erich: Autopoiesis: A Central Aspect of Dissipative Self-Organization, in: M. Zeleny, Hg. (1981), 65–88.
Jeffrey, Paul: Evolutionary Analogies and Sustainability, in: Futures 28 (1996), 173–187.
Jervis, Robert: Cooperation under the Security Dilemma, in: World Politics 30 (1978), 172–186.
Jervis, Robert: Security Regimes, in: Krasner, Hg. (1983), 173–194.
Jönson, Christer: International Organization and Cooperation, in: International Social Science Journal 138 (1993), 463–478.
Johannesen, Richard L.: Virtue Ethics, Character, and Political Communication, in: Robert E. Denton, Hg. (1991), 69–90.

Johnson, J.: Is Talk Really Cheap? In: American Political Science Review 87 (1993), 74–86.
Jonas, Hans: Das Prinzip Verantwortung, Frankfurt a.M. 1979.
Jordan, Grand: Policy Community Realism versus „New Institutionalist" Ambiguity, in: Political Studies 38 (1990), 470–484.

Kaase, Max/A. Marsh: Political Action Repertory, in: S. H. Barnes/M. Kaase et al. (1979), 137–166.
Kabashima, Ikouo: Supportive Participation with Economic Growth: The Case of Japan, in: World Politics 36 (1983), 330–338.
Kahn, Herman/A. Wiener: The Year 2000, New York 1967.
Kahn, Herman: Things to Come, New York 1972.
Kahnemann, Daniel/P. Slovic/A. Tversky, Hg.: Judgement under Uncertainty, Cambridge 1982.
Kant, Immanuel: Werke in zwölf Bänden, Frankfurt a.M. 1964.
Kass, Henry D.: Exploring Agency as a Basis for Ethical Theory in American Public Administration, in: International Journal of Public Administration 12 (1989), 949–969.
Kateb, George: Notes on Pluralism, in: Social Research 61 (1994), 511–538.
Kauffman, S. A.: The Origins of Order: Self-Organization and Selection in Evolution, Oxford 1993.
Kaufmann, Franz-Xaver: Risiko, Verantwortung und gesellschaftliche Komplexität, in: Bayertz, Hg. (1995), 72–97.
Kavka, Gregory: Some Paradoxes of Deterrence, in: The Journal of Philosophy 75 (1978), 285–302.
Keeley, James F.: Toward a Foucaultian Analysis of International Regimes, in: International Organization 44 (1990), 83–106.
Keeley, Michael/J. W. Graham: Exit, Voice, and Ethics, in: Journal of Business Ethics 10 (1991), 349–355.
Kelsen, Hans: Allgemeine Theorie der Normen, hg. v. Kurt Ringhofer/R. Walter, Wien 1979.
Kemp, Peter: Toward a Narrative on Ethics, in: Philosophy and Social Criticism 14 (1988), 179–201.
Kenny, Vincent: On the Subject of Autopoiesis and Its Boundaries, in: International Journal of General Systems 21 (1992), 187–196.
Keohane, Robert O./J. S. Nye: International Interdependence and Integration, in: Greenstein/Polsby, Hg. (1975), 363–414.
Keohane, Robert O.: The Demand for International Regimes, in: Krasner, Hg. (1983), 141–171.
Keohane, Robert O.: After Hegemony: Cooperation and Discord in World Political Economy, Princeton 1984.
Keohane, Robert O.: Reciprocity in International Relations, in: International Organization 40 (1986), 1–27.

Keohane, Robert O./S. Hoffmann: Conclusions: Community Politics and Institutional Change, in: W. Wallace, Hg.: The Dynamics of European Integration, London 1990, 276–300.

Kersting, Wolfgang: Probleme der Wirtschaftsethik, in: Zeitschrift für philosophische Forschung 48 (1994), 350–371.

Kettner, Matthias: Verantwortung als Moralprinzip? In: Bijdragen 51 (1990), 418–439.

Kettner, Matthias: Einleitung: Über einige Dilemmata angewandter Ethik, in: M. Kettner, Hg. (1992), 9–28.

Kettner, Matthias, Hg.: Zur Anwendung der Diskursethik in Politik, Recht und Wissenschaft, Frankfurt a.M. 1992.

Keuth, Herbert: Erkenntnis oder Entscheidung: Zur Kritik der kritischen Theorie, Tübingen 1993.

Keuth, Herbert: Ist eine rationale Ethik möglich? In: Logos, N. F. 1 (1994), 288–305.

Keyes, C. Don: Ethical Judgement and Brain Function, in: Journal of Social and Evolutionary Systems 15 (1992), 387–398.

Khas, Hauz: Flexible Systems Methodology, in: Systems Practice 7 (1994), 623–652.

Kimminich, Otto: Entwicklungstendenzen des gegenwärtigen Völkerrechts, München-Nymphenburg (Siemens-Stiftung) 1976.

King, Jonathan B.: Confronting Chaos, in: Journal of Business Ethics 8 (1989), 39–50.

Kisiel, Theodore: Commentary on Patrick Heelan's „Hermeneutics of Experimental Science in the Context of the Life-World", in: Zeitschrift für allgemeine Wissenschaftstheorie 5 (1974), 124–135.

Kirzner, Israel M.: The Ethics of Competition, in: H. Siebert, Hg. (1994), 101–114.

Kleiner, Brian H.: Open Systems Planning, in: Behavioral Science 31 (1966), 189–204.

Kley, Roland: F. A. Hayeks Idee einer spontanen sozialen Ordnung, in: Kölner Zeitschrift für Soziologie und Sozialpsychologie 44 (1992), 12–34.

Kline, Stephen: The Play of the Market: On the Internationalization of Children's Culture, in: Theory, Culture & Society 12 (1995), 103–129.

Klosko, George: The Principle of Fairness and Political Obligation, Lanham 1992.

Knowles, Henry P./B. O. Saxberg: Organizational Leadership of Planned and Unplanned Change, in: Futures 12 (1980), 252–265.

Kohlberg, Lawrence, Hg.: The Psychology of Moral Development, the Nature and Validity of Moral Stages, New York 1981.

Kohlberg, Lawrence: The Psychology of Moral Development, San Francisco 1984.

Kohlberg, Lawrence/D. R. Boyd/Ch. Levine: Die Wiederkehr der sechsten Stufe: Gerechtigkeit, Wohlwollen und der Standpunkt der Moral, in: W. Edelstein/G. Nunner-Winkler, Hg. (1986), 205–318.

Koijmans, Peter: Is There a Common Ground for a Human Rights Theory and a Human Rights Policy? In: Wiener Blätter zur Friedensforschung (1988), 8–17.

Korff, Rüdiger: Die Weltstadt zwischen globaler Gesellschaft und Lokalitäten, in: Zeitschrift für Soziologie 20 (1991), 357–368.
Korsgaard, Christine M.: Personal Identity and the Unity of Agency: A Kantian Response to Parfit, in: Philosophy and Public Affairs 18 (1989), 101–132.
Korten, David C.: Getting to the 21st Century, West Hartford 1990.
Koslowski, Peter/P. Kreuzer/R. Löw, Hg.: Chancen und Grenzen des Sozialstaats, Tübingen 1983.
Koslowski, Peter: Organisches Wachstum als Sichausgleichen von Expansion und Kontraktion, in: P. Koslowski: Wirtschaft als Kultur, Wien 1989.
Koslowski, Peter: Die Ordnung der Wirtschaft, Tübingen 1994.
Kothari, Rajni: The Yawning Vacuum: A World without Alternatives, in: Alternatives 18 (1993), 119–139.
Kowalewski, David/D. Hoover: Dissent and Repression in the World-System, in: International Journal of Conflict Solution 35 (1994), 161–187.
Kracauer, Siegfried: Geschichte – Vor den letzten Dingen, Frankfurt a.M. 1971.
Krasner, Stephen E., Hg.: International Regimes, Ithaca 1983.
Krawietz, Werner/G. H. von Wright, Hg.: Öffentliche oder private Moral? Berlin 1992.
Krawietz, Werner: Theorie der Verantwortung – neu oder alt? In: Bayertz, Hg. (1995), 184–216.
Kreft, Heinrich: China im Konzert der Großmächte, in: Internationale Politik 52/6 (1997), 35–40.
Krieken, Robert van: The Organisation of the Soul, in: Archives européennes de sociologie 31 (1990), 353–371.
Krohn, Wolfgang/G. Küppers, Hg.: Emergenz: Die Entstehung von Ordnung, Organisation und Bedeutung, Frankfurt a.M. 1992.
Krüger, Lorenz: Über die Relativität und die objektive Realität des Kausalbegriffs, in: W. Lübbe, Hg. (1994), 147–163.
Krüll, Marianne: Systemisches Denken und Ethik, in: Zeitschrift für systemische Therapie 14 (1987), 250–255.
Krugman, Paul: Competitiveness: A Dangerous Obsession, in: Foreign Affairs 73/2 (1994), 28–44.
Kümmel, Gerhard: UN-Overstretch: A German Perspective, in: International Peacekeeping 1 (1994), 160–178.
Küng, Hans/Kuschel, Hans-Jürgen, Hg.: Erklärung zum Weltethos: Die Deklaration des Parlamentes der Weltreligionen, München 1994.
Küng, Hans: Geschichte, Sinn und Methode der Erklärung zu einem Weltethos, in: H. Küng/K.-J. Kuschel, Hg. (1994), 49–88.
Küng, Hans: Weltethos für Weltpolitik und Weltwirtschaft, München 1997.
Kuhlmann, Wolfgang, Hg.: Moralität und Sittlichkeit, Frankfurt a.M. 1986.
Kumar, Krishan: Civil Society, in: British Journal of Sociology 44 (1993), 375–396.
Kupperman, Joel: Character and Ethical Theory, in: Midwest Studies in Philosophy 13 (1988), 115–125.

Kurth, James: Things to Come: The Shape of the New World Order, in: The National Interest 24 (1991), 3–12.
Kurth, James: The Post-Modern State, in: The National Interest 25 (1992), 26–35.
Kurtzman, J. : The Death of Money, New York 1993.

Lachmann, Werner: Ethik und Soziale Marktwirtschaft, in: H. Hesse, Hg. (1988), 277–303.
Lackey, Douglas P.: Immoral Risks: A Deontological Critique of Nuclear Deterrence, in: Social Philosophy and Policy 3 (1985), 154–175.
Laden, Anthony: Games, Fairness, and Rawls' „A Theory of Justice", in: Philosophy and Public Affairs 20 (1991), 189–222.
Ladeur, Karl-Heinz: Ethik der Komplexität und gesellschaftliche Institutionen, in: Ethik und Sozialwissenschaften 1 (1990), 74–77.
Laird, Robin: Rethinking the Role of Nuclear Weapons in the Post-Cold War World, in: European Security 4 (1995), 256–272.
Lane, David C.: With a Little Help from Our Friends: How System Dynamics and Soft Operations Research Can Learn from Each Other, in: System Dynamics Review 10 (1994), 101–134.
LaPalombara, Joseph: Structural and Institutional Aspects of Corruption, in: Social Research 61 (1994), 325–350.
LaPorte, Todd R.: Large Technical Systems, Institutional Surprises and Challenges to Political Legitimacy, in: Technology in Society 16 (1994), 269–288.
Larmer, Robert: Corporate Executives: Disasters and Moral Responsibility, in: Journal of Business Ethics 15 (1996), 785–788.
Larmore, Charles E.: Patterns of Moral Complexity, Cambridge 1987.
Laslett, Peter/J. Fishkin, Hg.: Philosophy, Politics and Society, Oxford 1979.
Laszlo, C. A./M. D. Levine/J. H. Milsum: A General Systems Framework for Social Systems, in: Behavioral Science 19 (1974), 79–92.
Laszlo, Ervin: Introduction to Systems Philosophy, New York 1972.
Laszlo, Ervin: A Systems Philosophy of Human Values, in: Behavioral Science 18 (1973), 250–259.
Laszlo, Ervin: Evolution. Die neue Synthese, Wien 1987.
Laszlo, Ervin: Cooperative Governance, in: World Futures 31 (1991), 215–221.
Laszlo, Ervin: Unitary Trends in Sociocultural Evolution, in: World Futures 34 (1992), 125–130.
Laszlo, Ervin: Global Sustainability and the Market, in: World Futures 40 (1994), 177–185.
Layne, Christopher: Kant or Can't: The Myth of the Democratic Peace, in: International Security 19 (1994), 5–49.
Lebacqz, Karen: Professional Ethics, Nashville 1985.
Ledington, Paul: Relevance, Formality, and Process: Toward a Theory of Soft Systems Practice, in: Systems Research 9 (1992), 47–60.

Lee, K.: A New Basis for Moral Philosophy, London 1985.
LeGoff, Jacques/R. Chartier/J. Revel, Hg.: Die Rückeroberung des historischen Denkens, Frankfurt a. M. 1990.
Leinfellner, Werner: Wie sozial ist die Ethik? In: Ethik und Sozialwissenschaften 1 (1990), 182–184.
Leinfellner, Werner: Traditional Ethics, Ethical Decision Theory, and Evolutionary Ethics, in: International Journal on the Unity of Sciences 4 (1991), 175–199.
Leinfellner, Werner: Ein Plädoyer für die evolutionäre und die Sozialethik, in: W. Lütterfelds, Hg. (1993), 32–64.
Leist, Anton, Hg.: Um Leben und Tod, Frankfurt a. M. 1990.
Lemke, J. L.: Discourse, Dynamics, and Social Change, in: Cultural Dynamics 6 (1993), 243–275.
Lenk, Hans/Günter Ropohl, Hg.: Technik und Ethik, Stuttgart 1987.
Lenk, Hans: Unverantwortbare Faszination des Machbaren? In: Universitas 44 (1989), 484–492.
Lenk, Hans/Matthias Maring: Verantwortung und soziale Fallen, in: Ethik und Sozialwissenschaften 1 (1990), 49–57.
Lenk, Hans/M. Maring: Replik, in: Ethik und Sozialwissenschaften 1 (1990), 97–105.
Lenk, Hans/M. Maring, Hg.: Wirtschaft und Ethik, Stuttgart 1992.
Lenk, Hans: Von Deutungen zu Wertungen, Frankfurt a. M. 1994.
Lenk, Hans/M. Maring: Wer soll Verantwortung tragen? In: K. Bayertz, Hg. (1995), 241–286.
Lenoir, Noelle: Bioethics, Constitutions, and Human Rights, in: Diogenes 43/4 (1995), 11–33.
Lévinas, Emmanuel: Die Spur des Anderen, Freiburg 1983.
Lévinas, Emmanuel: Ethik und Unendliches, Wien 1992.
Lévinas, Emmanuel: Zwischen uns, München 1995.
Lewis, Peter: The Next Great Empire, in: Futures 14 (1982), 47–61.
Lewontin, Adaptation, in: Scientific American 239 (1978), 156–169.
Lidz, Victor: Influence et solidarité, définir un fondement théorique à la sociologie, in: Sociologie et sociétés 21 (1989), 117–142.
Lind, Michael: The Catalytic State, in: The National Interest 25 (1992), 3–12.
Lindenberg, Siegwart: Norms and the Power of Loss, in: JITE 150 (1994), 101–113.
Linder, Stephen H./B. Guy Peters: An Institutional Approach to the Theory of Policy-Making, in: Journal of Theoretical Politics 2 (1990), 59–83.
Linz, Juan/A. Stepan: Democratic Transition and Consolidation, Baltimore 1994.
Lipschutz, Ronnie D.: Emergence of Global Civil Society, in: Millenium 21 (1992), 389–420.
Lloyd, Peter J.: Regionalisation and World Trade, in: OECD Economic Studies 18 (1992), 8–43.
Loh, Werner: Eine Selbstauflösung Evolutionärer Ethik in ihrer unaufgeklärten Geschichtlichkeit, in: Ethik und Sozialwissenschaften 1 (1990), 185–186.

Lomasky, Loren E.: Justice to Charity, in: Social Philosophy & Policy 12 (1995), 32–51.
Loo, Hans von der/W. van Reijen: Modernisierung, München 1992.
Lorenz, Edward H.: Flexible Production Systems and the Social Construction of Trust, in: Politics & Society 21 (1993), 307–324.
Lowi, Theodore: The State in Politics, in: R. Noll, Hg. (1985), 67–96.
Loye, David: Charles Darwin, Paul MacLean, and the Lost Origins of „The Moral Sense", in: World Futures 40 (1994), 187–196.
Lozano, Joseph M.: Ethics and Management, in: Journal of Business Ethics 15 (1996), 227–236.
Luard, Evan: Types of International Society, New York 1976.
Luard, Evan: The Globalization of Politics, New York 1990.
Lucassen, Emy: The Ethics of Genetic Engineering, in: Journal of Applied Philosophy 13 (1996), 51–62.
Ludz, Peter C., Hg.: Soziologie und Sozialgeschichte, Opladen 1972.
Lübbe, Hermann: Geschichtsbegriff und Geschichtsinteresse, Basel 1977.
Lübbe, Hermann: Die Wissenschaften und die praktische Verantwortung der Wissenschaftler, in: H. M. Baumgartner/H. Staudinger, Hg. (1985), 57–73.
Lübbe, Hermann: Politischer Moralismus, Berlin 1987.
Lübbe, Hermann: Geteilte Souveränität, in: Information Philosophie 1994/3, 5–13.
Lübbe, Weyma: Der Normgeltungsbegriff als probabilistischer Begriff, in: Zeitschrift für philosophische Forschung 44 (1990), 583–602.
Lübbe, Weyma, Hg.: Kausalität und Zurechnung, Berlin 1994.
Lütterfelds, Wilhelm: Jenseits von Aporien und Sackgassen? In: Ethik und Sozialwissenschaften 1 (1990), 186–188.
Lütterfelds, Wilhelm, Hg.: Evolutionäre Ethik zwischen Naturalismus und Idealismus, Darmstadt 1993.
Luhmann, Niklas: Vertrauen. Ein Mechanismus der Reduktion sozialer Komplexität, Stuttgart 1968.
Luhmann, Niklas: Institutionalisierung – Funktion und Mechanismus im sozialen System der Gesellschaft, in: H. Schelsky, Hg. (1970), 27–41.
Luhmann, Niklas: Rechtssoziologie, Reinbek 1972.
Luhmann, Niklas: Die Weltgesellschaft, in: N. Luhmann: Soziologische Aufklärung, Bd. 2, Opladen 1975, 51–71.
Luhmann, Niklas: Weltzeit und Systemgeschichte, in: N. Luhmann: Soziologische Aufklärung, Bd. 2, Opladen 1975, 103–133.
Luhmann, Niklas: Evolution und Geschichte, in: Geschichte und Gesellschaft 2 (1976), 284–309.
Luhmann, Niklas: Soziologie der Moral, in: N. Luhmann/S. H. Pfürtner, Hg.: Theorietechnik und Moral, Frankfurt a. M. 1978, 8–116.
Luhmann, Niklas: Der Wohlfahrtsstaat zwischen Evolution und Rationalität, in: P. Koslowski, Hg. (1983), 26–40.

Luhmann, Niklas: Soziale Systeme: Grundriß einer allgemeinen Theorie, Frankfurt a.M. 1984.
Luhmann, Niklas: Ökologische Kommunikation, Opladen 1986.
Luhmann, Niklas: The Autopoiesis of Social Systems, in: Felix Geyer/van der Zouwen, Hg. (1986), 172–192.
Luhmann, Niklas: Die Wirtschaft der Gesellschaft, Frankfurt a.M. 1988.
Luhmann, Niklas: Ethik als Reflexionstheorie der Moral, in: N. Luhmann: Gesellschaftsstruktur und Semantik, Bd. 3, Frankfurt a.M. 1989, 358–447.
Luhmann, Niklas: Soziologie des Risikos, Berlin 1991.
Luhmann, Niklas: Paradigm Lost: Über die ethische Reflexion der Moral, Frankfurt a.M. 1991.
Luhmann, Niklas: Die Form „Person", in: Soziale Welt 42 (1991), 166–175.
Luhmann, Niklas: Metamorphosen des Staates, in: Information Philosophie 1994/4, 5–21.
Lumsden, Charles J./E. O. Wilson: Genes, Mind, and Culture, Cambridge, Mass., 1981.
Lunde, Leiv: North/South and Global Warming – Conflict or Cooperation? In: Bulletin of Peace Research 22 (1991), 199–210.
Luntley, Michael: Bringing the State Back In, in: The Political Quarterly 60 (1989), 13–44.
Luttwak, Edward N.: The Endangered American Dream, New York 1993.
Luttwak, Edward N.: Weltwirtschaftskrieg, Reinbek 1994.
Lyman, Princeton N.: Refugees in the World Today and Tomorrow, in: SAIS Review 11 (1991), 165–178.
Lyotard, Jean-François: Der Widerstreit, München 1987.

Machan, Tibor R.: Human Rights Reaffirmed, in: Philosophy 69 (1994), 479–490.
MacIntyre, Alsdair: After Virtue, Notre Dame 1984.
Mack, Eric: Moral Individualism: Agent-Relativity and Deontic Restraints, in: Social Philosophy and Policy 7 (1990), 81–111.
Mackie, John L.: Ethik, Stuttgart 1981.
Maier, Charles S.: Democracy and Its Discontents, in: Foreign Affairs 73 (1994), 48–64.
Majeski, J./S. Fricks: Conflict and Cooperation in International Relations, in: Journal of Conflict Resolution 39 (1995), 622–645.
Malik, F.: Evolutionary Management, in: H. Ulrich/G. J. B. Probst, Hg. (1984), 105–120.
Mannheim, Karl: Historismus (1924), in: K. Mannheim: Wissenssoziologie, Neuwied 1964, 246–307.
Mannheim, Karl: Das Problem einer Soziologie des Wissens (1925), in: Wissenssoziologie, Neuwied 1964, 308–387.
Mannheim, Karl: Die Bedeutung der Konkurrenz im Gebiete des Geistigen (1928), in: Wissenssoziologie, hg. v. Kurt H. Wolff, Neuwied 1964, 566–613.

Mansell, R.: The New Telecommunications, London 1993.
March, James G./J. P. Olsen: Garbage Can Models of Decision Making in Organizations, in: J. G. March/R. Wissinger-Baylon, Hg. (1986), 11–35.
March, James G./R. Wissinger-Baylon, Hg.: Ambiguity and Command, Marshfield, Mass., 1986.
March, James G./J. P. Olsen: Popular Sovereignty and the Search for Appropriate Institutions, in: Journal of Public Policy 6 (1987), 341–370.
Margalit, Avishai/J. Raz: National Self-Determination, in: Journal of Philosophy 87 (1990), 439–461.
Maring, Matthias: Modelle korporativer Verantwortung, in: Conceptus 23 (1989), 25–41.
Maring, Matthias: Wirtschaftsethik: normative Individual- und Institutionenethik, in: Ethik und Sozialwissenschaften 5 (1994), 49–53.
Markus, Gyorgy: Why Is There No Hermeneutics of Natural Science? In: Science in Context 1 (1987), 5–51.
Marsh, R. M.: Does Democracy Hinder Economic Development in the Latecomer Developing Nations? In: Comparative Social Research 2 (1979), 215–248.
Marske, Charles E.: Durkheims „Cult of the Individual" and the Moral Reconstitution of Society, in: Sociological Theory 5 (1987), 1–14.
Marwell, Gerald/P. E. Oliver: Social Networks and Collective Action, in: American Journal of Sociology 94 (1988), 502–534.
Masani, P. R.: Wiener's Cybernetics and Its Societal Implications, in: Cybernetica 38 (1995), 279–309.
Maslow, Abraham H.: A Theory of Human Motivation, in: Psychological Review 59 (1943), 370–396.
Maslow, Abraham H.: Fusion of Facts and Values, in: American Journal of Psychoanalysis 23 (1963), 117–131.
Masters, Marick F./J. D. Robertson: Class Compromises in Industrial Democracies, in: American Political Science Review 82 (1988), 1183–1201.
Matthiessen, Christian, Hg.: Ökonomie und Ethik, Freiburg 1990.
Mawlawi, Farouk: New Conflicts, New Challenges: The Evolving Role for Non-Governmental Actors, in: Journal of International Affairs 46 (1993), 391–413.
May, Lary: The Morality of Groups, Notre Dame 1987.
Mayr, Ernst: Teleological and Teleonomic: A New Analysis, in: Boston Studies in the Philosophy of Science 14 (1974), 91–117.
Mayr, Ernst: Evolution – Grundfragen und Mißverständnisse, in: Ethik und Sozialwissenschaften 5 (1994), 203–209.
Mazrui, Ali: Global Apartheid: Structural and Overt, in: Alternatives 19 (1994), 185–193.
McClintock, Charles G.: Evolution, Systems of Interdependence, and Social Values, in: Behavioral Science 33 (1988), 59–76.
McGinnis, Michael V.: Deep Ecology and the Foundations of Restoration, in: Inquiry 39 (1996), 203–217.

McKelvey, Richard D.: Intransitivities in Multidimensional Voting Models and Some Implications for Agenda Control, in: Journal of Economic Theory 47 (1976), 1085–1112.

McKenna, Richard J.: Explaining Amoral Decision Making, in: Journal of Business Ethics 15 (1996), 681–694.

McNamara, Robert: La crise du developpement de l'Afrique, in: Allocation Prononcée à OTA, Nigeria, 21 June 1990.

Mead, George Herbert: Mind, Self, and Society, Chicago 1934.

Meadows, Dennis: Die Grenzen des Wachstums, Stuttgart 1972.

Mearsheimer, John J.: Back to the Future: Instability in Europe after the Cold War, in: International Security 15 (1990), 5–56.

Meilaender, Gilbert C.: The Theory and Practice of Virtue, Notre Dame 1984.

Menk, Thomas M.: Der moderne Staat und seine Ironiker, in: Der Staat 31 (1992), 571–584.

Mennell, Stephen: Decivilizing Processes, in: International Sociology 5 (1990), 205–223.

Meran, Josef: Individualismus oder Kollektivismus? In: Zeitschrift für allgemeine Wissenschaftstheorie 10 (1979), 35–53.

Merleau-Ponty, Maurice: Das Sichtbare und das Unsichtbare, München 1986 (frz. 1964).

Merton, Robert K.: Social Theory and Social Structure, Glencoe, Ill., 1957.

Messner, Dirk/Franz Nuscheler: Global Governance, in: D. Senghaas, Hg.: Frieden machen, Frankfurt a.M. 1997, 337–361.

Meyer, Howard N.: A Realistic Peace Dividend: Return to International Law? In: International Journal on World Peace 11 (1994), 29–43.

Meyer, Thomas/S. Miller, Hg.: Zukunftsethik und Industriegesellschaft, München 1986.

Milbrath, Lester W.: Envisioning a Sustainable Society, Albany 1989.

Miles, Ian: Services in the New Industrial Economy, in: Futures 5 (1993), 653–672.

Mill, John Stuart: Nature, in: J. H. Randall/J. Buchler/E. Urban Shirk, Hg.: Readings in Philosophy, New York 1950.

Miller, Max: Ellbogenmentalität und ihre theoretische Apotheose, in: Soziale Welt 45 (1994), 5–15.

Miller, Morris: Where is Globalization Taking Us? In: Futures 27 (1995), 125–144.

Mills, James: The Underground Empire, Garden City 1986.

Mingers, John: The Problems of Social Autopoiesis, in: International Journal of General Systems 21 (1992), 175–183.

Mitcham, Carl: The Concept of Sustainable Development, in: Technology in Society 17 (1995), 311–326.

Mitchel, Austin: Nationhood: The End of the Affair? In: The Political Quarterly 63 (1992), 122–142.

Mitias, Michael H.: The Possibility of World Community, in: Coexistence 27 (1990), 199–214.

Modelski, George: A Global Politics Scenario for the Year 2016, in: G. Modelski, Hg.: Exploring Long Cycles, London 1987, 218–272.
Modelski, George: Is World Politics Evolutionary Learning? In: International Organization 44 (1990), 1–24.
Mofson, Phyllis: Global Ecopolitics, in: Demko/Wood, Hg. (1994), 167–177.
Molitor, Bruno: Wirtschaftsethik, München 1989.
Moore, George E.: Principia Ethica, Stuttgart 1970.
Moore, J.: Carrying Capacity, Complexity, and Culture, in: Journal of Human Evolution 12 (1983), 505–514.
Moore, Mick: Democracy and Development in Cross-National Perspective, in: Democratization 2 (1995), 1–19.
Moore, Richter H.: Twenty-First Century Law to Meet the Challenge of Twenty-First Century Organized Crime, in: Futures Research Quarterly, Spring 1995, 23–46.
Moravcsik, Julius: Gemeinschaftsbande, in: Conceptus 23 (1989), 3–24.
Moray, Neville: Humans and Their Relation to Ill-Defined Systems, in: O. G. Selfridge, et al., Hg. (1984), 11–20.
Morgan, Gareth: Images of Organizations, Newbury Park, Cal., 1986 (dt. Ausgabe: Bilder der Organisation, Stuttgart 1997).
Morris, C. R./C. H. Ferguson: How Architecture Wins Technology Wars, in: Harvard Business Review, March-April 1993, 86–96.
Morrison, Alex: The Fiction of a U. N. Standing Army, in: The Fletcher Forum of World Affairs 18 (1994), 83–99.
Moynihan, Daniel P.: Pandaemonium. Ethnicity in International Politics, Oxford 1993.
Müller, Hans-Peter: Durkheims Vision einer „gerechten" Gesellschaft, in: Zeitschrift für Rechtssoziologie 13 (1991), 16–43.
Müller, Harald: Das nukleare Nichtverbreitungsregime im Wandel, in: Europa-Archiv, Folge 2 (1992), 593–600.
Müller, Max: Erfahrung und Geschichte, Freiburg 1971.
Müller, Wolfgang C./V. Wright: Reshaping the State in Western Europe, in: West European Politics 17 (1994), 1–11.
Münch, Richard: Die Dynamik des Diskurses, in: R. Münch: Dialektik der Kommunikationsgesellschaft, Frankfurt a. M. 1991, 116–132.
Münkler, Herfried: Die Nation als Modell politischer Ordnung, in: Staatswissenschaften und Staatspraxis 5 (1994), 367–392.
Munslow, Barry/F. E. Ekoko: Is Democracy Necessary for Sustainable Development? In: Democratization 2 (1995), 158–178.
Murnion, William E.: The Ideology of Social Justice in Economic Justice for All, in: Journal of Business Ethics 8 (1989), 847–857.
Murphey, Dwight D.: The World Population Explosion and the Cost of Uncontrolled Immigration, in: The Journal of Social, Political & Economic Studies 19 (1994), 481–510.

Nadler, Gerald: Systems Methodology and Design, in: IEEE Transactions on Systems, Man, and Cybernetics 15 (1985), 685–697.
Nagel, Thomas: The Fragmentation of Value, in: T. Nagel: Moral Questions, New York 1979, 128–141.
Nagel, Thomas: Equality and Partiality, New York 1991.
Nardin, Terry: The Problem of Relativism in International Ethics, in: Millenium 18 (1989), 149–161.
Naroll, Raoul: The Moral Order, Beverly Hills 1983.
Narr, Wolf-Dieter/A. Schubert: Weltökonomie – Die Misere der Politik, Frankfurt a.M. 1994.
Narveson, Jan: On Dworkinian Equality, in: Social Philosophy & Policy 1 (1983), 1–23.
Nelson, R. R./S. G. Winter: Evolutionary Modeling of Economic Change, in: A. Silberston, Hg. (1989).
Neumaier, Otto: Sind Kollektive moralisch verantwortlich? In: O. Neumaier, Hg. (1994), 49–121.
Neumaier, Otto, Hg.: Angewandte Ethik im Spannungsfeld von Ökologie und Ökonomie, Sankt Augustin 1994.
Newman, Frank C.: A Nutshell-Approach to the U. N. Human Rights Law Protecting Minorities, in: The Fletcher Forum 19 (1995), 5–10.
Nicholson, Nigel: Ethics in Organizations, in: Journal of Business Research 13 (1994), 581–596.
Nida-Rümelin, Julian: Kritik des Konsequentialismus, München 1995.
Nietschmann, Bernard: Economic Development by Invasion of Indigenous Nations, in: Cultural Survival Quarterly 10/2 (1986), 2–12.
Niosi, Jorge/B. Bellon: The Global Interdependence of National Innovation Systems, in: Technology in Society 16 (1994), 173–197.
Noelle-Neumann, Elisabeth/B. Strümpel: Macht Arbeit krank? Macht Arbeit glücklich? München 1984.
Noll, Roger, Hg.: Regulatory Politics and the Social Sciences, Berkeley 1985.
Nolte, Detlef: Kontintent der Zukunft? Geoökonomische Interessen der USA und Europas in Lateinamerika, in: Blätter für deutsche und internationale Politik 40 (1995), 728–737.
Nordenstreng, Kaarle/H. I. Schiller, Hg.: Beyond National Sovereignty, Norwood 1993.
Nordin, Ingemar: State, Technology, and Planning, in: Philosophy of the Social Sciences 21 (1991), 458–475.
Norem-Hebeisen, A. A.: A Maximization Model of Self-Concept, in: A. A. Norem-Hebeisen/K. J. Gergen, Hg.: Self-Concept: Advances in Theory and Research, Cambridge, Mass., 1981.
North, Robert: War, Peace, and Survival, Boulder 1990.
Nozick, Robert: Anarchy, State, and Utopia, New York 1974.

Nuscheler, Franz: Universalität und Unteilbarkeit der Menschenrechte? Zur Kakophonie des Wiener Wunschkonzerts, in: Österreichische Zeitschrift für Politik 24 (1995), 199–210.
Nye, Joseph S.: Bound to Lead: The Changing Nature of American Power, New York 1990.
Nye, Joseph S./W. A. Owens: America's Information Edge, in: Foreign Affairs 75 (1996), 20–36.

Oberhofer, Tom: The Changing Cultural Discount Rate, in: Review of Social Economy 47 (1989), 43–54.
Oberndörfer, Dieter: Die offene Republik, Freiburg 1991.
Oberschall, Anthony: Rules, Norms, Morality, in: Angewandte Sozialforschung 18 (1994), 133–154.
O'Connor, Martin: Complexity and Coevolution: Methodology for a Positive Treatment of Indeterminacy, in: Futures 26 (1994), 610–615.
Odom, William E.: How to Create a True World Order? In: Orbis, Spring 1995, 155–165.
Offe, Claus: Smooth Consolidation in the West German Welfare State, in: F. F. Piven, Hg. (1991), 124–146.
Olffen, Woody van/A. G. L. Romme: The Role of Hierarchy in Self-Organizing Systems, in: Human Systems Management 14 (1995), 199–206.
O'Neill, John: Should Communitarians be Nationalists? In: Journal of Applied Philosophy 11 (1994), 135–144.
O'Neill, Onora: Reason and Autonomy in Grundlegung III, in: O. Höffe, Hg. (1989), 282–298.
Ophuls, William: The Politics of Sustainable Society, in: D. C. Pirages, Hg. (1977), 157–172.

Paesch, Norman: Krieg der Zivilisationen oder dritte Dekolonisation? In: Blätter für deutsche und internationale Politik 1994/3, 310–321.
Paternostro, Silvano: Mexico as a Narco-Democracy, in: World Policy Journal 12 (1995), 41–47.
Patzig, Günther: Der Unterschied zwischen subjektiven und objektiven Interessen und seine Bedeutung für die Ethik, in: Gesammelte Schriften, Göttingen 1994, 72–98.
Patzig, Günther: Ökologische Ethik – innerhalb der Grenzen bloßer Vernunft, in: Gesammelte Schriften, Bd. 2, Göttingen 1993, 162–185.
Pauly, L.: Capital Mobility, State Autonomy and Political Legitimacy, in: Journal of International Affairs, Winter 1995, 369–388.
Pava, Moses L./J. Krausz: The Association Between Corporate Social Responsibility and Financial Performance: The Paradox of Social Cost, in: Journal of Business Ethics 15 (1996), 321–357.

Pavlak, Thomas J./G. M. Pops: Administrative Ethics as Justice, in: International Journal of Public Administration 12 (1989), 931–948.

Payer, Cheryl: The World Bank: A Critical Analysis, New York 1982.

Pearson, David E.: Community and Sociology, in: Society, July/August 1995, 44–50.

Peden, Creighton/J. P. Sterba, Hg.: Freedom, Equality, and Social Change, Lewiston 1989.

Perry, James L., Hg.: Handbook of Public Administration, San Francisco 1989.

Peters, Bernhard: Die Integration moderner Gesellschaften, Frankfurt a. M. 1993.

Peterson, M. J.: Transnational Activity, International Society and World Politics, in: Millenium 21 (1992), 371–388.

Petrella, R.: Globalization of Technological Innovation, in: Technology Analysis & Strategic Management 1 (1989), 393–407.

Pfeffer, J.: Management as Symbolic Action, in: Research in Organizational Behavior 3 (1981), 1–52.

Pierson, Paul: The New Politics of the Welfare State, in: World Politics 48 (1996), 143–179.

Pinckaers, Servais: Virtue Is Not a Habit, in: Cross Currents 12 (1962), 65–81.

Pirages, D. C., Hg.: The Sustainable Society, New York 1977.

Piven, Francis F., Hg.: Labor Parties in Postindustrial Societies, Oxford 1991.

Poff, Deborah C.: Reconciling the Irreconcilable: The Global Economy and the Environment, in: Journal of Business Ethics 13 (1994), 439–445.

Pogge, Thomas W.: Liberalism and Global Justice, in: Philosophy and Public Affairs 15 (1986), 67–81.

Pogge, Thomas W.: Realizing Rawls, Ithaca 1989.

Pogge, Thomas W.: Die Folgen vorherrschender Moralkonzeptionen, in: Zeitschrift für Philosophische Forschung 45 (1991), 22–37.

Pogge, Thomas W.: An Egalitarian Law of People, in: Philosophy and Public Affairs 23 (1994), 195–224.

Pogge, Thomas W.: Eine globale Rohstoffdividende, in: Analyse & Kritik 17 (1995), 183–208.

Pogge, Thomas W.: Lebensstandards im Kontext der Gerechtigkeitslehre, in: Zeitschrift für philosophische Forschung 51 (1997), 2–24.

Popper, Karl R.: Das Elend des Historizismus, Tübingen 1965.

Poppovic, Msalak/P. S. Pinheiro: How to Consolidate Democracy? In: International Social Science Journal 143 (1995), 75–88.

Post, Robert C.: The Social Foundations of Defamation Law, in: California Law Review 74 (1986), 691–742.

Pourgerami, Abbas: The Political Economy of Development, in: Journal of Theoretical Politics 3 (1991), 189–211.

Powell, Arnold/J. R. Royce/B. Voorhees: Personality as a Complex Information-Processing System, in: Behavioral Science 27 (1982), 338–376.

Preston, Lee E.: Corporate Boards and Corporate Governance, in: Society, March/April 1995, 17–20.
Prestowitz, Clyde V.: Beyond Laissez Faire, in: Foreign Policy 87 (1992), 67–87.
Priest, George L.: The New Legal Structure of Risk Control, in: Daedalus 119 (1990), 207–227.
Prigogine, Ilya/P. M. Allen: The Challenge of Complexity, in: Schieve, W. C./P. M. Allen, Hg. (1982), 3–38.
Prigogine, Ilya: Science, Civilization and Democracy, in: Futures 18 (1986), 493–507.
Probst, Gilbert J. B.: Selbst-Organisation, Berlin 1987.
Probst, Gilbert J. B.: Soziale Institutionen als selbstorganisierende, entwicklungsfähige Systeme, in: L. Bauer/H. Matis, Hg. (1989), 145–159.
Procter, Robert N.: The Politics of Cancer, in: Dissent, Spring 1994.
Proshansky, H./W. Ittelson/L. Rivlin: Freedom of Choice and Behavior in a Physical Setting, in: Proshansky, H., et al., Hg. (1970), 173–183.
Proshansky, H./W. Ittelson/L. Rivlin, Hg.: Environmental Psychology, New York 1970.
Przeworski, A.: Democracy and the Market, Cambridge 1991.
Pugh, George E.: The Biological Origin of Human Values, New York 1977.
Purser, Ronald E.: Designing Post-Industrial Organizations for Ecological Sustainability, in: World Futures 46 (1996), 203–222.

Quigley, T. R.: The Ethical and Narrative Self, in: Philosophy Today 38 (1994), 43–55.

Radnitzky, Gerard: Knowledge, Values, and the Social Order in Hayek's Oeuvre, in: Journal of Social and Evolutionary Systems 16 (1993), 9–24.
Radzicki, Michael J.: Institutional Dynamics, Deterministic Chaos, and Self-Organizing Systems, in: Journal of Economic Issues 24 (1990), 57–102.
Rakic, Ljubislav: Regulatory Systems and Value, in: International Journal of the Unity of the Sciences 3 (1990), 165–185.
Rasler, Keren A./W. R. Thompson: War and State Making, Boston 1989.
Rauscher, Anton: Solidarität, in: Staatslexikon, Bd. 4, Freiburg 1988.
Rauscher, Anton/A. Hollerbach: Subsidiarität, in: Staatslexikon, Bd. 5, Freiburg 1989.
Rawls, John: Eine Theorie der Gerechtigkeit, Frankfurt a.M. 1975/1979.
Rawls, John: Die Idee des politischen Liberalismus, Frankfurt a.M. 1992.
Rawls, John: Gerechtigkeit als Fairneß – politisch und nicht metaphysisch, in: J. Rawls (1992), 255–292.
Rawls, John: The Law of the People, in: Stephen Shute/S. Hurley, Hg. (1993), 41–82, 220–230.
Raz, Joseph: The Morality of Freedom, Oxford 1986.
Raz, Joseph: Multiculturalism: A Liberal Perspective, in: Dissent, Winter 1994, 67–79.
Raz, Joseph: Moral Change and Relativism, in: Social Philosophy and Policy 11 (1994), 139–158.

Raz, Joseph: Multikulturalismus: eine liberale Perspektive, in: Deutsche Zeitschrift für Philosophie 43 (1995), 307–327.
Reese-Schäfer, Walter: Was ist Kommunitarismus? Frankfurt a. M. 1994.
Reich, Robert: The Work of Nations, New York 1991.
Reidenbach, R. Eric/D. P. Robin: A Conceptual Model of Corporate Moral Development, in: Journal of Business Ethics 10 (1991), 273–284.
Reiner, Robert: Fin de siècle Blues: The Police Face the Millenium, in: The Political Quarterly 63 (1992), 37–49.
Rescher, Nicholas: Moral Absolutes, New York 1989.
Rescher, Nicholas: Précis of a System of Pragmatic Idealism, in: Philosophy and Phenomenological Research 54 (1994), 377–390.
Rex, John/B. Drury, Hg.: Ethnic Mobilization in a Multi-Cultural Europe, Aldershot 1994.
Rex, John: Ethnic Identity and the Nation State: The Political Sociology of Multi-Cultural Societies, in: Social Identities 1 (1995), 21–34.
Rich, Arthur: Wirtschaftsethik, Gütersloh 1989.
Rich, Arthur: Weltwirtschaftlicher Ausblick, in: A. Rich: Wirtschaftsethik, Bd. 2, Gütersloh 1990, 345–368.
Richards, Robert J.: Evolutionäre Ethik, revidiert und gerechtfertigt, in: K. Bayertz, Hg. (1993), 168–198.
Richardson, Henry S.: Beyond Good and Right: Toward a Constructive Ethical Pragmatism, in: Philosophy and Public Affairs 24 (1995), 108–141.
Richmond, A.: Ethnic Nationalism and Post-Industrialism, in: Ethnic and Racial Studies 7 (1984), 4–18.
Richter, Frank-Jürgen: The Emergence of Corporate Alliance Networks-Conversion to Self-Organization, in: Human Systems Management 13 (1994), 19–26.
Ricœur, Paul: Geschichte und Wahrheit, München 1974.
Ricœur, Paul: Objektivität und Subjektivität in der Geschichte, in: P. Ricœur: Geschichte und Wahrheit, München 1974, 39–64.
Ricœur, Paul: Zeit und Erzählung, München 1988.
Ricœur, Paul: Love and Justice, in: Philosophical and Social Criticism 21 (1995), 23–39.
Rieff, David: A Global Culture? In: World Politics Journal 10 (1993/94), 73–81.
Rieff, David: The High Cost of Internationalism, in: World Policy Journal 12 (1995), 55–58.
Risse-Kappen, Thomas: Public Opinion, Domestic Structure and Foreign Policy in Liberal Democracies, in: World Politics 43 (1991), 479–512.
Rivlin, Benjamin: Development Dilemmas and Tensions at the UN, in: International Social Science Journal 144 (1995), 333–345.
Robb, Fenton F.: Cybernetics and Suprahuman Autopoietic Systems, in: Systems Practice 2 (1989), 47–74.
Robb, Fenton F.: Morphostasis and Morphogenesis, in: Systems Research 7 (1990), 135–146.

Roberts, Adam: The United Nations and International Security, in: Survival 35 (1993), 3–30.
Robertson, Horace B.: Contemporary International Law: Relevant to Today's World? In: Naval War College Review 45 (1992), 89–103.
Robertson, Roland: Mapping the Global Condition: Globalization as the Central Concept, in: M. Featherstone, Hg. (1990), 15–30.
Roosens, E.: Creating Ethnicity, London 1989.
Ropohl, Günter: Neue Wege, die Technik zu verantworten, in: H. Lenk/G. Ropohl, Hg. (1987), 149–176.
Ropohl, Günter: Ethik in der „individualistischen Falle", in: Ethik und Sozialwissenschaften 1 (1990), 89–91.
Ropohl, Günter: Ethik und Technikbewertung, Frankfurt a.M. 1996.
Rorty, A. O., Hg.: The Identities of Persons, Berkeley 1976.
Rorty, Amelie/David Wrong: Identity, Character, and Morality, Cambridge 1990.
Rorty, Richard: Contingency, Irony, and Solidarity, Cambridge 1989.
Rorty, Richard: Hoffnung statt Erkenntnis, Wien 1994.
Rose, Nikolas: Governing the Soul, London 1990.
Rose, Richard: Getting by without Government: Everyday Life in Russia, in: Daedalus 123/3 (1994), 41–61.
Rosenau, James N./E.-O. Czempiel, Hg.: Governance without Government, Cambridge 1992.
Rosenau, James N.: Governance, Order, and Changing World Politics, in: Rosenau/Czempiel, Hg. (1992), 1–29.
Rosenau, James N.: Citizenship in a Changing Global Order, in: Rosenau/Czempiel, Hg. (1992), 272–294.
Rosenberg, Alexander: The Biological Justification of Ethics, in: Social Philosophy and Policy 8 (1990), 86–101.
Rosenblum, Nancy L.: Civil Societies: Liberalism and the Moral Uses of Pluralism, in: Social Research 61 (1994), 539–562.
Rosenthal, John: What Is Life? A Habermas Critique, in: Social Science Information 31 (1992), 5–42.
Rothbaum, F./J. R. Weiss/S. S. Snyder: Changing the World and Changing the Self, in: Journal of Personality and Social Psychology 42 (1982), 5–38.
Rowland, Gordon: Archetypes of Systems Design, in: Systems Practice 8 (1995), 277–288.
Royce, Josiah: The Problem of Christianity, Chicago (1918) 1968.
Royce, Josiah: Provincialism, in: The Basic Writings of Josiah Royce, hg. v. John J. McDermott, Chicago (1908) 1969.
Rubin, Gary: The Politics of Asylum, in: Journal of International Affairs 47 (1994), 589–594.
Ruggie, John G.: Multilateralism, in: International Organization 46 (1992), 561–598.

Ruggie, John G.: Territoriality and Beyond, in: International Organization 47 (1993), 139–174.

Rummel, R. J.: Democracy, Power, Genocide, and Mass Murder, in: Journal of Conflict Resolution 39 (1995), 3–26.

Ruse, Michael: Noch einmal: Die Ethik der Evolution, in: K. Bayertz, Hg. (1993), 153–167.

Sabatier, Paul A./N. Pelkey: Incorporating Multiple Actors and Guidance Instruments into Models of Regulatory Policy Making, in: Administration and Society 19 (1987), 236–263.

Sadik, Nafis (UN Population Fund): World Population Continues to Rise, in: The Futurist 25/2 (1991), 9–14.

Salamun, Kurt, Hg.: Aufklärungsperspektiven, Tübingen 1989.

Sandler, Todd/J. Cauley: The Design of Supranational Structures, in: International Studies Quarterly 21 (1977), 251–276.

Sandler, Todd/W. Loehr/J. T. Cauley: The Political Economy of Public Goods and International Cooperation, in: Monograph Series in World Affairs 15 (1978).

Sangpam, S. N.: The Overpoliticized State and Democratization, in: Comparative Politics 24 (1992), 401–417.

Santili, P.: Moral Fictions and Scientific Management, in: Journal of Business Ethics 3 (1984), 269–277.

Sartre, Jean-Paul: Das Sein und das Nichts, Hamburg 1962.

Schäuble, Wolfgang: Älter und weniger, in: Die politische Meinung 32/1 (1988), 37–44.

Schattschneider, E. E.: Two Hundred Million Americans in Search of a Government, New Brunswick 1984.

Scheffler, Samuel: Individual Responsibility in a Global Age, in: Social Philosophy and Policy 12 (1995), 219–236.

Schein, E. H.: Organization Culture, in: American Psychologist 45 (1990), 109–111.

Scheler, Max: Der Formalismus in der Ethik und die materiale Wertethik (1916), in: Gesammelte Werke, Bd. 2, Bern 1954.

Scheler, Max: Ordo Amoris, in: Gesammelte Werke, Bd. 10, Bern 1957, 345–376.

Scheler, Max: Die Wissensformen und die Gesellschaft (1925), in: Gesammelte Werke, Bd. 8, Bern 1960.

Scheler, Max: Vom Ewigen im Menschen (1921), in: Gesammelte Werke, Bd. 5, Bern 1968.

Scheler, Max: Wesen und Formen der Sympathie (1912), in: Gesammelte Werke, Bd. 7, Bern 1973.

Schelling, Thomas C.: The Strategy of Conflict, Oxford 1960.

Schelsky, Helmut, Hg.: Zur Theorie der Institution, Düsseldorf 1970.

Schermerhorn, J. R./J. G. Hunt/R. N. Osborn: Managing Organizational Behavior, New York 1988.

Schieve, William C./P. M. Allen, Hg.: Self-Organization and Dissipative Structures, Austin 1982.
Schlesinger, Arthur M.: The Disuniting of America, New York 1992.
Schmid, Michael: Arbeitsteilung und Solidarität, in: Kölner Zeitschrift für Soziologie und Sozialpsychologie 41 (1989), 621–643.
Schmid, Michael: Soziale Normen und soziale Ordnung, in: Berliner Journal für Soziologie 1 (1995), 41–65.
Schmidt, Vivien A.: The New World Order, Incorporated, in: Daedalus 124/2 (1995), 75–106.
Schmidz, David: Reasons for Altruism, in: Social Philosophy and Policy 10 (1993), 52–68.
Schmitter, Philippe: More Liberal, Preliberal, or Postliberal? In: Journal of Democracy 6 (1995), 15–22.
Schnädelbach, Herbert: Was ist Neo-Aristotelismus? In: W. Kuhlmann, Hg. (1986), 38–63.
Schöpflin, George: Post-Communism, in: Daedalus 123/3 (1994), 127–141.
Schofield, Norman: Instability of Simple Dynamic Games, in: Review of Economic Studies 45 (1978), 575–594.
Schott, Thomas: World Science: Globalization of Institutions and Participation, in: Science, Technology, & Human Values 18 (1993), 196–208.
Schreckenberger, Waldemar: Der moderne Verfassungsstaat und die Idee der Weltgemeinschaft, in: Der Staat 34 (1994), 503–525.
Schulte, Axel: Multikulturelle Gesellschaft: Chance, Ideologie oder Bedrohung? In: Politik und Zeitgeschichte 23/24 (1990), 1.6. 1990.
Schwartz, Shalom H.: Are There Universal Aspects in the Structure and Contents of Human Values? In: Journal of Social Issues 50 (1994), 19–45.
Schweers Cook, Karen/M. Levi, Hg.: The Limits of Rationality, Chicago 1990.
Scott, Charles E.: The Question of Ethics in Foucault's Thought, in: Journal of the British Society for Phenomenology 22 (1991), 33–43.
Scott, Gary L./C. L. Carr: Are States Moral Agents? In: Social Theory and Practice 12 (1986), 75–100.
Selfridge, O. G./E. L. Rissland/M. A. Arbib, Hg.: Adaptive Control of Ill-defined Systems, New York 1984.
Selznick, Philip: Thinking about Community: Ten Theses, in: Society, July/August 1995, 33–50.
Sempa, Francis P.: The Geopolitics of the Post-Cold War World, in: Strategic Review, Winter 1992, 9–18.
Sen, Amartya: Rights and Agency, in: Philosophy and Public Affairs 11 (1982), 3–39.
Sen, Amartya: The Moral Standing of the Market, in: Social Philosophy and Policy 2 (1985), 1–19.
Senge, Peter M.: The Leader's New Work: Building Learning Organizations, in: Sloan Management Review 1990, 7–23.

Senghaas, Dieter, Hg.: Frieden machen, Frankfurt a. M. 1997.
Sethi, Prakash/P. Steidlmeier: Religion's Moral Compass and a Just Economic Order: Reflections on Pope John Paul II's Encyclical „Centesimus Annus", in: Journal of Business Ethics 12 (1993), 901–917.
Shaw, Martin: Responsibility: The Theoretical, Historical, and Political Limits of „International Society", in: Millenium 21 (1992), 421–434.
Shelley, Louise I.: Transnational Organized Crime, in: Journal of International Affairs 48 (1995), 463–489.
Sheng, C. L.: On the Nature of Moral Principles, in: The Journal of Value Inquiry 28 (1994), 503–518.
Shibles, Warren A.: Altruism vs. Egoism: A Pseudo-Problem, in: The International Journal of Applied Philosophy 7 (1992), 21–27.
Shortell, Stephen M.: The Role of Environment in a Configurational Theory of Organizations, in: Human Relations 30 (1977), 275–302.
Shrader, William: Demoralization in Modern Society: Symptoms and Dynamics, in: Contemporary Crises 8 (1984), 57–81.
Shue, Henry: Basic Rights: Subsistence, Affluence and US Foreign Policy, Princeton 1980.
Shue, Henry: Ethics, the Environment and the Changing International Order, in: International Affairs 71 (1995), 453–461.
Shute, Stephen/S. Hurley, Hg.: On Human Rights, New York 1993.
Sica, Alan: The Social World as a Countinghouse, in: Theory and Society 21 (1992), 243–262.
Sichel, Betty A.: Moral Education: Character, Community, and Ideals, Philadelphia 1988.
Sidorsky, David: Moral Pluralism and Philanthropy, in: Social Philosophy & Policy 4 (1987), 93–112.
Siebert, Horst: A Schumpeterian Model of Growth in the World Economy, in: Weltwirtschaftsarchiv 127 (1991), 800–812.
Siebert, Horst, Hg.: The Ethical Foundations of the Market Economy, Tübingen 1994.
Silberston, A., Hg.: Technology and Economic Progress, London 1989.
Simmel, Georg: Die Probleme der Geschichtsphilosophie (1907), In: G. Simmel: Das individuelle Gesetz, Frankfurt a. M. 1968.
Simmons, A. John: The Principle of Fair Play, in: Philosophy and Public Affairs 8 (1978), 307–337.
Simmons, A. John: Moral Principles and Political Obligations, Cambridge, Mass., 1979.
Simon, Herbert A.: The Sciences of the Artificial, Cambridge, Mass., 1969.
Simon, Julian: Paradoxically, Population Growth May Eventually End Wars, in: Journal of Conflict Resolution 33 (1989), 164–180.
Sims, Ronald R.: The Institutionalization of Organizational Ethics, in: Journal of Business Ethics 10 (1991), 493–506.

Sims, Ronald R.: The Challenge of Ethical Behavior in Organizations, in: Journal of Business Ethics 11 (1992), 505–513.
Singer, Peter: Famine, Affluence, and Morality, in: P. Laslett/J. Fishkin, Hg. (1979), 21–35.
Singer, Peter: Praktische Ethik, Stuttgart 1984.
Singh, Madan G./A. Titli/K. Malinowski: Decentralized Control Design, in: Large Scale Systems 9 (1985), 215–230.
Sirgy, M. Joseph: Self-Cybernetics: Toward an Integrated Model of Self-Concept Process, in: Systems Research 7 (1990), 19–32.
Sirgy, M. Joseph/Tamara F. Mangleburg: Toward a General Theory of Social System Development, in: Systems Research 5 (1988), 115–129.
Skran, Claudena: The International Refugee Regime and the Refugee Problem in Interwar Europe, Oxford 1994.
Sleeper, R. W.: The Necessity of Pragmatism, New Haven 1986.
Small, Melvin/J. D. Singer: The War Proneness of Democratic Regimes, 1816–1965, in: Jerusalem Journal of International Relations 1 (1976), 50–69.
Smilansky, Saul: The Ethical Dangers of Ethical Sensitivity, in: Journal of Applied Philosophy 13 (1996), 13–20.
Smiley, Marion: Moral Responsibility and the Boundaries of Community, Chicago 1992.
Smith, Anthony D.: John Rawls' Theory of the State, in: Social Philosophy Today 1 (1988), 19–31.
Smith, Anthony D.: The Supersession of Nationalism? In: International Journal of Comparative Sociology 31 (1990), 1–31.
Smith, Charles: Self-Organization in Human Systems – A Paradigm of Ethics? In: Systems Research 7 (1990), 237–244.
Smith, Holly M.: Two-Tier Moral Codes, in: Social Philosophy and Policy 7 (1990), 112–132.
Smith, Roger K.: Institutionalisation as a Measure of Regime Stability, in: Millenium 18 (1989), 227–244.
Smothers, Norman P.: The Ethics of Human Systems, in: Systems Research 6 (1989), 315–319.
Snidal, Duncan: The Game Theory of International Politics, in: World Politics 38 (1985), 25–57.
Solschenizyn, Alexander: Rebuilding Russia, New York 1991.
Somit, Albert, Hg.: Biology and Politics, Den Haag 1976.
Spaemann, Robert: Glück und Wohlwollen, Stuttgart ⁴1998.
Spencer, Dayle E./W. J. Spencer: The International Negotiation Network, Atlanta, GA (Occasional Paper 2/2), 1992.
Stackhouse, Stefan B.: Upholding Justice in an Unjust World, in: International Journal of Public Administration 12 (1989), 889–911.
Starr, Harvey/R. M. Siverson: Alliances and Geopolitics, in: Political Geography Quarterly 9 (1990), 232–248.

Staub, E., Hg.: Personality, Englewood Cliffs, NJ, 1980.
Stavenhagen, R.: America Latina, in: IFDA-Dossier 79, October-December 1990, 42–52.
Staw, B. M./L. L. Cummings, Hg.: Research in Organizational Behavior, vol. 8, Greenwich 1986.
Steel, Ronald: After Internationalism, in: World Policy Journal 12 (1995), 49–51.
Steen, Wim J. van der: The Demise of Monism and Pluralism, in: Environmental Ethics 17 (1995), 210–220.
Stegenga, James A.: A Common Global Morality for the Emergent Global Community? In: The International Journal of Applied Philosophy 8 (1993), 1–7.
Stein, Arthur A.: Coordination and Collaboration: Regimes in an Anarchic World, in: S. E. Krasner, Hg. (1983), 115–140.
Steinmann, Horst/A. Löhr: Die Diskussion um eine Unternehmensethik in der Bundesrepublik Deutschland, in: Lenk/Maring, Hg. (1992), 235–252.
Sterling, C.: Thieves' World: The Threat of the New Global Network of Organized Crime, New York 1994.
Stickland, Francis/L. P. Reavill: Understanding the Nature of System Change, in: Systems Research 12 (1995), 147–154.
Stokols, Daniel: A Typology of Crowding Experiences, in: A. Baum/Y. M. Epstein, Hg. (1978), 219–255.
Stopford, J./S. Strange: Rival States, Rival Forms, Cambridge 1991.
Strange, Susan: The Limits of Politics, in: Government and Opposition 5 (1995), 291–311.
Streeten, Paul: Human Development: The Debate about the Index, in: International Social Science Journal 143 (1995), 25–37.
Strijbos, S.: The Individual and the Collective in Health Care: A Problem of System Ethics, in: Systems Research 11 (1994), 67–75.
Strong, Maurice F.: ECO '92: Critical Challenges and Global Solutions, in: Journal of International Affairs 44 (1991), 287–300.
Swaan, Abram de: Widening Circles of Identification, in: Theory, Culture, & Society 12 (1995), 25–39.
Swanson, Diane: A Critical Evaluation of Etzioni's Socioeconomic Theory, in: Journal of Business Ethics 11 (1992), 545–553.
Swenson, Rod: Autokinetics, Yes – Autopoiesis, No, in: International Journal of General Systems 21 (1992), 207–228.

Taagepera, Rein: Size and Duration of Empires, in: Social Science History 3 (1979), 115–137.
Tainter, Joseph A.: Sustainability of Complex Societies, in: Futures 27 (1995), 397–407.
Taschdjian, Edgar: The Entropy of Complex Dynamic Systems, in: Behavioral Science 19 (1974), 93–99.

Taschdjian, Edgar: The Plasticity of Social Systems, in: R. F. Ericson, Hg. (1979), 546–500.
Taylor, Charles: The Diversity of Goods, in: Philosophical Papers II, New York 1985, 230–247.
Taylor, Charles: Negative Freiheit? Frankfurt a.M. 1988.
Taylor, Charles: Sources of the Self, Cambridge 1989.
Taylor, Charles, Hg.: Multikulturalismus und die Politik der Anerkennung, Frankfurt a.M. 1993.
Taylor, Charles: Die Politik der Anerkennung, in: C. Taylor, Hg.: (1993), 13–78.
Taylor, Charles: The Politics of Recognition, in: Ch. Taylor, Hg. (1994), 25–73.
Taylor, Charles, Hg.: Multiculturalism, Princeton 1994.
Taylor, Charles: Das Unbehagen an der Moderne, Frankfurt a.M. 1995.
Taylor, Michael/H. Ward: Chickens, Whales, and Lumpy Goods, in: Political Studies 30 (1982), 350–370.
Taylor, Michael: The Possibility of Cooperation, Cambridge 1987.
Taylor, Michael: Cooperation and Rationality, in: K. Schweers Cook/M. Levi, Hg. (1990), 222–249.
Taylor, Paul: International Organization in the Modern World, London 1993.
Teitelbaum, Michael S.: The Population Threat, in: Foreign Affairs 72 (1992/93), 63–78.
Tembrock, Günter: Ethologie und Ethik, in: Ethik und Sozialwissenschaften 1 (1990), 192–193.
Tenbruck, Friedrich H.: Die Soziologie vor der Geschichte, in: P. C. Ludz, Hg. (1972), 29–58.
Terzis, George N.: Human Flourishings, in: American Philosophical Quarterly 31 (1994), 333–342.
Teubner, Gunther: Die vielköpfige Hydra: Netzwerke als kollektive Akteure höherer Ordnung, in: W. Krohn/G. Küppers, Hg. (1992), 189–216.
Teubner, Gunther: Die unsichtbare „Cupola": Kausalitätskrise und kollektive Zurechnung, in: W. Lübbe, Hg. (1994), 91–143.
Thayer, Bradley A.: The Causes of Nuclear Proliferation and the Utility of the Nuclear Nonproliferation Regime, in: Security Studies 4 (1995), 463–519.
Thiétart, R. A./B. Forgues: Chaos Theory and Organization, in: Organization Science 6 (1995), 19–31.
Thom, René: Structural Stability and Morphogenesis, Reading 1975.
Thornberry, P.: International Law and the Right of Minorities, Oxford 1991.
Thurow, Lester C.: The Zero-Sum Society, New York 1980.
Thurow, Lester: Kopf an Kopf – Wer siegt im Wirtschaftskrieg zwischen Europa, Japan und den USA? Düsseldorf 1993.
Tijmes, Pieter/R. Luijf: The Sustainability of Our Common Future, in: Technology in Society 17 (1995), 327–336.
Tippelt, Horst/K. Zimmermann: Zwischen Zweck- und Wertorientierung – Unter-

nehmensethik in systemischer Perspektive, in: Meinolf Dierkes/K. Zimmermann, Hg. (1991), 335–370.

Tiryakian, Edward A.: Revisiting Sociology's First Classic, in: Sociological Forum 9 (1994), 3–16.

Tönnies, Sibylle: Hans Jonas zwischen Sein und Sollen, in: Rechtstheorie 22 (1991), 370–381.

Tohidipur, Mehdi, Hg.: Verfassung, Verfassungsgerichtsbarkeit, Politik, Frankfurt a.M. 1976.

Tonn, Bruce E./D. Feldman: Non-Spatial Government, in: Futures 27 (1995), 11–36.

Tooley, M.: Abtreibung und Kindstötung, in: Anton Leist, Hg. (1990), 157–195.

Toulmin, Stephen E.: Self-Knowledge and Knowledge of the Self, in: Th. Mischel, Hg.: The Self, Oxford 1977, 291–317.

Trevino, L. K.: Ethical Decision Making in Organizations, in: Academy of Management Review 11 (1986), 601–617.

Trotter, Griffin: Royce, Community, and Ethnicity, in: Transactions of the Charles S. Peirce Society 32 (1994), 231–269.

Trundle, Robert: Is There Any Ethics in Business Ethics? In: Business Ethics 8 (1989), 261–269.

Tuathail, Geraoid O.: Putting Mackinder in His Place, in: Political Geography 11 (1992), 100–118.

Türk, Hans Joachim: Zwischen Universalismus und Partikularismus, in: Die neue Ordnung 47 (1993), 450–461.

Tugendhat, Ernst: Vorlesungen über Ethik, Frankfurt a.M. 1994.

Tullock, Gordon: Private Wants, Public Means, New York 1970.

Tuomela, Raimo: Intentional Single and Joint Action, in: Philosophical Studies 62 (1991), 235–262.

Tuomela, Raimo/K. Miller: We-Intentions, in: Philosophical Studies 53 (1988), 367–390.

Turner, Ralph H.: The Use and Misuse of Rational Models in Collective Behavior and Social Psychology, in: Archives européennes de sociologie 32 (1991), 84–108.

Udéhn, Lars: Twenty-five Years with „The Logic of Collective Action", in: Acta Sociologica 36 (1993), 239–261.

Ullmann-Margalit, E.: The Emergence of Norms, Oxford 1977.

Ulrich, Dave/R. E. Quinn/K. S. Cameron: Designing Effective Organizational Systems, in: J. L. Perry, Hg. (1989), 148–161.

Ulrich, Hans/G. J. B. Probst, Hg.: Self-Organization and Management of Social Systems, Berlin 1984.

Ulrich, Peter: Die Weiterentwicklung der ökonomischen Rationalität – zur Grundlegung der Ethik der Unternehmung, in: Bernd Bievert/M. Held, Hg.: Ökonomische Theorie und Ethik, Frankfurt a.M. 1987, 122–149.

Ulrich, Peter: Wirtschaftsethik als Kritik der „reinen" ökonomischen Vernunft, in: C. Mathiessen, Hg. (1990), 111–138.
Ulrich, Werner: The Metaphysics of Design, in: Interfaces 10 (1980), 35–40.
Uphoff, Norman: Catalyzing Self-Management Capabilities: A Post-Newtonian Perspective, in: Human Systems Management 13 (1994), 171–181.

Vacek, Edward: Contemporary Ethics and Scheler's Phenomenology of Community, in: Philosophy Today 35 (1991), 161–174.
Vanberg, Viktor: Spontaneous Market Order and Social Rules, in: Economics and Philosophy 2 (1986), 75–100.
Vanberg, Viktor: Die Grenzen von Verantwortung und die Bedeutung von Regeln, in: Ethik und Sozialwissenschaften 1 (1990), 93–97.
Vanhanen, Tatu: Social Constraints of Democratization, in: T. Vanhanen, Hg.: Strategies of Democratization, Washington 1992, 19–35.
Varela, Francisco J.: Ethisches Können, Frankfurt a. M. 1994.
Vaubel, Roland: Marktwirtschaft und Ethik, in: C. Matthiessen, Hg. (1990), 31–42.
Vernon, Raymond: Ethics of Transnationalism, in: Society 24 (1987/3), 53–56.
Vernon, Raymond: Geo-Economics 101, in: The International Interest, Winter 1993/94, 102–105.
Veyne, Paul: The Final Foucault and His Ethics, in: Critical Inquiry 20 (1993), 1–9.
Vogel, D.: Business Ethics – New Perspectives on Old Problems, in: California Management Review 33 (1991), 101–117.
Vollmer, Gerhard: Über die Möglichkeit einer Evolutionären Ethik, in: Conceptus 20 (1986), 51–68.
Vollmer, Gerhard: Für die Chancen einer Evolutionären Ethik, in: Conceptus 21 (1987), 87–94.

Waechter, Kay: Studien zum Gedanken des Staates, Berlin 1994.
Wagner, Christian: Indiens weltpolitische Rolle, in: Internationale Politik 52/3 (1997), 1–8.
Waldenfels, Bernhard: Das Zwischenreich des Dialogs, Den Haag 1971.
Waldron, Jeremy: Special Ties and Natural Duties, in: Philosophy and Public Affairs 22 (1993), 3–30.
Wallerstein, Immanuel: World-Systems Analysis, in: Hopkins/Wallerstein, Hg. (1982), 91–103.
Wallerstein, Immanuel: Societal Development, or Development of the World-System, in: International Sociology 1 (1986), 3–17.
Wallerstein, Immanuel: Geopolitics and Geoculture, Cambridge 1991.
Walter, Edward: Morality and Population, in: Social Philosophy Today 1 (1988), 203–216.
Walton, Richard/R. B. McKersie: A Behavioral Theory of Negotiations, New York 1965.

Walzer, Michael: Just and Unjust Wars, New York 1977.
Walzer, Michael: The Moral Standing of States, in: Philosophy & Public Affairs 9 (1979), 209–229.
Walzer, Michael: Spheres of Justice, Oxford 1983.
Walzer, Michael: Kritik und Gemeinsinn: Drei Wege der Gesellschaftskritik, Berlin 1990.
Walzer, Michael: Sphären der Gerechtigkeit, Frankfurt a.M. 1992.
Walzer, Michael: Moralischer Minimalismus, in: Deutsche Zeitschrift für Philosophie 42 (1994), 3–13.
Walzer, Michael: Multiculturalism and Individualism, in: Dissent, Spring 1994, 185–191.
Walzer, Michael: The Politics of Rescue, in: Social Research 62 (1995), 53–66.
Watson, Stephen: Jürgen Habermas and Jean-François Lyotard: Postmodernism and the Crisis of Rationality, in: Philosophy & Social Criticism 10 (1984), 1–24.
Watt, Kenneth E. F./P. P. Craig: System Stability Principles, in: Systems Research 3 (1986), 191–201.
Weber, Max: Politik als Beruf (1919), in: M. Weber: Soziologie, Weltgeschichtliche Analysen, Politik, Stuttgart 1956, 167–185.
Weber, Max: Gesammelte Aufsätze zur Religionssoziologie, Tübingen 1920.
Weede, Erich: The Impact of Democracy on Economic Growth, in: Kyklos 36 (1983), 21–39.
Weidenbaum, Murray: The Evolving Corporate Board, in: Society, March/April 1995, 17–20.
Weinberger, Ota: Moral zwischen Autonomie und Heteronomie, in: Krawietz/von Wright, Hg. (1992), 243–258.
Weiner, Myron/S. P. Huntington, Hg.: Understanding Political Development, Boston 1987.
Weise, Peter/W. Brandes: A Synergetic View of Institutions, in: Theory and Decision 28 (1990), 173–187.
Weizu, Chin: On the Ecological Viability of Cultures, in: Alternatives 8 (1982), 225–241.
Wellmer, Albrecht: Ethik und Dialog, Frankfurt a.M. 1986.
Welsch, Wolfgang: Vielheit oder Einheit? Zum gegenwärtigen Spektrum der philosophischen Diskussion um die „Postmoderne", in: Philosophisches Jahrbuch 94 (1987), 111–118.
Welsch, Wolfgang: Transkulturalität: Lebensformen nach der Auflösung der Kulturen, in: Information Philosophie, Mai 1992, 5–20.
Welsch, Wolfgang: Vernunft: Die zeitgenössische Vernunftkritik und das Konzept der transversalen Vernunft, Frankfurt a.M. 1995.
Wenz, Peter S.: Minimal, Moderate, and Extreme Pluralism, in: Environmental Ethics 15 (1993), 61–74.
Werhane, P. H.: Persons, Rights, and Corporations, Englewood Cliffs, NJ, 1985.
Werhane, Patricia H.: Rechte und Verantwortungen von Korporationen, in: Lenk/Maring, Hg. (1992), 329–336.

Werner, Richard: Ethical Realism, in: Ethics 93 (1983), 653–679.
Wessel, Karl-Friedrich: Biotische Determination – nur eine Voraussetzung der Evolutionären Ethik, in: Ethik und Sozialwissenschaften 1 (1990), 194–195.
Westing, Arthur H., Hg.: Global Resources and International Conflict, Oxford 1986.
Westoff, Charles F.: International Population Policy, in: Society, May-June 1995, 11–15.
Wickler, Wolfgang: Die Biologie der Zehn Gebote, München 1971.
Wickler, Wolfgang/U. Seibt: Das Prinzip Eigennutz, Hamburg 1977.
Widgren, Jonas: International Migration and Regional Stability, in: International Affairs 66 (1990), 749–766.
Wieck, Hans-Georg: Indien – aufstrebende Wirtschaftsmacht in Asien, in: Internationale Politik 52/3 (1997), 9–16.
Wilbur, James B.: The Foundations of Corporate Responsibility, in: Journal of Business Ethics 1 (1982), 145–155.
Wilke, Helmut: Entzauberung des Staates, in: Jahrbuch zur Staats- und Verwaltungswissenschaft 1 (1987), 285–308.
Wilke, Helmut: Ironie des Staates: Grundlinien einer Staatstheorie polyzentrischer Gesellschaft, Neuwied 1992.
Williams, Allan M.: Globality and Community in Culture and Development, in: World Futures 33 (1992), 1–24.
Williams, Bernard: Person, Character and Morality, in: A. O. Rorty, Hg. (1976), 197–216.
Williams, Bernard: Is International Rescue a Moral Issue? In: Social Research 62 (1995), 67–75.
Williamson, Oliver E.: Die ökonomischen Institutionen des Kapitalismus, Tübingen 1990.
Willms, Bernhard: Kritik und Politik. Jürgen Habermas oder das politische Defizit der „Kritischen Theorie", Frankfurt a. M. 1973.
Wills, Peter R.: Correcting Evolution: Biotechnology's Unfortunate Agenda, in: Revue Internationale de Systémique 8 (1994), 455–468.
Wilson, Edward O.: On Human Nature, Cambridge, Mass. 1978.
Winfield, Richard D.: Ethical Community without Communitarianism, in: Philosophy Today 40 (1996), 310–320.
Wingert, Ludwig: Haben wir moralische Verpflichtungen gegenüber früheren Generationen? In: Babylon, No. 9 (1991), 78–94.
Winn, Mylon: Ethics in Organizations, in: International Journal of Public Administration 12 (1989), 867–887.
Wippler, Reinhard/S. Lindenberg: Collective Phenomena and Rational Choice, in: J. Alexander, Hg. (1987), 135–152.
Wlecklik, Petra: Multikultur statt Deutschtum? Bonn 1993.
Wolf, Jean-Claude: Kollektive Verantwortung- Ausräumung einiger Mißverständnisse, in: Philosophisches Jahrbuch 100 (1991), 337–356.

World Commission on Environment and Development: Our Common Future, Oxford 1987.

Wuketits, Franz M.: Moral – eine biologische oder biologistische Kategorie? In: Ethik und Sozialwissenschaften 1 (1990), 161–168.

Wuketits, Franz M.: Verdammt zur Unmoral? München 1993.

Young, Oran R.: Regime Dynamics: The Rise and Fall of International Regimes, in: Krasner, Hg. (1983), 93–113.

Young, Oran R.: The Politics of International Regime Formation, in: International Organization 43 (1989), 349–375.

Young, Oran R.: International Governance: Protecting the Environment in a Stateless Society, Ithaca 1994.

Young, Oran R.: System and Society in World Affairs, in: International Social Science Journal 144 (1995), 196–211.

Zacher, Mark W.: The Decaying Pillars of the Westphalian Temple, in: Rosenau/Czempiel, Hg. (1992), 58–101.

Zeleny, Milan, Hg.: Autopoiesis: A Theory of Living Organization, New York 1981.

Zeleny, Milan: The Grand Reversal, in: World Futures 27 (1989), 131–151.

Ziebura, Gilbert: Nationalstaat, Nationalismus, supranationale Integration, in: Leviathan 4 (1992), 467–489.

Zöpel, Christoph: Fragen des Staates an die Zukunftsorientierung, in: J. J. Hesse/C. Zöpel, Hg. (1987), 13–44.

Zurcher, Louis A.: The Mutable Self, Beverly Hills 1977.

Sachregister

Abschreckung, atomare 220ff., 401, 469
Adaptabilität 165f., 171f.
Adaptation 53, 163, 167, 175, 242, 244, 267
Affinität 383f.
Aggregat 77f., 88, 90, 299
Aggregation 66, 77f., 204
Allianzenbildung 354ff., 366
alte Institutionen 263f.
Altruismus 39, 44, 47f., 56, 177, 246, 440
  s. auch: Egoismus
Anarchie; Anarchismus 219, 256, 354, 425
Anerkennung 137, 153, 218, 221
Angemessenheit 172–175
  s. auch: Umweltverantwortung
Anomie 70, 165
  s. auch: Integration
Apartheidssystem 260, 364f., 367, 369, 376, 382, 398
Arabische Liga 362f.
ASEAN 321
Assoziation 68, 81ff.
Atombombe 221f., 359
Aufgabenverantwortung 23f.
Aushandlungsprozeß 399, 403, 408
Austausch, sozialer 55, 57f., 79
Autonomie 46, 213, 246, 407, 419
Autopoiesis 103f., 106, 129, 245, 292

Bevölkerungspolitik 115, 266, 356, 374ff.
Bevölkerungswachstum 115f., 173, 259, 354f., 374ff.
Bezugsgruppen 307, 432, 449
  s. auch: Selbstreferenz
Biopolitik 115, 254, 259, 266
Bürgerrechte 109, 324
business ethics 64, 298

Chancengleichheit 224
Chaos 165, 178ff.
China 360f.

Demokratie 191, 257, 268, 278, 337ff., 349f., 380, 414
  s. auch: Föderalismus; Subsidiarität
Demokratiemodell; Formen der 337ff., 381
Demokratisierung; Phasen der Demokratie 269, 337f., 344, 346, 349
Demokratismus; demokratischer Internationalismus 337-353
deontische Staatsethik 270-286
deontologische Ethik 18, 162, 206, 255, 270ff., 303, 416ff., 433
  s. auch: kategorischer Imperativ; Pflicht; Staat; Transzendentalismus; Vernunft; Werte
Design 30, 145, 215, 438
  s. auch: Systemdesign
Designethik 29f., 33, 88f., 182f., 203f.
Designprozeß 30f., 33
Designverantwortung 29, 88, 90, 94, 99
Determinismus 31, 246
Dezentralisation 102
Dialog 72, 74, 134, 138, 447
  s. auch: Diskurs
Diskurs 20f., 72, 134–146, 234, 265, 338, 446f.
  s. auch: Öffentlichkeit
Diskursethik 135-139, 216f., 414, 447
Diskursgemeinschaft 137, 212
distributive / redistributive Gerechtigkeit 429, 431
„Dritte Welt" 348, 377
  s. auch: Entwicklung
Drohung 55, 58, 222

Effektivität; Effizienz 381, 406, 408f.
EG 122, 321, 362, 369, 382, 386
Egoismus 39, 43f., 47f., 177, 247, 289, 440
  s. auch: Altruismus
Einkommensgleichheit 426
Einstimmigkeitsprinzip 407
Emergenz 179, 253, 380
Entwicklung 114ff., 150, 170, 173, 181, 186, 217, 228, 239, 242, 247-250, 346ff., 370, 372, 376, 449
  s. auch: Demokratisierung; Globalisierung; Industrialisierung; Lebensqualität; Modernisierung; Umweltverträglichkeit; Wachstum
Entwicklungsethik 181, 217, 247, 249–253, 335
Entwicklungsfähigkeit 170ff., 186, 217, 309
Entwicklungsmodelle 346–350
epistemische Gemeinschaft 259, 411f.
Ereignisgeschichte 130
  s. auch: Strukturgeschichte; Systemgeschichte
Erpressung 82f.
Essentialismus 209
Ethik 12f., 132f., 165, 206ff., 218ff., 230, 354, 428
  s. auch: deontologische Ethik; Diskursethik; Entwicklungsethik; Fairneß-Ethik; Freiheitsethik; Fundamentalismus; Gesellschaftsethik; Gesinnungsethik; Gerechtigkeitsethik; Gleichheitsethik; Gleichgewichtsethik; Handlungsethik; Historische Ethik; Individualethik; Individualismus; Institutionenethik; Kampf- und Zwangsethik, Kommunitarismus; Konsequentialismus; Korporative Ethik; Liberalismus; Marktethik; Maximalethik; Metaethik; Minimalethik; Moral; Personalismus; Pflichtethik;
  Politische Ethik; Prozeßethik; Soziologismus; Staatsethik; Systemethik; Tauschethik; Transzendentalismus; Tugendethik; Universalismus; Unternehmensethik; Utilitarismus; Verantwortungsethik; Verwaltungsethik; Weltethik; Wertethik
  „Ethikversagen" 290
  s. auch: „Marktversagen"
ethische Kultur 70
ethischer Kontrakt 160, 427
ethischer Monismus 417
ethischer Realismus 215f.
Ethos 13, 211, 256, 417
Europa s. Westeuropa
Europäische Gemeinschaften 121
Evolution 107, 128, 166f., 227, 239ff., 252, 296f., 452
  s. auch: Adaptation; Selektion; Teleonomie
Evolutionäre Ethik 241f., 244, 246f.
Experimentalismus 419
Experten 405

Fairneß 19, 111, 113, 152f., 155f., 205, 209, 215ff., 225, 227f., 407, 409, 424
Fairneß-Ethik 47, 414, 424
Familie 309, 456
Finanzmacht 359
Fluktuation 166, 178, 294
Föderalismus 308, 352
Fortschritt 149, 449
Freihandel s. GATT
Freiheit 46, 112, 205, 224ff., 246
  s. auch: Autonomie
Freiheitsethik 224ff.
Freiheitsrechte 324
Friedensordnung 418
Führung; Führungsproblem 25f., 61, 70-73, 85f., 90, 323, 373, 395, 418
Fürsorge 154
Fundamentalismus 420

funktionale Regime 19, 222f., 228, 258, 268f., 385f., 393, 395, 397, 399-413
  s. auch: Regimeordnung; Selbsthilferegime
Funktionalismus 247, 262, 397, 409, 422

G-7 277, 344, 364, 401, 408, 411
GATT 385, 401, 412
Gedränge 87f., 90
Gefangenendilemma 39f., 58, 76, 80, 82, 159
Gemeinschaft 32, 151f., 196ff., 200, 209, 213, 215, 218, 231f., 304, 306, 314f.
  s. auch: ideelle Gemeinschaft; Interpretationsgemeinschaft; moralische Gemeinschaft; Solidarität
Genealogie 141f.
Generalisierung 264
Geodemographie 374ff.
  s. auch: Bevölkerungspolitik; Übervölkerung
Geokultur 258
Geoökologie 356, 370, 377ff.
  s. auch: Ökoregionen
Geoökonomie 356, 370
  s. auch: Weltwirtschaftsordnung
Geopolitik 258, 269, 355ff., 369, 381, 397
  s. auch: Allianzenbildung; Macht; technologische Entwicklung; Weltwirtschaft
Geostrategie 356
Geotechnologie 379f.
  s. auch: technologische Entwicklung; technologische Macht
Gerechtigkeit 19, 110-113, 131, 152, 156, 215ff., 224f., 227f., 230, 232, 234, 250, 282, 319, 344, 407, 409, 418, 429ff., 444, 451, 455
  s. auch Verteilungsgerechtigkeit; distributive / redistributive G.

Gerechtigkeitsethik 32, 47, 200, 224f., 409, 450
Gerechtigkeitsstaat 282
Gerichtshof, internationaler 333f.
Geschichte 126f., 129ff., 140f., 143, 239ff., 255, 308, 445
  s. auch: Ereignisgeschichte; Genealogie; Historische Ethik; historische Verantwortung; Narration; Strukturgeschichte; Systemgeschichte
Gesellschaft 307
  s. auch: internationale Gesellschaft; Weltgesellschaft
Gesellschaftsethik 12, 17, 140, 202, 437
Gesinnungsethik 15, 415f.
Gleichgewicht 163f., 178, 222
Gleichgewichtsethik 175-185, 414
  s. auch: Stabilität; Systemethik; Prozeßethik
Gleichgewichtssystem 57, 129, 164, 294
Gleichheit 54, 59, 221, 223ff., 250, 326, 408f.
  s. auch: Reziprozität
Gleichheitsethik 221, 225
Gleichwertigkeit 264
Globalisierung 113f., 183, 253f., 259f., 274, 276, 278, 372f.
  s. auch Individualisierung; Reethnisierung; Regionalisierung
Goldene Regel 157

Handeln, soziales 13, 15, 64, 98, 102
  s. auch: Kollektivhandlung; Kommunikation; Koordination; Verbundhandlung
Handelsrecht 123
Handlungsbedarf 98
Handlungsethik 17f., 48, 98, 182f., 202f.
Handlungssystem 13ff., 105
Handlungstheorie 16f., 95f., 438, 444
  s. auch: Systemtheorie

Handlungsursache 89, 92ff., 96f.
Handlungsverantwortung 11, 13ff., 23, 29, 92, 96
Hegemonialmächte 359-363, 366, 407, 411
  s. auch: *Arabische Liga; China; EG; Indien; Japan; Rußland; USA*
Hegemonie 222, 275, 358ff., 400, 410
Heterarchie 144
Heterogenität 141f., 169, 397, 417
Heteronomie 142, 269, 431
Historische Ethik 22, 128ff., 252f., 255
historische Verantwortung 126, 134, 145f.
Humankapital 218, 280, 296, 303, 427

ideelle Gemeinschaft 196, 202
Identifikation, Identität 85f., 275, 304, 315
Imperialismus 222, 288
Indien 362
Individualethik 28, 34-61, 65, 140, 424
  s. auch *Politische Ethik; Systemethik*
Individualisierung 161, 175, 218, 277
Individualismus 28, 42ff., 50, 158, 192, 213, 250, 305
  s. auch: *Altruismus; Egoismus; Kollektivismus*
Individualperson 74, 133
individuelle Verantwortung 22ff., 63, 78, 92, 94
  s. auch: *Handlungsverantwortung; kollektive Verantwortung; Verantwortungszuschreibung*
Individuum 28, 45, 59, 61, 66, 161, 175, 196, 228, 289, 304, 325
  s. auch: *Person*
Industrialisierung 248
Informationssystem 354f.
Instabilität s. Gleichgewichtsethik
Institutionalisierung 264, 266, 268, 403f.
Institutionen (primäre, sekundäre, tertiäre) 43, 203, 261ff., 292, 304, 308, 399, 402
  s. auch: *alte Institutionen; neue Institutionen: Multilateralität; Reflexivierung; Reziprozität; Sammelsuriumprinzip; Selbstorganisation; transnationale Organisationen*
Institutionenbildung 374, 403-406
Institutionenethik 65
integraler Staat 280
Integration 102, 171, 178, 198f., 204, 403f.
Interaktionismus 288, 363
Interdependenz (funktionale; soziale) 109, 302, 358, 373, 380, 399f., 408, 418
intermediäre Beziehungen 85f.
internationale Beziehungen 220, 345
  s. auch: *funktionale Regime; Hegemonie; internationale Organisationen; Multipolarität; transnationale Organisationen*
internationale Gesellschaft 420
internationale Organisationen; IGOs; INGOs 269, 319, 321, 327, 343, 385f., 390, 418
internationales Recht 122f., 333
Internationalismus 352f.
Interpretationsgemeinschaft 21
Intervention, Interventionalismus 326, 344, 346, 365, 462
Isolationismus 365
IWF 401

Japan 342, 348, 360f., 368, 373f.

Kampf- und Zwangsethik 218
katalytischer Staat 280f.
Katastrophe 165f., 178, 180
kategorischer Imperativ 21, 176, 255, 433, 448
Klimaproblem 378

Koalitionsbildung 407
kollektive Güter 23, 44, 76, 209, 304, 418, 430f.
kollektive Verantwortung 22f., 76-91, 300, 303, 307
Kollektivhandlung 27, 76f., 84, 90
Kollektivismus 28, 305, 337
Kollektivperson 74, 133, 299
Kollektivschuld 76, 86
Kollektivum 28, 77, 84
  s. auch: Aggregation; Assoziation; Gedränge; Identifikation; Masse; Organisation; Soziales System
Kommunikation 80, 83, 184, 219, 292, 446
Kommunitarismus 118f., 230, 304-316
  s. auch: Kontextualismus; Universalismus
Konflikt 54f., 216, 221, 316
Konsequentialismus, Konsequentialität 20, 207, 285, 287, 381-398, 415-418, 432f.,
  s. auch: Goldene Regel; Zweck-Mittel-Verhältnis
Kontextualismus 305, 431
Kontrakt s. Vertrag; ethischer Kontrakt
Kontrolle 95, 98f., 171
Kooperation 55, 79f., 93, 120, 133, 151, 153, 155, 168, 209f., 212, 220, 231, 246, 264, 275, 295, 319, 363, 409ff.
Kooptation 404
Koordination 82ff., 275, 292f., 383f., 400
Korporation 25f., 62, 64, 74, 81, 298ff.
Korporatismus 342
Korporative Ethik 64f., 298ff.
  s. auch: Vertrag
korporative Verantwortung 23, 25, 62f., 92f., 300f.
Kreativität 171
Kriegsrecht 123
Kulturnation 351
Kulturrelativismus 190f., 332, 431

Lebensqualität 248f.
Legitimität 381, 430
Lernen 73f., 167, 206, 252, 267
Liberalismus 227f., 342, 425

Machiavellismus 418
Macht 356ff., 397
  s. auch: Allianzenbildung; Hegemonie; Militärmacht; technologische Macht; Wirtschaftsmacht
Makropolitik 256ff., 293, 298, 302
Managementethik 298
Markt 225ff., 268, 278, 287-303, 306, 380
  – als primäre, sekundäre, tertiäre Institution 268f.
Marktethik 226, 288
„Marktversagen" 290
  s. auch: Ethikversagen
Marktwirtschaft 225, 268f., 282, 295f., 340, 455
Masse 83ff., 87, 90
Massenmedien 323, 345, 351
Massenpolitik, Massengesellschaft 307
  s. auch: Gedränge; Identifikation; Panik
Maximalethik 414, 421
Mehrebenenanalyse 28, 406
Mehrebenensystem 117, 140, 162, 168, 182, 190, 207, 258, 279, 286, 294, 334, 343, 422, 431
Mehrheitsprinzip 407
Melioration 149f., 182, 210f., 252, 319, 353
Meliorismus 210
Menschenrechte 47, 110-113, 116, 123, 152, 199, 208, 284, 319-336
Menschenwürde 45, 47
Metaethik 13, 185
Migrationsproblem 372
Mikropolitik 257f., 298, 302
Militärmacht 355, 359
Minderheiten 327

Minimalethik 272, 284, 399, 410, 419f., 426
Minimalstaat 272f.
Modernisierung 249
Moral 12f., 52, 75, 119, 128, 206ff., 217, 294, 428
  s. auch: Ethik
Moralentwicklung 25, 217f., 309,
  – einer Organisation 75, 300f., 428f.
moralische Gemeinschaft 59, 61f., 64, 69, 85, 88f., 112f., 119, 127, 133ff., 142, 153, 178, 189, 196-205, 208, 211, 213, 215, 217, 225, 239, 276, 278, 282, 287, 299, 304, 313, 347ff., 408ff., 413f., 443
  s. auch: Weltgemeinschaft; Weltstaat
moralische Illusion 245
moralische Vision 35, 142
moralischer Charakter 34f.
Moralismus 325f., 443, 455
  s. auch: Zynismus
Multikulturalität; Multikulturalismus 186, 193f., 349ff., 450, 464
  s. auch: Transkulturalismus; Universalismus
Multilateralität 264, 336
multinationale Unternehmen 114, 310, 371, 385, 456
multiperspektivische Politik 368f.
Multipolarität 222, 276f., 279

NAFTA 122, 321, 365
Narration 142f.
Nation 270, 279, 311f.
Nationalismus 352
Nationalstaat 120, 183, 257, 271–276, 321, 331f., 342ff., 406, 418, 452
  s. auch: internationale Organisationen; transnationale Organisationen; Vereinte Nationen
NATO 321, 344, 366, 369, 373
Natur 215
neue Institutionen 262, 264f., 399

  s. auch: Multilateralität; Reziprozität; Sammelsuriumprinzip; Vernetzung
Netzwerke 279, 404f.
  s. auch: epistemische Gemeinschaft; Experten
Neutralität 415ff., 420
NGOs 391f.
Normen 42, 50, 52, 56-59, 135, 245, 264, 445f.
Normensystem 56-59, 163f.
  s. auch: Generalisierung; Sanktionen; Werte
Null-Wachstum 251
Nutzen-Kosten-Kalkül 18, 31, 39f., 155, 186, 307, 313
Nutzen-Kosten-Maximierung 38, 42

OAU 321
OECD-Länder 121, 378
Öffentlichkeit 20, 75, 211f., 215, 223, 324
Ökonomie 294
Ökonomischer Imperialismus 288ff.
Ökonomisierung der Weltpolitik 367f.
Ökoregionen 355f., 377f.
  s. auch: „Dritte Welt"; „Vierte Welt"
Ökosystem 105, 173, 179, 182, 259, 295
Ordnungsethik 169
Ordnungsmanagement 384, 392ff., 396f.
  s. auch: Affinität
Organisation 21, 32, 70ff., 79, 269, 386, 397
Organisationsethik 64, 301, 427
Organisationskultur 64, 70, 427
OSZE 321

Panik 88
Pareto-Optimum 289, 451
Partialität 415ff.
  s. auch: Universalismus
Partikularismus 330, 333
  s. auch: Kulturrelativismus;

Pluralismus; Speziesismus; Universalismus
Person 45 ff., 68 f., 74, 133, 196 f., 212 ff., 224, 301, 309, 439
s. auch: Individuum; Rollenverantwortung; Selbst
Personalismus 213 f.
s. auch: Evolution; Funktionalismus; Soziologismus; Speziesismus
Pflicht 81, 152 ff., 157, 279, 313, 328, 440 f., 451
Pflichtethik 156 f., 416
Planwirtschaft 225
Pluralismus 186 ff., 193, 216, 233, 290, 312, 328, 333, 337
Politische Ethik 111, 140
politischer Unternehmer 83
politisches System 26, 31 f., 121, 177
s. auch: Makropolitik; Massenpolitik; Mikropolitik
Postmoderne 250
Pragmatismus 206-214, 319
Prinzipien der Ethik 143, 189 f.
s. auch: Anerkennung; Angemessenheit; Essentialismus; Fairneß; Freiheit; Gerechtigkeit; Gleichheit; Konsequentialismus; Melioration; Menschenwürde; Neutralität; Partialität; Pflicht; Pragmatismus; Rationalismus; Relationismus; Relativismus; Reziprozität; Solidarität; Sympathie; Universalismus; Vertrauen; Weiterleben
Problemlösung 252, 268
Protektionismus 424
Prozeßethik 22, 145, 169, 175–185, 192, 216, 239, 291 f., 297, 308 f.
s. auch: Adaptation; Chaos; Entwicklung; Evolution; Experimentalismus; Fluktuation; Gleichgewichtsethik; Katastrophe; Kommunikation; Reflexion; Selbstreferenz; Zyklen

Rational Choice Theory 31, 34, 37, 49, 59 ff., 139, 204, 289
s. auch: Nutzen-Kosten-Maximierung; Ökonomisierung der Weltpolitik; Spieltheorie; Zweck-Mittel-Verhältnis
Rationalismus 136, 209, 226
Rationalität 37, 40 f., 137, 289, 292, 295, 411
s. auch: Werte; Zweck-Mittel-Verhältnis
Realismus 215, 220, 229, 403
Rechte 324 ff.
s. auch: Menschenrechte
Rechtsentwicklung 122 f.
Rechtsordnung, globale 260, 284, 324 ff.
Rechtsstaat 124, 224, 272, 282
Reduktionismus 33
Reethnisierung 277 f.
Reflexion 143, 169, 184 f., 212, 265 ff., 454
Reflexivierung 184 ff., 265 ff.
Regimeethik 393 f., 406 ff., 413, 422
Regimeordnung 395 f., 402, 468
Regionalisierung 274, 311, 366 f., 368 ff.
Regionen, internationale 366 ff.
Rekursivität 185
Relationismus 187, 193 f., 210, 291, 332, 432
s. auch: Multikulturalität; Pluralismus; Relativismus; Universalismus
Relativismus 186-193, 206, 209 f., 328, 332, 431 f.
Reziprozität 59, 264, 424
Risikomanagement 92 f.
Rollenidentität 47
Rollenverantwortung 23 f.
Rußland 360

Sammelsuriumprinzip 265
Sanktionen 56, 58 f., 80
Schwarzfahrer 407, 409
Selbst 46 f., 102, 106 ff., 140, 151 f., 212, 215, 260, 266 f., 277
Selbsterhaltung 152

Selbsthilferegime 222f.
Selbstmanagement 100f.
Selbstorganisation 32, 63, 70, 100-104, 107, 165, 168f., 226f., 245, 262, 319, 380, 427
Selbstreferenz 168, 183ff., 212, 427, 449
Selbstverantwortung 105, 130f.
Selektion 243f., 253f., 277, 337
Sicherheit 222, 320
Solidarität 32, 85, 131, 158, 160, 168, 215ff., 230-233, 291, 308, 350, 420
Solidaritätsethik 32, 47, 152, 158f., 313f.
Sowjetunion s. Rußland
Sozialdarwinismus 210
Soziales System 59f., 97f., 163, 165, 168, 170f., 178f., 379
  s. auch: Anomie; Entwicklung; Integration; Kontrollmittel; Kreativität; Teleonomie
Sozialethik 60, 206
Sozialorganisation 31ff., 106
Sozialstaat 272, 283f.
Soziologismus 213
Speziesismus 45, 254, 331
Spieltheorie 20, 37, 39, 55, 82f., 219, 451
  s. auch: Abschreckung, atomare; Austausch; Drohung; Erpressung; Gefangenendilemma; kollektive Güter; Konflikt; Kooperation; Versicherungsdilemma; Vertrauen
Staat 63, 124, 158, 226, 268, 270, 273, 280ff., 306, 358, 371, 381f., 454, 457
  s. auch: Europäische Gemeinschaften; integraler Staat; katalytischer Staat; Minimalstaat; Nationalstaat; Rechtsstaat; Sozialstaat; Weltstaat; Wohlfahrtsstaat
Staatsdirigismus 268
Staatsethik 177, 270-286, 429f.
Staatsrecht 383
Staatsregierung 369, 383, 385

„Staatsvolk" 381
Stabilität 163ff., 169, 294f.
Strukturgeschichte 126, 130, 132, 142, 448
Subsidiarität 308, 456
Sympathie 230, 452
System 28f., 31f., 93, 97f., 164, 170f., 265, 295ff.
Systemdesign 30, 92, 181f.
Systemdynamik, Gleichgewicht/Ungleichgewicht 164f.
Systemethik 12f., 28, 60f., 65f., 133ff., 149, 162-174, 184, 254f., 294, 453
  s. auch: Gesellschaftsethik; Gleichgewichtsethik; Individualethik; Prozeßethik; Sozialethik
Systemgeschichte 126f.
Systemmethodologie 164
Systemsteuerung 11, 92, 95, 99
  s. auch: Autopoiesis; Führung; Kontrollmittel; Lernen; Öffentlichkeit; Organisationskultur; Rechtsentwicklung; Risikomanagement; Selbstorganisation; Wissen
Systemtheorie 15f., 29, 51f., 66, 94, 129, 134, 438, 443ff.
  s. auch: Emergenz, Kontrollmittel; Mehrebenensystem; Risikomanagement; Systemdesign; Systemsteuerung
System-Umwelt-Adaptation 52, 59, 74, 102, 104f., 114, 166, 171f., 179, 182
Systemverantwortung 27f., 32, 92-108, 211, 303
Systemvertrauen 159
Systemwandel 52, 178f.
Systemzustand 163
  s. auch: Adaptabilität; Anomie; Chaos; Fluktuation; Katastrophe; Stabilität

Tauschethik 226
technologische Entwicklung 114f., 355f., 370, 379

technologische Macht 359
Teleonomie 126, 132, 178, 255
Territorialstaat 382ff.
totalitäre Regime 340
Transaktionskosten 400, 410
transfunktional 404
trans-institutionell 263
Transkulturalismus 351
transnationale Gesellschaft 344
transnationale Institutionen 266, 404
transnationale Organisationen, TGO, TNO 343ff., 368, 388f.
transnationale Politik 275, 368f., 371
transnationale Regime 385, 404
Transzendentalismus 21
Tugendethik 34, 36f., 59f., 65, 72, 139, 438
Tugendkataloge 36, 72, 122, 143, 439
    s. auch: Verhaltenskodizes

Übervölkerung 374f.
Umwelt 51f., 105f., 166
Umweltverantwortung, anhaltende Entwicklung 102, 105, 114, 173
Umweltverträglichkeit 218, 248
UN-Charta 321f., 327f., 334, 348
    s. auch: Menschenrechte
Universalien 53ff.
Universalisierbarkeit, Universalismus 18f., 37, 50, 53ff., 109, 138, 153, 174, 186, 191ff., 198f., 216, 218, 233, 257, 305, 316, 319, 324, 329ff., 337, 350
    s. auch: Heterarchie; Heteronomie
UNO, UN s. Vereinte Nationen
Unternehmen 62f., 297ff., 310f.
    s. auch: multinationale Unternehmen
Unternehmensethik 62f., 65, 288, 297f., 423
    s. auch: business ethics; Korporative Ethik; Managementethik
Unternehmensführung 21, 24
Unternehmenskultur 26

Unternehmensmanagement 100
USA 342, 352, 360, 368, 373f.
Utilitarismus 18, 21, 31, 47, 77, 210, 250, 279, 287, 403, 407, 409, 416, 423, 432, 439
    s. auch: Nutzen-Kosten-Kalkül; Realismus; Spieltheorie
Utilitätsethik 47

Verantwortung 11–34, 63, 79, 99, 109ff., 131, 189, 279, 301, 307, 443
    s. auch: Designverantwortung; Führung; Handlungsverantwortung; individuelle Verantwortung; kollektive Verantwortung; korporative Verantwortung; Rollenverantwortung; Selbstverantwortung; Systemverantwortung; Umweltverantwortung
Verantwortungsethik 11, 13, 15, 18, 20, 51, 415f., 447
Verantwortungsübernahme 14, 22, 81, 97, 128
Verantwortungsverteilung 66, 81ff.
Verantwortungszuschreibung 11, 14ff., 22-25, 28, 81, 93f., 97, 128, 299
Verbundhandlung 17, 76, 78
Vereinte Nationen (UN, UNO) 112, 123, 229, 257, 268f., 283, 319-336, 349, 354, 376, 378, 381, 386, 397, 405, 421
Vergesellschaftung 315
Verhaltenskodizes 302
Vernetzung 263
Vernunft, praktische Vernunft 21f., 45, 109, 112, 169f., 215, 414, 421, 444, 450
Verpflichtung 152, 156f., 235
Versicherungsdilemma 76
Verteilungsgerechtigkeit 282, 424ff.
    s. auch: Einkommensgleichheit
Vertrag, Kontrakt 298f., 310, 427
Vertrauen 58, 152ff., 158–161, 209, 218, 397

Verursachung 16, 93
 s. auch *Verantwortungszuschreibung*
Verwaltungsethik 429f.
„Vierte Welt" 377

Wachstum 251
Wachstumsethik 251f.
Wahlfreiheit 42
Weiterleben 149–162, 215, 240, 244
Weltbevölkerung 115
Weltbürgertum 257
Weltdiktatur 354
Weltethik 183, 239, 256, 261, 269, 284ff., 397, 414–433
Weltgemeinschaft 109–125, 201, 260, 283, 286, 307, 309, 312, 321, 398, 420
Weltgeschichte 239
Weltgesellschaft 117, 200, 260, 420
Weltkulturen 260
Weltmanagement 382
Weltordnung, Neue Weltordnung 124ff., 256ff., 316, 321, 344, 351f., 354–380, 396, 417
Weltpolitik 258f.
Weltregierung 230, 256f., 319, 339, 354, 382
Weltreligionen 121f., 260
Weltstaat 109f., 116, 118, 124, 220, 444, 464
Welt-Systemtheorie 260, 334
Weltwirtschaft 121, 259, 373
Weltwirtschaftsethik 423

Weltwirtschaftskrieg 364
Weltwirtschaftsordnung 373f.
Werte 22, 24, 45, 49-54, 59, 215f., 232f., 287, 329, 350, 420, 442, 447
 s. auch: *Normen*
Wertegemeinschaft 197, 232, 427
Wertethik 51, 203, 313
Wertkonflikt 138
Wertordnung 415
Wertorientierung 32
Wertsystem 51, 163, 233, 441
Wertwandel 52f., 350
Westeuropa 342, 368, 373f., 406, 450
Wettbewerb 295
 s. auch: *Kooperation; Koordination*
Widerspruch 72f.
Wirtschaftsethik 121, 288, 303, 423
Wirtschaftsmacht, Finanzmacht 355, 370ff.
Wissen 98f., 149f., 252, 293, 356, 372f.
Wissenschaftsentwicklung 114f., 229, 372
Wissenschaftsgemeinschaft 114, 212, 215, 254, 259, 411f.
Wohlfahrtsstaat 226, 230, 272, 281f.
WTO 401

Zivilgesellschaft 222, 337, 349, 395f.
Zweck 31f.
Zweck-Mittel-Verhältnis 14f., 41, 105, 287
Zyklen 166, 179, 253, 294, 340, 453, 455
Zynismus 312, 455

Dieter Henrich bei Klett-Cotta

Konstellationen
Probleme und Debatten am Ursprung der idealistischen Philosophie (1789–1795)
1991. 295 Seiten, Leinen, ISBN 3-608-91360-2
Wenn sich die Philosophiegeschichte mit dem Ursprung der großen Systeme beschäftigt, erscheinen diese in der Regel als die Leistung eines einzelnen. Doch entspricht das selten der Wirklichkeit: Die Gedanken zirkulieren; Lehrer, Freunde, Feinde, öffentliche Kontroversen der Zeit, drängende Problemlagen, die das eigene Leben berühren: Dies alles trägt bei zu dem, was dann als des einen Werk erscheint. Ein solches intellektuelles Kräftefeld, die »Konstellation« zu entfalten, in der sich eine philosophische Tradition ausbilden konnte, ist die Absicht Dieter Henrichs.
Er hat sich für sein Verfahren keinen geringen Gegenstand ausgesucht: nämlich die klassische deutsche Philosophie im Anfang des Übergangs von Kant zu Hegel.

Der Gang des Andenkens
Beobachtungen und Gedanken zu Hölderlins Gedicht
1986. 243 Seiten, 8 Abbildungen, Leinen, ISBN 3-608-91429-3
Dieter Henrichs Buch will den künstlerischen Bau von »Andenken« verständlich machen. Zugleich will es zeigen, in welcher Weise Hölderlins philosophisches Werk in ihm aufgenommen und weitergeführt ist. »Der Gang des Andenkens« ist beides: die Verlaufsform der Komposition des Gedichtes und zugleich die Folgeordnung eines Denkens, aus dem der Mensch Einsicht in die Weisen des bewußten Lebens und ihren Einheitsgrund gewinnt.

Dieter Henrich bei Klett-Cotta

Der Grund im Bewußtsein
Untersuchungen zu Hölderlins Denken (1794–1795)
1992. 857 Seiten, Leinen, ISBN 3-608-91613-X
Der Dichter Hölderlin wurde von seinen Freunden Hegel und Schelling als Philosoph von gleichem Rang anerkannt. Hölderlin gelangte während eines Aufenthalts von einem halben Jahr an der Universität Jena zu einer eigenen Konzeption in der Philosophie: der ersten überhaupt, die aus Fichtes Wissenschaftslehre gewonnen und ihr zugleich entgegengestellt wurde. Er verfolgte gar den Wunsch, sich in Jena neben Fichte als Dozent für Philosophie zu etablieren.
Dieter Henrich klärt in diesem Buch die Zusammenhänge, innerhalb derer Hölderlin zu seiner Konzeption gelangte, und erhellt ihre Stellung innerhalb der Debatten der Zeit und an der in Deutschland führenden Universität. Er verfolgt die Wurzeln von Hölderlins philosophischer Kreativität in den Problemstellungen seiner Tübinger Studien und den Zusammenhang seiner Philosophie mit dem frühen dichterischen Werk, vor allem dem Hyperion. Schließlich werden theoretische Fragen erörtert, die Hölderlins Konzeption aufwirft.